U0506537

禮記

【元】陈澔 注
金晓东 校点

上海古籍出版社

图书在版编目(CIP)数据

礼记／(元)陈澔注；金晓东校点．—上海：上海古籍出版社，2016.11（2024.3 重印）
(国学典藏)
ISBN 978-7-5325-8264-8

Ⅰ．①礼… Ⅱ．①陈… ②金… Ⅲ．①礼仪—中国—古代 Ⅳ．①K892.9

中国版本图书馆 CIP 数据核字(2016)第 245242 号

国学典藏
礼记
[元]陈澔　注
金晓东　校点
上海古籍出版社出版发行
(上海市闵行区号景路 159 弄 1-5 号 A 座 5F　邮政编码 201101)
(1)网址：www.guji.com.cn
(2)E-mail：guji1@guji.com.cn
(3)易文网网址：www.ewen.co
江阴市机关印刷服务有限公司印刷
开本 890×1240　1/32　印张 22.5　插页 5　字数 625,000
2016 年 11 月第 1 版　2024 年 3 月第 7 次印刷
印数：9,801—11,100
ISBN 978-7-5325-8264-8
B·972　定价：68.00 元

前　言

金晓东

《礼记》，又称《小戴礼记》、《小戴记》、《小戴礼》，凡四十九篇，是一部先秦至秦汉时期的礼学文献选编。该书最初为西汉时期的戴圣编纂。自古研究《礼记》之专著，据王锷先生《三礼研究论著提要》统计，不计三礼综论、通礼、杂礼类，有780种，版本千余，有清一代即有万斯大《礼记偶笺》、江永《礼记训义择言》、惠栋《禘说》、焦循《礼记补疏》、俞樾《礼记异文笺》等优秀著作。在汗牛充栋的著作之中，元代学者陈澔所著《礼记集说》，始终在经学史上占据重要一席之地。此书以"简便"、"浅显"著称，很适合做入门读物，在明清四百年间，持续发挥着独特的历史作用。

陈澔（约1261—1341），字可大，江西南康府都昌马陂人（今江西省都昌县），生于宋末，入元隐居，精于礼学，有《礼记集说》、《夫子石刻像记》等传世。《四库全书总目提要》评论陈澔《礼记集说》云："《礼记》者汉唐莫善于郑、孔，而郑注简奥，孔疏典赡，皆不似澔注之浅显。宋代莫善于卫湜，而卷帙繁富亦不似澔注之简便。"

明清之际，陈澔因是朱熹四传弟子，其父陈大猷（1188—1275）师从理学家饶鲁（1193—1264），饶鲁师从黄榦（1152—1221），乃朱熹（1130—1200）女婿，且《礼记集说》注文摆脱繁琐注解风格，简明扼要，受到青睐。陈澔出于对朱子《四书章句集注》的尊崇，未对《中庸》、《大学》做注，仅在节目下注"朱子《章句》"四字。明代初期，胡广(1369—1418)等奉敕修《五经大全》时,《礼记》就选择以陈澔注为主。永乐以后,《礼记集说》一直担当科举教材的角色,对明清读书人影响颇深。

陈澔生平,《元史》无传,《宋元学案》卷八十三有小传云:“字可大,东斋先生大猷子。于宋季不求闻达,博学好古,有《礼记集说》行于世,学者称为云庄先生,年八十有二卒。元奎章学士虞集题其墓曰‘经师陈先生之墓’。”从《宋元学案》、《宋元学案补遗》以及方志等文献来看,其生卒及字号说法不一。陈澔由宋入元始终未仕,一直隐居讲学,生卒无确切文献记录。清钱大昕《疑年录》云:“陈可大八十一,生宋景定二年辛酉(1261),卒元至正元年辛巳(1341)。”余嘉锡《疑年录稽疑》认为存疑俟考。李才栋之《对〈宋元学案〉中陈澔传略的一些考证》依据[康熙]《都昌县志》中所载残缺碑文“至正辛巳十月己丑卒,享年八十有二”,认为陈生于宋景定元年(1260),至正元年十月(1341)卒。张海亮等《江西都昌陈澔考证》据元代危素(1303—1372)书墓志铭,认为陈澔生于宋景定二年(1261)十月,至正元年(1341)十一月卒。

陈澔之字号亦存争议。宋代卫湜(字正叔,号栎斋,南宋昆山县人)宝应间撰《礼记集说》一百六十卷,采摭群言,最为赅博。陈澔此书与卫氏书同名,然博约不侔,用意各异。明清儒者为区分卫、陈二书,又称陈氏所著为《云庄礼记集说》,源于世传陈澔有字曰“云庄”。虎维铎先生据明[正德]《南康府志》、[嘉靖]《江西通志》、清[同治]《都昌县志》,认为陈澔号“云住”,而非“云庄”(《儒藏》精华编《礼记集说校点说明》)。苏成爱先生《陈氏〈礼记集说〉研究》(2007年硕士论文)中认为当作“云庄”,而非“云住”。

清代朴学兴盛,清儒对陈书批评甚多,清初朱彝尊《经义考》讥其为“兔园册子”。清陆元辅、纳兰性德《陈氏〈礼记集说〉补》贬其

“疏舛太甚”等。四库馆臣评价相对客观，云：“特礼文奥赜，骤读为难，因其疏解，得知门径，以渐进而求于古，于初学之士，固亦不为无益。是以国朝定制亦姑仍旧贯，以便童蒙然。”

《礼记集说》陈澔多引郑玄注、孔颖达疏、蔡邕、杜预等汉晋学者之说，宋元学者观点如程颢、朱熹、张载、王时潜、刘砺、吕大临、饶鲁等学说亦多引用。据万久富先生考证，其所引用宋元之际学者观点多达三十一家之多，有程子（程颢）、朱子（朱熹）、张子（张载）、石梁王氏（王时潜）、刘氏（长乐刘砺）、吕氏（蓝田吕大临）、应氏（金华）、方氏（严陵）、双峰先生（饶鲁）、陆氏、马氏、朱氏、冯氏、成氏等，所涉书籍有些业已失传，如王时潜《石梁文集》仅存目。现依照陈氏《集说》中出现过的书名，略作勾稽，可得陈氏《集说》所引相关书籍如下：（唐）孔颖达《周易正义》、（汉）伏生《尚书大传》、（唐）孔颖达《尚书正义》、（唐）孔颖达《毛诗正义》、（汉）郑玄《周礼注》、（汉）郑玄《仪礼注》、（宋）杨复《仪礼图》、（汉）郑玄《礼记注》、（唐）孔颖达《礼记注疏》、（宋）吕大临《礼记传》、（宋）卫湜《礼记集说》、（汉）戴德《大戴礼记》、（晋）杜预《春秋左氏传集解》、（唐）杨士勋《春秋谷梁传注疏》、（唐）唐玄宗《孝经注》、（宋）朱熹《四书集注》、（汉）赵岐《孟子注》、（晋）王肃《孔子家语注》、（晋）郭璞《尔雅注》、（汉）班固《白虎通义》、（汉）许慎《说文解字》、（唐）陆德明《经典释文》、（汉）司马迁《史记》、（唐）颜师古《汉书注》、（三国吴）韦昭《国语解》、（唐）苏敬《唐本草》、（先秦）吕不韦《吕氏春秋》、（晋）郭向《庄子注》、（汉）蔡邕《独断》、（宋）程颢《程氏遗书》、（宋）张载《张子全书》、（宋）饶鲁《程董二先生学则》。目前传本中，文字、训诂、音读多为后世所加，内容多本唐孔颖达注疏，音读与陆德明《经典释文》有异，然因传世版本不一，多存不同，如明刻本依《洪武正韵》，清本多仍之。

此书版本流传复杂。据沈乃文先生考证：元天历元年(1328)郑明德宅刻本是其初刻本,凡十六卷。今国内所存者,皆为残本,未见全帙。至明代,科举考试规定用此书,传刻颇多。明前中期主要沿袭元十六卷本。正统十二年(1447)明英宗命司礼监重刻十六卷本,颁发各地以为范本。除此而外,明代又先后出现了三十卷本和十卷本。永乐年间,胡广奉敕辑《礼记集说大全》,以《集说》十六卷本为基础,补入其他四十二家注,扩充为三十卷之《大全》。成化中,娄谦等人因《大全》卷帙浩繁,不便阅读,又从中摘出陈氏《集说》,梓行于世,是为《礼记集说》三十卷之始。弘治间又有建阳书坊并三十卷本为十卷本。有清一代,十卷本盛行。《四库全书》本和武英殿刻本即为十卷本(《〈礼记集说〉版本考》,《国学研究》第五卷,1998年)。另外,台湾师范大学刘千惠女士《陈澔〈礼记集说〉之版本析论》梳理陈氏《集说》版本系统三个,搜求版本两百余种。

因《国学典藏》丛书体例之故,本书全文为简体标点,少数字因反切或文章需要而保持原貌,如“於”、“乾”等。另如“適”,简化字作“适”,然“適”做“嫡”义时,依照陈戍国先生白文《三礼》先例,一律作“适”,其他仿此例。若底本与参考本内容不符,择善而从。如陈氏《礼记集说》卷一“外言不入于梱,内言不出于梱”,其注引宋卫湜《礼记集说》云“方氏曰：两相丽之谓离”。元郑明德宅十六卷本做“方氏曰：两相离之谓离”,“丽”此处作“离”。然明本、清本均作“丽”,依据文义,作“丽”更妥。

本书点校凡例如下：

一、本次整理,以清武英殿十卷本为底本,以清乾隆初怡府刻《礼记集说》巾箱十卷本(巴蜀书社 1989 年影印本)、元天历元年(1328)郑明德宅刻十六卷本(国家图书馆出版社《中华再造善本·金元编》)为参考本。

二、本书将《礼记》经文与陈澔注文分开编辑，将小字双行注文摘出，集中于每一段经文之下。《礼记》经文分段，参照了杨天宇先生《礼记译注》的分段方式。

三、为方便读者的阅读与利用及丛书体例缘故，本书采取简体字出版，对某些必要的古人姓名、地名、乐曲名、礼器名、国名、地名、名物等，适当选择保留繁体字形。底本及参校本出现的异体字，则参考陈戍国、杨天宇等先生出版的简体《三礼》标点本做统一处理。

四、保持底本原貌。清武英殿本陈澔注文之后的文字、训诂、音韵内容，用“〇”号间隔，以示与陈注区别，本次整理保留“〇”号。另外个别经文下有表示句读之“句”字，本次也予以保留。

五、本次点校，对于底本的讹、脱、误、异体字等，则择善而从或据参考本适当删补字。底本存在明显错误者，如“己”、“已”、“巳”等，径改，不出校。如《檀弓·上》“始死，充充如有穷”句，陈氏云“方氏曰：下篇述颜丁之居丧”。清武英殿本作“颜丁”，元刻本作“颜了”，怡府本作“颜子”，据文义知当作“颜丁”。诸如此类，择善而从，亦不复出校说明。

六、全书标点依照现行标点规范。其中书名号，凡是独立著作，均加书名号，如《仪礼》、《周礼》、《汉书》等，古人对原著作的注、笺、疏等形式的著作，则不加书名号，如《毛诗》注、《礼记》疏、《庄子》注等，但是已经列为经典者如《左传》、《公羊传》、《毛传》则另当别论。

标点过程中，参考了陈戍国先生点校的简体字本《周礼·仪礼·礼记》（岳麓书社 1989 年版）、杨天宇先生《礼记译注》（上海古籍出版社 1994 年版）、王文锦先生《礼记译解》（中华书局 2001 年版）、《礼记集说》万久富先生整理本（凤凰出版社 2010 年版）、北京大学《儒藏》精华编虎维铎先生校点本《礼记集说》（北京大学出版社

2009年版）。相关问题参考了戴雅萍女士《陈澔〈礼记集说〉平议》、苏成爱先生《陈氏〈礼记集说〉研究》、刘千惠女士《陈澔〈礼记集说〉之版本析论》等。因参考诸先生之部分成果，笔者期待本次校点或能后出转精，在此一并致以衷心感谢。

整理者学殖浅陋，谫劣弥甚，本次承乏而为，不善之处，恭请读者斧正。点校期间，获得上海古籍出版社领导及编辑张千卫和颜敏翔先生之大力支持，他们业务专精，不辞辛劳，多次指导纠缪，可谓惠我良多，在此深表谢意！

礼记集说序

前圣继天立极之道，莫大于礼；后圣垂世立教之书，亦莫先于礼。礼仪三百，威仪三千，孰非精神心术之所寓，故能与天地同其节。四代损益，世远经残，其详不可得闻矣！《仪礼》十七篇，《戴记》四十九篇，先儒表章学庸，遂为千万世道学之渊源。其四十七篇之文，虽纯驳不同，然义之浅深同异，诚未易言也。郑氏祖谶纬，孔疏惟郑之从，虽有他说，不复收载，固为可恨。然其灼然可据者，不可易也。近世应氏集解，于《杂记》、《大小记》等篇，皆阙而不释。噫！慎终追远，其关于人伦世道，非细故而可略哉？先君子师事双峰先生十有四年，以是经三领乡书，为开庆名进士，所得于师门讲论甚多，中罹煨烬，只字不遗。不肖孤，僭不自量，会萃衍绎而附以臆见之言，名曰《礼记集说》。盖欲以坦明之说，使初学读之即了其义，庶几章句通，则蕴奥自见，正不必高为议论而卑视训故之辞也。书成，甚欲就正于四方有道之士，而衰年多疾，游历良艰，姑藏巾笥，以俟来哲。治教方兴，知礼者或有取焉，亦愚者千虑之一尔。

至治壬戌良月既望后学东汇泽陈澔序

目　录

卷之一

曲礼上第一[1]

[1]《经》曰“曲礼三千”，言节目之委曲，其多如是也。此即古礼经之篇名，后人以编简多，故分为上下。○张子曰：“物我两尽，自《曲礼》入。”

《曲礼》曰：毋不敬，俨若思，安定辞。安民哉！[1]

[1] 毋，禁止辞。○朱子曰：“首章言君子修身，其要在此三者，而其效足以安民，乃礼之本，故以冠篇。”○范氏曰：“经礼三百，曲礼三千，可以一言蔽之曰：‘毋不敬。’”○程子曰：“心定者，其言安以舒；不定者，其辞轻以疾。”○刘氏曰：“篇首三句，如曾子所谓‘君子所贵乎道者三，而笾豆之事，则有司存’之意，盖先立乎其大者也。毋不敬，则动容貌，斯远暴慢矣；俨若思，则正颜色，斯近信矣；安定辞，则出辞气，斯远鄙倍矣。三者修身之要，为政之本。此君子修己以敬，而其效至于安人，安百姓也。”○毋，与“无”通，下同。冠，去声。远，去声。

敖不可长，欲不可从，志不可满，乐不可极。[1]

[1] 朱子曰：“此篇杂取诸书精要之语，集以成篇，虽大意相似，而文不连属。如首章四句，乃《曲礼》古经之言。‘敖不可长’以下四句，不知何书语，又自为一节。皆禁戒之辞。”○应氏曰：“敬之反为敖，情之动为欲，志满则溢，乐极则反。”○敖，去声。长，上声。从，音纵。乐，音洛。

贤者狎而敬之，畏而爱之。爱而知其恶，憎而知其善。积而能散，安安而能迁。[1]临财毋苟得，临难毋苟免。很毋求胜，分毋求多。[2]疑事毋质，直而勿有。[3]

[1] 朱子曰："此言贤者于其所狎能敬之，于其所畏能爱之。于其所爱能知其恶，于其所憎能知其善。虽积财而能散施，虽安安而能徙义。可以为法，与上下文禁戒之辞不同。"○应氏曰："安安者，随所安而安也。安者，仁之顺；迁者，义之决。"○施，去声。

[2] 毋苟得，见利思义也；毋苟免，守死善道也。很毋求胜，忿思难也；分毋求多，不患寡而患不均也。况求胜者未必胜，求多者未必能多，徒为失已也。○难、分，并去声。

[3] 朱子曰："两句连说为是。疑事毋质，即《少仪》所谓'毋身质言语'也。直而勿有，谓陈我所见，听彼决择，不可据而有之，专务强辩。不然，则是以身质言语矣。"○少，去声。

若夫坐如尸，立如齐。[1]

礼从宜，使从俗。[2]

[1] 疏曰："尸居神位，坐必矜庄，坐法必当如尸之坐。人之倚立，多慢不恭，虽不齐，亦当如祭前之齐。"○朱子曰："刘原父云：此乃《大戴礼·曾子事父母》篇之辞。曰：'孝子惟巧变，故父母安之。若夫坐如尸，立如齐，弗讯不言，言必齐色，此成人之善者也，未得为人子之道也。'此篇盖取彼文，而'若夫'二字失于删去，郑氏不知其然，乃谓此二句为丈夫之事，误矣。"○夫，音扶，后俱仿此。齐，音斋。疏，去声，后亦仿此。齐色之齐，如字。

[2] 郑氏曰："事不可常也。"○吕氏曰："敬者礼之常，礼时为大，时者礼之变。体常尽变，则达之天下，周旋无穷。"○应氏曰："大而百王百世质文损益之时，小而一事一物泛应酬酢之节。"又曰："五方皆有性，千里不同风，所以入国而必问俗也。"○使，去声。泛应之应，去声。

夫礼者，所以定亲疏，决嫌疑，别同异，明是非也。[1]礼不妄说，人不辞费。[2]礼不逾节，不侵侮，不好狎。[3]修身践言，谓之善行。行修言道，礼之质也。[4]礼闻取于人，不闻取人。礼闻来学，不闻往教。[5]

[1] 疏曰："五服之内，大功以上，服粗者为亲；小功以下，服精者为疏。若妾为女君期，女君为妾，若服之则太重，降之则有舅姑为妇之嫌，故全不服，是决嫌也。孔子之丧，门人疑所服，子贡请若丧父而无服，是决疑也。本同今异，姑姊妹是也；本异今同，世母叔母及子妇是也。得礼为是，失礼为非。若主人未小敛，子游裼裘而吊，得礼，是也；曾子袭裘而吊，失礼，非也。"○别，必列切。为女、为妾、为妇之为，去声。期，音基。敛，去声。

[2] 求以悦人，已失处心之正，况妄乎？不妄悦人，则知礼矣。躁人之辞多，君子之辞达意则止。言者烦，听者必厌。○说，音悦。处，上声。

[3] 逾节则招辱，侵侮则忘让，好狎则忘敬。三者皆叛礼之事，不如是则有以持其庄敬纯实之诚，而远于耻辱矣。○好，去声。远，去声。

[4] 人之所以为人，言行而已，忠信之人，可以学礼，故曰："礼之质也。"○郑氏曰："言道，言合于道也。"○行，去声。

[5] 朱子曰："此与孟子'治人治于人，食人食于人'语意相类。取于人者，为人所取法也；取人者，人不来而我引取之也。来学往教，即其事也。"○治，平声。食，音嗣。

道德仁义，非礼不成。[1]教训正俗，非礼不备。[2]分争辩讼，非礼不决。[3]君臣上下，父子兄弟，非礼不定。[4]宦学事师，非礼不亲。[5]班朝治军，莅官行法，非礼威严不行。[6]祷祠祭祀，供给鬼神，非礼不诚不庄。[7]是以君子恭敬撙节退让以明礼。[8]鹦鹉能言，不离飞鸟；猩猩能言，不离禽兽。今人而无礼，虽能言，不亦禽兽之心乎？夫惟禽兽无礼，故父子聚麀。[9]是故圣人作。句为礼以教人，使人以有礼，知自别于禽兽。[10]

[1] 道，犹路也，事物当然之理，人所共由，故谓之道。行道而有得于身，故谓之德。仁者，心之德，爱之理。义者，心之制，事之宜。四者皆由礼而入，以礼而成。盖礼以敬为本，敬者，德之聚也。

[2] 立教于上，示训于下，皆所以正民俗。然非齐之以礼，则或有教训所不及者，故非礼不备。

[3] 朱氏曰："争见于事而有曲直，分争则曲直不相交；讼形于言而有是非，辩讼则是非不相敌。礼所以正曲直、明是非，故此二者，非礼则不能决。"〇见，音现。

[4] 一主于义，一主于恩，恩义非礼则不能定。

[5] 宦，仕也。仕与学皆有师，事师所以明道也。而非礼则不相亲爱。

[6] 班朝廷上下之位，治军旅左右之局，分职以莅官，谨守以行法，威则人不敢犯，严则人不敢违，四者非礼则威严不行。〇朝、治，并平声。

[7] 祷以求为意，祠以文为主，祭以养为事，祀以安为道。四者皆以供给鬼神，诚出于心，庄形于貌，四者非礼则不诚不庄。〇今按：供给者，谓奉荐牲币器皿之类也。

[8] 是以，承上文而言。撙，裁抑也。礼主其减。〇撙，祖本切。

[9] 鹦鹉，鸟之慧者，陇蜀岭南皆有之。猩猩，人面豕身，出交趾封溪等处。禽者，鸟兽之总名。鸟不可曰兽，兽亦可曰禽，故鹦鹉不曰兽，而猩猩则通曰禽也。聚，犹共也。兽之牝者曰麀。〇离，去声。猩，音生，坊本音星。

[10] 朱子曰："圣人作，绝句。"〇别，必列切。

大上贵德，其次务施报。礼尚往来，往而不来，非礼也；

来而不往，亦非礼也。[1]人有礼则安，无礼则危。故曰礼者不可不学也。[2]夫礼者，自卑而尊人。虽负贩者，必有尊也，而况富贵乎？[3]富贵而知好礼，则不骄不淫；贫贱而知好礼，则志不慑。[4]

[1] 大上，帝皇之世，但贵其德足以及人，不贵其报。其次，三王之世，礼至三王而备，故以施报为尚。〇施，去声，下同。大，音泰。

[2] 礼者，安危之所系，自天子至于庶人，未有无礼而安者也。

[3] 负者，事于力；贩者，事于利。虽卑贱，不可以无礼也。〇贩，方万切。

[4] 马氏曰："富贵之所以骄淫，贫贱之所以慑怯，以内无素定之分，而与物为轻重也。好礼，则有得于内，而在外者莫能夺矣。"〇好，去声。慑，之涉切。分，音问。

人生十年曰幼，学。二十曰弱，冠。三十曰壮，有室。四十曰强，而仕。五十曰艾，服官政。六十曰耆，指使。七十曰老，而传。八十九十曰耄，七年曰悼，悼与耄，虽有罪，不加刑焉。百年曰期，颐。[1]大夫七十而致事。[2]若不得谢，则必赐之几杖，[3]行役以妇人。适四方，乘安车。[4]自称曰老夫，于其国则称名；[5]越国而问焉，必告之以其制。[6]

[1] 朱子曰："'十年曰幼'为句绝，'学'字自为一句，下至'百年曰期'皆然。"〇吕氏曰："五十曰艾，发之苍白者，如艾之色也。古者四十始命之仕，五十始命之服官政。仕者，为士以事人，治官府之小事也；服官政者，为大夫以长人，与闻邦国之大事者也。才可用则使之仕，德成乃命为大夫也。耆者，稽久之称，不自用力，惟以指意使令人，故曰'指使'。传，谓传家事于子也。耄，惛忘也。悼，怜爱也。耄者，老而知已衰；悼者，幼而知未及。虽或有罪，情不出于故，故不加刑。人寿以百年为期，

故曰期。饮食居处动作，无不待于养，故曰颐。"○冠，去声。治，平声。长，上声。与，去声。令，平声。知，音智。

[2] 致，还其职事于君也。

[3] 不得谢，谓君不许其致事也。如辞谢、代谢，亦皆却而退去之义。几，所以冯。杖，所以倚。赐之使自安适也。○冯，与凭同。

[4] 疏曰："妇人能养人，故许自随。古者四马之车，立乘；安车者，一马小车，坐乘也。"

[5] 吕氏曰："老夫，长老者之称。己国称名者，父母之邦，不敢以尊者自居也。"

[6] 应氏曰："一国有贤，众国所仰，故越国而来问。文献不足，则言礼无证，故必告之以其制，言举国之故事以答之也。"

谋于长者，必操几杖以从之。长者问，不辞让而对，非礼也。[1]

[1] 谋于长者，谓往就长者而谋议所为也。长者之前，当执谦虚，不辞让，非事长之礼。○应氏曰："操几杖以从，非谓长者所无也。执子弟之役，其礼然耳。"○长，上声。操，平声。

凡为人子之礼：冬温而夏凊，昏定而晨省，在丑夷不争。[1]

[1] 温以御其寒，凊以致其凉，定其衽席，省其安否。丑，同类也。夷，平等也。一朝之忿，忘其身，则害及其亲，故在群众侪辈之中，壹于逊让。○凊，七性切。省，悉井切。

夫为人子者，三赐不及车马。故州闾乡党称其孝也，兄弟亲戚称其慈也，僚友称其弟也，执友称其仁也，交游称其信也。[1] 见父之执，不谓之进不敢进，不谓之退不敢退；不问，不敢对。此孝子之行也。[2]

[1] 言为人子，谓父在时也。古之仕者，一命而受爵，再命而受衣服，三命而受车马。有车马，则尊贵之体貌备矣。今但受三赐之命，而不与车马同受，故言不及车马也。君之有赐，所以礼其臣，子之不受，不敢并于亲也。二十五家为闾，四闾为族，五百家为党，二千五百家为州，一万二千五百家为乡。孝之所该者大，故其称最广，曰慈，曰弟，曰仁，曰信，皆孝之事也。僚友，官同者。执友，志同者。同师之友，其执志同，故曰执友。交游，则泛言远近之往来者。〇弟，去声。

[2] 父之执，父同志之友也。谓之，命之也。敬之同于父。〇行，去声。

夫为人子者，出必告，反必面，所游必有常，所习必有业。[1]恒言不称老。[2]年长以倍，则父事之；十年以长，则兄事之；五年以长，则肩随之。[3]群居五人，则长者必异席。[4]

[1] 出则告违，返则告归。又以自外来，欲省颜色，故言面。游有常，身不他往也；习有业，心不他用也。〇告，音梏。

[2] 恒言，平常言语之间也。自以老称，则尊同于父母，而父母为过于老矣。古人所以斑衣娱戏者，欲安父母之心也。

[3] 肩随，并行而差退也。此泛言长少之序，非谓亲者。〇长，上声。差，楚宜切。少，去声。

[4] 古者地敷横席，而容四人，长者居席端。若五人会，则长者一人异席也。

为人子者，居不主奥，坐不中席，行不中道，立不中门。[1]食飨不为概，[2]祭祀不为尸，[3]听于无声，视于无形。[4]不登高，不临深。不苟訾，不苟笑。孝子不服闇，不登危，惧辱亲也。[5]父母存，不许友以死，不有私财。[6]

[1] 室西南隅为奥。主奥、中席，皆尊者之道也。行道则或左或右，立门则避枨阒之中，皆不敢迹尊者之所行也。古者男女异路，路各有中，门中央有阒，阒之两旁有枨也。〇阒，鱼列切。

[2] 食飨，如奉亲延客及祭祀之类皆是。不为概，量顺亲之心，而不敢自为限节也。〇食，音嗣。概，丘盖切，又音盖。

[3] 吕氏曰："尸取主人之子行而已。若主人之子，是使父北面而事之，人子所不安，故不为也。"〇行，音杭。

[4] 先意承志也。〇疏曰："虽听而不闻父母之声，虽视而不见父母之形。然常于心想像，似见形闻声，谓父母将有教使己然。"

[5] 疏曰："不服阇者，不行事于暗中。一则为卒有非常，二则生物嫌，故孝子戒之。"〇吕氏曰："苟訾近于谗，苟笑近于谄，服阇者欺人所不见，登危者行险以侥幸，是忘亲也，非特忘之，不令之名，且将加之，皆辱道也。"〇訾，音紫。阇，音暗。为，去声。卒，苍没切。

[6] 不许友以死，谓不为其友报仇也。亲在而以身许人，是有忘亲之心；亲在而以财专己，是有离亲之志。〇为、离，并去声。

为人子者，父母存，冠衣不纯素。[1] 孤子当室，冠衣不纯采。[2]

[1] 疏曰："冠纯，冠饰也。衣纯，深衣领缘也。"〇纯，音准，下同。缘，去声。

[2] 吕氏曰："当室，谓为父后者。《问丧》曰'童子不缌，唯当室缌'，亦指为父后者。所谓不纯采者，虽除丧犹纯素也。惟当室者行之，非当室者不然也。"

幼子常视毋诳，[1] 童子不衣裘裳。立必正方，不倾听。[2] 长者与之提携，则两手奉长者之手。负剑辟咡诏之，则掩口而对。[3]

[1] 视，与示同。常示之以不可欺诳，所以习其诚。

[2] 吕氏曰："裘之温，非童子所宜；裳之饰，非童子所便。立必正所向之方，或东或西，或南或北，不偏有所向。《士相见礼》云：'凡燕见于君，必辨君之南面，若不得，则正方不疑君。'疑，谓邪向之也。"○衣，去声。"燕见"见，音现。

[3] 刘氏曰："长者或从童子背后而俯首与之语，则童子如负长者然；长者以手挟童子于胁下，则如带剑然。盖长者俯与童子语，有负剑之状，非真负剑也。辟，偏也。咡，口旁。诏，告语也。掩口而对，谓童子当以手障口气而应对，不敢使气触长者也。"○奉，上声。辟，音僻。咡，音二。应，去声。

从于先生，不越路而与人言。遭先生于道，趋而进，正立拱手。先生与之言则对；不与之言，则趋而退。[1] 从长者而上丘陵，则必乡长者所视。

[1] 吕氏曰："先生者，父兄之称，有德齿可为人师者，犹父兄也，故亦称先生。以师为父兄，则学者自比于子弟，故称弟子。"○从，去声。

登城不指，城上不呼。[1] 将适舍，求毋固。[2] 将上堂，声必扬。户外有二屦，言闻则入，言不闻则不入。[3] 将入户，视必下。入户奉扃，视瞻毋回；户开亦开，户阖亦阖；有后入者，阖而勿遂。[4] 毋践屦，毋踖席，抠衣趋隅。必慎唯诺。[5]

[1] 高而有向背者为丘，平而人可陵者为陵。乡长者所视，恐有问，则即所见以对也。城，人所恃以为安固者，有所指，则惑见者；有所呼，则骇闻者。○石梁王氏曰："先生，年德俱高，又能教道人者。长者，则直以年为称也。"○从，去声。上，上声。乡、呼，并去声。背，音佩。道，去声。

[2] 戴氏曰："就馆者，诚不能无求于主人，然执平日之所欲而必求于人，则非为客之义。"

[3] 上堂，升主人之堂也。扬其声音，使内人知之也。古人脱屦在户外，客虽众，脱屦于户内者惟长者一人。言有二屦，则并户内一屦为三人矣。三人而所言不闻于外，必是密谋，故不入也。〇上，上声。屦，音据，俗混作上声。闻，去声。

[4] 入户，入主人之户也。视下，不举目也。扃，门关木也。入户之时，两手当心，如奉扃然，虽视瞻而不为回转，嫌于干人之私也。开阖皆如前，不违主人之意也。遂，阖之尽也。嫌于拒后来者，故勿遂。〇奉，上声。

[5] 复下曰舄，单下曰屦。毋践屦，谓后来者不可蹋先入者所脱之屦也。踖，犹躐也。《玉藻》曰"登席不由前为躐席"，是登席当由前也。抠，提也。抠衣，与《论语》"摄齐"同。欲便于坐，故抠之。趋隅，由席角而升坐也。唯诺，皆应辞。既坐定，又当谨于应对也。〇踖，音迹。抠，苦侯切。唯，上声。齐，音咨。应，去声。

大夫士出入君门，由闑右，不践阈。[1]

[1] 闑，门橛也。当门之中，闑东为右。主人入门而右，客入门而左。大夫士由右者，以臣从君，不敢以宾敌主也。〇闑，鱼列切。

凡与客入者，每门让于客。客至于寝门，则主人请入为席，然后出迎客。客固辞，主人肃客而入。[1]主人入门而右，客入门而左。主人就东阶，客就西阶，客若降等，则就主人之阶。主人固辞，然后客复就西阶。[2]主人与客让登，主人先登，客从之，拾级聚足，连步以上。上于东阶，则先右足；上于西阶，则先左足。[3]

[1] 让于客，欲客先入也。为，犹布也。〇疏曰："天子五门，诸侯三门，大夫二门，礼有三辞：初曰礼辞，再曰固辞，三曰终辞。"〇吕氏曰："肃客者，俯手以揖之，所谓肃拜也。"

[2] 入右，所以趋东阶。入左，所以趋西阶。降等者，其等列卑于主人也。主人固辞者，不敢当客之尊己也。

[3] 让登，欲客先升也。客不敢当，故主人先而客继之。拾级，涉阶之级也。聚足，后足与前足相合也。连步，步相继也。先右后左，各顺入门之左右也。○拾，音涉。上，并上声。

帷薄之外不趋，堂上不趋，执玉不趋。堂上接武，堂下布武。室中不翔，[1]并坐不横肱。授立不跪，授坐不立。[2]

[1] 疏曰："帷，幔也。薄，帘也。接武，足迹相接也。"○陈氏曰："文者上之道，武者下之道，故足在体之下曰武，卷在冠之下亦曰武。执玉不趋，不敢趋也；室中不翔，不可翔也。行而张拱曰翔。"○朱氏曰："帷薄之外无人，不必趋以示敬。堂上地迫，室中地尤迫，故不趋不翔也。"

[2] 横肱，则妨并坐者。不跪、不立，皆谓不便于受者。

凡为长者粪之礼，必加帚于箕上，以袂拘而退。其尘不及长者，以箕自乡而扱之。[1]奉席如桥衡。[2]请席何乡，请衽何趾。[3]席南乡北乡，以西方为上；东乡西乡，以南方为上。[4]

[1] 粪，除秽也。《少仪》云"埽席前曰拚"，义与粪同。吕氏读"扱"为"插"音，然凡气之出入，嘘则散，吸则聚，今以收敛为义，则"吸"音为是。○疏曰：初持箕往时，帚置箕上，两手举箕。当埽时，一手捉帚，举一手衣袂以拘障于帚前，且埽且迁，故云拘而退。扱，敛取也。以箕自向敛取粪秽，不以箕向尊者。○为，去声。帚，之手切。拘，音沟，又如字。乡，去声，下同。扱，音吸。埽，去声。

[2] 如桥之高，如衡之平，乃奉席之仪也。○奉，上声。桥，如字。

[3] 设坐席，则问面向何方。设卧席，则问足向何方。○疏曰："坐为阳，面亦阳也；卧为阴，足亦阴也。故所请不同。"

[4] 朱子曰:“东向南向之席皆尚右,西向北向之席皆尚左也。”

若非饮食之客,则布席,席间函丈。[1]主人跪正席,客跪抚席而辞。客彻重席,主人固辞。客践席,乃坐。[2]主人不问,客不先举。[3]将即席,容毋怍。两手抠衣去齐尺。衣毋拨,足毋蹶。[4]

[1] 非饮食之客,则是讲说之客也。○疏曰:“古者饮食燕享,则宾位在室外牖前,列席南向,不相对。相对者,惟讲说之客。席之制,三尺三寸三分寸之一,则两席并中间空地共一丈也。”○间,从月,俗从日,误。函,音咸。空,去声。

[2] 跪而正席,敬客也。抚,以手按止之也。客不敢居重席,故欲彻之,主人固辞则止。客践席将坐,主人乃坐也。○重,平声。

[3] 席坐既定,主人以客自外至,当先有所问,客乃答之,客不当先举言也。

[4] 刘氏曰:“将就席,须详缓而谨容仪,毋使有失而可愧怍也。仍以两手抠揭衣之两旁,使下齐离地一尺而坐,以便起居,免有蹑躐失容也。坐后更须整叠前面衣衽,毋使拨开。又古人以膝坐,久则膝不安,而易以蹶动,坐而足动,亦为失容,故戒以毋动也。管宁坐席岁久,惟两膝著处穿,是足不动故然耳。”○齐,音咨。拨,半末切。离、易,并去声。著,直略切。

先生书策琴瑟在前,坐而迁之,戒勿越。[1]虚坐尽后,食坐尽前。坐必安,执尔颜。长者不及,毋儳言。[2]正尔容,听必恭。毋剿说,毋雷同。必则古昔,称先王。[3]

侍坐于先生,先生问焉,终则对。[4]请业则起,请益则起。[5]父召无诺,先生召无诺,唯而起。[6]

侍坐于所尊敬，毋余席。见同等不起。[7]烛至起，食至起，上客起。[8]烛不见跋。[9]尊客之前不叱狗。[10]让食不唾。[11]

[1] 疏曰："坐，亦跪也。弟子将行，若遇师诸物或当己前，则跪而迁移之，戒慎不得逾越。"

[2] 古者席地，而俎豆在其前，尽后，谦也；尽前，恐污席也。儳，暂也，亦参错不齐之貌。长者言事未竟，未及其他，少者不可举他事为言，暂然错杂长者之说。○尽，子忍切。儳，仕鉴切。

[3] 上言执尔颜，谓颜色无或变异；此言正尔容，则正其一身之容貌也。听必恭，亦谓听长者之言也。擥取他人之说以为己说，谓之剿说；闻人之言而附和之，谓之雷同，如雷之发声而物同应之也。惟法则古昔，称述先王，乃为善耳。○剿，初交切。擥、揽同。和，去声。

[4] 问终而后对，欲尽闻所问之旨，且不敢杂乱尊者之言也。

[5] 请业者，求当习之事；请益者，再问未尽之蕴。起，所以致敬也。

[6] 父以恩，师以道，故所敬同。○吕氏曰："诺者，许而未行也。"○唯，上声。

[7] 所尊敬，谓先生长者及有德有位之人也。毋余席，谓己之席与尊者之席相近，则坐于其端，不使有空余处，近则应对审也。同等之人，与己无尊卑，故不为之起。○空，去声。

[8] 烛至而起，以时之变也；食至而起，以礼之行也；上客至而起，以其非同等也。

[9] 跋，本也。古者未有蜡烛，以火炬照夜，将尽则藏其所余之残本，恐客见之，以夜久欲辞退也。○见，音现。跋，音钹。

[10] 方氏曰："不以至贱骇尊者之听。"

[11] 嫌于似鄙恶主人之馔也。○唾，吐卧切。恶，去声。

侍坐于君子，君子欠伸，撰杖屦，视日蚤莫，侍坐者请出矣。[1]侍坐于君子,君子问更端,则起而对。[2]侍坐于君子,若有告者曰:“少间,愿有复也。”则左右屏而待。[3]毋侧听,毋噭应,毋淫视,毋怠荒。[4]游毋倨,立毋跛,坐毋箕,寝毋伏。[5]敛发毋髢,[6]冠毋免,劳毋袒,暑毋褰裳。[7]

[1] 气乏则欠,体疲则伸。撰,犹持也。此四者皆厌倦之容,恐妨君子就安,故请退。○撰,须衮切。莫,音暮。

[2] 吕氏曰:“问更端则起而对者,因事有所变而起敬也。”○更,平声。

[3] 居左则屏于左,居右则屏于右。○郑氏曰:“复,白也。言欲须少空闲,有所白也。屏,犹退也。”○吕氏曰:“屏而待,不敢干其私也。”○间,音闲。屏,音丙。空,去声。

[4] 上言“听必恭”,侧耳以听,非恭也。应答之声宜和平,高急者,悖戾之所发也。淫视,流动邪眄也。怠荒,谓容止纵慢。○噭,音叫。应,去声。

[5] 游,行也。倨,傲慢也。立当两足整齐,不可偏任一足。箕,谓两展其足,状如箕舌也。伏,覆也。○倨,音据。跛,彼义切。

[6] 疏曰:“髢,髲也,垂如髲也。古人重发,以缅韬之,不使垂。”○髢,音替。髲,音避。

[7] 丧有丧冠,吉有吉冠,非当免之时不可免。有袒而露其裼衣者,有袒而割牲者,因劳事而袒,则为亵。褰,揭也。涉浅而揭则可,暑而揭其裳亦为亵。

侍坐于长者,屦不上于堂,解屦不敢当阶。[1]就屦跪而举之,屏于侧。[2]乡长者而屦,跪而迁屦,俯而纳屦。[3]

[1] 侍长者之坐于堂,故不敢以屦升。若长者在室,则屦得上堂而不得入室,“户外有二屦”是也。解,脱也。屦有綦系,解而脱之,不敢当阶,为妨后升者。

[2] 疏曰："此侍者或独暂退时取屦法也。就，犹著也。初升时解置阶侧，今下著之，先往阶侧跪举取之，故云'就屦跪而举之'也。屏于侧者，屏退不当阶也。"○屏，音丙。著，入声。

[3] 疏曰："此明少者礼毕退去，为长者所送，则于阶侧跪取屦稍移之，面向长者而著之。迁，徙也，就阶侧跪取稍移近前也。俯而纳者，既取因俯身向长者而纳足著之。不跪者，跪则足向后不便，故俯也。虽不并跪，亦坐左纳右，坐右纳左。"

离坐离立，毋往参焉。离立者，不出中间。[1]男女不杂坐，不同椸枷，不同巾栉，不亲授。[2]嫂叔不通问，诸母不漱裳。[3]

外言不入于梱，内言不出于梱。[4]女子许嫁，缨；非有大故，不入其门。[5]姑姊妹女子子，已嫁而反，兄弟弗与同席而坐，弗与同器而食。[6]父子不同席。[7]男女非有行媒，不相知名；非受币，不交不亲。[8]故日月以告君，齐戒以告鬼神，为酒食以召乡党僚友，以厚其别也。[9]取妻不取同姓。[10]故买妾不知其姓则卜之。[11]寡妇之子，非有见焉，弗与为友。[12]

[1] 方氏曰："两相丽之谓离，三相成之谓参。"○应氏曰："出其中间，则立者必散而不成列矣，故君子谨之。"○离，平声。

[2]《内则注》云："植者曰楎，横者曰椸。枷，与架同，置衣服之具也。巾以涚洁，栉以理发，此四者皆所以远私亵之嫌。"○椸，音移。枷，音架。楎，户昆切，音同浑。远，去声。

[3] 不通问，无问遗之往来也。诸母，父妾之有子者。漱，浣也。裳，贱服。不使漱裳，亦敬父之道也。○漱，平声。遗，去声。

[4] 梱，门限也。内外有限，故男不言内，女不言外。

[5] 许嫁则系以缨，示有所系属也。此与幼所佩香缨不同。大故，

大事也。〇属，音烛。

[6] 女子子，重言子者，别于男子也。专言兄弟者，远同等之嫌。〇远，去声。

[7] 尊卑之等异也。

[8] 行媒，谓媒氏之往来也。名，谓男女之名也。受币，然后亲交之礼分定。〇分，音问。

[9] 日月，娶妇之期也，媒氏书之以告于君。厚其别者，重慎男女之伦也。〇别，彼列切。

[10] 郑氏曰："为其近禽兽。"〇取，去声。下"取妻"同。

[11] 卜其吉凶。

[12] 有见，才能卓异也。若非有好德之实，则难以避好色之嫌，故取友者谨之。〇见，音现。好，去声。

贺取妻者曰：某子使某，闻子有客，使某羞。[1]贫者不以货财为礼，老者不以筋力为礼。[2]

[1] 吕氏曰："贺者，以物遗人而有所庆也。著代以为先祖后，人子之所不得已，故不用乐且不贺也。然为酒食以召乡党僚友，则遗问不可废也，故其辞曰：闻子有客，使某羞。舍曰昏礼而谓之有客，则所以羞者，佐其供具之费而已，非贺也，作《记》者，因俗之名称'贺'。"

[2] 应氏曰："无财不可以为悦，而财非贫者之所能办；非强有力者不足以行礼，而强有力非老者之所能勉。"

名子者，不以国，不以日月，不以隐疾，不以山川。[1]

[1] 常语易及，则避讳为难，故名子者不之用。

男女异长：[1]男子二十，冠而字。[2]父前子名，君前臣名。[3]女子许嫁，笄而字。[4]

[1] 各为伯仲，示不相干杂之义也。○长，上声。

[2] 冠而字之，敬其名也。○冠，去声。

[3] 吕氏曰："事父者、家无二尊，虽母不敢以抗之，故无长幼皆名，不敢致私敬于其长也；事君者、国无二尊，虽父不可以抗之，故无贵贱尊卑皆名，不敢致私敬于其所尊贵也。春秋鄢陵之战，栾书欲载晋侯，其子鍼曰'书退'，此君前臣名，虽父亦不敢抗也。"

[4] 许嫁，则十五而笄；未许嫁，则二十而笄。亦成人之道也，故字之。

凡进食之礼，左肴右胾，食居人之左，羹居人之右。脍炙处外，醯酱处内，葱渫处末，酒浆处右，以脯脩置者，左朐右末。[1] 客若降等，执食兴辞，主人兴辞于客，然后客坐。[2] 主人延客祭：祭食，祭所先进。肴之序，遍祭之。[3] 三饭，主人延客食胾，然后辩肴。[4] 主人未辩，客不虚口。[5]

[1] 肉带骨曰肴，纯肉切曰胾。骨刚故左，肉柔故右。饭左羹右，分燥湿也。脍炙异馔，故在肴胾之外。醯酱食之主，故在肴胾之内。葱渫，烝葱，亦菹类。加豆也，故处末。酒浆，或酒或浆也，处羹之右。若兼设，则左酒右浆。○疏曰："脯训始，始作即成也。脩亦脯，脩训治，治之乃成。薄析曰脯，捶而施姜桂曰腶脩。朐，谓中屈也。左朐，朐置左也。脯脩处酒左，以燥为阳也。"○吕氏曰："其末在右，使于食也。食脯脩者先末。"○胾，侧吏切。食，音嗣。炙，音柘。处，上声。渫，音裔。朐，音劬。腶，音段。

[2] 降等，谓爵齿卑于主人也，不敢当主宾之礼，故食至则执之以起，而致辞于主人。主人见客起辞，故亦起而致辞于客，客乃复就其坐也。

[3] 古人不忘本，每食必每品出少许置于豆间之地，以报先代始为饮食之人，谓之祭。延，导之也。祭食之礼：主人所先进者则先祭之，后

进者后祭，各以肴之次序而祭之遍也。○朱子曰：“古人祭酒于地，祭食于豆间，有板盛之，卒食彻去。”○盛，平声。

［4］疏曰：“三饭，谓三食也。礼，食三飧而告饱，须劝乃更食。三饭竟而主人乃导客食胾也。”《公食大夫礼》云：“宾三饭以湆酱。”郑云：“每饭歠湆，以肴擩酱，食正馔也。所以至三饭后乃食胾者，以胾为加，故三飧前未食。食胾之后，乃可遍食肴也。”○饭，上声。辩，音遍。湆，音泣。擩，音碝。

［5］疏曰：“虚口，谓食竟而饮酒荡口，使清洁及安食也。用浆曰漱，以洁清为义，用酒曰酳，酳训演，演养其气也。”

侍食于长者，主人亲馈，则拜而食；主人不亲馈，则不拜而食。[1]

［1］馔，进馔也。○方氏曰：“凡以称礼之施而已。”○称，去声。

共食不饱，共饭不泽手。[1]

［1］吕氏曰：“共食者，所食非一品；共饭者，止饭而已。共食而求饱，非让道也。不泽手者，古之饭者以手，与人共饭，摩手而有汗泽，人将恶之而难言。”○“之饭”饭，上声。恶，去声。

毋抟饭，毋放饭，毋流歠，[1]毋咤食，毋啮骨，毋反鱼肉，毋投与狗骨，毋固获。[2]毋扬饭，饭黍毋以箸。[3]毋嚃羹，毋絮羹，毋刺齿，毋歠醢。客絮羹，主人辞不能亨。客歠醢，主人辞以窭。[4]濡肉齿决，乾肉不齿决。毋嘬炙。[5]卒食，客自前跪，彻饭齐以授相者，主人兴辞于客，然后客坐。[6]

［1］毋抟者，疏云：若取饭作抟，则易得多，是欲争饱也。○朱氏曰：“放，谓食之放肆而无所节也。流，谓饮之流行而不知止也。”○抟，徒九

切。上“饭”如字。下“饭”，上声。易，去声。

[2] 咤食，谓当食而叱咤。疏谓以舌口中作声。毋咤，恐似于气之怒也。毋啮，嫌其声之闻也。毋反鱼肉，不以所余反于器。郑氏云：“谓已历口，人所秽也。”毋投与狗骨，不敢贱主人之物也。求之坚曰固，得之难曰获。固获，谓必欲取之也。〇咤，陟嫁切。

[3] 扬，谓以手散其热气，嫌于欲食之急也。毋以箸，贵其匕之便也。〇下饭，上声。箸，音筯。

[4] 羹之有菜宜用梜，不宜以口嚃取食之也。絮，就器中调和也。口容止，不宜以物刺于齿也。醢宜咸，歠之以其味淡也。客或有絮羹者，则主人以不能烹饪为辞；客或有歠醢者，则主人以贫窭乏味为辞。〇嚃，音嗒。絮，摘据切。刺，七迹切。亨，音烹。窭，其羽切。

[5] 濡肉，肴胾之类。乾肉，脯脩之类。决，断也。不齿决，则当治之以手也。〇疏曰：“火灼曰炙。若食炙，不一举而并食，并食之曰‘嘬’，是贪食也。”〇乾，音干。嘬，楚怪切。炙，音柘。断，上声。

[6] 自，从也。齐，酱属也。饭齐皆主人所亲设，故客欲亲彻，此亦谓降等之客耳。敌者不亲彻也。〇饭，如字。齐，笺西切。相，去声。

侍饮于长者，酒进则起，拜受于尊所。长者辞，少者反席而饮。长者举未釂，少者不敢饮。[1]

[1] 尊所，置尊之所也。饮尽爵曰釂。〇吕氏曰：“古之饮酒，贵贱长幼无不及。乡饮之礼，堂下之宾，乐工及笙，无不与献。特牲馈食礼，宾、兄弟、弟子、公有司、私臣无不与献。其献也，皆主人亲酌授之。此侍饮者，亦长者亲酌授之，所以有拜受于尊所之节也。惟燕礼以宰夫为献主，故君不亲酌。乡饮、射、馈食礼皆尊于房户之间，宾主共之也。燕礼、大射皆尊于两楹之西，尊面向君，君专之也。燕礼、乡饮礼皆不云拜受于尊所，以礼与侍饮异也。”〇釂，子妙切。与，去声。

长者赐,少者贱者不敢辞。[1]赐果于君前,其有核者怀其核。[2]

御食于君,君赐余,器之溉者不写,其余皆写。[3]

[1] 辞而后受,宾主平交之礼,非少贱事尊贵之道。

[2] 敬君赐,故不敢弃核。

[3] 御食于君者,君食而臣为之劝侑也。君以食之余者赐之,若陶器或木器,可以洗涤者,则即食之;或其器是萑竹所织,不可洗涤者,则传写于他器而食之,不欲口泽之渎也。

馂余不祭。父不祭子,夫不祭妻。[1]

[1] 尸馂鬼神之余,臣馂君之余,贱馂贵之余,下馂上之余,皆馂也。此谓助祭执事,或为尸而所得馂之余肉以归,则不可以之祭其先。虽父之尊,亦不以祭其子;夫之尊,亦不以祭其妻,以食余之物亵也。一说此祭是每食必祭之祭,食人之余,及子进馔于父,妻进馔于夫,皆不祭而食。盖敬主人之馔,故祭而后食。食人之余而祭则亵,施于卑者,则非尊者之道。〇馂,音俊。

御同于长者,虽贰不辞,偶坐不辞。[1]

[1] 御,侍也。贰,益物也。侍食者虽获肴馔之重而不辞其多者,以此馔本为长者设耳。偶者,配偶之义。因其有宾而己亦偶配于坐,亦以此席不专为己设,故不辞也。〇重,平声。

羹之有菜者用梜,其无菜者不用梜。[1]

[1] 梜,箸也。无菜者,汁而已,直歠之可也。〇梜,音颊。

为天子削瓜者副之,巾以絺。为国君者华之,巾以绤。

为大夫累之，士疐之，庶人龁之。[1]

[1] 疏曰："削，刊也。副，析也。絺，细葛也。刊其皮而析为四解，又横解而以细葛巾覆之而进也。华，半破也。绤，粗葛也。诸侯礼降，故破而不四析，亦横断之，用粗葛巾覆之而进也。《尔雅》：'瓜曰华之。'郭璞云：'食啖治择之名。'累，倮也，不巾覆也。疐，谓脱花处。疐之者，去疐而已。龁，啮也。龁之，不横断也。此等级不同，非谓平常之日，当是公庭礼会之时。"〇刘氏曰："大夫以上皆曰为者，有司为之也；士庶人不曰为者，自为之也。"〇方氏曰："巾以絺绤者，当暑以凉为贵也。"〇为，去声。副，普逼切。絺，音摛。绤，音隙。累，力果切。疐，音帝。龁，恨没切。覆，去声。断，上声。

父母有疾，冠者不栉，行不翔，言不惰，琴瑟不御，食肉不至变味，饮酒不至变貌，笑不至矧，怒不至詈。疾止复故。[1]有忧者侧席而坐，有丧者专席而坐。[2]

[1] 此言养父母疾之礼。不栉，不为饰也。不翔，不为容也。不惰，不及他事也，疏谓惰讹不正之言。琴瑟不御，以无乐意也。犹可食肉，但不至厌饫而口味变耳；犹可饮酒，但不至醺酣而颜色变耳。齿本曰矧，笑而见矧，是大笑也；怒骂曰詈，怒而至詈，是甚怒也。皆为忘忧，故戒之。复故，复常也。〇冠，去声。惰，徒禾切。养，去声。乐，音洛。见，音现。

[2] 有忧，谓亲疾，或他祸患。侧，独也。独坐一席，不设待宾之席，为有忧也。一说侧席，谓偏设之变于正席也，亦通。专，单也。贵贱之席，各有重数，居丧则否。〇吕氏曰："专席，不与人共坐也。"

水潦降，不献鱼鳖。[1]献鸟者佛其首，畜鸟者则勿佛也。[2]献车马者执策绥，[3]献甲者执胄，献杖者执末。[4]献民虏者操右袂。[5]献粟者执右契，献米者操量鼓。[6]献孰食者操酱齐。[7]献田宅者操书致。[8]

凡遗人弓者，张弓尚筋，弛弓尚角。右手执箫，左手承弣。尊卑垂帨。若主人拜，则客还辟，辟拜。[9]主人自受，由客之左，接下承弣，乡与客并，然后受。[10]进剑者左首。[11]进戈者前其鐏，后其刃。[12]进矛戟者前其镦。[13]进几杖者拂之。[14]效马效羊者右牵之；[15]效犬者左牵之。[16]执禽者左首。[17]饰羔雁者以缋。[18]受珠玉者以掬。[19]受弓剑者以袂。[20]饮玉爵者弗挥。[21]凡以弓、剑、苞、苴、箪、笥问人者，操以受命，如使之容。[22]

[1] 水涸鱼鳖易得，不足贵，故不献。

[2] 佛，谓捩转其首，恐其喙之害人也。畜者不然，顺其性也。○佛，符勿切。畜，许六切。

[3] 疏曰："策，是马杖。绥，是上车之绳。车马不上于堂，但执策绥呈之，则知有车马。"

[4] 疏曰："甲，铠也。胄，兜鍪也。铠大，兜鍪小，小者易举，执以呈之耳。杖末拄地不净，故执以自向。"

[5] 民虏，征伐所俘获之人口也。持其右袂，所以防异心。○操，平声，篇内并同。

[6] 疏曰："契者，两书一扎，同而别之，右者先书为尊。鼓，量器名也。米云量，则粟亦量；粟云契，则米亦书。但米可即食为急，故言量；粟可久储为缓，故云书。书比量为缓也。"

[7] 疏曰："酱齐为食之主，执主来，则食可知，如见芥酱，必知献鱼脍之类。"○齐，笺西切。

[8] 书致，谓详书其多寡之数而致之于人也。○吕氏曰："古者田宅皆属于公，非民所得而有。而此云献者，或上所赐予，可为己有者。如采地之属，故可献欤？"○予，上声。采，去声。

[9] 弓之体，角内而筋外。尚，使之在上也。皆取其势之顺也。箫，稍末也。疏云：剡之差斜似箫，故名。弣，中央把处也。帨，佩巾也。客

主尊卑相等，则授受之际，皆稍磬折而见其帨之垂也。此时弓尚在客手，故不容答主人之拜，而少逡巡迁延以避之。辟，犹开也，谓离其所立之处。〇吕氏曰："下于上曰献，上于下曰赐，敌者曰遗。"〇遗，去声。弣，音抚。帨，音税。还，音旋。上"辟"，音阙。下"辟"，音避。离，去声。

[10] 自受者，以敌客不当使人受也。由，从也。从客左边而受，则客在右矣，于是主人却左手以接客之下而承其弣，又覆右手以捉弓之下头而受之。此时则主客并立，而俱向南也。〇方氏曰："宾主异等，则授受异向；此宾主敌，故乡与客并也。"〇乡，去声。

[11] 疏曰："进，亦遗也。首，剑拊环也。客在右，主人在左，剑首为尊，以尊处与主人也。假令对授，则亦左首，首尊，左亦尊为宜也。"〇令，平声。

[12] 疏曰："戈，钩孑戟也。刃当头而利，镈在尾而钝。不以刃授，敬也。"〇镈，在困切。

[13] 疏曰："矛，如铤而三廉。戟，今之戟也。镦，为矛戟柄尾平底。以平向人，敬也。亦应并授。不云左右而云前后者，互文也。若相对，则前后也；若并授，则左右也。"〇镦，音队。

[14] 拭，去尘也。

[15] 效，陈献也。以右手牵之为便。

[16] 以右手防其啮噬。

[17] 禽，鸟也，首尊。主人在左，故横捧而以首授主人。

[18] 饰，覆之也。画布为云气，以覆羔与雁，为相见之贽也。〇缋，音会。覆，去声。

[19] 谓以两手共承之也。

[20] 谓以衣袂承接之，不露手也。

[21] 谓不可振去余沥，恐失坠。

[22] 苞者，苞裹鱼肉之属。苴者，以草藉器而贮物也。箪圆笥方，皆竹器。问，遗之也。使者受命之时，操持诸物，即习其威仪进退，如至彼国之仪容也。〇操，平声。使，去声，下二节同。

凡为君使者已受命，君言不宿于家。[1]君言至，则主人出拜君言之辱；使者归，则必拜送于门外。[2]若使人于君所，则必朝服而命之；使者反，则必下堂而受命。[3]

[1] 受命即行。

[2] 至则拜命，归则拜送，皆敬君也。

[3] 吕氏曰："使人于君所不下堂，反则下堂受命者，始以己命往，终以君命归，故使者反而后致其敬，往则否也。"〇上使，如字。下使，去声。

博闻强识而让，敦善行而不怠，谓之君子。[1]君子不尽人之欢，不竭人之忠，以全交也。[2]

[1] 博闻强识而让，所谓有若无、实若虚者；敦善行而不怠，所谓孳孳为善者，皆君子之道也。〇陈氏曰："闻识自外入，善行由中出。自外入者易实，故处之以虚；由中出者易倦，故济之以勤。"〇行，去声。易，去声。虚，上声。

[2] 吕氏曰："尽人之欢，竭人之忠，皆责人厚者也。责人厚而莫之应，此交所以难全也。欢，谓好于我也。忠，谓尽心于我也。好于我者，望之不深；尽心于我者，不要其必致，则不至于难继也。"〇应、好，并去声。要，平声。

礼曰：君子抱孙不抱子。此言孙可以为王父尸，子不可以为父尸。为君尸者，大夫士见之则下之。君知所以为尸者则自下之，尸必式。乘必以几。[1]

[1] 疏曰："祭天地、社稷、山川、四方百物及七祀之属，皆有尸。外神不问同姓异姓，但卜之吉，则可为尸。祭胜国之社稷，则士师为尸。惟祭殇无尸。"〇吕氏曰："抱孙不抱子，古礼经语也。《曾子问》曰：'孙幼，则使人抱之。'抱孙之为言，生于孙幼，且明尸必以孙，以昭穆之同也。古

之祭祀必有尸，尸，神象也。主人之事尸，以子事父也。尸必筮，求诸神而不敢专也。在散斋之日，或道遇之，故有为尸下之礼。大夫士言‘见’、君言‘知’者，盖君或不能尽识，有以告则下之，致其敬也。尸不下君而式之者，庙门之外，尸尊未全，不敢亢礼而答之，故式之而已。亢礼而答，则下之矣。如在庙中，主人拜，无不答也。古者车中以式为敬，式，车前横木也，冯之以礼人，首必小俯，以是为敬。式视马尾，俯首之节也。几，尊者所冯以养安也，故尸之乘车用之。”○散，上声。“为尸”为，去声。亢，苦浪刀。冯，音凭。

齐者不乐不吊。[1]

[1] 吕氏曰:“古之有敬事者必齐，齐者，致精明之德也。乐则散，衰则动，皆有害于齐也。不乐不吊者，全其齐之志也。”○齐，音斋。乐，音洛。

居丧之礼，毁瘠不形，视听不衰。升降不由阼阶，出入不当门隧。[1]居丧之礼，头有创则沐，身有疡则浴，有疾则饮酒食肉，疾止复初。不胜丧，乃比于不慈不孝。[2]五十不致毁，六十不毁，七十唯衰麻在身，饮酒食肉，处于内。[3]

[1] 门隧，门之中道也。○疏曰:“居丧许羸瘦，不许骨露见。骨为形之主，故谓骨为形。”○吕氏曰:“先王制礼，毁不灭性。毁瘠形，视听衰，几于灭性，送死之大事，且将废而莫之行，则罪莫大焉。不由阼阶，不当门隧，执人子之礼而未忍废也。”○见，音现。几，平声。

[2] 沐浴与饮酒食肉，以权制者也，故疾止则复初。○朱氏曰:“下不足以传后，故比于不慈；上不足以奉先，故比于不孝。”○创，平声。疡，音羊。胜，音升。

[3] 五十始衰，故不极毁；六十则又衰矣，故不可毁；七十之年，去死不远，略其居丧之礼者，所以全其易尽之期也。○衰，音催。处，上声。易，去声。

生与来日，死与往日。[1]

[1] 与，犹数也。成服杖，生者之事也。数死之明日为三日。敛殡，死者之事也，从死日数之为三日。是三日成服者，乃死之第四日也。〇数，上声。

知生者吊，知死者伤。知生而不知死，吊而不伤。知死而不知生，伤而不吊。[1]

[1] 方氏曰："不知生而吊之，则其吊也近于谄；不知死而伤之，则其伤也近于伪。"〇应氏曰："吊者，礼之恤乎外；伤者，情之痛于中。"

吊丧弗能赙，不问其所费。问疾弗能遗，不问其所欲。见人弗能馆，不问其所舍。[1]赐人者不曰来取，与人者不问其所欲。[2]适墓不登垄，助葬必执绋。[3]临丧不笑。[4]揖人必违其位。[5]望柩不歌。入临不翔。当食不叹。[6]邻有丧，舂不相。[7]里有殡，不巷歌。适墓不歌。哭日不歌。[8]送丧不由径，送葬不辟涂潦。临丧则必有哀色，执绋不笑，[9]临乐不叹；[10]介胄则有不可犯之色。故君子戒慎，不失色于人。[11]

国君抚式，大夫下之。大夫抚式，士下之。

[1] 以货财助丧事曰赙。此三事不能，则皆不问者，以徒问为可愧也。〇赙，音附。遗，去声。

[2] 赐者君子，与者小人。〇朱氏曰："君子有守，必将之以礼，故不曰来取；小人无厌，必节之以礼，故不问其所欲。"

[3] 垄，坟堆也，登之为不敬。绋，引棺索，执之，致力也。

[4] 以哀为主。

[5] 出位而揖，礼以变为敬也。

[6] 不歌，与不笑义同。临，哭也。不翔，不为容也。唯食忘忧，非

叹所也。○临，去声。

[7] 五家为邻。相者，以音声相劝。相，盖舂人歌以助舂也。○相，去声。相劝之相，如字。

[8] 二十五家为里。巷歌，歌于巷也。

[9] 不由径，不苟取其速也。不辟泥潦，嫌于惮劳也。○辟，音避。

[10] 亦为非叹所也。

[11] 此章自“揖人必违其位”、“当食不叹”、“临乐不叹”、“介胄则有不可犯之色”四句之外，皆是凶事之礼节，记者详之如此，每事戒慎，则无失礼之愧，不但不可失介胄之色而已。

礼不下庶人，[1]刑不上大夫。[2]刑人不在君侧。[3]

[1] 君与大夫或同涂而出，君过宗庙而式，则大夫下车；士于大夫，犹大夫于君也。庶人卑贱，且贫富不同，故经不言庶人之礼。古之制礼者，皆自士而始也，先儒云：“其有事，则假士礼而行之。”一说，此为相遇于途，君抚式以礼大夫，则大夫下车；大夫抚式以礼士，则士下车。庶人则否，故云：“礼不下庶人也。”

[2] 大夫或有罪，以八议定之，议所不赦则受刑。周官掌囚，凡有爵者，与王之同族，奉而适甸师氏以待刑杀。而此云不上大夫者，言不制大夫之刑，犹不制庶人之礼也。

[3] 人君当近有德者，又以虑其怨恨而为变也。阍弑余祭，刑人在侧之祸也。○祭，侧界切。

兵车不式，武车绥旌，德车结旌。[1]

[1] 疏曰：“兵车，革路也。尚武猛无推让，故不式。武车，亦革路也。取其建戈刀，即云兵车；取其威猛，即云武车也。旌，车上旌旛也。尚威武，故舒散若垂緌然。玉金象木四路不用兵，故曰德车。德美在内，不尚赫奕，故缠结其旌于竿也。”○绥，而追切。

史载笔，士载言。[1]前有水，则载青旌。[2]前有尘埃，则载鸣鸢。[3]前有车骑，则载飞鸿。[4]前有士师，则载虎皮。[5]前有挚兽，则载貔貅。[6]行，前朱鸟而后玄武，左青龙而右白虎。招摇在上，急缮其怒。[7]进退有度，左右有局，各司其局。[8]

［1］疏曰："不言简牍而曰笔者，笔是书之主，则余载可知。言，谓盟会之辞，旧事也。"〇方氏曰："史，国史也，载笔，将以书未然之事；载言，欲以阅已然之事。"

［2］疏曰："王行宜警备，故前有变异，则举类示之。青旌者，青雀也，是水鸟。"〇载，音戴。

［3］鸢，鸱也。鸱鸣则风生，风生则尘埃起。

［4］鸿，雁也。雁飞有行列，与车骑相似。〇骑，去声。行，音杭。

［5］虎威猛，亦士师之象。士师非所当警备者，而亦举类以示众。或者禁止暴横之意欤？

［6］挚兽，虎狼之属。貔貅，亦有威猛，举此使众知为备。但不知为载其皮，为画其形耳。

［7］行，军旅之出也。朱鸟、玄武、青龙、白虎，四方宿名也，以为旗章，其旒数皆放之。龙旗则九旒，雀则七旒，虎则六旒，龟蛇则四旒也。招摇，北斗七星也，居四方宿之中，军行法之，作此举之于上，以指正四方，使戎阵整肃也。旧读"缮"为"劲"，今从吕氏说，读如字。其怒，士卒之怒也。〇吕氏曰："急，迫之也。缮，言作而致其怒。先儒以缮为劲，不必改也。"〇宿，去声。

［8］疏曰："进退有度者，《牧誓》云：'不愆于六步七步乃止齐焉。''四伐五伐乃止齐焉。'一击一刺为一伐，少者四伐，多者五伐，又当止而齐正行列也。左右有局者，局，部分也。军之左右各有部分，不相滥也。各司其局者，军行须监领也。"〇行，音杭。分，音问。监，平声。

父之仇弗与共戴天，兄弟之仇不反兵，交游之仇不同国。[1]

[1] 不反兵，谓常以杀之之兵器自随也。○吕氏曰："杀人者死，古今之达刑也。杀之而义，则无罪，故令勿仇，调人之职是也；杀而不义，则杀者当死，宜告于有司而杀之，士师之职是也。二者皆无事乎复仇也。然复仇之文，杂见于经传，考其所以，必其人势盛缓则不能执，故遇则杀之，不暇告有司也。父者子之天，不能复父仇，仰无以视乎皇天矣。报之之意，誓不与仇俱生，此所以弗共戴天也。"

四郊多垒，此卿大夫之辱也。地广大荒而不治，此亦士之辱也。[1]

[1] 四郊者，王城之外四面，近郊五十里，远郊百里。侯国亦各有四郊，里数则各随其地之广狭而为远近也。垒者，屯军之壁。卿大夫不能谋国，数见侵伐，故多垒；土广人稀，荒秽不理，此二者固皆卿大夫之责。士卑不与谋国，而田里之事则其职也，故言亦士之辱。○数，音朔。与，去声。

临祭不惰。祭服敝则焚之，祭器敝则埋之，龟荚敝则埋之，牲死则埋之。[1]凡祭于公者，必自彻其俎。[2]

[1] 吕氏曰："人所用则焚之，焚之，阳也；鬼神所用则埋之，埋之，阴也。"○荚，夹、劫、策三音。

[2] 疏曰："此谓士助君祭也。若大夫以上，则君使人归其俎；若大夫以下，自祭其庙，则使人归宾俎。"○吕氏曰："执臣子之敬，毋敢视宾客，故自彻其俎以出也。"

卒哭乃讳。礼不讳嫌名，二名不偏讳。[1]逮事父母，则讳王父母；不逮事父母，则不讳王父母。[2]君所无私讳，大夫之所有公讳。[3]《诗》、《书》不讳，临文不讳，[4]庙中不讳。[5]夫人之讳，虽质君之前，臣不讳也。妇讳不出门。大功、小功不讳。[6]入竟而问禁，入国而问俗，入门而问讳。[7]

[1] 葬而虞，虞而卒哭。凡卒哭之前，犹用事生之礼，故卒哭乃讳其名。嫌名，音同者。不偏讳，谓可单言。

[2] 逮，及也。庶人父母早死，不闻父之讳其祖，故亦不讳其祖。有庙以事祖者则不然也。

[3] 私讳不避于公朝，大夫则讳其先君也。

[4] 不因避讳而易《诗》、《书》之文，改行事之语。盖恐有惑于学者，有误于承用也。

[5] 庙中之讳，以卑避尊，如有事于高祖，则不讳曾祖以下也。

[6] 质，犹对也。夫人之讳与妇之讳，皆谓其家先世。门者，其所居之宫门也。大功以下，恩轻服杀，故亦不讳。

[7] 马氏曰："问禁，虑得罪于君也；问俗，虑得罪于众也；问讳，虑得罪于主人也。"○竟，上声，与境同，篇内并同。

外事以刚日，内事以柔日。[1]凡卜筮日，旬之外曰远某日，旬之内曰近某日。丧事先远日，吉事先近日。[2]曰："为日，假尔泰龟有常，假尔泰筮有常。"卜、筮不过三，卜、筮不相袭。[3]

[1] 甲、丙、戊、庚、壬为刚，乙、丁、己、辛、癸为柔。先儒以外事为治兵，然巡狩、朝聘、盟会之类，皆外事也。内事，如宗庙之际、冠昏之礼皆是。

[2] 疏曰："今月下旬，筮来月上旬，是旬之外日也。主人告筮者云欲用远某日，此大夫礼。士贱职亵，时至事暇可以祭，则于旬初即筮旬内之日，主人告筮者云用近某日。天子诸侯有杂祭，或用旬内，或用旬外，

其辞皆与此同。丧事，谓葬与二祥，是夺哀之义，非孝子所欲，但不获已，故先从远日而起，示不宜急，微伸孝心也。吉事，谓祭祀冠昏之属，《少牢》云‘若不吉，则及远日’，是先近日也。”○冠、少，并去声。

[3] 曰，命辞也。“为”字，去声读。为卜吉日，故曰为日。卜则命龟曰：“为日假尔泰龟有常。”筮则命蓍曰：“为日假尔泰筮有常。”假，因也，托也。泰者，尊上之辞。有常，言其吉凶常可凭信也。此命蓍龟之辞。不过三者，一不吉，至再至三，终不吉，则止而不行。袭，因也。卜不吉则止，不可因而更筮；筮不吉则止，不可因而更卜也。

龟为卜，荚为筮。卜、筮者，先圣王之所以使民信时日，敬鬼神，畏法令也；所以使民决嫌疑，定犹与也。故曰：“疑而筮之，则弗非也；日而行事，则必践之。”[1]

[1] 荚，蓍也。旧说读“践”为“善”，文义甚迂，疏引王氏说，践，履也，必履而行之，当读如字。○疏曰：“《说文》：犹，兽名。与，亦兽名。二物皆进退多疑，人之多疑惑者似之，故谓之犹与。”○吕氏曰：“凡常事卜不吉，则不筮，筮不吉，则不卜。献公卜纳骊姬，不吉，公曰筮之，此相袭也。若大事则先筮而后卜，《洪范》有‘龟从筮从’，或‘龟从筮逆’，龟、筮并用也。晋卜纳襄王，得黄帝战阪泉之兆；又筮之，遇《大有》之《睽》，亦龟、筮并用也。故知不相袭者，非大事也。信时日者，卜筮而用之，不敢改也。敬鬼神者，人谋非不足，而犹求于鬼神，知有所尊而不敢必也。畏法令者，人君法令有疑者，决之卜筮，则君且不敢专，况下民乎？嫌疑者，物有二而相似也；犹与者，事有二而不决也。如建都邑，某地可都，某地亦可都，此嫌疑也；如战，或曰可战，或曰不可战，此犹与也。卜筮以决之定之，此先圣王以神道设教也。有疑而筮，既筮而不信；诹日而卜，既卜而弗践。是为不诚。不诚之人，不能得之于人，况可得于鬼神乎？”○与，去声。

君车将驾，则仆执策立于马前。[1]已驾，仆展軨效驾，[2]奋衣由右上，取贰绥跪乘，[3]执策分辔，驱之五步而立。[4]君出就车，则仆并辔授绥，左右攘辟。[5]车驱而驺至于大门，君抚仆之手，而顾命车右就车。门闾沟渠必步。[6]凡仆人之礼，必授人绥。若仆者降等，则受；不然，则否。[7]若仆者降等，则抚仆之手；不然，则下自拘之。[8]

[1] 此下言乘车之礼。策，马杖也。仆者执之立于马前，所以防奔逸也。

[2] 已驾，驾马毕也。軨，车之辖头。车行由辖，仆者展视軨遍，即入而效白于君，言车驾竟。〇軨，音零。

[3] 疏曰："仆先出就车，于车后自振其衣以去尘，从右边升上。必从右者，君位在左，避君空位也。贰，副也。绥，登车索也。正绥拟君之升，副绥拟仆右之升。仆先试车时，君犹未出，未敢依常而立，所以跪而乘之以为敬。"〇上，上声。

[4] 疏曰："辔，驭马索也。车一辕而四马驾之，中央两马夹辕者，名服马，两边名騑马，亦曰骖马。"《诗》云："两服上襄，两骖雁行。"雁行者，言与中服相次序也。每一马有两辔，四马八辔，以骖马内辔系于轼前，其骖马外辔，并两服马各二辔，六辔在手，右手执杖，以三辔置空手中，以三辔置杖手中，故云"执策分辔"也。驱之者，试驱行之也。五步而立者，跪而驱马以行，五步即止，而倚立以待君出。〇行，音杭。并，去声。

[5] 疏曰："君出就车，则仆并六辔及策置一手中，以一手取正绥授于君，令登车。于是左右侍驾陪位诸臣，见车欲进行，皆迁却以避车，使不妨车之行也。"〇并，去声。辟，音避。

[6] 疏曰："车上君在左，仆人中央，勇士在右。既至大门，恐有非常，故回命车右上车。至门闾、沟渠而必下车者，一则君子不诬十室，过门闾必式，君式，则臣当下也；二则沟渠险阻，恐有倾覆，亦须下扶持之也。仆不下者，车行由仆，仆下则车无御，故不下也。"〇驺，音骤。

[7] 凡为车之仆者，必以正绥授人，不但臣于君为然也。若仆之等级卑下，如士于大夫之类，则授绥之时，直受之而已，无辞让也。非降等者，则不受。

[8] 降等者，虽当受其绥，然犹抚止其手，如不欲其亲授然，然后受之，亦谦让之道也。不降等者，己虽不欲受，而彼必授，则却手从仆之手下而自拘取之也。〇拘，音沟。

客车不入大门。妇人不立乘。犬马不上于堂。[1]

[1] 马氏曰："客车不入大门，所以敬主；主人出大门迎之，所以敬客。故觐礼偏驾不入王门。公食大夫礼：宾乘车在大门外西方。若诸侯不以客礼见王，则墨车龙旗可以入大门，故觐礼墨车龙旗以朝。妇人乘安车，故不立乘。犬马充庭实，故不上堂。以犬马献人，则执绁靮而已；以马合币，则达圭而已；奉马而觐，则授人而已。皆不上堂之谓也。"〇靮，音的。

故君子式黄发，下卿位，入国不驰，入里必式。[1]君命召，虽贱人，大夫、士必自御之。[2]

介者不拜，为其拜而蓌拜。[3]祥车旷左。乘君之乘车不敢旷左，左必式。[4]仆御妇人，则进左手，后右手；[5]御国君，则进右手，后左手而俯。[6]国君不乘奇车。车上不广欬，不妄指。[7]立视五巂，式视马尾，顾不过毂。[8]国中以策彗恤勿，驱尘不出轨。[9]

国君下齐牛，式宗庙。大夫、士下公门，式路马。[10]乘路马，必朝服，载鞭策，不敢授绥，左必式。[11]步路马，必中道。以足蹙路马刍有诛，齿路马有诛。[12]

[1] 式黄发，敬老也。下卿位，敬大臣也。礼：君出则过卿位而登

车，入则未到卿位而下车。入国不驰，恐车马躏轹人也。十室犹有忠信，二十五家之中，岂无可敬之人？故入里门必式，所谓不诬十室也。○郑氏曰："发句言故，明此众篇杂辞也。"○躏，音吝。

［2］御，读为迓，迎也。自迎之，所以敬君命。○御，音迓。

［3］介，甲也。○朱子曰："蓌，犹言有所枝拄，不利屈伸也。"○为，去声。蓌，子卧切。

［4］疏曰："祥，犹吉也。吉车，谓生时所乘。葬时用为魂车。车上贵左，仆在右，空左以拟神也。王者五路，玉、金、象、木、革，王自乘一，余四从行，臣乘此车，不敢空左，空左则似祥车凶也。左必式者，不敢自安，故恒凭式。乘车，君皆在左，若兵戎革路，则君在中。"○乘，去声。空，去声。

［5］疏曰："仆在中，妇人在左，进左手持辔，使身微相背，远嫌也。"○背，音佩。远，去声。

［6］疏曰："御君者，礼以相向为敬，故进右手。既御不得常式，故但俯俛而为敬。"

［7］奇车，奇邪不正之车也。○方氏曰："不广欬者，虑声容之骇人听；不妄指责，虑手容之骇人视也。"○奇，居易切。

［8］立，谓立于车上也。○疏曰："巂，规也。车轮一周为一规，乘车之轮高六尺六寸，径一围三，得一丈九尺八寸，五规为九十九尺。六尺为步，总为十六步，半在车上，所视则前十六步半也。马引车，其尾近车阑，车上凭式，下头时不得远瞩，但瞻视马尾。毂，车毂也。若转头不得过毂。《论语》云'车中不内顾'是也。"○巂，音携。

［9］疏曰："入国不驰，故不用鞭策，但取竹带叶者为杖，形如埽帚，故云策彗，微近马体搔摩之。恤勿，搔摩也。轨，车辙也。行缓，故尘埃不飞扬出轨外也。"○朱子曰："策彗，疑谓策之彗，若今鞭末韦带耳。"○彗，音遂。恤，苏没切。勿，音没。埽，去声。

［10］下，谓下车也。疏引熊氏说：此文误，当云"国君下宗庙，式齐牛"。○齐，音斋。

[11] 此言人臣习仪之节。路马，君驾路车之马也。既衣朝服，又鞭策，则但载之而不用，皆敬也。君升车，则仆者授绥，今臣以习仪而居左，则自驭以行，不敢使车右以绥授己也。左必式者，既在尊位，当式以示敬。〇朝，音潮。衣，去声。

[12] 步，谓行步而调习之也。必当路之中者，以边侧卑亵不敬，或倾跌也。蹙，与“蹴”同。刍，草也。齿，评量年数也。诛，罚也。〇马氏曰：“察马之力必以年，数马之年必以齿，凡此戒其慢君物也。先王制礼，图难于其易，为大于其细，凡以止邪于未形而已耳。”

曲礼下第二

凡奉者当心，提者当带。[1]执天子之器则上衡，国君则平衡，大夫则绥之，士则提之。[2]凡执主器，执轻如不克。执主器，操币圭璧，则尚左手，行不举足，车轮曳踵。[3]立则磬折垂佩。主佩倚，则臣佩垂。主佩垂，则臣佩委。[4]执玉，其有藉者则裼；无藉者则袭。[5]

[1] 疏曰："物有宜奉持者，有宜提挈者。奉者仰手当心，提者屈臂当带。深衣之带也，古人常服深衣。"○奉，上声。

[2] 疏曰："上，高也。衡，平也，平正当心。天子器不宜下，故臣为擎奉皆高于心；诸侯降于天子，故臣为奉持器与心平；大夫降于诸侯，故其臣奉器下于心。绥，下也。士提之，则又在绥下。"○上，上声。绥，音妥。为，去声。

[3] 大夫称主，此则通上下贵贱言之。如不克，似不能胜也。《聘礼》曰："上介执玉如重。"尚左手，谓左手在上，左阳，尊也。踵，脚后也。执器而行，但起其前而曳引其踵，如车轮之运于地，故曰车轮曳踵。○方氏曰："左手不如右强，尚左手，所以为容；下右手，所以致力。"

[4] 偻折如磬之背，而玉佩从两边悬垂，此立容之常。然臣之于君，尊卑殊等，则当视其高下之节，而倍致其恭敬之容可也。微俯则倚于身，小俯则垂，大俯则委于地，皆于佩见其节。

[5] 古人之衣，近体有袍襗之属，其外有裘，夏月则衣葛。或裘或葛，其上皆有裼衣，裼衣上有袭衣，袭衣之上有常著之服，则皮弁服及深衣之属是也。掩而不开谓之袭，若开而见出其裼衣，则谓之裼也。○又《聘礼》注云：《曲礼》云："执玉，其有藉者则裼；无藉者则袭。"所谓无藉，谓圭璋特达，不加束帛；当执圭璋之时，其人则袭也。有藉者，谓璧琮加

于束帛之上；当执璧琮时，其人则裼也。《曲礼》所云，专主"圭璋特而袭、璧琮如束帛而裼"一条言之。先儒乃以执圭而垂缫为有藉，执圭而屈缫为无藉，此则不然。窃详经文，裼袭是一事，垂缫屈缫又别是一事，不容混合为一说。〇裼，音锡。袢，音铎，袴也。衣，去声。见，音现。

国君不名卿老世妇，大夫不名世臣侄娣，士不名家相长妾。[1]君大夫之子，不敢自称曰余小子；大夫士之子，不敢自称曰嗣子某，不敢与世子同名。[2]

[1] 不名，不以名呼之也。〇疏曰："上卿贵，故曰卿老。世妇，两媵也，次于夫人而贵于诸妾也。世臣，父在时老臣也。侄，是妻之兄女。娣，是妻之妹，从妻来为妾也。大夫不世爵，此有世臣者，子贤袭父爵也。家相，助知家事者。长妾，妾之有子者。"〇侄，音迭。相，去声。长，上声。

[2] 列国之君与天子之大夫，其子皆不敢自称余小子，避嗣天子之称也。列国之大夫与士之子，不敢自称嗣子某，避嗣诸侯之称也。〇吕氏曰："世子，君之适子也。诸臣之子不敢与之同名，亦避君也。若名之在世子之前，则世子为君亦不避。《穀梁传》曰：'卫齐恶，卫侯恶，何为君臣同名也？君子不夺人名，不夺人亲之所名。'"〇适，音的。传，去声。

君使士射，不能，则辞以疾，言曰：某有负薪之忧。[1]

[1] 吕氏曰："射者，男子之所有事；不能，可以疾辞，不可以不能辞也。负薪，贱役，士之所亲事者，疾则不能矣，故曰负薪之忧也。"

侍于君子，不顾望而对，非礼也。[1]

[1] 吕氏曰："顾望而后对者，不敢先他人而言也。"〇应氏曰："有察言观色之意。"

君子行礼，不求变俗。祭祀之礼，居丧之服，哭泣之位，皆如其国之故，谨修其法而审行之。[1]去国三世，爵禄有列于朝，出入有诏于国，若兄弟宗族犹存，则反告于宗后。去国三世，爵禄无列于朝，出入无诏于国，唯兴之日，从新国之法。[2]

[1] 言卿、大夫、士有徙居他国者，行礼之事，不可变其故国之俗，皆当谨修其典法而审慎以行之。

[2] 去本国虽已三世，而旧君犹仕其族人于朝，以承祖祀，此人往来出入他国，仍诏告于本国之君。其宗族兄弟犹存，则必有宗子，凡冠、娶妻必告，死必赴，不忘亲也。若去国三世，朝无仕宦之列，出入与旧君不相闻，其时已久，其义已绝，可以改其国之故矣。然犹必待兴起而为卿大夫，乃从新国之法，厚之至也。

君子已孤不更名。[1]已孤暴贵，不为父作谥。[2]

[1] 名者，始生三月之时，父所命也。父没而改之，孝子所不忍也。○更，平声。

[2] 文王虽为西伯，不为古公、公季作谥。周公成文武之德，亦不敢加大王、王季以谥也。○吕氏曰："父为士，子为天子诸侯，则祭以天子诸侯，其尸服以士服，是可以己之禄养其亲，不敢以己之爵加其亲也。父之爵卑不当谥，而以己爵当谥而作之，是以己爵加其父，欲尊而反卑之，非所以敬其亲也。"○为，去声。养，去声。

居丧，未葬，读丧礼；既葬，读祭礼；丧复常，读乐章。居丧不言乐，祭事不言凶，公庭不言妇女。[1]

振书端书于君前，有诛。倒英侧龟于君前，有诛。[2]龟、筴、几、杖、席、盖、重素、袗絺绤，不入公门。[3]苞屦、扱衽、厌冠，不入公门。[4]书方、衰、凶器，不以告，不入公门。[5]公事不私议。[6]

[1] 复常，除服之后也。乐章，弦歌之诗也。○吕氏曰："读是书，非肄业也，当是时，不知是事，不以礼事其亲者也。吉凶之事不相干，哀乐之情不可以贰。故丧，凶事也，不言乐；祭，吉事也，不言凶。公私之事不可相干，私事不可言于公庭，故公庭不言妇女。"○哀乐，音洛。

[2] 人臣以职分内事事君，每事当谨之于素。文书簿领已至君前，乃始振拂其尘埃而端整之；卜筮之官，龟筴其所奉以周旋者，于君前而有颠倒反侧之状，此皆不敬其职业而慢上者，故皆有罚。○分，音问。奉，上声。

[3] 龟筴，所以问吉凶，嫌豫谋也。几杖，所以优高年，嫌自尊也。席，所以坐卧。盖，所以蔽日与雨。絺绤，所以凉体。袗，单也，单则见体而亵。此三者，宴安之具也。重素，衣裳皆素也，以非吉服，故亦不可以入公门。○重，平声。袗，音轸。见，音现。

[4] 苞，读为藨，以藨蒯之草为齐衰丧屦也。扱衽，以深衣前衽扱之于带也。盖亲初死时，孝子以号踊履践为妨，故扱之也。厌冠，丧冠也。吉冠有纚有梁，丧冠无之，故厌帖然也。此皆凶服，故不可以入公门。○苞，白表切。扱，音插。厌，入声。号，平声。纚，音徙。

[5] 方，板也。书方者，条录送死物件于方板之上也。衰，五服之衰也。凶器，若棺椁、墙翣、明器之属。"不以告，不入公门"，谓告则可入者，盖臣妾有死于宫中者，君亦许其殡而成丧，然必先告乃得将入也。○衰，音催。翣，音歃。

[6] 马氏曰："季孙使冉有访田赋于仲尼，仲尼不对而私于冉有，何也？季氏用田赋，非孔子所能止，其私于冉有，岂得已哉？"

君子将营宫室，宗庙为先，厩库为次，居室为后。[1]凡家造，祭器为先，牺赋为次，养器为后。[2]无田禄者不设祭器，有田禄者先为祭服。君子虽贫，不粥祭器；虽寒，不衣祭服；为宫室，不斩于丘木。[3]

[1] 君子，有位者也。宗庙所以奉先，故先营之。厩以养马，库以藏物，欲其不乏用也，故次之。居室则安身而已，故又次之。

[2] 牺赋亦以造言者，如周官牛人供牛牲之互与盆簝之类。郑注："互，若今屠家悬肉格。盆以盛血。簝，受肉笼也。"○疏曰："家造，谓大夫始造家事也。诸侯大夫少牢，此言牺牛也，天子之大夫祭祀，赋敛邑民供出牲牢，故曰牺赋。"○养，去声。簝，音僚。盛，平声。少，去声。

[3] 吕氏曰："祭器可假，服不可假也。丘木所以庇宅兆，为宫室而斩之，是慢其先而济吾私也。"○粥，音育。衣，去声。

大夫、士去国，祭器不逾竟。大夫寓祭器于大夫，士寓祭器于士。[1]大夫、士去国，逾竟，为坛位，乡国而哭。素衣，素裳，素冠，彻缘，鞮屦，素幦，乘髦马。不蚤鬋，不祭食，不说人以无罪，妇人不当御。三月而复服。[2]

[1] 吕氏曰："臣之所以有宗庙祭器以事其先者，君之禄也。今去位矣，乃挈器以行，是窃君之禄以辱其先，此祭器所以不逾竟也。寓寄于爵等之同者，使之可用也。"○马氏曰："微子抱祭器而之周，何也？君子为己不重，为人不轻，抱君之祭器可也，抱己之祭器不可也。"

[2] 坛位，除地而为位也。乡国，向其本国也。彻缘，去中衣之采缘而纯素也。鞮屦，革屦也。《周礼》注云："四夷舞者所屝。"素幦，素白狗皮也。幦，车覆阑也。《既夕礼》云"主人乘恶车白狗幦"是也。髦马，不翦剔马之髦鬣以为饰也。蚤，治手足爪也。鬋，剔治须发也。祭食，食盛馔则祭先代为食之人也。不说人以无罪者，己虽遭放逐而出，不自以无罪解说于人，过则称己也。御，侍御寝宿也。凡此皆为去父母之邦，捐亲戚，去坟墓，失禄位，亦一家之变故也，故以凶丧之礼自处。三月为一时，天气小变，故必待三月而后复其吉服也。○坛，音善。乡，去声。缘，去

声。鞮,音低。簚,莫历切。蚤,音爪。鬋,音翦。去,上声。纯,音准。扉,音肺。

大夫、士见于国君,君若劳之,则还辟,再拜稽首。[1]君若迎拜,则还辟,不敢答拜。[2]大夫、士相见,虽贵贱不敌,主人敬客,则先拜客;客敬主人,则先拜主人。[3]凡非吊丧,非见国君,无不答拜者。[4]大夫见于国君,国君拜其辱;士见于大夫,大夫拜其辱;同国始相见,主人拜其辱。[5]君于士,不答拜也;非其臣,则答拜之。大夫于其臣,虽贱,必答拜之。[6]男女相答拜也。[7]

[1] 此言大夫士出聘他国,见于主君,君若问劳其道路之勤苦,则旋转退避,乃再拜稽首也。○见,音现。劳,去声。还,音旋。辟,音阚,下节同。稽,上声。

[2] 聘宾初至主国大门外,主君迎而拜之,宾则退却,不敢答拜而抗宾主之礼也。

[3] 敬而先拜,谓大夫、士聘于他国而见其卿、大夫、士也。同国则否。

[4] 吊丧而不答主人之拜者,以为助执丧事之凡役而来,非行宾主之礼也。故士丧礼,有宾则拜之,宾不答拜是也。士见本国之君,尊卑辽绝,故君不答拜。此二者之外无不答拜也。

[5] 君拜大夫之辱,大夫拜士之辱,皆谓初为大夫、初为士而来见也。此后朝见,则有常礼矣。士相见礼:士见国君,君答拜者,亦以其初为士而敬之也。主人拜辱,拜其先施也。此谓尊卑相等者。言同国,则异国亦当然矣。

[6] 君于士虽不答拜,然不以施之他国之士者,以其非己之臣也。大夫答贱臣之拜,避国君之体也。

[7] 男女嫌疑之避,亦多端矣。然拜而相答,所以为礼,岂以行礼为

嫌哉？故记者明言之。

国君春田不围泽，大夫不掩群，士不取麛卵。[1]

[1] 春田，蒐猎也。泽广故曰围，群聚故曰掩。麛，鹿子，凡兽子亦通名之。麛卵微，故曰取。君、大夫、士位有等降，故所取各有限制。此与《王制》文异。〇方氏曰："用大者取愈广，位卑者禁愈严。"〇麛，音迷。

岁凶，年谷不登，君膳不祭肺，马不食谷，驰道不除，祭事不县。大夫不食粱，士饮酒不乐。[1]

[1] 膳者，美食之名。肺为气主，周人所重，故食必先祭肺。言不祭肺，示不杀牲为盛馔也。驰道，人君驱驰车马之路。不除，不埽除也。祭必有钟磬之悬，今不悬，言不作乐也。大夫食黍稷，以粱为加。《公食大夫礼》：设正馔之后，乃设稻粱，所谓加也。自君至士各举一事，尊者举其大者，卑者举其小者，其实互相通耳。〇县，音玄，下节同。埽，去声。"公食"食，音嗣。

君无故玉不去身，大夫无故不彻县，士无故不彻琴瑟。[1]

[1] 故，谓灾变丧疾之类。

士有献于国君，他日，君问之曰：安取彼？再拜稽首而后对。[1]大夫私行，出疆必请，反必有献。士私行，出疆必请，反必告。君劳之，则拜；问其行，拜而后对。[2]

[1] 安取彼，犹言何所得彼物也？

[2] 大夫、士以私事出疆，皆请于君；其反也，大夫有献而士不献，不以卑者之物渎尊上也，故但告还而已。劳之者，慰劳其道路之劳苦。问

其行者，询其游历之所至也。先拜后答，急谢见问之宠也。○劳，去声。劳苦，如字。

国君去其国，止之，曰：奈何去社稷也？大夫，曰：奈何去宗庙也？士，曰：奈何去坟墓也？

国君死社稷，大夫死众，士死制。[1]

[1] 死社稷，谓国亡与亡也。死众，谓讨罪御敌，败则死之也。死制，受命于君，难，毋苟免也。○方氏曰："国君曰死社稷，而大夫、士不曰死宗庙、坟墓，何也？盖止其去者存乎私情，死其事者止乎公义也。"○赵氏曰："社，所以祭五土之神。稷，所以祭五谷之神。稷非土无以生，土非稷无以见生生之效，故祭社必及稷，以其同功均利以养人故也。《周礼·大司徒》'设社稷之壝'，壝者，累土以为高也。不屋而坛，社坛在东，稷坛在西。"○壝，遗、伟、谓三音。累，上声。

君天下曰天子，朝诸侯，分职授政，任功，曰予一人。[1]践阼，临祭祀：内事曰孝王某，外事曰嗣王某。[2]临诸侯，畛于鬼神，曰有天王某甫。[3]崩，曰天王崩。复，曰天子复矣。告丧，曰天王登假。措之庙，立之主，曰帝。[4]天子未除丧，曰予小子。生名之，死亦名之。[5]

[1] 天子者，君临天下之总称，臣民通得称之。予一人，则所自称也。

[2] 践，履也。阼，主阶也。履主阶而行事，故曰践阼也。宗庙之事为内，郊社之事为外。祝辞称孝王某者，事亲之辞；嗣王某者，事神之辞也。

[3] 天子巡狩而至诸侯之国，必使祝史致鬼神当祭者之祭，以不亲往，故祝辞称字曰某甫。甫者，丈夫之美称也。○吕氏曰："畛，犹畦畛之

相接然，与‘交际’之‘际’同义。”〇方氏曰：“望秩之礼，必于野外，故以畛言之。畛，田间道也。祭于畛而谓之畛，犹祭于郊而谓之郊也。天子适诸侯非其常，盖有时矣，故于是特言有焉。”〇畛，音轸。

[4] 自上坠下曰崩，亦坏败之称。王者卒，则史书于策曰天王崩。复者，人死则形神离，古人持死者之衣，升屋北面招呼死者之魂，令还复体魄，冀其再生也，故谓之复。天子复者，升屋招呼之辞，臣子不可名君，故呼曰天子复也。疏云：“以例言之，则王后死，亦呼王后复也。”告丧，赴告侯国也。吕氏读“假”为格音，引“王假有庙”与“来假来享”，言其精神升至于天。愚谓遐乃远邈之义，登遐，言其所升高远，犹《汉书》称“大行”。行乃循行之行，去声。以其往而不反，故曰大行也。措，置也。立之主者，始死则凿木为重以依神，既虞而埋之，乃作主以依神也。〇吕氏曰：“考之《礼经》，未有以帝名者。《史记》夏殷之王，皆以帝名，疑殷人祔庙称帝。迁据《世本》，当有所考。至周有谥，始不名帝欤？”〇假，音遐。“王假”“来假”，音格。大行之行，去声。

[5] 郑氏曰：“生名之曰小子王，死亦曰小子王也。晋有小子侯，是僭号也。”〇吕氏曰：“《春秋》书王子猛卒，不言小子者，臣下之称，与史策之辞异也。”

天子有后，有夫人，有世妇，有嫔，有妻，有妾。[1]

[1] 三夫人，九嫔，二十七世妇，八十一御妻。自后而下，皆三因而增其数。妾之数未闻。

天子建天官，先六大，曰大宰、大宗、大史、大祝、大士、大卜，典司六典；[1]天子五官：曰司徒、司马、司空、司士、司寇，典司五众；[2]天子之六府：曰司土、司木、司水、司草、司器、司货，典司六职；[3]天子之六工：曰土工、金工、石工、木工、兽工、草工，典制六材。[4]

[1] 此六大者，天官之属也。以其所掌重于他职，故曰先。○大，并音泰。

[2] 此五官，与天官列而为六。五众者，五官属吏之群众也。

[3] 府者，藏物之所，此府主藏六物之税。

[4] 此六材者，六工之所用也，故不曰典司而曰典制。以上四条，旧说皆为殷制，其实无所考证，皆臆说耳。

五官致贡，曰享。[1]五官之长曰伯，是职方，其摈于天子也，曰天子之吏。天子同姓谓之伯父，异姓谓之伯舅。自称于诸侯，曰天子之老；于外曰公；于其国曰君。[2]

九州之长，入天子之国曰牧。天子同姓谓之叔父，异姓谓之叔舅。于外曰侯；于其国曰君。[3]其在东夷、北狄、西戎、南蛮，虽大，曰子。于内自称曰不谷，于外自称曰王老。[4]庶方小侯，入天子之国曰某人，于外曰子，自称曰孤。[5]

[1] 吕氏曰："岁终，则司徒以下五官，各致其功献于王，故谓之享。贡，功也。享，献也。"

[2] 司徒以下五官之长者，天子之三公也。伯者，长大之名。三公无异职，即六卿中三人兼之，任左右之职谓之相。九命而作伯，则分主畿外诸侯。如《公羊》云"自陕而东者，周公主之；自陕而西者，召公主之"是也。是职方者，言二伯于是职主其所治之方也。天子之吏，摈者之辞也。此伯若是天子同姓，则天子称之为伯父；若异姓，则称为伯舅。皆亲之之辞也。此伯皆有采地，在天子畿内。自称于私土采地之外，则曰公；自称于采地之内，则曰君也。

[3] 天下九州，天子于每州之中，择诸侯之贤者一人，加之一命，使主一州内之列国，取牧养下民之义，故曰牧。叔父叔舅，降于伯父伯舅也。自称于所封国之外，则曰侯，若与国内臣民言，则自称曰君也。

[4] 九州之外，不过子男之国。天子亦选贤以为牧，但以卑且远，故不以牧称，亦不称父舅，朝见之时摈辞惟曰子。虽或有功益地至侯伯之数，其爵亦不过子，故云“虽大，曰子”也。如楚在春秋虽大国，而其爵则称子也。谷，善也。于内，与其臣民言也。外，谓夷狄之境也。自称王老，言天子之老臣也。

[5] 四夷之君，其来荒远，故以庶方名之。庶，众也。某人，若牟人、介人之类。〇疏曰：“于外曰子者，此君在其本国外四夷之中，自称依其本爵，若男亦称男也。若自与臣民言则称孤，孤者，特立无德之称也。”

天子当依而立，诸侯北面而见天子曰觐。天子当宁而立，诸公东面、诸侯西面曰朝。[1]

[1] 郑氏曰：“春朝，受挚于朝，受享于庙。秋觐，一受之于庙。朝者，位于内庙而序进；觐者，位于庙门外而序入。”〇疏曰：“依，状如屏风，以绛为质，高八尺，东西当户牖之间，绣为斧文，亦曰斧依。天子见诸侯，则依而立负之，而南面以对诸侯也。宁者，《尔雅》云：‘门屏之间谓之宁，人君视朝所宁立处。’盖伫立以待诸侯之至，故云当宁而立也。诸侯春见曰朝，秋见曰觐。”又曰：“凡天子三朝，一在路门内，谓之燕朝，大仆掌之；二是路门外之朝，谓之治朝，司士掌之；其三是皋门之内，库门之外，谓之外朝，朝士掌之。诸侯亦有此三朝。”〇依，上声。见，音现。宁，珍吕切。屏，音丙。

诸侯未及期相见曰遇，相见于郤地曰会。[1]诸侯使大夫问于诸侯曰聘，[2]约信曰誓，莅牲曰盟。[3]

[1] 未及期，在期日之前也。郤地，闲隙之地也。下言相见及期日也。遇有遇礼，会有会礼。〇郤、隙同，与却字异。却，音却，从卩。此从阝。

[2] 比年小聘，三年大聘。小聘大夫往，大聘则卿往。〇比，音畀。

［3］约信者，以言语相要约为信也，用誓礼。莅，临也。《春秋》所书遇、会、盟、聘皆有之，惟无誓耳。疏云："盟之为法，先凿地为方坎，杀牲于坎上，割牲左耳，盛以珠盘。又取血盛以玉敦，用血为盟。书成，乃歃血而读书，置牲坎中，加书于上而埋之，谓之载书也。"〇敦，音对。

诸侯见天子，曰臣某侯某。其与民言，自称曰寡人。其在凶服，曰适子孤。[1]临祭祀，内事曰孝子某侯某，外事曰曾孙某侯某。死曰薨，复曰某甫复矣。[2]既葬，见天子曰类见。言谥曰类。[3]诸侯使人使于诸侯，使者自称曰寡君之老。[4]

［1］臣某侯某，如云臣齐侯小白、臣晋侯重耳之类，摈者告天子之辞也。凡自称皆曰寡人，不独与民言也，此略言之耳。适子孤，亦摈者告宾之辞也。〇见，音现。适，音的。

［2］内外事见前章。曾孙，犹晋平公祷河而称曾臣彪之类。天子德厚流光，故外事称嗣王某。诸侯不敢言继嗣，推始封之君而祖之，故称曾孙也。薨之为言瞢也，幽晦之义，本国史书之辞。复称字，臣不名君也。

［3］吕氏曰："继先君之德，乃得受国而见天子，故曰类见。诔先君之善，而请谥于天子，故亦曰类。"〇见，音现。

［4］寡君之老，惟上大夫可称。见《玉藻》。〇下二使，并去声。

天子穆穆，诸侯皇皇，大夫济济，士跄跄，庶人僬僬。[1]

［1］吕氏曰："穆穆，幽深知敬之貌。皇皇，壮盛显明之貌。济济，修饰齐一之貌。跄跄，翔举舒扬之貌。庶人见乎君不为容，进退趋走，僬僬虽无所考，大抵趋走促数，不为容之貌也。"〇济，上声。跄，七羊切。僬，子妙切。见，音现。数，音朔。

天子之妃曰后，诸侯曰夫人，大夫曰孺人，士曰妇人，庶人曰妻。[1]公侯有夫人，有世妇，有妻，有妾。夫人自称于天子，曰老妇；[2]自称于诸侯，曰“寡小君”；[3]自称于其君，曰“小童”。自世妇以下，自称曰“婢子”。[4]子于父母，则自名也。[5]

列国之大夫，入天子之国曰“某士”，自称曰“陪臣某”，于外曰“子”，于其国曰“寡君之老”，使者自称曰“某”。[6]

[1] 郑氏曰：“妃，配也。后之言后也，夫之言扶，孺之言属，妇之言服，妻之言齐。”

[2] 畿内诸侯之妻，因助祭于王后，或因献茧之属，故得以见天子。○陈氏曰：“不以老称，不足以任其事；不以妇称，非所以能事人。故称老妇。”○应氏曰：“年高老固可称老妇，其始嫁者宜如何称？则亦曰妇，而配之以卑小之名耳。”

[3] 疏曰：“此诸侯，谓他国君也。古者诸侯相飨，夫人亦出，故得自称也。《坊记》云：‘阳侯杀缪侯而窃其夫人，故大飨废夫人之礼。’君之妻曰小君，而云寡者，亦从君为谦也。”

[4] 小童，未成人之称。婢之言卑也。

[5] 自称其名。

[6] 某士，摈者称其人曰某国之士也。晋韩起聘于周，摈者曰“晋士起”。盖列国卿大夫，其命数与天子之士等也。陪，重也。诸侯为天子之臣，已又为诸侯之臣也。于外曰子者，亦摈者辞，在他国则摈者称其姓而曰子，《春秋》闵二年“齐高子来盟”，高傒是也。于其国曰寡君之老，谓在己国与人语，则以此自称也。使者自称曰某，某名也；若为使在他国与彼君语，则称名也。○使，去声。重，平声。

天子不言出，诸侯不生名，君子不亲恶。诸侯失地，名；灭同姓，名。[1]

[1] 疏曰：“君子不亲恶者，谓孔子书经，见天子大恶，书出以绝之；诸侯大恶，书名以绝之。君子不亲此恶，故书出名以绝之也。”○吕氏曰：

"贤者贵者，皆谓之君子。天子无外，安得而言出？然而言出者，德不足以君天下，而位号存焉耳。诸侯不生名，惟死而告终，然后名之；然有生名者，德不足以名君子，而位号存焉耳。故天子不言出，诸侯不生名，皆谓君子不亲恶故也。"○陈氏曰："言出，所以外之；生名，所以贱之。《春秋》书'天王出居于郑'，讥之也；书'以蔡侯献舞归'，以其失地也；书'卫侯毁灭邢'，以其灭同姓也。夫天子之言出，诸侯之生名，皆有大恶，在所弃焉，君子所以不亲也。然《春秋》书天王居于某地者二，而不言出，诸侯失地而奔者十五，灭同姓者三，而有不生名者，莫非出居而事有异同，莫非失地灭同姓而罪有轻重故也。盖诸侯义莫大于保国，仁莫大于亲亲，不能保国而至于失地，不能亲亲而至于灭同姓，其名之也宜矣。"

为人臣之礼，不显谏，三谏而不听，则逃之。[1]子之事亲也，三谏而不听，则号泣而随之。[2]

[1] 陈氏曰："孔子之于鲁，百里奚之于秦，未尝谏而去；龙逢之于夏，比干之于殷，则死于谏而不去。何也？盖事有轻重，势有可否，君子以礼为守，以义为行，迹虽不同，其趋一也。"

[2] 吕氏曰："君臣，义合也；父子，天合也。君臣其合也与父子同，其不合也去之，与父子异也。"○号，平声。

君有疾饮药，臣先尝之；亲有疾饮药，子先尝之。医不三世，不服其药。[1]

[1] 吕氏曰："医三世，治人多，用物熟矣。功已试而无疑，然后服之，亦谨疾之道也。"

儗人必于其伦。[1]

[1] 疏曰："不得以贵比贱，为不敬也。"○方氏曰："禹、稷、颜回，时不同矣，孔子俱以为贤，儗之以道也；夷、惠、伊尹，迹不同矣，孟子俱以为

圣，儗之以心也。子夏以有若似孔子，徒儗之以貌而已，不知圣贤之德不伦也。公孙丑以管仲比孟子，徒儗之以位而已，不知王霸之道不伦也。"〇儗与拟同音，又疑、义二音。比也，僭也。俗本混作拟。拟，像也，揣度也，与儗小异。

问天子之年，对曰：闻之，始服衣若干尺矣。[1]问国君之年，长，曰：能从宗庙社稷之事矣；幼，曰：未能从宗庙社稷之事也。[2]问大夫之子，长，曰：能御矣；幼，曰：未能御也。[3]问士之子，长，曰：能典谒矣；幼，曰：未能典谒也。[4]问庶人之子，长，曰：能负薪矣；幼，曰：未能负薪也。[5]

[1] 若，如也，未定之辞。数始于一而成于十，干字从一从十，故言若干。谓或如一，或如十，凡数之未定者皆可言。颜注《食货志》云："干，个也。"谓当如此个数，意亦近之。

[2] 为国以礼，而礼莫重于祭。宗庙社稷，事无有先于此者，能则知其长，未能则知其幼。

[3] 古者五十命为大夫，故不问其年而问其子之长幼。御，谓御车也。御者六艺之一，幼则未能。〇疏曰："御，谓主事也。官有世功，子学父业，故有御事之因。"

[4] 谒，请也。典谒者，主宾客告请之事。士贱无臣下，自典告也。

[5] 负薪者，庶人力役之事，长则能。

问国君之富，数地以对，山泽之所出。[1]问大夫之富，曰：有宰食力，祭器、衣服不假。[2]问士之富，以车数对。[3]问庶人之富，数畜以对。[4]

[1] 数地，举其土地之广狭，如百里、七十里、五十里，各言之也。山泽所出，如鱼盐、蜃蛤、金玉、锡石之类也。〇数，上声。

[2] 宰，邑宰也。有宰则有采地矣。食力，谓食下民赋税之力。衣服，祭服也。〇采，去声。

[3] 上士三命得赐车马，故问士富，则以车数对也。

[4] 庶人受田有定制，惟畜牧之多寡在乎人，故数畜以对也。〇数，上声。畜，许又切。

天子祭天地，祭四方，祭山川，祭五祀，岁遍。诸侯方祀，祭山川，祭五祀，岁遍。大夫祭五祀，岁遍。士祭其先。[1]

[1] 吕氏曰："此章泛论祭祀之法。冬日至祭天，夏日至祭地，四时各祭其方以迎气，又各望祭其方之山川。五祀，则春祭户，夏祭灶，季夏祭中霤，秋祭门，冬祭行，此所谓'岁遍'。诸侯有国，国必有方，祭其所居之方而已；非所居之方，及山川不在境内者，皆不得祭，故曰'方祀'。祭法，天子立七祀，加以司命泰厉；诸侯五祀，有司命公厉而无户灶；大夫三祀，有族厉而无中霤户灶；士二祀，则门行而已。是法考于经皆不合，《曾子问》'天子未殡，五祀之祭不行'，《士丧礼》祷于五祀，则自天子至士皆祭五祀。祭法言涉怪妄不经，至于所称庙制，亦不与诸经合。"〇论，去声。

凡祭，有其废之，莫敢举也；有其举之，莫敢废也。非其所祭而祭之，名曰淫祀。淫祀无福。[1]

[1] 吕氏曰："废之莫敢举，如已毁之宗庙，变置之社稷，不可复祀也。举之莫敢废，如已修之坛墠而辄毁，已正之昭穆而辄变也。非所祭而祭之，如法不得祭，与不当祭而祭之者也。鲁立武宫，立炀宫，举其废也；跻僖公，废其举也；鲁之郊禘，与祀文王，祀爰居，祭所不当祭也。淫，过也。以过事神，神弗享也，故无福。"〇方氏曰："可废而废，可举而举者，存乎义；因所废而莫敢举，因所举而莫敢废者，存乎礼。盖礼有经，义在权也。"

天子以牺牛，诸侯以肥牛，大夫以索牛，士以羊豕。[1]

[1] 毛色纯而不杂曰牺，养于涤者曰肥，求得而用之曰索。○疏曰："此谓天子、大夫、士也。若诸侯大夫即用少牢，士则用特牲；其丧祭则大夫亦得用牛，士亦用羊豕。故《杂记》云'上大夫之虞也，少牢，卒哭成事，祔，皆大牢。下大夫之虞也，特牲，卒哭成事，祔，皆少牢'是也。"○索，音色，取也，求也；本音昔各切，绳也，荒也，尽也，与此不同，俗混读。少，去声。大牢之大，音泰。

支子不祭，祭必告于宗子。[1]

[1] 疏曰："支子，庶子也。祖祢庙在适子之家，庶子贱不敢辄祭。若宗子有疾，不堪当祭，则庶子代摄可也，犹必告于宗子然后祭。"○吕氏曰："别子为祖，继别为宗。百世不迁者，大宗也，继祢，继祖，继曾祖，继高祖。五世则迁者，小宗也。宗子上继祖祢，族人兄弟皆宗之，冠、娶妻必告，死必赴，况于祭乎？所宗乎宗子者，皆支子也，支子不敢祭也。如诸侯不敢祖天子，大夫不敢祖诸侯。尊者之祭，非卑者所敢尸也。故宗子为士，庶子为大夫以上，牲祭于宗子之家，祝曰'孝子某为介子某荐其常事'，则支子虽贵，可以用其禄而不敢专其事也。宗子去，在他国，则支子摄主以祭，其礼有杀。"○别，必列切。冠、"为介"之"为"、杀，并去声。

凡祭宗庙之礼，牛曰一元大武，[1]豕曰刚鬣，[2]豚曰腯肥，[3]羊曰柔毛，[4]鸡曰翰音，[5]犬曰羹献，[6]雉曰疏趾，[7]兔曰明视，[8]脯曰尹祭，[9]槁鱼曰商祭，[10]鲜鱼曰脡祭，[11]水曰清涤，[12]酒曰清酌，[13]黍曰芗合，[14]粱曰芗萁，[15]稷曰明粢，[16]稻曰嘉蔬，[17]韭曰丰本，[18]盐曰咸鹾，[19]玉曰嘉玉。[20]币曰量币。[21]

[1] 此以下凡二十一物。元，头也。武，足迹也。牛肥则迹大。

[2] 豕肥则鬣刚。

[3] 腯者，充满之貌。〇腯，音突。

[4] 羊肥，则毛细而柔弱。

[5] 翰，长也。鸡肥则鸣声长。

[6] 犬肥则可为羹以献。凡煮肉皆谓之羹，《特牲礼》云“羹饪”、颖考叔曰“未尝君之羹”是也。

[7] 雉肥则两足开张，故曰疏趾。〇疏，音疏。

[8] 兔肥则目开而视明，故曰明视。

[9] 尹，正也。脯欲剸割方正。〇剸，音敷。铺为花貌谓为剸。

[10] 槁，乾也。商，度也。商度其燥湿之宜。〇槁，音考。乾，音干。度，入声。

[11] 脡，直也。鱼之鲜者不馁败，则挺然而直。〇鲜，平声。脡，音挺。

[12] 水，玄酒也。水可溉濯，故曰清涤。

[13] 古之酒醴，皆有清有糟，未泲者为糟，既泲者为清也。〇泲，音挤。莤泲，酾酒也。

[14] 黍熟则黏聚不散，其气又香，故曰芗合。〇芗，音香。

[15] 粱，谷之强者，其茎叶亦香，故曰芗萁。〇萁，音基。

[16] 稷，粟也，明则足以交神，祭祀之饭，谓之粢盛。〇粢，音咨。盛，平声。

[17] 蔬，与疏同。立苗疏，则茂盛。嘉，美也。

[18] 其根本丰盛也。

[19] 咸鹾，盐味之厚也。〇鹾，才何切。

[20] 无瑕之玉也。

[21] 中广狭长短之度也。〇疏曰：“此等诸号，若一祭并有，则举其大者。或惟有犬鸡，惟有鱼兔，则各举其号，故经备载其名。”〇中，去声。

天子死曰“崩”，诸侯曰“薨”，大夫曰“卒”，士曰“不禄”，庶人曰"死"。在床曰尸，在棺曰柩。羽鸟曰降，四足曰渍。死寇曰兵。[1]祭王父曰皇祖考，王母曰皇祖妣；父曰皇考，母曰皇妣；夫曰皇辟。[2]生曰父，曰母，曰妻；死曰考，曰妣，曰嫔。寿考曰卒，短折曰不禄。[3]

[1] 疏曰："卒，终竟也。士禄以代耕，不禄，不终其禄也。死者，澌也，消尽无余之谓。尸，陈也。古人病困，气未绝之时，下置在地；气绝之后，更还床上。所以如此者，凡人初生在地，病将死，故下复其初生，冀得脱死重生也；若其不生，复反本床。既未殡敛，陈列在床，故曰'尸'也。"○吕氏曰："柩，久也。比化者无使土亲肤，故在棺欲其久也。羽鸟，飞翔之物，降而下则死矣；兽，能动之物，腐败则死矣。渍，谓其体腐败渐渍也。兵者，死于寇难之称也。"○渍，音自。

[2] 曰皇曰王，皆以君之称尊之也。考，成。妣，媲。辟，法也，妻所法式也。为之宗庙以鬼享之，不得不异其称谓也。○辟，音璧。

[3] 嫔者，妇人之美称，嫔，犹宾也，夫所宾敬也。短折，夭横而死也。此言"卒"与"不禄"，与上文大夫、士之称同者，彼以位之尊卑言，此以数之修短言也。又按吕氏说"死寇曰兵"之下，当以此二句承之，盖错简也。○谢氏曰："《易》曰'有子考无咎'，又曰'意承考也'，又《书》言'事厥考厥长'之类，皆非死而后称，盖古者通称，后世乃异之耳。"○折，市设切。横，去声。

天子视，不上于袷，不下于带。国君绥视，大夫衡视，士视五步。[1]凡视，上于面则敖，下于带则忧，倾则奸。[2]

[1] 天子视，谓视天子也。袷，朝服祭服之曲领也。绥，颓下之貌。视国君者，目不得平看于面，当视其面之下袷之上也。衡，平也。大夫之臣视大夫，平看其面也。士视五步者，士之属吏视上，亦不得高面下带，而得旁视左右五步之间也。○袷，音劫。绥，音妥。

[2] 吕氏曰："上于面者，其气骄，知其不能以下人矣；下于带者，其

神夺，知其忧在乎心矣。视流则容侧，必有不正之心存乎胸中矣。此君子之所以慎也。”〇敖，音傲。

君命，大夫与士肄，在官言官，在府言府，在库言库，在朝言朝。[1]朝言不及犬马。[2]辍朝而顾，不有异事，必有异虑。故辍朝而顾，君子谓之固。[3]在朝言礼，问礼对以礼。[4]

[1] 人君有命令，则大夫、士相与肄习之，其事或在官，或在府，或在库，或在朝，随其所在而谋议之。官者，职守司存之总名。府库者，货器藏贮之异号。朝，则君臣会见之公庭也。〇肄，音异。朝，音潮，下并同。

[2] 犬马微贱，不当言之于朝。

[3] 朝仪当肃，不宜为左右之顾。异，犹他也。敬心不存，则形诸外，此所以知其有他事他虑也。固，谓鄙野不达于礼也。

[4] 朝廷之上，凡所当言者皆礼也。一问一对，必稽于礼。“孔子在宗庙朝廷，便便言，唯谨尔”，尽此道也。〇便，平声。

大享不问卜，不饶富。[1]

[1] 吕氏曰：“冬至祀天，夏至祭地，日月素定，故不问卜。至敬不坛，扫地而祭，牲用犊，酌用陶匏。席用稿秸，视天下之物，无以称其德，以少为贵焉，故不饶富。”〇称，去声。

凡挚，天子鬯，诸侯圭，卿羔，大夫雁，士雉，庶人之挚匹，童子委挚而退。野外军中无挚，以缨、拾、矢可也。[1]妇人之挚，椇、榛、脯、脩、枣、栗。[2]

[1] 挚，与贽同，执物以为相见之礼也。鬯，酿秬黍为酒曰秬鬯，和以郁金之草则曰郁鬯，不以郁和则直谓之鬯，言其芬香条畅于上下也。天子无客礼而言挚者，用以礼见于神而已。圭，命圭也。公桓圭，侯信

圭，伯躬圭，子谷璧，男蒲璧，此不言璧，略也。羔，取其群而不失类，且洁素也。雁，取其知时，且飞有行列也。雉，取其性之耿介，且文饰也。匹，读为鹜，野鸭曰凫，家鸭曰鹜，不能飞腾，如庶人之终守耕稼也。童子不敢与成人为礼，或见师友而执贽，则奠委于地，而自退避之也。缨，马之繁缨，即马鞅也。拾，射鞴也。矢，箭也。或野外，或军中，随所有用之也。〇匹，音木。和，去声。见，音现。信，音申。行，音杭。繁，音般。

［2］椇，形似珊瑚，味甜美，一名石李。榛，似栗而小。脯，即今之脯也。脩，用肉煅治加姜桂乾之。脯形方正，脩形稍长，并枣、栗六物，妇初见舅姑，以此为挚也。《左传》："女挚不过榛、栗、枣、脩，以告虔也。"〇椇，音矩。乾，音干。

纳女于天子，曰备百姓；于国君，曰备酒浆；于大夫，曰备埽洒。[1]

［1］吕氏曰："不敢以伉俪自期，愿备妾媵之数而已。皆自卑之辞也。"〇埽，去声。洒，所买切。

卷之二

檀弓上第三[1]

[1] 刘氏曰:“《檀弓》篇首言子游,及篇内多言之,疑是其门人所记。”

公仪仲子之丧,檀弓免焉。仲子舍其孙而立其子,檀弓曰:“何居?我未之前闻也。”趋而就子服伯子于门右,[1]曰:“仲子舍其孙而立其子,何也?”伯子曰:“仲子亦犹行古之道也。昔者文王舍伯邑考而立武王,微子舍其孙腯而立衍也。夫仲子亦犹行古之道也。”子游问诸孔子,孔子曰:“否!立孙。”[2]

[1] 公仪,氏;仲子,字。鲁之同姓也。檀弓,鲁人之知礼者。袒免,本五世之服,而朋友之死于他邦而无主者,亦为之免,其制以布,广一寸,从项中而前交于额,又却向后而绕于髻也。适子死,立适孙为后,礼也。弓以仲子舍孙而立庶子,故为过礼之免以吊而讥之。何居,怪之之辞,犹言何故也。此时未小敛,主人未居阼阶下,犹在西阶下受其吊,故弓吊毕而就子服伯子于门右而问之也。〇免,音问。居,音姬。“亦为”为,去声。适,音的。舍,上声。敛,去声。

[2] 曰,弓之问也。犹,尚也。亦犹,拟议未定之辞。伯邑考,文王长子。微子舍孙立衍,或是殷礼;文王之立武王,先儒以为权,或亦以为遵殷制,皆未可知,否则以德不以长,亦如大王传位季历之意欤?〇应氏曰:“檀弓默而不复言,子游疑而复求正,非夫子明辨以示之,孰知舍孙立

子之为非乎?”〇舍,上声。腯,徒本切。长,上声。大,音泰。复,扶又切。

事亲有隐而无犯,左右就养无方,服勤至死,致丧三年。事君有犯而无隐,左右就养有方,服勤至死,方丧三年。事师无犯无隐,左右就养无方,服勤至死,心丧三年。[1]

[1] 饶氏曰:“左右,音佐佑,非也。左右,即是方。养,不止饮食之养,言或左或右无一定之方。子之于亲,不分职守,事事皆当理会,无可推托;事师如事父,故皆无方。有方,言左不得越右,右不得越左,有一定之方。臣之事君,当各尽职守,故曰有方。”〇朱氏曰:“亲者,仁之所在,故有隐而无犯;君者,义之所在,故有犯而无隐;师者,道之所在,故无犯无隐也。”〇刘氏曰:“隐皆以谏言。父子主恩,犯则为责善而伤恩,故几谏而不可犯颜;君臣主义,隐则是畏威阿容而害义,故匡救其恶,勿欺也而犯之。师生处恩义之间,而师者道之所在,谏必不见拒,不必犯也;过则当疑问,不必隐也。隐非掩恶之谓,若掩恶而不可扬于人,则三者皆当然也。惟秉史笔者不在此限。就养,近就而奉养之也。致丧,极其哀毁之节也。方丧,比方于亲丧而以义并恩也。心丧,身无衰麻之服,而心有哀戚之情,所谓若丧父而无服也。”

季武子成寝,杜氏之葬在西阶之下,请合葬焉,许之。入宫而不敢哭。武子曰:“合葬,非古也,自周公以来,未之有改也。吾许其大而不许其细。何居?”命之哭。[1]

[1] 刘氏曰:“成寝而夷人之墓,不仁也;不改葬而又请合焉,亦非孝也;许其合而又命之哭焉,矫伪以文过也。且寝者,所以安其家,乃处其家于人之冢上,于汝安乎?墓者,所以安其先,乃处其先于人之阶下,其能安乎?皆不近人情,非礼明矣。”〇葬,才浪切。文,去声。

子上之母死而不丧，门人问诸子思曰："昔者子之先君子丧出母乎？"曰："然。""子之不使白也丧之，何也？"子思曰："昔者吾先君子无所失道，道隆则从而隆，道污则从而污，伋则安能！为伋也妻者，是为白也母；不为伋也妻者，是不为白也母。"故孔氏之不丧出母，自子思始也。[1]

[1] 子上之母，子思出妻也。礼为出母齐衰、杖期，而为父后者无服，心丧而已。伯鱼、子上皆为父后，礼当不服者，而伯鱼乃期而犹哭，夫子闻之曰"甚"，而后除之，此贤者过之之事也。子思不使白丧出母，正欲用礼耳，而门人以先君子之事为问，则子思难乎言伯鱼之过礼也，故以圣人无所失道为对，谓圣人之听伯鱼丧出母者，以道揆礼而为之隆杀也。惟圣人能于道之所当加隆者，则从而隆之；于道之所当降杀者，则从而杀之。污，犹杀也。是于先王之礼有所斟酌，而随时隆杀以从于中道也，我则安能如是哉？但为我妻，则白当为母服；今既不为我妻，则白为父后而不当服矣。子思是欲守常礼，而不欲使如伯鱼之加隆也。○"礼为"为，去声。杀，去声。

孔子曰："拜而后稽颡，颓乎其顺也；稽颡而后拜，颀乎其至也。三年之丧，吾从其至者。"[1]

[1] 此言丧拜之次序也。拜，拜宾也。稽颡者，以头触地，哀痛之至也。拜以礼宾，稽颡以自致，谓之顺者，以其先加敬于人，而后尽哀于己，为得其序也。颀者，恻隐之发也，谓之至者，以其哀常在于亲，而敬暂施于人，为极自尽之道也。夫子从其至者，亦"与其易也宁戚"之意。○朱子曰："拜而后稽颡，先以两手伏地如常，然后引首向前扣地也。稽颡而后拜者，开两手而先以首扣地，却交手如常也。"○颀，音恳。易，去声。

孔子既得合葬于防，曰："吾闻之，古也墓而不坟。今丘也东西南北之人也，不可以弗识也。”于是封之，崇四尺。[1]孔子先反，门人后，雨甚。句至。句孔子问焉，曰：“尔来何迟也？”曰：“防墓崩。”孔子不应。三，孔子泫然流涕曰：“吾闻之，古不修墓。”[2]

[1] 孔子父墓在防，故奉母丧以合葬。墓，茔域也。封土为垄曰坟。东西南北之人，言其宦游无定居也。识，记也。为垄，所以为记识。一则恐人不知而误犯，一则恐己或忘而难寻，故封之高四尺也。〇识，音志。

[2] 雨甚而墓崩，门人修筑而后反。孔子流涕者，自伤其不能谨之于封筑之时，以至崩圮。且言古人所以不修墓者，敬谨之至，无事于修也。〇应、三，并去声。泫，胡犬切。

孔子哭子路于中庭，有人吊者，而夫子拜之。既哭，进使者而问故。使者曰：“醢之矣！”遂命覆醢。[1]

[1] 子路死于孔悝之难，遂为卫人所醢。孔子哭之中庭，师友之礼也。闻使者之言而覆弃家醢，盖痛子路之祸，而不忍食其似也。〇朱子曰：“子路仕卫之失，前辈论之多矣。然子路却是见不到，非知其非义而苟为也。”〇使，去声。覆，入声。难、论，并去声。

曾子曰：“朋友之墓，有宿草而不哭焉。”[1]

[1] 草根陈宿，是期年之外，可无哭矣。

子思曰：“丧三日而殡，凡附于身者，必诚必信，勿之有悔焉耳矣。三月而葬，凡附于棺者，必诚必信，勿之有悔焉耳矣。[1]丧三年以为极。句亡则弗之忘矣。故君子有终身之忧，而无一朝之患。故忌日不乐。”[2]

[1] 附于身者，袭敛、衣衾之具；附于棺者，明器、用器之属也。〇方

氏曰："必诚，谓于死者无所欺；必信，谓于生者无所疑。"

[2] 丧莫重于三年。既葬曰亡。《中庸》曰："事亡如事存。"虽已葬而不忘其亲，所以为终身之忧而忌日不乐也。《祭义》曰"君子有终身之丧"，忌日之谓也。冢宅崩毁，出于不意，所谓一朝之患。惟其必诚必信，故无一朝之患也。或曰：殡葬皆一时事，于此一时而不谨，则有悔；惟有诚信，故无此一时不谨之患。○乐，音洛。

孔子少孤，不知其墓，殡于五父之衢。人之见之者，皆以为葬也。其慎也，盖殡也。问于郰曼父之母，然后得合葬于防。[1]

[1] 不知其墓者，不知父墓所在也。殡于五父之衢者，殡母丧也。礼无殡于外者，今乃在衢，先儒谓欲致人疑问，或有知者告之也。人见柩行于路，皆以为葬，然以引观之，殡引饰棺以輤，葬引饰棺以柳翣，此则殡引耳。按《家语》：孔子生三岁而叔梁纥死，是少孤也。然颜氏之死，夫子成立久矣，圣人人伦之至，岂有终母之世，不寻求父葬之地，至母殡而犹不知父墓乎？且母死而殡于衢路，必无室庐而死于道路者，不得已之为耳。圣人礼法之宗主，而忍为之乎？马迁为野合之诬，谓颜氏讳而不告，郑注因之以滋后世之惑，且如尧、舜、瞽瞍之事，世俗不胜异论，非孟子辞而辟之，后世谓何？此经杂出诸子所记，其间不可据以为实者多矣。孟子曰："主痈疽与侍人瘠环，何以为孔子？"愚亦谓终身不知父墓，何以为孔子乎？其不然审矣。此非细故，不得不辨。○少，去声。父，音甫。慎、引，去声。郰，音邹。曼，音万。

邻有丧，舂不相；里有殡，不巷歌。[1]丧冠不緌。[2]

[1] 说见《曲礼》。○相，去声。见，音现，后凡见某书，仿此。

[2] 冠必有笄以贯之，以纮系笄，顺颐而下结之曰缨，垂其余于前者，谓之緌。丧冠不緌，尽去饰也。○緌，如追切，与"蕤"音同。

有虞氏瓦棺，夏后氏堲周，殷人棺椁，周人墙置翣。[1]周人以殷人之棺椁葬长殇，以夏后氏之堲周葬中殇、下殇，以有虞氏之瓦棺葬无服之殇。[2]

[1] 瓦棺，始不衣薪也。堲周，或谓之土周；堲者，火之余烬，盖治土为砖而四周于棺之坎也。殷世始为棺椁，周人又为饰棺之具，盖弥文矣。墙，柳衣也。柳者，聚也，诸饰之所聚也。以此障柩，犹垣墙之障家，故谓之墙。翣，如扇之状，有画为黼者，有画为黻者，有画云气者，多寡之数，随贵贱之等。〇凡夏后、华夏、肆夏之夏，上声，唯春夏之夏，如字。堲，音稷。翣，音歃。

[2] 十六至十九为长殇，十二至十五为中殇，八岁至十一为下殇，七岁以下为无服之殇，生未三月不为殇。〇长，上声。

夏后氏尚黑，大事敛用昏，戎事乘骊，牲用玄。殷人尚白，大事敛用日中，戎事乘翰，牲用白。周人尚赤，大事敛用日出，戎事乘騵，牲用骍。[1]

[1] 禹以治水之功得天下，故尚水之色；汤以征伐得天下，故尚金之色。周之尚赤，取火之胜金也。大事，丧事也。骊，黑色。翰，白色。《易》曰："白马翰如。"騵，赤马而黑鬣尾也。〇騵，音元。

穆公之母卒，使人问于曾子曰："如之何？"对曰："申也闻诸申之父曰：'哭泣之哀，齐、斩之情，饘粥之食，自天子达。布幕，卫也；縿幕，鲁也。'"[1]

[1] 穆公，鲁君。申，参之子也。厚曰饘，稀曰粥。幕所以覆于殡棺之上。卫以布为幕，诸侯之礼也；鲁以縿为幕，盖僭天子之礼矣。〇齐，音咨。饘，音旃。縿，音绡。

晋献公将杀其世子申生，公子重耳谓之曰："子盖言子之志于公乎？"世子曰："不可。君安骊姬，是我伤公之心也。"[1]曰："然则盖行乎？"世子曰："不可。君谓我欲弑君也。天下岂有无父之国哉！吾何行如之？"[2]使人辞于狐突曰："申生有罪，不念伯氏之言也，以至于死。申生不敢爱其死。虽然，吾君老矣，子少，国家多难，伯氏不出而图吾君。伯氏苟出而图吾君，申生受赐而死。"再拜稽首乃卒。是以为恭世子也。[3]

[1] 此事详见《左传》。重耳，申生异母弟，即文公也。盖，何不也。明其谗则姬必诛，是使君失所安而伤其心也。○重，平声。盖，音盍，下节同。传，去声。

[2] 重耳又劝其奔他国，而申生不从也。何行如之，言行将何往也。

[3] 狐突，申生之傅。辞，犹将去而告违，盖与之永诀也。申生自经而死，陷父于不义，不得为孝，但得谥恭而已。○疏曰："注云：伯氏，狐突别氏者。狐是总氏，伯仲是兄弟之字，字伯者谓之伯氏，字仲者谓之仲氏。故传云：'叔氏其忘诸乎？'又此下文云：'叔氏专以礼许人，是一人之身。'字则别为氏也。"○少、难，并去声。传，去声。

鲁人有朝祥而莫歌者，子路笑之。夫子曰："由！尔责于人，终无已夫！三年之丧，亦已久矣夫！"子路出，夫子曰："又多乎哉！逾月则其善也。"[1]

[1] 朝祥，旦行祥祭之礼也。朝祥莫歌，固为非礼，特以礼教衰废之时，而此人独能行三年之丧，故夫子抑子路之笑。然终非正礼，恐学者致疑，故俟子路出，乃正言之。其意若曰：名为三年之丧，实则二十五月，今已至二十四月矣，此去可歌之日，又岂多有日月乎哉！但更逾月而歌，则为善矣。盖圣人于此，虽不责之以备礼，亦未尝许之以变礼也。○莫，音暮。

鲁庄公及宋人战于乘丘，县贲父御，卜国为右。马惊败绩，公队，佐车授绥，公曰："末之卜也。"县贲父曰："他日不败绩，而今败绩，是无勇也。"遂死之。圉人浴马，有流矢在白肉。公曰："非其罪也。"遂诔之。士之有诔，自此始也。[1]

[1] 乘丘，鲁地。战在庄公十年。县、卜，皆氏也。凡车右以勇力者为之。大崩曰败绩。公堕车而佐车授之绥以登，是登佐车也。佐车，副车也。绥，挽以升车之索也。末之卜者，言卜国微末无勇也，二人遂赴斗而死。圉人，掌马者。及浴马方见流矢中马股间之肉，则知非二子之罪矣。生无爵则死无谥，殷大夫以上为爵，士虽周爵，卑不应谥。庄公以义起，遂诔其赴敌之功以为谥焉。〇方氏曰："诔之为义，达善之实而不欲饰者也。谥则因诔之言而别之，有诔则有谥矣。"〇乘，去声。县，音玄。贲，音奔。父，音甫。队，音坠。中，去声。别，必列切。

曾子寝疾，病，乐正子春坐于床下，曾元、曾申坐于足，童子隅坐而执烛。[1]童子曰："华而睆，大夫之箦与？"子春曰："止！"曾子闻之，瞿然曰："呼！"曰："华而睆，大夫之箦与？"曾子曰："然。斯季孙之赐也。我未之能易也，元起易箦！"曾元曰："夫子之病革矣，不可以变。幸而至于旦，请敬易之。"曾子曰："尔之爱我也不如彼。君子之爱人也以德，细人之爱人也以姑息。吾何求哉？吾得正而毙焉，斯已矣。"举扶而易之，反席未安而没。[2]

[1] 病者，疾之甚也。子春，曾子弟子。元与申，曾子子也。

[2] 华者，画饰之美好。睆者，节目之平莹。箦，簟也。止，使童子勿言也。瞿然，如有所惊也。呼者，叹而嘘气之声。曰，童子再言也。革，急也。变，动也。彼，谓童子也。童子知礼，以为曾子未尝为大夫，岂可卧大夫之箦。曾子识其意，故然之。且言此鲁大夫季孙之赐耳，于是

必欲易之，易之而没，可谓毙于正矣。○朱子曰："易箦结缨，未须论优劣，但看古人谨于礼法，不以死生之变，易其所守如此，便使人有行一不义杀一不辜而得天下不为之心。此是紧要处。"又曰："季孙之赐，曾子之受，皆为非礼。或者因仍习俗，尝有是事而未能正耳。但及其疾病不可以变之时，一闻人言，而必举扶以易之，则非大贤不能矣。此事切要处，正在此毫厘顷刻之间。"○睆，呼板切。箦，音责。瞿，音屦。呼，音吁。革，音亟。论，去声。

始死，充充如有穷；既殡，瞿瞿如有求而弗得；既葬，皇皇如有望而弗至。练而慨然，祥而廓然。[1]

[1] 疏曰："事尽理屈为穷。亲始死，孝子匍匐而哭之，心形充屈，如急行道极，无所复去，穷急之容也。瞿瞿，眼目速瞻之貌，如有所失而求觅之不得然也。皇皇，犹栖栖也。亲归草土，孝子心无所依托，如有望彼来而彼不至也。至小祥，但慨叹日月若驰之速也。至大祥，则情意寥廓不乐而已。"○方氏曰："下篇述颜丁之居丧，则言皇皇于始死，言慨焉于既葬；问丧，则言皇皇于反哭，所言不同者，盖君子有终身之丧，思亲之心，岂有隆杀哉！先王制礼，略为之节而已，故其所言不必同。"○瞿，音屦。乐，音洛。杀，去声。

邾娄复之以矢，盖自战于升陉始也。[1]鲁妇人之髽而吊也，自败于台鲐始也。[2]

[1] 鲁僖公二十二年，与邾人战于升陉，鲁地也。邾师虽胜，而死伤者多，军中无衣，复者用矢。《释》云："邾人呼邾声曰娄，故曰邾娄。"夫以尽爱之道，祷祠之心，孝子不能自已，冀其复生也。疾而死，行之可也；兵刃之下，肝脑涂地，岂有再生之理？复之用矢，不亦诬乎？○娄，音间。陉，音形。

[2] 吉时以缅韬发，凶则去缅而露其髻，故谓之髽。狐鲐之战，在鲁

襄公四年，盖为邾人所败也。髽不以吊，时家家有丧，故髽而相吊也。〇方氏曰："矢所以施于射，非所以施于复；髽所以施于丧，非所以施于吊。因之而弗改，则非也。"〇髽，庄华切。台，音狐。鲐，音苔。

南宫绍之妻之姑之丧，夫子诲之髽，曰："尔毋从从尔！尔毋扈扈尔！盖榛以为笄，长尺而總八寸。"[1]

[1] 绍妻，夫子兄女也。姑死，夫子教之为髽。从从，高也。扈扈，广也。言尔髽不可太高，不可太广，又教以笄總之法。笄，即簪也。吉笄尺二寸，丧笄一尺。斩衰之笄用箭竹，竹之小者也。妇为舅姑皆齐衰不杖，则当用榛木为笄也。束发谓之總，以布为之，既束其本末而總之，余者垂于髻后，其长八寸也。〇绍，音叨。从，音总。扈，音户。长，音仗。"妇为"为，去声。

孟献子禫，县而不乐，比御而不入。夫子曰："献子加于人一等矣。"[1]

[1] 孟献子，鲁大夫仲孙蔑也。禫，祭名。禫者，澹澹然平安之意。大祥后间一月而禫，故云中月而禫。或云祥月之中者，非。《小记》云"中一以上而祔"，亦谓间一世也。礼，大夫判县，县而不乐者，但县之而不作也。比御而不入者，虽比次妇人之当御者，而犹不复寝也。一说，比，及也。亲丧外除，故夫子美之。〇禫，大感切。县，音玄。比，音畀。间，去声。

孔子既祥，五日弹琴而不成声，十日而成笙歌。

有子盖既祥而丝屦、组缨。[1]

[1] 有子，孔子弟子有若也。礼，既祥，白屦无絇，缟冠素纰，组之文五采。今方祥，既以丝为屦之饰，以组为冠之缨，服之吉者也。此二者，皆讥其变吉之速。然盖者，疑辞，恐记者亦是得于传闻，故疑其辞也。引

孔子之事者，以见余哀未忘也。○绚，音句，又音拘。

死而不吊者三：畏、厌、溺。[1]

[1] 方氏曰："战陈无勇，非孝也，其有畏而死者乎？君子不立岩墙之下，其有厌而死者乎？孝子舟而不游，其有溺而死者乎？三者皆非正命，故先王制礼，在所不吊。"○应氏曰："情之厚者岂容不吊，但其辞未易致耳。若为国而死于兵，亦无不吊之理，若齐庄公于杞梁之妻，未尝不吊也。"○愚闻先儒言明理可以治惧，见理不明者，畏惧而不知所出，多自经于沟渎，此真为死于畏矣，似难专指战陈无勇也。或谓斗很亡命曰畏。○厌，音压。陈，音阵。

子路有姊之丧，可以除之矣，而弗除也。孔子曰："何弗除也？"子路曰："吾寡兄弟而弗忍也。"孔子曰："先王制礼，行道之人皆弗忍也。"子路闻之，遂除之。[1]

[1] 行道之人，皆有不忍于亲之心，然而遂除之者，以先王之制，不敢违也。

太公封于营丘，比及五世，皆反葬于周。君子曰："乐，乐其所自生。礼，不忘其本。"古之人有言曰："狐死正丘首，仁也。"[1]

[1] 太公虽封于齐，而留周为太师，故死而遂葬于周。子孙不敢忘其本，故亦自齐而反葬于周，以从先人之兆，五世亲尽而后止也。乐生而敦本，礼乐之道也。生而乐于此，岂可死而倍于此哉！狐虽微兽，丘其所窟藏之地，是亦生而乐于此矣，故及死而犹正其首以向丘，不忘其本也。倍本忘初，非仁者之用心，故以仁目之。○疏曰："周公封鲁，其子孙不反葬于周者，以有次子在周，世守其采地，春秋周公是也。"○比，音畀。下

乐,音洛。首,去声。

伯鱼之母死,期而犹哭。夫子闻之曰:“谁与哭者?”门人曰:“鲤也。”夫子曰:“嘻! 其甚也!”伯鱼闻之,遂除之。[1]

[1] 伯鱼之母出而死。父在为母期而有禫,出母则无禫。伯鱼乃夫子为后之子,则于礼无服,期可无哭矣。犹哭,夫子所以叹其甚。○期,音基。与,平声。嘻,音希。“为母”为,去声。

舜葬于苍梧之野,盖三妃未之从也。季武子曰:“周公盖祔。”[1]

[1] 天子以四海为家,南巡而崩,故遂葬苍梧之野。疏云:“舜长妃娥皇无子,次妃女英生商均,次妃癸比生二女:霄明、烛光。三妃后皆不从舜之葬,此记者言合葬之事,古人未有,因引季武子之言,谓自周公以来,始祔葬也。《书》:‘陟方乃死。’”蔡氏曰:“《史记》舜崩于苍梧之野,孟子言卒于鸣条,未知孰是。今零陵九嶷有舜冢云。”

曾子之丧,浴于爨室。[1]

[1]《士丧礼》“浴于适室”,无浴爨室之文。旧说:曾子以曾元辞易箦,矫之以谦俭,然反席未安而没,未必有言及此。使果曾子之命,为人子者,亦岂忍从非礼而贱其亲乎? 此难以臆说断之,当阙之以俟知者。○适,音的。断,丁玩切。

大功废业。或曰大功诵可也。[1]

[1] 业者,身所习,如学舞、学射、学琴瑟之类。废之者,恐其忘哀也。诵者,口所习,稍暂为之亦可。然称“或曰”,亦未定之辞也。

子张病，召申祥而语之曰："君子曰终，小人曰死。吾今日其庶几乎！"[1]

[1] 申祥，子张子也。终者对始而言，死则澌尽无余之谓也。君子行成德立，有始有卒，故曰终；小人与群物同朽腐，故曰死，疾没世而名不称。为是也，子张至此，亦自信其近于君子也。○语，去声。几，平声。行、为，并去声。

曾子曰："始死之奠，其余阁也与？"[1]

[1] 始死以脯醢醴酒，就尸床而奠于尸东，当死者之肩，使神有所依也。阁，所以庋置饮食，盖以生时庋阁上所余脯醢为奠也。○庋，音巳，又音诡。

曾子曰："小功不为位也者，是委巷之礼也。子思之哭嫂也为位，妇人倡踊。申祥之哭言思也亦然。"[1]

[1] 委，曲也。曲巷，犹言陋巷。细民居于陋巷，不见礼仪，而鄙朴无节文，故讥小功不为位，是曲巷中之礼也。言思，子游之子，申祥妻之昆弟也。○马氏曰："凡哭必为位者，所以叙亲疏恩纪之差。嫂叔疑于无服而不为位，故曰无服而为位者惟嫂叔。盖无服者，所以远男女近似之嫌；而为位者，所以笃兄弟内丧之亲。子思哭嫂为位，妇人倡踊，以妇人有相为娣姒之义，而不敢以己之无服先之也。至于申祥之哭言思，亦如子思，盖非礼矣。妻之昆弟，外丧也，而既无服，则不得为哭位之主矣。《记》曰：'妻之昆弟为父后者死，哭之适室，子为主，袒免哭踊，夫入门右。'由是言之，哭妻之昆弟以子为主，异于嫂叔之丧也。以子为主，则妇人不当倡踊矣。"○差，楚宜切。远，去声。"为娣"为，去声。先，去声。

古者冠缩缝，今也衡缝。故丧冠之反吉，非古也。[1]

[1] 疏曰："缩，直也。殷尚质，吉凶冠皆直缝。直缝者，辟积襵少，

故一一前后直缝之。衡，横也。周尚文，冠多辟积，不一一直缝，但多作褶而并横缝之。若丧冠质，犹疏辟而直缝，是与吉冠相反。时人因言古丧冠与吉冠反，故记者释之云：非古也，止是周世如此耳。古则吉凶冠同直缝也。”〇衡，音横。辟，襞也，音璧。褶，音辄。并，去声。

曾子谓子思曰："伋！吾执亲之丧也，水浆不入于口者七日。”子思曰：“先王之制礼也，过之者，俯而就之；不至焉者，跂而及之。故君子之执亲之丧也，水浆不入于口者三日，杖而后能起。”[1]

[1] 三日，中制也；七日，则几于灭性矣。有扶而起者，有杖而起者，有面垢而已者。〇跂，音弃。几，平声。

曾子曰："小功不税，则是远兄弟终无服也，而可乎？”[1]

[1] 税者，日月已过，始闻其死，追而为之服也。大功以上则然，小功轻，故不税。曾子据礼而言，谓若是小功之服不税，则再从兄弟之死在远地者，闻之恒后时，则终无服矣，其可乎？〇疏曰："此据正服小功也。《小记》曰：'降而在缌小功者则税之，其余则否。'”〇税，他外切。

伯高之丧，孔氏之使者未至，冉子摄束帛、乘马而将之。孔子曰："异哉！徒使我不诚于伯高。”[1]

[1] 摄，贷也。十个为束，每束五两。盖以四十尺帛，从两头各卷至中，则每卷二丈为一个，束帛是十个二丈，今之五匹也。乘马，四马也。徒，空也。伯高不知何人，意必与孔子厚者，冉子知以财而行礼，不知圣人之心，则于其诚，不于其物也。虽若自责之言，而实则深责冉子矣。〇使、乘，并去声。卷，音捲。

伯高死于卫，赴于孔子。孔子曰："吾恶乎哭诸？兄弟，吾哭诸庙；父之友，吾哭诸庙门之外；师，吾哭诸寝；朋友，吾哭诸寝门之外；所知，吾哭诸野。于野则已疏，于寝则已重。夫由赐也见我，吾哭诸赐氏。"遂命子贡为之主，曰："为尔哭也。来者，句拜之；知伯高而来者，勿拜也。"[1]

[1] 告死曰赴，与讣同。已，太也。○马氏曰："兄弟出于祖而内所亲者，故哭之庙；父友联于父而外所亲者，故哭之庙门外；师以成己之德，而其亲视父，故哭诸寝；友以辅己之仁，而其亲视兄弟，故哭诸寝门之外。至于所知，又非朋友之比，有相趋者，有相揖者，有相问者，有相见者，皆泛交之者也。孔子哭伯高以野为太疏，而以子贡为主。君子行礼，其审详于哭泣之位如此者，是其所以表微者欤？"○方氏曰："伯高之于孔子，非特所知而已。由子贡而见，故哭于子贡之家，且使之为主，以明恩之有所由也。为子贡而来，则吊生之礼在子贡；知伯高而来，则伤死之礼在伯高。或拜或不拜，凡以称其情耳，故夫子诲之如此。"○石梁王氏曰："'为尔哭也来者'一句。"○恶，音乌。"为尔"为，去声。称，去声。

曾子曰："丧有疾，食肉饮酒，必有草木之滋焉。"以为姜、桂之谓也。[1]

[1] 丧有疾，居丧而遇疾也。以其不嗜，故加草木之味。"以为姜、桂之谓"一句，乃记者释草木之滋，亦或曾子称礼书之言而自释之欤？

子夏丧其子而丧其明。曾子吊之曰："吾闻之也，朋友丧明则哭之。"曾子哭，子夏亦哭，曰："天乎！予之无罪也！"曾子怒曰："商！女何无罪也？吾与女事夫子于洙、泗之间，退而老于西河之上，使西河之民疑女于夫子，尔罪一也。丧尔亲，使民未有闻焉，尔罪二也。丧尔子，丧尔明，尔罪三也。而曰：尔何无罪与?”子夏投其杖而拜曰：“吾过矣！吾过矣！吾离群而索居亦已久矣。”[1]

[1] 以哭甚，故丧明也。洙、泗，鲁二水名。西河，子夏所居。索，散也。久不亲友，故有罪而不自知。○张子曰：“子夏丧明，必是亲丧之时尚强壮，其子之丧，气渐衰故丧明。然而曾子之责，安得辞也？疑女于夫子者，子夏不推尊夫子，使人疑夫子无以异于子夏；非如曾子推尊夫子，使人知尊圣人也。”○方氏曰：“子夏不尊于师而尊于己，不隆于亲而隆于子，犹以为无罪，此曾子所以怒之也。然君子以友辅仁，子夏之至于三罪者，亦由离朋友之群，而散居之久耳。以离群，故散居也。”○而丧、丧明、丧尔之丧，去声，余如字。女，音汝。离，去声。

夫昼居于内，问其疾可也；夜居于外，吊之可也。是故君子非有大故，不宿于外；非致齐也，非疾也，不昼夜居于内。[1]

[1] 内者，正寝之中。外，谓中门外也。昼而居内似有疾，夜而居外似有丧。○应氏曰：“致齐居内，非在房闼之中，盖亦端居深处于宎奥之内耳。”○齐，音斋。宎，音窈。

高子皋之执亲之丧也，泣血三年，未尝见齿，君子以为难。[1]

[1] 子皋，名柴，孔子弟子。○疏曰：“人涕泪，必因悲声而出；血出，则不由声也。子皋悲无声，其涕亦出，如血之出，故云泣血。人大笑则露齿本，中笑则露齿，微笑则不见齿。”○见，音现。

衰，与其不当物也，宁无衰。齐衰不以边坐，大功不以服勤。[1]

[1] 疏曰:“物,谓升缕及法制长短幅数也。边坐,偏倚也。丧服宜敬,坐起必正,不可著衰而偏倚也。齐衰轻既不倚,斩重不言可知。大功虽轻,亦不可著衰服而为勤劳之事也。”○马氏曰:“衰不当物,则乱先王之制,而后世疑其传。无衰,则礼虽不行,而其制度定于一,犹可以识之,故曰:‘与其不当物也宁无衰。’”○衰,音催。当,去声。齐,音咨。著,音勺。

孔子之卫,遇旧馆人之丧,入而哭之哀。出,使子贡说骖而赙之。子贡曰:“于门人之丧,未有所说骖,说骖于旧馆,无乃已重乎?”夫子曰:“予乡者入而哭之,遇于一哀而出涕。予恶夫涕之无从也,小子行之!”[1]

[1] 旧馆人,旧时舍馆之主人也。驾车者,中两马为服马,两旁各一马为骖马。遇一哀而出涕,情亦厚矣;情厚者礼不可薄,故解脱骖马以为之赙。凡以称情而已,客行无他财货故也。恶夫涕之无从者,从,自也,今若不赙,则是于死者无故旧之情,而此涕为无自而出矣。恶其如此,所以必当行赙礼也。旧说:孔子遇主人一哀而出涕,谓主人见孔子来而哀甚,是以厚恩待孔子,故孔子为之赙。然上文既曰“入而哭之哀”,则又何必迂其说而以为遇主人之哀乎?○说,音脱。乡,去声。恶,去声。称,去声。“为之”为,去声。

孔子在卫,有送葬者,而夫子观之,曰:“善哉为丧乎!足以为法矣。小子识之!”子贡曰:“夫子何善尔也?”曰:“其往也如慕,其反也如疑。”子贡曰:“岂若速反而虞乎?”子曰:“小子识之!我未之能行也。”[1]

[1] 往如慕,反如疑,此孝子不死其亲之至情也。子贡以为如疑则反迟,不若速反而行虞祭之礼,是知其礼之常,而不察其情之至矣。夫子

申言“小子识之”，且曰“我未之能行”，则此岂易言哉？〇识，音志。易，去声。

颜渊之丧，馈祥肉，孔子出，受之；入，弹琴而后食之。[1]

[1] 弹琴而后食者，盖以和平之声，散感伤之情也。

孔子与门人立，拱而尚右，二三子亦皆尚右。孔子曰：“二三子之嗜学也，我则有姊之丧故也。”二三子皆尚左。[1]

[1] 吉事尚左，阳也；凶事尚右，阴也。此盖拱立而右手在上也。

孔子蚤作，负手曳杖，消摇于门，歌曰：“泰山其颓乎！梁木其坏乎！哲人其萎乎！”既歌而入，当户而座。子贡闻之，曰：“泰山其颓，则吾将安仰？梁木其坏，哲人其萎，则吾将安放？夫子殆将病也！”遂趋而入。[1]夫子曰：“赐！尔来何迟也？夏后氏殡于东阶之上，则犹在阼也。殷人殡于两楹之间，则与宾主夹之也。周人殡于西阶之上，则犹宾之也。而丘也，殷人也。予畴昔之夜，梦坐奠于两楹之间。夫明王不兴，而天下其孰能宗予？予殆将死也！”盖寝疾七日而没。[2]

[1] 作，起也。负手曳杖，反手却后以曳其杖也。消摇，宽纵自适之貌。泰山为众山所仰，梁木亦众木所仰，而放者，犹哲人为众人所仰望而放效也。〇放，上声。

[2] 犹在阼，犹宾之者，孝子不忍死其亲殡之于此，示犹在阼阶以为主，犹在西阶以为宾客也。在两楹间，则是主与宾夹之，故言“与”而不言“犹”也。孔子其先宋人，成汤之后，故自谓殷人。畴，发语之辞。昔之夜，犹言昨夜也。梦坐于两楹之间，而见馈奠之事，知是凶征者，以殷礼

殡在两楹间，孔子以殷人而享殷礼，故知将死也。又自解梦奠之占云：今日明王不作，天下谁能尊己，而使南面坐于尊位乎？此必殡之兆也。自今观之，万世王祀，亦其应矣。

孔子之丧，门人疑所服。子贡曰："昔者夫子之丧颜渊，若丧子而无服。丧子路亦然。请丧夫子若丧父而无服。"[1]

[1] 以后章二三子，绖而出言之。此所谓无服，盖谓吊服加麻也。疏云：士吊服疑衰麻，谓环绖也。五服绖皆两股，惟环绖一股。后章从母之夫，疏云：凡吊服不得称服。〇方氏曰："若丧父而无服，所谓心丧也。"〇从，去声。

孔子之丧，公西赤为志焉。饰棺墙，置翣，设披，周也。设崇，殷也。绸练，设旐，夏也。[1]

[1] 公西，氏；赤，名；字子华，孔子弟子也。〇疏曰："孔子之丧，公西赤以饰棺荣夫子，故为盛礼，备三王之制，以章明志识焉。于是以素为褚，褚外加墙，车边置翣，恐柩车倾亏，而以绳左右维持之，此皆周之制也。其送葬乘车所建旌旗，刻缯为崇牙之饰，此则殷制。又绸盛旌旗之竿以素锦，于杠首设长寻之旐，此则夏礼也。"〇《诗》："虡业维枞。"疏云："悬钟磬之处，以采色为大牙，其状隆然，谓之崇牙。练，素锦也。缁布广终幅，长八尺，旐之制也。"〇披，彼义切。绸，音叨。旐，直小切。识，音志。虡，音巨。枞，音踪。

子张之丧，公明仪为志焉。褚幕丹质，蚁结于四隅，殷士也。[1]

[1] 疏曰："褚者，覆棺之物，若大夫以上，其形似幄，士则无褚。公明仪尊其师，故特为褚，不得为幄，但似幕形，故云褚幕，以丹质之布而为之也。又于褚之四角画蚍蜉之形，交结往来，故云'蚁结于四隅'。此殷

礼士葬饰也。"○覆，去声。

子夏问于孔子曰："居父母之仇如之何？"夫子曰："寝苫，枕干，不仕，弗与共天下也。遇诸市朝，不反兵而斗。"[1]曰："请问居昆弟之仇如之何？"曰："仕弗与共国，衔君命而使，虽遇之不斗。"曰："请问居从父、昆弟之仇如之何？"曰："不为魁，主人能，则执兵而陪其后。"[2]

[1] 不反兵者，不反而求兵，言恒以兵器自随。○苫，诗占切。枕，去声。朝，音潮。

[2] 疏曰："朝在公门之内，阍人掌中门之禁，兵器但不得入中门耳。其大询众庶在皋门之内，则得入也。设朝或在野外，或在县鄙乡遂，但有公事之处，皆谓之朝。兵者，亦谓佩刀以上，不必要是矛戟也。"○方氏曰："市朝犹不反兵，则无所往而不执兵矣。《曲礼》云'兄弟之仇不反兵'，此言遇之不斗者，彼据不仕者言之耳。"○使、从，并去声。

孔子之丧，二三子皆绖而出；群居则绖，出则否。[1]

[1] 吊服加麻者，出则变之；今出外而不免绖，所以隆师也。群者，诸弟子相为朋友之服也。《仪礼》注云："朋友虽无亲，有同道之恩，相为服缌之绖带。"亦吊服也，故出则免之。

易墓，非古也。[1]

[1] 疏曰："易，谓芟治草木，不使荒秽。古者殷以前，墓而不坟，不易治也。"○易，音异。

子路曰："吾闻诸夫子：丧礼，与其哀不足而礼有余也，不若礼不足而哀有余也。祭礼，与其敬不足而礼有余也，不若礼不足而敬有余也。”[1]

[1] 有其礼而无其财，则礼或有所不足，哀敬则可自尽也。此夫子反本之论，亦宁俭、宁戚之意。

曾子吊于负夏，主人既祖，填池，推柩而反之，降妇人而后行礼。从者曰：“礼与？”曾子曰：“夫祖者，且也。且，胡为其不可以反宿也？”[1]从者又问诸子游曰：“礼与？”子游曰：“饭于牖下，小敛于户内，大敛于阼，殡于客位，祖于庭，葬于墓，所以即远也。故丧事有进而无退。”曾子闻之曰：“多矣乎！予出祖者。”[2]

[1] 刘氏曰：“负夏，卫地也。葬之前一日，曾子往吊，时主人已祖奠，而妇人降在两阶之间矣。曾子至，主人荣之，遂彻奠推柩而反，向内以受吊，示死者将出行，遇宾至而为之暂反也，亦事死如事生之意，然非礼矣。柩既反，则妇人复升堂以避柩，至明日乃复还柩向外，降妇人于阶间，而后行遣奠之礼。故从者见柩初已迁，而复推反之，妇人已降，而又升堂，皆非礼，故问之。而曾子答之云：祖者，且也，是且迁柩为将行之始，未是实行，又何为不可复反。越宿至明日，乃还柩遣奠而遂行乎？疏谓其见主人荣己，不欲指其错失，而给说答从者，此以众人之心窥大贤也。事之有无不可知，其义亦难强解，或记者有遗误也。所以彻奠者，奠在柩西，欲推柩反之，故必先彻而后可旋转也。妇人降阶间，亦以奠在车西，故立车后，今柩反，故亦升避也。”〇填，音奠。池，音彻。推，他回切。从，去声。与，平声。复、遣，并去声。

[2] 从者疑曾子之言，故又请问于子游也。饭于牖下者，尸沐浴之后，以米及贝实尸之口中也，时尸在西室牖下南首也。《士丧礼》：“小敛衣十九称，大敛三十称。”敛者，包裹敛藏之也。小敛在户之内，大敛出在东阶，未忍离其为主之位也。主人奉尸敛于棺，则在西阶矣。掘肂于西阶之上，肂，陈也，谓陈尸于坎也。置棺于肂中而涂之，谓之殡。及启而

将葬，则设祖奠于祖庙之中庭而后行。自牖下而户内，而阼，而客位，而庭，而墓，皆一节远于一节，此谓有进而往，无退而还也，岂可推柩而反之乎？多矣乎，予出祖者，多，犹胜也。曾子闻之，方悟己说之非，乃言子游所说出祖之事，胜于我之所说出祖也。〇饭，上声。首、称、离，并去声。

曾子袭裘而吊，子游裼裘而吊。曾子指子游而示人曰："夫夫也，为习于礼者，如之何其裼裘而吊也？"主人既小敛，袒、括发，子游趋而出，袭裘、带、绖而入。曾子曰："我过矣！我过矣！夫夫是也。"[1]

[1] 疏曰："凡吊丧之礼，主人未变服之前，吊者吉服。吉服者，羔裘玄冠，缁衣素裳，又袒去上服以露裼衣，此裼裘而吊是也。主人既变服之后，吊者虽著朝服，而加武以绖。武，吉冠之卷也。又掩其上服，若是朋友又加带，此'袭裘、带、绖而入'是也。"〇方氏曰："曾子徒知丧事为凶，而不知始死之时尚从吉，此所以始非子游而终善之也。"〇下夫，如字，下同。

子夏既除丧而见，予之琴，和之而不和，弹之而不成声，作而曰："哀未忘也，先王制礼而弗敢过也。"子张既除丧而见，予之琴，和之而和，弹之而成声，作而曰："先王制礼，不敢不至焉。"[1]

[1] 均为除丧，而琴有和不和之异者，盖子夏是过之者，俯而就之，出于勉强，故余哀未忘而不能成声；子张是不至者，跂而及之，故哀已尽而能成声也。〇见，音现。予，上声。上和，去声。下和，如字，下同。强，上声。

司寇惠子之丧，子游为之麻衰，牡麻绖。文子辞曰："子辱与弥牟之弟游，又辱为之服，敢辞。”子游曰：“礼也。”[1]文子退，反哭。子游趋而就诸臣之位。文子又辞曰：“子辱与弥牟之弟游，又辱为之服，又辱临其丧，敢辞。”子游曰：“固以请。”文子退，扶适子南面而立，曰：“子辱与弥牟之弟游，又辱为之服，又辱临其丧，虎也敢不复位！”子游趋而就客位。[2]

[1] 惠子，卫将军文子弥牟之弟。惠子废适子虎而立庶子，故子游特为非礼之服以讥之，亦檀弓免公仪仲子之意也。麻衰，以吉服之布为衰也。牡麻绖，以雄麻为绖也。麻衰乃吉服十五升之布，轻于吊服。吊服之绖一股而环之，今用牡麻绞绖，与齐衰绖同矣。郑注云：“重服，指绖而言也。文子初言‘辱为之服，敢辞’者，辞其服也。”〇为，去声。适、嫡同。

[2] 次言敢辞者，辞其立于臣位也。此时尚未喻子游之意，及子游言固以请，则文子觉其讥矣，于是扶适子正丧主之位焉，而子游之志达矣。趋就客位，礼之正也。〇疏曰：“大夫之宾位在门东近北，家臣位亦在门东而南近门，并皆北向。”〇适、嫡同。

将军文子之丧，既除丧而后越人来吊，主人深衣、练冠，待于庙，垂涕洟。子游观之，曰：“将军文氏之子，其庶几乎！亡于礼者之礼也。其动也中。”[1]

[1] 将军文子，即弥牟也。主人，文子之子也。礼无吊人于除丧之后者，亦无除丧后受人之吊者。深衣，吉凶可以通用；小祥练服之冠，不纯吉，亦不纯凶。庙者，神主之所在，待而不迎，受吊之礼也。不哭而垂涕，哭之时已过，而哀之情未忘也。庶几，近也。子游善其处礼之变，故曰：文氏之子，其近于礼乎！虽无此礼而为之礼，其举动皆中节矣。〇疏曰：“深衣，即《间传》所言麻衣也。制如深衣；缘之以布，曰麻衣；缘之

以素，曰长衣；缘之以采，曰深衣。练冠者，祭前之冠，若祥祭则缟冠也。始死至练祥来吊，是有文之礼；祥后来吊，是无文之礼。言文氏之子，庶几堪行乎无于礼文之礼也。动，举也。中，当于礼之变节也。”〇亡、无通。中，去声。

幼名，冠字，五十以伯仲，死谥，周道也。[1]

[1] 疏曰："凡此之事，皆周道也。又殷以上有生号，仍为死后之称，更无别谥，尧、舜、禹、汤之例是也。周则死后别立谥。"〇朱子曰："《仪礼》贾公彦疏云'少时便称伯某甫，至五十乃去某甫而专称伯仲'，此说为是。如本人于尊者不敢字之，而曰几丈之类。"〇冠，去声。

绖也者，实也。[1]

[1] 麻在首、在要皆曰绖，分言之则首曰绖，要曰带。绖之言实，明孝子有忠实之心也。首绖象缁布冠之缺项，要绖象大带，又有绞带象革带。齐衰以下用布。〇朱子曰："首绖大一搤，是拇指与第二指一围。要绖较小，绞带又小于要绖。要绖象大带，两头长垂下。绞带象革带，一头有弧子，以一头串于中而束之。"〇要，平声。搤，于革切。

掘中霤而浴，毁灶以缀足，[1]及葬，毁宗躐行，出于大门，殷道也。学者行之。[2]

[1] 疏曰："中霤，室中也。死而掘室中之地作坎，以床架坎上，尸于床上浴，令浴汁入坎也。死人冷强，足辟戾，不可著屦，故用毁灶之甓，连缀死人足令直，可著屦也。"〇缀，音拙。

[2] 疏曰："毁宗，毁庙也。殷人殡于庙，至葬，柩出，毁庙门西边墙，而出于大门。行，神之位，在庙门西边，当所毁宗之外。生时出行，则为坛币告行神，告竟，车躐行坛上而出，使道中安稳如在坛。今向毁宗处出，仍得躐行此坛如生时之出也。学于孔子者行之，效殷礼也。"

子柳之母死，子硕请具。子柳曰："何以哉？"子硕曰："请粥庶弟之母。"子柳曰："如之何其粥人之母以葬其母也？不可。"既葬，子硕欲以赙布之余具祭器。子柳曰："不可。吾闻之也，君子不家于丧。请班诸兄弟之贫者。"[1]

[1] 子柳，鲁叔仲皮之子，子硕之兄也。具，谓丧事合用之器物也。何以哉，言何以为用乎？谓无其财也。郑云："粥，谓嫁之也。妾贱，取之曰买。布，钱也。不家于丧，恶因死者而为利也。班，犹分也。不粥庶弟之母者，义也；班兄弟之贫者，仁也。夫欲粥庶母以治葬，则乏于财可知矣。而'不家于丧'之言，确然不易，古人之安贫守礼盖如此。"○粥，音育。恶，去声。

君子曰："谋人之军师，败则死之；谋人之邦邑，危则亡之。"[1]

[1] 应氏曰："众死而义不忍独生，焉得而不死；国危而身不可独存，焉得而不亡。"

公叔文子升于瑕丘，蘧伯玉从。文子曰："乐哉斯丘也！死则我欲葬焉。"蘧伯玉曰："吾子乐之，则瑗请前。"[1]

[1] 二子皆卫大夫，文子名拔，伯玉名瑗。○刘氏曰："伯玉之请前，盖始从行于文子之后，及闻文子之言，而恶其将欲夺人之地，自为身后计，遂讥之曰：吾子乐此，则我请前行以去子矣。示不欲与闻其事也，可谓长于风喻者矣。"○从，去声。乐，音洛。瑗，于愿切。

弁人有其母死而孺子泣者，孔子曰："哀则哀矣，而难为继也。夫礼，为可传也，为可继也，故哭踊有节。"[1]

[1] 弁，地名。孺子泣者，其声若孺子，无长短高下之节也。圣人制

礼,期于使人可传可继,故哭踊皆有其节。若无节则不可传而继矣。

叔孙武叔之母死,既小敛,举者出,句尸出户。句袒,句且投其冠,括发。子游曰:"知礼。"[1]

[1] 礼,始死,将斩衰者笄纚,将齐衰者素冠,小敛毕而彻帷,主人括发袒于房,妇人髽于室。举者出,举尸以出也。括发当在小敛之后,尸出堂之前,主人为将奉尸,故袒而括发耳。今武叔待尸出户,然后袒而去冠括发,失礼节矣!故注以子游知礼之言为嗤之也。〇冯氏曰:"经文作'户出户',上户字,乃尸字之讹也。郑注云'尸出户乃变服',义甚明。然注文尸亦讹为户,遂解不通。"〇"为将"为,去声。奉、去,并上声。

扶君,卜人师扶右,射人师扶左。君薨以是举。[1]

[1] 君疾时,仆人之长扶其右体,射人之长扶其左体。此二人皆平日赞正服位之人,故君既薨,遇迁尸,则仍用此人也。方氏释师为众,应氏以卜人为卜筮之人。〇卜,读为仆。

从母之夫,舅之妻,二夫人相为服,君子未之言也。或曰:同爨缌。[1]

[1] 从母,母之姊妹。舅,母之兄弟。从母夫于舅妻无服,所以礼经不载,故曰"君子未之言"。时偶有甥至外家,见此二人相依同居者,有丧而无文可据,于是或人为"同爨缌"之说以处之,此亦原其情之不可已,而极礼之变焉耳。〇或问从母之夫、舅之妻皆无服,何也?朱子曰:"先王制礼,父族四,故由父而上为族,曾祖父缌麻,姑之子、姊妹之子、女子子之子,皆由父而推之也。母族三,母之父、母之母、母之兄弟,恩止于舅,故从母之夫、舅之妻,皆不为服,推不去故也。妻族二,妻之父、妻之母。乍看似乎杂乱无纪,子细看则皆有义存焉。"〇从,去声。上夫,如字。下夫,音扶。为,去声。处,上声。"为服"为,去声。

丧事欲其纵纵尔，吉事欲其折折尔。故丧事虽遽不陵节，吉事虽止不怠。故骚骚尔则野，鼎鼎尔则小人，君子盖犹犹尔。[1]

[1] 纵纵，给于趋事之貌。折折，从容中礼之貌。丧事虽急遽，而不可陵躐其节次；吉事虽有立而待事之时，而不可失于怠惰。若骚骚而太急，则鄙野矣；鼎鼎而太舒，则小人之为矣；犹犹而得缓急之中，君子行礼之道也。〇纵，音总。折，音提。遽，其据切。从，平声。中，去声。

丧具，君子耻具。一日二日而可为也者，君子弗为也。[1]

[1] 丧具，棺衣之属。君子耻于早为之而毕具者，嫌不以久生期其亲也。然"六十岁制，七十时制，八十月制，九十日修"，盖虑夫仓卒之变也。一日二日可办之物，则君子不豫为之，所谓"绞、紟、衾、冒，死而后制"者也。〇卒，音猝。绞，音爻。紟，音琴。

丧服，兄弟之子犹子也，盖引而进之也；嫂叔之无服也，盖推而远之也；姑姊妹之薄也，盖有受我而厚之者也。[1]

[1] 方氏曰："兄弟之子，虽异出也，然在恩为可亲，故引而进之，与子同服；嫂叔之分，虽同居也，然在义为可嫌，故推而远之，不相为服。姑姊妹在室，与兄弟侄皆不杖期，出适则皆降服大功而从轻者，盖有受我者服为之重故也。言其夫受之而服，为之杖期以厚之，故于本宗相为皆降一等也。"〇推，他回切。远，去声。分，音问。"相为"、"服为"为，并去声。

食于有丧者之侧，未尝饱也。[1]

[1] 应氏曰："食字上疑脱'孔子'字。"

曾子与客立于门侧，其徒趋而出，曾子曰："尔将何之？"曰："吾父死，将出哭于巷。"曰："反哭于尔次！"曾子北面而吊焉。[1]

[1] 其徒，门弟子也。次，其人所寓之馆舍也。《士丧礼》："主人西面，宾在门东北面。"此曾子所以北面而吊之也。

孔子曰："之死而致死之，不仁而不可为也；之死而致生之，不知而不可为也。是故竹不成用，瓦不成味，木不成斫，琴瑟张而不平，竽笙备而不和，有钟磬而无簨虡。其曰明器，神明之也。"[1]

[1] 刘氏曰："之，往也。之死，谓以礼往送于死者也。往于死者，而极以死者之礼待之，是无爱亲之心为不仁，故不可行也；往于死者，而极以生者之礼待之，是无烛理之明为不知，故亦不可行也。此所以先王为明器以送死者，竹器则无縢缘而不成其用；瓦器则粗质而不成其黑光之沫；木器则朴而不成其雕斫之文；琴瑟则虽张弦而不平，不可弹也；竽笙虽备具而不和，不可吹也；虽有钟磬而无悬挂之簨虡，不可击也。凡此皆不致死，亦不致生，而以有知无知之间待死者，故备物而不可用也。备物则不致死，不可用则亦不至生，其谓之明器者，盖以神明之道待之也。"○知，去声。味，音沫。簨，音笋。虡，音巨。缘，去声。

有子问于曾子曰："问丧于夫子乎？"曰："闻之矣。丧欲速贫，死欲速朽。"有子曰："是非君子之言也。"曾子曰："参也闻诸夫子也。"有子又曰："是非君子之言也。"曾子曰："参也与子游闻之。"有子曰："然。然则夫子有为言之也？"曾子以斯言告于子游。子游曰："甚哉！有子之言！似夫子也。昔者夫子居于宋，见桓司马自为石椁，三年而不成。夫子曰:‘若是其靡也!死不如速朽之愈也。’‘死之欲速朽’,为桓司马言之也。[1]南宫敬叔反,必载宝而朝。夫子曰:‘若是其货也!丧不如速贫之愈也。’‘丧之欲速贫’,为敬叔言之也。”[2]曾子以子游之言告于有子。有子曰:“然。吾固曰:非夫子之言也。”曾子曰:“子何以知之?”有子曰:“夫子制于中都,四寸之棺,五寸之椁,以斯知不欲速朽也。昔者夫子失鲁司寇,将之荆,盖先之以子夏,又申之以冉有,以斯知不欲速贫也。”[3]

[1] 仕而失位曰丧。桓司马,即桓魋。靡,侈也。○问,音闻。丧、为,并去声。

[2] 敬叔,鲁大夫,孟僖子之子,仲孙阅也。尝失位去鲁,后得反,载宝而朝,欲行赂以求复位也。

[3] 定公九年,孔子为中都宰。制,棺椁之法制也。四寸、五寸,厚薄之度。将适楚,而先使二子继往者,盖欲观楚之可仕与否,而谋其可处之位欤?

陈庄子死,赴于鲁,鲁人欲勿哭,缪公召县子而问焉。县子曰:“古之大夫,束脩之问不出竟,虽欲哭之,安得而哭之?[1]今之大夫,交政于中国,虽欲勿哭,焉得而弗哭?且臣闻之,哭有二道:有爱而哭之,有畏而哭之。”公曰:“然。然则如之何而可?”县子曰:“请哭诸异姓之庙。”于是与哭诸县氏。[2]

[1] 大夫讣于他国之君,曰“君之外臣寡大夫某死”。庄子,齐大夫,名伯。齐强鲁弱,不容略其赴,县子名知礼,故召问之。脩,脯也。十脡为束。问,遗也。为人臣者无外交,不敢贰君也,故虽束脩微礼,亦不以出竟。○县,音玄。竟,音境。遗,去声。

[2] 交政于中国，言当时君弱臣强，大夫专盟会之事，以与国君相交接也，此变礼之由也。爱之哭出于不能已，畏之哭出于不得已。哭伯高于赐氏，义之所在也；哭庄子于县氏，势之所迫也。

仲宪言于曾子曰："夏后氏用明器，示民无知也。殷人用祭器，示民有知也。周人兼用之，示民疑之。"曾子曰："其不然乎！其不然乎！夫明器，鬼器也。祭器，人器也。夫古之人胡为而死其亲乎？"[1]

[1] 仲宪，孔子弟子原宪也。示民无知者，使民知死者之无知也。为其无知，故以不堪用之器送之；为其有知，故以祭器之可用者送之。疑者，不以为有知，亦不以为无知也。然周礼惟大夫以上得兼用二器，士惟用鬼器也。曾子以其言非，乃曰"其不然乎"。再言之者，甚不然之也。盖明器、祭器，固是人鬼之不同，夏殷所用不同者，各是时王之制，文质之变耳，非谓有知、无知也。若如宪言，则夏后氏何为而忍以无知待其亲乎？〇石梁王氏曰："三代送葬之具质文相异，故所用不同，其意不在于无知、有知及示民疑也。仲宪之言皆非，曾子非之，未独讥其说夏后明器，盖举其失之甚者也。"〇"为其"为，去声。

公叔木有同母异父之昆弟死，问于子游。子游曰："其大功乎！"狄仪有同母异父之昆弟死，问于子夏。子夏曰："我未之前闻也。鲁人则为之齐衰。"狄仪行齐衰。今之齐衰，狄仪之问也。[1]

[1] 公叔木，卫公叔文子之子。同父母之兄弟期，则此同母而异父者，当降而为大功也。礼经无文，故子游以疑辞答之。鲁人齐衰三月之服，行之久矣，故子夏举以答狄仪。而记者云："因狄仪此问，而今皆行之也。"此记二子言礼之不同。〇郑氏曰："大功是。"〇木，式树切。

子思之母死于卫，柳若谓子思曰："子，圣人之后也。四方于子乎观礼，子盖慎诸！"子思曰："吾何慎哉！吾闻之：有其礼，无其财，君子弗行也；有其礼，有其财，无其时，君子弗行也。吾何慎哉！"[1]

[1] 柳若，卫人。伯鱼卒，其妻嫁于卫。有其礼，谓礼所得为者，然无财则不可为礼。礼时为大，有礼有财而时不可为，则亦不得为之也。○盖，音盍。

县子琐曰："吾闻之，古者不降，上下各以其亲。滕伯文为孟虎齐衰，其叔父也；为孟皮齐衰，其叔父也。"[1]

[1] 县子，名琐。○疏曰："古者，殷时也。周礼以贵降贱，以适降庶，惟不降正耳。而殷世以上，虽贵不降贱也。上下各以其亲，不降之事也。上，谓旁亲族曾祖、从祖及伯叔之班；下，谓从子、从孙之流，彼虽贱，不以己尊降之，犹各随本属之亲轻重而服之，故云'上下各以其亲'。滕国之伯，名文。为孟虎著齐衰之服者，虎是文之叔父也；又为孟皮著齐衰之服者，文是皮之叔父也。言滕伯上为叔父、下为兄弟之子，皆著齐衰也。"○为，去声。从，去声。

后木曰："丧，吾闻诸县子曰：'夫丧，不可不深长思也。买棺外内易。'我死则亦然。"[1]

[1] 后木，鲁孝公子惠伯巩之后。○冯氏曰："此条重在'不可不深长思'一句。买棺之时，外内皆要精好，此是孝子当为之事，非是父母豫所属托，而曰：'我死则亦然。'记礼者讥失言也。"○易，音异。属，音烛。

曾子曰："尸未设饰，故帷堂，小敛而彻帷。"仲梁子曰："夫妇方乱，故帷堂，小敛而彻帷。"[1]

[1] 始死去死衣，用敛衾覆之以俟浴。既复之后，楔齿缀足毕，具脯醢之奠，事虽小定，然尸犹未袭敛也，故曰“未设饰”。于是设帷于堂者，不欲人亵之也，故小敛毕乃彻帷。仲梁子谓夫妇方乱者，以哭位未定也。二子各言礼意。郑云：“敛者动摇尸，帷堂为人亵之。言方乱，非也。仲梁子，鲁人。”○去，上声。覆，去声。楔，音屑。为，去声。

小敛之奠，子游曰：“于东方。”曾子曰：“于西方。敛斯席矣。”小敛之奠在西方，鲁礼之末失也。[1]

[1] 疏曰：“《仪礼》小敛之奠，设于东方，奠又无席；鲁之衰末，奠于西方，而又有席。曾子见时如此，将以为礼，故云小敛于西方。斯，此也。其敛之时，于此席上而设奠矣。故记者正之云：小敛之奠，所以在西方，是鲁人行礼末世，失其义也。”○今按《仪礼》“布席于户内”，注云：“有司布敛席也，在小敛之前。”及陈大敛衣奠，则云“奠席在馔北，敛席在其东”，注云：“小敛奠而有席，弥神之也。”据此，则小敛奠无席。

县子曰：“绤衰、繐裳，非古也。”[1]

[1] 方氏曰：“葛之粗而却者谓之绤，布之细而疏者谓之繐。五服一以麻，各有升数。若以绤为衰，以繐为裳，则取其轻凉而已，非古制也。”○绤，去逆切。繐，音岁。

子蒲卒，哭者呼“灭”。子皋曰：“若是野哉！”哭者改之。[1]

[1] 灭，子蒲之名也。复则呼名，哭岂可呼名也！野哉，言其鄙野而不达于礼也。子皋，孔子弟子高柴。

杜桥之母之丧，宫中无相，以为沽也。[1]

[1] 疏曰:“沽,粗略也。孝子丧亲,悲迷不复自知,礼节事仪,皆须人相导,而杜桥家母死,宫中不立相侍,故时人谓其于礼为粗略也。”○相,去声。沽,音古。“丧亲”丧,去声。复,去声。

夫子曰:“始死,羔裘、玄冠者,易之而已。”羔裘、玄冠,夫子不以吊。[1]

[1] 疏曰:“养疾者朝服,羔裘、玄冠,即朝服也。始死,则去朝服,著深衣。时有不易者,又有小敛后羔裘吊者,记者因引孔子行礼之事言之。”○朝,音潮。去,上声。著,音勺。

子游问丧具。夫子曰:“称家之有亡。”子游曰:“有亡恶乎齐?”夫子曰:“有,毋过礼。苟亡矣,敛首足形,还葬,县棺而封,人岂有非之者哉?”[1]

[1] 丧具,送终之仪物也。恶乎齐,言何以为厚薄之剂量也。毋过礼,不可以富而逾礼厚葬也。还葬,谓敛毕即葬,不殡而待月日之期也。县棺而封,谓以手县绳而下之,不设碑绋也。人不非之者,以无财则不可备礼也。○称,去声。亡,音无,下同。恶,音乌。齐,去声。还,音旋。县,音玄。封,音窆。

司士贲告于子游曰:“请袭于床。”子游曰:“诺。”县子闻之曰:“汏哉叔氏!专以礼许人。”[1]

[1] 贲,司士之名也。礼,始死,废床而置尸于地,及复而不生,则尸复登床。袭者,敛之以衣也。沐浴之后,商祝袭祭服褖衣,盖布于床上也,饭含之后,迁尸于袭上而衣之,袭于床者,礼也,后世礼失而袭于地则亵矣。司士知礼而请于子游,子游不称礼而答之以“诺”,所以起县子之讥也。汏,矜大也。言凡有咨问礼事者,当据礼答之,子游专辄许诺,则

如礼自己出矣，是自矜大也。叔氏，子游字。○贲，音奔。县，音玄。“尸复”复，扶又切。褖，音彖。“衣之”衣，去声。

宋襄公葬其夫人，醯醢百瓮。曾子曰：“既曰明器矣，而又实之。”[1]

[1] 夏礼专用明器，而实其半，虚其半；殷人全用祭器，亦实其半；周人兼用二器，则实人器而虚鬼器。

孟献子之丧，司徒旅归四布。夫子曰：“可也。”[1]

[1] 疏曰：“送终即毕，赙布有余，其家臣司徒承主人之意，使旅下士归还四方赙主人之泉布。时人皆贪，而献子家独能如此，故夫子曰‘可也’，善其能廉。《左传》叔孙氏之司马鬷戾，是家臣亦有司徒、司马也。”○传，去声。

读賵，曾子曰：“非古也，是再告也。”[1]

[1] 车马曰賵，賵所以助主人之送葬也。即受则书其人名与其物于方版，葬时柩将行，主人之史请读此方版所书之賵，盖于柩东当前东西面而读之。古者奠之而不读，周则既奠而又读焉，故曾子以为再告也。

成子高寝疾，庆遗入，请曰：“子之病革矣，如至乎大病，则如之何？”[1]子高曰：“吾闻之也：生有益于人，死不害于人。吾纵生无益于人，吾可以死害于人乎哉？我死，则择不食之地而葬我焉。”[2]

[1] 成子高，齐大夫国伯高父，谥“成”也。遗，庆封之族。革，与“亟”同，急也。大病，死也，讳之之辞。○遗，去声。革，音“亟”，入声。

[2] 不食之地，谓不耕垦之土。

子夏问诸夫子曰："居君之母与妻之丧，居处、言语、饮食衎尔。"[1]

[1] 君母、君妻，虽皆小君，皆服齐衰不杖期。然恩义则浅矣，故居其丧则自处如此。衎尔，和适之貌。此章以文势推之，丧下当有"如之何，夫子曰"字，旧说谓记者之略，亦或阙文欤？又否，则"问"当作"闻"。○处，上声。衎，苦旦切。

宾客至，无所馆。夫子曰："生于我乎馆，死于我乎殡。"[1]

[1] 生既馆之，死则当殡。○应氏曰："朋友以义合，谓之宾客者，以其自远方而来也。"

国子高曰："葬也者，藏也。藏也者，欲人之弗得见也。是故衣足以饰身，棺周于衣，椁周于棺，土周于椁。反壤树之哉！"[1]

[1] 国子高，即成子高也。○疏曰："子高之意，人死可恶，故备饰以衣衾棺椁，欲其深邃不使人知，今乃反更封壤为坟而种树以标之哉？国子意在于俭，非周礼。"

孔子之丧，有自燕来观者，舍于子夏氏。子夏曰："圣人之葬人与？人之葬圣人也，子何观焉？"[1]昔者夫子言之曰："吾见封之若堂者矣，见若坊者矣，见若覆夏屋者矣，见若斧者矣。从若斧者焉。"马鬣封之谓也。今一日而三斩板而已封，尚行夫子之志乎哉？[2]

[1] 延陵季子之葬其子，夫子尚往观之，今孔子之葬，燕人来观，亦其宜也。然子夏之意，以为圣人葬人，则事皆合礼；人之葬圣人，则未必

皆合于礼也。故语之曰：子以为圣人之葬人乎？乃人之葬圣人也，又何观焉？盖谦辞也。〇燕、与，并平声。语，去声。

［2］此言封土有此四者之形。封，筑土为坟也。若堂者，如堂之基，四方而高也。坊，堤也。若坊者，上平旁杀而南北长也。若覆夏屋者，旁广而卑也。若斧者，上狭如刃，较之上三者，皆用功力多而难成，此则俭而易就，故俗谓之马鬣封，马鬃鬣之上，其肉薄，封形似之也。今一日者，谓今封筑孔子之坟不假多时，一日之间三次斩板，即封毕而已止矣。其法侧板于坎之两旁，而用绳以约板，乃内土于内而筑之，土与板平，则斩断约板之绳，而升此板于所筑土之上，又实土于其中而筑之，如此者三，而坟成矣，故云三斩板而已封也。尚，庶几也。乎哉，疑辞。亦谦不敢质言也。〇坊，音防。覆，方救切，去声。“内土”内，音纳。

妇人不葛带。[1]

［1］礼，妇人之带牡麻结本，卒哭，丈夫去麻带，服葛带，而首绖不变；妇人以葛为首绖，以易去首之麻绖，而麻带不变，所谓“不葛带”也。既练则男子除绖，妇人除带，妇人轻首重要故也。然此谓妇人居齐斩之服者如此，若大功以下轻者，至卒哭，则并变为葛，与男子同。

有荐新，如朔奠。[1]

［1］朔奠者，月朔之奠也。未葬之时，大夫以上，朔望皆有奠；士则朔而已。如得时新之味，或五谷新熟而荐之，则其礼亦如朔奠之仪也。

既葬，各以其服除。[1]

［1］三月而葬，葬而虞，虞而卒哭。亲重，而当变麻衰者变之，其当除者即自除之，不俟主人卒哭之变也。

池视重霤。[1]

[1] 疏曰："池者，柳车之池也。重霤者，屋之承霤也，以木为之，承于屋檐，水霤入此木中，又从木中而霤于地。故云'重霤'也。天子之屋四注，四面皆有重霤；诸侯四注而重霤去后；大夫惟前后二；士惟一在前。生时屋有重霤，故死时柳车亦象宫室，而设池于车覆鳖甲之下、墙帷之上。盖织竹为之，形如笼，衣以青布以承鳖甲。名之曰'池'，以象重霤也。方面之数，各视生时重霤。"○重，平声。

君即位而为椑，岁一漆之，藏焉。[1]

[1] 疏曰："君，诸侯也。人君无论少长，体尊物备，即位即造为亲尸之棺，盖杝棺也，漆之坚强甓甓然，故名椑。每年一漆，示如未成也。藏焉者，其中不欲空虚，如急有待，故藏物于中。"一说：不欲令人见，故藏之。○椑，音僻。论、少，并去声。长，上声。杝，音移。

复，楔齿、缀足、饭、设饰、帷堂并作。[1]父兄命赴者。[2]

[1] 始死招魂之后，用角柶拄尸之齿令开，得饭含时不闭；又用燕几拘缀尸之两足令直，使著屦时不辟戾也。饭者，实米与贝于尸口中也。设饰，尸袭敛也。帷堂，堂上设帷也。作，起为也。复至帷堂六事一时并起，故云"并作"也。《仪礼》亦总见一图。○楔，音屑。缀，音拙。

[2] 疏曰："生时与他人有恩识者，今死，则其家宜使人往相赴告。"《士丧礼》："孝子自命赴者，若大夫以上，则父兄命之也。"

君复于小寝、大寝、小祖、大祖、库门、四郊。[1]

[1] 天子之郭门曰皋门，《明堂位》言鲁之库门即天子皋门，是库门者，郭门也。○疏曰："君，王侯也。前曰庙，后曰寝。室有东西厢曰庙，无东西厢有室曰寝，小寝者，高祖以下寝也，王侯同。大寝，天子始祖之寝，诸侯太祖之寝也。小祖者，高祖以下庙也，王侯同。大祖者，天子始祖之庙，诸侯太祖之庙也。"○马氏曰："寝，所居处之地；祖，所有事之地；

门,所出入之地;郊,所尝至之地。君复必于此者,盖魂气之往,亦未离生时熟习之地也。观此,则死生之说可知矣。”○今按马氏以小寝、大寝为燕寝、正寝,与旧说异。

丧不剥,奠也与?祭肉也与?[1]

[1] 剥者,不巾覆也。脯醢之奠,不恶尘埃,故可无巾覆。凡覆之者,必其有祭肉者也。

既殡,旬而布材与明器。[1]

[1] 材,为椁之木也。布者,分列而暴乾之也。殡后旬日即治此事。《礼》“献材于殡门外”,注云“明器之材”,此云材与明器者,盖二者之材皆乾之也。○暴,入声。乾,音干。

朝奠日出,夕奠逮日。[1]父母之丧,哭无时;使必知其反也。[2]

[1] 逮日,及日之未落也。○方氏曰:“朝奠以象朝时之食,夕奠以象夕时之食,孝子事死如事生也。”

[2] 未殡,哭不绝声,殡后虽有朝夕哭之时,然庐中思忆则哭,小祥后哀至则哭,此皆哭无时也。使者,受君之任使也。小祥之后,君有事使之,不得不行,然反必祭告,俾亲之神灵知其已反,亦“出必告,反必面”之义也。○“必告”告,音谷。

练,练衣黄里、縓缘,[1]葛要绖,绳屦无绚,[2]角瑱,[3]鹿裘衡、长祛。祛,裼之可也。[4]

[1] 疏曰:“练,小祥也。小祥而著练冠、练中衣,故曰练也。练衣者,以练为中衣。黄里者,黄为中衣里也。正服不可变,中衣非正服,但

承衰而已。縓，浅绛色。缘，谓中衣领及褎之缘也。”○縓，七眷切。缘，去声。著，音勺。褎、袖同。

[2] 小祥，男子去首之麻绖，惟余要葛也，故曰“葛要绖”。绳屦者，父母初丧菅屦，卒哭，受齐衰蒯藨屦，小祥受大功绳麻屦也。无絇，谓无屦头饰也。○朱子曰：“菅屦、疏屦，今不可考。今略以轻重推之，斩衰用今草鞋，齐衰用麻鞋可也。麻鞋，今卒伍所著者。”○要，平声。

[3] 瑱，充耳也，吉时君、大夫、士皆有之，所以掩于耳。君用玉为之，初丧去饰，故无瑱；小祥后微饰，故用角为之也。○瑱，吐练切。

[4] 疏曰：“冬时吉凶衣里皆有裘，吉则贵贱有异，丧则同用鹿皮为之。小祥之前，裘狭而短，袂又无祛；小祥稍饰，则更易作横广大者，又长之，又设其祛也。裼者，裘上之衣，吉时皆有，丧后凶质，未有裼衣，小祥后渐向吉，故加裼可也。按如此文，明小祥时外有衰，衰内有练中衣，中衣内有裼衣，裼衣内有鹿裘，鹿裘内自有常著襦衣。○今按祛者，袖口也。此所谓祛，则是以他物为袖口之缘。既祛以为饰，故裼之可也。○衡，音横，章内并同。

有殡，闻远兄弟之丧，虽缌必往；非兄弟，虽邻不往。[1]

[1] 三年之丧，在殡不得出吊，然于兄弟则恩义存焉，故虽缌服，兄弟之异居而远者，亦当往哭其丧。若非兄弟，则虽近不往。

所识，其兄弟不同居者皆吊。[1]

[1] 冯氏曰：“上二句，既主生者出吊往哭为义，则下一句文意当同。所识当为句，若所知之谓也。死者既吾之所知识，则其兄弟虽与死者不同居，我皆当吊之，所以成往来之情义也。”

天子之棺四重，水、兕革棺被之，其厚三寸，杝棺一，梓棺二。四者皆周。[1] 棺束，缩二衡三；衽，每束一。[2] 柏椁以端，长六尺。[3]

[1] 水牛、兕牛之革耐湿，故以为亲身之棺，二革合被为一重。杝木亦耐湿，故次于革，即前章所谓椑也。梓木棺二，一为属，一为大棺；杝棺之外有属棺，属棺之外又有大棺。四者皆周，言四重之棺，上下四方悉周匝也。惟椁不周，下有茵，上有抗席故也。○重，平声。兕，音似。杝，音移。

[2] 古者棺不用钉，惟以皮条直束之二道，横束之三道。衽，形如今之银则子，两端大而中小，汉时呼为小要。不言何物为之，其亦木乎？衣之缝合处曰衽，以小要连合棺与盖之际，故亦名衽。先凿木置衽，然后束以皮，每束处必用一衽，故云"衽，每束一"也。

[3] 天子以柏木为椁。端，犹头也。用柏木之头为之，其长六尺。○长，去声。

天子之哭诸侯也，爵弁绖，紂衣。[1]或曰：使有司哭之，[2]为之不以乐食。[3]

[1] 诸侯薨而赴于天子，天子哭之。爵弁紂衣，本士之祭服。爵弁，弁之色如爵也。紂衣，丝衣也。○郑氏曰："绖，衍字也。《周礼》王吊诸侯，弁绖缌衰。"○疏曰："天子至尊，不见尸柩不吊服。此遥哭之，故不服缌衰而服爵弁紂衣也。"○紂，音缁。

[2] 郑氏曰："非也，哀戚之事不可虚。"

[3] 疏曰："此是记者之言，非或人之说也。"○为，去声。

天子之殡也，菆涂龙輴以椁，加斧于椁上，毕涂屋，天子之礼也。[1]

[1] 疏曰："菆，丛也。菆涂，谓用木丛棺而四面涂之也。龙輴，殡时用輴车载柩而画辕为龙也。以椁者，此丛木象椁之形也。绣覆棺之衣为斧文，先菆四面为椁，使上与棺齐，而上犹开，以此棺衣从椁上入覆于棺，

故云‘加斧于椁上’也。毕，尽也。斧覆既竟，又四注为屋以覆于上，而下四面尽涂之也。”○今按“菆涂龙輴”，是輴车亦在殡中，非脱去輴车而殡棺也。○菆，才官切。輴，音春。覆，并去声。

唯天子之丧，有别姓而哭。[1]

[1] 诸侯朝覲天子，爵同则其位同；今丧礼则分别同姓、异姓、庶姓，使各相从而为位以哭也。○别，必列切。

鲁哀公诔孔丘曰：“天不遗耆老，莫相予位焉。呜呼哀哉！尼父！”[1]

[1] 作谥者，先列其生之实行，谓之诔。大圣之行，岂容尽列，但言天不留此老成，而无有佐我之位者，以寓其伤悼之意而已耳。称孔丘者，君臣之辞，此与《左传》之言不同。○郑氏曰：“尼父，因其字以为之谥也。”○相，去声。父，音甫。行，去声。

国亡大县邑，公、卿、大夫、士皆厌冠，哭于大庙三日，句君不举。或曰：君举而哭于后土。[1]

[1] 厌冠，丧冠也，说见《曲礼》。盛馔而以乐侑食曰举。后土，社也。○应氏曰：“哭于大庙者，伤祖宗基业之亏损；哭于后土者，伤土地封疆之朘削也。不举，自贬损也。曰君举者，非也。”○厌，于叶切。大，音泰。

孔子恶野哭者。[1]

[1] “所知，吾哭诸野”，夫子尝言之矣，盖哭其所知，必设位而帷之以成礼。此所恶者，或郊野之际，道路之间，哭非其地，又且仓卒行之，使人疑骇，故恶之也。方氏说：“‘哭者呼灭，子皋曰野哉’，孔子恶者以此。”恐未然。○恶，去声。卒，音猝。

未仕者不敢税人，如税人，则以父兄之命。[1]

[1] 税人，以物遗人也。未仕者身未尊显，故内则不可专家财，外则不可私恩惠也。或有情义之所不得已而当遗者，则称尊者之命而行之。○遗，去声。

士备入而后朝夕踊。[1]

[1] 国君之丧，诸臣有朝夕哭踊之礼，哭虽依次居位，踊必相视为节，不容有先后也。士卑，其入恒后，士皆入，则无不在者矣，故举士为毕而后踊焉。

祥而缟，是月禫，徙月乐。[1]

[1] 疏曰："祥，大祥也。缟，谓缟冠，大祥日著之。"○马氏曰："祥禫之制，施于三年之丧，则其月同；施于期之丧，则其月异。《杂记》曰'十一月而练，十三月而祥，十五月而禫'，此期之丧也。父在为母有所屈，三年所以为极。而至于二十五月者，其礼不可过；以三年之爱而断于期者，其情犹可伸。在禫月而乐者，听于人也；在徙月而乐者，作于己也。"○"为母"为，去声。断，音短。

君于士，有赐帟。[1]

[1] 帟，幕之小者，置之殡上以承尘也。大夫以上，则有司供之；士卑又不得自为，故君于士之殡，以帟赐之也。○帟，音亦。

檀弓下第四

君之适长殇，车三乘；公之庶长殇，车一乘；大夫之适长殇，车一乘。[1]

[1] 此言送殇遣车之礼。君，谓国君，亦或有地大夫通得称君也。公，专言五等诸侯也。十六至十九为长殇。葬此殇时，柩朝庙毕将行，设遣奠以奠之，牲体分折包裹，用此车载之以遣送死者，故名遣车。车制甚小，以置之椁内四隅，不容大为之也。礼：中殇，从上君适长三乘，则中亦三乘，下则一乘也；公庶长一乘，则中亦一乘，下则无也；大夫适长一乘，则中亦一乘，下殇及庶殇并无也。〇适，音的。长，上声。乘、遣，并去声。

公之丧，诸达官之长杖。[1]

[1] 方氏曰："受命于君者，其名达于上，故谓之达官。若府史而下，皆长官自辟除，则不可谓之达矣。受命于君者，其恩厚，故公之丧，惟达官之长杖。"〇今按凡官皆有长、贰，此以长言，则不及贰也。〇长，上声。

君于大夫，将葬，吊于宫，及出，命引之，三步则止。如是者三，君退。句朝亦如之，哀次亦如之。[1]

[1] 吊于宫，于其殡宫也。出，柩已行也。孝子攀号不忍，君命引之，夺其情也。引者三步即止，君又命引之，如是者三，柩车遂行，君即退去。君来时不必恒在殡宫，或当柩朝庙之时亦如之；或已出大门至平日待宾客次舍之处，孝子哀而暂停柩车，则亦如之。

五十无车者，不越疆而吊人。[1]

[1] 始衰之年，不可以筋力为礼也。

季武子寝疾，蟜固不说齐衰而入见，曰："斯道也，将亡矣。士唯公门说齐衰。"武子曰："不亦善乎！君子表微。"及其丧也，曾点倚其门而歌。[1]

[1] 季武子，鲁大夫季孙夙也。蟜固，人姓名。点，字皙，曾子父也。武子寝疾之时，蟜固适有齐衰之服，遂衣凶服而问疾，且曰：大夫之门不当释凶服，惟君门乃说耳。此礼将亡，我之凶服以来，欲以救此将亡之礼也。武子善之，言失礼之显著者，人皆可知；若夫礼之微细者，惟君子乃能表明之也。武子执政人所尊畏，固之为此，欲以易时人之观瞻。据礼而行，武子虽憾，不得而罪之也。若倚门而歌，则非礼矣，其亦狂之一端欤？记者盖善蟜固之存礼，讥曾点之废礼也。〇蟜，音矫。说，音脱。"遂衣"衣，去声。

大夫吊，当事而至，则辞焉。吊于人，是日不乐。妇人不越疆而吊人。行吊之日，不饮酒食肉焉。[1]吊于葬者必执引；若从柩，及圹，皆执绋。[2]

[1] 大夫吊，吊于士也。大夫虽尊，然当主人有小敛、大敛或殡之事而至，则殡者以其事告之。辞，犹告也。若非当事之时，则孝子下堂迎之。妇人无外事，故不越疆而吊。是日不乐，不饮酒食肉，皆为余哀未忘也。〇为，去声。

[2] 引，引柩车之索也。绋，引棺索也。〇郑氏曰："示助之以力。"〇疏曰："吊葬本为助执事，故必相助引柩车。凡执引用人，贵贱有数，数足则余人皆散行从柩，至下棺窆时，则不限人数，皆悉执绋也。引者，长远之名，故在车，车行远也；绋，是拨举之义，故在棺，棺惟拨举，不长远也。"〇引，去声。圹，上声。为、相，并去声。

丧，公吊之，必有拜者，虽朋友、州里、舍人可也。吊曰："寡君承事。"主人曰："临。"[1]君遇柩于路，必使人吊之。[2]

[1] 此谓国君吊其诸臣之丧。吊后，主人当亲往拜谢；丧家若无主后，必使以次疏亲往拜；若又无疏亲，则死者之朋友，及同州同里，及丧家典舍之人往拜，亦可也。寡君承事，言来承助丧事，此君语摈者传命以入之辞。主人曰临者，谢辱临之重也。○临，如字。

[2] 蒉尚画宫受吊，不如杞梁之妻知礼。而此言吊于路，何也？盖有爵者之妻当以礼吊，此谓臣民之微贱者耳，礼不下庶人也。言必使人吊者，是泛言众人之丧也。

大夫之丧，庶子不受吊。[1]

[1] 大夫之丧，适子为主拜宾。或以他故不在，则庶子不敢受吊，不敢以卑贱为有爵者之丧主也。

妻之昆弟为父后者死，哭之适室。子为主，袒、免、哭、踊。夫入门右，使人立于门外。告来者。狎则入哭。父在，哭于妻之室；非为父后者，哭诸异室。[1]

[1] 此闻妻兄弟之丧，而未往吊时礼也。父在，己之父也。为父后，妻之父也。门外之人以来吊者告，若是交游习狎之人，则径入哭之，情义然也。○疏曰："女子子适人者，为昆弟之为父后者不降，以其正故也。故姊妹之夫，为之哭于适室之中庭。子为主者，甥服舅缌，故命己子为主，受吊拜宾也。袒、免、哭、踊者，冠尊，不居肉袒之上，必先去冠而加免；故凡哭，哀则踊，踊必先袒，袒必先免，故'袒、免、哭、踊'也。夫入门右者，谓此子之父，即哭妻兄弟者。"○适，音的。免，音问。夫，如字。"为昆弟之"为，去声。

有殡，闻远兄弟之丧，哭于侧室；无侧室，哭于门内之右。同国则往哭之。[1]

[1] 侧室者，燕寝之旁室也。门内，大门之内也。上篇言有殡闻远兄弟之丧，虽缌必往，其亦谓同国欤？〇方氏曰："哭于侧室，欲其远殡宫也。于门内之右者，不居主位，示为之变也。同国则往者，以其不远也。"〇"远殡"远、"为之"为，并去声。

子张死，曾子有母之丧，齐衰而往哭之。或曰："齐衰不以吊。"曾子曰："我吊也与哉？"[1]

[1] 以丧母之服，而哭朋友之丧，逾礼已甚，故或人止之。而曾子之意则曰：我于子张之死，岂常礼之吊而已哉？今详此意，但以友义隆厚，不容不往哭之，又不可释服而往，但往哭而不行吊礼耳。故曰："我吊也与哉？"〇刘氏曰："曾子尝问三年之丧，吊乎？夫子曰：'三年之丧，练，不群立，不旅行。君子礼以饰情，三年之丧而吊哭，不亦虚乎？'既闻此矣，而又以母丧吊友，必不然也。凡经中言曾子失礼之事，不可尽信，此亦可见。"〇与，平声。

有若之丧，悼公吊焉，子游摈由左。[1]

[1] 悼公，鲁君，哀公之子。摈，赞相礼事也。立者尊右，子游由公之左，则公在右为尊矣。《少仪》云"诏辞自右者，谓传君之诏命"，则诏命为尊，故传者居右。时相丧礼者亦多由右，故子游正之也。

齐穀王姬之丧，鲁庄公为之大功。或曰："由鲁嫁，故为之服姊妹之服。"或曰："外祖母也，故为之服。"[1]

[1] 穀，读为告。齐襄公夫人王姬卒，在鲁庄之二年，赴告于鲁，其初由鲁而嫁，故鲁君为之服出嫁姊妹大功之服，礼也。或人既不知此王姬乃庄公舅之妻，而以为外祖母，又不知外祖母服小功，而以大功为外祖母之服，其亦妄矣。〇郑氏曰："春秋周女由鲁嫁，卒则服之如内女，服姊

妹是也。天子为之无服，嫁于王者之后乃服之。”○縠，音告。为，去声。

晋献公之丧，秦穆公使人吊公子重耳，且曰：“寡人闻之，亡国恒于斯，得国恒于斯。虽吾子俨然在忧服之中，丧亦不可久也，时亦不可失也。孺子其图之！”[1]以告舅犯。舅犯曰：“孺子其辞焉！丧人无宝，仁亲以为宝。父死之谓何？又因以为利，而天下其孰能说之？孺子其辞焉！”[2]公子重耳对客曰：“君惠吊亡臣重耳，身丧父死，不得与于哭泣之哀，以为君忧。父死之谓何？或敢有他志，以辱君义。”稽颡而不拜，哭而起，起而不私。[3]子显以致命于穆公。穆公曰：“仁夫公子重耳！夫稽颡而不拜，则未为后也，故不成拜。哭而起，则爱父也；起而不私，则远利也。”[4]

[1] 献公薨时，重耳避难在狄，故穆公使人往吊之。吊为正礼，故以“且曰”起下辞。寡人闻之者，此使者传穆公之言也。恒于斯，言常在此死生交代之际也。俨然，端静持守之貌。丧，失位也。丧不可久、时不可失者，勉其奔丧反国以谋袭位，故言孺子其图之也。此时秦已有纳之之志矣。○重，平声。丧，去声，下并同。难，去声。“使者”使，去声。

[2] 舅犯，重耳舅狐偃，字子犯也。公子既闻使者之言，入以告之子犯，犯言当辞而不受可也。失位去国之人，无以为宝，惟仁爱思亲，乃其宝也。父死谓是何事？正是凶祸大事，岂可又因此凶祸以为反国之利，而天下之人，孰能解说我为无罪乎？此所以不当受其相勉反国之命也。○说，如字。

[3] 公子既闻子犯之言，乃出而答客。惠吊亡臣重耳，谢其来吊也。不得与哭泣之哀，言出亡在外，不得居丧次也。以为君忧者，致君忧虑我也。他志，谓求位之志。辱君义者，辱君惠吊之义也。不私，不再与使者私言也。○与，去声。

［4］郑注用《国语》，知使者为公子絷，字子韅，故读显为韅也。丧礼，先稽颡后拜，谓之成拜，为后者成拜，所以谢吊礼之重。今公子以未为后，故不成拜也。爱父，犹言哀痛其父也。不私与使者言，是无反国之意，是远利也。爱父远利，皆仁者之事，故称之曰："仁夫公子重耳！"○显，去声。远，去声。

帷殡，非古也，自敬姜之哭穆伯始也。[1]

［1］礼，朝夕哭殡之时，必褰开其帷。敬姜哭其夫穆伯之殡，乃以避嫌而不复褰帷，自此以后，人皆效之。故记者云："非古也。"穆伯，鲁大夫季悼子之子，公甫靖也。

丧礼，哀戚之至也。节哀顺变也，君子念始也者也。[1]

［1］孝子之哀，发于天性之极至，岂可止遏，圣人制礼以节其哀，盖顺以变之也。言顺孝子之哀情，以渐变而轻灭也。始，犹生也，生我者父母也，毁而灭性，是不念生我者矣。

复，尽爱之道也，有祷祠之心焉。望反诸幽，求诸鬼神之道也。北面，求诸幽之义也。[1]

［1］行祷五祀而不能回其生，又为之复，是尽其爱亲之道，而祷祠之心犹示忘于复之时也。望反诸幽，望其自幽而反也。鬼神处幽暗，北乃幽阴之方，故求诸鬼神之幽者，必向北也。

拜稽颡，哀戚之至隐也。稽颡，隐之甚也。[1]

［1］隐，痛也。稽颡者，以头触地，无复礼容。就拜与稽颡言之，皆为至痛，而稽颡则尤其痛之甚者也。

饭用米、贝，弗忍虚也。不以食道，用美焉尔。[1]

[1] 实米与贝于死者口中，不忍其口之虚也。此不是用饮食之道，但用此美洁之物以实之焉尔。

铭，明旌也。以死者为不可别已，故以其旗识之。爱之，斯录之矣；敬之，斯尽其道焉耳。[1]

[1]《士丧礼》铭曰：某氏某之柩。初置于檐下西阶上，及为重毕，则置于重，殡而卒涂，始树于肂坎之东。疏云："士长三尺，大夫五尺，诸侯七尺，天子九尺。若不命之士，则以缁长半幅。赪末，长终幅，广三寸。半幅，一尺也。终幅，二尺也。是总长三尺。夫爱之而录其名，敬之而尽其道，曰爱曰敬，非虚文也。"○别，必列切。识，式志切。重，平声。肂，羊志切。赪，敕贞切。

重，主道也。殷主缀重焉，周主重彻焉。[1]

[1]《礼注》云：士重木长三尺。始死作重以依神，虽非主而有主之道，故曰主道也。殷礼始殡时，置重于殡庙之庭，暨成虞主，则缀此重而悬于新死者所殡之庙；周人虞而作主，则彻重而埋之也。○重，平声。缀，音拙。

奠以素器，以生者有哀素之心也。唯祭祀之礼，主人自尽焉尔，岂知神之所飨，亦以主人有齐敬之心也！[1]

[1] 郑氏曰："哀素，言哀痛无饰也。凡物无饰曰素。哀则以素，敬则以饰，礼由人心而已。"○方氏曰："《士丧礼》有'素俎'，《士虞礼》有'素几'，皆其哀而不文故也。丧葬凶礼，故若是；至于祭祀之吉礼，则必自尽以致其文焉，故曰：'唯祭祀之礼，主人自尽焉尔。'然主人之自尽，亦岂知神之所享必在于此乎？且以表其心而已耳。"○齐，音斋。

辟踊，哀之至也。有算，为之节文也。[1]

[1] 疏曰："抚心为辟，跳跃为踊，是哀痛之至极，若不裁限，恐伤其性，故有算以为之准节。每一踊三跳，三踊九跳为一节；士三日有三次踊，大夫四日五踊，诸侯六日七踊，天子八日九踊，故云'为之节文也'。"〇辟，婢亦切。

袒、括发，变也。愠，哀之变也。去饰，去美也。袒、括发，去饰之甚也。有所袒，有所袭，哀之节也。[1]

[1] 疏曰："袒衣括发，形貌之变也；悲哀愠恚，哀情之变也。去其寻常吉时之服饰，是去其华美也。去饰虽多端，惟袒而括发，又去饰之中最甚者也。理应常袒，何以有袒时、有袭时？盖哀甚则袒，哀轻则袭，哀之限节也。"〇去，上声。

弁、绖葛而葬，与神交之道也，有敬心焉。周人弁而葬，殷人冔而葬。[1]

[1] 居丧时冠服皆纯凶，至葬而吾亲托体地中，则当以礼敬之心，接于山川之神也。于是以缉素为弁，如爵弁之制，以葛为环绖在首以送葬。不敢以纯凶之服交神者，示敬也，故曰"有敬心焉"。〇冔，火羽切。

歠主人、主妇、室老，为其病也，君命食之也。[1]

[1] 疏曰："亲丧歠粥之时：主人，亡者之子；主妇，亡者之妻，无则主人之妻也；室老，家之长相。此三人并是大夫之家贵者，为其歠粥病困之故，君必命之食疏饭也。若士丧，君不命也。《丧大记》言主妇食疏食，谓既殡之后。此主妇歠者，谓未殡前。"〇为，去声。食，音嗣。

反哭升堂，反诸其所作也。主妇入于室，反诸其所养也。[1]

[1] 此堂与室，皆谓庙中也，卒窆而归，乃反哭于祖庙。其二庙者，则先祖后祢。所作者，平生祭祀、冠、昏所行礼之处也。所养者，所馈食供养之处也。〇养，去声。冠，去声。

反哭之吊也，哀之至也。反而亡焉，失之矣，于是为甚。[1]

殷既封而吊，周反哭而吊。孔子曰："殷已悫，吾从周。"[2]

[1] 宾之吊者升自西阶曰："如之何?"主人拜稽颡："当此之时，亡矣失矣，不可复见吾亲矣!"哀痛于是为甚也。宾吊毕而出，主人送于门外，遂适殡宫，即先时所殡正寝之堂也。

[2] 殷之礼，窆毕，宾就墓所吊主人；周礼则俟主人反哭而后吊。孔子谓殷礼太质悫者，盖亲之在土固为可哀，不若求亲于平生居止之所而不得，其哀为尤甚也。故吊于墓者，不如吊于家者之情文为兼尽，故欲从周也。〇封，音窆。

葬于北方，北首，三代之达礼也。之幽之故也。[1]

[1] 北方，国之北也。殡犹南首，未忍以鬼神待其亲也；葬则终死事矣，故葬而北首。三代通用此礼也。南方昭明，北方幽暗。之幽，释所以北首之义。〇首，去声。

既封，主人赠，而祝宿虞尸。[1]

[1] 柩行至城门，公使宰夫赠玄纁束，既窆，则用此玄纁赠死者于墓之野。此时祝先归，而肃虞祭之尸矣。宿，读为肃，进也。虞，犹安也。葬毕，迎精而反，日中祭之于殡宫，以安之也。男则男子为尸，女则女子

为尸。尸之为言主也，不见亲之形容，心无所系，故立尸而使之著死者之服，所以使孝子之心主于此也。禫祭以前男女异尸异几，祭于庙，则无女尸，而几亦同矣。《少牢礼》云“某妃配”，是男女共尸。〇著，直略切。少，去声。

既反哭，主人与有司视虞牲。有司以几、筵舍奠于墓左，反，日中而虞。[1]

[1] 士之礼，虞牲特豕。几，所以依神。筵，坐神之席也，席敷陈曰筵。孝子先反而视牲，别令有司释奠以礼地神，为亲之托体于此也。舍，读为释。奠者，置也，释置此祭馔也。墓道向南，以东为左，待此有司之反，即于日中时虞祭也。〇舍，音释。敷、敷同。“为亲”为，去声。

葬日虞，弗忍一日离也。[1]是日也，以虞易奠。卒哭曰“成事”。[2]

[1] 郑氏曰：“弗忍其无所归。”〇离，去声。

[2] 始死，小敛、大敛、朝夕，朔月、朝祖、赗遣之类，皆丧奠也。此日以虞祭代去丧奠，故曰“从虞易奠”也。卒哭曰成事者，盖祝辞曰“哀荐成事”也。祭以吉为成，卒哭之祭，乃吉祭故也。

是日也，以吉祭易丧祭，明日祔于祖父。[1]其变而之吉祭也，比至于祔，必于是日也接，不忍一日未有所归也。[2]

殷练而祔，周卒哭而祔。孔子善殷。[3]

[1] 吉祭，卒哭之祭也。丧祭，虞祭也。卒哭在虞之后，故云“以吉祭易丧祭”也。祔之为言附也。祔祭者，告其祖父以当迁他庙，而告新死者以当入此庙也。《礼》云“明日以其班祔”，明日者，卒哭之次日也。卒哭时告于新主曰：“哀子某来日隮祔尔于尔皇祖某甫。”及时，则奉新主入

祖之庙而并告之曰:“适尔皇祖某甫,以隮祔尔孙某甫。”孙必祔祖者,昭穆之位同,所谓以其班也。毕事,虞主复于寝。三年丧毕,遇四时之吉祭,而后奉新主入庙也。虞祭间一日,而卒哭与祔则不间日。○并、间,并去声。

[2] 上文所言皆据正礼,此言变者,以其变易常礼也。所以有变者,以有他故,未及葬期而即葬也。据士礼,速葬速虞之后,卒哭之前,其日尚赊,不可无祭。之,往也。虞往,至吉祭,其礼如何?曰:虞后比至于祔,遇刚日而连接其祭。若丁日葬,则己日再虞,后虞改用刚日,则庚日三虞也。此后遇刚日则祭,至祔而后止,此孝子不忍使其亲一日无所依归也。○比,音畀。

[3]《孝经》曰:“为之宗庙,以鬼享之。”孔子善殷之祔者,以不急于鬼其亲也。

君临臣丧,以巫、祝、桃、茢,执戈,恶之也,所以异于生也。丧有死之道焉,先王之所难言也。[1]

[1] 桃性辟恶,鬼神畏之,王莽恶高庙神灵,以桃汤洒其壁。茢,苕帚也,所以除秽。巫执桃,祝执茢,小臣执戈,盖为其有凶邪之气可恶,故以此三物辟祓之也,临生者则惟执戈而已,今加以桃、茢,故曰“异于生也”。君使臣以礼,死而恶之,岂礼也哉?然人死斯恶之矣,故丧礼实有恶死之道焉,先王之所不忍言也。○茢,音列。恶、难,并去声。辟,音闢。

丧之朝也,顺死者之孝心也。其哀离其室也,故至于祖、考之庙而后行。殷朝而殡于祖,周朝而遂葬。[1]

[1] 子之事亲出必告,反必面,今将葬而奉柩以朝祖,固为顺死者之孝心,然求之死者之心,亦必自哀其违离寝处之居,而永弃泉壤之下,亦欲至祖考之庙而诀别也。殷尚质,敬鬼神而远之,故大敛之后,即奉柩朝

祖而遂殡于庙；周人则殡于寝，及葬则朝庙也。

孔子谓："为明器者，知丧道矣，备物而不可用也。[1]哀哉！死者而用生者之器也，不殆于用殉乎哉？[2]其曰明器，神明之也。涂车、刍灵，自古有之，明器之道也。"孔子谓"为刍灵者善"，谓"为俑者不仁"，不殆于用人乎哉！[3]

[1] 此孔子善夏之用明器从葬。○从，去声。

[2] 此孔子非殷人用祭器从葬。以人从死曰殉。殆，几也。用其器，则近于用人。

[3] 谓之明器者，是以神明之道待之也。涂车，以泥为车也。束草为人形，以为死者之从卫，谓之"刍灵"，略似人形而已，亦明器之类也。中古为木偶人谓之俑，则有面目机发而太似人矣，故孔子恶其不仁，知末流必有以人殉葬者。○赵氏曰："以木人送葬，设机而能踊跳，故名之曰俑。"

穆公问于子思曰："为旧君反服，古与？"子思曰："古之君子，进人以礼，退人以礼，故有旧君反服之礼也。今之君子，进人若将加诸膝，退人若将队诸渊，毋为戎首，不亦善乎！又何反服之礼之有？"[1]

[1] 穆公，鲁君，哀公之曾孙。为旧君服，见《仪礼》"齐衰"章。孟子言"三有礼则为之服，寇仇何服之有"，与此章意似。队诸渊，言置之死地也。戎首，为寇乱之首也。○"为旧"为，去声。与，平声。队，音坠。

悼公之丧，季昭子问于孟敬子曰："为君何食？"敬子曰："食粥，天下之达礼也。[1]吾三臣者之不能居公室也，四方莫不闻矣。勉而为瘠，则吾能，毋乃使人疑夫不以情居瘠者乎哉？我则食食。"[2]

[1] 悼公，鲁哀公之子。昭子，康子之曾孙，名强。敬子，武伯之子，名捷。

[2] 三臣，仲孙、叔孙、季孙之三家也。敬子言我三家不能居公室而以臣礼事君者，四方皆知之矣，勉强食粥而为毁瘠之貌，我虽能之，然岂不使人疑我非以哀戚之真情而处此瘠乎？不若违礼而食食也。○应氏曰："季子之问，有君子补过之心；而孟氏之对，可谓小人之无忌惮者矣。"○食，上如字，下音嗣。

卫司徒敬子死，子夏吊焉，主人未小敛，绖而往。子游吊焉，主人既小敛，子游出，绖，反哭。子夏曰："闻之也与？"曰："闻诸夫子：主人未改服，则不绖。"[1]

[1] 司徒，以官为氏也。主人未小敛，则未改服，故吊者不绖，子夏绖而往吊，非也。其时子游亦吊，俟其小敛后改服，乃出而加绖反哭之，则中于礼矣。○与，平声。中，去声。

曾子曰："晏子可谓知礼也已，恭敬之有焉。"有若曰："晏子一狐裘三十年，遣车一乘，及墓而反。[1]国君七个，遣车七乘；大夫五个，遣车五乘。晏子焉知礼？"[2]曾子曰："国无道，君子耻盈礼焉。国奢则示之以俭，国俭则示之以礼。"[3]

[1] 晏子，齐大夫。曾子称其知礼，谓礼以恭敬为本也。有若之言则曰：狐裘贵在轻新，乃三十年而不易，是俭于己也；遣车一乘，俭其亲也；礼，窆后有拜宾、送宾等礼，晏子窆讫即还，俭于宾也。此三者，皆以其俭而失礼者也。○遣、乘，并去声，下节同。

[2] 遣车之数，天子九乘，诸侯七乘，大夫五乘，天子之士三乘，诸侯之士无遣车也。大夫以上皆太牢，士少牢。个，包也。凡包牲皆取下体，

每一牲取三体，前胫折取臂臑，后胫折取骼。少牢二牲则六体，分为三个；太牢三牲则九体。大夫九体分为十五段，三段为一包，凡五包；诸侯分为二十一段，凡七包；天子分为二十七段，凡九包。每遣车一乘，则载一包也。

[3] 曾子主权，有子主经，是以二端之论不合。

国昭子之母死，问于子张曰："葬及墓，男子、妇人安位？"子张曰："司徒敬子之丧，夫子相，男子西乡，妇人东乡。"[1]曰："噫！毋！"曰："我丧也斯沾，尔专之：宾为宾焉，主为主焉。妇人从男子，皆西乡。"[2]

[1] 国昭子，齐大夫，葬其母，以子张相礼，故问之。夫子，孔子也。主人家男子皆西向，妇人皆东向，而男宾在众主人之南，女宾在众妇之南，礼也。○相、乡，并去声。

[2] 昭子闻子张之言，叹息而止之，言我为大夫，齐之显家，今行丧礼，人必尽求觇视，当有所更改以示人，岂宜一循旧礼？尔当专主其事，使宾自为宾，主自为主，可也。于是昭子家妇人，既与男子同居主位而西乡，而女宾亦与男宾同居宾位而东乡矣。斯，尽也。沾，读为觇。此记礼之变。○毋、无同。斯，去声。沾、觇同。更，平声。

穆伯之丧，敬姜昼哭；文伯之丧，昼夜哭。孔子曰："知礼矣。"[1]

[1] 哭夫以礼，哭子以情，中节矣，故孔子美之。○中，去声。

文伯之丧，敬姜据其床而不哭，曰："昔者吾有斯子也，吾以将为贤人也，吾未尝以就公室。今及其死也，朋友诸臣未有出涕者，而内人皆行哭失声。斯子也，必多旷于礼矣夫!"[1]

[1] 以为贤人,必知礼矣,故凡我平日出入公室,未尝与俱而观其所行,盖信其贤而知礼也;至死而觉其旷礼,故叹恨之。○郑氏曰:"季氏,鲁之宗卿,敬姜有会见之礼。"

季康子之母死,陈亵衣。敬姜曰:"妇人不饰不敢见舅姑。将有四方之宾来,亵衣何为陈于斯?"命彻之。[1]

[1] 敬姜,康子之从祖母也。○应氏曰:"敬姜森然法度之语。"○见,音现。从,去声。

有子与子游立,见孺子慕者。有子谓子游曰:"予壹不知夫丧之踊也,予欲去之久矣。情在于斯,其是也夫!"[1]子游曰:"礼有微情者,有以故兴物者,有直情而径行者,戎狄之道也。礼道则不然。[2]人喜则斯陶,陶斯咏,咏斯犹,犹斯舞,舞斯愠,愠斯戚,戚斯叹,叹斯辟,辟斯踊矣。品节斯,斯之谓礼。[3]人死,斯恶之矣;无能也,斯倍之矣。是故制绞、衾,设蒌、翣,为使人勿恶也。[4]始死,脯醢之奠,将行,遣而行之,既葬而食之。未有见其飨之者也。自上世以来,未之有舍也,为使人勿倍也。故子之所刺于礼者,亦非礼之訾也。"[5]

[1] 有子言丧礼之有踊,我常不知其何为而然。壹者,专一之义,犹常也。我久欲除去之矣,今见孺子之号慕若此,则哀情之在于此踊,亦如此孺子之慕也夫。○去,上声。

[2] 子游言先王制礼,使贤者俯而就之,不肖者企而及之。虑贤者之过于情也,故立为哭踊之节,所以杀其情,故曰:"礼有微情者。"微,犹杀也。虑不肖者之不及情也,故为之兴起衰绖之物,使之睹服思哀,故曰

"有以故兴物者"。此二者,皆制礼者酌人情而为之也。若直肆己情,径率行之,或哀或不哀,漫无制节,则是戎狄之道矣。中国礼义之道,则不如是也。

[3] 此言乐极生哀之情。但"舞斯愠"一句,终是可疑,今且据疏。刘氏欲于"犹斯舞"之下增一"矣"字,而删"舞斯愠"三字,今亦未敢从。○疏曰:"喜者,外境会心之谓。斯,语助也。陶,谓郁陶,心初悦而未畅之意。郁陶之情畅,则口歌咏之也;咏歌不足,渐至动摇身体,乃至起舞;足蹈手扬,乐之极也。外境违心之谓愠。凡喜怒相对,哀乐相生,若舞无节,形疲厌倦;事与心违,所以怒生。愠怒之生由于舞极,故《曲礼》云:'乐不可极也。'此凡九句,首末各四句,是哀乐相对,中间'舞斯愠'一句,是哀乐相生。'愠斯戚'者,怒来触心,愤恚之余,转为忧戚;忧戚转深,因发叹息;叹恨不泄,遂至抚心;抚心不泄,乃至跳踊奋击,亦哀之极也。故夷狄无礼,朝殡夕歌,童儿任情,倏啼欻笑。今若品节此二涂,使踊舞有数,则能久长,故云斯之谓礼。品,阶格也。节,制断也。"○孙氏曰:"当作人喜则斯陶,陶斯咏,咏斯犹,犹斯舞,舞斯蹈矣;人悲则斯愠,愠斯戚,戚斯叹,叹斯辟,辟斯踊矣。盖自喜至蹈,凡六变,自悲至踊,亦六变。此所谓孺子慕者之直情也。舞蹈辟踊,皆本此情,圣人于是为之节。"○犹,音摇。辟,婢亦切。乐,音洛。

[4] 以其死而恶之,以其无能而倍之,恐太古无礼之时,人多如此,于是推原圣人所以制礼之初意,止为使人勿恶勿倍而已。绞衾以饰其体,蒌翣以饰其棺,则不见死者之可恶矣。○恶,去声。绞,音爻。蒌,音柳。为,去声。

[5] 始死,即为脯醢之奠;将葬,则有包裹牲体之遣;既葬,则有虞祭之食。何尝见死者享之乎?然自上世制礼以来,未闻有舍而不为者,为此则报本反始之思,自不能已矣,岂复有倍之之意乎?先王制礼,其深意盖如此。今子刺丧之踊而欲去之者,亦不足以为礼之疵病也。○遣,去声。食,去声。舍,上声。为,去声。刺,音次。訾,音疵。复,扶又切。

吴侵陈，斩祀，杀厉。师还出竟，陈大宰嚭使于师，夫差谓行人仪曰："是夫也多言。盍尝问焉？师必有名，人之称斯师也者，则谓之何？"[1]大宰嚭曰："古之侵伐者，不斩祀，不杀厉，不获二毛。今斯师也，杀厉与？其不谓之杀厉之师与？"曰："反尔地，归尔子，则谓之何？"曰："君王讨敝邑之罪，又矜而赦之，师与有无名乎？"[2]

[1] 鲁哀公元年，吴师侵陈。斩祀，伐祠祀之木也。杀厉，杀疫病之人也。大宰、行人，皆官名。夫差，吴子名。是夫，犹言此人，指嚭也。多言，犹能言也。盍，何不也。尝，试也。师必有名者，言出师伐人，必得彼国之罪，以显我出师之名也。今众人称我此师，谓之何名乎？○还，音旋。竟，音境。大，音泰。嚭，普彼切。使，去声。夫差，音扶钗。"是夫"夫，如字。

[2] 二毛，斑白之人也。子，谓所获臣民也。还其侵略之地，纵其俘获之民，是矜而赦之矣，岂可又以无名之师议之乎？此言嚭善于辞令。故能救败亡之祸。○石梁王氏曰："是时吴亦有大宰嚭如何？"○与，并平声。

颜丁善居丧，始死，皇皇焉如有求而弗得；及殡，望望焉如有从而弗及；既葬，慨焉如不及其反而息。[1]

[1] 颜丁，鲁人。皇皇，犹栖栖也。望望，往而不顾之貌。慨，感怅之意。始死，形可见也；既殡，柩可见也；葬则无所见矣。如有从而弗及，似有可及之处也。葬后则不复如有所从矣，故但言"如不及其反"。又云而息者，息，犹待也，不忍决忘其亲，犹且行且止，以待其亲之反也。盖葬者往而不反，然孝子于迎精而反之时，犹如有所疑也。○复，去声。

子张问曰："《书》云'高宗三年不言，言乃欢'，有诸？"仲尼曰："胡为其不然也？古者天子崩，王世子听于冢宰三年。"[1]

[1] 言乃欢者，命令所布，人心喜悦也。

知悼子卒，未葬。平公饮酒，师旷、李调侍，鼓钟。杜蒉自外来，闻钟声，曰："安在？"曰："在寝。"杜蒉入寝，历阶而升，酌曰："旷饮斯！"又酌，曰："调饮斯！"又酌，堂上北面坐饮之，降，趋而出。[1]平公呼而进之，曰："蒉。曩者尔心或开予，是以不与尔言。尔饮旷，何也？"曰："子、卯不乐。知悼子在堂，斯其为子、卯也，大矣。旷也，太师也，不以诏，是以饮之也。"[2]"尔饮调，何也？"曰："调也，君之亵臣也，为一饮一食，忘君之疾，是以饮之也。"[3]"尔饮，何也？"曰："蒉也，宰夫也，非刀匕是共，又敢与知防，是以饮之也。"[4]平公曰："寡人亦有过焉。酌而饮寡人。"杜蒉洗而扬觯。公谓侍者曰："如我死，则必毋废斯爵也。"至于今，既毕献，斯扬觯，谓之"杜举"。[5]

[1] 知悼子，晋大夫，名罃。平公，晋侯彪也。凡三酌者，既罚二子。又自罚也。〇知，去声。蒉，音快。饮，去声。

[2] 言尔之初入，我意尔必有所谏教开发于我，我是以不先与尔言。乃三酌之后，竟不言而出，尔之饮旷，何说也？蒉言：桀以乙卯日死，纣以甲子日死，谓之疾日，故君不举乐。在堂，在殡也。况君于卿大夫，比葬不食肉，比卒哭不举乐。悼子在殡，而可作乐燕饮乎？桀纣异代之君，悼子同体之臣，故以为大于子、卯也。诏，告也。罚其不告之罪也。

[3] 言调为近习之臣，贪于一饮一食，而忘君违礼之疾，故罚之也。〇饮，去声。

[4] 非，犹不也。宰夫职在刀匕，今乃不专供刀匕之职，而敢与知谏

争防闲之事，是侵官矣，故自罚也。〇共，音供。与，去声。争，音诤。

[5] 扬觯，举觯也。盥洗而后举，致洁敬也。平公自知其过，既命蒉以酌，又欲以此爵为后世戒，故记者云：至今晋国行燕礼之终，必举此觯。谓之“杜举”者，言此觯乃昔者杜蒉所举也。《春秋》传作屠蒯，文亦不同。〇觯，音志。

公叔文子卒，其子戍请谥于君，曰：“日月有时，将葬矣，请所以易其名者。”[1] 君曰：“昔者卫国凶饥，夫子为粥与国之饿者，是不亦‘惠’乎！昔者卫国有难，夫子以其死卫寡人，不亦‘贞’乎！夫子听卫国之政，修其班制，以与四邻交。卫国之社稷不辱，不亦‘文’乎！故谓夫子‘贞惠文子’。”[2]

[1] 文子，卫大夫，名拔。君，灵公也。大夫、士三月而葬。有时，犹言有数也。死则讳其名，故为之谥，所以代其名也。〇戍，音庶。

[2] 鲁昭公二十年，盗杀卫侯之兄絷，时齐豹作乱，公如死鸟，此卫国之难也。班者，尊卑之次；制者，多寡之节，因旧典而修举之也。据先后则“惠”在前，论小大则“贞”为重，故不曰“惠贞”而曰“贞惠”也。此三字为谥，而惟称文子者，郑云：“文足以兼之。”〇难，去声。

石骀仲卒，无适子，有庶子六人，卜所以为后者。曰：“沐浴佩玉则兆。”五人者皆沐浴佩玉。石祁子曰：“孰有执亲之丧而沐浴佩玉者乎？”不沐浴佩玉。石祁子兆，卫人以龟为有知也。[1]

[1] 骀仲，卫大夫。曰“沐浴佩玉则兆”，卜人之言也。〇方氏曰：“兆亦有凶，卜者以求吉为主，故经以兆言吉也。”〇骀，音苔。适，音的。

陈子车死于卫，其妻与其家大夫谋以殉葬，定而后陈子亢至。以告曰:“夫子疾,莫养于下,请以殉葬。”[1]子亢曰:“以殉葬,非礼也。虽然,则彼疾当养者,孰若妻与宰?得已,则吾欲吾已;不得已,则吾欲以二子者之为之也。”于是弗果用。[2]

[1] 子车,齐大夫。子亢,其兄弟,即孔子弟子子禽也。疾时不在家,家人不得以致其养,故云“莫养于下”也,于是欲杀人以殉葬。定,谓已议定所杀之人也。○亢,音刚。养,去声。

[2] 宰,即家大夫也。二子,谓妻与宰也。子亢若但言非礼,未必能止之,今以当养者为当殉,则不期其止而自止矣。

子路曰:“伤哉,贫也!生无以为养,死无以为礼也。”孔子曰:“啜菽,饮水,尽其欢,斯之谓孝;敛首、足、形,还葬而无椁,称其财,斯之谓礼。”[1]

[1] 世固有三牲之养而不能欢者,亦有厚葬以为观美而不知陷于僭礼之罪者,知此,则孝与礼可得而尽矣,又何必伤其贫乎?还葬,说见上篇。○养,去声。还,音旋。称,去声。

卫献公出奔,反于卫,及郊,将班邑于从者而后入。柳庄曰:“如皆守社稷,则孰执羁靮而从?如皆从,则孰守社稷?君反其国而有私也,毋乃不可乎?”弗果班。[1]

[1] 献公以鲁襄十四年奔齐,二十六年归卫。羁,所以络马;靮,所以鞚马。庄之意,谓居者、行者均之为国,不当独赏从者以示私恩。○从,去声。靮,音的。

卫有大史曰柳庄,寝疾。公曰:“若疾革,虽当祭必告。”公再拜稽首,请于尸曰:“有臣柳庄也者,非寡人之臣,社稷之臣也。闻之死，请往。”不释服而往，遂以襚之，与之邑裘氏与县潘氏，书而纳诸棺，曰：“世世万子孙毋变也。”[1]

[1] 以衣服赠死者曰襚。裘、县潘，二邑名。万子孙，谓庄之后世也。庄之疾，公尝命其家，若当疾亟之时，我虽在祭事，亦必入告。及其死也，果当公行事之际，遂不释祭服而往，因释以襚之，又赐之二邑。此虽见国君尊贤之意，然弃祭事而不终，以诸侯之命服而襚大夫，书封邑之券而纳诸棺，皆非礼矣。○大，音泰。革，音亟，入声。县，音玄。

陈乾昔寝疾，属其兄弟而命其子尊己曰：“如我死，则必大为我棺，使吾二婢子夹我。”陈乾昔死，其子曰：“以殉葬，非礼也，况又同棺乎！”弗果杀。[1]

[1] 属，如《周礼》“属民读法”之属，犹合也，聚也。记者善尊己守正，而不从其父之乱命。○乾，音干。属，音烛。

仲遂卒于垂，壬午犹绎，万入去籥。仲尼曰：“非礼也。卿卒不绎。”[1]

[1] 仲遂，鲁庄公子，东门襄仲也，为鲁卿。垂，齐地名。祭宗庙之明日，又设祭礼以寻绎昨日之祭，谓之绎，殷谓之肜。言壬午，则正祭辛巳日也。万舞，执干以舞也。籥舞，吹籥以舞也。万入去籥者，言此绎祭时，以仲遂之卒，但用无声之干舞以入，去有声之籥舞而不用也。○陈氏曰：“《春秋》之法：当祭而卿卒，则不用乐，明日则不绎。故叔弓之卒，昭公去乐卒事，君子以为礼；仲遂之卒，宣公犹绎，而万入去籥，圣人以为非礼。”○《诗记》曰：“万舞，二舞之总名也。干舞者，武舞之别名。籥舞者，文舞之别名。文舞又谓之羽舞。郑氏据《公羊》以万舞为干舞，误也。《春秋》书‘万入去籥’，言文武二舞皆入，去其有声者，故去籥焉。《公羊》乃以万舞为武舞，与籥舞对言之，失经意矣。若万舞止为武舞，则此诗何为独言万舞而不及文舞；《左传》‘考仲子之宫，将万焉’，妇人之庙，亦不

应独用武舞也，然则万舞为二舞之总名，明矣。”出《诗缉》“简兮”注。○愚按《左传》：楚令尹子元欲蛊文夫人，为馆于其宫侧而振万焉，夫人闻之泣曰：“先君以是舞也，习戎备也。今令尹不寻诸仇雠，而于未亡人之侧，不亦异乎？”据此则万舞信为武舞矣，吕氏岂偶忘之耶？○去，上声。肜，音融。“何为”为，去声。

季康子之母死，公输若方小。敛，般请以机封，将从之。公肩假曰：“不可。夫鲁有初：[1]公室视丰碑，三家视桓楹。[2]般！尔以人之母尝巧，则岂不得以？其母以尝巧者乎？则病者乎？噫！”弗果从。[3]

[1] 公输，氏；若，名；为匠师。方小，年尚幼也。敛，下棺于椁也。般、若之族，素多技巧，见若掌敛事而年幼，欲代之而试用其巧技也。机窆，谓以机关转动之器下棺，不用碑与绋也。鲁有初，言鲁国自有故事也。○般，音班。封，音窆。敛，去声。

[2] 丰碑，天子之制；桓楹，诸侯之制。○疏曰：“凡言视者，比拟之辞。丰，大也。谓用大木为碑，穿凿去碑中之木使之空，于空间著鹿卢，两头各入碑木，以绋之一头系棺缄，以一头绕鹿卢，既讫，而人各背碑负绋末头，听鼓声以渐却行而下之也。桓楹，不似碑，形如大楹耳。通而言之亦曰碑。《说文》：‘桓，邮亭表也。’如今之桥旁表柱也。诸侯二碑，两柱为一碑而施鹿卢，故郑云‘四植’也。”○下空，去声。著，音勺。

[3] 疏曰：“尝，试也。言尔欲以人母尝试己之巧事，谁有强逼于尔而为此乎？岂不得休已者哉！又语之云：其无以人母尝试己巧，则于尔病者乎？言不得尝巧，岂于尔有所病。假言毕，乃更噫而伤叹，于是众人遂止。”○一说，“则岂不得以其母以尝巧者乎”作一句，言尔以他人母试巧，而废其当用之礼，则亦岂不得自以己母试巧而不用礼乎？则于尔心亦有所病而不安乎？盖使之反求诸心，以己度人，而知其不可也。○应氏曰：“周衰礼废，而诸侯僭天子，绝公室之窆棺视丰碑；大夫僭诸侯，故

三家之窆棺视桓楹。其陵替承袭之弊，有自来矣。”○强，上声。

战于郎，公叔禺人遇负杖入保者息，曰：“使之虽病也，任之虽重也，君子不能为谋也，士弗能死也，不可。我则既言矣。”与其邻重汪踦往，皆死焉。鲁人欲勿殇重汪踦，问于仲尼。仲尼曰：“能执干戈以卫社稷，虽欲勿殇也，不亦可乎？”[1]

[1] 战于郎，鲁哀公十一年齐伐鲁也。禺人，昭公子公为也。遇鲁人之避齐师而入保城邑者，疲倦之余，负其杖而息于涂，禺人乃叹之曰：“徭役之烦，虽不能堪也；税敛之数，虽过于厚也；若上之人协心以御寇难，犹可塞责也。今卿、大夫不能画谋策，士不能捐身以死难，岂人臣事君之道哉？甚不可也。我既出此言矣，可不思践吾言乎！”于是与其邻之童子汪踦者，皆往斗而死于敌。鲁人以踦有成人之行，欲以成人之丧礼葬之，而孔子善其权礼之当也。○禺，音遇。重，通作童。踦，音纪。敛，去声。数，入声。

子路去鲁，谓颜渊曰：“何以赠我？”曰：“吾闻之也：去国则哭于墓而后行，反其国不哭，展墓而入。”谓子路曰：“何以处我？”子路曰：“吾闻之也：过墓则式，过祀则下。”[1]

[1] 哭墓，哀墓之无主也。不忍丘垄之无主，则必有返国之期，故为行者言之。墓与祀，人所易忽也，而能加之敬，则无往而不用吾敬矣。敬则无适而不安，故为居者言之也。○方氏曰：“凡物展之则可省而视，故省谓之展。”○处，上声。为，去声。省，悉井切。

工尹商阳与陈弃疾追吴师，及之。陈弃疾谓工尹商阳曰：“王事也，子手弓而可。”句手弓。句“子射诸！”射之，毙一人，韔弓。又及，谓之，又毙二人。每毙一人，掩其目。止其御曰："朝不坐，燕不与，杀三人，亦足以反命矣。"孔子曰："杀人之中，又有礼焉。"[1]

[1] 工尹，楚官名，追吴师事在鲁昭公十二年。"子手弓而可"为句，使之执弓也。手弓，商阳之弓在手也。韔，弓衣也。谓之，再告之也。掩目而不忍视，止御而不忍驱，有恻隐之心焉。商阳自言位卑礼薄，如此亦可以称塞矣。孔子谓其有礼，以败北之师本易穷，而商阳乃能节制其纵杀之心，是仁意与礼节并行，非事君之礼止于是也。特取其善于追败者，亦非谓临敌未决，而不忍杀人也。○疏曰："朝与燕皆在寝，若路门外正朝，则大夫以下皆立；若燕朝在于路寝，则大夫坐于上，如孔子'摄齐升堂'是也，升堂则坐矣。燕亦在寝，《燕礼》献卿、大夫之后，西阶上献士，无升堂之文，是士立于下也。郑注：'射者在左，戈盾在右，御在中央。'谓兵车参乘之法。此谓凡常战士，若是元帅，则在中央鼓下，御者在左，戈盾亦在右。若天子诸侯亲将，亦居鼓下。若非元帅，则皆在左，御者在中。若非兵车，则尊者在左。"○射，音石。韔，音畅。朝，音潮。与，去声。称、易，并去声。齐，音咨。乘、将，并去声。

诸侯伐秦，曹桓公卒于会。诸侯请含，使之袭。[1]

[1] 曹伯之卒，鲁成公十三年也。袭，贱者之事，诸侯从之，不知礼也。○含，去声。

襄公朝于荆，康王卒，荆人曰："必请袭。"鲁人曰："非礼也。"荆人强之，巫先拂柩。荆人悔之。[1]

[1] 荆，《禹贡》州名，楚立国之本号，鲁僖公元年始称楚。鲁襄公以二十八年朝楚，适遭楚子昭之丧，鲁人知袭之非礼而不能违，于是以君临臣丧之礼先之，及其觉之而悔，已无及矣。此其适权变之宜，足以雪耻。○强，上声。

滕成公之丧，使子叔敬叔吊，进书，子服惠伯为介。及郊，为懿伯之忌，不入。惠伯曰："政也，不可以叔父之私不将公事。"遂入。[1]

[1] 滕成公之丧，在鲁昭公之三年。敬叔，鲁桓公七世孙；惠伯，则桓公六世孙也。于世次，敬叔称惠伯为叔父；懿伯则惠伯之叔父，而敬叔之五从祖。进书，奉进鲁君之吊书也。介，副也。○刘氏曰："《左传》注云：忌，怨也。敬叔先有怨于懿伯，故不欲入滕；以惠伯之言而入，传言叔弓之有礼也。此疏云：敬叔尝杀懿伯，为其家所怨，恐惠伯杀己，故不敢先入。惠伯知其意而开释之，记惠伯之知礼也。二说不同，而皆可疑。如彼注言，礼椒为之避仇怨，则当自受命之日辞行以礼之，不当及郊而后辞入也。如此疏言，恐惠伯杀己而难之，则鲁之遣使而使其仇为之副，不恤其相仇以弃命害事，亦非善处也。且叔弓为正使，得仇怨为介而不请易之，非计之得也。又同使共事，而常以仇敌备之，而往反于鲁滕之路，亦难言也。使椒果欲报仇，则其言虽善，安知非诱我耶？而遂入，又非通论也。按《左传》云'及郊，遇懿伯之忌'，此作'为'，二字虽异，而皆先言及郊而后言忌，可见是及郊方遇忌也。或者忌字只是忌日，懿伯是敬叔从祖，适及滕郊而遇此日，故欲缓至次日乃入。故惠伯以礼晓之曰：公事有公利，无私忌，乃先入，而叔弓亦遂入焉。此说固可通，然亦未知然否，阙之可也。"

哀公使人吊蒉尚，遇诸道，辟于路，画宫而受吊焉。[1]曾子曰："蒉尚不如杞梁之妻之知礼也。齐庄公袭莒于夺，杞梁死焉。其妻迎其柩于路而哭之哀。[2]庄公使人吊之，对曰：'君之臣不免于罪，则将肆诸市朝，而妻妾执。君之臣免于罪，则有先人之敝庐在，君无所辱命。'"[3]

[1] 哀公，鲁君。辟于路，辟读为僻，谓除辟道路，以画宫室之位而受吊也。○辟，音僻。画，音获。

[2] 鲁襄公二十三年，齐侯袭莒。袭者，以轻兵掩其不备而攻之也。《左传》言："杞殖、华还载甲，夜入且于之隧。"且于，莒邑名。隧，狭路也。郑云"或为兑"，故读"夺"为"兑"。梁即殖，以战死，故妻迎其柩。〇夺，音兑。华，去声。且，音雎。

[3] 肆，陈尸也。妻妾执，拘执其妻妾也。《左传》言齐侯吊诸其室。

孺子䵍之丧，哀公欲设拨，问于有若。有若曰："其可也。君之三臣犹设之。"颜柳曰："天子龙輴而椁帱，诸侯輴而设帱，为榆沈，故设拨。三臣者废輴而设拨，窃礼之不中者也，而君何学焉？"[1]

[1] 䵍，哀公之少子。旧说以拨为绋，未知是否。三臣，鲁之三家也。颜柳言天子之殡，用輴车载柩而画辕为龙。椁帱者，丛木为椁形而覆帱其上，前言"加斧于椁上"是也。诸侯輴而设帱，则有輴而无龙，有帱而无椁也。榆沈，以水浸榆白皮之汁以播地，取其引车不涩滞也。今三家废輴不用而犹设拨，是徒有窃礼之罪，而非有中用之实者也。〇方氏曰："为輴之重也，故为榆沈以滑之；欲榆沈之散也，故设拨以发之。无輴则无所用沈；无所用沈，则无所用拨。三臣既知輴之可废，而不知拨之不必设，是窃礼之不中者也。拨虽无所经见，然以文考之，为榆沈故设拨，则是以手拨榆沈而洒于道也。先儒以为绋，失之矣。"〇今按方说如此，亦未知其是否，阙之可也。〇䵍，他昆切。拨，半末切。輴，音春。帱，音道。为，去声。榆，音于。沈，音审。中，去声。

悼公之母死，哀公为之齐衰。有若曰："为妾齐衰，礼与？"公曰："吾得已乎哉！鲁人以妻我。"[1]

[1] 以妻我，以为我妻也。此哀公溺情之举，文过之辞。〇疏曰："天子诸侯绝旁期，于妾无服；惟大夫为贵妾缌。"〇为，去声。文，去声。

季子皋葬其妻，犯人之禾。申祥以告，曰："请庚之。"子皋曰："孟氏不以是罪予，朋友不以是弃予，以吾为邑长于斯也。买道而葬，后难继也。"[1]

[1] 刘氏曰："季子皋，孔子弟子高柴也。夫子尝曰'柴也愚'，观《家语》所称，及此经所记'泣血三年'及'成人为衰'之事观之，贤可知矣。此葬妻犯禾，亦为成宰时事，有无固不可知。然曰'孟氏不以是罪予，朋友不以是弃予'者，以犯禾之失小，而买道之害大也。何也？以我为邑宰，尚买道而葬，则后必为例，而难乎为继者矣。此亦愚而过虑之一端，然出于诚心，非文饰之辞也。郑注谓其恃宠虐民，而方氏又加以不仁不恕之说，则甚矣，岂有贤如子皋而有是哉！"○文，去声。

仕而未有禄者，君有馈焉曰"献"，使焉曰"寡君"。违而君薨，弗为服也。[1]

[1]《王制》云"位定然后禄之"，此盖初试为士未赋廪禄者。有馈于君则称献，出使他国则称寡君，此二事皆与群臣同；独违离之后而君薨则不为旧君服，此则与群臣异。所以然者，以其未尝食君之禄也。○方氏曰："汤之于伊尹，学焉而后臣之。方其学也，宾之而弗臣，此所谓仕而未有禄者，若孟子之在齐是也。惟其宾之而弗臣，故有馈焉，不曰'赐'而曰'献'，将命之使，不曰'君'而曰'寡君'，盖'献'为贡上之辞，而'寡'则自谦之辞故也。以其有宾主之道，而无君臣之礼，故违而君薨，弗为服也。其曰'违'，则居其国之时，固服之矣。"○使、为，并去声。

虞而立尸，有几筵。[1]卒哭而讳，生事毕而鬼事始已。[2]既卒哭，宰夫执木铎以命于宫曰："舍故而讳新。"自寝门至于库门。[3]

[1] 未葬之前，事以生者之礼；葬则亲形已藏，故虞祭则立尸以象神

也。筵，席也。大敛之奠，虽有席而无几。此时则设几与筵相配也。

[2] 卒哭而讳其名，盖事生之礼已毕，事鬼之事始矣。已，语辞。

[3] 周礼：大丧、小丧，宰夫掌其戒令。故卒哭后，使宰夫执金口木舌之铎振之，以命令于宫也。其令之之辞曰："舍故而讳新。"故，谓高祖之父当迁者。讳多则难避，故使之舍旧讳而讳新死者之名也。以其亲尽，故可不讳。库门，自外入之第一门，亦曰皋门。〇舍，上声。

二名不偏讳。夫子之母名征在，言"在"不称"征"，言"征"不称"在"。[1]

[1] 二名，二字为名也。此记避讳之礼。

军有忧，则素服哭于库门之外，赴车不载櫜韔。[1]

[1] 櫜，甲衣；韔，弓衣。甲不入櫜，弓不入韔，示再用也。〇方氏曰："战胜而还谓之恺，则败谓之忧，宜矣。素服哭，以丧礼处之也。必于库门之外者，以近庙也。师出，受命于祖；无功，则于祖命辱矣。赴车，告赴于国之车。凡告丧曰赴，车以告败为名，与素服同义。"〇櫜，音高。

有焚其先人之室，则三日哭。故曰："新宫火，亦三日哭。"[1]

[1] 先人之室，宗庙也。鲁成公三年，焚宣公之庙。神主初入，故曰新宫。《春秋》书："二日甲子，新宫灾，三日哭。"注云："书其得礼。"此言故曰者，谓《春秋》文也。

孔子过泰山侧，有妇人哭于墓者而哀。夫子式而听之，使子路问之曰："子之哭也，壹似重有忧者。"而曰："然。昔者吾舅死于虎，吾夫又死焉，今吾子又死焉！"夫子曰："何为不去也?”曰:“无苛政。”夫子曰:“小子识之!苛政猛于虎也。”[1]

[1] 闻其哭,式而听之,与“见齐衰者虽狎必变”之意同,圣人敬心之所发,盖有不期然而然者。壹似重有忧者,言甚似重叠有忧苦者也。而曰,乃曰也。虎之杀人,出于仓卒之不免。苛政之害,虽未至死,而朝夕有愁思之苦,不如速死之为愈,此所以猛于虎也。为人上者,可不知此哉!○重,平声。识,音志。卒,音猝。

鲁人有周丰也者,哀公执挚请见之,而曰:“不可。”公曰:“我其已夫!”使人问焉,曰:“有虞氏未施信于民,而民信之;夏后氏未施敬于民,而民敬之。何施而得斯于民也?”对曰:“墟墓之间,未施哀于民而民哀;社稷宗庙之中,未施敬于民而民敬。殷人作誓而民始畔,周人作会而民始疑。苟无礼义、忠信、诚悫之心以莅之,虽固结之,民其不解乎!”[1]

[1] 周丰必贤而隐者,故哀公屈己见之。乃曰不可者,盖古者不为臣不见,故不敢当君之临见也。我其已夫,已,止也,不强其所不愿也。有心之固结,不若无心之感孚,其言甚正。但大禹征苗,已尝誓师,誓非始于殷也;禹会诸侯于涂山,会亦不始于周也。此言誓之而畔,会之而疑,则始于殷周耳。○挚,音至。解,佳买切。强,上声。

丧不虑居,毁不危身。丧不虑居,为无庙也。毁不危身,为无后也。[1]

[1] 刘氏曰:“丧礼称家之有无,不可勉为厚葬,而致有败家之虑。家废,则宗庙不能以独存矣。毁不灭性,不可过为哀毁而致有亡身之危。以死伤生,则君子谓之无子矣。此二者,皆所以防贤者之过礼。”○为,去声。称,去声。

延陵季子适齐，于其反也，其长子死，葬于嬴、博之间。孔子曰："延陵季子，吴之习于礼者也。"往而观其葬焉。[1]其坎深不至于泉，其敛以时服，既葬而封，广轮掩坎，其高可隐也。既封，左袒，右还其封且号者三，曰："骨肉归复于土，命也！若魂气则无不之也，无不之也。"而遂行。孔子曰："延陵季子之于礼也，其合矣乎！"[2]

［1］吴公子札，让国而居延陵，故曰延陵季子。嬴、博，齐二邑者。

［2］不至于泉，谓得浅深之宜也。时服，随死时之寒暑所衣也。封，筑土为坟也。横曰广，直曰轮。下则仅足以掩坎，上则才至于可隐，皆俭制也。左袒，以示阳之变；右还，以示阴之归。骨肉之归土，阴之降也；魂气之无不之，阳之升也。阴阳，气也；命者，气之所钟也。季子以骨肉归复于土为命者，此精气为物之有尽；谓魂气则无不之者，此游魂为变之无方也。寿夭得于有生之初，可以言命；魂气散于既死之后，不可以言命也。再言无不之也者，愍伤离诀之至情，而冀其魂之随己以归也。不惟适旅葬之节，而又且通幽明之故，宜夫子之善之也。然为疑辞而不为决辞者，盖季子乃随时处中之道，称其有无而不尽拘乎礼者也，故夫子不直曰"季子之于礼也合矣"，而必加"其乎"二字，使人由辞以得意也。读者详之。〇石梁王氏曰："还，与环同。"〇深，去声。封，如字。广、隐，并去声。号，平声。处，上声。称，去声。

邾娄考公之丧，徐君使容居来吊、含，曰："寡君使容居坐含，进侯玉，其使容居以含。"[1]有司曰："诸侯之来辱敝邑者，易则易，于则于，易、于杂者，未之有也。"[2]容居对曰："容居闻之：事君不敢忘其君，亦不敢遗其祖。昔我先君驹王，西讨济于河，无所不用斯言也。容居，鲁人也，不敢忘其祖。"[3]

[1] 考公之丧，徐国君使其臣容居者来吊，且致珠玉之含，言寡君使我亲坐而行含，以进侯玉于邾君。侯玉者，徐自拟天子，以邾君为己之诸侯，言进侯氏以玉也。其使容居以含者，容居求即行含礼也。○疏曰："凡行含礼，未敛之前，士则主人亲含，大夫以上即使人含。若敛后至殡葬有来含者，亲自致璧于柩及殡上者，谓之亲含。若但致命以璧授主人，主人受之，谓之不亲含。"○石梁王氏曰："坐，当训跪。"○娄，音闾。含，去声。使，去声。

[2] 邾之有司拒之，言诸侯之辱来邾国者，人臣来而其事简易，则行人臣简易之礼；人君来而其事广大，则行人君广大之礼。于，犹迂也，有广远之意。今人臣来而欲行人君之礼，是易、于相杂矣，我国未有此也。○易，音异。

[3] 容居又答言事君者不敢忘其君，我奉命如此，今不能行，是忘吾君也；为人子孙，当守先世之训，故亦不敢遗吾祖也。居盖徐之公族耳。且言昔者我之先君驹王济河而西讨，无一处不用此称王之言，自言其疆土广大，久已行王者之礼也。又自言我非谲诈者，乃鲁钝之人，是以不敢忘吾祖。欲邾人之信其言也。此著徐国君臣之僭，且明邾有司不能终正当时之僭也。

子思之母死于卫，赴于子思，子思哭于庙。门人至，曰："庶氏之母死，何为哭于孔氏之庙乎？"子思曰："吾过矣！吾过矣！"遂哭于他室。[1]

[1] 伯鱼卒，其妻嫁于卫之庶氏，嫁母与庙绝族，故不得哭之于庙。

天子崩，三日，祝先服；五日，官长服；七日，国中男女服；三月，天下服。[1] 虞人致百祀之木，可以为棺椁者斩之。不至者，废其祀，刎其人。[2]

[1] 疏曰："祝，大祝、商祝也。服，服杖也。是丧服之数，故呼杖为

服。祝佐含敛,先病,故先杖也,故子亦三日而杖。官长,大夫、士也,病在祝后,故五日。国中男女,谓畿内民及庶人在官者。服齐衰三月而除,必待七日者,天子七日而殡,殡后嗣王成服,故民得成服也。三月天下服者,谓诸侯之大夫为王缌衰。"既葬而除,近者亦不待三月,今据远者为言耳,何为知其或杖服或衰服?按《丧大记》及《丧服四制》云云。然《四制》云七日授士杖,此云五日士杖者,崔氏云:'此据朝廷之士,《四制》言邑宰之士也。'"〇大,音泰。"为王"为,去声。

[2] 虞人,掌山泽之官也。天子之棺四重而椁周焉,亦奚以多木为哉?畿内百县之祀,其木可用者,悉斩而致之,无乃太多乎?畿内之美材,固不乏矣,奚独于祠祀斩之乎?废其祀,刎其人,又何法之峻乎?礼制若此,未详其说。一云:必命虞人致木,不用命者,然后国有常刑。虞人非一,未必尽命之也。

齐大饥,黔敖为食于路,以待饿者而食之。有饿者蒙袂辑屦,贸贸然来,黔敖左奉食,右执饮,曰:"嗟,来食!"扬其目而视之,曰:"予唯不食嗟来之食,以至于斯也。"从而谢焉。终不食而死。曾子闻之,曰:"微与!其嗟也可去,其谢也可食。"[1]

[1] 蒙袂,以袂蒙面也。辑屦,辑敛其足。言困惫而行蹇也。贸贸,垂头丧气之貌。嗟来食,叹闵之而使来食也。从,就也。微与,犹言细故末节。谓嗟来之言虽不敬,然亦非大过,故其嗟虽可去,而谢焉则可食矣。〇"食之"食,音嗣,余并如字。辑,音集。贸,音茂。奉,上声。与,平声。丧,去声。

邾娄定公之时,有弑其父者,有司以告。公瞿然失席曰:"是寡人之罪也。"曰:"寡人尝学断斯狱矣:臣弑君,凡在官者,杀无赦。子弑父,凡在宫者,杀无赦。杀其人,坏其室，洿其宫而猪焉。"盖君逾月而后举爵。[1]

[1] 瞿然，惊怪之貌。在官者，诸臣也。在宫者，家人也。天下之恶无大于此者，是以人皆得以诛之，无赦之之理。惟父有此罪，则子不可讨之也。君不举爵，以人伦大变，亦教化不明所致，故伤悼而自贬耳。○疏曰："猪，是水聚之名。"○石梁王氏曰："注疏本作'子弑父，凡在宫者，杀无赦'为是。"○瞿，音屦。断，丁玩切。坏，音怪。洿，音乌。

晋献文子成室，晋大夫发焉。张老曰："美哉轮焉！美哉奂焉！歌于斯，哭于斯，聚国族于斯。"文子曰："武也得歌于斯，哭于斯，聚国族于斯，是全要领以从先大夫于九京也。"北面再拜稽首。君子谓之善颂、善祷。[1]

[1] 晋献，旧说谓晋君献之，谓贺也。然君有赐于臣，岂得言献，疑"献文"二字，皆赵武谥，如贞惠文子之类。诸大夫发礼往贺，记者因述张老之言。轮，轮囷，高大也。奂，奂烂，众多也。歌，祭祀作乐也。哭，死丧哭泣也。聚国族，燕集国宾，聚会宗族也。颂者，美其事而祝其福。祷者，祈以免祸也。张老之言善于颂，武子所答善于祷也。○郑氏曰："晋卿大夫之墓地在九原。"○疏曰："领，颈也。古者罪重腰斩，罪轻颈刑。先大夫，文子父祖也。"○石梁王氏曰："歌于斯，谓祭祀歌乐也。大夫祭无乐，春秋时或有之。"○要，平声。京，古原字。

仲尼之畜狗死，使子贡埋之，曰："吾闻之也：敝帷不弃，为埋马也；敝盖不弃，为埋狗也。丘也贫，无盖，于其封也，亦予之席，毋使其首陷焉。"[1]路马死，埋之以帷。[2]

[1] 狗马皆有力于人，故特示恩也。○畜，许六切。为，去声。封，音窆。予，上声。

[2] 谓君之乘马死，则特以帷埋之，不用敝帷也。○方氏曰："鲁昭

公乘马堑而死，以帷裹之。”

季孙之母死，哀公吊焉。曾子与子贡吊焉，阍人为君在，弗内也。曾子与子贡入于其厩而修容焉。子贡先入，阍人曰：“乡者已告矣。”曾子后入，阍人辟之。[1]涉内霤，卿大夫皆辟位。公降一等而揖之。君子言之曰：“尽饰之道，斯其行者远矣。”[2]

[1] 乡者已告，言先已告于主人矣。○为，去声。内，入声。乡，去声。辟，音避。

[2] 内霤，门屋后簷也。行者远，犹言感动之大也。○刘氏曰：“此章可疑。二子吊卿母之丧，必自尽礼以造门，不当待阍者拒而后修容尽饰也。且既至而阍人辞，或当再请于阍，若终不得通，退可也，何必以威仪悚动之以求入耶？其入而君、卿、大夫敬之者，以平日知其贤也。非素不相知，创见其容饰之美而加敬也。而君子乃曰：尽饰之道，斯其行者远。则是二子之德行，不足以行远，惟区区之外饰，乃足以行远耶？”○辟，音避。造，七到切。

阳门之介夫死，司城子罕入而哭之哀。晋人之觇宋者，反报于晋侯曰：“阳门之介夫死，而子罕哭之哀，而民说，殆不可伐也。”[1]孔子闻之曰：“善哉，觇国乎！《诗》云：‘凡民有丧，扶服救之。’虽微晋而已，天下其孰能当之？”[2]

[1] 阳门，宋之国门名。介夫，甲士之守卫者。宋武公讳司空，改其官名为司城。子罕，乐喜也，戴公之后。觇，窥视也。○说，音悦。

[2] 孔子善之，以其识治体也。《诗·邶风·谷风》之篇。扶服，致力之义。微，无也。夫子引《诗》而言，宋国虽以子罕得人心，可无晋忧而已，然天下亦孰能当之？甚言人心之足恃也。一说：微，弱也。虽但弱

晋之强，使不敢伐而已，然推此意，则民既悦服，必能亲其上，死其长，而举天下莫能当之矣。前说为是。〇扶服，音匍匐。

鲁庄公之丧，既葬，而绖不入库门。士大夫既卒哭，麻不入。[1]

[1] 庄公为子般所弑，而庆父作乱，闵公时年八岁。绖，葛绖也。诸侯弁绖葛而葬，葬毕，闵公即除凶服于库门之外，而以吉服嗣位，故云"绖不入库门"也。士大夫则仍麻绖，直俟卒哭，乃不以麻绖入库门。盖闵公既吉服不与虞与卒哭之祭，故群臣至卒哭而除。记祸乱恐迫，礼所由废。〇为，去声。般，音班。父，音甫。"不与"与，去声。

孔子之故人曰原壤，其母死，夫子助之沐椁。原壤登木曰："久矣，予之不托于音也。"歌曰："狸首之斑然，执女手之卷然。"夫子为弗闻也者而过之。从者曰："子未可以已乎？"夫子曰："丘闻之：亲者毋失其为亲也，故者毋失其为故也。"[1]

[1] 或问朱子："原壤登木而歌，夫子为弗闻而过之，待之自好，及其夷俟，则以杖叩胫，莫太过否？"曰："这说却差。如壤之歌，乃是大恶，若要理会，不可但已，只得且休。至其夷俟之时，不可不教诲，故直责之，复叩其胫，自当如此。若如今说，则是不要管他，却非朋友之道矣。"〇胡氏曰："数其母死而歌，则壤当绝；叩其夷踞之胫，则壤犹故人耳。盛德中礼，见乎周旋，此亦可见。"〇冯氏曰："母死而歌，恶有大于此者乎？宜绝而不绝，盖以平生之素，而事有出于一时之不意者如此。善乎朱子之言曰：'若要理会，不可但已，只得且休。'其有以深得圣人之处其所难处者矣。"〇刘氏曰："原壤母卒，夫子助之治椁，壤登已治之椁木，而言：久矣，我之不托兴于咏歌之音也。如狸首之斑，言木文之华也。"卷与拳同。如执女手之拳，言沐椁之滑腻也。壤之废败礼法甚矣，夫子佯为不闻而

过，去以避之。从者见其无礼，疑夫子必当已绝其交，故问曰："子未当已绝之乎？夫子言为亲戚者，虽有非礼，未可遽失其亲戚之情也；为故旧者，虽有非礼，未可遽失其故旧之好也。此圣人隐恶全交之意。"〇卷，音拳。从，去声。数，上声。中，去声。"见乎"见，音现。处，上声。兴，去声。

赵文子与叔誉观乎九原。文子曰："死者如可作也，吾谁与归？"[1]叔誉曰："其阳处父乎？"文子曰："行并植于晋国，不没其身，其知不足称也。"[2]"其舅犯乎？"文子曰："见利不顾其君，其仁不足称也。[3]我则随武子乎？利其君，不忘其身；谋其身，不遗其友。"晋人谓文子知人。[4]文子其中退然如不胜衣，其言呐呐然如不出诸其口。[5]所举于晋国管库之士七十有余家，生不交利，死不属其子焉。[6]

[1] 文子，晋大夫，名武。叔誉，叔向也。言卿大夫之死而葬于此者多矣，假令可以再生而起，吾于众大夫谁从乎？文子盖设此说，欲与叔向共论前人贤否也。〇令，平声。

[2] 处父，晋襄公之傅。并者，兼众事于己，是专权也。植者，刚强自立之意。所行如此，故为狐射姑所杀，不得善终其身，是不智也。〇处，上声。并，去声。植，直吏切。知，去声。射，音亦。

[3] 叔誉又称子犯可归，文子言子犯从文公十九年于外，及反国危疑之时，当辅之入以定其事，乃及河而授璧以辞，此盖为他日高爵重禄之计，故以此言要君求利也，岂顾其君之安危哉？是不仁也。〇为，去声。要，平声。

[4] 文子自言我所愿归者，惟随武子乎？武子，士会也，食邑于随。《左传》言：夫子之家事治，言于晋国无隐情。盖不忘其身而谋之，知也；利其君不遗其友，皆仁也。

[5] 中，身也，见《仪礼·乡射》记。退然，谦卑怯弱之貌；呐呐，声低

而语缓也。如不出诸其口，似不能言者。〇胜，平声。呐，如劣切。

[6] 管，键也，即今之锁。库之藏物，以管为开闭之限，管库之士，贱职也，知其贤而举之，即不遗友之实。虽有举用之恩于其人，而生则不与之交利，将死亦不以其子属托之，廉洁之至。〇属，音烛。

叔仲皮学子柳。叔仲皮死，其妻鲁人也，衣衰而缪绖。叔仲衍以告，请繐衰而环绖，曰："昔者吾丧姑、姊妹亦如斯，末吾禁也。"退，使其妻繐衰而环绖。[1]

[1] 缪，绞也。谓两股相交，五服之绖皆然，惟吊服之环绖一股。〇疏曰："言叔仲皮教训其子子柳，而子柳犹不知礼。叔仲皮死，子柳妻虽是鲁钝妇人，犹知为舅著齐衰，而首服缪绖。衍，是皮之弟。子柳之叔，见当时妇人好尚轻细，告子柳云：汝妻何以著非礼之服？子柳见时皆如此，亦以为然，乃请于衍，令其妻身著繐衰，首服环绖。衍又答云：昔者吾丧姑、姊妹亦如此，繐衰环绖，无人相禁止也。子柳得衍此言，退使其妻著繐衰而环绖。"〇学，音效。衣，音咨。缪，音樛。繐，音岁。

成人有其兄死而不为衰者，闻子皋将为成宰，遂为衰。成人曰："蚕则绩而蟹有匡，范则冠而蝉有緌，兄则死而子皋为之衰。"[1]

[1] 成，鲁邑名。匡，背壳似匡也。范，蜂也。〇朱氏曰："丝之绩者，必由乎匡之所盛，然蟹之有匡，非为蚕之绩也，为背而已；首之冠者，必资乎緌之所饰，然蝉之有緌，非为范之冠也，为喙而已；兄死者必为之服衰，然成人之服衰，非为兄之死也，为子皋而已。盖以上二句喻下句也。"〇緌，而追切。盛，平声。注中"为"，并去声。

乐正子春之母死，五日而不食，曰："吾悔之。自吾母而不得吾情，吾恶乎用吾情。”[1]

[1] 子春，曾子弟子，矫为过制之礼，而不用其实情于母，则他无所用其实情矣，此所以悔也。

岁旱，穆公召县子而问然，曰：“天久不雨，吾欲暴尪而奚若？”[1]曰：“天久不雨，而暴人之疾子。句虐，句毋乃不可与！”[2]“然则吾欲暴巫而奚若？”[3]曰：“天则不雨，而望之愚妇人。句于以求之，毋乃已疏乎？”[4]“徙市则奚若？”曰：“天子崩，巷市七日。诸侯薨，巷市三日。为之徙市，不亦可乎？”[5]

[1]《左传》注云：“尪者，瘠病之人，其面上向。暴之者，冀天哀之而雨也。”〇雨，去声。暴，步卜切。下二节同。尪，音汪。

[2] 此言酷虐之事，非所以感天。〇与，平声。

[3] 巫能接神，冀神闵之而雨。

[4] 于以求之，犹言于此求之也。已疏，言甚迂阔也。

[5] 徙，移也。言徙市又言巷市者，谓徙交易之物于巷也。此庶人为国之大丧，忧戚罢市，而日用所须，又不可缺，故徙市于巷也。今旱而欲徙市者，行丧君之礼以自责也。县子以其求之己而不求诸人，故可其说。然岂不闻僖公以大旱欲焚巫尪，闻臧文仲之言而止？县子不能举其说以对穆公，而谓徙市为可，则亦已疏矣。〇为，去声。

孔子曰：“卫人之祔也，离之。鲁人之祔也，合之。善夫！”[1]

[1] 生既同室，死当同穴，故善鲁。〇疏曰：“祔，合葬也。离之，谓以一物隔二棺之间于椁中也。鲁人则合并两棺置椁中，无别物隔之。”〇朱子曰：“古者椁合众材为之，故大小随人所为。今用全木，则无许大木可以为椁。故合葬者，只同穴而各用椁也。”

卷之三

王制第五[1]

[1] 疏曰："《王制》之作，在秦汉之际。卢植云：文帝令博士诸生作。"〇令，平声。

王者之制禄爵：公、侯、伯、子、男，凡五等。[1]诸侯之上大夫卿、下大夫、上士、中士、下士，凡五等。[2]

[1] 孟子言：天子一位，子、男同一位。

[2] 孟子言：君一位，凡六等。〇疏曰："五等，虞、夏、周同；殷三等，公、侯、伯也。"

天子之田方千里，公侯田方百里，伯七十里，子、男五十里。不能五十里者，不合于天子，附于诸侯，曰附庸。[1]天子之三公之田视公、侯，天子之卿视伯，天子之大夫视子、男，天子之元士视附庸。[2]

[1] 此言天子诸侯田里之广狭。不能，犹不足也。不合于天子者，不与王朝之聚会也。民功曰庸，其功劳附大国而达于天子，故曰附庸。天子以下，皆言田而不言地者，以地有山林、川泽、原隰、险夷之不同。若限以地里，而不计田里，则井地不均，穀禄不平矣。里数有二，分田之里以方计，如方里而井是也；分服之里以袤计，如二十五家为里是也。后章言方千里者，为田九万亩，此以方计者也；自恒山至于南河，千里而近，此以袤计者也。分服则计道里远近，以为朝贡之节；分田则计田亩多寡，以

为赋禄之制。此所以为均平也。〇与，去声。袤，音茂。

[2] 此言王朝有位者之田，亦与孟子不同。〇方氏曰："三公而下，食采邑于畿内，禄之多少，以外诸侯为差。元士，上士也，与元子、元侯称'元'同。不言中士、下士，则视附庸惟上士也。"〇采，去声。差，楚宜切。

制：农田百亩，百亩之分，上农夫食九人，其次食八人，其次食七人，其次食六人，下农夫食五人。庶人在官者，其禄以是为差也。[1]诸侯之下士视上农夫，禄足以代其耕也。中士倍下士，上士倍中士，下大夫倍上士，卿四大夫禄，君十卿禄。[2]次国之卿三大夫禄，君十卿禄。小国之卿倍大夫禄，君十卿禄。[3]

[1] 此言庶人之田。井田之制，一夫百亩，肥饶者为上农，垸瘠者为下农，故所养有多寡也。府史胥徒之属，皆庶人之在官者，其禄以农之上下为差，多者不得过食九人之禄，寡者不得下食五人之禄，随其高下，为五等之多寡也。〇分，去声，食，音嗣。差，楚宜切。

[2] 此言大国也，视上农夫者得食九人之禄也。

[3] 程子曰："孟子之时，去先王未远，载籍未经秦火，然而班爵禄之制，已不闻其详。今之礼书，皆掇拾于煨烬之余，而多出于汉儒一时之傅会，奈何欲尽信而句为之解乎？然则其事固不可一一追复矣。"〇朱子曰："《孟子》此章之说，与《周礼·王制》不同，盖不可考，阙之可也。"〇方氏曰："次国小国，不言大夫士者，多寡同于大国可知。由卿而上，三等之国所异；由大夫而下，三国之国所同者，盖卿而上，其禄浸厚，苟不为之杀，则地之所出不足以供。大夫而下，其禄浸薄，苟亦为之杀，则臣之所养，不能自给。此所以多寡或同或异也。"

次国之上卿，位当大国之中，中当其下，下当其上大夫。小国之上卿，位当大国之下卿，中当其上大夫，下当其下大夫。[1]其有中士、下士者，数各居其上之三分。[2]

[1] 此言三等之国，其卿大夫頫聘并会之时，尊卑之序如此。郑云："爵位同，则小国在下。"谓二人同是卿，则小国卿在大国卿之下。爵异固在上者，谓若大国是大夫，小国是卿，则位于大国大夫之上也。〇頫，音挑。

[2] 郑氏曰："谓其为介，若特行而并会也。居，犹当也。此据大国而言，大国之士为上，次国之士为中，小国之士为下。士之数，国皆二十七人，各三分之：上九、中九、下九。"〇疏曰："今大国之士，既定在朝会。若其有中国之士、小国之士者，其行位之数，各居其上国三分之二。谓次国以大国为上，而次国上九当大国中九，次国中九当大国下九，是各当其大国三分之二。小国以次国为上，小国上九当次国中九，小国中九当次国下九，亦是居上三分之二也。是各居上之三分。"〇行，音杭。

凡四海之内九州，州方千里，州建百里之国三十，七十里之国六十，五十里之国百有二十，凡二百一十国。名山大泽不以封。其余以为附庸间田。八州，州二百一十国。[1]

[1] 九州，并王畿而言。此但言每一州所可容者如此，凡八州。余以例推，皆言畿外之制，下文始言天子畿内之制也。〇间，音闲。

天子之县内，方百里之国九，七十里之国二十有一，五十里之国六十有三，凡九十三国。名山大泽不以朌，其余以禄士，以为间田。[1]

[1] 郑注畿内九大国者，三为三公之田，又三为三公致仕者之田，余三待封王之子弟也。次国二十一者，六为六卿之田，又六为六卿致仕者之田，又三为三孤之田，余六亦待封王子弟也。小国六十三者，二十七大夫之田，并大夫致仕之田，共五十四，余九亦待封王子弟也。三孤无职，虽致仕犹可即而谋，故不副。愚意此无明证，皆郑氏臆说，况周制六卿兼

公孤，则所余之田尚多，然如周召之支子在周者，皆世爵禄，则累朝之王子弟，未必能尽有所封也。〇疏曰："畿外诸侯有封建之义，故云不以封；畿内之臣不世位，有盼赐之义，故云不以盼。"〇朱子曰："恐只是诸儒做个如此算法，其实不然。建国必因山川形势，无截然可方之理。"又曰："非惟施之当今，有不可行，求之昔时，亦有难晓。"〇石梁王氏曰："天子县内以封者，或三分之一，或半之。又除山川城郭，涂巷沟渠，则奉上者几何？"〇盼，音颁。

凡九州千七百七十三国，天子之元士、诸侯之附庸不与。[1]

[1] 九州而千七百七十三国者，内一州为王圻，容九十三国，外八州容一千六百八十国，并畿内为千七百七十三国也。元士附庸不与者，以上文所算止五十里，而元士附庸皆不能五十里，故不与也。〇石梁王氏曰："注引千八百国之说，谓夏制要服内七千里，与五服五千之言不合。"〇与，去声。要，平声。

天子百里之内以共官，千里之内以为御。[1]

[1] 共官，谓供给王朝百官府文书之具，泛用之需。御，谓凡天子之服用，盖皆取之租税也。〇方氏曰："以百里所出之少，资百官之所供，疑若不足。然卑者所称，不为不足。以千里所出之多，为一人之御，疑若有余。然尊者所称，不为有余。且以其近者与人，则欲其易给而无劳；以其远者奉己，则欲其难致而有节。百里之内非不以为御也，要之以共官为主耳；千里之内，非不共官也，要之以为御为主耳。"〇共，音恭。要，平声。

千里之外设方伯，五国以为属，属有长；十国以为连，连有帅；三十国以为卒，卒有正；二百一十国以为州，州有伯。

八州、八伯、五十六正、百六十八帅、三百三十六长。八伯各以其属，属于天子之老二人，分天下以为左右，曰二伯。[1]

[1]《春秋传》曰："自陕以东，周公主之；自陕以西，召公主之。"此即天子之公，分主天下之侯国也。八伯，为八州之伯。二伯，则天下之伯也。○卒，子忽切。

千里之内曰甸，千里之外曰采，曰流。[1]

[1] 方氏曰："甸服四面五百里，则为方千里矣。王畿千里之外，莫近于侯服，而采又侯服之最近者；莫远于荒服，而流又荒服之最远者。举其最远、最近，则绥、要之服在其中矣。"

天子三公、九卿、二十七大夫、八十一元士。[1] 大国三卿，皆命于天子；下大夫五人，上士二十七人。次国三卿，二卿命于天子，一卿命于其君；下大夫五人，上士二十七人。小国二卿，皆命于其君；下大夫五人，上士二十七人。[2]

[1] 石梁王氏曰："唐虞稽古，建官惟百，夏商官倍。注独引《明堂位》谓夏官百，非也。"

[2] 马氏曰："天子六卿，而二卿一公，故有三公。而六卿之中，又有三孤焉。天子六卿，而大国三卿，乃其统之属也。至于大夫士，则又三卿之属焉。下大夫五人，二卿之下，下大夫各二人；一卿之下，下大夫一人。《周官》所谓设其参，即三卿也。傅其伍，即下大夫五人也。陈其殷，即上士二十七人也。有上中下之大夫，而独言下大夫者，对卿而言也。其实大夫有上中下之辨，上亦有上中下。而独言上士者，对府史而言也。其实，士又有上中下之异。"○傅，音富。

天子使其大夫为三监，监于方伯之国，国三人。[1]

[1] 监者，监临而督察之也。自王朝出，权亦尊矣。一州三人，则二十四人也。此大夫之在朝，必无职守者，使有常职，岂可遣乎？不然，则特命也。○上监，如字，去声；下监，平声。

天子之县，内诸侯禄也，外诸侯嗣也。[1]

[1] 畿内之地，王朝百官食禄之邑在焉，畿外乃以封建，使其子孙嗣守。然内亦谓之诸侯者，三公之田视公侯，卿视伯，大夫视子男，元士视附庸也。

制：三公一命卷，若有加，则赐也，不过九命；[1]

[1] 制者，言三公命服之制也。命数止于九。天子之三公八命，著鷩冕。若加一命，则为上公，与王者之后同，而著衮冕，故云一命衮。若为三公而有加衮者，是出于特恩之赐，非例当然。故云若有加，则赐也。人臣无过九命者，《大宗伯》再命受服，与此不同。○马氏曰："三公衮服，有降龙，无升龙。"○卷，音衮。鷩，音鳖。著，直略切。

次国之君不过七命，小国之君不过五命。大国之卿不过三命，下卿再命，小国之卿与下大夫一命。[1]

[1] 方氏曰："大国之卿不过三命，下卿再命，则知次国之卿再命一命也。小国之卿与下大夫一命，则知三等之国其大夫皆一命而已。大国对下卿言，卿指上中可知。小国特言卿，则兼二等之卿可知。言下大夫而不及上中者，盖诸侯无中大夫，而卿即上大夫故也。前言上中下之所当与此不同者，位虽视其命，不能无详略之异也。"

凡官民材，必先论之。论辨然后使之，任事然后爵之，位定然后禄之。

爵人于朝，与士共之；刑人于市，与众弃之。[1]是故公家不畜刑人，大夫弗养，士遇之涂弗与言也；屏之四方，唯其所之，不及以政，示弗故生也。[2]

[1] 论，谓考评其行艺之详也。论辨，则材之优劣审矣；任事，则能胜其任矣。于是爵之以一命之位，而养之以禄焉。〇疏曰："爵人于朝，殷法也，周则天子假祖庙而拜授之。刑人于市，亦殷法，谓贵贱皆刑于市。周则有爵者刑于甸师氏也。"〇论，去声。朝，音潮。假，音格。

[2] 公家不畜刑人，旧说以为商制，以《周官》墨者守门、劓者守关、宫者守内、刖者守囿、髡者守积也。唯其所之者，量其罪之所当往适之地而居之。如《虞书》"五流有宅，五宅三居"是也。不及以政，赋役不与也。示弗故生，不授之田，不赒其乏，示不故欲其生也。〇屏，上声。积，子赐切。量，去声。与，去声。

诸侯之于天子也，比年一小聘，三年一大聘，五年一朝。[1]

[1] 比年，每岁也。小聘使大夫，大聘使卿，朝则君亲行。〇比，音畀。

天子五年一巡守。[1]岁二月，东巡守至于岱宗，柴而望祀山川。觐诸侯，问百年者就见之。[2]命大师陈诗以观民风。命市纳贾以观民之所好恶、志淫好辟。[3]命典礼，考时月，定日，同律礼乐制度、衣服正之。[4]山川神祇有不举者为不敬，不敬者君削以地。[5]宗庙有不顺者为不孝，不孝者君绌以爵。[6]变礼易乐者为不从，不从者君流。革制度衣服者为畔，畔者君讨。[7]有功德于民者，加地进律。[8]五月南巡守至于南岳，如东巡守之礼。八月，西巡守至于西岳，如南巡守之礼。十有一月，北巡守至于北岳，如西巡守之礼。归假于祖祢，用特。[9]

[1]《舜典》曰："五载一巡守。"《周官·大行人》曰："十有二岁，王巡守殷国。"《孟子》曰："巡守者，巡所守也。"〇守，去声。

[2] 岁二月，当巡守之年二月也。岱，泰山也。宗，尊也。东方之山，莫高于此，故祀以为东岳而称岱宗也。柴，本作祡，今通用。燔燎以祭天，而告至也。东方山川之当祭者，皆于此望而祀之。遂接见东方之诸侯，问有百岁之人，则即其家而见之，以其年高，故不召见也。

[3] 大师，乐官之长。诗以言志，采录而观览之，则风俗之美恶可见，政令之得失可知矣。物之供用者皆出于市，而价之贵贱，则系于人之好恶。好质则用物贵，好奢则侈物贵。志流于奢淫，则所好皆邪僻矣。〇大，音泰。贾、好、恶，并去声。辟，音僻。

[4] 典礼，掌礼之官也。考时月定日，即《舜典》所云"协时月正日"也。考校四时及月之大小，时有节气早晚，月有弦望晦朔，日有甲乙先后，考之使各当其节。法律、礼、乐、制度、衣服，皆王者所定，天下一君，不容有异，异则非正矣。故因巡守所至，而正其不同者，使皆同也。〇当，去声。

[5] 凡祭，有其举之，莫敢废也，故不举者为不敬。山川，地之望也，故削地焉。

[6] 宗庙不顺，如紊昭穆之次，失祭祀之时，皆不孝也。爵者，祖宗所传，故绌爵焉。〇绌，音黜。

[7] 不从，违戾也。流者，窜之远方。讨者，声罪致戮。《孟子》曰："天子讨而不伐。"此章四"君"字，皆谓国君。

[8] 应氏曰："律者，爵命之等，加地而进之，所以示劝也。"

[9] 假，至也。归至京师，即以特牛告至于祖祢之庙。〇假，音格。

天子将出，类乎上帝，宜乎社，造乎祢。诸侯将出，宜乎社，造乎祢。[1]

[1] 类、宜、造，皆祭名。后章言天子将出征，则此出为巡守也。诸侯则朝觐会同之出欤？〇造，七到切。

天子无事与诸侯相见曰朝。考礼、正刑、一德，以尊于天子。[1]天子赐诸侯乐，则以柷将之，赐伯、子、男乐，则以鼗将之。[2]诸侯赐弓矢然后征，赐铁钺然后杀，[3]赐圭瓒然后为鬯。未赐圭瓒，则资鬯于天子。[4]

[1] 无事，无死丧寇戎之事也。考礼者，稽考而是正之，使无违僭也。正刑者，行以公平，使无偏枉也。一德，无贰心也。三者皆尊天子之事。〇朝，音潮。

[2] 柷，形如漆桶，方二尺四寸，深一尺八寸，中有椎柄，连底撞之，令左右击，所以合乐之始。鼗，如鼓而小，有柄，持而摇之，则旁耳自击，所以节乐之终。将之，谓使者执此以将命也。〇疏曰："柷节一曲之始，其事宽，故以将诸侯之命；鼗节一唱之终，其事狭，故以将伯、子、男之命。"〇柷，昌六切。令，平声。使，去声。

[3] 铁，莝斫刀也。钺，斧也。〇莝，粗卧切。

[4] 圭瓒、璋瓒，皆酌鬯酒之爵。以大圭为瓒之柄者曰圭瓒。酿秬鬯为酒，芬香条鬯于上下，故曰鬯。祭酒灌地降神必用鬯，故未赐圭瓒，则求鬯于天子。赐圭瓒，然后得自为也。

天子命之教，然后为学。小学在公宫南之左，大学在郊。天子曰辟雍，诸侯曰頖宫。[1]

[1] 疏曰："百里之国，国城居中，面有五十里，二十里置郊，郊外仍有三十里。七十里之国，国城居中，面有三十五里，九里置郊，郊外仍有二十六里。五十里之国，国城居中，面有二十五里，三里置郊，郊外仍有二十二里。此是殷制。若周制，则畿内千里，百里为郊。诸侯之郊，公五

十里，侯伯三十里，子男十里，近郊各半之。天子诸侯，皆近郊半远郊。此小学、大学，殷制。周则大学在国，小学在西郊。辟，明也。雍，和也。君则尊明雍和，于此学中习道艺，使天下之人，皆明达谐和也。頖之言班，所以班政教也。"〇张子曰："辟雍，古无此名，盖始于周。周有天下，遂以名天子之学。《说文》云：'頖宫，诸侯乡射之宫也。'"〇旧说：辟雍，水环如璧，泮宫半之，盖东西门以南通水，北无水也。〇辟，音璧。頖，音判。

天子将出征，类乎上帝，宜乎社，造乎祢，祃于所征之地。受命于祖，受成于学。[1]出征执有罪，反，释奠于学，以讯馘告。[2]

[1] 祃，行师之祭也。受命于祖，卜于庙也。受成于学，决其谋也。〇祃，马怕切。

[2] 获罪人而反，则释奠于先圣先师而告讯馘焉。讯，谓其魁首当讯问者。馘，所截彼人之左耳。告者，告其多寡之数也。〇馘，古伯切。

天子、诸侯无事则岁三田，一为乾豆，二为宾客，三为充君之庖。[1]无事而不田曰不敬，田不以礼，曰暴天物。天子不合围，诸侯不掩群。[2]天子杀则下大绥，诸侯杀则下小绥，大夫杀则止佐车，佐车止则百姓田猎。[3]獭祭鱼，然后虞人入泽梁。豺祭兽，然后田猎。鸠化为鹰，然后设罻罗。草木零落，然后入山林。昆虫未蛰，不以火田。不麛，不卵，不杀胎，不殀夭，不覆巢。[4]

[1] 无事，无征伐、出行、丧凶之事也。岁三田者，谓每岁田猎，皆是为此三者之用也。乾豆，腊之以为祭祀之豆实也。〇疏曰："先宗庙，次宾客者，尊神敬宾之义。"〇乾，音干。

[2]《书》曰:“暴殄天物。”合围,四面围之也。掩群者,掩袭而举群取之也。

[3] 杀,获也,获所驱之禽兽也。绥,旌旗之属也。下,偃仆之也。佐车,即《周礼》“驱逆之车”。驱者,逐兽使趋于田之地。逆者,要逆其走而不使之散亡也。此言田猎之礼,尊卑贵贱之次序。○绥,音緌。要,平声。

[4] 梁,绝水取鱼者。《周礼》注云:“水堰也。堰水为关空,以笱承其空。”《月令》:“仲春,鹰化为鸠。”此言“鸠化为鹰”,必仲秋也。罻罗,皆捕鸟之网。麛,兽子之通称。殀,断杀之也。夭,禽兽之稚者。此十者,皆田之礼,顺时序,广仁意也。○罻,音厨。麛,音迷。殀,于表切。夭,乌老切。覆,芳六切。“其空”空,去声。断,去声。

冢宰制国用,必于岁之杪。五谷皆入,然后制国用。用地小大,视年之丰耗。以三十年之通制国用,量入以为出。[1]祭用数之仂。[2]丧三年不祭,唯祭天地社稷,为越绋而行事。丧用三年之仂。[3]丧祭用不足曰暴,有余曰浩。祭,丰年不奢,凶年不俭。[4]国无九年之蓄曰不足;无六年之蓄曰急,无三年之蓄曰国非其国也。三年耕必有一年之食,九年耕必有三年之食。以三十年之通,虽有凶旱水溢,民无菜色,然后天子食,日举以乐。[5]

[1] 以三十年之通者,通计三十年所入之数,使有十年之余也。盖每岁所入,均析为四而用其三,每年余一,则三年而余三,又足一岁之用矣,此所以三十年而有十年之余也。郑注以九年言之,盖积三十年内闰月当一岁也。一说:二十七年则有九年之余,言三十者,举成数耳。○杪,弥小切。当,去声。

[2] 郑注以仂为十一,疏以为分散之名。大概是总计一岁经用之数,而用其十分之一,以行常祭之礼也。○仂,音勒。

［3］丧，凶事。祭，吉礼。吉凶异道，不得相干，故三年不祭。唯祭天地社稷者，不敢以卑废尊也。未葬以前，常属绋于輴车，以备火灾，丧在内而行祭于外，是逾越丧绋而往也。丧三年而除，中间礼事繁难，故总计三岁经用之数，而用其十之一也。○属，音烛。

［4］暴者，残败之义，言不齐整也。浩者，泛滥之义，所谓以美没礼也。惟其制用有一定之则，是以岁有丰凶而礼无奢俭。此记者之言。《杂记》云："凶年祀以下牲。"孔子之言也。

［5］饥而食菜则色病，故云菜色。杀牲盛馔曰举。《周礼》："王日一举，鼎十有二，物皆有俎，以乐侑食。"又云"大荒则不举"者，盖偶值凶年，虽有备，亦当贬损耳。

天子七日而殡，七月而葬。诸侯五日而殡，五月而葬。大夫、士、庶人三日而殡，三月而葬。三年之丧，自天子达。[1]庶人县封，葬不为雨止，不封不树。丧不贰事，[2]自天子达于庶人。丧从死者，祭从生者。[3]支子不祭。[4]

［1］诸侯降于天子而五月，大夫降于诸侯而三月。士、庶人又降于大夫，故逾月也。今总云大夫、士、庶人三日而殡，此固所同，然皆三月而葬，则非也。其以上文降杀俱两月，在下可知，故略言之欤？孔氏引《左传》"大夫三月，士逾月"者，谓大夫除死月为三月，士数死月为三月，是逾越一月，故言逾月耳。诚如此，则是大夫四月，士三月。谓大夫逾越一月犹可，岂得谓士逾越一月乎？此不可通。当从左氏说为正。○杀，去声。数，上声。

［2］此言庶人之礼。庶人无碑綍，县绳下棺，故云县窆也。不封，不为丘垄也。大夫、士既葬，公政入于家，庶人则终丧无二事也。○县，音玄。上"封"，音窆。为，去声。綍，音律。

［3］《中庸》曰："父为大夫，子为士，葬以大夫，祭以士；父为士，子为大夫，葬以士，祭以大夫。"盖葬用死者之爵，祭用生者之禄。与此意同。

[4] 说见《曲礼》。

天子七庙：三昭三穆，与大祖之庙而七。诸侯五庙：二昭二穆，与大祖之庙而五。大夫三庙：一昭一穆，与大祖之庙而三。士一庙。庶人祭于寝。[1]

[1] 诸侯大祖，始封之君也。大夫大祖，始爵者也。士一庙，侯国中下士也。上士二庙。天子、诸侯正寝，谓之路寝，卿、大夫、士曰适室，亦谓之适寝。庶人无庙，故祭先于寝也。〇大，音泰。

天子诸侯宗庙之祭，春曰礿，夏曰禘，秋曰尝，冬曰烝。[1]

天子祭天地，诸侯祭社稷，大夫祭五祀。天子祭天下名山大川，五岳视三公，四渎视诸侯。诸侯祭名山大川之在其地者。天子诸侯祭因国之在其地而无主后者。[2]天子犆礿，祫禘，祫尝，祫烝。[3]

[1] 郑氏曰："此盖夏殷之祭名。周则春曰祠，夏曰礿，以禘为殷祭。"〇疏曰："礿，薄也，春物未成，祭品鲜薄也。禘者，次第也，夏时物虽未成，宜依时次第而祭之。尝者，新谷熟而尝也。烝者，众也，冬时物成者众也。郑疑为夏殷祭名者，以其与周不同，其夏殷之祭又无文，故称盖以疑之。"〇礿，音药。鲜，上声。"夏殷"夏，上声。"夏时"夏，如字，去声。

[2] 视三公，视诸侯，谓视其饔饩牢礼之多寡，以为牲器之数也。因国，谓所建国之地，因先代所都之故墟也，今无主祭之子孙。则在王畿者，天子祭之；在侯邦者，诸侯祭之。以其昔尝有功德于民，不宜绝其祀也。〇《周官制度》云：五祀见于《周礼》、《礼记》、《仪礼》，杂出于史传多矣，独《祭法》加为七。《左传》、《家语》以为重、该、修、熙、句龙之五官，

《月令》以为门、行、户、灶、中霤。然则所谓五祀者,名虽同而祭各有所主也。郑氏以七祀为周制,五祀为商制。然《大宗伯》亦云祭社稷五祀,《仪礼》士疾病祷五祀,则五祀无尊卑隆杀之辨矣。愚意郑氏已是臆说,《祭法》之言,亦未可深信。○见、传,并去声。重,平声。句,音勾。杀,去声。

[3] 祫,合也。其礼有二,时祭之祫,则群庙之主皆升而合食于大祖之庙,而毁庙之主不与。三年大祫,则毁庙之主亦与焉。天子之礼,春礿则特祭者,各于其庙也。禘、尝、烝皆合食。○石梁王氏曰:"特礿者,春物全未成,止一时祭而已,于此时不祫也。夏物稍成,可于此时而祫。秋物大成,冬物毕成,皆可祫,故曰祫禘、祫尝、祫烝而礿则特也。"○犆,音特。与,去声。

诸侯礿则不禘,禘则不尝,尝则不烝,烝则不礿。[1]诸侯礿犆,禘一犆一祫,尝祫,烝祫。[2]

[1] 南方诸侯春祭毕则夏来朝,故阙禘祭。西方诸侯夏祭毕而秋来朝,故阙尝祭。四方皆然。○石梁王氏曰:"诸侯岁朝为废一时之祭,王事重也。"○为,去声。

[2] 犆礿、礿犆,非有异也,变文而已。祫尝、祫烝,与尝祫、蒸祫亦然。诸侯所以降于天子者,禘一犆一祫而已。言夏祭之禘,今岁犆则来岁祫,祫之明年又犆,不如天子每岁三时皆祫也。○石梁王氏曰:"物稍成未若大成,其成亦未可必。故夏禘之时,可祫可犆,不可尝也。秋冬物成可必,故此二时必可祫,故不云犆而云尝祫、烝祫。此一节专为祫祭发也。"○愚按此章先儒以为夏、殷之制。然禘,王者之大祭也,今以为四时常祭之名,何欤?岂周更时祭之名,而后禘专为大祭欤?又《周官制度》云:"先王制礼,必象天道,故月祭象月,时享象时。三年之祫、五年之禘象闰。"又云:"《王制》之言祫,非三年之制也。"○"专为"为,去声。更,平声。

天子社稷皆太牢。诸侯社稷皆少牢。大夫、士宗庙之祭，有田则祭，无田则荐。庶人春荐韭，夏荐麦，秋荐黍，冬荐稻。韭以卵，麦以鱼，黍以豚，稻以雁。[1]祭天地之牛角茧栗，宗庙之牛角握，宾客之牛角尺。[2]诸侯无故不杀牛，大夫无故不杀羊，士无故不杀犬豕，庶人无故不食珍。[3]庶羞不逾牲。燕衣不逾祭服。寝不逾庙。[4]

[1] 祭有常礼，有常时。荐非正祭，但遇时物即荐，然亦不过四时各一举而已。注云："祭以首时，荐以仲月。"首时者，四时之孟月也。○少，去声。

[2] 如茧如栗，犊也。握，谓长不出肤，侧手为肤，四指也。宾客之用，则取其肥大而已。

[3] 烹牛羊豕必为鼎实。鼎非常用之器，有礼事则设，所以无故不杀也。珍之名物见《内则》。庶人无故，亦以非冠昏之礼欤?

[4] 羞不逾牲者，如牲是羊，则不以牛肉为庶羞也。此三者皆言薄于奉己，厚于事神也。

大夫祭器不假。祭器未成，不造燕器。[1]

[1] 此一节，旧在"庶人耆老不徒食"之后，今考其序，当移在此。大夫有田禄，则不假借祭器于人，无田禄者，不设祭器，则假之可也。凡家造，祭器为先，养器为后。

古者公田藉而不税。[1]市廛而不税。[2]关讥而不征。[3]林麓川泽以时入而不禁。[4]夫圭田无征。[5]用民之力，岁不过三日。[6]田里不粥，墓地不请。[7]

[1] 孟子曰："殷人七十而助。助者藉也。"但借民力以助耕公田，而不取其私田之税。○藉，子夜切。

［2］廛，市宅也。赋其市地之廛，而不征其货也。

［3］关之设，但主于讥察异服异言之人，而不征其往来货物之税也。

［4］山泽采取之物，其入也虽有时，然与民共其利，即孟子所谓“泽梁无禁”也。

［5］圭田者，禄外之田，所以供祭祀，不税，所以厚贤也。曰圭者，洁白之义也。《周官制度》云：“圭田自卿至士皆五十亩。”此专主祭祀，故无征。然《王制》言“大夫士宗庙之祭，有田则祭，无田则荐”，孟子亦曰“惟士无田，则亦不祭”。既云皆有田，何故又云无田则荐？以此知赐圭田，亦似有功德则赐圭瓒耳。○夫，音扶。

［6］用民力，如治城郭、涂巷、沟渠、宫庙之类。《周礼》：丰年三日，中年二日，无年则一日而已。若师旅之事，则不拘此制。

［7］田里，公家所授，不可得而粥。墓地有族葬之序，人不得而请求，己亦不得以擅与。故争墓地者，墓大夫听其讼焉。○粥，音育，篇内并同。

司空执度度地，居民山川沮泽，时四时，量地远近，兴事任力。[1]凡使民，任老者之事，食壮者之食。[2]

［1］《书》曰：“司空掌邦土。”执度度地，量地远近，盖定邑井城郭庐舍之区域也。山川、沮泽，有燥湿寒暖之不同，以时候其四时，知其气候早晚，使居者不失寒暖之宜也。兴事任力，亦谓公家力役之征也。○方氏曰：“小而水所止曰沮，大而水所钟曰泽。”○度，上如字，下待洛切。沮，将虑切。

［2］老者食少而功亦少，壮者功多而食亦多。今之使民，虽少壮但责以老者之功程，虽老者亦食以少者之饮食，宽厚之至也。○“食壮”食，音嗣，注亦食同。“少壮”、“少者”少，去声。

凡居民材，必因天地寒暖燥湿，广谷大川异制。民生其间者异俗，刚柔、轻重、迟速异齐，五味异和，器械异制，衣服异宜。修其教，不易其俗；齐其政，不易其宜。[1]

中国、戎、夷、五方之民，皆有性也，不可推移。[2]东方曰夷，被发文身，有不火食者矣。南方曰蛮，雕题交趾，有不火食者矣。西方曰戎，被发衣皮，有不粒食者矣。北方曰狄，衣羽毛穴居，有不粒食者矣。[3]中国、夷、蛮、戎、狄，皆有安居，和味，宜服，利用，备器。[4]五方之民，言语不通，嗜欲不同。达其志，通其欲，东方曰寄，南方曰象，西方曰狄鞮，北方曰译。[5]

[1] 居，谓储积以备用，如"懋迁有无化居"之"居"。材者，夫人日用所须之物，如"天生五材"之"材"。天地之气，东南多暖，西北多寒。地势高者必燥，卑者必湿。因其地之所宜而为之备，如毡裘可以备寒，絺绤可以备暑，车以行陆，舟以行水，此皆因天地所宜也。广谷大川，自天地初分，其形制已不同矣。民生异俗，理有固然，其情性之缓急，亦气之所禀殊也。饮食、器械、衣服之有异，圣王亦岂必强之使同哉？惟修其三纲五典之教，齐其礼、乐、刑、政之用而已。所谓财成辅相以左右民也。○"异齐"齐，去声。和，去声。强，上声。左右，音佐佑。

[2] 冯氏曰："五方之民，以气禀之不齐，兼习俗之异尚，是以其性各随气禀之昏明，习俗之薄厚，而不可推移焉。若论其本然之性，则一而已矣。郑氏亦曰：地气使之然。"

[3] 雕，刻也；题，额也；刻其额以丹青涅之；交趾，足拇指相向也。东南地气暖，故有不火食者。西北地寒少五谷，故有不粒食者。○衣，去声。

[4] 俗虽不同，亦皆随地以资其生，无不足也。○和，去声。

[5] 方氏曰："以言语之不通也，则必达其志；以嗜欲之不同也，则必通其欲。必欲达其志、通其欲，非寄、象、鞮、译则不可。故先王设官以掌之。寄，言能寓风俗之异于此。象，言能仿象风俗之异于彼。鞮，则欲别

其服饰之异。译，则欲辨其言语之异。《周官》通谓之象胥，而世俗则通谓之译也。”〇刘氏曰：“此四者，皆主通远人言语之官。寄者，寓也，以其言之难通，如寄托其意于事物而后能通之。象，像也，如以意仿像其形似而通之，《周官》象胥是也。狄，犹逖也；鞮，戎狄屦名，犹履也。远履其事，而知其言意之所在而通之，《周官》鞮屦氏，亦以通其声歌，而以舞者所履为名。译，释也，犹言誊也。谓以彼此言语，相誊释而通之也。越裳氏重九译而朝是也。”〇鞮，音低。别，必列切。重，平声。

凡居民，量地以制邑，度地以居民，地、邑、民居，必参相得也。[1]无旷土，无游民，食节事时，民咸安其居，乐事劝功，尊君亲上，然后兴学。[2]

[1] 九夫为井，四井为邑，田有常制，民有定居，则无偏而不举之弊。地也，邑也，居也，三者既相得则由小以推之大，而通天下皆相得矣。此所谓井田之良法也。〇度，待洛切。

[2] 刘氏曰：“富而后教，理势当然。若救死恐不赡，则必疾视其上，而欲与偕亡矣。虽欲兴学，其可得乎？此篇自分田制禄，命官论材，朝聘巡守，行赏罚，设国学，为田渔，制国用，广储蓄，修葬祭，定赋役，安迩人，来远人，使中国五方各得其所，而养生丧死无憾，是王道之始也。至此则君道既得，而民德当新，然后立乡学以教民，而兴其贤能。下文‘司徒修六礼’以下至‘庶人耆老不徒食’，皆化民成俗之事，是王道之成也。后段自‘方一里者为田九百亩’以下至篇终，是《王制》传文。”〇乐，音洛。论、守、传，并去声。

司徒修六礼以节民性，明七教以兴民德，齐八政以防淫，一道德以同俗，养耆老以致孝，恤孤独以逮不足，上贤以崇德，简不肖以绌恶。[1]命乡简不帅教者以告。耆老皆朝于庠。元日，习射上功，习乡上齿，大司徒帅国之俊士与执事焉。[2]不变，命国之右乡简不帅教者移之左，命国之左乡简不帅教者移之右，如初礼。[3]不变，移之郊，如初礼。不变，移之遂，如初礼。不变，屏之远方，终身不齿。[4]

[1] 此乡学教民取士之法，而大司徒则总其政令者也。六礼、七教、八政，见篇末，皆道德之用也，道德则其体也。体既一，则俗无不同矣。

[2] 此下言简不肖以绌恶之事。乡，畿内六乡也，在远郊之内，每乡万二千五百家。庠，则乡之学也。耆老，乡中致仕之卿大夫也。元日，所择之善日也。期日定，则耆老皆来会聚，于是行射礼与乡饮酒之礼。射以中为上，故曰上功。乡饮则序年之高下，故曰上齿。大司徒，教官之长也。率其俊秀者与执礼事，盖欲使不帅教之人，得于观感而改过以从善也。○帅，入声。朝，音潮。与，去声。中，去声。长，上声。

[3] 左右对移，以易其藏修游息之所，新其师友讲切之方，庶几其变也。

[4] 四郊去国百里，在乡界之外。遂，又在远郊之外，盖示之以渐远之意也。四次示之以礼教而犹不悛焉，则其人终不可与入德矣，于是乃屏弃之。○屏，音丙。

命乡论秀士升之司徒，曰选士。司徒论选士之秀者而升之学，曰俊士。[1]升于司徒者不征于乡，升于学者不征于司徒，曰造士。[2]

乐正崇四术，立四教，顺先王《诗》、《书》、《礼》、《乐》以造士。春秋教以《礼》、《乐》，冬夏教以《诗》、《书》。[3]王大子、王子、群后之大子，卿大夫、元士之适子，国之俊选皆造焉。凡入学以齿。[4]将出学，小胥、大胥、小乐正简不帅教者以告于大乐正，大乐正以告于王。王命三公、九卿、大夫、元士皆入学。不变，王亲视学。不变，王三日不举，屏之远方，西方曰棘，东方曰寄。终身不齿。[5]大乐正论造士之秀者以告于王，而升诸司马，曰进士。[6]

[1] 此言上贤崇德之事。〇刘氏曰："论者，述其德艺而保举之也。苗之颖出曰秀。大司徒命乡大夫论述乡学之士，才德颖出于同辈者而礼宾之，升其人于司徒，司徒考试之，量才而用之为乡遂之吏，曰'选士'。选者，择而用之也。其有才德又颖出于选士，不安于小成而愿升国学者，司徒论述其美而举升之于国学，曰'俊士'。俊者，才过千人之名也。"〇论、选，并去声。

[2] 既升于司徒，则免乡之徭役，而犹给徭役于司徒也。及升国学，则并免司徒之役矣。造者，成也，言成就其才德也。〇并，去声。

[3] 此以下言国学教国子民俊，及取贤才之法。乐正掌其教，司马则掌选法也。术者，道路之名，言《诗》、《书》、《礼》、《乐》四者之教，乃入德之路，故言术也。《文王世子》言春诵夏弦，与此不同者，古人之教，虽曰四时各有所习，其实亦未必截然弃彼而习此，恐亦互言耳，非春秋不可教《诗》、《书》，冬夏不可教《礼》、《乐》也。旧注阴阳之说，似为拘泥。〇泥，去声。

[4] 皆造，皆来受教于乐正也。惟次长幼之序，不分贵践之等。〇大，音泰。适，音的。造，七到切。

[5] 古之教者，九年而大成。出学，九年之期也。小胥、大胥，皆乐官之属。郑注以"棘"为"僰"，又以"僰"训"偪"。僰本西戎地名，愚谓不若读如本字，急也，欲其迁善之速也。寄者，寓也，暂寓而终归之意。盖虽屏之终身不齿，然犹为此名，以示不忍终弃之意。盖国子皆世族之亲，与庶人疏贱者异，故亲亲而有望焉。〇方氏曰："贱者至于四不变，然后屏之；贵者止于二不变。遂屏之者，陈氏谓先王以众庶之家为易治，世禄之家为难化。以其易治也，故乡遂之所考，常在三年大比之时；以其难化也，故国子之出学，常在九年大成之后，以三年之近而考焉。故必四不变而后屏之。以九年之远而简焉，则虽二不变，屏之可也。"〇疏曰："周立四代之学于国，而以有虞氏之庠为乡学。"〇僰，步黑切，音同匐。

［6］疏曰："司马掌爵禄，但入仕者皆司马主之。"

司马辨论官材，论进士之贤者以告于王而定其论。论定然后官之，任官然后爵之，位定然后禄之。[1]大夫废其事，终身不仕，死以士礼葬之。[2]

有发，则命大司徒教士以车甲。[3]

［1］刘氏曰："古者乡学教庶人，国学教国子及庶人之俊。而其仕进有二道，乡学秀者之升曰选士，国学秀者之升曰进士。其选士者，不过用为乡遂之吏，而选用之权在司徒也；其进士，则必命为朝廷之官，而爵禄之定，其权皆在大司马。此乡学国学教选之异，所以为世家编户之别。然庶人仕进，亦是二道，可为选士者，司徒试用之，此其一也。司徒升之国学，则论选之法，与国子弟同矣，此其二也。"○任，音壬。别，必列切。

［2］废其事，如战陈无勇，而败国殄民；或荒淫失行，而悖常乱俗。生则摈弃，死则贬降。

［3］发，师旅之役也。○方氏曰："先王设官，未尝不辨，亦未尝不通。司徒掌教，司马掌政，是分职而辨之也。有发则司徒教士以车甲，造士则司马辨论官材，是联事而通之也。"

凡执技论力，适四方，裸股肱，决射御。[1]凡执技以事上者，祝、史、射、御、医、卜及百工。凡执技以事上者，不贰事，不移官，出乡不与士齿。仕于家者，出乡不与士齿。[2]

［1］射御之技，四方惟所之，然但论力之优劣而已。所以擐衣而出其股肱者，欲以决胜负而示武勇也。○论，去声。裸，力果切。

［2］不贰事，则所业弥至于精；不移官，恐他职非其所长。以技名者贱，为大夫之臣亦贱，故不得与为士者齿列。然必出乡乃尔者，于其本乡有族人亲戚之为士者，或不忍卑之故也。

司寇正刑明辟，以听狱讼。必三刺。有旨无简不听。附从轻，赦从重。[1]凡制五刑，必即天论。邮罚丽于事。[2]凡听五刑之讼，必原父子之亲、立君臣之义以权之，意论轻重之序，慎测浅深之量以别之，悉其聪明、致其忠爱以尽之。疑狱，泛与众共之。众疑，赦之。必察小大之比以成之。[3]成狱辞，史以狱成告于正，正听之。正以狱成告于大司寇，大司寇听之棘木之下。大司寇以狱之成告于王，王命三公参听之。三公以狱之成告于王，王三又，然后制刑。[4]

凡作刑罚，轻无赦。[5]刑者，侀也；侀者，成也。一成而不可变，故君子尽心焉。[6]

[1]《周礼》："以三刺断庶民狱讼之中，一曰讯群臣，二曰讯群吏，三曰讯万民。"刺，杀也。有罪当杀者先问之群臣，次问之群吏，又问之庶民，然后决其轻重也。若有发露之旨意，而无简核之实迹，则难于听断矣，于是有附有赦焉。附而入之，则施刑从轻，赦而出之，则宥罪从重。所谓"与其杀不辜，宁失不经"也。〇辟，婢亦切。刺，音次。断，丁乱切。

[2]制，断也。天伦，天理也。天之理至公而无私，断狱者体而用之，亦至公而无私。邮，与"尤"同，责也。凡有罪责而当诛罚者，必使罚与事相附丽，则至公无私，而刑当其罪矣。〇论、伦同。"刑当"当，去声。

[3]父为子隐，子为父隐，而直在其中者，以其有父子之亲也。刑乱国用重典，以其无君臣之义也。推类可以通其余，顾所以权之何如耳。父子君臣，人伦之重者，故特举以言之，亦承上文天伦之意。所犯虽同，而有轻重浅深之殊者，不可概议也，故别之，所谓权也。明视聪听，而察之于词色之间，忠爱恻怛，而体之于言意之表，庶可以尽得其情也。泛，犹广也，其或在所可疑，则泛然而广询之众见焉。众人共谓可疑，则宥之矣。比，犹例也。小者有小罪之比，大者有大罪之比，察而成之，无往非公也。〇论、量，并去声。别，必列切。比，音俾。

[4] 成狱词者，谓治狱者责取犯者之言辞，已成定也。史，掌文书者。正，士师之属。听，察也。棘木，外朝之卿位也。又，当作宥，《周礼》“壹宥曰不识，再宥曰过失，三宥曰遗忘”，谓行刑之时，天子犹欲以此三者免其罪也。自下而上，咸无异说，而天子犹必三宥，而后有司行刑者，在君为爱下之仁，在臣有守法之义也。

[5] 冯氏曰：“此言立法制刑之意。虽轻无赦，所以使人难犯也，惟其当刑必刑，轻且不赦，而况于重者乎？故君子不容不尽心焉。”

[6] 疏曰：“侀，是形体。”〇马氏曰：“刑之所以为刑者，犹人之有型也。一辞不具，不足以为刑；一体不备，不足以为成人。辞之所成，则刑有所加而不可变，故君子尽心焉。君子无所不尽其心，至于用刑，则尤慎焉者也。”〇侀，音刑。

析言破律，乱名改作，执左道以乱政，杀。[1]作淫声、异服、奇技、奇器以疑众，杀。行伪而坚，言伪而辩，学非而博，顺非而泽以疑众，杀。假于鬼神、时日、卜筮以疑众，杀。此四诛者，不以听。[2]凡执禁以齐众，不赦过。[3]

[1] 剖析言辞，破坏法律，所谓舞文弄法者也。变乱名物，更改制度，或挟异端邪道，以罔惑于人，皆足以乱政，故在所当杀。

[2] 淫声，非先王之乐也；异服，非先王之服也。奇技奇器，如偃师舞木之类。《书》云：“纣作奇技淫巧以悦妇人。”所行虽伪，而坚不可攻；所言虽伪，而辩不可屈，如白马非马之类。所学虽非正道，而涉猎甚广，则亦难于穷诘。顺非，文过也。所行虽非，而善于文饰，其言滑泽无滞，众皆疑其为是也。至于假托鬼神之祸福，时日之吉凶，卜筮之休咎，皆足以使人惑于见闻，而违悖礼法。故乱政者一，疑众者三，皆决然杀之，不复审听，亦为其害大而辞不可明也。

[3] 立法有典，司刑有官，虽过失不赦，所以齐众人之不齐也。若先示之以赦过之令，则人将轻于犯禁矣，岂能齐之乎？

有圭璧金璋，不粥于市。命服命车，不粥于市。宗庙之器，不粥于市。牺牲不粥于市。戎器不粥于市。[1]用器不中度，不粥于市。兵车不中度，不粥于市。布帛精粗不中数，幅广狭不中量，不粥于市。奸色乱正色，不粥于市。[2]锦文珠玉成器，不粥于市。衣服饮食，不粥于市。[3]五谷不时，果实未熟，不粥于市。木不中伐，不粥于市。禽兽鱼鳖不中杀，不粥于市。[4]关执禁以讥，禁异服，识异言。[5]

[1] 方氏曰："此所以禁民之不敬。金璋，以金饰之。《考工记》'大璋中璋黄金勺，青金外'者是矣。"

[2] 此所以禁民之不法。用器，人生日用之器也。数，升缕多寡之数也。布幅广二尺二寸，帛广二尺四寸。○中，去声。

[3] 此所以禁民之不俭。

[4] 此所以禁民之不仁。凡十有四事，皆所以齐其众，而使风俗之同也。

[5] 刘氏曰："凡上文所当禁戒之事，虽有司刑、司市之属以治之，然不有以讥察之，则犯者众而获者寡矣。故令司关者，执禁戒之令以讥察之，见异服则禁之，闻异言则识之。衣服易见，故直曰禁；言语难知，故必曰识。关，境上门。举关，则郊门、城门亦在其中矣。司徒去属，有司门、司关者，皆其职之大略也。"

大史典礼，执简记，奉讳恶。

天子齐戒受谏。[1]司会以岁之成质于天子。冢宰齐戒受质。[2]大乐正、大司寇、市三官以其成从质于天子。大司徒、大司马、大司空，齐戒受质。[3]百官各以其成质于三官。大司徒、大司马、大司空以百官之成质于天子。百官齐戒受质，然后休老劳农，成岁事，制国用。[4]

[1]《周官》：大史，典历代礼仪之籍。国有礼事，则豫执简策，记载所当行之礼仪及所当知之讳恶，如庙讳忌日之类，奉而进之天子。天子重其事，故齐戒以受其所教诏。谏，犹教诏也。不言大宗伯者，体貌尊，惟诏相大礼于临时耳。〇大，音泰。恶，去声。齐，音斋。相，去声。

[2] 司会，冢宰之属，掌治法之财用会计，及王与冢宰废置等事。故岁之将终也，质平其一岁之计要于天子，而先之冢宰。冢宰重其事，而齐戒以受其质。质者，质于上而考正其当否也。〇会，古外切。齐，音斋。当，去声。

[3] 市，司市也。《周官》："司市，下大夫二人。"司会所质，冢宰既受之矣。此三官各以其计要之成，从司会而质于天子，则司徒、司马、司空亦齐戒而受之。

[4] 百官位卑，不敢专达，故但质于三官；三官达于司徒、司马、司空，而为之质于天子。天子与六卿受而平断毕，则还报其平于下，故百官齐戒以受上之平报焉。君臣上下，莫不齐戒以致其敬者，以天功天职，不敢忽也。六官独不言大宗伯者，宗伯礼乐事行，则天子六卿皆在，无可岁会者。惟大乐正教国子，及一岁礼乐之费用，当质正之耳。然虽不言宗伯，而先言大史典礼于前，则其尊重礼乐之意可见矣。已上并刘氏说。〇石梁王氏曰："'大史典礼'以下至'制国用'，此一节与周制异，与夏、殷无考。"〇劳，去声。为，去声。

凡养老，[1]有虞氏以燕礼，[2]夏后氏以飨礼，[3]殷人以食礼。[4]周人修而兼用之：[5]五十养于乡，六十养于国，七十养于学，达于诸侯。[6]

[1] 养老之礼，其目有四：养三老五更，一也；子孙死于国事，则养其父祖，二也；养致仕之老，三也；养庶人之老，四也。一岁之间，凡七行之。饮养阳气，则用春夏，食养阴气，则用秋冬，四时各一也。凡大合乐，必遂养老。谓春入学，舍菜合舞，秋颁学合声，则通前为六。又季春大合乐，

天子视学亦养老，凡七也。○更，平声。

［2］燕礼者，一献之礼既毕，皆坐而饮酒，以至于醉。其牲用狗，其礼亦有二：一是燕同姓，二是燕异姓也。

［3］飨礼者，体荐而不食，爵盈而不饮，立而不坐，依尊卑为献，数毕而止。然亦有四焉：诸侯来朝，一也；王亲戚及诸侯之臣来聘，二也；戎狄之君使来，三也；享宿卫及耆老孤子，四也。惟宿卫及耆老孤子，则以酒醉为度。《酒正》云。○使，去声。

［4］食礼者，有饭有殽，虽设酒而不饮，其礼以饭为主，故曰食也。然亦有二焉：《大行人》云"食礼九举"，及公食大夫之类，谓之礼食。其臣下自与宾客旦夕共食，则谓之燕食也。飨食礼之正，故行之于庙。燕以示慈惠，故行之于寝也。"○食，音嗣。"礼食"、"共食"、"燕食"，如字。

［5］春夏则用虞之燕，夏之飨；秋冬则用殷之食。周尚文，故兼用三代之礼也。

［6］乡，乡学也。国，国中小学也。学，大学也。达于诸侯者，天子养老之礼，诸侯通得行之，无降杀也。

八十拜君命，一坐再至，瞽亦如之。九十使人受。[1]五十异粻，六十宿肉，七十贰膳，八十常珍，九十饮食不离寝，膳饮从于游，可也。[2]六十岁制，七十时制，八十月制，九十日修。唯绞、紟、衾、冒，死而后制。[3]

五十始衰，六十非肉不饱，七十非帛不暖，八十非人不暖，九十虽得人不暖矣。五十杖于家，六十杖于乡，七十杖于国，八十杖于朝，九十者，天子欲有问焉则就其室，以珍从。[4]七十不俟朝，八十月告存，九十日有秩。[5]五十不从力政，六十不与服戎，七十不与宾客之事，八十齐丧之事弗及也。[6]五十而爵，六十不亲学，七十致政，唯衰麻为丧。[7]

［1］人君有命，人臣拜受，礼也。惟八十之老，与无目之人，为难备礼，故其拜也，足一跪而首再至地，以备再拜之数。九十则又不必亲拜，特使人代受。此言君致享食之礼于其家，而受之之礼如此，然他命则亦必然矣。

［2］粻，粮也。异者，精粗与少者殊也。宿肉，谓恒隔日备之，不使求而不得也。膳，食之善者。每有副贰，不使阙乏也。常珍，常食皆珍味也。不离寝，言寝处之所恒有庋阁之饮食也。美善之膳，水浆之饮，随其常游之处，而为之备具可也。〇粻，音张。离，去声。庋，音几，又音诡。

［3］此言渐老，则渐近死期，当豫为送终之备也。岁制，谓棺也，不易可成，故岁制。衣物之难得者，须三月可办，故云时制。衣物之易得者，则一月可就，故云月制。至九十，则棺衣皆具，无事于制作，但每日修理之，恐或有不完整也。绞，所以收束衣服为坚急者也。紟，单被也。绞与紟，皆用十五升布为之。凡衾皆五幅，士小敛，缁衾赪裹，大敛则二衾。冒，所以韬尸，制如直囊，上曰质，下曰杀。其用之，先以杀韬足而上，次以质韬首而下齐于手。士缁冒赪杀，象生时玄衣纁裳也。此四物须死乃制，以其易成故也。〇绞，音爻。紟，其鸩切。杀，去声。

［4］杖，所以扶衰弱。五十始衰，故杖。未五十者，不得执也。巡守而就见百年者，泛言众庶之老也。此就见九十者，专指有爵者也。《祭义》又言八十"君问则就之"者，亦异礼也。珍，与"常珍"之"珍"同。从之以往，致尊养之义也。〇从，去声。守，去声。

［5］不俟朝者，谓朝君之时，入至朝位，君出揖即退，不待朝事毕也，此谓当致仕之年而不得谢者。告，犹问也。君每月使人致膳告问存否也。秩，常也，日使人以常膳致之也。

［6］方氏曰："力政，力役之政也。服戎，兵戎之事也。力政事之常者，故五十已不从矣。服戎则事之变者，必六十然后不与焉。从，谓行其事也。与，则与之而已。及，则旁有所加之谓，以其老甚，非特不能从与于事，而事固不当及于我矣。"〇与，去声。齐，音斋。

［7］五十而爵，命为大夫也。不亲学，以其不能备弟子之礼也。致

政事，以其不能胜职任之劳也。或有死丧之事，惟备衰麻之服而已，其他礼节，皆在所不责也。○衰，音催。胜，平声。

有虞氏养国老于上庠，养庶老于下庠。[1]夏后氏养国老于东序，养庶老于西序。[2]殷人养国老于右学，养庶老于左学。[3]周人养国老于东胶，养庶老于虞庠，虞庠在国之西郊。[4]有虞氏皇而祭，深衣而养老。[5]夏后氏收而祭，燕衣而养老。[6]殷人冔而祭，缟衣而养老。[7]周人冕而祭，玄衣而养老。[8]

[1] 行养老之礼必于学，以其为讲明孝弟礼义之所也。国老，有爵有德之老；庶老，庶人及死事者之父祖也。国老尊，故于大学；庶老卑，故于小学。上庠大学在西郊，下庠小学在国中王宫之东。○弟，去声。

[2] 东序，大学，在国中王宫之东。西序，小学，在西郊。

[3] 右学，大学，在西郊。左学，小学，在国中王宫之东。

[4] 东胶，大学，在国中王宫之东。虞庠，小学，在西郊。

[5] 皇、收、冔，皆冠冕之名。然制度详悉，则不可考矣。深衣，白布衣也。

[6] 燕衣，黑衣也。夏后氏尚黑，君与群臣燕饮之服，即诸侯日视朝之服也。其冠则玄冠，而缁带、素韠、白舄也。

[7] 缟，生绢，亦名素。此缟衣，则谓白布深衣也。○冔，火羽切。

[8] 玄衣，亦朝服也。缁衣素裳，十五升布为之。六入为玄，七入为缁，故缁衣亦名玄衣也。又按夏后氏尚黑，衣裳皆黑。殷尚白，则衣裳皆白。周兼用之，故玄衣而素裳。凡诸侯朝服，即天子燕服，而诸侯之行燕礼，亦此服也。

凡三王养老，皆引年。[1]八十者，一子不从政。九十者，其家不从政。废疾非人不养者，一人不从政。父母之丧，三年不从政。齐衰、大功之丧，三月不从政。将徙于诸侯，三月不从政。自诸侯来徙家，期不从政。[2]

[1] 四海之内，老者众矣，安得人人而养之。待国老、庶老之礼毕，即行引户校年之令，而恩赐其老者焉。

[2] 从政，谓给公家之力役也。〇方氏曰："将徙，欲去者。来徙，已来者，夫人莫衰于老，莫苦于疾，莫忧于丧，莫劳于徙，此王政之所宜恤者，故皆不使之从政焉。"〇旧说将徙于诸侯者，谓大夫采地之民，徙于诸侯为民；自诸侯来徙者谓诸侯之民。来徙于大夫之邑，以其新徙，当复除。诸侯地宽役少，故惟三月不从政；大夫役多地狭，欲令人贪慕，故期不从政。一说谓从大夫家出仕诸侯，从诸侯退仕大夫。未知孰是。〇采，去声。令，平声。

少而无父者谓之孤，老而无子者谓之独，老而无妻者谓之矜，老而无夫者谓之寡。此四者，天民之穷而无告者也，皆有常饩。[1]

[1]《左传》"崔杼生成及强而寡"，是无妻者亦可言寡也。皆有常饩，谓君上养以饩廪，有常制也。〇少，去声。矜，音鳏。

瘖、聋、跛、躃、断者、侏儒、百工，各以其器食之。[1]

[1] 瘖者不能言，聋者不能听，跛者一足废，躃者两足俱废，断者支节脱绝。侏儒，身体短小者也；百工，众杂技艺也。器，犹能也。此六类者，因其各有技艺之能，足以供官之役使，故遂因其能而以廪给食养之。疏引《国语》"戚施直镈"等六者为证。〇瘖，音音。跛，彼我切。躃，音壁。断，音段。食，音嗣。

道路，男子由右，妇人由左，车从中央。[1] 父之齿随行，兄之齿雁行，朋友不相逾。[2]轻任并，重任分，斑白者不提挈。[3]君子耆老不徒行，庶人耆老不徒食。[4]

[1] 凡男子妇人同出一涂者，则男子常由妇人之右，妇人常由男子之左，为远别也。

[2] 父之齿、兄之齿，谓其人年与父等，或与兄等也。随行，随其后也。雁行，并行而稍后也。朋友年相若，则彼此不可相逾越而有先后，言并行而齐也。

[3] 并，己独任之也。分，析而二之也。〇并，去声。

[4] 方氏曰："徒行，谓无乘而行也。徒食，谓无羞而食也。"〇应氏曰："非人皆好德而士不失职，安能使在路无徒行之贤？非人各有养而俗尚孝敬，安能使在家无徒食之老？"

方一里者，为田九百亩。[1]方十里者，为方一里者百，为田九万亩。方百里者，为方十里者百，为田九十亿亩。[2]方千里者，为方百里者百，为田九万亿亩。[3]

[1] 步百为亩，是长一百步，阔一步。亩百为夫，是一顷，长阔一百步。夫三为屋，是三顷，阔三百步，长一百步。屋三为井，则九百亩也，长阔一里。孟子曰："方里而井，井九百亩。"

[2] 一个十里之方，即为田九万亩；则十个十里之方，为田九十万亩；一百个十里之方，为田九百万亩。今云九十亿亩，是一亿有十万，十亿有一百万，九十亿乃九百万亩也。

[3] 计千里之方，为方百里者百。一个百里之方，即为九十亿亩；则十个百里之方，为九百亿亩；百个百里之方，为九千亿亩。今乃云九万亿亩，与数不同者，若以亿言之，当云九千亿亩；若以万言之，当云九万万亩，经文误也。〇应氏曰："自此至篇末，皆覆解篇首及中间井田封建地里之界。"

自恒山至于南河，千里而近。自南河至于江，千里而近。自江至于衡山，千里而遥。自东河至于东海，千里而遥。自东河至于西河，千里而近。自西河至于流沙，千里而遥。西不尽流沙，南不尽衡山，东不尽东海，北不尽恒山。[1]

凡四海之内，断长补短，方三千里，为田八十万亿一万亿亩。方百里者，为田九十亿亩。山陵、林麓、川泽、沟渎、城郭、宫室、涂巷，三分去一，其余六十亿亩。[2]

[1] 方氏曰："不足谓之近，有余谓之遥。"〇应氏曰："此独言东海者，东海在中国封疆之内，而西、南、北，则夷徼之外也。南以江与衡山为限，百越未尽开也。河举东西南北者，河流萦带周绕，虽流沙分际，亦与河接也。自秦而上，西北袤而东南蹙；秦而下，东南展而西北缩。先王盛时，四方各有不尽之地，不劳中国以事外也。《禹贡》：东渐而被，朔南咸暨，特声教所及，非贡赋所限也。"〇分，音问。袤，音茂。渐，平声。

[2] 为田八十万亿一万亿亩者，以一州方千里，九州方三千里，三三为九，为方千里者九。一个千里，有九万亿亩。九个千里，九九八十一，故有八十一万亿亩。于八十整数之下云万亿，是八十个万亿。又云一万亿，言八十个万亿之外，更有一万亿，是共为八十一万亿亩。先儒以"万、亿"二字为衍，非也。此并疏义，然愚按方百里为田九十亿亩，则方三千里当云八万一千亿亩，如疏义，亦承误释之也。〇断，音短。去，上声。

古者以周尺八尺为步，今以周尺六尺四寸为步。古者百亩，当今东田百四十六亩三十步。古者百里，当今百二十一里六十步四尺二寸二分。[1]

[1] 疏曰："古者八寸为尺，以周尺八尺为步，则一步有六尺四寸。今以周尺六尺四寸为步，则一步有五十二寸，是今步比古步每步剩出一十二寸。以此计之，则古者百亩，当今东田百五十二亩七十一步有余，与

此百四十六亩三十步不相应。又今步每步剩古步十二寸,以此计之,则古之百里,当今百二十三里一百一十五步二十寸,与此百二十一里六十步四尺二寸二分又不相应。经文错乱,不可用也。”〇愚按疏义所算亦误,当云古者八寸为尺,以周尺八尺为步,则一步有六尺四寸。分以周尺六尺四寸为步,则一步有五尺一寸二分,是今步比古步每步剩出一尺二寸八分。以此计之,则古者百亩,当今东田百五十六亩二十五步一寸六分十分寸之四,与此百四十六亩三十步不相应。里亦仿此推之。〇方氏曰:“东田者,即《诗》言‘南东其亩’也。言南则以庐在其北而向南,言东则以庐在其西而向东。”〇严氏说“南东其亩”,云或南其亩,或东其亩,顺地势及水之所趋也。

方千里者,为方百里者百。[1]封方百里者三十国,其余方百里者七十。[2]又封方七十里者六十,为方百里者二十九,方十里者四十。[3]其余方百里者四十,方十里者六十。又封方五十里者百二十,为方百里者三十。其余方百里者十,方十里者六十。[4]名山大泽不以封,其余以为附庸间田。诸侯之有功者,取于间田以禄之。其有削地者,归之间田。[5]

[1] 天下九州,王畿居中,外八州,每州各方千里,是一百个百里以开方之法推之,合万里也。

[2] 公侯皆方百里,封三十个百里,剩七十个百里。

[3] 伯七十里,封六十个七十里,是占二十九个百里,四十个十里。于三十个百里内,剩六十个十里。

[4] 除上封二等国,共占六十个百里,外止剩四十个百里,及六十个十里。于此地内封子男五十里之国者百二十个,每一百里封四个,实占三十个百里。通三等封,止剩十个百里,六十个十里。〇伯国方七十里,七七四十九,是四十九个十里。〇子男方五十里,五五二十五,是二十五

个十里。

[5] 除名山大泽之外，皆为附庸之国及间田。○间，音闲。

天子之县内方千里者，为方百里者百，封方百里者九。○其余方百里者九十一。又封方七十里者二十一，为方百里者十，方十里者二十九。○其余方百里者八十，方十里者七十一。又封方五十里者六十三，为方百里者十五，方十里者七十五。○其余方百里者六十四，方十里者九十六。[1]

[1] 此仿上章畿外之法推之，可见畿外封国多而余地少，广封建之制于天下也。畿内封国少而余地多，备采邑之分于王朝也。○采、分，并去声。

诸侯之下士，禄食九人，中士食十八人，上士食三十六人，下大夫食七十二人，卿食二百八十八人。君食二千八百八十人。[1]次国之卿，食二百一十六人，君食二千一百六十人。[2]小国之卿，食百四十四人，君食千四百四十人。[3]次国之卿，命于其君者，如小国之卿。[4]天子之大夫为三监，监于诸侯之国者，其禄视诸侯之卿，其爵视次国之君，其禄取之于方伯之地。[5]方伯为朝天子，皆有汤沐之邑于天子之县内，视元士。[6]

[1] 此言大国之数。

[2] 次国大夫亦食七十二人，卿三大夫禄，故食二百一十六人。

[3] 小国大夫亦食七十二人，卿倍大夫禄，故食百四十四人。

[4] 降于天子所命也。

[5] 禄视诸侯之卿，可食二百八十八人者也。○上“监”，如字。下

“监”，平声。

[6] 谓之汤沐者，言入至畿内，即暂止顿于此。齐絜而往也。《春秋》传谓之朝宿之邑，惟方伯有之，其余否。许慎云：“周千八百诸侯，若皆有之，则尽京师地亦不能容。”○为，去声。

诸侯世子世国，大夫不世爵，使以德，爵以功。未赐爵，视天子之元士，以君其国。诸侯之大夫不世爵禄。[1]

[1] 世子世国，畿外之制也。天子大夫不世爵而世禄。先王使人、爵人，必取其有德有功者。列国之君薨，其子未得爵赐，则其衣服礼数视天子之元士，赐爵而后得如先君之旧也。诸侯之大夫不世爵禄，而有大功德者亦世之。《左传》言：“官有世功，则有官族。”

六礼：冠、昏、丧、祭、乡、相见。[1]七教：父子、兄弟、夫妇、君臣、长幼、朋友、宾客。八政：饮食、衣服、事为、异别、度、量、数、制。[2]

[1] 今所存者《士冠》、《士昏》、《士丧》、《特牲》、《少牢》、《馈食》、《乡饮酒》、《士相见》。○冠，去声。少，去声。

[2] 六礼、七教、八政，皆司徒所掌。礼节民性，教兴民德，修则不坏，明则不渝。然非齐八政以防淫，则亦礼教之害也。事为者，百工之技艺有正有邪；异别者，五方之械器有同有异。度量，则不使有长短小大之殊；数制，则不使有多寡广狭之异。若夫饮食、衣服，尤民生日用之不可缺者，所以居八政之首，齐之则不使有僭拟诡异之端矣。此篇先儒谓杂举历代之典，虽一一分别而不能皆有明证，又且多祖纬书，岂可谓决然无疑哉？朱子有言：“汉儒说制度有不合者，多推从殷礼去。”此亦疑其无征矣。然只据大纲而言，兴学以上，修六礼以下，其坦明者，亦可为后王之法也。○长，上声。别，必列切。量，去声。

月令第六[1]

[1] 吕不韦集诸儒著《十二月纪》，名曰《吕氏春秋》，篇首皆有月令，言十二月政令所行也。月用夏正，令则杂举三代及秦事。礼家记事者抄合为此篇。

孟春之月，日在营室，昏参中，旦尾中。[1]其日甲乙。[2]其帝太皞，其神句芒。[3]其虫鳞。其音角，律中太蔟。其数八。其味酸，其臭膻。其祀户，祭先脾。[4]

[1] 孟春，夏正建寅之月也。营室在亥，娵訾之次也。昏时参星在南方之中，旦则尾星在南方之中。〇疏曰："《月令》昏明中星，皆大略而言，不与历同。但一月之内有中者，即得载之。二十八宿星体有广狭，相去有远近。或月节月中之日，昏明之时，前星已过于午，后星未至正南。又星有明暗，见有早晚，所以昏明之星，不可正依历法，但举大略耳。"〇参，如字，俗读森。过，平声。见，音现。

[2] 春于四时属木，日之所系，十干循环。独言甲乙者，木之属也，四时皆然。

[3] 太皞，伏羲，木德之君。句芒，少皞氏之子曰重，木官之臣。圣神继天立极，生有功德于民，故后王于春祀之。四时之帝与神皆此义。〇句芒，音勾亡。少，去声。重，平声。

[4] 鳞虫，木之属。五声角为木。单出曰声，杂比曰音。调乐于春，以角为主也。律者，侯气之管，以铜为之，或云竹为之。中，犹应也。太蔟，寅律，长八寸。阴阳之气距地面各有浅深，故律之长短如其数。律管入地，以葭灰实其端，其月气至，则灰飞而管通，是气之应也。天三生木，地八成之。其数八，成数也。通于鼻者谓之臭，臭即气也。在口者谓之

味。酸、膻皆木之属。户者,人所出入,司之有神,此神是阳气,在户之内,春阳气出,故祀之。祭先脾者,木克土也。○蔡邕《独断》曰:"户,春为少阳,其气始出生养,祀之于户。祀户之礼,南面设主于门内之西。"○中,去声,篇内并同。蔟,七寇切。比,音畀。应,去声。断,丁玩切。少,去声。

东风解冻,蛰虫始振,鱼上冰,獭祭鱼,鸿雁来。[1]

[1] 此记寅月之候。振,动也。来,自南而北也。○上,上声。

天子居青阳左个。[1]乘鸾路,驾仓龙,载青旂。衣青衣,服仓玉。食麦与羊。其器疏以达。[2]

[1] 青阳左个,注云:"太寝东堂北偏也。"疏云:"是明堂北偏而云太寝者。明堂与太庙、太寝制同。北偏者,近北也。四面旁室谓之个。"○朱子曰:"论明堂之制者非一,窃意当有九室,如井田之制。东之中为青阳太庙,东之南为青阳右个,东之北为青阳左个;南之中为明堂太庙,南之东即东之南,为明堂左个,南之西即西之南,为明堂右个;西之中为总章太庙,西之南即南之西,为总章左个,西之北即北之西,为总章右个;北之中为玄堂太庙,北之东即东之北,为玄堂右个,北之西即西之北,为玄堂左个。中为太庙太室。凡四方之太庙异方所,其左右个,则青阳左个即玄堂之右个,青阳右个即明堂之左个,明堂右个即总章之左个,总章之右个乃玄堂之左个也。但随其时之方位开门耳。太庙太室,则每季十八日天子居正欤?古人制事多用井田遗意,此恐然也。"

[2] 鸾路,有虞氏之车,有鸾铃也。春言鸾,则夏秋冬皆鸾也。夏云朱,冬云玄,则春青秋白可知。仓,与苍同。马八尺以上为龙。服玉,冠冕之饰及佩也。麦以金王而生,火王而死,当属金,而郑云属木。兑为羊,当属金,而郑云火畜,皆不可晓。疏云:郑本《五行传》言之,然阴阳多涂,不可一定,故今于四时所食,及尟尝麦、雏尝黍之类,皆略之以俟知

者。疏以达者，春物将贯土而出，故器之刻镂者，使文理粗疏，直而通达也。○载，音戴。上“衣”，去声；下“衣”，如字。篇内并同。王，去声。

是月也，以立春。先立春三日，太史谒之天子曰：“某日立春，盛德在木。”天子乃齐。立春之日，天子亲帅三公、九卿、诸侯、大夫以迎春于东郊。还反，赏公、卿、大夫于朝。

命相布德和令，行庆施惠，下及兆民。庆赐遂行，毋有不当。[1]

[1] 谒，告也。春为生，天地生育之盛德在于木位也。迎春东郊，祭太皞、句芒也。后仿此推之。○疏曰：“节气有早晚，是月者，谓是月之气，不谓是月之日也。”○先，去声。齐，音斋。帅，入声。篇内并同。还，音旋。相，去声。当，去声。

乃命太史，守典奉法，司天日月星辰之行，宿离不贷，毋失经纪，以初为常。[1]

[1] 宿，犹止也。离，犹行也。言占候躔次，不可差贷。贷，与忒同。经纪者，天文进退迟速之度数也。初者，历家推步之旧法，以此为占候之常也。○离，去声。贷，音忒，后又音二，二音通用。

是月也，天子乃以元日祈谷于上帝。乃择元辰，天子亲载耒耜，措之于参保介之御间。帅三公、九卿、诸侯、大夫躬耕帝籍。天子三推，三公五推，卿、诸侯九推。反，执爵于太寝；三公、九卿、诸侯、大夫皆御，命曰劳酒。[1]

[1] 元日，上辛也。郊祭天而配以后稷，为祈谷也。元辰，郊后吉日也。日以干言，辰以支言，互文也。参，参乘之人也。保介，衣甲也，以勇士为车右而衣甲。御者，御车之人也。车右及御人皆是参乘，天子在左，

御者居中，车右在右，以三人故曰参也。置此耕器于参乘保介及御者之间。天子籍田千亩，收其谷为祭祀之粢盛，故曰帝籍。九推之后，庶人终之。反而行燕礼，群臣皆侍，士贱不与耕，故亦不与劳酒之赐也。○帅，入声。推，吐回切。劳，去声。“为祈”为，去声。乘、衣，并去声。盛，平声。与，去声。

是月也，天气下降，地气上腾，天地和同，草木萌动。王命布农事，命田舍东郊，皆修封疆，审端径术。善相丘陵、阪险、原隰、土地所宜、五谷所殖，以教道民。必躬亲之。田事既饬，先定准直，农乃不惑。[1]

[1] 田，田畯也。舍，居也。天子命田畯居东郊以督耕者，皆使修理其封疆，谓井田之限域也。步道曰径。术，与“遂”同，田之沟洫也，审而端之，使无迂壅。封疆有界限，径术有阔狭，土地有高下，五种有宜否，皆须田畯躬亲教饬之，以定其准直，则农民无所疑惑也。○上，上声。术，音遂。相，去声。阪，音反。隰，音习。道，去声。畯，音俊。种，上声。

是月也，命乐正入学习舞。[1]乃修祭典，命祀山林川泽，牺牲毋用牝。[2]禁止伐木。[3]毋覆巢，毋杀孩虫、胎、夭、飞鸟，毋麛，毋卵。毋聚大众，毋置城郭。掩骼埋胔。[4]

[1] 教学者以习舞之事。

[2] 不欲伤其生育。

[3] 以盛德在木也。

[4] 孩虫，虫之稚者。胎，未生者。夭，方生者。飞鸟，初学飞之鸟。麛，兽子之通称。胔，骨之尚有肉者。○夭，乌老切。骼，音格。胔，音渍。

是月也，不可以称兵，称兵必天殃。兵戎不起，不可从我始。毋变天之道，毋绝地之理，毋乱人之纪。[1]

[1] 天地大德曰生。春者，生德之盛时也。兵，凶器。战，危事。不得已而御寇犹可也。兵自我起，以杀戮之心，逆生育之气，是变易天之生道，断绝地之生理，而紊乱生人之纪叙矣，其殃也宜哉？○断，上声。

孟春行夏令，则雨水不时，草木蚤落，国时有恐。[1]行秋令，[2]则其民大疫，猋风暴雨总至，藜莠蓬蒿并兴。[3]行冬令，[4]则水潦为败，雪霜大挚，首种不入。[5]

[1] 此巳火之气所泄也。言人君于孟春之月，而行孟夏之政令，则感召咎证如此，后皆仿此。○疏曰："孟月失令，则三时孟月之气乘之；仲月失令，则仲月之气乘之；季月失令，则季月之气乘之。所以然者，以同为孟仲季，气情相通。如其不和，则迭相乘之。"

[2] 谓孟秋之令。

[3] 此申金之气所伤也。《尔雅》"扶摇谓之猋风"，谓风之回转也。藜莠蓬蒿并兴者，以生气逆乱，故恶物乘之而茂也。○猋，音标。莠，音有。

[4] 谓孟冬之令。

[5] 此亥水之气所淫也。挚，伤折也，与挚兽鸷虫之义同。百谷惟稷先种，故云首种。○挚，音至。种，上声。

仲春之月，日在奎，昏弧中，旦建星中。[1]其日甲乙。其帝太皞，其神句芒。其虫鳞。其音角，律中夹钟。其数八。其味酸，其臭膻。其祀户，祭先脾。[2]

[1] 奎宿在戌，降娄之次。○疏曰："余月昏旦中星，皆举二十八宿。此云弧与建星者，以弧星近井，建星近斗，井斗度多星体广，不可的指，故

举弧、建以定昏旦之中。"

[2] 夹钟,卯律,长七寸二千一百八十七分寸之千七十五。

始雨水。桃始华。仓庚鸣,鹰化为鸠。[1]

[1] 此记卯月之候。仓庚,鹂黄也。鸠,布谷也。《王制》言"鸠化为鹰",秋时也。此言"鹰化为鸠",以生育气盛,故鸷鸟感之而变耳。孔氏云:"化者反归旧形之谓,故鹰化为鸠,鸠复化为鹰。如田鼠化为鴽,则鴽又化为田鼠。若腐草为萤,雉为蜃,爵为蛤,皆不言化,是不再复本形者也。"

天子居青阳太庙。乘鸾路,驾仓龙,载青旂。衣青衣,服仓玉。食麦与羊。其器疏以达。[1]

[1] 青阳太庙,东堂当太室。

是月也,安萌芽,养幼少,存诸孤。[1]择元日,命民社。[2]命有司省囹圄,去桎梏,毋肆掠,止狱讼。[3]

[1] 生气之可见者,莫先于草木,故首言之。安,谓无所摧折之也。存,亦安也。

[2] 令民祭社也。《郊特牲》言祭社用甲日,此言择元日,是又择甲日之善者欤?《召诰》社用戊日。

[3] 囹,牢也。圄,止也。疏云:"周曰圜土,殷曰羑里,夏曰钧台。囹圄,秦狱名也。在手曰梏,在足曰桎,皆木械。肆,陈尸也。掠,捶治也。止,谓谕使息争也。"〇省,息井切。囹圄,音零语。掠,音亮。

是月也,玄鸟至。至之日,以太牢祠于高禖,天子亲往,后妃帅九嫔御。乃礼天子所御,带以弓韣,授以弓矢,于高禖之前。[1]

[1] 玄鸟，燕也。燕以施生时，巢人堂宇而生乳，故以其至为祠禖祈嗣之候。高禖，先媒之神也。高者，尊之之称。变媒言禖，神之也。古有禖氏祓除之祀，位在南郊，禋祀上帝则亦配祭之，故又谓之郊禖。《诗》"天命玄鸟，降而生商"，但谓简狄以玄鸟至之时，祈于郊禖而生契，故本其为天所命，若自天而降下耳。郑注乃有堕卵吞孕之事，与《生民》诗注所言姜嫄履巨迹而生弃之事，皆怪妄不经，削之可也。后妃帅九嫔御者，从往而侍奉礼事也。礼天子所御者，祭毕而酌酒以饮其先所御幸而有娠者，显之以神赐也。韣，弓衣也。弓矢者，男子之事也，故以为祥。○禖，音梅。帅，音率。乳，去声。饮，去声。

是月也，日夜分，[1]雷乃发声，始电。蛰虫咸动，启户始出。[2]先雷三日，[3]奋木铎以令兆民曰："雷将发声，有不戒其容止者，生子不备，必有凶灾。"[4]日夜分，则同度量，钧衡石，角斗甬，正权概。[5]

[1] 昼夜各五十刻。

[2] 谓始穿其穴而出也。

[3] 以节气言，在春分前三日。○先，去声。

[4] 容止，犹言动静。不戒容止，谓房室之事，亵渎天威也。生子不备，谓形体有损缺。凶灾，谓父母。

[5] 丈尺曰度，斗斛曰量，称上曰衡，百二十斤为石。甬，斛也。权，称锤也。概，执以平量器者。同则齐其长短小大之制，钧则平其轻重之差，角则较其同异，正则矫其欺枉。

是月也，耕者少舍，乃修阖扇，寝庙毕备。毋作大事，以妨农之事。[1]是月也，毋竭川泽，毋漉陂池，毋焚山林。[2]天子乃鲜羔开冰，先荐寝庙。[3]

[1] 少舍,暂息也。门户之蔽,以木曰阖,以竹苇曰扇。凡庙,前曰庙,后曰寝,寝是衣冠所藏之处。大事,谓军旅之事。

[2] 漉,亦竭也。三者之禁,皆谓伤生意。○漉,音鹿。

[3] 古者日在虚,则藏冰,至此仲春则献羔以祭司寒之神而开冰。先荐寝庙者,不敢以人之余奉神也。○鲜,音献。

上丁,[1]命乐正习舞释菜。天子乃帅三公、九卿、诸侯、大夫亲往视之。仲丁,又命乐正入学习乐。[2]

[1] 此月上旬之丁,日必用丁者,以先庚三日、后甲三日也。

[2] 乐正,乐官之长也。习舞释菜,谓将教习舞者,则先以释菜之礼告先师也。

是月也,祀不用牺牲,用圭璧,更皮币。[1]

[1] 不用牲,谓祈祷小祀耳。如大牢祀高禖,乃大典礼,不在此限。稍重者用圭璧,稍轻者则以皮币更易之也。○更,平声。大,音泰。

仲春行秋令,则其国大水,寒气总至,寇戎来征。[1]行冬令,则阳气不胜,麦乃不熟,民多相掠。[2]行夏令,则国乃大旱,暖气早来,虫螟为害。[3]

[1] 酉金之气所伤也。

[2] 子水之气所淫也。○掠,音亮。

[3] 午火之气所泄也。螟,食苗心者。

季春之月,日在胃,昏七星中,旦牵牛中。[1]其日甲乙。其帝太皞,其神句芒。其虫鳞。其音角,律中姑洗。其数八。其味酸,其臭膻。其祀户,祭先脾。[2]

[1] 胃宿在酉，大梁之次也。七星，二十八宿之星宿也。

[2] 姑洗，辰律，长七寸九分寸之一。○洗，苏典切。

桐始华，田鼠化为鴽，虹始见，萍始生。[1]

[1] 此记辰月之候。鴽，鹑鹌之属。○鴽，音如。见，音现。

天子居青阳右个。乘鸾路，驾仓龙，载青旂。衣青衣，服仓玉。食麦与羊。其器疏以达。[1]

[1] 青阳右个，东堂南偏。

是月也，天子乃荐鞠衣于先帝。[1]命舟牧覆舟，五覆五反，乃告舟备具于天子焉。天子始乘舟。荐鲔于寝庙，乃为麦祈食。[2]

[1] 鞠衣，衣色如鞠花之黄也。注云黄桑之服者，色如鞠尘，象桑叶始生之色也。鞠字，一音去六反。先帝，先代木德之君，荐此衣于神坐，以祈蚕事。

[2] 舟牧，主乘舟之官。五覆五反，所以详视其罅漏倾侧之处也。因荐鲔，并祈麦实。○鲔，音伟。为，去声。

是月也，生气方盛，阳气发泄，句者毕出，萌者尽达，不可以内。[1]天子布德行惠，命有司发仓廪，赐贫穷，振乏绝；开府库，出币帛，周天下；勉诸侯，聘名士，礼贤者。[2]

[1] 句，屈生者。萌，直生者。不可以内，言当施散恩惠，以顺生道之宣泄，不宜吝啬闭藏也。○句，音勾。

[2] 长无谓之贫穷，暂无谓之乏绝。振，犹救也。周，济其不足也。在内则命有司奉行，在外则勉诸侯奉行，皆天子之德惠也。

是月也，命司空曰：“时雨将降，下水上腾。循行国邑，周视原野，修利堤防，道达沟渎，开通道路，毋有障塞。[1]田猎罝、罘、罗、网、毕、翳、喂兽之药，毋出九门。”[2]

[1] 司空掌邦土，此皆其职也。○上，上声。行，去声。道，去声。塞，入声。

[2] 罝、罘，皆捕兽之罟；罗、网，皆捕鸟之罟。小网长柄谓之毕，以其似毕星之形，故名，用以掩兔也。翳，射者用以自隐也。喂，啗之也。药，毒药也。七物皆不得施用于外，以其逆生道也。路门、应门、雉门、库门、皋门、城门、近郊门、远郊门、关门，凡九门也。○罝，音嗟。罘，音浮。翳，音曀。喂，音伪。应，去声。

是月也，命野虞毋伐桑柘。鸣鸠拂其羽，戴胜降于桑，具曲、植、籧、筐。[1]后妃齐戒，亲东乡躬桑，禁妇女毋观，省妇使，以劝蚕事。[2]蚕事既登，分茧、称丝效功，以共郊庙之服，毋有敢惰。[3]

[1] 野虞，主田及山林之官。拂羽，飞而翼拍身也。戴胜，织纴之鸟，一名戴鵀，鵀即头上胜也。此时恒在桑，言降者，重之若自天而下也。曲，薄也。植，槌也，所以架曲与篷筐者。籧圆而筐方。○植，言治。籧，音举。槌，直类切。

[2] 东乡，迎时气也。躬桑，亲自采桑也。禁妇女毋观者，禁止妇女，使不得为容观之饰也。省妇使者，减省其针线缝制之事也。此二者，皆为劝勉之，使尽力于蚕事也。○齐，音斋。乡，去声。观，去声。

[3] 登，成也。分茧，分布于众妇之缫者。称丝效功，以多寡为功之上下。○共，音供。

是月也，命工师令百工审五库之量：金、铁、皮、革、筋、角、齿、羽、箭、干、脂、胶、丹、漆，毋或不良。[1]百工咸理，监工日号："毋悖于时，毋或作为淫巧以荡上心！"[2]

[1] 工师，百工之长也。五库者：金、铁为一库，皮、革、筋为一库，角、齿为一库，羽、箭、干为一库，脂、胶、丹、漆为一库。视诸物之善恶皆有旧法，谓之量。一说多寡之数也。审而察之，故云审五库之量也。干者，诸器所用之木材也。○量，去声。

[2] 此时百工皆各理治其造作之事，工师监临之，每日号令，必以二事为戒：一是造作器物，不得悖逆时序。如为弓，必春液角，夏治筋，秋合三材，寒定体之类是也。二是不得为淫过奇巧之器，以摇动君心，使生奢侈也。○监，平声。

是月之末，择吉日，大合乐，天子乃帅三公、九卿、诸侯、大夫亲往视之。[1]

[1] 郑氏曰："其礼亡。"

是月也，乃合累牛腾马，游牝于牧。牺牲、驹、犊，举书其数。[1]命国难，九门磔攘，以毕春气。[2]

[1] 春阳既盛，物皆产育，故合其累系之牛，腾跃之马，而游纵之，使牡者就牝者于刍牧之地，欲其孳生之蕃也。若其中牺牲之用者，及马之驹，牛之犊，皆书其数者，以备稽校多寡也。○累，平声。中，去声。

[2] 难之事，在《周官》则方相氏掌之。裂牲谓之磔，除祸谓之攘。春者阴气之终，故磔攘以终毕厉气也。旧说：大陵八星在胃北，主死丧；昂中有大陵积尸之气，气佚则厉鬼随之而行。此月初日在胃，从胃历昂，故驱疫之事，当于此时行之也。九门，说见上章。○难，音那。磔，音责。篇内并同。

季春行冬令，则寒气时发，草木皆肃，国有大恐。[1]行夏令，则民多疾疫，时雨不降，山林不收。[2]行秋令，则天多沉阴，淫雨蚤降，兵革并起。[3]

[1] 丑土之气所应也。肃者，枝叶减缩而急栗也。大恐，讹言相惊动也。旧说：孟春有恐，是火讹，以其行夏令也。此行冬令，当致水讹，汉王商尝止之矣。

[2] 未土之气所应也。

[3] 戌土之气所应也。不收，谓无所成遂也。

孟夏之月，日在毕，昏翼中，旦婺女中。[1]其日丙丁。其帝炎帝，[2]其神祝融。[3]其虫羽。其音徵，律中中吕。其数七。其味苦，其臭焦。其祀灶，祭先肺。[4]

[1] 毕宿在申，实沉之次。

[2] 炎帝，大庭氏，即神农也，赤精之君。

[3] 颛顼氏之子，名黎，火官之臣。

[4] 羽虫，飞鸟之属。徵音属火。中吕，巳律，长六寸万九千六百八十三分寸之万二千九百七十四。地二生火，天七成之。七者，火之成数也。苦、焦，皆火属。夏祭灶，火之养人者也。祭先肺，火克金也。○蔡邕《独断》曰："灶，夏为太阳，其气长养。祀灶之礼，在庙门外之东。先席于门奥，面东，设主于灶陉也。"○徵，音止，篇内并同。上"中"，音众；下"中"，音仲。

蝼蝈鸣，蚯蚓出，王瓜生，苦菜秀。[1]

[1] 此记巳月之候。王瓜，注云萆挈，《本草》作菝葜，音同。谓之瓜者，以根之似也，亦可酿酒。○朱氏曰："王瓜色赤，感火之色而生。苦菜味苦，感火之味而成。"○萆，扶历切。菝，步末切。

天子居明堂左个；[1]乘朱路，驾赤骝，载赤旂；衣朱衣，服赤玉；食菽与鸡。其器高以粗。[2]

[1] 太寝南堂东偏。

[2] 骝，马名。色浅者赤，色深者朱，用器高而粗大，象物之盛长也。〇骝，音留。衣，音见孟春。

是月也，以立夏。先立夏三日，太史谒之天子曰："某日立夏，盛德在火。"天子乃齐。立夏之日，天子亲帅三公、九卿、大夫以迎夏于南郊。还反，行赏，封诸侯，庆赐遂行，无不欣说。[1]

[1] 立春言诸侯大夫，而此不言诸侯者，或在或否，不可必同，故略之也。迎夏南郊，祭炎帝祝融也。〇先，去声。齐，音斋。还，音旋。说，音悦。

乃命乐师习合礼乐，[1]命太尉赞桀俊，遂贤良，举长大，行爵出禄，必当其位。[2]是月也，继长增高，毋有坏堕。毋起土功，毋发大众，毋伐大树。[3]是月也，天子始絺。[4]命野虞出行田原，为天子劳农劝民，毋或失时。[5]命司徒循行县鄙，命农勉作，毋休于都。[6]是月也，驱兽毋害五谷，毋大田猎。[7]农乃登麦。天子乃以彘尝麦，先荐寝庙。[8]是月也，聚畜百药。靡草死，麦秋至。[9]断薄刑，决小罪，出轻系。[10]蚕事毕，后妃献茧，乃收茧税，以桑为均，贵贱长幼如一，以给郊庙之服。[11]

[1] 以将饮酎故也。

[2] 太尉，秦官也。桀俊，以才言。赞，则引而升之之谓。贤良，以德言。遂，谓使之得行其志也。长大，以力言，《王制》言"执技论力"。举，谓选而用之也。当其位者，爵必当有德之位，禄必当有功之位也。〇

当，去声。

[3] 长者继之而使益长，高者增之而使益高。坏堕则伤已成之气。起土功，发大众，皆妨蚕农之事，故禁止之。伐树，则伤条达之气，故亦在所禁。一说伐大木，谓营宫室。○坏，音怪。堕，许规切。

[4] 絺，葛布之细者。

[5] 失时，谓失农时。○行、为、劳，并去声。

[6] 勉其兴作于田野之内，禁其休息于都邑之间，皆恐其失农时也。○行，去声。

[7] 夏猎曰苗，正为驱兽之害禾苗者耳，与三时之大猎自不同。

[8] 登，升之于场也。

[9] 聚药，以供医事也。靡草，草之枝叶靡细者，阴类，阳盛则死。秋者，百谷成熟之期，此于时虽夏，于麦则秋，故云麦秋也。

[10] 刑者，上之所施；罪者，下之所犯。断者，定其轻重而施刑也。决，如决水之决，谓人以小罪相告者，即决遣之，不收系也。其有轻罪而在系者，则直纵出之也。○断，丁玩切。

[11] 后妃献茧，谓后妃受内命妇之献茧也。收茧税者，外命妇养蚕，亦用国北近郊之公桑。近郊之税十一，故亦税其茧十之一，其余入己而为其夫造祭服。一说，再命受服，服者公家所给，故税其十一者，为给其夫祭服也。受桑多则税茧多，少则税亦少，皆以桑为均齐也。贵，谓卿大夫之妻；贱，谓士妻。长幼，妇之老少也。如一，皆税十一也。郊庙之服，天子祭服也。

是月也，天子饮酎，用礼乐。[1]

[1] 重酿之酒名之曰酎，稠醲之义也。春而造，至此始成。用礼乐而饮之，盖盛会也。○酎，直又切。重，平声。

孟夏行秋令，则苦雨数来，五谷不滋，四鄙入保。[1]行冬令，则草木蚤枯，后乃大水，败其城郭。[2]行春令，则蝗虫为灾，暴风来格，秀草不实。[3]

[1] 申金之气所泄也。〇数，音朔。

[2] 亥水之气所伤也。

[3] 寅木之气所淫也。以孟夏之月，而行孟秋、孟冬、孟春之令，故感召灾异如此。四鄙，四面边鄙之邑也。保，与堡同，小城也。入保，入而依以为安也。格，致也。

仲夏之月，日在东井，昏亢中，旦危中。[1]其日丙丁。其帝炎帝，其神祝融。其虫羽。其音徵，律中蕤宾。其数七。其味苦，其臭焦。其祀灶，祭先肺。[2]

[1] 东井在未，鹑首之次。〇亢，音刚。

[2] 蕤宾，午律，长六寸八十一分寸之二十六。

小暑至，螳蜋生，鵙始鸣，反舌无声。[1]

[1] 此记午月之候。小暑，暑气未盛也。螳蜋，一名蚚父，一名天马，言其飞捷如马也。鵙，博劳也。反舌，百舌鸟。凡物皆禀阴阳之气而成质，其阴类者宜阴时，阳类者宜阳时，得时则兴，背时则废。疏又以反舌为虾蟆，未知是否。〇鵙，古役切。蚚，巨衣切。背，音佩。

天子居明堂太庙，乘朱路，驾赤骝，载赤旂。衣朱衣，服赤玉。食菽与鸡。其器高以粗。[1]养壮佼。[2]

[1] 明堂太庙，南堂当太室也。

[2] 壮，谓容体硕大者。佼，谓形容佼好者，择此类而养之，亦顺长养之令。〇佼，音绞。

是月也，命乐师修鞀、鞞、鼓，均琴、瑟、管、箫，执干、戚、戈、羽，调竽、笙、篪、簧，饬钟、磬、柷、敔。[1]

[1] 凡十九物，皆乐器也。鞀、鞞、鼓三者，皆革音。鞀，即鼗也。鞞，所以裨助鼓节。琴瑟，皆丝音。管箫，皆竹音。管，如篴而小。干、戚、戈、羽，皆舞器。干，盾；戚，斧也。竽、笙、篪，皆竹音。竽三十六簧，笙十三簧；篪即篪也，长尺四寸。簧，笙之舌，盖管中之金薄鍱也。竽、笙、篪三者，皆有簧也。钟，金音；磬，石音；柷、敔，皆木音。柷，如漆桶；敔，状如伏虎。柷以合乐之始，敔以节乐之终。修者，理其弊；均者，平其声；执者，操持习学；调者，调和音曲；饬者，整治之也。以将用盛乐雩祀，故谨备之。○鞀，音逃。鞞，骈迷切。篪，音池。柷，昌六切。敔，音语。操、治，并平声。

命有司为民祈祀山川百源，大雩帝，用盛乐；[1]乃命百县雩祀百辟卿士有益于民者，以祈谷实。[2]

[1] 山者，水之源，将欲祷雨，故先祭其本源。三王祭川，先河后海，示重本也。雩者，吁嗟其声以求雨之祭。《周礼·女巫》“凡邦之太烖，歌哭而请”，亦其义也。帝者，天之主宰。盛乐，即鞀、鞞以下十九物并奏之也。○为，去声。

[2] 百县，畿内之邑也。百辟卿士，谓古者上公句龙、后稷之类。○句，音勾。

是月也，农乃登黍。天子乃以雏尝黍，羞以含桃，先荐寝庙。[1]

[1] 今用登麦谷例，移“农乃登黍”四字在“是月也”之下。旧注以《内则》之“雏”为小鸟，此“雏”为鸡，未详孰是。含桃，樱桃也。

令民毋艾蓝以染，[1]毋烧灰，[2]毋暴布。[3]门闾毋闭，[4]

关市毋索。[5]挺重囚,益其食。[6]

[1] 蓝之色青,青者,赤之母。刈之亦是伤时气。〇艾,音刈。

[2] 火之灭者为灰,禁之亦为伤火气也。

[3] 暴,暴之于日也。布者,阴功所成,不可以小功干盛阳也。〇暴,入声。

[4] 一则顺时气之宣通,一则使暑气之宣散。

[5] 索者,搜索商旅匿税之物。盖当时气盛大之际,人君亦当体之而行宽大之政也。〇索,音色。

[6] 挺者,拔出之义。重囚禁系严密,故特加宽假,轻囚则不如是。益其食者,加其养也。

游牝别群,则絷腾驹,班马政。[1]

[1] 季春游牝于牧,至此妊孕已遂,故不使同群。拘絷腾跃之驹者,止其踶啮也。班,布也。马政,养马之政令也,《周礼》圉人、圉师所掌。〇别,必列切。絷,音执。踶,音递。

是月也,日长至,阴阳争,死生分。[1]君子齐戒,处必掩身,毋躁。止声色,毋或进。薄滋味,毋致和。节耆欲,定心气。[2]百官静,事毋刑,以定晏阴之所成。[3]

[1] 至,犹极也。夏至日长之极,阳尽午中,而微阴眇重渊矣。此阴阳争辨之际也。物之感阳气而方长者生,感阴气而已成者死,此死生分判之际也。〇重,平声。

[2] 齐戒以定其心,掩蔽以防其身。毋或轻躁于举动,毋或御进于声色。薄其调和之滋味,节其诸事之爱欲,凡以定心气而备阴疾也。〇齐,音斋。处,上声。和,去声。耆,音嗜。

[3] 刑,阴事也。举阴事,则是助阴抑阳,故百官府刑罚之事,皆止静而不行也。凡天地之气,顺则和,竞则逆,故能致灾咎。此阴阳相争之

时,故须如此谨备。晏,安也。阴道静,故云晏阴。及其定而至于成,则循序而往,不为灾矣。是以未定之前,诸事皆不可忽也。○晏,伊见切。

鹿角解,蝉始鸣,半夏生,木堇荣。[1]

[1] 此又言五月之候。解,脱也。○解,音骇。堇,音谨。

是月也,毋用火南方,[1]可以居高明,可以远眺望,可以升山林,可以处台榭。[2]

[1] 南方火位,又因其位而盛其用,则为微阴之害,故戒之。

[2] 凡此皆顺阳明之时。○处,上声。

仲夏行冬令,则雹冻伤谷,道路不通,暴兵来至。[1]行春令,则五谷晚熟,百螣时起,其国乃饥。[2]行秋令,则草木零落,果实早成,民殃于疫。[3]

[1] 子水之气所伤也。

[2] 卯木之气所淫也。○螣,音特。

[3] 酉金之气所泄也。螣,食苗叶之虫也。百螣者,言害稼之虫非一类。

季夏之月,日在柳,昏火中,旦奎中。[1]其日丙丁。其帝炎帝,其神祝融。其虫羽。其音徵,律中林钟。其数七。其味苦,其臭焦。其祀灶,祭先肺。[2]

[1] 柳宿在午,鹑火之次也。火,大火心宿。

[2] 林钟,未律,长六寸。

温风始至,蟋蟀居壁,鹰乃学习,腐草为萤。[1]

[1] 此记未月之候。至，极也。蟋蟀生于土中，此时羽翼犹未能远飞，但居其穴之壁，至七月则能远飞而在野矣。学习，雏学数飞也。腐草得暑湿之气，故变而为萤。〇朱氏曰："温风，温厚之极；凉风，严凝之始。腐草为萤，离明之极。故幽类化为明类也。"〇数，音朔。

天子居明堂右个。乘朱路，驾赤骝，载赤旂。衣朱衣，服赤玉。食菽与鸡。其器高以粗。[1]命渔师伐蛟、取鼍、登龟、取鼋。[2]命泽人纳材苇。[3]

[1] 明堂右个，南堂西偏也。

[2] 蛟言伐，以其暴恶不易攻取也。龟言登，尊异之也。鼍鼋言取，易而贱之也。

[3] 薄苇之属生于泽中而可为用器，故曰材。泽人纳之，职也。此皆烦细之事，非专一月所为，故不以是月起之。

是月也，命四监大合百县之秩刍，以养牺牲。令民无不咸出其力，以共皇天上帝、名山大川、四方之神，以祠宗庙、社稷之灵，以为民祈福。[1]

[1] 四监，即《周官》山虞、泽虞、林衡、川衡之官也。前言百县，兼内外而言，此百县，乡遂之地也。秩，常也。敛此刍为养牺牲之用，各有常数，故云秩刍也。〇共，音供，为，去声。

是月也，命妇官染采，黼、黻、文、章，必以法故，无或差贷。黑、黄、仓、赤，莫不质良，毋敢诈伪。以给郊庙祭祀之服，以为旗章，以别贵贱等给之度。[1]

[1]《周礼》典妇功、典枲、染人等，皆妇官，此指染人也。白与黑谓之黼，黑与青谓之黻，青与赤谓之文，赤与白谓之章。染造必用旧法故

事,毋得有参差贷变,皆欲质正良善也。旗,旌旂也。章者,画其象以别名位也,详见《春官·司常》。○石梁王氏曰:“给,当为级。”○贷,音二。

是月也,树木方盛。命虞人入山行木,毋有斩伐。[1]不可以兴土功,不可以合诸侯,不可以起兵动众。毋举大事,以摇养气,毋发令而待,以妨神农之事也。水潦盛昌,神农将持功,举大事,则有天殃。[2]

[1] 以其方盛故也。○行,去声。

[2] 大事,即兴土功、合诸侯、起兵动众之事。摇养气,谓动散长养之气也。发令而待,谓未及徭役之期,而豫发召役之令,使民废己事,而待上之会期也。神农,农之神也。季夏属中央土,土神得位用事之时。谓之神农者,土神主成就农事也。东井主水,在未,故未月为水潦盛昌之月。此时神农将主持稼穑之功,举大事而伤其功,则是干造化施生之道矣,故有天殃也。

是月也,土润溽暑,大雨时行,烧薙行水,利以杀草,如以热汤。可以粪田畴,可以美土疆。[1]

[1] 溽,湿也。土之气润,故蒸郁而为湿暑。大雨亦以之而时行,皆东井之所主也。除草之法,先芟薙之,俟干则烧之。烧薙者,烧所薙之草也。大雨既行于所烧之地,则草不复生矣,故云利以杀草。时暑日烈,其水之热如汤。草之烧烂者,可以为田畴之粪,可以使土疆之美。凡土之磊块难耕者谓之疆。○薙,音替。疆,其两切。

季夏行春令,则谷实鲜落。[1]国多风欬,[2]民乃迁徙。[3]行秋令,则丘隰水潦,禾稼不熟,乃多女灾。[4]行冬令,则风寒不时,鹰隼蚤鸷,四鄙入保,[5]

[1] 鲜洁而堕落也。○鲜，音仙。

[2] 风欬，因风而致欬疾也。○欬，苦代切。

[3] 辰土之气所应也。

[4] 妊孕多败，戌土之气所应也。

[5] 丑土之气所应也。○隼，音笋。

中央土，[1]其日戊己，[2]其帝黄帝，[3]其神后土。[4]其虫倮。[5]其音宫，律中黄钟之宫。[6]其数五。[7]其味甘，其臭香。[8]其祀中霤，祭先心。[9]

[1] 土寄旺四时各十八日，共七十二日。除此，则木、火、金、水亦各七十二日矣。土于四时无乎不在，故无定位，无专气，而寄旺于辰、戌、丑、未之末。未月在火、金之间，又居一岁之中，故特揭中央土一令于此，此成五行之序焉。

[2] 戊己，十干之中。

[3] 黄精之君，轩辕氏也。

[4] 土官之臣，颛顼氏之子黎也。句龙初为后土，后祀以为社，后土官阙，黎虽火官，实兼后土也。旧说如此。

[5] 人为倮虫之长。郑氏以为虎豹之属。○倮，力果切。

[6] 宫音属土，又为君，故配之中央。黄钟本十一月律，诸律皆有宫音，而黄钟之宫，乃八十四调之首，其声最尊而大，余音皆自此起，如土为木火金水之根本，故以配中央之土。土寄旺于四时，宫音亦冠于十二律，非如十二月以候气言也。○调、冠，并去声。

[7] 天五生土，地十成之，四时皆举成数。此独举生数者，四时之物，无土不成，而土之成数，又积水一、火二、木三、金四以成十也。四者成，则土无不成矣。

[8] 甘、香皆属土。

[9] 古者陶复陶穴，皆开其上以漏光明，故雨霤之。后因名室中为

中霤，亦土神也。祭先心者，心居中，君之象，又火生土也。〇蔡邕《独断》曰："季夏土气始盛，其祀中霤。霤神在室，祀中霤，设主于牖下。"

天子居太庙太室。[1]乘大路，驾黄骝，载黄旂。衣黄衣，服黄玉。食稷与牛。其器圜以闳。[2]

[1] 中央之室也。

[2] 圜者，象土之周帀四时。闳者，宽广之义，象土之容物也。〇圜，音圆。

孟秋之月，日在翼，昏建星中，旦毕中。[1]其日庚辛。其帝少皞，其神蓐收。其虫毛，其音商，律中夷则。其数九。其味辛，其臭腥。其祀门，祭先肝。[2]

[1] 翼宿在巳，鹑尾之次。建星说见仲春。

[2] 少皞，白精之君，金天氏也。蓐收，金官之臣，少皞氏之子该也。夷则，申律，长五寸七百二十九分寸之四百五十一。九，金之成数也。辛、腥皆属金。秋，阴气出，故祀门。祭先肝，金克木也。〇蔡邕《独断》曰："门，秋为少阴，其气收成，祀之于门。祀门之礼，北面设主于门左枢。"

凉风至，白露降，寒蝉鸣，鹰乃祭鸟，用始行戮。[1]

[1] 此记申月之候。鹰欲食鸟之时，先杀鸟而不食，似人之食而祭先代为食之人也。用始行戮，顺时令也。

天子居总章左个。[1]乘戎路，[2]驾白骆，[3]载白旂。衣白衣，服白玉。食麻与犬。其器廉以深。[4]

[1] 太寝西堂南偏。

[2] 兵车也。

[3] 白马黑鬣曰骆。

[4] 廉,棱角也,亦矩之义。深,则收藏之意。

是月也,以立秋。先立秋三日,太史谒之天子曰:“某日立秋,盛德在金。”天子乃齐。立秋之日,天子亲帅三公、九卿、诸侯、大夫以迎秋于西郊。还反,赏军帅武人于朝。天子乃命将帅选士厉兵,简练桀俊,专任有功,以征不义,诘诛暴慢,以明好恶,顺彼远方。[1]

[1] 简练,简择而练习之也。专任有功,谓大将有已试之功,乃使之专主其事也。诘者,问其罪;诛者,戮其人。残下谓之暴,慢上谓之慢。顺,服也。好恶明,则远方顺服。○先,去声。齐,音斋。帅,上入声,下二如字。还,音旋。朝,音潮。将,去声。好、恶,并去声。

是月也,命有司修法制,缮囹圄,具桎梏,禁止奸,慎罪邪,务搏执。[1]命理瞻伤、察创、视折、审断。决狱讼,必端平。戮有罪,严断刑。[2]天地始肃,不可以赢。[3]

[1] 缮,治也。奸在人心,故当有以禁止之。邪见于行,故慎以罪之。务,事也。搏,戮也。执,拘也。

[2] 理,治狱之官也。伤者,损皮肤;创者,损血肉;折者,损筋骨也。严者,谨重之意,非峻急之谓也。○创,平声。折,音哲。断,丁玩切。

[3] 朱氏曰:“阳道常饶,阴道常乏,故赞化者不可使阴气之赢也。”

是月也,农乃登谷。天子尝新,先荐寝庙。

命百官始收敛,完堤坊,谨壅塞,以备水潦。修宫室,坏垣墙,补城郭。[1]

[1] 所以为水潦之备者，以月建在酉，酉中有毕星，好雨也。○坊，音防。塞，入声。坏，音培。

是月也，毋以封诸侯、立大官；[1] 毋以割地、行大使、出大币。[2]

[1] 记者但知赏以春夏，刑以秋冬之意，不知古者尝祭之时，则有出田邑之制，故注谓禁封诸侯及割地，为失其义也。

[2] 以其违收敛之令也。○使，去声。

孟秋行冬令，则阴气大胜，介虫败谷，戎兵乃来。[1] 行春令，则其国乃旱。[2] 阳气复还，五谷无实。[3] 行夏令，则国多火灾，寒热不节，民多疟疾。[4]

[1] 此亥水之气所泄也。○大，音泰。

[2] 蟹有食稻者，谓之稻蟹，亦介虫败谷之类。寅中箕星，好风，能散云雨，故致旱。

[3] 寅木之气所损也。○复，扶又反。

[4] 巳火之气所伤也。

仲秋之月，日在角，昏牵牛中，旦觜觿中。[1] 其日庚辛。其帝少皞，其神蓐收。其虫毛。其音商，律中南吕。其数九。其味辛，其臭腥。其祀门，祭先肝。[2]

[1] 角在辰，寿星之次也。○觜，音兹。觿，音携。

[2] 南吕，酉律，长五寸三分寸之一。

盲风至，鸿雁来，玄鸟归，群鸟养羞。[1]

[1] 此记酉月之候。盲风，疾风也。孟春言鸿雁来，自南而来北也；

此言来，自北而来南也。仲春言玄鸟至，此言归，明春来而秋去也。羞者，所美之食；养羞者，藏之以备冬月之养也。

天子居总章太庙。乘戎路，驾白骆，载白旂。衣白衣，服白玉。食麻与犬。其器廉以深。[1]

［1］总章太庙西堂当太室也。

是月也，养衰老，授几杖，行麋粥饮食。[1]

［1］月至四阴，阴已盛矣。时以阳衰阴盛为秋，人以阳衰阴盛为老。养衰老，顺时令也。几杖所以安其身，饮食所以养其体。行，犹赐也。麋，即粥也。

乃命司服，具饬衣裳，文绣有恒，制有小大，度有长短，衣服有量，必循其故。冠带有常。[1]

［1］司服，官名。具饬，条具而饬正之也。上曰衣，下曰裳，衣绘而裳绣，祭服之制也。有恒，有定制也。小大，小则玄冕之一章，大则衮冕之九章也。长短，谓衣长而裳短也。衣服，谓朝服、燕服及他服之当为寒备者也。各有剂量，必率循故法，不得更为新异也。冠与带亦各有常制，因造衣，并作之。

乃命有司申严百刑，斩杀必当，毋或枉桡。枉桡不当，反受其殃。[1]

［1］刑罚之令，前月已行，此月又申戒之也。枉、桡，皆屈曲之义，谓不申正理，而违法断之以逆理，故必反受殃祸也。○当，去声。桡，女教切。

是月也，乃命宰祝，循行牺牲，视全具；案刍豢，瞻肥瘠；察物色，必比类；量小大，视长短，皆中度。五者备当，上帝其飨。[1]

[1] 宰，主牲者。祝，告神者。全，谓色不杂；具，谓体无损也。养牛羊曰刍，养犬豕曰豢。得其养则肥，失其养则瘠。物色或骍或黝，阳祀用骍牲，阴祀用黝牲。比类者，比附阴阳之类而用之也。小大以体言，长短以角言，皆欲中法度也。所视、所案、所瞻、所察、所量，五者悉备而当于事，上帝且歆飨之矣，况群神乎？〇行、中、当，并去声。

天子乃难，以达秋气。以犬尝麻，先荐寝庙。[1]

[1] 季春命国难以毕春气，此独言天子难者，此为除过时之阳暑。阳者君象，故诸侯以下，不得难也。暑气退，则秋之凉气通达，故云以达秋气也。〇为，去声。

是月也，可以筑城郭，建都邑，穿窦窖，修囷仓。[1]乃命有司趋民收敛，务畜菜，多积聚。[2]乃劝种麦，毋或失时；其有失时，行罪无疑。[3]

[1] 四者皆为敛藏之备。穿地，圆曰窦，方曰窖。〇窖，音教。

[2] 孟秋已有收敛之命矣，此又趋之，以时不可缓故也。菜所以助谷之不足，故蓄之为备。多积聚者，凡可为岁备者，无不贮储也。〇趋，音促。畜，音蓄。积，音恣。

[3] 麦所以续旧谷之尽，而及新谷之登，尤利于民，故特劝种而罚其惰者。

是月也，日夜分，雷始收声，蛰虫坏户。杀气浸盛，阳气日衰，水始涸。[1]

[1] 坏，益其蛰穴之户，使通明处稍小，至寒甚乃墐塞之也。水本气之所为，春夏气至，故长；秋冬气返，故涸也。

日夜分，则同度、量，平权、衡，正钧、石，角斗、甬。[1]是月也，易关市，来商旅，纳货贿，以便民事。四方来集，远乡皆至，则财不匮，上无乏用，百事乃遂。[2]

[1] 此与仲春同。

[2] 朱氏曰："关者，货之所入；市者，货之所聚。易，谓无重征以致其难也。易关市，所以来商旅。货，谓化之以为利。贿，谓有之以为利。来商旅，所以纳货贿也。凡此皆以便民用也，四方散而不一，故言来集。远乡邈而在外，故言皆至。此言贡赋职修也。财所以待用，财不匮，则无乏用也；用所以作事，无乏用，则事皆遂也。"○易，去声。

凡举大事，毋逆大数，必顺其时，慎因其类。[1]

[1] 大事，如土功徭役、合诸侯、举兵众之事，皆不可悖阴阳之大数。因，犹依也，如庆赏者乃发生之类，刑罚者乃肃杀之类，必顺时令而谨依其类以行之也。

仲秋行春令，则秋雨不降，草木生荣，国乃有恐。[1]行夏令，则其国乃旱，蛰虫不藏，五谷复生。[2]行冬令，则风灾数起，收雷先行，草木蚤死。[3]

[1] 卯木之气所应也。卯中有房心，心为大火，故不雨，且有火讹之惊恐也。

[2] 午火之气所伤也。○复，扶又切。

[3] 子水之气所泄也。收雷，收声之雷也。先行，先期而动也。○数，音朔。

季秋之月，日在房，昏虚中，旦柳中。[1]其日庚辛。其帝少皞，其神蓐收。其虫毛。其音商，律中无射。其数九。其味辛，其臭腥。其祀门，祭先肝。[2]

[1] 房在卯，大火之次也。

[2] 无射，戌律，长四寸六千五百六十一分寸之六千五百二十四。○射，音亦。

鸿雁来宾，爵入大水为蛤，鞠有黄华，豺乃祭兽戮禽。[1]

[1] 此记戌月之候。雁以仲秋先至者为主，季秋后至者为宾，如先登者为主人，从之以登者为客也。爵为蛤，飞物化为潜物也。鞠色不一，而专言黄者，秋令在金，金自有五色，而黄为贵，故鞠色以黄为正也。祭兽者，祭之于天；戮禽者，杀之以食也。禽者，鸟兽之总名。鸟不可曰兽，兽亦可曰禽，故鹦鹉不曰兽，而猩猩通曰禽也。○蛤，古答切。华，音花。

天子居总章右个。乘戎路，驾白骆，载白旂。衣白衣，服白玉。食麻与犬。其器廉也深。[1]

[1] 总章右个，西堂北偏也。

是月也，申严号令，命百官贵贱无不务内，以会天地之藏，无有宣出。[1]

[1] 务内，谓专务收敛诸物于内。会，合也，合天地闭藏之令也。宣出则悖时令。

乃命冢宰，农事备收，举五谷之要，藏帝籍之收于神仓，祗敬必饬。[1]

[1] 农事备收，百谷皆敛也。要者，租赋所入之数，籍田所收，归之

神仓，将以供粢盛也。祗，谓谨其事；敬，谓一其心；饬，谓致其力也。

是月也，霜始降，则百工休。乃命有司曰："寒气总至，民力不堪，其皆入室。"[1]

[1] 总至，凝聚而至也。

上丁，命乐正入学习吹。[1]是月也，大飨帝，句尝，句牺牲告备于天子。[2]

[1] 吹主乐声而言。〇吹，去声，篇内并同。

[2] 仲夏大雩，祈也；此月大飨，报也。飨、尝皆用牺牲。仲秋已视全具，至此则告备而后用焉。

合诸侯，制百县，为来岁受朔日，与诸侯所税于民轻重之法，贡职之数，以远近、土地所宜为度，以给郊庙之事，无有所私。[1]

[1] 石梁王氏曰："合诸侯制百县，注云'合诸侯制'绝句，不可从。"〇刘氏曰："合诸侯者，总命诸侯之国也。制，犹敕也。百县，诸侯所统之县也。天子总命诸侯，各敕百县，为来岁受朔日与税法贡数，各以道路远近、土地所宜为度，以给上之事而不可有私也。言郊庙者，举其重也。盖朔日与税贡等事，皆天子总命之诸侯，而诸侯颁之百县使奉行也。"旧说秦建亥，此月为岁终，故行此数事者得之。或疑是时秦未并天下，未有诸侯百县，此仍是古制。愚按吕不韦相秦十余年，此时已有必得天下之势，故大集群儒，损益先王之礼而作此书，名曰《春秋》，将欲为一代兴王之典礼也，故其间亦多有未见与礼经合者。又按昭襄王之时，封魏冉穰侯，公子市宛侯，悝邓侯。则分封诸侯行王者事久矣。不韦作相时，已灭东周君，六国削甚，秦已得天下大半，故其立制欲如此也。其后徙死，始皇并

天下，李斯作相，尽废先王之制，而《吕氏春秋》亦无用矣。故其书也，亦当时儒生学士有志者所为，犹能仿佛古制，故记礼者有取焉。○"为来"为，去声。

是月也，天子乃教于田猎，以习五戎，班马政。[1]命仆及七驺咸驾，载旌旐，授车以级，整设于屏外。司徒搢扑，北面誓之。[2]天子乃厉饰，执弓挟矢以猎。命主祠祭禽于四方。[3]

[1] 教于田猎，谓因猎而教之以战陈之事，习用弓矢、殳、矛、戈、戟之五兵。班布乘马之政令，其毛色之同异，力之强弱，各以类相从也。○陈，去声。

[2] 仆，戎仆也。天子马有六种，各一驺主之，并总主六驺者为七驺也。皆以马驾车，又载析羽之旌，龟蛇之旐。既毕而授车于乘者，以尊卑为等级，各使正其行列向背，而设于军门之屏外。于是司徒插扑于带，于陈前北面誓戒之，此时六军皆向南而陈也。扑，即夏楚二物也。《周礼》：戎仆中大夫二人。○种，上声。行，音杭。背，音佩。

[3] 天子戎服而严厉其威武之饰，亲用弓矢以杀禽兽，盖奉祭祀之物当亲杀也。猎竟，则命典祀之官取猎地所获之兽祭于郊，以报四方之神。禽者，兽之通名也。○挟，子协切。

是月也，草木黄落，乃伐薪为炭。[1]蛰虫咸俯在内，皆墐其户。[2]

[1] 备御寒也。

[2] 俯，垂头也。内，穴之深处也。墐，塞也。○墐，音觐。

乃趣狱刑，毋留有罪。[1]收禄秩之不当、供养之不宜者。[2]

[1] 刑于罪相得即决之，留而不决，亦悖时令也。○趣，音促。

[2] 收，如汉法收印绶之收，谓索之使还，各依本等禄秩。不当，谓不应得而恩命滥赐之者也。供养，膳服之具也，贵贱各有宜用。不宜，谓侈僭逾制者。此亦顺秋令之严肃也。○当、养，并去声。索，音色。

是月也，天子乃以犬尝稻，先荐寝庙。

季秋行夏令，则其国大水，[1]冬藏殃败，[2]民多鼽嚏。[3]行冬令，则国多盗贼，边竟不宁，土地分裂。[4]行春令，则暖风来至，民气解惰，师兴不居。[5]

[1] 未中东井主之。

[2] 窦窖之藏，为水所侵。

[3] 未土之气所应也。鼽者，气窒于鼻；嚏者，声发于口，皆肺疾。以夏火克金，故病此也。○鼽嚏，音求帝。

[4] 丑土之气所应也。裂，坼也。○竟，音境，篇内并同。

[5] 辰土之气所应也。不居，不得止息也。○解，音懈。

孟冬之月，日在尾，昏危中，旦七星中。[1]其日壬癸。其帝颛顼，其神玄冥。其虫介。其音羽，律中应钟。其数六。其味咸，其臭朽。其祀行，祭先肾。[2]

[1] 尾在寅，析木之次也。七星，见季春。

[2] 颛顼，黑精之君。玄冥，水官之臣。少皞氏之子曰修，曰熙，相代为水官。《左传》云“修及熙为玄冥”是也。介，甲也。介虫龟为长，水物也。羽音属水。应钟，亥律，长四寸二十七分寸之二十。水成数六。咸、朽，皆水属，水受恶秽，故有朽腐之气也。行者，道路往来之处，冬阴往而阳来，故祀行也。春夏秋，皆祭先所胜，冬当先心，以中央祭心，故但

祭所属。又以冬主静，不尚克制故也。〇蔡邕《独断》曰：“行，冬为太阴。盛寒为水，祀之于行，在庙门外之西。軷攘厚二尺，广五尺，轮四尺，北面设主于軷上。”〇应，去声。軷，音钹。

水始冰，地始冻，雉入大水为蜃，虹藏不见。[1]

[1] 此记亥月之候。蜃，蛟属，此亦飞物化潜物也。晋武库中忽有雉雊，张华曰：“此必蛇化为雉也。”开视雉侧，果有蛇蜕。类书有言雉与蛇交而生子，子必为蟂，不皆然也。然则雉之为蜃，理或有之。阴阳气交而为虹，此时阴阳极乎辨，故虹伏。虹非有质而曰藏，亦言其气之下伏耳。〇见，音现。蜕，音退，又音税。蟂，音枭。

天子居玄堂左个。[1]乘玄路，驾铁骊，[2]载玄旂。衣黑衣，[3]服玄玉。食黍与彘。其器闳以奄。[4]

[1] 北堂之西偏也。

[2] 铁色之马。

[3] 黑深而玄浅，如朱深而赤浅也。

[4] 闳者，中宽；奄者，上窄。

是月也，以立冬。先立冬三日，太史谒之天子曰：“某日立冬，盛德在水。”天子乃齐。立冬之日，天子亲帅三公、九卿、大夫，以迎冬于北郊。还反，赏死事，恤孤寡。[1]

[1] 死事，为国事而死也。孤寡，即死事者之妻子。不言诸侯，与夏同。

是月也，命太史衅龟筴，占兆，审卦吉凶。[1]

[1] 冯氏曰：“衅龟筴者，杀牲取血而涂龟与蓍筴也。古者器成而衅

以血，所以攘却不祥也。占兆者，玩龟书之繇文；审卦者，审《易》书之休咎。皆所以豫明其理而待用也。衅龟而占兆，衅筴而审卦吉凶，太史之职也。”〇繇，直又切。

是察阿党，则罪无有掩蔽。[1]

[1] 狱吏治狱，宁无阿私，必是正而省察之，庶几犯罪者不至掩蔽其曲直也。

是月也，天子始裘。[1]命有司曰："天气上腾，地气下降，天地不通，闭塞而成冬。"[2]命百官谨盖藏。命有司循行积聚，无有不敛。[3]

[1]《周礼》"季秋献功裘"，至此月乃衣之也。〇衣，去声。

[2] 不交则不通，不通则闭塞。〇上，上声。塞，入声。

[3] 申严仲秋积聚之令。〇行，去声。积，音渍。

坏城郭，戒门闾。修键闭，慎管籥。[1]固封疆，备边竟，完要塞，谨关梁，塞徯径。[2]

[1] 坏，补其缺薄处也。城郭欲其厚实，故言坏；门闾备御非常，故言戒。键，锁须也；闭，锁筒也。管籥，锁匙也。键闭或有破坏，故云修；管籥不可妄开，故云慎。〇键，音蹇。

[2] 要塞，边城要害处也。关，境上门。梁，桥也。徯径，野兽往来之路也。〇下塞，入声。

饬丧纪，辨衣裳，审棺椁之厚薄，茔丘垄之大小、高卑、厚薄之度，贵贱之等级。[1]

[1] 饬丧纪者，饬正丧事之纪律也，即辨衣裳以下诸事是已。上衰

下裳,以布之精粗为亲疏,故曰辨,亦谓袭敛之衣数多寡也。棺椁厚薄,有贵贱之等,茔有大小,丘垄有高卑,皆不可逾越。厚薄之度,主礼而言;贵贱之等级,主人而言。故总曰"审"。〇朱氏曰:"丧者人之终,冬者岁之终,故于此时而饬丧纪焉。"

是月也,命工师效功,陈祭器,按度程,毋或作为淫巧以荡上心,必功致为上。物勒工名以考其诚。功有不当,必行其罪,以穷其情。[1]

[1] 工师,百工之长。效,呈也。诸器皆成,独主祭器,祭器尊也。度,法也。程,式也。淫巧,指诸器而言。致,读为缀,谓功力密缀也。一读如字,亦通。勒,刻也。刻名于器,以考工人之诚伪也。行,犹治也。穷其情者,究诘其诈伪之情也。〇致,按《洪武正韵》引此文音治。当,去声。

是月也,大饮烝。[1]天子乃祈来年于天宗,大割祠于公社及门闾,腊先祖五祀。劳农以休息之。[2]

[1] 因烝祭而与群臣大为燕饮也。旧说:烝,升也。此乃飨礼,升牲体于俎上,谓之房烝。未知是否。

[2] 天宗,日月星辰也。割祠,割牲以祭也。社以上公配祭,故云公社,又祭及门闾之神也。腊之言猎,以田猎所获之物,而祭先祖及五祀之神,故曰腊也。又蔡邕云:夏曰清祀,殷曰嘉平,周曰蜡,秦曰腊。然《左传》言虞不腊,是周亦名腊也。劳农,即《周礼》党正属民饮酒之礼也。

天子乃命将帅讲武,习射御,角力。[1]

[1] 以仲冬大阅也。〇将,去声。

是月也，乃命水虞、渔师收水泉池泽之赋。毋或敢侵削众庶兆民，以为天子取怨于下。其有若此者，行罪无赦。[1]

[1] 水虞，泽虞也。渔师，渔人也。见《周礼》。水冬涸，故以冬时收赋。○为，去声。

孟冬行春令，则冻闭不密，地气上泄，民多流亡。[1]行夏令，则国多暴风，方冬不寒，蛰虫复出。[2]行秋令，则雪霜不时，小兵时起，土地侵削。[3]

[1] 寅木之气所泄也。○上，上声。

[2] 巳火之气所损也。○复，扶又切。

[3] 申金之气所淫也。

仲冬之月，日在斗，昏东辟中，旦轸中。[1]其日壬癸。其帝颛顼，其神玄冥。其虫介。其音羽，律中黄钟。其数六。其味咸，其臭朽。其祀行，祭先肾。[2]

[1] 斗在丑，星纪之次也。○辟，音璧。

[2] 黄钟，子律，长九寸。

冰益壮，地始坼，鹖旦不鸣，虎始交。[1]

[1] 此记子月之候。鹖旦，夜鸣求旦之鸟也。○坼，俗作拆，误。

天子居玄堂太庙。乘玄路，驾铁骊，载玄旂。衣黑衣，服玄玉。食黍与彘。其器闳以奄。[1]

[1] 玄堂太庙，北堂当太室也。

饬死事。[1]命有司曰："土事毋作，慎毋发盖，毋发室屋，及起大众，以固而闭。”[2] 地气沮泄，是谓发天地之房，诸蛰则死，民必疾疫，又随以丧。命之曰畅月。[3]

[1] 誓戒六军之士，以战陈当厉必死之志也。

[2] 顺闭藏之令，以安伏蛰之性也。固，坚也。而，犹其也。《周礼》仲冬教大阅，此言毋起大众，是诚吕氏之书矣。

[3] 沮者，坏散之义；因破坏而宣泄，故云沮泄也。天地之闭固气类，犹房室之安藏人也；若发散天地之所藏，则诸蛰皆死，是干犯阴阳之令，疾疫必为民灾，丧祸随之而见。一说：丧，读去声；谓民因避疾疫而逃亡也。畅月，未详。旧说：畅，充也，言所以不可发泄者，以此月万物皆充实于内故也。朱氏谓阳久屈而后伸，故云畅月也。未知孰是。○沮，上声。

是月也，令奄尹申宫令，审门闾，谨房室，必重闭。省妇事，毋得淫，虽有贵戚近习，毋有不禁。[1]

[1] 奄尹，群奄之长也。以其精气奄闭，故名阉人。宫令，宫中之政令也。重闭，内外皆闭也。减省妇人之事，务顺阴静也。淫，谓女功之过巧者。贵戚，天子之族姻。近习，其嬖幸者。

乃命大酋：秫稻必齐，曲糵必时，湛炽必洁，水泉必香，陶器必良，火齐必得。兼用六物，大酋监之，毋有差贷。[1]

[1] 大酋，酒官之长也。秫稻，酒材也。必齐，多寡中度也。必时，制造及时也。湛，渍而涤之也。炽，蒸炊也。必洁，无所污也。必香，无秽恶之气也。必良，无罅漏之失也。必得，适生熟之宜也。物，事也。六物，谓必齐以下六事。差贷，不中法式也。○酋，音揫。齐，上如字，下去声。湛，音尖。监，平声。贷，音二，坊本音忒，按《正韵》二音通用。中，去声。

天子命有司祈祀四海、大川、名源、渊泽、井泉。[1]是月也，农有不收藏积聚者，马牛畜兽有放佚者，取之不诘。[2]

[1] 冬令方中，水德至盛，故为民祈而祀之也。

[2] 取之不诘，罪在不收敛也。〇积，音渍。诘，起吉切。

山林薮泽，有能取蔬食，田猎禽兽者，野虞教道之。其有相侵夺者，罪之不赦。[1]

[1] 罪之不赦，恶其不相共利也。〇道，去声。恶，去声。

是月也，日短至，阴阳争，诸生荡。[1]君子齐戒，处必掩身。身欲宁，去声色，禁耆欲，安形性，事欲静，以待阴阳之所定。[2]

[1] 短至，短之极也。阴阳之争，与夏至同。诸生者，万物之生机也。荡者，动也。

[2] 此皆与夏至同，而有谨之至者：彼言"止声色"，而此言"去"；彼言"节耆欲"，而此言"禁"。盖仲夏之阴犹微而此时之阴犹盛。阴微，则盛阳未至于甚伤，阴盛则微阳当在于善保故也。

芸始生，荔挺出，蚯蚓结，麋角解，水泉动。[1]

[1] 此又言子月之候。芸与荔挺，皆香草。结，犹屈也。解，脱也。水者，天一之阳所生，阳生而动，言枯涸者渐滋发也。十二月惟子午之月，皆再记其候者，详于阴阳之萌也。

日短至，则伐木取竹箭。[1]是月也，可以罢官之无事，去器之无用者。[2]涂阙廷门闾，筑囹圄，此以助天地之闭藏也。

[1] 阴盛则材成，故伐而取之。大曰竹，小曰箭。

[2] 官以权宜而设，器以权宜而造，皆暂焉之事。此闭藏休息之时，故可罢去。

仲冬行夏令，则其国乃旱。[1]氛雾冥冥，[2]雷乃发声。[3]行秋令，则天时雨汁，瓜瓠不成。[4]国有大兵。[5]行春令，则蝗虫为败，水泉咸竭。[6]民多疥疠。[7]

[1] 火气乘之，应于来年。

[2] 亦火气所蒸。

[3] 阴不能固阳也，午火之气所克也。

[4] 雨雪杂下曰汁。〇雨，去声。汁，音执。

[5] 酉金之气所淫也。

[6] 卯中大火之所主也。

[7] 卯木之气所泄也。

季冬之月，日在婺女，昏娄中，旦氐中。[1]其日壬癸。其帝颛顼，其神玄冥。其虫介。其音羽，律中大吕。其数六。其味咸，其臭朽。其祀行，祭先肾。[2]

[1] 女在子，玄枵次也。〇枵，音嚣。

[2] 大吕，丑律，长八寸二百四十三分寸之百四。

雁北向，鹊始巢，雉雊，鸡乳。[1]

[1] 此记丑月之候。〇乡，去声。雊，古侯切。乳，去声。

天子居玄堂右个。乘玄路，驾铁骊，载玄旂。衣黑衣，服玄玉。食黍与彘。其器闳以奄。[1]

[1] 玄堂右个，北堂东偏也。

命有司大难，旁磔，出土牛以送寒气。[1]

[1] 季春惟国家之难，仲秋惟天子之难，此则下及庶人，又以阴气极盛，故云大难也。旁磔，谓四方之门皆披磔其牲，以攘除阴气，不但如季春之九门磔攘而已。旧说：此月日经虚危，司命二星在虚北，司禄二星在司命北，司危二星在司禄北，司中二星在司危北。此四司者，鬼官之长。又坟四星在危东南，坟墓四司之气，能为厉鬼，将来或为灾厉，故难磔以攘除之，事或然也。出，犹作也。月建丑，丑为牛，土能制水，故特作土牛以毕送寒气也。

征鸟厉疾。[1]乃毕山川之祀，及帝之大臣，天之神祇。[2]

[1] 征鸟，鹰隼之属，以其善击，故曰征。厉疾者，猛厉而迅疾也。

[2] 帝之大臣，谓五帝之佐，句芒、祝融之属也。孟冬言祈天宗，此或司中、司命、风师、雨师之属欤?

是月也，命渔师始渔，天子亲往。乃尝鱼，先荐寝庙。[1]

[1] 猎而亲杀为奉祭也，则渔而亲往，亦为荐先欤?

冰方盛，水泽腹坚。命取冰，冰以入。[1]

[1] 冰之初凝，惟水面而已，至此则彻上下皆凝，故云腹坚。腹，犹内也。藏冰正在此时，故命取冰。冰入，则阴事之终也。

令告民出五种。命农计耦耕事，修耒耜，具田器。[1]

[1] 冰入之后，大寒将退，令典农之官，告民出其所藏五谷之种，计度耦耕之事。耦，谓二人相偶也。揉木为耒，斫木为耜，今之耜以铁为之。田器，镃基之属，凡治田所用者也。此皆豫备东作之事，阳事之始也。○种，上声。度，入声。

命乐师大合吹而罢。[1]

[1] 郑氏曰："岁将终，与族人大饮作乐于大寝，以缀恩也。《王居明堂礼》：'季冬命国为酒以合三族。'"○疏曰："此用礼乐于族人最盛，后年季冬乃复如此作乐，以一年顿停，故云罢。"○吹，去声。

乃命四监收秩薪柴，以共郊庙及百祀之薪燎。[1]

[1] 四监，说见季夏。秩，常也，谓有常数也。大而可析者谓之薪，小而束者谓之柴。薪燎，炊爨及夜燎之用也。○共，音供。

是月也，日穷于次，月穷于纪，星回于天，数将几终，岁且更始。[1]专而农民，毋有所使。[2]天子乃与公卿大夫共饬国典，论时令，以待来岁之宜。[3]

[1] 日穷于次者，去年季冬次玄枵，至此穷尽，还次玄枵也。纪，会也。去年季冬，月与日相会于玄枵，至此穷尽，还复会于玄枵也。二十八宿随天而行，每日虽周天一匝，而早晚不同，至此月而复其故处，与去年季冬早晚相似，故云回于天也。几，近也，以去年季冬至今年季冬三百五十四日，未满三百六十五日，不为正终，故云几于终也。岁且更始者，所谓终则有始也。○几、更，并平声。

[2] 而，汝也。在上者当专一汝农之事，毋得徭役使之也。

[3] 朱氏曰："国典有常，饬之以应来岁之变；时令有序，论之以防来岁之差。岁既更始，故事亦有异宜者。"○共，如字。论，去声。应，去声。

乃命太史，次诸侯之列，赋之牺牲，以共皇天、上帝、社稷之飨。[1]乃命同姓之邦，共寝庙之刍豢。[2]命宰历卿大夫至于庶民土田之数，而赋牺牲，以共山林名川之祀。[3]凡在天下九州之民者，无不咸献其力，以共皇天、上帝、社稷、寝庙、山林、名川之祀。[4]

[1] 列，谓大小之等差也。○共，音供，下并同。差，楚宜切。

[2] 人本乎祖，故祖庙之牲，使同姓诸侯供之。

[3] 历者，序次其多寡之数也。

[4] 礼有五经，莫重于祭故也。

季冬行秋令，则白露蚤降，介虫为妖，四鄙入保。[1]行春令，则胎夭多伤。[2]国多固疾。[3]命之曰逆。[4]行夏令，则水潦败国，时雪不降，冰冻消释。[5]

[1] 畏介虫，为兵之象也。戌土之气所应。

[2] 胎，未生者；夭，方生者。

[3] 固，谓久而不差，辰土之气所应。○差，楚懈切。

[4] 以岁终而行岁始之令也。

[5] 火夺水之令也，未土之气所应。

卷之四

曾子问第七

曾子问曰："君薨而世子生，如之何？"孔子曰："卿、大夫、士，从摄主，北面于西阶南。大祝裨冕，执束帛，升自西阶，尽等，不升堂，命毋哭。[1]祝声三，告曰：'某之子生，敢告。'升，奠币于殡东几上，哭降。众主人、卿、大夫、士，房中皆哭不踊。尽一哀，反位。遂朝奠。小宰升，举币。[2]三日，众主人、卿、大夫、士如初位，北面。大宰、大宗、大祝皆裨冕。少师奉子以衰，祝先，子从，宰、宗人从。入门，哭者止。子升自西阶，殡前北面。祝立于殡东南隅。祝声三，曰：'某之子某，从执事，敢见。'子拜稽颡，哭。祝、宰、宗人、众主人、卿、大夫、士哭，踊三者三，降，东反位，皆袒。子踊，房中亦踊三者三。袭，衰，杖，奠出。大宰命祝史以名遍告于五祀、山川。"[3]

[1] 摄主，上卿之代主国事者也。裨冕者，天子诸侯六服，大裘为上，其余为裨服，裨衣而著冕，故云裨冕也。等，即阶也。〇裨，音皮。毋，音无。著，入声。

[2] 祝为"噫歆"之声者三，以警动神听，乃告之也。噫，是叹恨之声。歆者，欲其歆飨之义也。某，夫人之氏也。房中，妇人也。升举币，举而埋之两阶之间也。〇三，去声。

[3] 如初位者，如初告子生之位次也。少师，主养子之官。奉子以

衰,以衰服承藉而捧之也。告曰:“夫人某氏之子某,从执事宰、宗人等敢见。”子名则大宰所立也。告讫,捧子之人,拜而稽颡且哭,凡踊三度为一节,如此者三,故云“三者三”。降东反位者,堂上人皆从西阶降而反东,在下者亦皆东而反其朝夕之哭位也。踊而袭、衰、杖,成其为子之礼也。奠出,朝奠毕而出也。○“大宰”、“大宗”、“大祝”大,音泰。少,去声。奉,上声。衰,音催。从,去声。三,去声。见,音现。

曾子问曰:“如已葬而世子生,则如之何?”孔子曰:“大宰、大宗从大祝而告于祢。三月乃名于祢,以名遍告及社稷、宗庙、山川。”[1]

[1] 告于祢,告其主也。此时神主在殡宫,因见祢而立其名,故云乃名于祢也。

孔子曰:“诸侯适天子,必告于祖,奠于祢。冕而出视朝,命祝史告于社稷、宗庙、山川。乃命国家五官而后行,道而出。告者五日而遍,过是,非礼也。凡告用牲币,反亦如之。[1]诸侯相见,必告于祢。朝服而出视朝,命祝史告于五庙,所过山川,亦命国家五官,道而出。反必亲告于祖祢。乃命祝史告至于前所告者,而后听朝而入。”[2]

[1] 告于祖,亦告于祢;奠于祢,亦奠于祖也。奠者,奠币为礼而告之也。视朝听事之后,即遍告群祀,戒命五大夫之职事,使无废驰也。诸侯有三卿、五大夫。道而出者,祖祭道神而后出行也。五祀之行神则在宫内,《月令》“冬祀行”是也。丧礼,毁宗躐行,则行神之位在庙门外西方。若祭道路之行神谓之軷,于城外委土为山之形,伏牲其上。祭告礼毕,乘车轹之而遂行也。其神曰累。其牲,天子犬,诸侯羊,卿大夫酒脯而已。长一丈八尺为制币。○牲,音制。

[2] 上章言冕而出视朝，此言朝服而出视朝者，按《觐礼》：侯氏裨冕。今敬君，欲豫习其礼，故冕服以视朝。诸侯相朝，非君臣也，故但朝服而已。诸侯朝服，玄冠、缁衣、素裳，而《聘礼》云：诸侯相聘，皮弁服。则相朝亦皮弁服矣。天子以皮弁服视朝，故谓之朝服也。

曾子问曰："并有丧，如之何？何先何后？"孔子曰："葬，先轻而后重；其奠也，先重而后轻；礼也。自启及葬，不奠。行葬不哀次。反葬，奠而后辞于殡，遂修葬事。其虞也，先重而后轻，礼也。"[1]

[1] 曾子问同时有父母或祖父母之丧先后之次如何？孔子言葬则先母而后父，奠则先父而后母。自，从也。从启母殡之后，及至葬柩欲出之前，惟设母启殡之奠，朝庙之奠及祖奠、遣奠而已。不于殡宫为父设奠，故云"自启及葬，不奠"，谓不奠父也。次者，大门外之右，平生待宾客之处。柩至此，则孝子悲哀，柩车暂停。今为父丧在殡，故行葬母之时，孝子不得为母伸哀于所次之处，故柩车不暂停也。及葬母而反，即于父殡设奠，告语于宾以明日启父殡之期。宾出之后，孝子遂修营葬父之事也。葬是夺情之事，故先轻；奠是奉养之事，故先重也。虞祭，亦奠之类，故亦先重。〇殡，音宾。朝，音潮。遣、为、养，并去声。

孔子曰："宗子虽七十，无无主妇。非宗子，虽无主妇可也。"[1]

[1] 宗子领宗男于外，宗妇领宗女于内，礼不可缺，故虽七十之年，犹必再娶。然此谓大宗之无子或子幼者，若有子有妇可传继者，则七十可不娶矣。

曾子问曰："将冠子，冠者至，揖让而入，闻齐衰、大功之丧，如之何？”孔子曰：“内丧则废，外丧则冠而不醴，彻馔而埽，即位而哭。如冠者未至，则废。[1]如将冠子而未及期日，而有齐衰、大功、小功之丧，则因丧服而冠。”“除丧不改冠乎？”孔子曰：“天子赐诸侯、大夫冕、弁、服于大庙，归设奠，服赐服，于斯乎有冠醮，无冠醴。父没而冠，则已冠，埽地而祭于祢，已祭而见伯父、叔父，而后飨冠者。”[2]

[1] 冠者，宾与赞礼之人也。此人已及门，而与主人揖让以入矣，主人忽闻齐衰、大功之丧，何以处之？夫子言若是大门内之丧，则废而不行，以冠礼行之于庙，庙在大门之内，吉凶不可同处也；若是大门外之丧，丧在他处，可以加冠。但冠礼三加之后，设醴以礼新冠之人，今值凶事，止三加而止，不醴之也。初欲迎宾之时，醴及馔具皆陈设，今悉彻去，又埽除冠之旧位，使净洁更新，乃即位而哭。如宾与赞者未至，则废也。〇冠、埽，并去声。

[2] 未及期日，在期日之前也。因丧服而冠者，因著丧之成服，而加丧冠也。此是孔子之言。曾子又问他日除丧之后，不更改易而行吉冠之礼乎？孔子答云：“诸侯及大夫有幼弱未冠，总角从事至当冠之年，因朝天子。天子于大庙中赐冕服弁服，其受赐者荣君之命，归即设奠告庙，服所赐之服矣。于此之时，惟有冠之醮，无冠之醴。醮是以酒为燕饮，醴则独礼受服之人也。其礼如此，安得有除丧改冠之礼乎？父没有冠，谓除丧之后，以吉礼礼冠者，盖齐衰以下，可因丧服而冠，斩衰不可。”〇疏曰：“吉冠是吉时成人之服，丧冠是丧时成人之服。谓之醮者，酌而无酬酢曰醮。醴重而醮轻者，醴是古之酒，故为重。醮之所以异于醴者，三加之后，总一醴之，醮则每一加而行一醮也。”〇“大庙”大，音泰。埽，去声。见，音现。

曾子问曰：“祭如之何则不行旅酬之事矣？”孔子曰：“闻之小祥者，主人练祭而不旅，尊酬于宾，宾弗举，礼也。昔者鲁昭公练而举酬行旅，非礼也。孝公大祥，奠酬弗举，亦非礼也。”[1]

[1] 曾子问祭而不行旅酬之礼，何祭为然？孔子言惟小祥练祭为然。不旅者，不旅酬也。奠酬于宾，奠其酬爵于宾前也。宾弗举者，宾不举以旅也。言此祭，主人得致爵于宾，宾不可举此爵而行旅酬，此礼也。大祥则可旅酬矣。孝公，隐公之祖。○朱子曰：“旅，众也。酬，导饮也。旅酬之礼，宾弟子兄弟之子，各举觯于其长而众相酬。盖宗庙之中，以有事为荣，故逮及贱者，使亦得以伸其敬也。”又曰：“主人酌以献宾，宾酢主人曰酢，主人又自饮而复饮宾曰酬。主人自饮者，是导宾使饮也。但宾受之却不饮，奠于席前，至旅时亦不举，又自别举爵。”

曾子问曰：“大功之丧，可以与于馈奠之事乎？”孔子曰：“岂大功耳，自斩衰以下皆可，礼也。”曾子曰：“不以轻服而重相为乎？”孔子曰：“非此之谓也。天子、诸侯之丧，斩衰者奠。大夫齐衰者奠。士则朋友奠，不足则取于大功以下者，不足则反之。”[1]曾子问曰：“小功可以与于祭乎？”孔子曰：“何必小功耳，自斩衰以下与祭，礼也。”曾子曰：“不以轻丧而重祭乎？”孔子曰：“天子、诸侯之丧祭也，不斩衰者不与祭。大夫齐衰者与祭。士祭不足，则取于兄弟大功以下者。”[2]曾子问曰：“相识有丧服，可以与于祭乎？”孔子曰：“缌不祭，又何助于人。”[3]

曾子问曰：“废丧服，可以与于馈奠之事乎？”孔子曰：“说衰与奠，非礼也。以摈相可也。”[4]

[1] 馈奠，奠于殡也。大夫朔望皆有殷奠，士惟月朔。其礼盛，故执事者众。曾子问己有大功之丧，可与他人馈奠之事乎？孔子将谓曾子问己有大功之丧，得为大功者馈奠否，故答云：“岂但大功，自斩衰以下皆

可，礼也。”言身有斩衰，所为者斩衰；身有齐衰，所为者齐衰。皆可与其馈奠。孔子是据所服者言之，曾子又不悟此旨，将谓言他人，乃曰：“不太轻己之服，而重于相为乎？”孔子又答云：非此为他人之谓也，谓于所为服者也。凡丧奠，主人以悲哀不暇执事，故不亲奠。天子、诸侯之丧，诸臣皆斩衰，故云斩衰者奠。大夫则兄弟之服齐衰者奠。士不以齐衰者奠，避大夫也，故朋友奠。人不充数，则取大功以下，又不足，则反取大功以上也。○疏曰：“反之者，反取前人执事者充之。”○与、为，并去声。

[2] 大旨与上章同，但此问与于祭，则是虞与卒哭之祭。

[3] 所知识之人有祭事，而己有丧服，可以助为之执事否？夫子言己有缌麻之服，服之轻者也，尚不得自祭己之宗庙，何得助他人之祭乎？

[4] 废，犹除也。馈奠，在殡之奠也。不问吉祭而问丧奠，曾子之意，谓方除丧服，决不可与吉礼，疑可与馈奠也。夫子言方说衰即与奠，是忘哀太速，故言非礼也。摈相事轻，亦或可耳。○说，音脱。相，去声。

曾子问曰：“昏礼既纳币，有吉日，女之父母死，则如之何？”孔子曰：“婿使人吊。如婿之父母死，则女之家亦使人吊。父丧称父，母丧称母。父母不在，则称伯父、世母。婿已葬，婿之伯父致命女氏曰：‘某之子有父母之丧，不得嗣为兄弟，使某致命。’女氏许诺而弗敢嫁，礼也。婿免丧，女之父母使人请，婿弗取而后嫁之，礼也。[1]女之父母死，婿亦如之。”[2]

曾子问曰：“亲迎，女在涂，而婿之父母死，如之何？”孔子曰：“女改服，布深衣，缟总，以趋丧。女在涂，而女之父母死，则女反。”[3]“如婿亲迎女未至，而有齐衰、大功之丧，则如之何？”孔子曰：“男不入，改服于外次。女入，改服于内次。然后即位而哭。”曾子问曰：“除丧则不复昏礼乎？”孔子曰："祭，过时不祭，礼也。又何反于初？"[4]孔子曰："嫁女之家，三夜不息烛，思相离也。取妇之家，三日不举乐，思嗣亲也。三月而庙见，称来妇也。择日而祭于祢，成妇之义也。"[5]

曾子问曰："女未庙见而死，则如之何？"孔子曰："不迁于祖，不祔于皇姑，婿不杖，不菲，不次，归葬于女氏之党，示未成妇也。"[6]曾子问曰："取女有吉日而女死，如之何？"孔子曰："婿齐衰而吊，既葬而除之。夫死亦如之。"[7]

[1] 有吉日者，期日已定也。彼是父丧，则此称父之名吊之；彼是母丧，则此称母之名吊之。父母或在他所，则称伯父伯母名。如无伯父母，则用叔父母名可知。婿虽已葬其亲而丧期尚远，不欲使彼女失嘉礼之时，故使人致命，使之别嫁他人。某之子此"某"字，是伯父之名。不得嗣为兄弟者，言继此不得为夫妇也。夫妇同等，有兄弟之义，亦亲之之辞。不曰夫妇者，未成昏，嫌也。使某致命，此"某"字，是使者之名。致，如致仕之致，谓致还其许昏之命也。女氏虽许诺，而不敢以女嫁于他人，礼也。及婿祥禫之后，女之父母使人请婿成昏，婿终守前说而不取，而后此女嫁于他族，礼也。○取，如字。

[2] 女之父母死，女之伯父致命于男氏曰："某之子有父母之丧，不得嗣为兄弟，使某致命。"男氏许诺而不敢娶。女免丧，婿之父母使人请，女家不许，婿然后别娶也。

[3] 嫁服，士妻褖衣，大夫妻展衣，卿妻鞠衣。改服，更其嫁服也。衣与裳相连而前后深邃，故曰深衣。缟，生白绢也。总，束发也，长八寸。布为深衣，缟为总，妇人始丧未成服之服也，故服此以奔舅姑之丧。女子在室，为父三年，父卒亦为母三年。已嫁则期，今既在涂，非在室矣，则止用奔丧之礼而服期。改服，亦布深衣缟总也。○迎，去声。褖，音彖。更，平声。

[4] 此齐衰大功之丧，谓婿家也。改服，改其亲迎之服，而服深衣于

门外之次也。女，谓妇也，入门内之次，而以深衣更其嫁服也。此特问齐衰大功之丧者，以小功及缌轻，不废昏礼，礼毕乃哭耳。若女家有齐衰大功之丧，女亦不反归也。曾子又问除丧之后，岂不复更为昏礼乎？孔子言祭重而昏轻，重者过时尚废，轻者岂可复行乎？然此亦止谓四时常祭耳，禘祫大祭，过时犹追也。

[5] 思相离，则不能寝寐，故不灭烛。思嗣亲，则不无感伤，故不举乐。此昏礼所以不贺也。成昏而舅姑存者，明日妇见舅姑；若舅姑已殁，则成昏三月，乃见于庙。祝辞告神曰"某氏来妇"，来妇，言来为妇也。盖选择吉日而行此礼。庙见，祭祢，即是一事，非见庙之后，更择日而祭也。成妇之义者，成盥馈之礼之义也。○离、取，并去声。见，音现。

[6] 不迁于祖，不迁柩而朝于婿之祖庙也。不附于皇姑，以未庙见，故主不得祔姑之庙也。婿齐衰期，但不杖，不草屦，不别处，哀次耳。女之父母自降服大功。○菲，扶畏切。

[7] 若夫死，女以斩衰往吊，既葬而除也。○取，去声。

曾子问曰："丧有二孤，庙有二主，礼与？"孔子曰："天无二日，土无二王。尝、禘、郊、社，尊无二上，未知其为礼也。[1]昔者齐桓公亟举兵，作伪主以行。及反，藏诸祖庙。庙有二主，自桓公始也。[2]丧之二孤，则昔者卫灵公适鲁，遭季桓子之丧，卫君请吊，哀公辞，不得命。公为主，客入吊。康子立于门右，北面，公揖让，升自东阶，西乡。客升自西阶吊，公拜，兴，哭，康子拜稽颡于位，有司弗辩也。今之二孤，自季康子之过也。"[3]

[1] 二孤、二主，当时有之，曾子疑其非礼，故问。夫子言天犹不得有二日，土犹不得有二王，尝、禘、郊、社，祭之重者，各有所尊，不可混并而祭之，丧可得有二孤，庙可得有二主乎？非礼明矣。○与，平声。并，去声。

[2] 师行而载迁庙之主于齐车，示有所尊奉也。既作伪主，又藏于庙，是二主矣。

[3] 国君吊邻国之臣，尊卑不等，卫君吊而哀公为主，礼也。礼，大夫既殡而君来吊，主人门右，北面，哭拜稽颡。今既哀公为主，主则拜宾。康子但当哭踊而已，乃拜而稽颡于位，是二孤矣。当时有司不能论而正之，遂至循袭为常，变礼之失，由于康子。上章言自桓公始，此不言始而言过者，孔子康子同时也。灵公先桓子卒，经讹为灵公，实出公也。

曾子问曰："古者师行，必以迁庙主行乎？"孔子曰："天子巡守，以迁庙主行，载于齐车，言必有尊也。今也取七庙之主以行，则失之矣。[1]当七庙五庙无虚主。虚主者，惟天子崩、诸侯薨，与去其国，与祫祭于祖，为无主耳。吾闻诸老聃曰：'天子崩，国君薨，则祝取群庙之主而藏诸祖庙，礼也。卒哭成事，而后主各反其庙。[2]君去其国，太宰取群庙之主以从，礼也。[3]祫祭于祖，则祝迎四庙之主。主出庙入庙，必跸。'老聃云。"[4]曾子问曰："古者师行无迁主，则何主？"孔子曰："主命。"问曰："何谓也？"孔子曰："天子诸侯将出，必以币帛皮圭告于祖祢，遂奉以出。载于齐车以行，每舍奠焉而后就舍。反必告，设奠卒，敛币玉藏诸两阶之间，乃出。盖贵命也。"[5]

[1] 迁庙主，谓新祧庙之主也。齐车，金路也，又名曰公称。○守，去声。齐，侧皆切。

[2] 崩薨而群主皆聚祖庙，以丧三年不祭，且象生者为凶事而聚集也。○冯氏曰："郑注：老聃，古寿考者之称。"石梁先生曰："此老聃，非作五千言者。"○聃，音贪。

[3] 去国而群庙之主皆行，不敢弃其先祖也。○从，去声。

［4］诸侯五庙，祫祭则迎高曾祖祢入太祖之庙，主出入而跸止行人，不欲其渎也。

［5］既以币玉告于祖庙，则奉此币玉，犹奉祖宗之命也，故曰“主命”。每舍必奠，神之也。反则设奠以告而埋藏之，不敢亵也。

子游问曰：“丧慈母如母，礼与？”孔子曰：“非礼也。古者男子外有傅，内有慈母，君命所使教子也，何服之有？[1]昔者鲁昭公少丧其母，有慈母良，及其死也，公弗忍也，欲丧之。有司以闻，曰：‘古之礼，慈母无服。今也君为之服，是逆古之礼而乱国法也。若终行之，则有司将书之以遗后世。无乃不可乎？’公曰：‘古者天子练冠以燕居。’公弗忍也，遂练冠以丧慈母。丧慈母，自鲁昭公始也。”[2]

［1］妾之无子者，养妾子之无母者，谓之慈母。然天子诸侯不为庶母服，大夫妾子，父在，为其母大功；士之妾子，父在，为其母期，是与己母同也。何服之有，谓天子诸侯也，故下文举国君之事证之。〇丧，平声。为，去声。

［2］良，善也。古者，周以前也。天子诸侯之庶子为天子诸侯者，为其母缌。春秋有以小君之礼服之者，以子贵而伸也。然必适小君没，若适小君在，则其母厌屈，故练冠也。此言“练冠以燕居”，谓庶子之为王者为其母耳。〇少、丧，并去声。下丧，并如字。为，如字。厌，音压。

曾子问曰：“诸侯旅见天子，入门，不得终礼，废者几？”孔子曰：“四。”“请问之。”曰：“大庙火，日食，后之丧，雨沾服失容，则废。如诸侯皆在而日食，则从天子救日，各以其方色与其兵。大庙火，则从天子救火，不以方色与兵。”[1]曾子问曰：“诸侯相见，揖让入门，不得终礼，废者几？”孔子曰：

"六。""请问之。"曰："天子崩，大庙火，日食，后、夫人之丧，雨沾服失容，则废。"[2]

曾子问曰："天子尝、禘、郊、社、五祀之祭，簠簋既陈，天子崩，后之丧，如之何？"孔子曰："废。"[3]曾子问曰："当祭而日食，大庙火，其祭也如之何？"孔子曰："接祭而已矣。如牲至未杀，则废。[4]天子崩，未殡，五祀之祭不行。既殡而祭，其祭也，尸入，三饭不侑，酳不酢而已矣。自启至于反哭，五祀之祭不行。已葬而祭，祝毕献而已。"[5]曾子问曰："诸侯之祭社稷，俎豆既陈，闻天子崩，后之丧，君薨，夫人之丧，如之何？"孔子曰："废。自薨比至于殡，自启至于反哭，奉帅天子。"[6]

曾子问曰："大夫之祭，鼎俎既陈，笾豆既设，不得成礼，废者几？"孔子曰："九。""请问之。"曰："天子崩，后之丧，君薨，夫人之丧，君之大庙火，日食，三年之丧，齐衰，大功，皆废。外丧自齐衰以下，行也。其齐衰之祭也，尸入，三饭，不侑，酳不酢而已矣。大功，酢而已矣。小功、缌，室中之事而已矣。士之所以异者，缌不祭。所祭于死者无服则祭。"[7]

[1] 旅，众也。色，衣之色也。东方诸侯衣青，南方诸侯衣赤，余仿此。东方用戟，南方矛，西方弩，北方楯，中央鼓。日食，是阴侵阳，故正五行之方色以厌胜之。救火，不关此义也。〇见，音现。几，如字。大，音泰。厌，音压。

[2] 大庙，本国之大庙也。夫人，小君也。

[3] 尝、禘，宗庙之祭；郊、社，天地之祭。此言五祀，而《祭法》言七祀，先儒已言《祭法》不足据矣。

[4] 接，捷也，速疾之义。此言宗庙之祭，遇此变异，则减略节文，务

在速毕，无迎尸于奥，及迎尸入坐等礼矣。〇坊本“废”上有“曰”字。

[5] 天子诸侯之祭礼亡，不可闻其详矣，先儒以大夫士祭礼推之。士祭尸九饭，大夫祭尸十一饭，则知诸侯十三饭，天子十五饭也。五祀外神，不可以己私丧久废其祭。若当祭之时而天子崩，则止而不行，俟殡讫乃祭，然其礼则杀矣。侑，劝也。尸入，迎尸而入坐也。三饭不侑者，尸三饭告饱则止，祝更不劝侑其食，使满足当饭之数也。酳，食毕而以酒漱口也，说见《曲礼》。按《特牲礼》，尸九饭毕，主人酌酒酳尸；尸饮卒爵酢主人；主人受酢饮毕，酌献祝；祝饮毕，主人又酌献佐食，今云“酳不酢”者，无酢主人以下等事也。此是言殡后祭五祀之礼。又言自启殡往葬，及葬毕反哭，其间亦不祭五祀，直待葬后乃祭，其礼又不同。盖葬后哀稍杀，渐向吉，故祝侑尸食至十五饭，摄主酳尸，尸饮，卒爵而酢摄主，摄主饮毕，酌而献祝，祝受而饮毕则止，无献佐食以下之事，故云“祝毕献而已”。〇已，止也。〇酳，以刃切。

[6] 比，及也。〇曾子所问如此，孔子曰废。又言自薨至殡，自启至反哭，皆帅循天子之礼者，谓诸侯既殡而祭社稷或五祀者，亦如天子殡后祭五祀之礼也。其葬后而祭社稷五祀者，亦如天子葬后祭五祀之礼也。〇比，音畀。帅，入声。

[7] 此言大夫宗庙之祭。外丧，在大门之外也。三饭不侑，酳不酢，说见上章。大功酢而已者，大功服轻，祭礼稍备，十一饭之后，主人酌酒酳尸，尸酢主人，即止也。室中之事者，凡尸在室之奥，祝在室中北厢南面，佐食在室中户西北面，但主人主妇及宾，献尸及祝佐食等三人毕则止也。若平常之祭，十一饭毕，主人酌酒酳尸，尸卒爵酢主人，主人献祝及佐食毕。次主妇献尸，尸酢主妇，主妇又献祝及佐食毕。次宾长献尸，尸得宾长献爵，则止不举。盖奠其爵于荐之左也。待致爵之后，尸乃举爵。今以丧服杀礼，故止于宾之献也。士卑于大夫，虽缌服亦不祭。所祭于死者无服，谓如妻之父母，母之兄弟姊妹，己虽有服，而已所祭者与之无服，则可祭也。〇今按致爵之礼，宾献尸三爵而止。尸止爵之后，执事者为主人设席于户内，主妇酌爵而致于主人，主人拜受爵，主妇拜送爵，主

人卒爵拜，主妇答拜，受爵以酌而酢，执爵拜，主人答拜，主人降，洗爵以酌，而致于主妇，主妇之席在房中南面，主妇拜受爵，主人西面答拜，而更爵自酌以酢，此所谓致爵也。《祭统》曰："酢必易爵。"详见《特牲馈食礼》。

曾子问曰："三年之丧，吊乎?"孔子曰："三年之丧，练；不群立，不旅行。君子礼以饰情，三年之丧而吊哭，不亦虚乎?"[1]

[1] 练，小祥也。旅，众也。群立、旅行，言及他事，则为忘哀，况于吊乎？先王因人情而制礼，随其哀乐之情，皆有以饰之。苴衰绖杖，为至痛饰也，居重丧而吊哭于人，哀彼则忘吾亲，哀在亲则吊为矫伪矣，非虚而何？曾子既闻夫子此言矣，而《檀弓》篇乃记其以丧母之齐衰而往哭于子张，得非好事者为之辞欤？

曾子问曰："大夫、士有私丧，可以除之矣。而有君服焉，其除之也如之何?"孔子曰："有君丧服于身，不敢私服，又何除焉？于是乎有过时而弗除也。君之丧，服除而后殷祭，礼也。"[1]

[1] 君重亲轻，以义断恩也。若君服在身，忽遭亲丧，则不敢为亲制服。初死尚不得成服，终可行除服之礼乎？此所以虽过时而不除也。殷祭，盛祭也。君服除，乃得为亲行二祥之祭，以伸孝心。以其礼大，故曰"殷"也。假如此月除君服，即次月行小祥之祭，又次月行大祥之祭，若亲丧小祥后，方遭君丧，则他时君服除后，唯行大祥祭也。然此皆谓适子主祭而居官者，若庶子居官而行君服，适子在家，自依时行亲丧之礼。他日庶子虽除君服，无追祭矣。

曾子问曰:“父母之丧,弗除可乎?”孔子曰:“先王制礼,过时弗举,礼也。非弗能勿除也,患其过于制也,故君子过时不祭,礼也。”[1]

[1] 曾子之意,以为适子仕者,除君服后,犹得追祭二祥。庶子仕者,虽除君服,不复追祭,以终身不除父母之丧矣,可乎?孔子言先王制礼,各有时节,过时不复追举,礼也。今不追除服者,不是不能除也,患其逾越圣人之礼制也。且如四时之祭,当春祭时,或以事故阻废,至夏则惟行夏时之祭,不复追补春祭矣。故过时不祭,礼之常也。惟禘祫大事则不然。

曾子问曰:“君薨既殡,而臣有父母之丧,则如之何?”孔子曰:“归居于家,有殷事则之君所,朝夕否。”[1]曰:“君既启而臣有父母之丧,则如之何?”孔子曰:“归哭而反送君。”[2]曰:“君未殡而臣有父母之丧,则如之何?”孔子曰:“归殡,反于君所,有殷事则归,朝夕否。大夫室老行事,士则子孙行事。大夫内子有殷事,亦之君所,朝夕否。”[3]

[1] 殷盛之事,谓朔望及荐新之奠也。君有此事,则往适君所,朝夕则不往哭。

[2] 启,启殡也。归哭,哭亲丧也。反送君,复往送君之葬也。此二节,皆对言君亲之丧。若臣有父母之丧,既殡而后有君丧,则归君所。父母丧有殷事,则来归家,朝夕亦恒在君所也。若父母之丧既启而有君之丧,则亦往哭于君所,而反送父母之葬也。下文君未殡而臣有父母之丧,亦与父母之丧未殡而有君丧互推之。

[3] 室老,家相之长也。室老、子孙行事者,以大夫士在君所,殷事之时,或朝夕恒在君所,则亲丧朝夕之奠有缺,然奠不可废也,大夫尊,故使室老摄行其事;士卑,则子孙摄也。内子,卿大夫之适妻也,为夫之君,

如为舅姑服齐衰，故殷事亦之君所。○为，去声。

贱不诔贵，幼不诔长，礼也。唯天子称天以诔之。诸侯相诔，非礼也。[1]

[1] 诔之为言累也，累举其平生实行，为诔而定其谥以称之也。称天以诔之者，天子之尊无二，惟天在其上，故假天以称之也。人君之事多称天，不独诔也。○长，上声。

曾子问曰："君出疆以三年之戒，以椑从。君薨，其入如之何？"孔子曰："共殡服，则子麻弁绖、疏衰、菲、杖。入自阙，升自西阶。如小敛，则子免而从柩。入自门，升自阼阶。君、大夫、士一节也。"[1]

[1] 曾子问国君以事出疆，必为三年之戒备，恐未得即返也，于是以亲身之棺随行，虑或死于外也。若死于外，则入之礼如何？孔子言于时大敛之后，主人从柩而归，则其国有司供主人殡时所著之服，谓布深衣苴绖，散带垂也。此时主人从柩在路未成服，惟著麻弁绖、疏衰而藨屦且杖也。麻弁，布弁也，布弁之上加环绖也。柩入之时，毁殡宫门西边墙而入，其处空缺，故谓之阙，非门阙之阙也。升自西阶者，以柩从外来，有似宾客，故就客阶而升也。如小敛而归，则子首不麻弁，身不疏衰，惟首著免布，身著布深衣也。入自门，升自阼阶者，以亲未在棺，犹以事生之礼事之也。凡君与大夫及士卒于外者，其礼皆一等无异制，故云"一节"也。○椑，音擗。从，去声，下同。共，音供。菲，扶畏切。免。音问。

曾子问曰："君之丧，既引，闻父母之丧，如之何？"孔子曰："遂，既封而归，不俟子。"[1]曾子问曰："父母之丧，既引，及塗，闻君薨，如之何？"孔子曰："遂，既封，改服而往。"[2]

[1] 遂，遂送君柩也。既窆而归，下棺而归也。不俟子，不待孝子返而己先返也。○引，去声。封，音窆。

[2] 遂，遂送亲柩也。即窆之后改服而往者，《杂记》云："非从柩与反哭，无免于堩。此时孝子首著免，乃去免而括发徒跣，布深衣而往，不敢以私丧之服丧君也。"○从，去声。堩，古邓切。

曾子问曰："宗子为士，庶子为大夫，其祭也如之何？"孔子曰："以上牲祭于宗子之家，祝曰：'孝子某，为介子某，荐其常事。'[1]若宗子有罪居于他国，庶子为大夫，其祭也，祝曰：'孝子某使介子某执其常事。'摄主不厌祭，不旅，不假，不绥祭，不配。[2]布奠于宾，宾奠而不举。不归肉，其辞于宾曰：'宗兄、宗弟、宗子在他国，使某辞。'"[3]

[1] 士特牲，大夫少牢；上牲，少牢也。庶子既为大夫，当用上牲。然必往就宗子家而祭者，以庙在宗子家也。孝子，宗子也；介子，庶子也。不曰"庶"而曰"介"者，庶子卑贱之称，介则副贰之义，亦贵贵之道也。荐其常事者，荐其岁之常事也。○"为介"为，去声。少，去声。

[2] 介子非当主祭者，故谓之摄主，其礼略于宗子者有五焉。若以祭礼先后之次言之，当云不配，不绥祭，不假，不旅，不厌祭。今倒言之者，旧说：摄主非正，故逆陈以见义。亦或记者之误与？今依次释之：不配者，祭礼初行，尸未入之时，祝告神曰：孝孙某，来日丁亥用荐岁事于皇祖伯某，以某妃配某氏。"如姜氏、子氏之类。今摄主不敢备礼，但言荐岁事于皇祖伯某，不言以某妃配也。不绥祭者，"绥"字当从《周礼》作"隋"，减毁之名也。尸与主人俱有隋祭，主人减黍稷牢肉而祭之于豆间，尸则取菹及黍稷肺而祭于豆间，所谓隋祭也。今尸自隋祭，主人是摄主，故不隋祭也。不假者，"假"字当作"嘏"，福庆之辞也。尸十一饭讫，主人酳尸，尸酢主人毕，命祝嘏于主人曰："皇尸命工祝，承致多福无疆于女孝孙，来女孝孙，使女受禄于天，宜稼于田，眉寿万年，勿替引之。"主人再拜

稽首，今亦以避正主，故不嘏也。不旅，不旅酬也，详见前章。不厌祭者，厌是餍饫之义，谓神之歆享也。厌有阴有阳：阴厌者，迎尸之前，祝酌奠讫，为主人释辞于神，免其歆享。此时在室奥阴静之处，故云阴厌也。阳厌者，尸谡之后，佐食彻尸之荐俎，设于西北隅，得户明白之处，故曰阳厌。制礼之意，不知神之所在于彼乎，于此乎，皆庶几其享之而厌饫也。此言不厌祭，不为阳厌也，以先后之次知之。〇绥，虚规切。见，音现。隋，音灰。女，音妆。"为主"为，去声。谡，音速。

[3] 主人酬宾之时，宾在西厢东面，主人布此奠爵于宾俎之北，宾坐取此爵而奠于俎之南，不举之以酬兄弟。此即不旅之事。若宗子主祭，则凡助祭之宾，各归之以俎肉。今摄主，故不归俎肉于宾也。非但祭不备礼，其将祭之初，告宾之辞亦异。曰：宗兄、宗弟、宗子在他国，不得亲祭，故使某执其常事，使某告也，故云使其辞。宗兄、宗弟者，于此摄主为兄或为弟也。若尊卑不等，或是祖父之列，或是子孙之列，则但谓之宗子矣。

曾子问曰："宗子去，在他国，庶子无爵而居者，可以祭乎？"孔子曰："祭哉！""请问其祭如之何？"孔子曰："望墓而为坛，以时祭。若宗子死，告于墓，而后祭于家。宗子死，称名不言孝，身没而已。"子游之徒有庶子祭者以此，若义也。今之祭者，不首其义，故诬于祭也。[1]

[1] 宗子无罪而去国，则庙主随行矣。若有罪去国，庙虽存，庶子卑贱无爵，不得于庙行祭礼，但当祭之时，即望墓为坛以祭也。若宗子死，则庶子告于墓而后祭于其家，亦不敢称"孝子某"，但称"子某"而已，又非有爵者称"介子某"之比也。身没而已者，庶子身死，其子则庶子之适子，祭祢之时可称"孝"也。子游之门人有庶子祭者，皆用此礼，是顺古义也。今世俗庶子之祭者，不能先求古人制礼之义，而率意行之，只见其诬罔而已。

曾子问曰:“祭必有尸乎?若厌祭亦可乎?”孔子曰:“祭成丧者必有尸。尸必以孙,孙幼则使人抱之;无孙则取于同姓可也。祭殇必厌,盖弗成也。祭成丧而无尸,是殇之也。”[1]

[1] 曾子之意,疑立尸而祭,无益死者,故问祭时必合有尸乎?若厌祭亦可乎?盖祭初阴厌,尸犹未入,祭终而阳厌,在尸既起之后,是厌祭无尸也。孔子言成人威仪具备,必有尸以象神之威仪,所以祭成人之丧者,必有尸也。尸必以孙,以昭穆之位同也。取于同姓,亦谓孙之等列也。祭殇者不立尸而厌祭,以其年幼少,未能有成人之威仪,不足可象,故不立尸也。若祭成人而无尸,是以殇待之矣。

孔子曰:“有阴厌,有阳厌。”曾子问曰:“殇不祔祭,何谓阴厌、阳厌?”孔子曰:“宗子为殇而死,庶子弗为后也。其吉祭特牲。祭殇不举,无肵俎,无玄酒,不告利成,是谓阴厌。[1]凡殇与无后者,祭于宗子之家,当室之白,尊于东房,是谓阳厌。”[2]

[1] 孔子言祭殇之礼,有厌于幽阴者,有厌于阳明者。盖适殇则阴厌于祭之始,庶殇则阳厌于祭之终,非兼之也。曾子不悟其指,乃问云:祭殇之礼,略而不备,何以始末一祭之间,有此两厌也?孔子言虽是宗子,死在殇之年,见为人父之道,庶子不得代为之后,其族人中有与之为兄弟者代之,而主其祭之之礼。其卒哭成事以后为吉祭,祭殇本用特豚,今亦从成人之礼用特牲者,以其为宗子故也。祭有尸,则佐食举肺脊以授尸,祭而食之。今无尸,故不举肺脊也。凡尸食之余归之肵俎。肵,敬也。主人敬尸而设此俎,今无肵俎,以无尸故也。玄酒,水也。太古无酒之时,以水行礼,后王祭则设之,重古道也。今祭殇礼略,故无玄酒也。不告利成者,利,犹养也,谓共养之礼已成也。常祭,主人事尸礼毕,出立

户外，则祝东面告利成，遂导尸以出，今亦以无尸废此礼。“是谓阴厌”云者，以其在祖庙之奥，阴暗之处厌之也。○袝，音备。肵，音祈。共，音供。

［2］凡殇，非宗子之殇也。无后者，谓庶子之无子孙者也。此二者若是宗子大功内亲，则于宗子家祖庙祭之，必当室中西北隅，得户之明白处，其尊则设于东房，是谓阳厌也。

曾子问曰：“葬引至于堩，日有食之，则有变乎？且不乎？”孔子曰：“昔者吾从老聃助葬于巷党，及堩，日有食之。老聃曰：‘丘，止柩就道右，止哭以听变。’既明反，而后行。曰：‘礼也。’反葬而丘问之曰：‘夫柩不可以反者也。日有食之，不知其已之迟数，则岂如行哉？’老聃曰：‘诸侯朝天子，见日而行，逮日而舍奠。大夫使，见日而行，逮日而舍。夫柩不蚤出，不莫宿。见星而行者，唯罪人与奔父母之丧者乎！日有食之，安知其不见星也？且君子行礼，不以人之亲痁患。’吾闻诸老聃云。”[1]

［1］堩，道也。有变，变常礼乎？且不乎，不变常礼乎？柩北向而出，道右，则道之东也。听变，听日食之变动也。明反，日光复常也。舍奠，晚止舍而设奠于行主也。安知其不见星，谓日食既而星见，则昏暗中恐有奸慝也。痁，病也。不以人之亲痁患，谓不可使人之亲病于危亡之患也。○堩，古邓切。不，音否。数，音速。舍，如字，去声。使，去声。莫，音暮。痁，尸占切。

曾子问曰：“为君使而卒于舍，礼曰：‘公馆复，私馆不复。’凡所使之国，有司所授舍，则公馆已，何谓‘私馆不复’也？”孔子曰：“善乎问之也！自卿、大夫、士之家曰私馆，公馆与公所为曰公馆。‘公馆复’,此之谓也。”[1]

[1] 复,死而招魂复魄也。公馆,公家所造之馆也。与,及也。公所为,谓公所命停客之处,即是卿大夫之馆,但有公命,故谓之公馆也。一说公所为,谓君所作离宫别馆也。○“为君”为,去声。使,去声。

曾子问曰:“下殇,土周葬于园,遂舆机而往,涂迩故也。今墓远,则其葬也如之何?”[1]孔子曰:“吾闻诸老聃曰:‘昔者史佚有子而死,下殇也,墓远。召公谓之曰:‘何以不棺敛于宫中?’史佚曰:‘吾敢乎哉?’召公言于周公,周公曰:‘岂不可?’史佚行之。下殇用棺,衣棺,自史佚始也。”[2]

[1] 八岁至十一为下殇。土周,塈周也,说见《檀弓》。成人则葬于墓,此葬于园圃之中。舆,犹抗也。机者,舆尸之具,木为之,状如床而无脚,以绳横直维系之,抗举而往塈周之所,棺敛而葬之,涂近故也。曾子言今世礼变,皆棺敛下殇于家而葬之于墓,则涂远矣,其葬也如之何?问既不用舆机,则当用人举棺以往乎?为当用车载棺而往乎?然此谓大夫之下殇,及士庶人之中下殇耳。若大夫之适长殇、中殇有遣车者,亦不舆机而葬也。

[2] 史佚,周初良史也。墓远,不葬于园也。言于周公,言,犹问也。周公曰“岂不可”者,谓何为不可也。召公述周公之言告佚,佚于是用棺衣而棺敛于宫中,是此礼之变,始于史佚也。旧注以“岂”为句者非。○召,音邵。棺、敛,并去声。“衣棺”之“棺”同。

曾子问曰:“卿大夫将为尸于公,受宿矣,而有齐衰内丧,则如之何?”孔子曰:“出舍于公馆以待事,礼也。”[1]孔子曰:“尸弁冕而出,卿、大夫、士皆下之,尸必式。必有前驱。”[2]

[1] 受宿，受君命而宿齐戒也。齐衰内丧，大门内齐衰服之丧也。待事，待祭事毕，然后归哭也。

[2] 尸服死者之上服。今为君尸而弁冕者，弁，士之爵弁也，以君之先世或有为大夫士者，故尸亦当弁或冕也。出而卿、大夫、士遇之则下车，尸式以答之。必有前驱者，尸出则先驱，辟开行人也。○辟，音阙。

子夏问曰："三年之丧，卒哭，金革之事无辟也者，礼与？初有司与？"孔子曰："夏后氏三年之丧，既殡而致事。殷人既葬而致事。《记》曰：'君子不夺人之亲，亦不可夺亲也。'此之谓乎？"[1]子夏曰："金革之事无辟也者，非与？"孔子曰："吾闻诸老聃曰：'昔者鲁公伯禽，有为为之也。'今以三年之丧从其利者，吾弗知也。"[2]

[1] 无辟，谓君使则行，无敢辞辟也。此礼当然欤？抑当初有司逼遣之欤？夏之礼，亲丧既殡，既致还其事于君。殷礼则葬后乃致其事。君子，指人君也。臣遭父母之丧，而君许其致事，是不夺人丧亲之心也。虽君有命，而不忍违离丧次，是不可夺其丧亲之孝也。○辟，音避。与，平声。

[2] 鲁公卒哭而从金革之事，以徐戎之难，东郊不开，不得已而征之，是有为为之也。今人居三年之丧，而用兵以逐攻取之利者，吾不知其为何礼也。盖甚非之之辞。一说利为例，言无故而以三年之丧，从伯禽之例以用兵者，甚非也。○上为，去声。

文王世子第八

文王之为世子,朝于王季日三。鸡初鸣而衣服,至于寝门外,问内竖之御者曰:"今日安否何如?"内竖曰:"安。"文王乃喜。乃日中又至,亦如之。及莫又至,亦如之。[1]其有不安节,则内竖以告文王,文王色忧,行不能正履。王季复膳,然后亦复初。食上,必在视寒暖之节。食下,问所膳,命膳宰曰:"末有原。"应曰:"诺。"然后退。[2]

[1] 内竖,内庭之小臣。御,是直日者。世子朝父母,惟朝夕二礼,今文王日三,圣人过人之行也。○朝,音潮。衣,去声。竖,音树。莫,音暮。"朝夕"朝,如字。行,去声。

[2] 不安节,谓有疾不能循其起居饮食之常时也。食上,进膳于亲也。在,察也。食下,食毕而彻也。问所膳,问所食之多寡也。末,犹勿也。原,再也,谓所食之余,不可再进也。○上,上声。应,去声。

武王帅而行之,不敢有加焉。文王有疾,武王不说冠带而养。文王一饭亦一饭,文王再饭亦再饭。旬有二日乃间。[1]

[1] 不敢有加,不可逾越父之所行也。○疏曰:"病重之时,病恒在身,无少间空隙,病今既损,不恒在身,其间有空隙,故谓病瘳为间也。"○帅,音率。说,音脱。养,去声。饭,上声。空,去声。

文王谓武王曰:"女何梦矣?"武王对曰:"梦帝与我九龄。"文王曰:"女以为何也?"武王曰:"西方有九国焉,君王其终抚诸。”文王曰：“非也。古者谓年龄，齿亦龄也。我百，尔九十，吾与尔三焉。”文王九十七乃终，武王九十三而终。[1]

[1] 文王疾瘳之后，武王乃得安寝，故问其何梦。武王对云：“梦天帝言与我九龄。”龄字从齿，齿之异名也，故言年龄，又言年齿，其义一也。《大戴礼》云：“男八月生齿，八岁而龀。”齿是人寿之数也。然数之修短，禀气于有生之初。文王虽爱其子，岂能减己之年而益之哉？好事者为之辞而不究其理，读《记》者信其说而莫之敢议也。〇女，音汝。龀，初谨切。

成王幼，不能莅阼。周公相，践阼而治；抗世子法于伯禽，欲令成王之知父子、君臣、长幼之道也。成王有过，则挞伯禽，所以示成王世子之道也。文王之为世子也。[1]

[1] 石梁王氏曰：“‘文王之为世子也’一句，衍文。”〇刘氏曰：“成王幼弱，虽已莅阼为天子，而未能行莅阼之事。《书》曰‘小子同未在位’，亦言其虽已在位，与未在位同也。故周公以冢宰摄政，相助成王，践履其临阼之事而治天下。以幼年即尊位，而不知父子、君臣、长幼之道，何以治天下哉？故周公举世子事君亲长上之法，以教伯禽，使日夕与成王游处，俾其有所视效也。其或成王出入起居之间，有愆于礼法者，则挞伯禽以责其不能尽事君之道，所以警教成王，而示之以为世子之道也。然伯禽所行，即文王所行世子之道；文王所行，乃诸侯世子之礼，故曰‘文王之为世子也’；言伯禽所行，非王世子之礼也。”〇相，去声。令，去声。

凡学世子及学士必时。春夏学干戈，秋冬学羽籥，皆于东序。[1]小乐正学干，大胥赞之；籥师学戈，籥师丞赞之，胥鼓《南》。[2]春诵夏弦，大师诏之瞽宗。秋学礼，执礼者诏之。

冬读《书》，典《书》者诏之。礼在瞽宗，《书》在上庠。[3]

[1] 学，教也。士，即《王制》所谓“司徒论俊选而升于学之士”也。必时，四时各有所教也。干，盾也，捍兵难之器。戈，句孑戟也。羽，翟雉之羽也。籥，笛之属也。四物皆舞者所持，干戈为武舞，故于阳气发动之时教之，示有事也；羽籥为文舞，故于阴气凝寂时教之，示安静也。东序，大学也。〇四“学”字，皆音效。“于学”、“大学”，如字。难，去声。句，音勾。大，音泰。

[2] 四人皆乐官之属。赞，相助之也。胥，即大胥也。《南》，南夷之乐也。东夷之乐曰《昧》，南夷之乐曰《南》，西夷之乐曰《朱离》，北夷之乐曰《禁》。《明堂位》又云：“《任》，南蛮之乐也。”《周礼》：旄人教国子南夷乐之时，大胥则击鼓以节其音曲，故云胥鼓《南》也。先王作乐，至矣盛矣，而犹以远方蛮夷之乐教人者，所以示舆图之无外，异类之咸宾，奏之宗庙之中，侈其盛也。独举南乐，则余三方皆教习可知。〇二“学”字，皆音效。相，去声。

[3] 诵，口诵歌乐之篇章也。弦，以琴瑟播被诗章之音节也，皆太师诏教之。瞽宗，殷学名；上庠，虞学名。周有天下，兼立虞夏殷周之学也。〇大，音泰。学，如字。

凡祭与养老乞言、合语之礼，皆小乐正诏之于东序。[1]大乐正学舞干戚、语说、命乞言，皆大乐正授数。大司成论说在东序。[2]

凡侍坐于大司成者，远近间三席，可以问。终则负墙。列事未尽，不问。[3]

[1] 祭是一事，养老乞言是一事，合语是一事，故以“凡”言之。养老乞言，谓行养老之礼之时，因乞善言之可行者于此老人也。合语，谓祭及养老，与乡射、乡饮、大射、燕射之礼，至旅酬之时，皆得言说先王之法，合会义理而相告语也。其间各有威仪容节，皆须小乐正诏教之于东

序之中。

[2] 戚，斧也。大乐正教世子及士以舞干戚之容节，及合语之说，与乞言之礼。此三者，皆大乐正授之以篇章之数。于是大司成之官，于东序而论说此受教者义理之浅深、才能之优劣也。○学，音效。说，如字。

[3] 席广三尺三寸三分寸之一。三席，所谓函丈也。相对远近如此，取其便于咨问。问终则却就后席，背负墙壁而坐，以避后来问事之人。其问事之时，尊者有教，而己犹未达，则必待其言尽，然后更问。若陈列未竟，则不敢先问以参错尊者之言也。○间，平声。

凡学，春官释奠于其先师，秋冬亦如之。[1] 凡始立学者，必释奠于先圣先师，及行事，必以币。[2] 凡释奠者，必有合也，有国故则否。凡大合乐，必遂养老。[3]

[1] 官，掌教诗、书、礼、乐之官也。若春诵夏弦，则太师释奠；教干戈，则小乐正及乐师释奠也。秋学礼，冬读《书》，则其官亦如之。释奠者，但奠置所祭之物而已，无尸无食饮酬酢等事。所以若此者，以其主于行礼，非报功也。先师，谓前代明习此事之师也。

[2] 诸侯初受封，天子命之教，于是立学，所谓始立学也。立学事重，故释奠于先圣先师。四时之教常事耳，故惟释奠于先师，而不及先圣也。行事，谓行释奠之事。必以币，必奠币为礼也。始立学而行释奠之礼则用币，四时常奠，不用币也。

[3] 凡行释奠之礼，必有合乐之事。若国有凶丧之故，则虽释奠，不合乐也。常事合乐，不行养老之礼，惟大合乐之时，人君视学，必养老也。旧说：合者，谓若本国无先圣先师，则合祭邻国之先圣先师。本国故有先圣先师，如鲁有孔颜之类，则不合祭邻国之先圣先师也。未知是否。

凡语于郊者，必取贤敛才焉，或以德进，或以事举，或以言扬。曲艺皆誓之，以待又语。三而一有焉，乃进其等，以其序。谓之郊人。远之。于成均，以及取爵于上尊也。[1]

[1] 语于郊者，论辩学士才能于郊学之中也。有贤德者则录取之，有才能者则收敛之。道德为先，事功次之，言语又次之。曲艺，一曲之艺，小小技能，若医卜之属。誓，戒谨也。学士中或无德、无事、无言之可取，而有此曲艺之人，欲投试考课者，皆却之，使退而谨习所能，以待后次再语之时，乃考评之也。三而一有者，谓此曲艺之人举说三事而一事有可善者，乃进其等，即于其同等之中，拔而升进之也，然犹必使之于同辈中以所能高下为次序，使不混其优劣也。如此之人，但止目之曰郊人，非俊选之比也，以非士类，故疏远之。成均，五帝大学之名，天子设四代之学。上尊，堂上之酒尊也。若天子饮酒于成均之学宫，此郊人虽贱，亦得取爵于堂上之尊以相旅劝焉，所以荣之也。人字、之字、均字，皆句绝。〇远，去声。大，音泰。

始立学者，既兴器用币，然后释菜，不舞，不授器。乃退，傧于东序，一献，无介语可也。教世子。[1]

[1] 立学之初，未有礼乐之器，及其制作之成，涂衅既毕，即用币于先圣先师，以告此器之成。继又释菜，以告此器之将用也。凡祭祀用乐舞者，则授舞者以所执之器，如干、戈、羽、籥之类。今此释菜礼轻，既不用舞，故不授舞器也。诸侯有功德者，亦得立异代之学。东序，夏制也，与虞庠相对。东序在东，虞庠在西。乃退傧于东序者，谓释菜在虞庠之中，礼毕，乃从虞庠而退傧，礼其宾于东序之中。其礼既杀，惟行一献，无介无语，于礼亦可也。此以上，虽不专是教世子之事，然以教世子为主，故以此句总结上文。〇石梁王氏曰："三字亦衍文。"〇兴，音衅。杀，去声。

凡三王教世子必以礼乐。乐所以修内也，礼所以修外也。礼乐交错于中，发形于外，是故其成也怿，恭敬而温文。[1]立太傅、少傅以养之，欲其知父子、君臣之道也。太傅审父子、君臣之道以示之，少傅奉世子以观太傅之德行而审喻之。太傅在前，少傅在后，入则有保，出则有师，是以教喻而德成也。师也者，教之以事而喻诸德者也。保也者，慎其身以辅翼之，而归诸道者也。《记》曰："虞夏商周，有师、保，有疑、丞。设四辅及三公，不必备，唯其人。"语使能也。[2]君子曰："德，德成而教尊，教尊而官正，官正而国治，君之谓也。"[3]

[1] 修内者，消融其邪慝之蕴；修外者，陶成其恭肃之仪。礼之修达于中，乐之修达于外，所谓交错于中也。有诸中，必形诸外，故其成也怿。此怿字，与《鲁论》"不亦说乎"之"说"相似，既有恭敬之实德，又有温润文雅之气象，礼乐之教大矣。〇说，音悦。

[2] 养者，长而成之之谓。审喻，详审言之使通晓也。前后，以行步言。出入，以居处言。慎其身，使之谨守其身也。师、保、疑、丞，四辅也。一说，前疑后丞，左辅右弼，为四辅。四辅与三公不必其全备，惟择其可称职者。"惟其人"以上，皆《记》文。语，言也。"语使能也"一句，是记者释之之辞。〇朱子曰："师、保、疑、丞，'疑'字晓不得，想止是有疑即问他之意。"〇少、行，并去声。

[3] 君子曰德，此德是指世子之德。世子之德有成，则教道尊严而无敢慢易者。故凡居官守者，皆以正自处，官正而国治，世子为君之谓也。

仲尼曰："昔者周公摄政，践阼而治，抗世子法于伯禽，所以善成王也。闻之曰：'为人臣者，杀其身有益于君，则为之。'况于其身以善其君乎？周公优为之。[1]"是故知为人子，然后可以为人父；知为人臣，然后可以为人君；知事人，然后能使人。成王幼，不能莅阼，以为世子，则无为也。是故抗世子法于伯禽，使之与成王居，欲令成王之知父子、君臣、长幼之义也。

[1] 前言“周公相践阼而治”，此缺“相”字，而下文又有周公践阼之言，皆记者之失也。以世子法教世子，直道也。今举世子法于伯禽而教成王，是迂曲其事也。人臣杀身为国，犹尚为之。今周公不过迂曲其身之所行，以成君之善，宜乎优为之也。〇刘氏曰：“《书・蔡仲之命》曰：‘惟周公位冢宰，正百公。’此言摄政践阼而治，是以冢宰摄行践阼之政，非谓摄居天子之位也。孔子言周公举世子法于伯禽者，非自教其子，盖示法以善成王也。吾闻古人言为人臣者，杀身而有益于君，犹且为之，况止迂其身以善其君乎？此大人正己而物正之事。周公大圣人也，故优为之。”〇于，读作迂。“为国”为，去声。

君之于世子也，亲则父也，尊则君也。有父之亲，有君之尊，然后兼天下而有之。是故养世子不可不慎也。[1]行一物而三善皆得者，唯世子而已，其齿于学之谓也。故世子齿于学，国人观之曰：“将君我而与我齿让，何也？”曰：“有父在则礼然。”然而众知父子之道矣。其二曰：“将君我而与我齿让，何也？”曰：“有君在则礼然。”然而众著于君臣之义也。其三曰：“将君我而与我齿让，何也？”曰：“长长也。”然而众知长幼之节矣。故父在斯为子，君在斯谓之臣，居子与臣之节，所以尊君亲亲也。故学之为父子焉，学之为君臣焉，学之为长幼焉。父子、君臣、长幼之道得而国治。语曰：“乐正司业，父师司成。一有元良，万国以贞。”世子之谓也。[2]周公践阼。[3]

[1] 武王既崩，则成王无父，虽年幼未知君道，若以之为世子，则无

为子之处矣。故云“以为世子则无为也”。君于世子，以亲言则是父，以尊言则是君。能尽君父之道以教其子，然后可以保有天下之大。不然，则他日为子者不克负荷矣，可不慎乎？〇令，平声。荷，上声。

[2] 一物，一事也，与国人齿让之一事也。三善，谓众人知父子、君臣、长幼之道也。君我，君临乎我也。世子与同学之人让齿，其不知礼者见之而疑，其知礼者从而晓之曰：“父在之时，常执谦卑，不敢居人之前，其礼当如此也。如此而众知父子之道矣。”其二、其三皆此意。学之，教之也。语，古语也。乐正，主世子《诗》、《书》之业。父师，主于成就其德行。一有，《书》作“一人”，谓世子也。世子有大善，则万邦皆正矣。〇长，并上声。学，并音效。行，去声。

[3] 石梁王氏曰：“此当为衍文。”〇刘氏曰：“此四字，说者以下文更端，故著此以结上文周公相践阼之事。然因其缺一相字，遂启明堂位周公践天子位之说，其后驯致新莽居摄篡汉之祸，实此语基之。”〇更，平声。

庶子之正于公族者，教之以孝弟、睦友、子爱，明父子之义，长幼之序。[1]其朝于公，内朝则东面北上，臣有贵者以齿。[2]其在外朝，则以官，司士为之。[3]其在宗庙之中，则如外朝之位，宗人授事，以爵以官。[4]

[1] 庶子，司马之属官。正于公族，为正于公族也。《周礼》：庶子“掌国子之倅”。倅，副贰也。国子，是公卿、大夫、士之子，则贰其父者也。〇弟，音悌。倅，音卒，士卒之卒同音。

[2] 内朝，路寝之庭也。言公族之人，若朝见于公之内朝，则立于西方而面向东，尊者在北，以次而南。然既均为同姓之臣，则一以昭穆之长幼为序，父兄虽贱必居上，子弟虽贵必处下也。〇朝，音潮。见，音现。

[3] 外朝，路寝门外之朝也。若公族朝见于外朝，与异性之臣杂列，则以官之高卑为次序，不序年齿也。司士，亦司马之属，主为朝见之位

次者。

［4］宗人之官，掌礼及宗庙中授百官以职事者。以爵，随其爵之尊卑；以官，随其官之职掌也。贵者在前，贱者在后，使各供其事也。

其登馂、献、受爵，则以上嗣。[1]

［1］登，自堂下而升堂上也。馂，食尸之余也。尸出，宗人使嗣子及长兄弟，升堂相对而馂也。以《特牲礼》次序言之，先时祝酌爵觯奠于铏南，俟主人献内兄弟毕，长兄弟及众宾长为加爵之后，宗人使嗣子饮铏南之奠爵。嗣子盥而入拜，尸执此奠爵，嗣子进受，复位而拜，尸答拜，嗣子饮毕拜尸，尸又答拜，所谓受爵也。嗣子又举所奠爵洗而酌之以入献尸，尸拜而受，嗣子答拜，所谓献也。无算爵之后，礼毕尸出乃馂。此三事者，受爵在先，献次之，馂最在后。今言“馂献受爵”，以重在馂，故逆言之欤？上嗣，适子之长者为最上也。此谓士礼，大夫之嗣无此礼者，避君也，故《少牢礼》无嗣子举奠之文。

庶子治之，虽有三命，不逾父兄。[1]

［1］庶子治公族朝内朝之礼，虽有三命之贵，而其位次，不敢逾越无爵之父兄而居其上，即上章所言“臣有贵者以齿”也。○疏曰：“若非内朝，其余会聚，则一命齿于乡里。谓一命尚卑，若与乡里长宿燕食，则犹计年也。再命齿于父族，谓再命渐尊，不复与乡里计年，唯官高在上，但父族为重，犹计年为列也。三命不齿，谓三命大贵，则亦不复与父族计年，燕会则别席独坐在宾之东矣。”

其公大事，则以其丧服之精粗为序，虽于公族之丧亦如之，以次主人。[1]若公与族燕，则异姓为宾，膳宰为主人；公与父兄齿。族食，世降一等。[2]

［1］此谓君丧而庶子治其礼事。大事，丧事也。臣为君皆斩衰，然

衰制虽同，而升数之多寡则各依本亲。庶子序列位次，则辨其本服之精粗，使衰粗者在前，衰精者在后。非但公丧如此，公族之内有相为服者亦然，盖亦是庶子序其精粗先后之次也。以次主人者，谓虽有庶长父兄尊于主人，亦必次于主人之下，使主人在上为丧主也。

[2] 公与族人燕食，亦庶子掌其礼，族人虽众，其初一人之身也，岂可以宾客之道外之？故以异姓一人为宾，而使膳宰为主，与之抗礼酬酢，君尊而宾不敢敌也。君虽尊而与父兄列位序尊卑之齿者，笃亲亲之道也。族食，与族人燕食也。世降一等，谓族人既有亲疏，则燕食亦随世降杀也。〇疏曰："假令本是齐衰，一年四会食。若大功则一年三会食，小功则一年再会食，缌麻则一年一会食，是世降一等也。"

其在军，则守于公祢。[1]公若有出疆之政，庶子以公族之无事者守于公宫，正室守大庙，诸父守贵宫、贵室，诸子诸孙守下宫下室。[2]

[1] 祢，当读作祧。〇公祢，谓迁主载在齐车，随公出行者也。庶子官既从在军，故守卫此齐车之行主也。〇齐，音斋。

[2] 上章专言出军，则此出疆之政，盖朝觐会同之事也。无事者，谓不从行及无职守之人也。公宫，总言公之宗庙宫室也。正室，公族之为卿、大夫、士者之适子也。大庙，太祖之庙也。诸父，公之伯父叔父也。宫以庙言，室以居言。贵宫，尊庙也；贵室，路寝也；下宫下室，则是亲庙与燕寝也。〇大，音泰。

五庙之孙，祖庙未毁，虽为庶人，冠、取妻必告，死必赴，练、祥则告。[1]族之相为也，宜吊不吊，宜免不免，有司罚之。至于赗赙承含，皆有正焉。[2]

[1] 诸侯五庙，始封之君为太祖，百世不迁，此下亲尽则递迁。此言五庙之孙，是始封之君，即五世祖，故云祖庙未毁。未毁，未递迁也。此

孙虽无禄仕，然冠昏必告于君，死必赴，练、祥之祭必告者，以其亲未尽也。○冠、取，并去声。

[2] 四世而缌，服之穷也。五世亲尽，袒免而已。袒免，说见前篇。六世以往，吊而已矣。当吊而不吊，当免而不免，皆为废礼，故有司者罚之，所以肃礼教也。赗以车马，赙以货财，含以珠玉，襚以衣服，四者总谓之赠，随其亲疏，各有正礼，庶子官治之。有司，即庶子也。○为，去声。免，音问。承，读作赠。含，去声。

公族其有死罪，则磬于甸人。其刑罪则纤刌，亦告于甸人。公族无宫刑。[1]狱成，有司谳于公，其死罪，则曰："某之罪在大辟。"其刑罪，则曰："某之罪在小辟。"公曰："宥之。"有司又曰："在辟。"公又曰："宥之。"有司又曰："在辟。"及三宥，不对走出，致刑于甸人。公又使人追之曰："虽然，必赦之。"有司对曰："无及也。"反命于公。公素服不举，为之变。如其伦之丧，无服，亲哭之。[2]

[1] 磬，悬缢杀之也。《左传》"室如县磬"，皇氏曰："如县乐器之磬也。"甸人，掌郊野之官，为之隐，故不于市朝。其刑罪之当纤刺刌割之时，亦鞠读刑法之书于甸人之官也。《汉书》每云"鞠狱"，鞠，尽也。推审罪状，令无余蕴，然后读其所犯罪状之书而刑之。无宫刑者，不绝其类也。○纤，音篯。刌，之兖切。告，音鞠。县，平声。为，去声。令，平声。

[2] 狱成，谓所犯之事，讯问已得情实也。谳，议刑也。杀牲盛馔曰举，素服不举，为之变其常礼，示悯恻也。如其亲疏之伦而不为吊服者，以不亲往故也。但居外不听乐，及赙赠之类，仍依亲疏之等耳。亲哭之者，为位于异姓之庙，而素服以哭之也。天子诸侯绝旁亲，故知此言无服，是不为吊服。○谳，鱼列切。辟，婢亦切。为，去声。

公族朝于内朝，内亲也。虽有贵者以齿，明父子也。外朝以官，体异姓也。宗庙之中，以爵为位，崇德也。宗人授事以官，尊贤也。登馂、受爵以上嗣，尊祖之道也。丧纪以服之轻重为序，不夺人亲也。公与族燕则以齿，而孝弟之道达矣。其族食世降一等，亲亲之杀也。战则守于公祢，孝爱之深也。正室守大庙，尊宗室而君臣之道著矣。诸父诸兄守贵室，子弟守下室，而让道达矣。[1]

五庙之孙，祖庙未毁，虽及庶人，冠、取妻必告，死必赴，不忘亲也。亲未绝而列于庶人，贱无能也。敬吊临、赙、赗，睦友之道也。古者庶子之官治而邦国有伦，邦国有伦而众乡方矣。[2]公族之罪，虽亲，不以犯有司，正术也，所以体百姓也。刑于隐者，不与国人虑兄弟也。弗吊，弗为服，哭于异姓之庙，为忝祖，远之也。素服居外，不听乐，私丧之也，骨肉之亲无绝也。公族无宫刑，不剪其类也。[3]

[1] 此以下，覆解前章“庶子正公族”以下诸事。内亲，谓亲之故进之于内也。明父子，昭穆不可紊也。体异姓，体貌异姓之臣也。崇德，德之尊者爵必尊也。尊贤，惟贤者能任事也。上嗣，继祖者也，故为尊祖之道。服之轻重，本于属之亲疏。亲疏之伦，不可易夺也。燕食主于亲亲，以齿相序，所以达孝弟之道也。亲亲施于生者，宜有降杀之等。孝爱施于死者，宜有深远之思。君臣之道，以轻重言。让道，则以贵贱言也。○“孝弟”弟，音悌。杀，去声。祢，音祧。大，音泰。

[2] 人君任官，本无亲疏之间，顾贤否何如耳。亲尽而贤，亦必仕之。今亲未尽而已在庶人之列，是以其无能，故贱之也。族人有丧，君必敬谨其吊临、赙、赗之礼者，是皆和睦友爱族人之道也。乡方，所向之方，谓皆知趋礼教也。○临，如字。乡，去声。

[3] 正术，犹言常法也。公族之有罪者，虽是君之亲，然亦必在五刑之例而不赦者，是不以私亲而干犯有司之正法也。所以然者，以立法无

二制，当与百姓一体断决也。与，犹许也。刑于甸师隐僻之处者，是不许国人见而谋度吾兄弟之过恶也。刑已当罪而犹私丧之者，以骨肉之亲，虽陷刑戮，无断绝之理也。受宫刑者绝生理，故谓之腐刑，如木之朽腐无发生也。此刑不及公族，不忍剪绝其生生之类耳。○“为忝”为，去声。远，去声。“断决”断，丁玩切。度，入声。当，去声。“断绝”断，徒管切。

天子视学，大昕鼓征所以警众也。众至，然后天子至，乃命有司行事，兴秩节，祭先师、先圣焉。有司卒事反命。[1]始之养也，适东序，释奠于先老，遂设三老、五更、群老之席位焉。[2]适馔省醴，养老之珍具，遂发咏焉，退，修之以孝养也。[3]反，登歌《清庙》。既歌而语，以成之也，言父子、君臣、长幼之道，合德音之致，礼之大者也。[4]下管《象》，舞《大武》，大合众以事，达有神，兴有德也。正君臣之位、贵贱之等焉，而上下之义行矣。[5]有司告以乐阕，王乃命公、侯、伯、子、男及群吏曰：“反，养老幼于东序。”终之以仁也。[6]

[1] 天子视学之日，初明之时，学中击鼓以征召学士，盖警动众听使早至也。凡物以初为大，末为小，故以大昕为初明也。有司，教诗、书、礼、乐之官也。兴，举；秩，常；节，礼也。卒事反命，谓释奠事毕，复命于天子也。○昕，音欣。

[2] 天子视学，在虞庠之中，事毕返国，明日乃之东序而养老。始，谓始初立学之时也。若非始立学，则无释奠先老之礼。先老，先世之为三老、五更者也。三老、五更各一人，群老无定数。蔡邕曰：“更，当为叟。三老三人，五更五人。”未知是否。然皆年老更事致仕者，旧说取象三辰五星。○更，平声。

[3] 设席位毕，天子亲至陈馔之处，省视醴酒及养老珍羞之具。省具毕，出迎三老五更。将入门，遂作乐声，发其歌咏以延进之。老更既

入，即西阶下之位，天子乃退而酌醴以献之，是修行孝养之道也。○适，如字。省，息井切。"孝养"养，去声。

［4］反，反席也。老更受献毕，皆立于西阶下，东面，今皆反升就席，乃使乐工登堂歌《清庙》之诗以乐之。歌毕至旅酬时，谈说善道，以成就天子养老之礼也。其所言说者，皆是讲明父子、君臣、长幼之道理，集合《清庙》诗中所咏文王道德之音声，皆德之极致、礼之大者也。

［5］下管《象》者，堂下以管奏《象》舞之曲也。舞《大武》者，庭中舞《大武》之舞也。《象》是文王之舞，《周颂·维清》乃《象》舞之乐歌。《武》则《大武》之乐歌也。《武》颂言"胜殷遏刘"，《维清》不言征伐，则《象》、《武》决非武舞矣。注疏以文王、武王之舞皆名为《象》，《维清》、《象》舞为文王，下管《象》为武王，其意盖谓《清庙》与管《象》，若皆为文王，不应有上下之别。殊不知古乐歌者在上，匏竹在下，凡以人歌者皆曰升歌，亦曰登歌；以管奏者皆曰下管，《周礼·大师》"帅瞽登歌，下管奏乐器"，《书》言"下管鼗鼓"是也。《清庙》以人歌之，自宜升，《象》以管奏之，自宜下，凡乐皆有堂上堂下之奏也。此严氏之说，足以正旧说之非，故今从之。大合众以事，谓大会众学士，以行此养老之事。而乐之所感，足以通达神明，兴起德性也。一说，周道之四达，以有神明相之，周家之兴起，以世世修德，皆可于乐中见之，上言父子、君臣、长幼之道，此言正君臣之位、贵贱之等，而上下之义行，则先王养老之礼，岂苟为虚文而已哉？○别，必列切。大，音泰。帅，入声。相，去声。

［6］阕，终也。此时畿内之诸侯，及乡遂之吏，皆与礼席。天子使其反国，各行养老之礼，是天子之仁恩，始于一处而终皆遍及也。○冯氏曰："石梁先生于此经涂去幼字，今按疏有其义，而郑注无养幼之文，疑是讹本搀入一字。"

是故圣人之记事也，虑之以大，爱之以敬，行之以礼，修之以孝养，纪之以义，终之以仁，是故古之人一举事而众皆知其德之备也。古之君子举大事，必慎其终始，而众安得不喻焉？《兑命》曰：“念终始典于学。”[1]

[1] 虞、夏、商、周皆有养老之礼，后王养老，亦皆记序前代之事也。人道莫大于孝弟，虑之以大者，谓谋虑此孝弟之大道而推行之也。爱敬，省具之事；行礼，亲迎肃之也；孝养，献醴也；纪义，既歌而语也；终仁，令侯国行之也。一事之中，人皆知其众德之全备者，以其慎终如始也，如此则众安得不喻晓乎？养老之礼行于学，又因终始之义，故引《说命》以结之也。○养，去声。兑，音悦。令，平声。说，音悦。

《世子之记》曰：“朝夕至于大寝之门外，问于内竖曰：‘今日安否何如？’内竖曰：‘今日安。’世子乃有喜色。其有不安节，则内竖以告世子，世子色忧，不满容，内竖言‘复初’，然后亦复初。[1]朝夕之食上，世子必在视寒暖之节。食下，问所膳。羞，必知所进，以命膳宰，然后退。若内竖言疾，则世子亲齐玄而养。[2]膳宰之馔，必敬视之。疾之药，必亲尝之。尝馔善，则世子亦能食。尝馔寡，世子亦不能饱。以至于复初，然后亦复初。”[3]

[1]《世子之记》，古者教世子之礼篇也。不满容，不能充其仪观之美也。此节约言之，以见文王、武王为世子之异于常人也。文王朝王季，日三，此朝夕而已。文王行不能正履，此色忧而已。○石梁王氏曰：“古世子之礼亡，此余其记之一节，小戴以附篇末。”○观，去声。

[2] 羞，品味也。必知所进，必知亲所食也，命膳宰，即篇首所命之言也。养疾者，衣齐玄之服，即齐时所著玄冠缁布衣裳，则贵贱异制谓之玄端服也。○上，上声。齐，侧皆切。养，去声。

[3] 善，犹多也。不能饱，以视武王之亦一亦再又异矣。此篇首言文王、武王为世子之事，故篇终举《记》之言以终之《文王世子》云。

礼运第九[1]

[1] 此篇记帝王礼乐之因革，及阴阳造化流通之理，疑出于子游门人之所记，间有格言。而篇首大同小康之说，则非夫子之言也。○间，去声。

昔者仲尼与于蜡宾，事毕，出游于观之上，喟然而叹。仲尼之叹，盖叹鲁也。言偃在侧曰："君子何叹？"孔子曰："大道之行也，与三代之英，丘未之逮也，而有志焉。[1]大道之行也，天下为公。选贤与能，讲信修睦，故人不独亲其亲，不独子其子。使老有所终，壮有所用，幼有所长，矜寡、孤独、废疾者，皆有所养。男有分，女有归。货，恶其弃于地也，不必藏于己。力，恶其不出于身也，不必为己。是故谋闭而不兴，盗窃乱贼而不作。故外户而不闭，是谓大同。[2]

[1] 蜡礼，详见《郊特牲》篇。孔子在鲁与为鲁国蜡祭之宾，毕事而游息于观上。观，门阙也，两观在门之两旁，悬国家典章之言于上以示人也。喟然，叹声也。所以叹鲁者，或祭事之失礼，或因睹旧章而思古也。言偃，孔子弟子子游也。问所以叹之故，夫子言我思古昔大道之行于天下，与夫三代英贤之臣，所以得时行道之盛。我今虽未得及见此世之盛，而有志于三代英贤之所为也。此亦梦见周公之意。○石梁王氏曰："以五帝之世为大同，以禹、汤、文、武、成王、周公为小康，有老氏意。而注又引以实之，且谓礼为忠信之薄，皆非儒者语。所谓孔子曰，记者为之辞也。"○与，去声。蜡，音乍。观，去声。喟，去愧切。

[2] 天下为公，言不以天下之大私其子孙，而与天下之贤圣公共之。

如尧授舜，舜授禹，但有贤能可选，即授之矣。当时之人，所讲习者诚信，所修为者和睦，是以亲其亲以及人之亲，子其子以及人之子，使老者、壮者、幼者各得其所，困穷之民，无不有以养之。男则各有士、农、工、商之职分，女则得归于良奥之家。货财，民生所资以为用者，若弃捐于地而不以时收贮，则废坏而无用，所以恶其弃于地也，今但得有能收贮以资世用者足矣，不必其善利而私藏于己也。世间之事，未有不劳力而能成者，但人情多诈，共事则欲逸己而劳人，不肯尽力，此所以恶其不出于身也。今但得各竭其力，以共成天下之事足矣，不必其用力而独营己事也。风俗如此，是以奸邪之谋，闭塞而不兴；盗窃乱贼之事，绝灭而不起。暮夜无虞，外户可以不闭，岂非公道大同之世乎？一说，外户者，户设于外而闭之向内也。〇选，去声。矜，音鳏。分，扶问切。恶，去声。“为己”为，去声。

“今大道既隐，天下为家，各亲其亲，各子其子，货力为己。大人世及以为礼，城郭沟池以为固，礼义以为纪，以正君臣，以笃父子，以睦兄弟，以和夫妇，以设制度，以立田里，以贤勇知，以功为己。故谋用是作，而兵由此起。禹、汤、文、武、成王、周公，由此其选也。此六君子者，未有不谨于礼者也，以著其义，以考其信，著有过，刑仁讲让，示民有常。如有不由此者，在埶者去，众以为殃，是为小康。”[1]

[1] 天下为家，以天下为私家之物而传子孙也。大人，天子、诸侯也。父子相传为世，兄弟相传为及。纪，纲纪也。贤勇知，以勇知为贤也。涿鹿之战，有苗之征，兵非由后王起也，谓兵由此起，举汤武之事言之耳。著，明也。考，成也。刑仁，谓法则仁爱之道。讲让，讲说逊让之道。示民有常，言六君子谨礼而行。著义以下五事，示民为常法也。在埶，居王者之势位也。言为天下之君，而不以礼行此五事，则天下之人以为殃民之主，而共废黜之也。此谓小小安康之世，不如大道大同之世也。

○陈氏曰："礼家谓太上之世贵德，其次务施报往来，故言大道为公之世，不规规于礼。礼乃道德之衰，忠信之薄，大约出于老庄之见，非先圣格言也。"○"为己"为，去声。知，去声。埶，音势。去，上声。施，去声。

言偃复问曰："如此乎礼之急也？"孔子曰："夫礼，先王以承天之道，以治人之情，故失之者死，得之者生。《诗》曰：'相鼠有体，人而无礼；人而无礼，胡不遄死！'是故夫礼，必本于天，殽于地，列于鬼神，达于丧、祭、射、御、冠、昏、朝、聘。故圣人以礼示之，故天下国家可得而正也。"[1]

[1] 礼本于天，天理之节文也。殽，效也。效于地者，效山泽高卑之势，为上下之等也。后章"殽以降命"以下乃详言之。列于鬼神，礼有五经，莫重于祭也。丧祭以下八事，人事之仪则也。○复，扶又切。治，平声。相，去声。殽，音效。冠，去声。朝，音潮。

言偃复问曰："夫子之极言礼也，可得而闻与？"孔子曰："我欲观夏道，是故之杞而不足征也，吾得《夏时》焉。我欲观殷道，是故之宋而不足征也，吾得《坤乾》焉。《坤乾》之义，《夏时》之等，吾以是观之。[1]

[1] 杞，夏之后。宋，殷之后。征，证也。孔子言我欲观考夏殷之道，故适二国而求之，意其先代旧典，故家遗俗，犹有存者。乃皆无可征验者，仅于杞得《夏时》之书，于宋得《坤乾》之《易》耳。《夏时》，或谓即今《夏小正》。《坤乾》，谓《归藏》，商《易》首坤次乾也。所谓《坤乾》之义理、《夏时》之等列，吾但以此二书观之而已，二代治天下之道，岂可悉得而闻乎？《论语》曰："文献不足故也。"○石梁王氏曰："以《坤乾》合《周礼》之《归藏》，且有《鲁论》所不言者，恐汉儒依仿为之。诚如其说，则《夏小正》之书与《坤乾》，何足以证礼？注训"征"为"成"尤非，近儒有反引此以解

《鲁论》者，谬甚。《中庸》亦无是说，大概此段仿《鲁论》为之者。”

“夫礼之初，始诸饮食，其燔黍捭豚，污尊而抔饮，蒉桴而土鼓，犹若可以致其敬于鬼神。[1]及其死也，升屋而号，告曰：‘皋某复！’然后饭腥而苴孰。故天望而地藏也，体魄则降，知气在上。故死者北首，生者南乡，皆从其初。[2]昔者先王未有宫室，冬则居营窟，夏则居橧巢。未有火化，食草木之实、鸟兽之肉，饮其血茹其毛。未有麻丝，衣其羽皮。[3]后圣有作，然后修火之利，范金合土，以为台榭宫室牖户。以炮，以燔，以亨，以炙，以为醴酪。治其麻丝，以为布帛。以养生送死，以事鬼神上帝，皆从其朔。[4]故玄酒在室，醴盏在户，粢醍在堂，澄酒在下，陈其牺、牲，备其鼎、俎，列其琴、瑟、管、磬、钟、鼓，修其祝嘏，以降上神与其先祖，以正君臣，以笃父子，以睦兄弟，以齐上下，夫妇有所，是谓承天之祜。[5]作其祝号，玄酒以祭，荐其血毛，腥其俎，孰其殽。与其越席，疏布以幂。衣其浣帛，醴盏以献，荐其燔炙。君与夫人交献以嘉魂魄，是谓合莫。然后退而合亨，体其犬、豕、牛、羊，实其簠、簋、笾、豆、铏、羹，祝以孝告，嘏以慈告，是谓大祥。此礼之大成也。”[6]

[1] 燔黍，以黍米加于烧石之上，燔之使熟也。捭豚，擘析豚肉加于烧石之上而熟之也。污尊，掘地为污坎以盛水也。抔饮，以手掬而饮之也。蒉桴，抟土块为击鼓之椎也。土鼓，筑土为鼓也。上古人心无伪，虽简陋如此，亦自可以致敬于鬼神也。○捭，音百。污，乌花切。抔，音掊。桴，音浮。盛，平声。

[2] 所以升屋者，以魂气之在上地。皋者，引声之言。某，死者之名

也。欲招此魂令其复合体魄,如是而不生,乃行死事。饭腥者,用上古未有火化之法,以生稻米为含也。苴孰者,用中古火化之利,包裹熟肉为遣送之奠也。天望地藏,谓始死望天而招魂,体魄则葬藏于地也。所以然者,以体魄则降而下,知气则升而上也。死者之头向北,生者之居向南。及以上送死诸事,非后世创为之,皆是从古初所有之礼也。〇号,平声。饭,上声。苴,兹于切。知、首、乡,并去声。令,平声。含、遣,并去声。下,去声。上,上声。

[3] 营窟者,营累其土以为窟穴也。地高则穴于地中,地卑则于地上累土为窟也。橧巢者,橧聚薪柴以为巢居也。茹其毛者,以未有火化,故去毛不能尽而并食之也。〇橧,音曾。茹,音汝。衣,去声。累,上声。去,上声。并,去声。

[4] 范字,当从竹。《韵注》云:"以土曰型,以金曰熔,以木曰模,以竹曰笵。"皆铸器之式也。范金,为形范以铸金器也。合土,和合泥土为陶器也。裹而烧之曰炮,加于火上曰燔,煮于镬曰亨,贯串而置之火上曰炙。酪,醋也。治,湅染之类也。此以上诸事,皆火之利,今世承用而为之,皆是取法往圣,故云皆从其朔。朔,亦初也。〇亨,音烹。炙,音只。酪,音洛。治,平声。和,去声。

[5] 太古无酒,用水行礼,后王重古,故尊之名为玄酒。祭则设于室内而近北也。醴,犹体也,酒之一宿者,《周礼》谓之"醴齐"。醆,即《周礼》"盎齐"。盎,犹翁也,成而翁翁然,葱白色也。此二者以后世所为,贱之。陈列虽在室内,而稍南近户,故云醴醆在户也。粢醍,即《周礼》"醍齐",酒成而红赤色也,又卑之,列于堂,澄酒,即《周礼》"沈齐",成而滓沈也,又在堂之下矣。此五者,各以等降设之。祝,为主人告神之辞。嘏,为尸致福于主人之辞。说见《曾子问》。上神,在天之神也。《祭统》云:"君迎牲而不迎尸,别嫌也。"是正君臣之义。父北面而事之,所以明子事父之道,是笃父子也。睦兄弟者,主人献长兄弟及众兄弟之礼。齐上下者,献与馂各有次序,无遗缺也。夫妇有所者,君在阼,夫人在房,及致爵之类也。行礼如此,神格鬼享,岂不承上天之福祜乎?〇醆,侧眼切。

粢，才细切。醍，音体。嘏，古雅切。祜，音户。“醴齐”、“盎齐”、“醍齐”、“沈齐”齐，去声。“为主”、“为尸”为，去声。别，必列切。

[6]《周礼》祝号有六：一神号，二鬼号，三祇号，四牲号，五齍号，六币号。作其祝号者，造为鬼神及牲玉美号之辞。神号，如“昊天上帝”；鬼号，如“皇祖伯某”；祇号，若“后土地祇”；牲号，若“一元大武”；齍号，若“稷曰明粢”；币号，若币曰“量币”。祝史称之以“告鬼神”也。每祭必设玄酒，其实不用之以酌。荐其血毛，谓杀牲之时，取血及毛，入以告神于室也。腥其俎，谓牲既杀，以俎盛肉进于尸前也。祭玄酒，荐血毛，腥俎，此三者是法上古之礼。“孰其殽”以下，是中古之礼。殽，骨体也，以汤爓为熟。越席，蒲席也。疏布，粗布也。幂，覆尊也。《周礼》越席疏布，祭天用之，此以为宗庙之用，记者杂陈之也。浣帛，谓祭服以湅染之帛制之也。醴盏以献者，朝践荐血腥时用醴，馈食荐熟时用盏也。荐其燔炙者，燔肉炙肝也。《特牲礼》，主人献尸，宾长以肝从；主妇献尸，宾长以燔从也。第一君献，第二夫人献，第三君献，第四夫人献，故云“君与夫人交献”也，此以上至“孰其殽”，是法中古之礼，皆所以嘉善于死者之魂魄，而求以契合于冥漠之中也。然后退而合亨，谓先荐爓，未是熟物，今乃退取向爓肉，更合而烹煮之，使熟而可食也。又尸俎惟载右体，其余不载者，及左体等，亦于镬中烹煮之，故云“合亨”也。体其犬豕牛羊者，随其牲之大小烹熟，乃体别骨之贵贱，以为众俎，用供尸及待宾客兄弟等也。此是祭末飨燕之众俎，非尸前之正俎也。簠，内圆而外方，盛稻粱之器。簋，外圆而内方，盛黍稷之器。笾、豆，形制同，竹曰笾，木曰豆。铏，如鼎而小，盛和羹之器也。祝嘏，说见前。孝，事祖宗之道也。慈，爱子孙之道也。“合亨”以下，当世之礼也。祥，犹善也。○越，音活。疏，平声。幂，莫力切。衣，去声。浣，户管切。亨，音烹。铏，音形。齍，音咨。从，去声。别，必列切。

孔子曰：“呜呼哀哉！我观周道，幽厉伤之，吾舍鲁，何适矣！鲁之郊禘，非礼也，周公其衰矣！杞之郊也，禹也。

宋之郊也，契也。是天子之事守也。”

故天子祭天地，诸侯祭社稷。[1]

[1] 幽、厉之前，周道已微，其大坏则在幽、厉也。鲁，周公之国，夫子尝言其可一变至道，则舍鲁何往哉？然鲁之郊禘则非礼矣。禹为三代之盛王，故杞得以郊；契为殷之始祖，故宋得以郊。惟此二国，可世守天子之事以事其祖。周公虽圣，人臣也，成王之赐固非，伯禽之受尤非。周公制礼作乐，为万世不易之典，而子孙若此，是周公之教因子孙之僭礼而衰矣。天地社稷之祭，君臣之分，凛不可逾，曾谓人臣而可僭天子之礼哉？〇石梁王氏曰：“此一章真孔子之言，注不能明其旨。天子祭天地，诸侯但可祭社稷。杞、宋之郊，是王者之后，天子之事守，礼之所许者。鲁而有郊，是背周公所制之礼，与杞、宋不同也。”〇舍，上声。契，音屑。

祝嘏莫敢易其常古，是谓大假。[1]

[1] 祭礼祝于始，嘏于终，礼之成也。常古，常事古法也。不敢变易，谓贵贱行礼，一依古制也。假，亦当作嘏，犹上章“大祥”之意。言行当然之礼，则有自然之福，其福大矣。

祝嘏辞说，藏于宗祝巫史，非礼也，是谓幽国。[1]盏、斝及尸君，非礼也，是谓僭君。[2]冕、弁、兵革藏于私家，非礼也，是谓胁君。[3]大夫具官，祭器不假，声乐皆具，非礼也，是谓乱国。[4]故仕于公曰臣，仕于家曰仆。三年之丧与新有昏者，期不使以衰裳入朝，与家仆杂居齐齿，非礼也，是谓君与臣同国。[5]故天子有田以处其子孙，诸侯有国以处其子孙，大夫有采以处其子孙，是谓制度。[6]

故天子适诸侯，必舍其祖庙，而不以礼籍入，是谓天子坏法乱纪。[7]诸侯非问疾吊丧，而入诸臣之家，是谓君臣为谑。[8]是故礼者,君之大柄也,所以别嫌明微,傧鬼神,考制度,别仁义,所以治政安君也。[9]故政不正,则君位危;君位危,则大臣倍,小臣窃。刑肃而俗敝,则法无常;法无常,而礼无列;礼无列,则士不事也。刑肃而俗敝,则民弗归也,是谓疵国。[10]

[1] 祝嘏辞说,礼之文也,无文不行。《周礼》:大宗伯掌诏六号,重其事耳。衰世君臣慢礼,惟宗祝巫史习而记之,故谓幽昏之国,言其昧于礼,无以昭明政治也。

[2] 盏,夏之爵。斝,殷之爵。尸君,君之尸也。杞、宋二王之后,得用以献尸,其余列国惟用时王之器。今国君皆用盏、斝以及于尸君,非礼也,是僭上之君耳。○斝,古雅切。

[3] 冕,祭服之冠。弁,皮弁也。大夫称家,大夫以朝廷之尊服、国家之武卫而藏于私家,可见其强横,则此国君者,乃见胁于强臣之君也。○横,去声。

[4] 家臣不能具官,一人常兼数事。具官,是僭拟也。祭器惟公孤以上得全备,大夫无田禄者不设祭器,以其可假也。有田禄者祭器亦不得全具,须有所假,不假,亦僭拟也。《周礼》:大夫有判县之乐。《少牢馈食》,无奏乐之文,是大夫祭不用乐也,或君赐乃有之耳。声乐皆具,亦僭拟也。尊卑无等,非乱国而何?

[5] 臣者,对君之称。仆者,服役之名。仕于大夫者自称曰仆,则益贱矣。人臣有三年之丧,或新昏,则一期之内,君不使之,所以体人情也,就二者而论,丧尤重于昏也,今乃不居丧于家,而以衰裳入朝,是视君之朝如己之家矣,是君与其臣共此国也。就卿大夫而言,仆又其臣也,今卿大夫乃与其家之仆杂居齐列,无贵贱之分,亦是君与臣共此国也。○期,音基。衰,音催。论,去声。

[6] 王之子弟有功德者封为诸侯,其余则分以畿内之田。诸侯子孙命为卿大夫,其有功德者亦赐采地。所谓官有世功,则有官族,邑亦如之

也。大夫位卑，不当割采地以与子孙，但养之以采地之禄耳。此先王之制度也。〇处，上声。采，去声。

[7] 庙尊于朝，故天子舍之，然必太史执简记奉讳恶者，不敢以天子之尊而慢人之宗庙也。不如此，则是坏法度、乱纪纲矣。〇舍，去声。坏，音怪。恶，去声。

[8] 诸侯于其臣有问疾吊丧之礼，非此而往，是戏谑也，败礼之祸，恒必由之。

[9] 国之有礼，如器之有柄；能执此柄，则国可治矣。接宾以礼曰傧，接鬼神亦然，故曰傧。制度，如礼乐、衣服、度量、权衡之类，考而正之，不使有异。仁主于爱，义主于断，别而用之，必当其宜。〇别，必列切。傧，音摈。治，平声。量，去声。断，丁玩切。当，去声。

[10] 倍，违上行私也，或亦倍而去之之谓。小臣窃，所谓盗臣也。肃，峻急也。俗敝，人无廉耻，风俗敝败也。治国无礼，故至于刑肃而俗敝。为君者但恣己用刑，遂废常法，法废而礼无上下之列矣。宜乎士不修职，民心离叛也，岂非疵病之国乎？

故政者，君之所以藏身也，是故夫政必本于天，殽以降命，命降于社之谓殽地，降于祖庙之谓仁义，降于山川之谓兴作，降于五祀之谓制度。此圣人所以藏身之固也。[1]

[1] 藏，犹安也。君者，政之所自出，故政不正，则君位危。《书》言"天工，人其代之"，《典》曰"天叙"，《礼》曰"天秩"。是人君之政，必本于天而效法之，以布命于下也。社，祭后土也。因祭社而出命，是效地之政；有事于祖庙而出命，是仁义之政；有事于山川而出命，是兴作之政，有事于五祀而出命，是制度之政。效地者，效其高下之势，以定尊卑之位也。仁义者，仁以思慕言，义以亲疏言，思慕之心无穷而亲疏之杀有定。又亲亲，仁也；尊尊，义也。自仁率亲，等而上之至于祖，而尊尊之义隆；自义率祖，顺而祖之至于祢，而亲亲之仁笃也。兴作之事，非材不成，故

于山川制度之兴，始于宫室，故本五祀。夫安上治民，莫善于礼。圣人庸礼之政如此，故身安而国可保也。○殽，音效。杀，去声。

故圣人参于天地，并于鬼神，以治政也；处其所存，礼之序也；玩其所乐，民之治也。故天生时而地生财，人其父生而师教之，四者君以正用之，故君者立于无过之地也。[1]

故君者所明也，非明人者也。君者所养也，非养人者也。君者所事也，非事人者也。故君明人则有过，养人则不足，事人则失位。故百姓则君以自治也，养君以自安也，事君以自显也。故礼达而分定，故人皆爱其死而患其生。[2]

[1] 此承上章言政之事。谓圣人所以参赞天地之道，儗并鬼神之事，凡以治政而已。故处天地鬼神之所存，则天高地下，万物散殊，圣人法之，此礼之所以序也。玩天地鬼神之所乐，则流而不息，合同而化，圣人法之，此民之所以治也。四时本于天，百货产于地，人生于父，而德成于师，此四者君以正用之，谓人君正身修德，顺天之时，因地之利，而裁成其道，辅相其宜，以左右民，使之养生丧死无憾，然后设为庠序学校之教，申之以孝弟焉，则有以富之教之而治道得矣。然其要在君之自正其身，立于无过之地而后可；不能正其身，如正人何？○"治政"治，平声，注同。余治，如字。处，上声。乐，音洛。儗，音拟。相、左、右，并去声。弟，音悌。

[2] 此承上章"君立于无过之地"而言。旧说：明，犹尊也，故读"则君"为明君。今定此章三"明"字皆读为"则"字，则上下文义，坦然相应矣，不必迂其说也。君者，正身修德而为臣民之所则傚者也，非则傚人者也；臣民之所奉养也，非奉养人者也；臣民之所服事也，非服事人者也。君而则人，则是身不足以为人所取则，而反取则于人，非立于无过之地者矣。君而养人，则一人之身，岂能供亿兆人之食？必不足矣。君而事人，则降尊以事卑，为失位矣。惟百姓者则君以自治其身，所谓文武兴则民

好善也。养君以自安，谓竭力供赋税，则有耕食凿饮之安也。事君以自显，谓竭忠尽职，则有锡爵之荣也。礼教通达而名分不逾，故人皆慕守义而死，耻不义而生也。○石梁王氏曰："此处皆非夫子之言。"○明，读为则。养，去声。治，平声。分，音问。

故用人之知，去其诈；用人之勇，去其怒；用人之仁，去其贪。[1]

[1] 言人君用人，当取其所长，舍其所短。盖中人之才，有所长必有所短也。去，犹弃也。有知谋者易流于欺诈，故用人之知，当弃其诈而不责也。有刚勇者易至于猛暴，故用人之勇，当弃其猛暴之过也。○朱子曰："仁止是爱，爱而无义以制之，便事事都爱。好物事也爱，好官爵也爱，爱钱也爱。事事都爱，所以贪也。故用人之仁，当弃其贪之失也。"○知，去声。去，上声。

故国有患，君死社稷谓之义，大夫死宗庙谓之变。[1]

[1] 大夫死宗庙，言卫君之宗庙而致死也。然己之宗庙亦在本国，不弃君之宗庙即是不弃己之宗庙也。旧说：变，读为辨。辨，犹正也。一说，其死有分辨，非可以无死而死也。

故圣人耐以天下为一家，以中国为一人者，非意之也，必知其情，辟于其义，明于其利，达于其患，然后能为之。何谓人情？喜、怒、哀、惧、爱、恶、欲，七者弗学而能。何谓人义？父慈、子孝、兄良、弟弟、夫义、妇听、长惠、幼顺、君仁、臣忠，十者谓之人义。讲信修睦，谓之人利。争夺相杀，谓之人患。故圣人之所以治人七情，修十义，讲信修睦，尚辞让，去争夺，舍礼何以治之？[1]饮食男女，人之大欲存焉。死亡贫苦，人之大恶存焉。故欲、恶者，心之大端也。[2]人藏其心，不可测度也。美恶皆在其心，不见其色也。欲一以穷之，舍礼何以哉？[3]

[1] 非意之，谓非以私意臆度而为之也，必是知其有此七情也。故开辟其十义之途，而使之由之；明达其利与患之所在，而使之知所趋，知所避，然后能使之为一家，为一人也。七情弗学而能，有礼以治之，则人义人利由此而生。礼废，则人患由此而起。○问："爱与欲何别？"朱子曰："爱是泛爱那物，欲则有意于必得，便要拿将来。"○耐，音能。辟，婢亦切。恶，去声。下弟，音悌。长，上声。治，平声。去，上声。舍，上声。度，入声。别，必列切。

[2] 人心虽有七情，总而言之，止是欲恶二者，故曰大端。○恶，去声。

[3] 欲恶之心藏于内，他人岂能测度之？所欲之善恶，所恶之善恶，岂可于颜色觇之？若要一一穷究而察识，非求之于礼不可。盖七情中节，十义纯熟，则举动自然合礼；若七情乖僻，人伦有亏，则言动之间，皆失常度矣。有诸中，必形诸外也。若不知礼，则无以察其情义之得失于动作威仪之间矣。○度，入声。见，音现。舍，上声。中，去声。

故人者，其天地之德、阴阳之交、鬼神之会、五行之秀气也。[1]故天秉阳，垂日星，地秉阴，窍于山川，播五行于四时，和而后月生也。是以三五而盈，三五而阙。[2]五行之动，迭相竭也。五行、四时、十二月，还相为本也。[3]五声、六律、十二管，还相为宫也。[4]五味、六和、十二食，还相为质也。[5]五色、六章、十二衣，还相为质也。[6]

[1] 天地、鬼神、五行，皆阴阳也。德，指实理而言；交，指变合而言。会者，妙合而凝也。形生神发，皆其秀而最灵者，故曰五行之秀气也。○

石梁王氏曰："此语最粹。"

[2] 窍于山川，山泽通气也。五行，一阴阳也。质具于地，气行于天，春木、夏火、秋金、冬水，各主其事以成四时。月之盈亏，由于日之近远。四序顺和，日行循轨，而后月之生明如期，望而盈，晦而死，无朓朒之失也。〇播，上声。朓，土了切。朒，音忸。

[3] 动，运也。竭，尽也，终也。本者，始也。五行之运于四时，迭相终而还相始，终则有始，如环无端也。冬终竭而春始来，则春为夏之本；春竭而夏来，则夏又为秋之本。已往者为见在者所竭，见在者为方来者所本。五行四时十二月，莫不皆然也。〇还，音旋。见，音现。

[4] 五声，宫、商、角、徵、羽也。六律，阳声，黄钟子、太蔟寅、姑洗辰、蕤宾午、夷则申、无射戌也。阴声谓之六吕：大吕丑、应钟亥、南吕酉、林钟未、仲吕巳、夹钟卯也。六律六吕，皆是候气管名。律，法也，又云述也。吕，助也，言助阳宣气也。总而言之，皆可称律，故《月令》十二月皆称律也。长短之数，各有损益，又有娶妻生子之例。长短损益者，如黄钟长九寸，下生者三分去一，故下生林钟长六寸也。上生者三分益一，如林钟长六寸，上生太蔟长八寸也。上下之生，五下六上，盖自林钟未至应钟亥，皆在子午以东，故谓之下生。自大吕丑至蕤宾午，皆在子午以西，故谓之上生。子午皆属上生，当云七上，而云六上者，以黄钟为诸律之首，故不数也。律娶妻而吕生子者，如黄钟九以林钟六为妻，太蔟九以南吕六为妻，隔八而生子，则林钟生太簇，夷则生夹钟之类也。各依此推之可见，还相为宫者，宫为君主之义，十二管更迭为主，自黄钟始，当其为宫，五声皆备，黄钟第一宫，下生林钟为徵，上生太蔟为商，下生南吕为羽，上生姑洗为角，余仿此。林钟第二宫，太蔟三，南吕四，姑洗五，应钟六，蕤宾七，大吕八，夷则九，夹钟十，无射十一，仲吕十二也。此非十二月之次序，乃律吕相生之次序也。〇徵，音止。洗，音薛。射，音亦。应，去声。数，上声。更，平声。

[5] 酸、苦、辛、咸，加滑与甘，是五味六和也。十二食，十二月之所食也。还相为质者，如春三月以酸为质，夏三月以苦为质，而六和皆相为

用也。○和，去声。

［6］五色：青、赤、黄、白、黑也。并天玄为六章。十二月之衣，如《月令》春衣青、夏衣朱之类。还相为质，谓画绘之事，主其时之一色，而余色间杂也。○“春衣”、“夏衣”衣，去声。间，去声。

故人者，天地之心也，五行之端也，食味、别声、被色而生者也。[1]

故圣人作则，必以天地为本，以阴阳为端，以四时为柄，以日星为纪，月以为量，鬼神以为徒，五行以为质，礼义以为器，人情以为田，四灵以为畜。以天地为本，故物可举也；以阴阳为端，故情可睹也；以四时为柄，故事可劝也；以日星为纪，故事可列也；月以为量，故功有艺也；鬼神以为徒，故事可守也；五行以为质，故事可复也；礼义以为器，故事行有考也；人情以为田，故人以为奥也；四灵以为畜，故饮食有由也。[2]

［1］天地之心，以理言；五行之端，以气言。食五味，别五声，被五色，其间皆有五行之配，而性情所不能无者。○问“人者天地之心”，朱子曰：“谓如天道福善祸淫，乃人所欲也。善者人皆欲福之，淫者人皆欲祸之。”又曰：“教化皆是人做，此所谓人者天地之心也。”○别，必列切。

［2］此章凡十条，自“天地”至“人情”九条，皆是覆说前章诸事。万事万物之理，不出乎天地之间，圣人作为典则，而以天地为本，则事物之理皆可举行。○情之善者属阳，恶者属阴，求其端于阴阳，则善恶可得而见。○柄，犹权也。四时各有当为之事，执当时之权柄，以教民立事，则事可劝勉而成。○日星为纪，如日中星鸟，日永星火之类，所以纪时之早晚。列者，以十二月之事，详列以示民，而使之作为也。○量，限量也。○谓十二月之分限，分限不逾，则所为皆得其时，故事功滋长，如树

艺然也。〇徒，如徒侣之相依。郊社、宗庙、山川、五祀之礼，皆与政事相依，即前章“殽地”以下诸事。如此行政，则凡事可悠久不失也。〇五行之气，周而复始。质，犹正也。国家岁有常事，必取正于五行之时令，则其事亦今岁周而来岁复始也。〇器必成而后适于用，今用礼义如成器，则事之所行，岂有不成者乎？考，成也。〇治人情如治田，不使邪僻害正性，如不使稊稗害嘉谷，则人皆有宿道向方之所，如室之有奥也。〇六畜，人家所豢养。四灵本非可以豢养致者，今皆为圣世而出，如驯畜然，皆圣人道化所感耳。饮食有由者，由，用也。谓四灵为鸟兽鱼鳖之长，长至则其属皆至，有可用之以供庖厨者矣。〇量，去声。畜，许六切。分，音问。治，平声。

何谓四灵？麟、凤、龟、龙，谓之四灵。故龙以为畜，故鱼鲔不淰；凤以为畜，故鸟不獝；麟以为畜，故兽不狘；龟以为畜，故人情不失。[1]

[1] 鲔，鱼之大者，故特言之。淰，群队惊散之貌。獝，惊飞也。狘，惊走也。三灵物既驯扰如畜，则其类皆随从之，虽见人亦不为之惊而飞走矣。龟能前知，人有所决以知可否，故不失其情之正也。上三物皆因饮食有虫而言，龟独不言介虫之类应者，以其为决疑之宝，非可以饮食之物例之也。〇石梁王氏曰：“四灵以为畜，衍至此无义味，太迂疏，何所无龟？”〇鲔，音伟。淰，音审。獝，况必切。狘，许月切。

故先王秉蓍、龟，列祭祀，瘗缯。宣祝嘏辞说，设制度。故国有礼，官有御，事有职，礼有序。[1]

[1] 瘗，埋也。缯，币帛也。《祭法》云：“瘗埋于泰折，祭地也。”缯之言赠，埋币告神者，亦以赠神也。宣，扬也。先王重祭事，故定期日于蓍、龟，而陈列祭祀之礼。设为制度如此其详，制度一定，国家有典礼可守，官有所治，事有其职，礼得其序也。〇瘗，音噎。缯，似仍切。

故先王患礼之不达于下也。故祭帝于郊，所以定天位也。祀社于国，所以列地利也。祖庙，所以本仁也。山川，所以傧鬼神也。五祀，所以本事也。故宗祝在庙，三公在朝，三老在学，王前巫而后史，卜筮瞽侑皆在左右，王中。句心无为也，以守至正。[1]故礼行于郊，而百神受职焉；礼行于社，而百货可极焉；礼行于祖庙，而孝慈服焉；礼行于五祀，而正法则焉。故自郊社、祖庙、山川、五祀，义之修而礼之藏也。[2]

[1] 天子致尊天之礼，则天下知尊君之礼，故曰定天位。食货所资，皆出于地，天子亲祀后土，正为表列地利，使天下知报本之礼也。仁之实，事亲是也。人君以子礼事尸，所以达仁义之教于下也。傧礼鬼神而祭山川，本诸事为而祭五祀，皆是使礼数之四达，此亦前章未尽之意。庙有宗祝，朝有三公，学有三老五更，无非明礼教以淑天下。巫主吊临之礼而居前，史书言动之实而居后，瞽为乐师，侑为四辅，或辨声乐，或赞威仪，而王居其中，此心何所为哉？不过守君道之至正而已。此又是人君以礼自防，示教于天下也。○石梁王氏曰："巫，祭祀方用。卜筮，有事方问。谓常在左右，非也。"○傧，音摈。

[2] 此承上文"祭帝于郊"等礼而言。百神受职，谓风雨节，寒暑时，而无咎征也；百货可极，谓地不爱宝，物无遗利也；孝慈服，谓天下皆知服行孝慈之道也；正法则，谓贵贱之礼，各有制度，无敢僭逾也。圣王精禋感格，其效如此，由此观之，则郊社、祖庙、山川、五祀，皆义之修饰而礼之府藏也。前言山川兴作，而此不言者，法则之事包之也。○藏，去声。

是故，夫礼必本于大一，分而为天地，转而为阴阳，变而为四时，列而为鬼神，其降曰命，其官于天也。[1]夫礼必本于天，动而之地，列而之事，变而从时，协于分艺。其居人也曰养,其行之以货、力、辞让、饮食、冠、昏、丧、祭、射、御、朝、聘。[2]

[1] 极大曰太,未分曰一。太极,函三为一之理也,分为天地,则有高卑贵贱之等;转为阴阳,则有吉凶刑赏之事;变为四时,则有岁月久近之差;列为鬼神,则有报本反始之情。圣人制礼,皆本于此以降下其命令者,是皆主于法天也。官者,主之义。〇石梁王氏曰:"礼家见'《易》有太极'字,翻出一个太一,仍是诸子语。其'官于天也'一句,结上文。官天地,当如《庄子》义。"〇大,音泰。差,楚宜切。"下其"下,去声。

[2] 此亦本前章"本于天,殽于地"之意。动而之地,即殽地也。列而之事,即五祀所以本事也。变而从时,即四时以为柄也。协,合也。分,谓月以为量也。艺,即功有艺也。上言义之修、礼之藏,故此亦始言礼,终言义。居人,犹言在人也。礼虽圣人制作,而皆本于人事当然之义,故云居人曰义也。冠、昏而下八者皆礼也,然行礼者必有货财之资、筋力之强、辞让之节、饮食之品,亦皆当然之义也。〇分,去声。养,读为义。冠,去声。朝,音潮。殽,音效。量,去声。

故礼义也者,人之大端也。所以讲信修睦,而固人肌肤之会、筋骸之束也。所以养生、送死、事鬼神之大端也,所以达天道、顺人情之大窦也。故唯圣人为知礼之不可以已也。故坏国、丧家、亡人,必先去其礼。[1]

[1] 肌肤之总会、筋骨之联束,非不固也,然无礼以维饬之,则惰慢倾侧之容见矣,故必礼以固之也。窦,孔穴之可出入者。由于礼义则通达,不由礼义则窒塞,故以窦譬之。圣人之能达天道、顺人情者,以其知礼之不可以已也。彼败国之君,丧家之主,亡身之夫,皆以先去其礼之故也。〇坏,音怪。丧,去声。去,上声。见,音现。塞,入声。

故礼之于人也,犹酒之有糵也,君子以厚,小人以薄。[1]

故圣王修义之柄、礼之序，以治人情。故人情者，圣王之田也，修礼以耕之，[2]陈义以种之，[3]讲学以耨之，[4]本仁以聚之，[5]播乐以安之。[6]故礼也者，义之实也。协诸义而协，则礼虽先王未之有，可以义起也。[7]义者，艺之分，仁之节也。协于艺，讲于仁，得之者强。[8]仁者，义之本也，顺之体也，得之者尊。[9]故治国不以礼，犹无耜而耕也。为礼不本于义，犹耕而弗种也。为义而不讲之以学，犹种而弗耨也。讲之以学而不合之以仁，犹耨而弗获也。合之以仁而不安之以乐，犹获而弗食也。[10]安之以乐而不达于顺，犹食而弗肥也。四体既正，肤革充盈，人之肥也。父子笃，兄弟睦，夫妇和，家之肥也。大臣法，小臣廉，官职相序，君臣相正，国之肥也。天子以德为车，以乐为御，诸侯以礼相与，大夫以法相序，士以信相考，百姓以睦相守，天下之肥也。是谓大顺。大顺者，所以养生、送死、事鬼神之常也。[11]故事大积焉而不苑，并行而不谬，细行而不失。深而通，茂而有间，连而不相及也，动而不相害也。此顺之至也，故明于顺，然后能守危也。[12]

[1] 人以礼而成德，如酒以曲糵而成味。君子厚于礼，故为君子；小人薄于礼，故为小人。亦如酒之有醇醨也。

[2] 刘氏曰："修者，讲明也。柄者，人所操也。圣王讲明乎义之所在，使人得所持循而制事之宜也。人皆操义之要，以处礼之序，则情之发皆中节矣，故可以治人情也。礼者，人情之防范，修道之教，莫先于礼，故治人之情，以礼为先务，如治田者必先以耒耜耕之也。"○治，平声。操，平声。处，上声。中，去声。

[3] 义者，人情之裁制，随事制宜而时措之，如随田之宜而种所当

种也。

[4] 礼义固可使情之中节，然或气质物欲蔽之，而私意生焉，则如草莱之害嘉种矣。故必讲学以明理欲之辨，去非而存是，如农之耨，以去草养苗也。〇种，上声。去，上声。

[5] 讲学以耨之者，博而求之于不一之善，所以得一本万殊之理。本仁以聚之者，约而会之于至一之理，所以造万殊一本之妙也。至此，则会万理为一理，而本心之德全矣。此如谷之熟而敛之也。〇造，七到切。

[6] 聚之者，利仁之事。未能安仁也，故必使之咏歌舞蹈以陶养其德性、消融其渣滓，而使之和顺于道德焉，则造于从容自然之域矣，此则如食之而厌饫也。此五者圣王修道之教，始终条理如此，而讲学居其中，以通贯乎前后。盖礼耕义种，人德之功，学之始条理也。仁聚乐安，成德之效，学之终条理也。自始至终，于仁义礼乐无所不讲，至其成也，则礼义之功著于先，仁乐之效见于后焉。〇造，七到切。从，七容切。见，音现。

[7] 实者，定制也。礼者义之定制，义者礼之权度。礼一定不易，义随时制宜。故协合于义而合当为者，则虽先王未有此礼，可酌之于义而创为之礼焉。此所以三代损益不相袭也。

[8] 艺以事言，仁以心言。事之处于外者，以义为分限之宜；心之发于内者，以义为品节之制。协于艺者，合其事理之宜也。讲于仁者，商度其爱心之亲疏厚薄，而协合乎行事之大小轻重，一以义为之裁制焉。上好义，则民莫敢不服，故得义者强。〇分，去声。度，入声。

[9] 仁者，本心之全德，故为义之本，是乃百顺之体质也。元者善之长，体仁足以长人，故得仁者尊。上文言礼者义之实，此言仁者义之本，"实"以散体言，"本"以全体言，同一理也。张子谓经礼三百，曲礼三千，无一事之非仁也。犹之木焉，从根本至枝叶皆生意，此全体之仁也。然自一本至千枝万叶，先后大小各有其序，此散体之礼也，而其自本至末，一枝一叶，各具一理，随时荣悴，各得其宜者，义也。

[10] 此反譬以申明前段圣学教养之事，有始有卒，其序不可紊而功

不可缺如此。

[11] 前章至“播乐以安之”而止，此又益以“不达于顺，犹食而弗肥”一节者，盖“安之以乐”以前，皆是成己之功，《大学》明德之事也；达之于顺以后，方是成物之效，《大学》新民之事也。故以人身之肥设譬，而言家国天下之肥，至此乃是圣学之极功。成己成物，合内外之道，《大学》身修、家齐、国治、天下平之事也，故谓之大顺。大顺则无为而治，所以养生送死事鬼神，各得其常也。以上并刘氏说。○大臣法，尽臣道也。小臣廉，不亏所守也。以德为车，由仁义行也。以乐为御，动无不和也。以礼相与，朝聘以时也。以法相序，上不逼下，下不僭上也。以信相考，久要不忘也。以睦相守，出入相友，守望相助，疾病相扶持也。肥者，充盛而无不足之意。

[12] 此以下至篇终，皆是发明大顺之说。谓以此大顺之道治天下，则虽事之大者，积叠在前，亦不至于胶滞。虽事之不同者，一时并行，亦不至舛谬也。虽小事所行，亦不以其微细而有失也。虽深窅而可通，虽茂密而有间，谓有中间也。两物接连而相及，则有彼此之争；两事一时而俱动，则有利害之争。不相及，不相害，则无所争矣。此泛言人君治天下之事，有大有细，有深有茂，有连有动，而自然各得其分理者，不过一顺之至而已。故明于顺，然后能守危亡之戒，而不至于危亡也。○菀，音尹。窅，音杳。分，去声。

故礼之不同也，不丰也，不杀也，所以持情而合危也。故圣王所以顺，山者不使居川，不使渚者居中原，而弗敝也。用水、火、金、木，饮食必时，合男女，颁爵位，必当年德，用民必顺。故无水、旱、昆虫之灾，民无凶饥妖孽之疾。[1]

故天不爱其道，地不爱其宝，人不爱其情。故天降膏露，地出醴泉，山出器车，河出马图，凤凰麒麟皆在郊棷，龟龙在宫沼，其余鸟兽之卵胎，皆可俯而窥也。则是无故，先王能修礼以达义，体信以达顺。故此顺之实也。[2]

[1] 贵贱有等，故礼制不同，应俭者不可丰，应隆者不可杀。所以维持人情，不使之骄纵，保合上下，不使之危乱也。圣王所以顺民之情者，如安于山则不徙之居川，安于渚则不徙之居中原，故民不困敝也。獭祭鱼然后虞人入泽梁，及春献鳖蜃、秋献龟鱼之类，是用水必时也。春取榆柳之火，夏取枣杏之火，季夏取桑柘之火，秋取柞楢之火，冬用槐檀之火。又《周礼》"季春出火"、"季秋纳火"之类，是用火必时也。《卝人》以时取金玉锡石，及《月令》季春审五库之量，金铁为先，是用金必时也。"仲冬斩阳木，仲夏斩阴木"，是用木必时也。饮食则如"食齐视春时，羹齐视夏时"之类是也。合男女必当其年，颁爵位必当其德，用民必于农隙。凡此皆是以顺行之，故能感召两间之和，而无旱干水溢及螟蝗之灾也。凶饥，年凶谷不熟也。妖，谓衣服、歌谣、草木之怪。孽，谓禽兽虫豸之怪。史家《五行志》所载代有之。疾，患也。〇杀，色介切。当，去声。楢，以周切。卝，古猛切。"如食"食，音嗣。齐，去声。干，音干。豸，音雉。

[2] 旧说，器为银瓮丹甑，车为山车垂钩，谓不待揉治而自圆曲也。晋时恒山大树自拔，根下有璧七十、圭七十三，皆光色精奇异常玉。又张掖柳谷之石，有八卦璜玦之象，亦此类也。椒，与薮同。龙之变化叵测，未必宫沼有之，亦极言至顺感召之卓异耳，不以辞害意可也。修礼以达义者，修此礼以为教，而达之天下无不宜也。体信以达顺者，反身而诚，而达之天下无不顺也。此极功矣，故结之曰"此顺之实也"。〇程子曰："君子修己以敬，笃恭而天下平，惟上下一于恭敬，则天地自位，万物自育，而四灵毕至矣。此体信达顺之道。"〇朱子曰："信是实理，顺得和气，体信是致中，达顺是致和。实体此道于身，则自然发而中节，推之天下而无所不通也。"〇椒，音薮。叵，音颇。

卷之五

礼器第十[1]

[1] 器有二义：一是学礼者成德器之美，一是行礼者明用器之制。

礼器是故大备。大备，盛德也。礼，释回，增美质，措则正，施则行。其在人也，如竹箭之有筠也，如松柏之有心也。二者居天下之大端矣，故贯四时而不改柯易叶。故君子有礼，则外谐而内无怨。故物无不怀仁，鬼神飨德。[1]

[1] 以礼为治身之器，故能大备其成人之行。至于大备，则其德盛矣。礼之为用，能消释人回邪之心，而增益其材质之美。措诸身则无往不正，施诸事则无往不达。以人之一身言之，如竹箭之有筠，足以致饰于外；如松柏之有心，足以贞固于内。箭，竹之小者也。筠，竹之青皮也。大端，犹言大节。二物比他草木有此大节，故能贯串四时而柯叶无所改易也。君子之人，惟其有此礼也，故外人之疏远者无不谐协，内人之亲近者无所怨憾。人归其仁，神歆其德也。

先王之立礼也，有本有文。忠信，礼之本也；义理，礼之文也。无本不立，无文不行。[1]

[1] 先王制礼，广大精微，惟忠信者能学之。然而纤悉委曲之间，皆有义焉，皆有理焉。无忠信，则礼不可立。昧于义理，则礼不可行。必内外兼备而本末具举，则文因于本而饰之也，不为过；本因于文而用之也，中其节矣。

礼也者，合于天时，设于地财，顺于鬼神，合于人心，理万物者也。是故天时有生也，地理有宜也，人官有能也，物曲有利也。故天不生，地不养，君子不以为礼，鬼神弗飨也。居山以鱼鳖为礼，居泽以鹿豕为礼，君子谓之不知礼。[1]故必举其定国之数，以为礼之大经。礼之大伦，以地广狭；礼之薄厚，与年之上下。是故年虽大杀，众不匡惧，则上之制礼也节矣。[2]

[1] 合于天时，天时有生也。谓四时各有所生之物，取之当合其时。设于地财，地理有宜也。谓设施行礼之物，皆地之所产财利也。然土地各有所宜之产，不可强其地之所无。如此，自然顺鬼神，合人心，而万物各得其理也。人官有能，谓助祭执事之官，各因其能而任之。盖人各有能、有不能也。物曲有利者，谓物之委曲各有所利。如麴糵利于为酒醴，桐竹利于为琴、笙之类也。天不生，谓非时之物。地不养，如山之鱼鳖，泽之鹿豕之类。

[2] 定，犹成也。数，税赋所入之数也。《王制》言："祭用数之仂。"礼非财不行。故必以此数为行礼经常之法也。礼之大伦，以地之广狭。天子、诸侯、卿大夫地有广狭，故礼之伦类不同。地广者礼备，地狭者礼降也。礼之厚薄，则与年之上下为等。《王制》言："丰年不奢，凶年不俭。"是专言祭礼。此兼言诸礼耳。大杀，谓年凶而税敛之入大有减杀也。匡，与"恇"通，恐也。众不匡惧，谓无沟壑之忧也。此其制礼有节，财不过用，故能如此。○杀，色介切。

礼，时为大，顺次之，体次之，宜次之，称次之。尧授舜，舜授禹，汤放桀，武王伐纣，时也。《诗》云："匪革其犹，聿追来孝。"[1]天地之祭，宗庙之事，父子之道，君臣之义，伦也。[2]社稷山川之事，鬼神之祭，体也。[3]丧祭之用，宾客之交，义也。[4]羔豚而祭，百官皆足，大牢而祭，不必有余，此之谓称也。诸侯以龟为宝，以圭为瑞。家不宝龟，不藏圭，不台门，言有称也。[5]

[1] 时者，天之所为，故为大。尧、舜、汤、武之事不同者，各随其时耳。圣王受命得天下，必定一代之礼制，或因或革，各随时宜，故云"时为大"也。顺、体、宜、称四者，下文析之。《诗》，《大雅·文王有声》之篇。革，急也。犹，与"猷"通，谋也。聿，惟也。言文王之作丰邑，初非急于成己之谋，惟欲追先人之事，而致其方来之孝，以不坠先业耳。今《诗》文作"匪棘其欲，遹追来孝"。○称，去声。革，音棘。"或革"革，如字。遹，音聿。

[2] 王者父事天，母事地，故天地、宗庙、父子、君臣四者，乃自然之序，故曰伦也。"伦"不可紊，故"顺次之"。

[3] 社稷、山川、鬼神之礼，各随其体之轻重，而为礼之隆杀，故曰"体次之"。

[4] 既于义不得不然，必须随事合宜，故曰"宜次之"。

[5] 诸侯有国，宜知占祥吉凶，故以龟为宝也。家，谓大夫也。大夫卑，不当宝藏。五等诸侯，各有圭璧以为瑞信。又以天子所赐，如祥瑞之降于天，故以为瑞。大夫非为君使不得执，故不当藏之。台门者，门之两旁，筑土为台，于其上起屋。大夫不然，各称其分守也，故曰"称次之"。○大，音泰。使，去声。分，音问。

礼有以多为贵者：天子七庙，诸侯五，大夫三，士一。[1]天子之豆，二十有六。[2]诸公十有六。[3]诸侯十有二。[4]上大夫八，下大夫六。[5]诸侯七介七牢，大夫五介五牢。[6]天子之席五重，诸侯之席三重，大夫再重。[7]天子崩，七月而葬，五重八翣；诸侯五月而葬，三重六翣；大夫三月而葬，再重四翣。此以多为贵也。[8]

[1] 一庙，下士也。适士则二庙。〇适，音的。

[2] 此天子朔食之豆数。

[3] 上公也。更相朝时堂上之豆数。〇更，平声。

[4] 通侯、伯、子、男也。亦相朝时堂上之豆数。

[5] 皆谓主国食使臣堂上之豆数。〇食，音嗣。使，去声。

[6] 介，副也。上介一人，余为众介。牢，太牢也，谓诸侯朝天子时，天子以太牢之礼赐之。《周礼》公九介九牢，侯伯七，子男五。今言七，举中以言之也。大大夫五介五牢者，诸侯之大夫为君使而来，各降其君二等。此五介五牢，谓侯伯之卿，亦举中言之也。

[7] 天子祫祭，其席五重。诸侯席三重者，谓相朝时，宾主皆然也。三重则四席，再重则三席。〇重，平声，下节同。

[8] 五重者，谓抗木与茵也。茵以藉棺，用浅色缁布夹为之，以茅秀及香草著其中，如今褥子中用絮然。缩者二，横者三，为一重。抗木，所以抗载于土。下棺之后，置抗木于椁之上，亦横者三，缩者二，上加抗席三，此为一重。如是者五，则为五重也。翣，见《檀弓》。

有以少为贵者：天子无介，祭天特牲。[1]天子适诸侯，诸侯膳以犊。诸侯相朝，灌用郁鬯，无笾、豆之荐。大夫聘礼以脯、醢。[2]天子一食，诸侯再，大夫、士三，食力无数。[3]大路繁、缨一就，次路繁、缨七就。[4]圭璋特。[5]琥璜爵。[6]鬼神之祭单席。[7]诸侯视朝，大夫特，士旅之。此以少为贵也。[8]

[1] 介所以佐宾，天子以天下为家，无为宾之义，故无介也。特，独也。

[2] 天子祭天，惟用一牛。若巡守而过诸侯之境，则诸侯奉膳，亦止一牛。其尊君之礼，亦如君之尊天也。诸侯相朝，享礼毕，主君酌郁鬯之酒以献宾，不用笾、豆之荐者，以其主于相接以芬芳之德，不在殽味也。大夫出使行聘礼，主国礼之，酌以酒，而又有脯、醢之荐。此见少者贵，多

者贱也。〇守，去声。

[3] 食，餐也。位尊者德盛，其饱以德，不在于食味，故每一餐辄告饱，须御食者劝侑，乃又餐，故云一食也。诸侯则再餐而告饱，大夫士则三餐而告饱，皆待劝侑则再食。食力，自食其力之人，农、工、商、贾、庶人之属也，无德不仕，无禄代耕。礼不下庶人，故无食数，饱即自止也。

[4] 殷世尚质，其祭天所乘之车，木质而已，无别雕饰，谓之大路。繁，马腹带也。缨，鞅也。在马膺前，染丝而织以为罽，五色一帀曰就。就，犹成也。繁与缨，皆以此罽为之。车朴素，故马亦少饰也。大路之下有先路、次路。次路，殷之第三路也，供卑杂之用，故就数多。《郊特牲》云："次路五就。"此盖误为七就。〇繁，音盘。罽，音寄。帀，作答切，俗作匝。

[5] 圭璋，形制见《考工记》。诸侯朝王以圭，朝后则执璋。玉之贵者，不以他物俪之，故谓之"特"，言独用之也。《周礼》，小行人掌合六币。圭以马，璋以皮，然皮与马皆不升堂，惟圭璋特升于堂，亦特之义也。

[6] 琥，为虎之形。璜，则半环之形也。此二玉下于圭璋，不可专达，必待用爵。盖天子享诸侯，及诸侯自相享，至酬酒时，则以币将送酬爵，又有琥璜之玉以将币，故云"琥璜爵"也。

[7] 鬼神异于人，不假多重以为温暖也。

[8] 君视朝之时，于大夫则特揖之，谓每人一揖也。旅，众也。士卑，无问人数多少，君一揖而已。

有以大为贵者：宫室之量，器皿之度，棺椁之厚，丘封之大，此以大为贵也。

有以小为贵者：宗庙之祭，贵者献以爵，贱者献以散；尊者举觯，卑者举角。五献之尊，门外缶，门内壶。君尊瓦甒。此以小为贵也。[1]

[1] 爵一升，觚二升，觯三升，角四升，散五升。〇疏曰："《特牲》云，

主人献尸用角，佐食洗散以献尸。是尊者小，卑者大。”按天子诸侯及大夫皆献尸以爵，无贱者献以散之文。礼文散亡不具也。《特牲》主人献尸用角者，下大夫也。《特牲》、《少牢礼》，尸入，举奠觯，是尊者举觯。《特牲》主人受尸酢，受角饮者，是卑者举角，此是士礼耳。天子诸侯祭礼亡。五献，子男之享礼也。凡王享臣，及其自相享，行礼献数各随其命。子男五命，故知五献是子男。列尊之法，门外缶者，缶，尊名，盛酒在门外。壶亦尊也，盛酒在门内。君尊，子男之尊也。子男用瓦甒为尊，不云内外，则陈之在堂，人君面尊而专惠也。其壶缶但饮诸神。小尊近君，大尊在门，是以小为贵。壶大一石，瓦甒五斗，缶又大于壶。○量，去声。散，如字。觯，音志。甒，音武。

有以高为贵者：天子之堂九尺，诸侯七尺，大夫五尺，士三尺。天子诸侯台门。此以高为贵也。[1]

[1] 九尺以下之数，皆谓堂上高于堂下也。《考工记》“堂崇三尺”是殷制。此周制耳。台门，见前章。

有以下为贵者：至敬不坛，埽地而祭。天子诸侯之尊废禁，大夫士棜、禁。此以下为贵也。[1]

[1] 封土为坛，郊祀则不坛，至敬无文也。禁与棜，皆承酒樽之器，木为之。禁长四尺，广二尺四寸，通局足高三寸，漆赤中，画青云气，菱苕华为饰，刻其足为褰帷之形。棜长四尺，广二尺四寸，深五寸，无足，亦画青云气，菱苕华为饰也。棜是轝，名禁者，因为酒戒也。天子诸侯之尊废禁者，废去其禁而不用也。大夫士棜禁者，谓大夫用棜，士用禁也。棜，一名斯。禁，见《乡饮酒礼》。○埽，去声。棜，于据切。轝，舆同，两手对举之车也。

礼有以文为贵者：天子龙衮，诸侯黼，大夫黻，士玄衣缥裳。天子之冕朱绿藻，十有二旒，诸侯九，上大夫七，下大夫五，士三。此以文为贵也。[1]

[1] 龙衮，画龙于衮衣也。白与黑谓之黼，黼如斧形，刺之于裳。黑与青谓之黻，其状两已相背，亦刺于裳也。缥，赤色。冕，祭服之冠也。上玄下缥，前后有旒，前低一寸二分，以其略俯而谓之冕。冕同而服异：一衮冕，二鷩冕，三毳冕，四絺冕，五玄冕，各以服之异而名之耳。冕之制虽同，而旒有多少。朱绿藻者，以朱、绿二色之丝为绳也。以此绳贯玉而垂于冕以为旒，周用五采，此言朱绿，或是前代之制。十有二旒者，天子之冕，前后各十二旒，每旒十二玉，玉之色以朱、白、苍、黄、玄为次，自上而下，遍则又从朱起。衮冕十二旒，鷩冕九旒，毳冕七旒，絺冕五旒，玄冕三旒。此数虽不同，然皆每旒十二玉，缫玉五采也。此皆周时天子之制。诸侯九，上大夫七，下大夫五，士二，此亦非周制。周家旒数随命数，详见《仪礼·冕弁图》。〇疏曰："诸侯虽九章，七章以下，其中有黼也。孤絺冕而下，其中有黻，故特举黼黻而言耳。《诗·采菽》云'玄衮及黼'，是特言黼。《终南》云'黻衣绣裳'，是特言黻也。"〇陈氏曰："藻洁而文，众采如之，故曰藻。"

有以素为贵者：至敬无文，父党无容。大圭不琢，大羹不和，大路素而越席，牺尊疏布鼏，椫杓。此以素为贵也。[1]

[1] 敬之至者，不以文为美，如祭天而服黑羔裘，亦是尚质素之意。折旋揖让之礼容，所以施于外宾，见父之族党，自当以质素为礼，不为容也。大圭，天子所搢者，长三尺。不琢，不为镌刻文理也。大羹，太古之羹也，肉汁无盐梅之和。后王存古礼，故设之，亦尚玄酒之意。大路，殷祭天之车，朴素无饰，以蒲越为席。牺尊，刻为牺牛之形。读为娑音者，谓画为凤羽娑娑然也。此尊以粗疏之布为覆鼏。椫，白木之有文理者。杓，沃盥之具也。〇琢，读为篆。大，音泰。和，去声。越，音活。牺，读为莎。鼏，莫力切。椫，音展。杓，市约切。

孔子曰："礼不可不省也。礼不同，不丰，不杀。"此之谓也。盖言称也。[1]

[1] 省，察也。礼之等虽不同，而各有当然之则，丰则逾，杀则不及，惟称之为善。〇省，悉井切。杀，色介切。称，去声。

礼之以多为贵者，以其外心者也。德发扬，诩万物，大理物博，如此则得不以多为贵乎？故君子乐其发也。[1]

[1] 用心以致备物之享，则心在于物，故曰外心。然所以贵于备物者，圣人盖见夫天地之德，发扬昭著，盛大溥遍于万物，是其理之所该者大，故物之所成者博，如此岂得不以多为贵乎？此制礼之君子，所以乐其用心于外以制备物也。〇诩，音许。乐，吾教切。

礼之以少为贵者，以其内心者也。德产之致也精微，观天下之物无可以称其德者，如此则得不以少为贵乎？是故君子慎其独也。[1]

[1] 散齐致齐，祭神如在，皆是内心之义。惟其主于存诚以期感格，故不以备物为敬。所以然者，盖有见夫天地之德，所以发生万汇者，其流行赋予之理，密致而精微，即《大传》所言"天地细缊，万物化醇也"。纵使遍取天下所有之物以祭天地，终不能称其德而报其功，不若事之以诚敬之为极致。是以行礼之君子，主于存诚于内以交神明也。慎独者，存诚之事也。〇致，音治，直二切。称，去声。散，上声。齐，音斋。予，上声。

古之圣人，内之为尊，外之为乐，少之为贵，多之为美。是故先王之制礼也，不可多也，不可寡也，唯其称也。[1]是故君子大牢而祭谓之礼，匹士大牢而祭谓之攘。[2]

管仲镂簋朱纮，山节藻棁，君子以为滥矣。[3]晏平仲祀其先人,豚肩不掩豆,浣衣濯冠以朝,君子以为隘矣。[4]是故君子之行礼也,不可不慎也,众之纪也。纪散而众乱。[5]

孔子曰:“我战则克,祭则受福。”盖得其道矣。[6]

[1] 尊,如《中庸》“尊德性”之“尊”,恭敬奉持之意也。尊其在内之诚敬,故少物亦足以为贵;乐其在外之仪物,必多物乃可以为美。宜少者不可多,宜多者不可寡,或称其内,或称其外也。○乐,音洛。称,去声。

[2] 谓之礼,称也。谓之攘,不称也。○疏曰:“匹,偶也。士贱不得特使,为介乃行,故谓之匹士。庶人称匹夫者,惟与妻偶耳。”○大,音泰。使,去声。

[3] 管仲,齐大夫。镂簋,簋有雕镂之饰也。纮,冕之系,以组为之,自领下屈而上属于两旁之笄,垂余为缨。天子朱,诸侯青,大夫士缁。山节,刻山于柱头之斗栱也。藻,水草也。藻棁,画藻于梁上之短柱也。此皆管仲僭礼之事。滥,放溢也。

[4] 晏平仲,亦齐大夫。大夫祭用少牢,不合用豚。周人贵肩,肩在俎不在豆,此但喻其极小,谓并豚两肩,亦不足以掩豆,故假豆言之耳。上言“不丰、不杀”,此举管晏之事以明之。管仲丰而不称,晏子杀而不称者也。隘,陋也。

[5] 礼所以防范人心,纲维世变,前篇言“坏国、丧家、亡人必先去其礼”。○坏,音怪。

[6] 记者引孔子之言而释之曰,夫子所以能此二者,盖以得其行之之道也。

君子曰:“祭祀不祈,不麾蚤,不乐葆大,不善嘉事,牲不及肥大,荐不美多品。”[1]孔子曰:“臧文仲安知礼?夏父弗綦逆祀而弗止也。[2]燔柴于奥。夫奥者,老妇之祭也。盛于盆,尊于瓶。”[3]

[1] “君子曰”,记者自谓也。祭有常礼,不为祈私福也。《周礼》大

祝掌六祈,小祝有"祈福祥"之文,皆是有故则行之,不在常祀之列。麾,快也。祭有常时,不以先时为快。葆,犹褒也。器币之小大长短,自有定制,不以褒大为可乐也。嘉事,冠昏之礼,奠告有常仪,不为善之而更设他祭。牲不及肥大,及,犹至也。如郊牛之角茧栗,宗庙角握,社稷角尺,各有所宜用,不必须并及肥大也。荐祭之品味有定数,不以多品为美也。○乐,音洛。"大祝"大,音泰。

[2] 臧文仲,鲁大夫臧孙辰。夏父弗綦,人姓名也。鲁庄公薨,立适子闵公。闵公薨,立僖公。僖公者,庄公之庶子,闵公之庶兄也。僖公薨,子文公立。二年八月祫祭太庙,夏父弗綦为宗伯典礼,移闵公置僖公之下,是臣居君之上,逆乱尊卑,不可之大者。时人以文仲为知礼,孔子以其为大夫而不能止逆祀之失,岂得为知礼乎?○夏,上声。父,音甫。綦,音忌。

[3] 此亦言臧文仲不能正失礼之事。《周礼》以实柴祀日月星辰,有大火之次,故祭火神则燔柴也。今弗綦为礼官,谓爨神是火神,遂燔柴祭之,是失礼矣。礼,祭至尸食竟而祭爨神,宗妇祭饎爨,烹者祭饔爨。其神则先炊也,故谓之老妇。惟盛食于盆,盛酒于瓶,卑贱之祭耳。虽卑贱而必祭之者,以其有功于人之饮食,故报之也。○奥,读为爨。盛,平声。

礼也者,犹体也。体不备,君子谓之不成人。设之不当,犹不备也。礼有大有小,有显有微。大者不可损,小者不可益,显者不可掩,微者不可大也。故经礼三百,曲礼三千,其致一也。未有入室而不由户者。[1]

[1] 体,人身也。先王经制大备,如人体之全具矣,若行礼者设施或有不当,亦与不备同也。大者损之,小者益之。掩其显,著其微,是不当也。礼以敬为本,一者敬而已。未有入室而不由户者,岂有行礼而不由敬乎?○朱子曰:"礼仪三百,便是《仪礼》中'士冠'、'诸侯冠'、'天子冠礼'之类,此是大节,有三百条。如'始加'、'再加'、'三加',又如'坐如

尸'、'立如齐'之类,皆是其中小目。吕与叔云:'经便是常行底,纬便是变底。'恐不然。经中自有常有变,纬中亦自有常有变。"○赵氏曰:"经礼如冠、昏、丧、祭、朝觐、会同之类,曲礼如进、退、升、降、俯仰、揖逊之类。"○当,去声。

君子之于礼也,有所竭情尽慎,致其敬而诚若,有美而文而诚若。[1]君子之于礼也,有直而行也,有曲而杀也。有经而等也,有顺而讨也,有摲而播也,有推而进也,有放而文也,有放而不致也,有顺而摭也。[2]

[1] 诚,实也。若,语辞。谓以少者、小者、下者、素者为贵,是内心之敬,无不实者。以多者、大者、高者、文者为贵,美而有文,是外心之实者。

[2] 亲始死而哭踊无节,是直情而径行也,故曰直而行。父在则为母服期,尊者在则卑者不杖,是委曲而减杀之也,故曰曲而杀。父母之丧,无贵贱皆三年,大夫士鱼俎皆十五,是经常之礼,一等行之也,故曰经而等。顺而讨者,顺其序而讨去之,若自天子而下,每等降杀以两是也。摲而播者,芟取在上之物而播施于下,如祭俎之肉及群臣,而胞翟之贱者亦受其惠是也。推而进者,推卑者使得行尊者之礼,如二王之子孙得用王者之礼,及旅酬之礼,皆得举觯于其长是也。冕服旗常之章采,樽罍之刻画,是放而文也。公侯以下之服,其文采杀于天子而不敢极致,是放而不致也。摭,犹拾取也。虽拾取尊者之礼而行之,不得之僭逆,如君沐粱,士亦沐粱,又有君、大夫、士一节者,是顺而摭也。言君子行礼有此九者,不可不知也。○杀,色介切。摲,音芟。放,上声。

三代之礼一也,民共由之,或素或青,夏造殷因。[1]

[1] 殷尚白,夏尚黑。素即白也,青近于黑,不言白黑而言素青,变文耳。此类皆制作之末,举此以例其余,则前之创造,后之因仍,皆可知

矣。○朱子曰："三纲五常，礼之大体，三代相继，皆因之而不能变，其所损益，不过文章制度，小过不及之间而已。"

周坐尸，诏侑武方，其礼亦然。其道一也。[1]夏立尸而卒祭，殷坐尸。[2]周旅酬六尸。曾子曰："周礼其犹醵与？"[3]

[1] 承上"夏造殷因"而言三代尸礼之异。周之礼，尸即位而坐，诏者告尸以威仪之节，侑者劝尸为饮食之进。诏与侑皆祝官之职，祝不止一人。无方，谓无常人也。宗庙中可告之事，皆得告之也。亦然，亦如殷之礼也。礼同本于道之同，故云其道一也。○武，读为无。

[2] 夏之礼，尸当饮食则暂坐；若不饮食，则惟立以俟祭事之终也。殷则尸虽无事亦坐。

[3] 周家祫祭之时，群庙之祖，皆聚于后稷庙中，后稷尸尊，不与子孙为酬酢，毁庙之祖又无尸，故惟六尸而已。此六尸自为昭穆次序行旅酬之礼，故曾子言周家此礼，其犹世俗之醵与。醵，敛钱共饮酒也。钱之所敛者均，则酒之所饮必均。此六尸之旅酬，如醵饮之均平也。○醵，其庶切。与，平声。

君子曰："礼之近人情者，非其至者也。郊血，大飨腥，三献爓，一献孰。"[1]

[1] 近者为亵，远者为敬。凡行礼之事，与人情所欲者相近，则非礼之极至者。其事本多端，此独举血、腥、爓、孰四者之祭以明之者，礼莫重于祭故也。郊，祭天也。郊祀与大飨，三献皆有血、腥、爓、孰。此各言者，据先设者为主也。郊则先设血，后设腥、爓、孰。大飨，祫祭宗庙也。腥，生肉也，去人情稍近。郊先荐血，大飨则迎尸时血与腥同时荐。献，酌酒以荐献也。祭社稷及五祀其礼皆三献，故因名其祭为三献也。爓，沉肉于汤也。其色略变，去人情渐近矣。此祭，血、腥与爓一时同荐，但当先者设之在前，当后者设之居后，据宗伯社稷五祀，初祭降神时已埋

血，据此则正祭荐爓时又荐血也。一献，祭群小祀也。祀卑，酒惟一献，用孰肉，无血、腥、爓三者。盖孰肉是人情所食，最为亵近，以其神卑则礼宜轻也。〇爓，音潜。

是故君子之于礼也，非作而致其情也，此有由始也。是故七介以相见也，不然则已悫；三辞三让而至，不然则已蹙。[1]

故鲁人将有事于上帝，必先有事于頖宫；晋人将有事于河，必先有事于恶池；齐人将有事于泰山，必先有事于配林。三月系，七日戒，三日宿，慎之至也。[2]故礼有摈诏，乐有相步，温之至也。[3]

[1] 作，如"作聪明"之"作"，过意为之也。言先王制礼之初，一以诚敬为本，乃天理人情之极致，后世守而行之，非过意而故为极致之情也。此由始于古也。上公之介九人，侯伯七人，子男五人，此举其中而言之。两君相见，必有介副之人以伸宾主之情。不如此，则太愿悫而无礼之文矣。已，太也。三辞三让者，宾初至大门外，交摈之时，有三辞之礼，及入大门，主君每门一让，则宾一辞，凡三辞三让而后至庙中也。不如此，则太迫蹙而无礼之容矣。

[2] 此因上章言两君相见之礼渐次而进，故言祭祀之礼亦有渐次，由卑以达尊者。鲁人将祭上帝，必先有事頖宫。頖宫，诸侯之学也。鲁郊祀以后稷配，先于頖宫告后稷，然后郊也。恶池，并州川之小者，河之从祀也。配林，林名，泰山之从祀也。帝牛必在涤。三月系，系牲于牢也。七日戒，散齐也。三日宿，致齐也。敬慎之至如此，故以积渐为之，何敢迫蹙而行之乎？〇頖，音判。恶，音呼。池，徒何切。从，去声。

[3] 礼容不可急遽，故宾主相见，有摈相者以诏告之；乐工无目，必有扶相其行步者。此二者，皆温藉之至也。温藉之义，如玉之有承藉然，

言此摈诏者,是承藉宾主,相步者,是承藉乐工也。○相,去声。温,于粪切。

礼也者,反本修古,不忘其初者也。故凶事不诏,朝事以乐。[1]醴酒之用,玄酒之尚;割刀之用,鸾刀之贵;莞簟之安,而稿鞂之设。[2]是故先王之制礼也,必有主也,故可述而多学也。[3]

[1] 本心之初,天所赋也,贵于反思而不忘;礼制之初,圣所作也,贵于修举而不坠。二者皆有初,故曰不忘其初。擗踊哭泣,不待诏告,以其发于本心之自然也。朝廷养老尊贤之事,必作乐以乐之,亦以惬其本心之愿望也。此二者是反本之事。

[2] 醴酒之美用矣,而列尊在玄酒之下;今世割刀之利便于用矣,而宗庙中乃不用割刀而用古之鸾刀;下莞上簟,可谓安矣,而设稿鞂之粗者为郊祀之席。此三者是修古之事。鸾,铃也。刀镮有铃,故名鸾刀,割肉欲中其音节。《郊特牲》云:"声和而后断也。"莞,蒲之细者可为席。簟,竹席也。稿鞂,除去谷之秆也。鞂与《禹贡》"秸"字同。○莞,音官。簟,徒点切。稿,古老切。鞂,江八切。中,去声。断,去声。

[3] 有主,主于反本修古也。但以此二者求之,则可以称述而学之不厌矣。

君子曰:"无节于内者,观物弗之察矣。欲察物而不由礼,弗之得矣。故作事不以礼,弗之敬矣;出言不以礼,弗之信矣。故曰:礼也者,物之致也。"[1]

[1] 无节于内,言胸中不能通达礼之节文也。观物弗之察,言虽见行礼之事,不能审其得失也。察物而不由礼以察之,何以能得其是非之实?作事而不由礼,何以能存其主敬之心?出言而不由礼,何以能使人之信其言?故曰礼者事物之极致也。

是故昔先王之制礼也，因其财物而致其义焉尔。故作大事必顺天时，为朝夕必放于日月，为高必因丘陵，为下必因川泽。是故天时雨泽，君子达亹亹焉。[1]是故，昔先王尚有德，尊有道，任有能，举贤而置之，聚众而誓之。是故，因天事天，因地事地，因名山升中于天，因吉土以飨帝于郊。升中于天，而凤凰降，龟龙假；飨帝于郊，而风雨节，寒暑时。是故圣人南面而立，而天下大治。[2]

[1] 财物，币玉、牲牢、黍稷之类。无财无物，不可以行礼，故先王制礼，必因财物而致其用之之义焉。然财物皆天时之所生，故祭祀之大事，亦必顺天时而行之。如启蛰而郊，龙见而雩，始杀而尝，闭蛰而烝，皆是也。大明生于东，故春朝朝日必于东方；月生于西，故秋莫夕月必于西方。为高上之祭，必因其有丘陵而祭之；为在下之祭，必因其有川泽而祭之。一说，为高，为圆丘也；为下，为方丘也。祭有轻重，皆须财物，故当天时之降雨泽也。君子知夫天地生成财物之功，如此乎勉勉而不已也。则安得不用财物为礼，以致其报本之诚乎？○朝，音潮。放，上声。亹，音尾。见，音现。"春朝"朝，如字。莫，音暮。

[2] 置，如置诸左右之置，谓使之居其位也。礼莫重于祭，当大事之时，必择有道德才能者执其事，又从而誓戒之。《周礼》冢宰"掌百官之誓戒"是也。因天之尊而制为事天之礼，因地之卑而制为事地之礼，郊社是也。中，平也，成也。巡守而至方岳之下，必因此有名之大山，升进此方诸侯治功平成之事以告于天。《舜典》柴岱宗，即其礼也。吉土，王者所卜而建都之地也，兆于南郊。岁有常礼，其瑞物之臻，体征之应，理或然耳。而后世封禅之说，遂根著于此，牢不可破，皆郑氏祖纬说启之也。○假，音格。守，音狩。应、禅，并去声。著，陟略切。

天道至教，圣人至德。庙堂之上，罍尊在阼，牺尊在西；庙堂之下，县鼓在西，应鼓在东。君在阼，夫人在房，大明生于东,月生于西,此阴阳之分,夫妇之位也。君西酌牺象,夫人东酌罍尊,礼交动乎上,乐交应乎下,和之至也。[1]

[1] 天道阴阳之运,极至之教也;圣人礼乐之作,极至之德也。无以复加,故以至言。罍尊,夏后氏之尊也。牺尊,周尊也。县鼓大,应鼓小。设礼乐之器,一以西为上,故牺尊、县鼓皆在西,而罍尊与应鼓皆在东也。天子诸侯皆有左右房,此夫人在西房也,君在东而西酌牺象,夫人在西而东酌罍尊,此礼交动乎堂上也;县鼓、应鼓相应于堂下,是乐交应乎下也。罍尊画为山云之形。牺尊画凤羽而象骨饰之,故亦曰牺象。此章言诸侯时祭之礼。〇牺,音莎。县,音玄。应,去声。分,音问。夫,如字。复,扶又切。

礼也者,反其所自生;乐也者,乐其所自成。是故先王之制礼也以节事,修乐以道志。故观其礼乐,而治乱可知也。蘧伯玉曰:"君子之人达。"故观其器而知其工之巧,观其发而知其人之知。故曰:君子慎其所以与人者。[1]

[1] 万物本乎天,人本乎祖,礼主于报本反始,不忘其所由生也。王者功成治定,然后作乐,以文德定天下者,乐文德之成;以武功定天下者,乐武功之成。非泛然为之也。节事,为人事之仪则也。道志,宜其湮郁也。世治则礼序而乐和,世乱则礼慝而乐淫,故观礼乐而治乱可知也。蘧伯玉,卫大夫,名瑗。言君子之心,明睿洞达,观器用,则知工之巧拙;观人之发动举措,则知其人之智愚。岂有观礼乐而不知治乱乎?礼乐者,与人交接之具,君子致谨于此,以其所关者大也。故曰,盖古有是言,而记者称之耳。〇"乐其"乐,音洛。"之知"知,音智。

大庙之内敬矣:君亲牵牲,大夫赞币而从;君亲制祭,夫人荐盎;君亲割牲,夫人荐酒。[1] 卿大夫从君,命妇从夫人，洞洞乎其敬也，属属乎其忠也，勿勿乎其欲其飨之也！[2]纳牲诏于庭，血毛诏于室，羹定诏于堂。三诏皆不同位，盖道求而未之得也。[3]设祭于堂，为祊乎外，故曰："于彼乎，于此乎？"[4]

[1] 君出庙门迎牲，亲牵以入，然必先告神而后杀，故大夫赞佐执币而从君，君乃用币以告神也。杀牲毕而进血与腥，则君亲割制牲肝以祭神于室。此时君不亲献酒，惟夫人以盎齐荐献。盎齐见前篇。及荐孰之时，君又亲割牲体，然亦不献，故惟夫人荐酒也。○大，音泰。从，去声。齐，去声。

[2] 洞洞，敬之表里无间也。属属，诚实无伪也。勿勿，勉勉不已也。一云，切切也。命妇，卿大夫之妻也。○从，去声。属，音烛。

[3] 诏，告也。牲入在庭以币告神，故云"纳牲诏于庭"。杀牲取血及毛，入以告神于室，故云"血毛诏于室"。羹，肉汁也。定，熟肉也。煮之既熟，将迎尸入室，乃先以俎盛羹及定，而告神于堂，此是荐熟未食之前也。道，言也。此三诏者各有其位，盖言求神而未得也。○定，丁磬切。

[4] 设祭于堂者，谓荐腥、爓之时，设馔在堂也。祊，祭之明日绎祭也。庙门谓之祊，设祭在庙门外之西旁，故因名为祊也。记者又引古语云"于彼乎，于此乎"，言不知神于彼飨之乎，于此飨之乎。○祊，百彭切。

一献质，三献文，五献察，七献神。[1]

[1] 献，酌酒以荐也。祭群小祀则一献，其礼质略。祭社稷五祀三献，其神稍尊，故有文饰。五献，祭四望山川之礼也。察者，显盛详著之貌。祭先公之庙则七献，礼重心肃，洋洋乎其如在之神也。

大飨其王事与？三牲、鱼、腊，四海九州之美味也。笾、豆之荐，四时之和气也。内金，示和也。束帛加璧，尊德也。龟为前列，先知也。金次之，见情也。丹、漆、丝、纩、竹、箭，与众共财也。其余无常货，各以其国之所有，则致远物也。其出也，《肆夏》而送之，盖重礼也。[1]

[1] 大飨，祫祭也。言王事者，明此章所陈，非诸侯所有之事也。三牲，牛、羊、豕也。腊，兽也。《少牢礼》云："腊用麋。"笾、豆所荐品味，皆四时和气之生成。内金，纳侯邦所贡之金也。示和，示诸侯之亲附也。一说，金性或从或革随人，故言和也。君子于玉比德，诸侯来朝，璧加于束帛之上，尊德也。陈列之序，龟独在前，以其知吉凶，故先之也。金在其次，以人情所同欲，故云见情也。自三牲以下至丹、漆等物，皆侯邦所供贡，并以之陈列，或备器用。与众共财，言天下公共所有之物也。其余无常货，谓九州之外，蛮夷之国，或各以其国所有之物来贡，亦必陈之，示其能致远方之物也，但不以为常耳。诸侯为助祭之宾，礼毕而出，在无算爵之后，乐工歌《陔夏》之乐章以送之。设施如此，盖重大之礼也。注读"肆"为"陔"者，《周礼》钟师掌《九夏》，尸出入奏《肆夏》，客醉而出，则奏《陔夏》，故知此当为陔也。○刘氏曰："后篇言钟次之，以和居参之，则此言内金示和，亦取其声之和耳。见情也者，见人情之和也。"○与，平声。内，音纳。见，音现。肆，音陔。

祀帝于郊，敬之至也；宗庙之祭，仁之至也；丧礼，忠之至也；备服器，仁之至也；宾客之用币，义之至也。故君子欲观仁义之道，礼其本也。[1]

[1] 祭天之礼简素，至敬无文，所以为敬之至；仁之实，事亲是也，事亡如事存，所以为仁之至；附于身，附于棺，皆必诚必信，所以为忠之至；敛之衣服，葬之器具，皆全备无缺，莫非爱亲之诚心，故亦曰"仁之至"；朝聘燕享，币有常用，故币帛筐筐将其厚意，义之至也。此仁与义之为道，皆可于行礼之际观之，故曰"礼其本也"。

君子曰："甘受和，白受采。忠信之人，可以学礼。苟无忠信之人，则礼不虚道。是以得其人之为贵也。”[1]

[1] 甘于五味属土，土无专气，而四时皆王，故惟甘味能受诸味之和；诸采皆以白为质，所谓“绘事后素”也，以此二者。况忠信乃可学礼。道，犹行也。道路人所共行者，人无忠信，则每事虚伪，礼不可以虚伪行也。《大传》曰：“苟非其人，道不虚行。”〇和，去声。王，去声。

孔子曰：“诵《诗》三百，不足以一献；一献之礼，不足以大飨；大飨之礼，不足以大旅；大旅具矣，不足以飨帝。毋轻议礼！”[1]

[1] 不学《诗》，无以言。然纵使诵三百篇之多，而尽言语之长，其于议礼，犹概乎未有所闻也，一献小礼，亦不足以行之。使能一献，不能行大飨之礼，谓祫祭也。能大飨矣，不能行大旅之礼，谓祀五帝也。能具知大旅之礼矣，不能行飨帝之礼也，谓祀天也。礼其可轻议乎？

子路为季氏宰。季氏祭，逮暗而祭，日不足，继之以烛。虽有强力之容，肃敬之心，皆倦怠矣。有司跛倚以临祭，其为不敬大矣。[1]他日祭，子路与，室事交乎户，堂事交乎阶，质明而始行事，晏朝而退。孔子闻之曰：“谁谓由也，而不知礼乎！”[2]

[1] 逮，及也。暗，昧爽以前也。偏任为跛，依物为倚。〇跛，彼义切。

[2] 室事，谓正祭之时，事尸于室也。外人将馔至户，内人于户受之，设于尸前，内外相交承接，故云“交乎户”也。正祭之后，傧尸于堂，故谓之堂事。此时在下之人送馔至阶，堂上人即阶而受取，是交乎阶也。质，正也。子路权礼之宜，略烦文而全恭敬，故孔子善之也。〇与，去声。朝，音潮。

郊特牲第十一[1]

[1] 陆氏曰："郊者，祭天之名，用一牛，故曰特牲。"○石梁王氏曰："此篇皆记祭事而杂昏、冠两段。"○冠，去声。

郊特牲，而社稷大牢。天子适诸侯，诸侯膳用犊。诸侯适天子，天子赐之礼大牢。贵诚之义也。故天子牲孕弗食也，祭帝弗用也。[1]大路繁、缨一就，先路三就，次路五就。郊血，大飨腥，三献爓，一献孰，至敬不飨味而贵气臭也。[2]诸侯为宾，灌用郁鬯，灌用臭也。大飨，尚腶脩而已矣。[3]

[1] 礼有以少为贵者，故此二者，皆贵特牲而贱大牢也。犊未有牝牡之情，故云贵其诚悫。○朱子曰："万物本乎天，人本乎祖，故以所出之祖配天地。周之后稷生于姜嫄，以上更推不去，文武之功起于后稷，故配天须以后稷。严父莫大于配天，宗祀文王于明堂以配上帝。上帝，即天也，聚天之神而言之，则谓之上帝。"又曰："古时天地，定是不合祭。日月山川百神，亦无合其一时祭享之礼。"又曰："五峰言无北郊，只祭社便是。此说却好。"○今按，《召诰》"用牲于郊，牛二"，蔡氏以为祭天地，非也。牛二，帝牛、稷牛也。社于新邑，祭地也，故用大牢。○大，音泰。孕，余证切。召，音邵。

[2] 臭，亦气也。余并见前篇。○繁，音盘。

[3] 诸侯来朝，以客礼待之，是为宾也。在庙中行三享毕，然后天子以郁鬯之酒灌之，诸侯相朝亦然，明贵气臭之义也。《周礼》作"祼"字。上公再祼而酢，侯伯一祼而酢，子男一祼不酢。祼则使宗伯酌圭瓒而祼之，酢则宾酢主也。此大飨，谓王飨诸侯也。脯加姜桂曰腶脩。行飨之

时，虽设大牢之馔，而必先设腶脩于筵前，然后设余馔，故云尚腶脩也。此明不享味之义。○腶，丁乱切。

大飨，君三重席而酢焉；三献之介，君专席而酢焉。此降尊以就卑也。[1]

[1] 此大飨是诸侯相朝，主君飨客之礼。诸侯之席三重，今两君礼敌，故席三重之席而受客之酢爵也。若诸侯遣卿来聘，卿礼当三献，其上介则是大夫，故谓之三献之介。大夫席虽再重，今为介降一等，止合专席。君席虽三重，今彻去两重，就单席受此介之酢爵，是降国君之尊，以就大夫之卑也。○重，平声。

飨、禘有乐，而食、尝无乐，阴阳之义也。凡饮，养阳气也。凡食，养阴气也。故春禘而秋尝，春飨孤子，秋食耆老，其义一也，而食、尝无乐。饮养阳气也，故有乐；食养阴气也，故无声。凡声，阳也。[1]

[1] 飨，春飨孤子也。禴，春祭宗庙也。孤子，死事者之子孙。食，秋食耆老也。尝，秋祭宗庙也。周之礼，春祠，夏禴，秋尝，冬烝。春禴，夏殷之礼也。飨礼主于酒，食礼主于饭。周制则四时之祭皆有乐。○禘，读为禴。食，音嗣。

鼎、俎奇而笾、豆偶，阴阳之义也。笾、豆之实，水土之品也。不敢用亵味而贵多品，所以交于旦明之义也。[1]

[1] 自一鼎至九鼎皆奇数，其十鼎者，陪鼎三，则正鼎亦七也。十二鼎者，陪鼎三，则正鼎亦九也。正鼎鼎别一俎，故云"鼎俎奇"也。笾、豆偶者，据《周礼・掌客》及前篇所举，皆是偶数。又详见《仪礼图》。○奇，居衣切。旦，读为神。

宾入大门而奏《肆夏》，示易以敬也，卒爵而乐阕。孔子屡叹之。奠酬而工升歌，发德也。歌者在上，匏竹在下，贵人声也。乐由阳来者也，礼由阴作者也，阴阳和而万物得。[1]

[1]《燕礼》则大门是寝门，《飨礼》则大门是庙门也。《肆夏》，乐章名，《九夏》见《周礼》。易以敬，言和易中有严敬之节也。卒爵而乐阕，谓宾至庭而乐作，宾受献爵拜而乐止，及主人献君乐又作，君卒爵而乐止也。叹之，叹美之也。奠酬而工升歌，谓奠置酬爵之时，乐工升堂而歌，所以发扬主宾之德，故云"发德也"。匏，竹笙也。乐所以发阳道之舒畅，礼所以肃阴道之收敛，一阖一辟，而万事得宜也。〇易，以豉切。

旅币无方，所以别土地之宜，而节远迩之期也。龟为前列，先知也。以钟次之，以和居参之也。虎豹之皮，示服猛也。束帛加璧，往德也。[1]

[1] 旅，陈也。庭实所陈之币，非一方所贡，故曰"无方"。以土地之产各有所宜，而地里有远近，则入贡之期日有先后也。前篇言"金次之"，此言"钟次之"，盖金之为器莫重于钟，故变文言之也。金示和而参居庭实之间，故云"以和居参之也"。君子于玉比德，往德者，言往进此比德之玉于有德之人也。〇别，必列切。

庭燎之百，由齐桓公始也。[1]大夫之奏《肆夏》也，由赵文子始也。[2]

[1] 此以下言朝聘失礼之事。庭燎者，庭中设炬火，以照来朝之臣夜入者。《大戴礼》言天子百燎，上公五十，侯、伯、子、男三十。今侯国皆供百燎，自桓公始之。

[2]《大射礼》："公升即席奏《肆夏》。"《燕礼》："宾及庭奏《肆夏》。"

是诸侯之礼，今大夫之僭，自晋大夫赵武始。

朝觐，大夫之私觌，非礼也。大夫执圭而使，所以申信也。不敢私觌，所以致敬也。而庭实私觌，何为乎诸侯之庭？为人臣者无外交，不敢贰君也。[1]

[1] 朝觐之礼，国君亲往而大夫从，则大夫不当又以己物而私觌主君，故曰"非礼也"。若大夫执其君之命圭而专使，则当行私觌之礼，以申己之信。故从君朝觐而不敢私觌，是敬己之君也。今从君以来，而私设庭实以为私觌，大夫何可为此于诸侯之庭乎？讥其与君无别也。人臣无外交，不敢贰心于他君，所以从君而行，则不敢私觌也。○使，去声。

大夫而飨君，非礼也。大夫强而君杀之，义也。由三桓始也。[1]

天子无客礼，莫敢为主焉。君适其臣，升自阼阶，不敢有其室也。觐礼，天子不下堂而见诸侯。下堂而见诸侯，天子之失礼也。由夷王以下。[2]

[1] 大夫富强而具飨礼以飨君，以臣召君，故曰"非礼"。大夫强横僭逆，必乱国家，人君杀之，是断以大义也。三桓，鲁之三家，皆桓公之后也。先是成季以庄公之命鸩杀僖叔，后庆父贼子般，又弑闵公，于是又杀庆父。故云"由三桓始"。○疏曰："按三桓之前，齐公孙无知、卫州吁、宋长万皆以强盛被杀。此云由三桓始者，据鲁而言。"○般，音班。

[2] 天子所以无客礼者，以其尊无对，莫敢为主故也。适臣而升自主阶，是为主之义。不敢有其室者，言人臣不敢以此室为私有而主之矣，况敢为主而待君为客乎？觐礼，天子负斧依南面，侯氏执玉入，是不下堂见诸侯也。惟春朝夏宗，以客礼待诸侯，则天子以车出迎。夷王，康王之玄孙之子。○下，去声。依，上声。

诸侯之宫县，而祭以白牡，击玉磬，朱干设鍚，冕而舞《大武》，乘大路，诸侯之僭礼也。[1]台门而旅树，反坫，绣黼，丹朱中衣，大夫之僭礼也。[2]

故天子微，诸侯僭；大夫强，诸侯胁。于此相贵以等，相觌以货，相赂以利，而天下之礼乱矣。诸侯不敢祖天子，大夫不敢祖诸侯。而公庙之设于私家，非礼也，由三桓始也。[3]

[1] 天子之乐，四面皆县，谓之宫县。诸侯轩县，则三面而已。白牡，殷祭之正牲，后代诸侯，当用时王之牲也。又诸侯当击石磬。玉磬，天子乐器，《书》言"鸣球"是也。诸侯虽得舞《大武》，但不得朱干设鍚，冕服而舞也。干，盾也。鍚者，盾背之饰，金为之。大路，殷祭天所乘之车也。○县，音玄。鍚，音阳，字从昜，与锡异。

[2] 此皆诸侯之礼。两旁起土为台，台上架屋而门当其中，故曰台门。旅，道也。树，屏也。立屏当所行之路，以蔽内外为敬。天子外屏，诸侯内屏，大夫以帘，士以帷。坫，在两楹之间。两君好会，献酬饮毕，则反爵于其上，故曰"反坫"。旧读绣为绡，今如字。绣黼者，绣刺为黼文也。丹朱，染缯为赤色也。绣黼为中衣之领，丹朱为中衣之缘。中衣者，朝服祭服之里衣也，制如深衣，但袖小长耳。冕服是丝衣，则中衣用绢素。皮弁服、朝服、玄端是麻衣，则中衣用布也。○石梁王氏曰："绣当依《诗》文，不可改为绡。"○屏，音丙。好，去声。刺，音戚。缘。去声。

[3] 相贵以等，谓擅相尊贵以等列也。诸侯不敢祖天子，而《左传》云："宋祖帝乙，郑祖厉王。"鲁襄十二年，"吴子寿梦卒，临于周庙，礼也"，鲁以周公之故，立文王庙耳。大夫不敢祖诸侯，而《左传》云，凡邑有宗庙先君之主曰都。记者以礼之正言之，而又有他义者。旧说谓天子之子以上德为诸侯者，得祀其所出，故鲁以周公之故立文王庙。公子得祖先君，公孙不得祖诸侯，故公子为大夫者，亦得立宗庙于其采地，故曰"邑有宗庙先君之主"也。其王子母弟，虽无功德，不得出封为诸侯，而食采畿内

者，亦得立祖王庙于采地。故都宗人、家宗人，掌祭祖王之庙也。由三桓始，谓鲁之三家立桓公庙也。〇临、采，并去声。

天子存二代之后，犹尊贤也。尊贤不过二代。[1]

[1] 疏曰："古《春秋左氏》说周家封夏殷二王之后以为上公，封黄帝、尧、舜之后谓之三恪。"恪者，敬也，敬其先圣而封其后。

诸侯不臣寓公，故古者寓公不继世。[1]

[1] 诸侯失国而寄寓他国者，谓之寓公。所寓之国，不敢以之为臣。此寓公死，则臣其子矣。故云寓公不继世。

君之南乡，答阳之义也。臣之北面，答君也。[1]

[1] 答，犹对也。〇乡，去声。

大夫之臣不稽首，非尊家臣，以辟君也。[1]

[1] 诸侯于天子稽首，大夫于诸侯亦稽首，惟家臣于大夫不稽首者，非尊重家臣也，以避国之正君也。盖诸侯与大夫同在一国，大夫已稽首于君矣，家臣若又稽首于大夫，则似一国而两君矣，故云"以辟君"。〇辟，音避。

大夫有献弗亲，君有赐不面拜，为君之答己也。[1]

[1] 有献弗亲者，使人往献，不身自往也。不面拜，不亲见君之面而拜也，恐烦君答拜故也。〇为，去声。

乡人禓，孔子朝服立于阼，存室神也。[1]

[1]《论语》"乡人傩，朝服而立于阼阶"，即此事也。旧说，禓，是强

鬼之名。乡人驱逐此鬼，孔子恐惊庙室之神，故衣朝服立于庙之东阶，以存安庙室之神，使神依己而安也。礼，大夫朝服以祭，故用祭服以依神。○裼，音伤。衣，去声。

孔子曰："射之以乐也，何以听？何以射？"[1]孔子曰："士使之射，不能，则辞以疾，县弧之义也。"[2]

[1] 何以听，谓射者何以能不失射之容节，而又能听乐之音节乎？何以射，谓何以能听乐之音节，而使射之容与乐之节相应乎？言其难而美之也。

[2] 为士者当习于射，以六艺之一也。不敢以不能辞，惟可以疾辞，盖生而设弧于门左，已有射道，但未能耳。今辞以疾而未能，则亦与初生之未能相似，故云"县弧之义也"。

孔子曰："三日齐，一日用之，犹恐不敬。二日伐鼓，何居？"[1]

[1] 齐者不听乐，恐散其志虑也。今三日之间，乃二日击鼓，其义何所处乎？怪之之辞。

孔子曰："绎之于库门内，祊之于东方，朝市之于西方，失之矣。"[1]

[1] 绎，祭之明日又祭也。绎是堂上接尸，祊是于室内求神，皆一时之事。绎之礼当于庙门外之西堂，今乃于库门内；祊当在庙门外西室，今乃于庙门外东方。朝市，即《周礼》所谓"朝时而市"也。当于市内近东，今乃于市内西方。此三事皆违于礼，故曰"失之矣"。○朝，如字。

社祭土而主阴气也，君南乡于北墉下，答阴之义也。日用甲，用日之始也。[1]天子大社，必受霜露风雨，以达天地之气也。是故丧国之社屋之，不受天阳也。薄社北牖，使阴明也。[2]社所以神地之道也。地载万物，天垂象，取财于地，取法于天，是以尊天而亲地也，故教民美报焉。家主中霤而国主社，示本也。[3]

唯为社事，单出里。[4]唯为社田，国人毕作。[5]唯社，丘乘供粢盛，所以报本反始也。[6]

[1] 地秉阴，则社乃阴气之主。社之主设于坛上，北面，而君来北墉下，南向祭之，盖社不屋，惟立之坛壝而环之以墙。既地道主阴，故其主北向而君南向对之。答，对也。甲为十干之首。

[2] 薄，《书》作亳。薄社于周为丧国之社，必存之者，《白虎通》云："王者诸侯必有诫社，示有存亡也。"屋其上，则天阳不入，牖于北，则阴气可通，阴明则物死也。〇丧，去声。

[3] 圣人知地道之大，故立社以祭，所以神而明之也。美报，美善其报之之礼也。上古穴居，故有中霤之名。中霤与社皆土神。卿大夫之家主祭土神于中霤，天子诸侯之国主祭土神于社。此皆以示其为载物生财之本也。

[4] 社事，祭社之事也。二十五家为里。单，尽也。言当祭社之时，一里之人尽出而供给其事，盖每家一人也。〇为，去声，下节同。单，音丹。

[5] 为祭社之事而田猎，则国中之人皆行，无留家者。

[6] 祭社必有粢盛，稷曰明粢，在器曰盛，此粢盛则使丘乘供之。井田之制，九夫为井，四井为邑，四邑为丘，四丘为乘也。报者，酬之以礼。反者，追之以心。〇乘，去声。盛，平声。

季春出火，为焚也。然后简其车赋，而历其卒伍，而君亲誓社，以习军旅，左之右之，坐之起之，以观其习变也。而流示之禽，而盐诸利，以观其不犯命也。求服其志，不贪其得，故以战则克，以祭则受福。[1]

[1] 建辰之月，大火心星昏见南方，故出火以焚除草莱，焚后即蒐田。简，阅视也。赋，兵也。历，数之也。百人为卒，五人为伍。誓社，誓众于社也。或左或右，或坐或起，皆是军旅之法。习变，习熟其变动之节也。驱逐之际，禽兽流动纷纭，众皆见之，故云“流示之禽”。盐，读为艳。艳诸利，谓使之歆艳于利也。禽兽虽甚可欲，而杀获取舍，皆有定制。犯命者必罚，不使之犯命者，是求以遏服其贪利之志。人君亦取之有制，如大兽公之，小禽私之，不逾法而贪下之所得也。以战则克，习民于变也。祭则受福，获牲以礼也。○疏曰：“祭社既在仲春，此出火为焚，当在仲春之月，记者误也。”○为，去声。盐，去声。见，音现。数，上声。

天子适四方，先柴。[1]

[1]《书》曰：“岁二月东巡守，至于岱宗，柴。”

郊之祭也，迎长日之至也。[1]大报天而主日也，兆于南郊，就阳位也。埽地而祭，于其质也。器用陶匏，以象天地之性也。[2]于郊，故谓之郊。牲用骍，尚赤也。用犊，贵诚也。郊之用辛也，[3]周之始郊日以至。[4]

[1] 至，犹到也。冬至日短极而渐舒，故云“迎长日之至”。○朱子曰：“以始祖配天，须在冬至，一阳始生，万物之始。宗祀九月，万物之成。父者，我所自生。帝者，生物之祖。故推以为配，而祀于明堂。此议方正。”○问：“郊祀后稷以配天，宗祀文王以配上帝。帝只是天，天只是帝，却分祭，何也？”朱子曰：“为坛而祭，故谓之天。祭于屋下，而以神祇祭之，故谓之帝。”○今按郊祀一节，先儒之论不一者，有子月、寅月之异，有周礼、鲁礼之分，又以郊与圜丘为二事，又有祭天与祈谷为二郊，今皆不复详辨，而以朱说为定。

[2] 郊祭者，报天之大事，而主于迎长日之至。《祭义》云："配以月。"故方氏谓天之尊无为，可祀之以其道，不可主之以其事，故以日为之主焉。天秉阳，日者众阳之宗，故就阳位而立郊兆。陶匏，亦气之质者，质乃物性之本然也。○埽，去声。

[3] 问郊之用辛日何谓。

[4] 谓周家始郊祀，适遇冬至是辛日，自后用冬至后辛日也。

卜郊，受命于祖庙，作龟于祢宫，尊祖亲考之义也。[1]卜之日，王立于泽，亲听誓命，受教谏之义也。[2]献命库门之内，戒百官也。大庙之命，戒百姓也。[3]祭之日，王皮弁以听祭报，示民严上也。丧者不哭，不敢凶服，泛埽反道，乡为田烛，弗命而民听上。[4]祭之日，王被衮以象天。[5]戴冕璪十有二旒，则天数也。乘素车，贵其质也。旂十有二旒，龙章而设日月，以象天也。天垂象，圣人则之，郊所以明天道也。[6]帝牛不吉，以为稷牛。帝牛必在涤三月，稷牛唯具，所以别事天神与人鬼也。万物本乎天，人本乎祖，此所以配上帝也。郊之祭也，大报本反始也。[7]

[1] 告于祖庙而行事，则如受命于祖，此尊祖之义。作，犹用也。用龟以卜而于祢宫，此亲考之义。《曲礼》言"大飨不问卜"，既用冬至，则有定日，此但云卜郊，则非卜日矣。下文言"帝牛不吉"，亦或此为卜牲欤？不然，则异代之礼也。

[2] 泽，泽宫也。于其中射以择士，因谓之泽宫。又其宫近水泽，故名也。其日卜竟，有司即以祭事誓戒命令众执事者，而君亦听受之，是受教谏之义也。

[3] 有司献王所以命百官之事，王乃于库门内集百官而戒之。又于大庙之内，戒其族姓之臣也。○大，音泰。

[4] 祭报，报白日时早晚，及牲事之备具也。汜埽，洒水而后埽也。反道，刬道路之土反之，令新者在上也。乡，郊内六乡也。六乡之民，各于田首设烛照路，恐王行事之早也。“丧者不哭”以下诸事，皆不待上令而民自听从，盖岁以为常也。〇汜，音泛。埽，去声。洒，去声。刬，音产。

[5] 象天，谓有日月星辰之章也。〇陈氏曰：“合《周官》、《礼记》而考之，王之祀天，内服大裘，外被龙衮。龙衮所以袭大裘也。”

[6] 璪，与藻同。素车，殷之木路也。旂之旒与冕之旒，皆取垂下之义。余见前。

[7] 郊祀后稷以配天，故祭上帝者谓之帝牛，祭后稷者谓之稷牛。涤者，牢中清除之所也。此二牛皆在涤中。为，犹用也。若至期卜牲不吉，或有死伤，即用稷牛为帝牛，而别选稷牛也。非在涤三月者不可为帝牛，故以稷牛代之。稷乃人鬼，其牛但得具用足矣，故云“稷牛唯具”。人本乎祖，故以祖配帝。是郊之祭，乃报本反始之大者。〇别，必列切，注如字。

天子大蜡八，伊耆氏始为蜡。蜡也者，索也。岁十二月，合聚万物而索飨之也。[1]蜡之祭也，主先啬而祭司啬也，祭百种以报啬也。[2]

飨农及邮表畷、禽兽，仁之至，义之尽也。[3]古之君子，使之必报之。迎猫，为其食田鼠也；迎虎，为其食田豕也。迎而祭之也。祭坊与水庸，事也。[4]曰：“土反其宅，水归其壑，昆虫毋作，草木归其泽。”[5]皮弁、素服而祭，素服以送终也。葛带榛杖，丧杀也。蜡之祭，仁之至，义之尽也。[6]黄衣黄冠而祭，息田夫也。野夫黄冠。黄冠，草服也。[7]

[1] 蜡祭八神，先啬一，司啬二，农三，邮表畷四，猫虎五，坊六，水庸

七,昆虫八。伊耆氏,尧也。索,求索其神也。合,犹闭也。闭藏之月,万物各已归根复命,圣人欲报其神之有功者,故求索而享祭之也。〇蜡,音乍。耆,音其。索,色窄切。

[2] 啬,与穑同。先啬,神农也。主,如前章主日之主,言为八神之主也。司啬,上古后稷之官。百种,司百谷之种之神也。报啬,谓报其教民树艺之功。〇种,上声。

[3] 农,古之田畯,有功于民者。邮者,邮亭之舍也。标表田畔相连畷处,造为邮舍,田畯居之以督耕者,故谓之邮表畷。禽兽,猫虎之属也。〇畷,株劣切。

[4] 田鼠、田豕,皆能害稼,故食之者为有功。迎者,迎其神也。坊,堤也,以蓄水亦以障水。庸,沟也,以受水亦以泄水。皆农事之备,故曰事也。眉山苏氏以为迎猫则为猫之尸,迎虎则为虎之尸,近于倡优所为,是以子贡言"一国之人皆若狂"也。〇为,去声。坊,音防。

[5] 此祝辞也。宅,犹安也。土安则无崩圮,水归则无泛溢。昆虫,谓螟蝗之属,害稼者。作,起也。草木各归根于薮泽,不得生于耕稼之土也。〇毋、无通。

[6] 物之助成岁功者,至此而老,老则终矣,故皮弁、索服、葛带、榛杖以送之,丧礼之杀也。此为义之尽。祭报其功,则仁之至也。《周礼·籥章》云:"国祭蜡则龡《豳颂》,击土鼓,以息老物。"〇杀,色介切。龡、吹同。

[7]《月令》:"腊先祖五祀,劳农以休息之。"此祭是也。黄冠为草野之服,其详未闻。〇劳,去声。

大罗氏,天子之掌鸟兽者也,诸侯贡属焉。草笠而至,尊野服也。[1]罗氏致鹿与女,而诏客告也。以戒诸侯曰:"好田好女者亡其国。[2]天子树瓜华,不敛藏之种也。[3]"

[1] 诸侯鸟兽之贡,属大罗氏之掌,其使者戴草笠,是尊野服。〇

使，去声。

[2] 鹿者，田猎所获。女则所俘于亡国者。客，贡使也。使者将返，罗氏以鹿与女示使者，以王命诏之，使归告其君，而以王言戒之曰："好田猎、好女色者，必亡其国。"旧说如此。然鹿可岁得，而亡国之女不恒有，其详未闻也。〇好，去声。使，去声。

[3] 瓜华，瓜与果蓏之属也。天子所种者瓜华，供一时之用而已，不是收敛久藏之种也。若可收敛久藏之物，则不树之，恶与民争利也。此亦令使者归告戒其君之事。〇种，上声。

八蜡以记四方。四方年不顺成，八蜡不通，以谨民财也。顺成之方，其蜡乃通，以移民也。既蜡而收，民息已。故既蜡，君子不兴功。[1]

[1] 记四方者，因蜡祭而记其丰凶也。蜡祭之礼，列国皆行之。若其国岁凶，则八蜡之神，不得与诸方通祭，所以使民知谨于用财，不妄费也。移者，宽纵之义。盖岁丰，则民财稍可宽舒用之也。党正属民饮酒，始虽用礼，及其饮食醉饱，则亦纵其酣畅为乐，夫子所谓"一日之泽"是也。农民终岁勤动，而于此时得一日之乐，是上之人劳农之美意也。既蜡之后，收敛积聚，民皆休息，故不兴起事功也。〇移，去声。属，音浊。乐，音洛。劳，去声。积，音恣。

恒豆之菹，水草之和气也；其醢，陆产之物也。加豆，陆产也；其醢，水物也。[1]笾、豆之荐，水土之品也。不敢用常亵味而贵多品，所以交于神明之义也，非食味之道也。先王之荐，可食也而不可耆也。卷冕路车，可陈也而不可好也。《武》壮而不可乐也。宗庙之威而不可安也。宗庙之器，可用也而不可便其利也。所以交于神明者，不可同于所安乐之义也。[2]酒醴之美，玄酒明水之尚，贵五味之本也。黼黻文绣之美，疏布之尚，反女功之始也。莞簟之安，而蒲越、稿鞂之尚，明之也。大羹不和，贵其质也。大圭不琢，美其质也。丹漆雕几之美，素车之乘，尊其朴也。贵其质而已矣。所以交于神明者，不可同于所安亵之甚也。如是而后宜。[3]鼎、俎奇而笾、豆偶，阴阳之义也。黄目，郁气之上尊也。黄者，中也。目者，气之清明者也。言酌于中而清明于外也。[4]祭天埽地而祭焉，于其质而已矣。醯、醢之美，而煎盐之尚，贵天产也。割刀之用，而鸾刀之贵，贵其义也，声和而后断也。[5]

[1] 恒豆，每日常进之豆也。《周礼》醢人所掌朝事之豆，注谓清朝未食，先进口食也。菹，酢菜也。水草，昌本、茆菹之类。加豆，《周礼》注谓尸既食后，亚献尸所加进之豆，但醢人所掌，是天子之礼。此言诸侯之礼，物既不同，此朝事之豆，与祭礼馈食荐孰之豆，俱为恒豆，而加豆，则祭未酳尸所用也。水物，若蠃醢鱼醢是也。菹醢皆以豆盛之。〇菹，兹居切。

[2] 不可耆，谓食之有节，不可贪爱。旧说谓质而无味，不能悦口。不可好，谓尊严之服器，不可以供玩爱。武，《万》舞《大武》也，以示庄勇之容，不可常为娱乐。宗庙威严之地，不可寝处以自安。宗庙行礼之器，不可利用以为便。交神明之义如此。〇耆，音嗜。卷，音衮。好，去声。乐，音洛。

[3] 未有五味之初，先有水，故水为五味之本。未有黼绣，先有粗布，故疏布为女功之始。《周礼》司烜氏掌以鉴取明水于月，盖取其洁也。明之，昭其礼之异也。雕，刻镂之也。几，漆饰之畿限也。安亵之甚，言甚安甚亵也。宜，犹称也。余并见前。〇越，音活。大，音泰。和，去声。几，音祈。乘，去声。称，去声。

[4] 黄目，黄彝也，卣罍之类，以黄金镂其外以为目，因名焉。用贮郁鬯之酒，有芬芳之气，故云“郁气”。中，中央之色也。奇偶，见前。○奇，音基。

[5] 盐以煎炼而成，故曰煎盐。必用鸾刀者，取其鸾铃之声调和，而后断割其肉也。贵其义，是贵声和之义。○埽，去声。断，上声。

冠义，始冠之，缁布之冠也。大古冠布，齐则缁之。其緌也，孔子曰：“吾未之闻也，冠而敝之可也。”[1]适子冠于阼，以著代也。醮于客位，加有成也。三加弥尊，喻其志也。冠而字之，敬其名也。[2]委貌，周道也。章甫，殷道也。毋追，夏后氏之道也。[3]周弁，殷冔，夏收。[4]三王共皮弁、素积。[5]无大夫冠礼，而有其昏礼。古者五十而后爵，何大夫冠礼之有？诸侯之有冠礼，夏之末造也。[6]

天子之元子，士也。天下无生而贵者也。继世以立诸侯，象贤也。以官爵人，德之杀也。死而谥，今也。古者生无爵，死无谥。[7]

[1] 冠义，言冠礼之义也。冠礼三加，先加缁布冠，是太古齐时之冠也。缁布为之，不用笄，用頍以围发际，而结于项中，因缀之以固冠耳，不闻有垂下之緌也。此冠后世不复用，而初冠暂用之，不忘古也。冠礼既毕，则敝弃之可矣。《玉藻》云“缁布冠缋緌”，是诸侯位尊，尽饰故也。然亦后世之为耳。○石梁王氏曰：“冠一段，当附《冠义》。”○“冠义”、“始冠”、“冠而”，去声。“之冠”、“古冠”，如字。齐，侧皆切。緌，如追切。頍，犬蕊切。

[2] 著代，显其为主人之次也。酌而无酬酢曰醮，客位在户牖之间。加有成，加礼于有成之人也。三加，始冠缁布冠，次加皮弁，又次加爵弁也。喻其志者，使其知广充志意以称尊服也。此适子之礼，若庶子则冠

于房户外南面，醮亦户外也。夏殷之礼，醮用酒，每一加而一醮。周则用醴，三加毕乃总一醴也。○适，音的。冠，去声。称，去声。

[3] 委貌，章甫，毋追，皆缁布冠，但三代之易名不同，而其形制亦应异耳。是皆先王制礼之道，故皆以道言之。委貌，即玄冠。旧说委，安也，言所以安正容貌；章，明也，所以表明丈夫。毋，发声之辞。追，犹椎也，以其形名之。此一条，是论“三加”始加之冠。○毋，音牟。追，音堆。

[4] 周之弁，殷之冔，夏之收，各是时王所制，以为三加之冠。旧说弁名出于槃，槃，大也。冔名出于幠，幠，覆也。收，所以收敛其发也。形制未闻。○冔，音诩。覆，去声。

[5] 皮弁，以白鹿皮为之，其服则十五升之布也，白与冠同，以素为裳，而辟积其要中，故云“皮弁素积”也。三代皆以此为再加之冠服。

[6] 诸侯大夫之冠，一如士礼行之，下章所谓“无生而贵者”也。夏之末造，言夏之末世所为耳。

[7] 元子，适长子也，其冠亦行士之冠礼。无生而贵，言有德乃有位也。立诸侯以继其先世，以其能法前人之贤行也。以官爵人，必随其德之大小而为降杀也。死必有谥，今日之变礼也。殷以前，大夫以上乃为爵，死则有谥。周制虽爵及命士，死不谥也。○杀，色介切。

礼之所尊，尊其义也。失其义，陈其数，祝史之事也。故其数可陈也，其义难知也。知其义而敬守之，天子之所以治天下也。[1]

[1] 先王制礼，皆有精微之理，所谓义也。礼之所以为尊，以其义之可尊耳。玉帛俎豆，各有多寡厚薄之数。数之陈列者，人皆可得而见。义之精微者，不学则不能知也，祝史其能知之乎？《中庸》曰：“明乎郊、社之礼，禘、尝之义，治国其如示诸掌乎？”此总结前章“冠义”以下。

天地合而后万物兴焉。夫昏礼，万世之始也。取于异姓,所以附远厚别也。币必诚,辞无不腆,告之以直信。信事人也,信妇德也。壹与之齐,终身不改,故夫死不嫁。[1]男子亲迎,男先于女,刚柔之义也。天先乎地,君先乎臣,其义一也。执挚以相见,敬章别也。男女有别,然后父子亲;父子亲,然后义生;义生,然后礼作;礼作,然后万物安。无别无义,禽兽之道也。[2]婿亲御授绥,亲之也。"亲之也"者,亲之也。敬而亲之,先王之所以得天下也。出乎大门而先,男帅女,女从男,夫妇之义由此始也。妇人,从人者也,幼从父兄,嫁从夫,夫死从子。夫也者,夫也。夫也者,以知帅人者也。[3]

玄冕齐戒,鬼神阴阳也。将以为社稷主,为先祖后,而可以不致敬乎?[4]共牢而食,同尊卑也。故妇人无爵,从夫之爵。坐以夫之齿。器用陶匏,尚礼然也。三王作牢用陶匏。厥明,妇盥馈。舅姑卒食,妇馂馀,私之也。舅姑降自西阶,妇降自阼阶,授之室也。昏礼不用乐,幽阴之义也。乐,阳气也。昏礼不贺,人之序也。[5]

[1] 附远,附犹托也,托于远嫌之义也。厚别,重其有别之礼也。币诚辞腆,是欲告戒为妇者以正直诚信之行,信其能尽事人之道,信其能有为妇之德也。此以下言昏礼之义。〇郑氏曰:"齐,谓共牢而食,同尊卑也。"〇石梁王氏曰:"昏一段,当附《昏义》。"〇取、远,并去声。别,必列切。

[2] 先,谓倡道之也。执挚,奠雁也。行敬以明其有别,故云"敬章别也"。有别,则一本而父子亲,亲亲之杀,则义生礼作,而万物各得其所矣。禽兽知有母而不知有父,无别故也。〇迎、先,并去声。别,必列切。

[3] 亲御妇车而授之绥,是亲爱之义也。亲之,乃可使之亲己,故曰"亲之也者亲之也"。太王爱及姜女,文王亲迎于渭,皆是敬而亲之之道。

以至于有天下，故曰“先王之所以得天下也”。大门，女家之门也。先，婿车在前也。女从男，妇车随之也。夫也者，丈夫也。丈夫者，以才智帅人者也。○先，去声。帅，入声。知，音智。

[4] 服玄冕而致齐戒，是事鬼神之道。鬼者，阴之灵。神者，阳之灵。故曰“鬼神阴阳也”。今昏礼者，盖将以主社稷之祭祀，承先祖之宗庙也，可不以敬社稷与先祖之礼敬之，而玄冕齐戒乎？○齐，音斋。

[5] 牢，俎也。尚礼然，谓古来所尚之礼如此。共牢之礼，虽三王所作，而俎之外，器用皆如古者之用陶匏，重夫妇之始也。厥明，昏礼之明日也。盥馈，盥洁而馈食也。人之序，谓相承代之次序也。○卒，子恤切。馂，音俊。

有虞氏之祭也，尚用气。血、腥、爓祭句，用气也。[1]殷人尚声，臭味未成，涤荡其声。乐三阕，然后出迎牲。声音之号，所以诏告于天地之间也。[2]周人尚臭，灌用鬯臭，郁合鬯，臭阴达于渊泉。灌以圭璋，用玉气也。既灌然后迎牲，致阴气也。[3]萧合黍稷，臭阳达于墙屋。故既奠，然后焫萧合羶芗。凡祭慎诸此。[4]

魂气归于天，形魄归于地，故祭求诸阴阳之义也。殷人先求诸阳，周人先求诸阴。诏祝于室，坐尸于堂，用牲于庭，升首于室。直祭祝于主，索祭祝于祊。不知神之所在，于彼乎，于此乎？或诸远人乎？祭于祊，尚曰求诸远者与？[5]祊之为言倞也，肵之为言敬也。富也者，福也。首也者，直也。相，飨之也。嘏，长也，大也。尸，陈也。毛血，告幽全之物也。告幽全之物者，贵纯之道也。[6]

血祭，盛气也。祭肺肝心，贵气主也。祭黍稷加肺，祭齐加明水，报阴也。取膟膋燔燎升首，报阳也。明水涚齐，贵新也。凡涚，新之也。其谓之明水也，由主人之洁著此水也。[7]

君再拜稽首，肉袒亲割，敬之至也。敬之至也，服也，拜服也。稽首，服之甚也。肉袒，服之尽也。祭称孝孙孝子，以其义称也。称曾孙某，谓国家也。祭祀之相，主人自致其敬，尽其嘉，而无与让也。[8]

腥、肆、爓、腍祭，岂知神之所飨也？主人自尽其敬而已矣。举斝角，诏妥尸。古者尸无事则立，有事而后坐也。尸，神象也。祝，将命也。[9]缩酌用茅，明酌也。[10]盏酒涚于清，汁献涚于盏酒。[11]犹明清与盏酒于旧泽之酒也。[12]祭有祈焉，有报焉，有由辟焉。[13]齐之玄也，以阴幽思也。故君子三日齐，必见其所祭者。[14]

[1] 尚用气，以用气为尚也。初以血诏神于室，次荐腥肉于堂，爓次腥亦荐于堂，皆未熟，故云“用气”。此以下至篇末，皆言祭礼。

[2] 牲未杀，则未有臭味，故云“臭味未成”。涤荡，宣播之意。鬼神在天地间，与阴阳合散同一理，而声音之感，无间显幽，故殷人之祭，必先作乐三终，然后出而迎牲于庙门之外。此是欲以此乐之声音号呼而诏告于两间，庶几其闻之而来格来享也。殷人先求诸阳，凡声，阳也。〇号，平声。“无间”间，去声。几，平声。

[3] 周人尚气臭，而祭必先求诸阴，故牲之未杀，先酌鬯酒灌地以求神，以鬯之有芳气也，故曰“灌用鬯臭”。又捣郁金香草之汁，和合鬯酒，使香气滋甚，故云“郁合鬯”也。以臭而求诸阴，其臭下达于渊泉矣。灌之礼，以圭璋为瓒之柄。用玉之气，亦是尚臭也。灌后乃迎牲，是欲先致气于阴以求神，故云“致阴气也”。〇石梁王氏曰：“四臭字本皆句绝，然细别之，鬯灌之地，此臭之阴者也；萧焫上达，此臭之阳者也。”亦有义，姑从《释文》。

[4] 萧，香蒿也。取此蒿及牲之脂膋合黍稷而烧之，使其气旁达于墙屋之间，是以臭而求诸阳也。此是周人后求诸阳之礼。既奠，谓荐孰之时，盖堂上事尸礼毕，延尸于户内而荐之孰，祝先酌酒奠于铏羹之南，而尸犹未入，萧脂黍稷之烧，正此时也。馨香，即黍稷也。既奠以下，是明上文焫萧之时，非再焫也。此是天子诸侯之礼，非大夫士礼也。〇焫，如悦切。羶，音馨。芗，音香。膋，音聊。

[5] 诏，告也。诏祝于室，谓天子诸侯之祭，朝事之时，祝取牲之膟膋燎于炉炭，而入告神于室也。坐尸于堂者，灌鬯之后，尸坐户西南面也。用牲于庭，谓杀牲也。升首于室，升牲之首也。直祭，正祭也。祭以荐孰为正，正祭之时，祝官以祝辞告于神主，如云"荐岁事于皇祖伯某甫"是也。索，求也。求索其神灵而祭之，则祝官行祭于祊也。祊有二，一是正祭时设祭于庙，又求神于庙门之内而祭之。《诗》云："祝祭于祊。"此则与祭同日。一是明日绎祭，祭于庙门之外也。于彼于此，言神在于彼室乎，在于此堂乎？或诸远人者，或远离于人而不在庙乎？尚，庶几也。祭于祊，庶几可求之于远处乎？〇索，音色。远，去声。与，平声。膟，音律。离，去声。

[6] 倞，远也。承上文求诸远者而言，尸有肵俎，是主人敬尸之俎也。人君嘏辞有富，以福言也。牲体首在前，升首而祭，取其与神坐相直也。相，诏侑也。所以诏侑于尸，欲其享此馔也。尸使祝致嘏辞于主人，嘏有长久广大之义也。尸，神象，当为主之义，今以训"陈"，记者误耳。杀牲之时，先以毛及血告神者，血在内，是告其幽；毛在外，是告其全也。贵纯者，贵其表里皆善也。〇倞，音谅。肵，音祈。相，去声。

[7] 有血有气乃为生物，血由气以滋，死则气尽而血亦枯矣。故血祭者，所以表其气之盛也。肺、肝、心，皆气之所舍，故云"气主"。周祭肺，殷祭肝，夏祭心也。祭黍稷加肺者，谓尸隋祭之时，以黍稷兼肺而祭也。祭齐加明水，谓尸正祭之时，陈列五齐之尊，又加明水之尊也。祖考形魄归地属阴，而肺于五行属金，金水阴也，故加肺。加明水，是以阴物而报阴灵也。膟膋，肠间脂也。先燔燎于炉，至荐孰，则合萧与黍稷烧

之。黍稷阳也，牲首亦阳体，魄气归天为阳，此以阳物报阳灵也。明水，阴鉴所取月中之水。涚，犹清也。泲漉五齐而使之清，故云“涚齐”。所以设明水及涚齐者，贵其新洁也。凡涚，新之也，专主涚齐而言，故下文又释明水之义。洁著，洁净而明著也。自月而生，故谓之明。《周礼》五齐，一泛齐，二醴齐，三盎齐，四缇齐，五沈齐。○齐，去声。膟，音律。膋，音僚。涚，音税。隋，音灰。

［8］服者，服顺于亲也。拜服也，谓再拜是服顺也。稽首为服顺之甚，肉袒为服顺之尽，言服顺之诚在内，今又肉袒，则内外皆服矣，故云“服之尽”。祭主于孝，士之祭，称孝孙孝子，是以祭之义为称也。诸侯有国，卿大夫有家，不但祭祖与祢而已。其祭自曾祖以上，惟称曾孙，故云“称曾孙某，谓国家也”。盖大夫三庙，得事曾祖也。上士二庙，事祖祢。中下士一庙，祖祢共之。相，诏侑于尸也。相者不告尸以让，盖是主人敬尸，自致其诚敬，尽其嘉善，无所与让也。

［9］祭之为礼，或进腥体，或荐解剔，或进汤沈，或荐煮孰，岂知神果何所享乎？主人不过尽其敬心而已耳。斝与角，皆爵名。诏，告也。妥，安也。尸始即席举斝角之时，祝告主人拜尸，以妥安其坐。前篇言“夏立尸而卒祭”，此言古者，盖指夏时也。夏之礼，尸无事则立，有饮食之事，然后得坐也。尸所以象所祭者，故曰神象。为祝者，先以主人之辞告神，后以神之辞嘏主人，故曰将命。○肆，读为剔。腍，而审切。

［10］缩，泲也。酌，斟酌也。谓醴齐浊泲而后可斟酌，故云缩酌也。用茅者，以茅覆藉而泲之也。《周礼》三酒，一曰事酒，二曰昔酒，三曰清酒。事酒，为事而新作者，其色清明，谓之明酌。言欲泲醴齐，则先用此明酌和之，然后用茅以泲之也。○泲，音姊。齐，去声。覆，去声。为，去声。

［11］盏酒，盎齐也。涚，泲也。清，谓清酒也。清酒冬酿，接夏而成。盎齐差清，先和以清酒而后泲之，故云盏酒涚于清。以其差清，故不用茅也。汁献，谓摩挲秬鬯及郁金之汁也。秬鬯中有煮郁，又和以盎齐摩挲而泲之，出其香汁，故云汁献涚于盏酒也。○疏曰：“以事酒泲醴齐，

清酒泲盎齐，今泲秬鬯乃用盎齐，而不以三酒者，五齐卑，故用三酒泲之；秬鬯尊，故用五齐泲之也。"○盏，侧眼切。献，读为莎。齐，去声。差，楚宜切。和，去声。

[12] 上文所泲三者之酒，皆天子诸侯之礼。作记之时，此礼已废，人不能知其法，故言此以晓之曰：泲醴齐以明酌，泲盏酒以清酒，泲汁献以盏酒者，即如今时明清盏酒泲于旧醳之酒也。犹，若也。旧，谓陈久也。泽，读为醳。醳者，和醳醴酿之名，后世谓之醳酒。○泽，音亦。

[13] 此泛言祭礼又有此三者之例。如《周礼》所云"祈福祥，求永贞。祈年于田祖"，《诗》言"春夏祈谷"之类，是祈也。报，谓获福而报之。祭礼多是报本之义。由，用也。辟，读为弭。如周所谓"弭灾兵，远罪疾"之类。由弭者，用此以消弭之也。○辟，音弭。远，去声。

[14] 齐而玄冠玄衣，顺鬼神幽黯之意，且以致其阴幽之思也。见其所祭之亲，精诚之感也。

内则第十二[1]

[1] 疏曰："闺门之内，轨仪可则，故曰《内则》。"〇石梁王氏曰："此篇于《曲礼》之义为多"。

后王命冢宰降德于众兆民。[1]

[1] 冢宰掌邦治，而治国者必先齐家。降德者，下其德教于民也。孝为德之本，故首言子事父母之道。〇石梁王氏曰："注分后、王作两字解，不通。《书·说命》"后王君公"，后王，犹言君王，天子之别称也。郑注皆非记者本意，但据《周礼》太宰掌建邦之六典，则教典在所兼统，如此亦可解。郑分天子诸侯，甚无意义。"〇"治国"治，平声。

子事父母，鸡初鸣，咸盥漱，栉，縰，笄，总，拂髦，冠，緌缨，端，韠，绅，搢笏。[1]左右佩用，左佩纷、帨、刀砺、小觿、金燧，[2]右佩玦、捍、管、遰、大觿、木燧。[3]偪，[4]屦著綦。[5]

[1] 盥，洗手也。漱，涤口也。栉，梳也。縰，黑缯韬发者，以縰韬发作髻讫，即横插笄以固髻。总，亦缯为之，以束发之本，而垂余于髻后以为饰也。拂髦，振去髦上之尘也。髦，用发为之，象幼时剪发为鬌之形。此所陈皆以先后之次。栉讫加縰，次加笄，加总，然后加髦著冠。冠之缨结于颔下以为固，结之余者下垂谓之緌。端，玄端服也。衣用缁布而裳不同，上士玄裳，中士黄裳，下士杂裳也。服玄端著韠，又加绅大带也。搢，插也，插笏于带中。韠，以韦为之。古者席地而坐，以临俎豆，故设蔽膝以备濡渍。韠之言蔽也，在冕服谓之韨，他服则谓之韠。〇项氏曰："髦者，以发作伪髻垂两眉之上，如今小儿用一带连双髻，横系额上是

也。”○漱,先奏切。縰,所买切。冠,如字。緌,儒追切。韠,音毕。搢,音荐。鬌,音垂,又音朵,又音妥。

[2] 所佩之物,皆是备尊者使合之用。纷以拭器,帨以拭手,皆巾也。刀砺,小刀与砺石也。觿,状如锥,象骨为之。小觿,所以解小结者。金燧,用以取火于日中者。○帨,音税。觿,音兮。

[3] 玦,射者著于右手大指,所以钩弦而开弓体也。捍,拾也,韬左臂而收拾衣袖以利弦也。管,旧注云笔弫,其形制未闻。遰,刀室也。大觿,所以解大结。木燧,钻火之器。晴则用金燧以取火,阴则用木燧以钻火也。○玦,音决。捍,音汗。遰,音逝。著,音斫。

[4] 即《诗》所谓邪幅也。逼束其胫,自足至膝,故谓之偪也。

[5] 綦,屦头之饰,即絇也,说见《曲礼》。著,犹施也。○朱子曰:“綦,鞋口带也。古人皆旋系,今人只从简易,缀之于上,如假带然。”○著,音斫。綦,音忌。旋,去声。

妇事舅姑,如事父母。鸡初鸣,咸盥漱,栉縰,笄总,衣绅。[1]左佩纷、帨、刀砺、小觿、金燧,右佩箴、管、线、纩。施縏帙、大觿、木燧,衿缨、綦屦。

[1] 笄,今之簪也。衣绅,玄端绡衣之上加绅带,士妻之服也。○衣,如字。

以适父母舅姑之所。[1]及所,下气怡声,问衣燠寒,疾痛苛痒,而敬抑搔之。出入,则或先或后而敬扶持之。进盥,少者奉槃,长者奉水,请沃盥,盥卒授巾,问所欲而敬进之,柔色以温之,[2]饘、酏、酒醴、芼羹、菽、麦、蕡、稻、黍、粱、秫,唯所欲,[3]枣、栗、饴、蜜以甘之,堇、荁、枌、榆,免、薧,滫瀡以滑之,脂膏以膏之。父母舅姑必尝之而后退。[4]

[1] 箴管,箴在管中也。縏帙,皆囊属。施縏帙者,为贮箴线纩也。衿,结也。缨,香囊也。○纩,音旷。縏,音盘。帙,陈乙切。衿,其鸩切。为,去声。

[2] 苛,疥也。抑,按;搔,摩也。温,承藉之义。谓以柔顺之色,承藉尊者之意,若藻藉之承玉然。○燠,音郁。痒,以想切。少,去声。奉、长,并上声。温,于粪切。

[3] 饘,厚粥。酏,薄粥也。芼羹,以菜杂肉为羹也。蕡,大麻子。○酏,音移。芼,音冒。蕡,音焚。秫,音述。

[4] 饴,饧也。堇,菜名。荁,似堇而叶大。榆之白者名枌。免,新鲜者。薨,干陈者。言堇、荁、枌、榆四物,或用新,或用旧也。滫,《说文》:"久泔也。"瀡,滑也。滫瀡,滫之滑者也。凝者为脂,释者为膏。甘之、滑之、膏之,皆谓调和饮食之味也。此篇所记饮食珍羞诸物,古今异制,风土异宜,不能尽晓,然亦可见古人察物之精,用物之详也。○饴,音怡。堇,音谨。荁,音丸。免,音问。薨,音考。滫,思酒切。瀡,音髓。"膏之"膏,音告。和,去声。

男女未冠笄者,鸡初鸣,咸盥漱,栉,縰,拂髦,总角,衿缨,皆佩容臭。昧爽而朝,问何食饮矣?若已食则退,若未食则佐长者视具。[1]

[1] 总角,总聚其发而结束之为角,童子之饰也。容臭,香物也,助为形容之饰,故言"容臭"。以缨佩之,后世香囊,即其遗制。昧,晦也。爽,明也。昧爽,欲明未明之时。○冠,去声。朝,音潮。

凡内外,鸡初鸣,咸盥漱,衣服,敛枕簟,洒埽室堂及庭,布席,各从其事。

孺子蚤寝晏起,唯所欲,食无时。[1]

[1] 古人枕席之具,夜则设之,晓则敛之,不以私亵之用示人也。○

簟，徒点切。埽，去声。

由命士以上，父子皆异宫。昧爽而朝，慈以旨甘；日出而退，各从其事；日入而夕，慈以旨甘。[1]

[1] 慈，爱也。谓敬爱其亲，故以旨甘之味致其爱。各从其事者，各治其所当为之事也。晚朝为夕。○郑氏曰："异宫，崇敬也。"○上，上声。

父母舅姑将坐，奉席请何乡；将衽长者，奉席请何趾。少者执床与坐，御者举几，敛席与簟，县衾、箧枕、敛簟而襡之。[1]

[1] 将坐，旦起时也。奉坐席而铺者，必问何向。衽，卧席也。将衽，谓更卧处也。长者奉此卧席而铺，必问足向何所。床，《说文》云"安身之几坐"，非今之卧床也。将坐之时，少者执此床以与之坐，御侍者举几进之，使之凭以为安。卧必簟在席上，旦起则敛之。而簟又以襡韬之者，以亲身恐秽污也。衾则束而悬之，枕则贮于箧也。○奉，上声。乡，去声。悬，音玄。箧，结叶切。襡，音独。更，平声。

父母舅姑之衣、衾、簟、席、枕、几，不传，杖屦，祗敬之勿敢近。敦、牟、卮、匜，非馂莫敢用。与恒食饮，非馂莫之敢饮食。[1]

[1] 传，移也。谓此数者，每日置之有常处，子与妇不得辄移置他所也。近，谓挨偪之也。敦与牟，皆盛黍稷之器。牟，读为堥，土釜也。此器则木为之，象土釜之形耳。卮，酒器。匜，盛水浆之器。此四器皆尊者所用，子与妇非馂其余，无敢用此器也。与，及也。及尊者所常食饮之物，子与妇非馂余，不敢擅饮食之也。○敦，音对。卮，音支。匜，音移。馂，音俊。

父母在，朝夕恒食。子妇佐馂，既食恒馂。父没母存，冢子御食，群子妇佐馂如初。旨甘柔滑，孺子馂。[1]

[1] 佐馂者，劝勉之使食而后馂其余也。既食恒馂者，尽食其常食之余也。御食，侍母食也。如初，如父在时也。

在父母舅姑之所，有命之，应"唯"敬对；进退、周旋慎齐，升降、出入、揖游，不敢哕噫、嚏咳、欠伸、跛倚、睇视，不敢唾洟。[1]寒不敢袭，痒不敢搔，不有敬事，不敢袒裼，不涉不撅，亵衣衾，不见里。[2]父母唾洟不见。冠带垢，和灰请漱；衣裳垢，和灰请浣；衣裳绽裂，纫箴请补缀。[3]五日则燂汤请浴，三日具沐。其间面垢，燂潘请靧；足垢，燂汤请洗。少事长，贱事贵，共帅时。[4]

[1] 应之辞，"唯"为恭。哕，呕逆之声也。《庄子》"大块噫气"，《诗》"愿言则嚏"。咳，嗽声也。气乏则欠，体疲则伸，偏任为跛，依物为倚。睇视，倾视也。洟，自鼻出者。○应，去声。唯，上声。齐，音斋。哕，于月切。噫，于界切。嚏，音帝。咳，苦爱切。跛，彼义切。睇，音第。洟，音替。

[2] 袭，重衣也。袒与裼皆礼之敬，故非敬事不袒裼也。不因涉水，则不揭裳，不见里，为其可秽。○撅，音蹶。见，音现。为，去声。

[3] 唾洟不见，谓即刷除之，不使见示于人也。漱、浣，皆洗濯之事。和灰，如今人用灰汤也。以线贯箴为纫。○见，音现。漱，平声。浣，胡管切。绽，直苋切。纫，女陈切。缀，音拙。

[4] 燂，温也。潘，淅米汁也。靧，洗面也。共帅时，皆循是礼也。○燂，详廉切。潘，音翻。靧，音悔。帅，音率。

男不言内，女不言外。非祭非丧，不相授器。其相授，则女受以篚；其无篚，则皆坐，句奠之而后取之。[1]外内不共井，不共湢浴，不通寝席，不通乞假。男女不通衣裳。内言不出，外言不入。男子入内，不啸不指，夜行以烛，无烛则止。女子出门，必拥蔽其面，夜行以烛，无烛则止。道路，男子由右，女子由左。[2]

[1] 男正位乎外，不当于外而言内庭之事；女正位乎内，不当于内而言梱外之事。惟丧祭二事，乃得以器相授受者，以祭为严肃之地，丧当急遽之时，乃无他嫌也。非此二者，则女必执篚，使授者置之篚中也。皆坐，男女皆跪也。授者跪而置诸地，则受者亦跪而就地以取之也。○梱、阃同。

[2] 湢，浴室也。不啸不指，谓声容有异，骇人视听也。旧读啸为叱，今详啸非家庭所发之声，宜其不可，叱或有当发者，如见非礼举动，安得不叱以儆之乎？读如本字为是。拥，犹障也。由右由左，见《王制》。○湢，音逼。

子妇孝者敬者，父母舅姑之命，勿逆勿怠。[1]若饮食之，虽不耆，必尝而待；加之衣服，虽不欲，必服而待。[2]加之事，人代之，己虽弗欲，姑与之，而姑使之，而后复之。[3]子妇有勤劳之事，虽甚爱之，姑纵之，而宁数休之。[4]子妇未孝未敬，勿庸疾怨，姑教之。若不可教，而后怒之。不可怒，子放妇出，而不表礼焉。[5]

[1] 子而孝，父母必爱之；妇而敬，舅姑必爱之。然犹恐其恃爱而于命或有所违也，故以“勿逆勿怠”为戒。

[2] 尝而待，服而待，皆谓俟尊者，察其不耆不欲而改命之，则或置之，或藏去，乃敢如己意也。○饮，去声。食，音嗣。耆，音嗜。

[3] 尊者任之以事，而己既为之矣，或念其劳，又使他人代为，己意

虽不以为劳而不欲其代，然必顺尊者之意而姑与之。若虑其为之不如己意，姑教使之，及其果不能而后已复为之也。

[4] 谓虽甚爱此子妇而不忍其劳，然必且纵使为之，而宁数数休息之，必使终竟其事而后已。不可以姑息为爱，而使之不事事也。○数，音朔。

[5] 庸，用也。怒之，谴责之也。不可怒，谓虽谴责之而不改也。虽放逐其子，出弃其妇，而不表明其失礼之罪，示不终绝之也。

父母有过，下气怡色，柔声以谏。谏若不入，起敬起孝，说则复谏。不说，与其得罪于乡党州闾，宁孰谏。父母怒，不说而挞之流血，不敢疾怨，起敬起孝。[1]

[1] 疏曰："孰谏，谓纯熟殷勤而谏，若物之成熟然。"○说，音悦。复，扶又切。

父母有婢子，若庶子庶孙，甚爱之。虽父母没，没身敬之不衰。[1]子有二妾，父母爱一人焉，子爱一人焉，由衣服饮食，由执事，毋敢视父母所爱，虽父母没不衰。[2]子甚宜其妻，父母不说，出。子不宜其妻，父母曰"是善事我"，子行夫妇之礼焉，没身不衰。[3]

[1] 婢子，贱者之所生也。若，及也，或也。没身，终身也。父母之所爱亦爱之，至于犬马尽然，而况于人乎？

[2] 由，自也。不敢以私爱违父母之情故也。

[3] 宜，犹善也。《大戴礼》："妇有七出：不顺父母一，无子二，淫三，妒四，恶疾五，多言六，窃盗七。三不去，有所受无所归不去；曾经三年丧不去；前贫贱后富贵不去。"○说，音悦。

父母虽没，将为善，思贻父母令名，必果；将为不善，思贻父母羞辱，必不果。

舅没则姑老，冢妇所祭祀宾客，每事必请于姑，介妇请于冢妇。[1]

舅姑使冢妇，毋怠，不友无礼于介妇。[2]舅姑若使介妇，毋敢敌耦于冢妇。[3]不敢并行，不敢并命，不敢并坐。[4]

凡妇不命适私室，不敢退。妇将有事，大小必请于舅姑。子妇无私货，无私畜，无私器。不敢私假，不敢私与。[5]妇或赐之饮食、衣服、布帛、佩帨、茝兰，则受而献诸舅姑。舅姑受之则喜，如新受赐。若反赐之，则辞。不得命，如更受赐，藏以待乏。[6]妇若有私亲兄弟，将与之，则必复请其故。句赐而后与之。[7]

[1] 老，谓传家事于长妇也。然长妇犹不敢专行，故祭祀宾客之事，必禀问焉。介妇，众妇也。

[2] 石梁王氏曰："友，谓当作敢者是。"〇刘氏曰："使，以事使之也。毋，禁止辞。不友者，不爱也。无礼者，不敬也。言舅姑以事命冢妇，则冢妇当自任其劳，不可怠于劳而怨介妇不助己，遂不爱敬之也。"

[3] 刘氏曰："敌耦者，欲求分任均劳之意。言舅姑若以事使介妇为之，则介妇亦当自任其劳，不可谓己与冢妇为敌耦，欲求均配其劳也。"

[4] 又言介妇之与冢妇，分有尊卑，非惟任事毋敢敌耦，亦且不敢比肩而行，不敢并受命于尊者，不敢并出命于卑者，盖介妇当请命于冢妇也。坐次亦必异列。

[5] 郑氏曰："家事统于尊也。"〇适，如字。畜，许六切。

[6] 或赐之，谓私亲兄弟也。茝兰，皆香草也。受之，则如新受赐，不受，则如更受赐，孝爱之至也。不得命者，不见许也。待乏，待尊者之乏也。〇茝，昌改切，又音齿。

[7] 故，即前者所献之物而舅姑不受者，虽藏于私室，今必请于尊者，既许，然后取以与之也。

适子、庶子，祗事宗子、宗妇，虽贵富，不敢以贵富入宗子之家。虽众车徒，舍于外，以寡约入。[1]子弟犹归器，衣服、裘衾、车马，则必献其上而后敢服用其次也。若非所献，则不敢以入于宗子之门，不敢以贵富加于父兄宗族。[2]若富，则具二牲，献其贤者于宗子。夫妇皆齐而宗敬焉，终事而后敢私祭。[3]

[1] 疏曰："适子，谓父及祖之适子，是小宗也。庶子，谓适子之弟。宗子，谓大宗子。宗妇，谓大宗子之妇。"〇适，音的。舍，如字，去声。

[2] 犹，若也。谓子弟中若有以功德显荣，而蒙尊上归遗之以器用衣服等物，则必献其上等者于宗子，而自服用其次者。若非宗子之爵所当服用而不可献者，则已亦不敢服用之，以入宗子之门也。加，高也。〇遗，去声。

[3] 贤，犹善也。齐而宗敬，谓齐戒而往助祭事，以致宗庙之敬也。私祭祖祢，则用二牲之下者。

饭：黍、稷、稻、粱、白黍、黄粱，稰、穛。[1]膳：膷、臐、膮、醢、牛炙，[2]醢、牛胾、醢、牛脍，[3]羊炙、羊胾、醢、豕炙，[4]醢、豕胾、芥酱、鱼脍，[5]雉、兔、鹑、鴽。[6]饮：重醴、稻醴清糟、黍醴清糟、粱醴清糟。或以酏为醴，黍酏、浆水、醷、滥。[7]酒：清，白。[8]羞：糗饵、粉酏。[9]

[1] 饭之品有黄黍、稷、稻、白粱、白黍、黄粱，凡六。其谷熟而获之则曰稰，生获之曰穛。穛是敛缩之名，以生获，故其物缩敛也。此诸侯之饭，天子又有麦与菰。〇饭目，诸饭之品。稰，胥上声。穛，音捉。

［2］ 膷，牛臛。臐，羊臛。膮，豕臛。皆香美之名也。醢字衍，当删。牛炙，炙牛肉也。此四物为四豆，共为一行。○膳目，诸膳之品。膷，音香。臐，音熏。膮，音晓。炙，音柘。“炙牛”，如字。臛，音壑。行，音杭。

［3］ 醢，肉酱也。牛胾，切牛肉也。并醢与牛脍四物为四豆，是第二行。○胾，侧吏切。

［4］ 此四物为四豆，是第三行。

［5］ 此四物为四豆，是第四行。共十六豆，下大夫之礼也。

［6］ 此四物为四豆，列为第五行。共二十豆，则上大夫之礼也。○鹑，音淳。鷃，音晏。

［7］ 醴者，稻、黍、粱三者各为之，已泲者为清，未泲者为糟，是三醴各有清有糟也。以清与糟相配重设，故云重醴，盖致饮于宾客则兼设之也。以酏为醴，酿粥为醴也。黍酏，以黍为粥也。浆，醋水也。醷，梅浆也。滥，杂糗饭之属和水也。○饮目，诸饮之品。重，平声。醷，音倚。

［8］ 清，清酒也。祭祀之酒，事酒、昔酒俱白，故以白名之。有事而饮者谓之“事酒”，无事而饮者名“昔酒”。

［9］《周礼》：“羞笾之实，糗饵粉餈。”此“酏”字当读为“餈”，记者误耳。许慎云：“餈，稻饼也。炊米捣之。”粉餈，以豆为粉，糁餈上也。糗，炒干米麦也，捣之以为饵。盖先屑为粉，然后溲之，“饵”之言“坚”，洁若玉珥也。“餈”之言“滋”也。○糗，起九切。饵，音二。酏，自私切。

食：蜗醢而苽食，雉羹，麦食、脯羹、鸡羹，析稌、犬羹、兔羹。和糁不蓼。[1]濡豚，包苦实蓼；濡鸡，醢酱实蓼；濡鱼，卵酱实蓼；濡鳖，醢酱实蓼。[2]腶脩蚳醢，脯羹兔醢，麋肤鱼醢。鱼脍芥酱，麋腥醢酱，桃诸梅诸卵盐。[3]

［1］ 此言进饭之宜。蜗，与螺同。苽，雕胡也。脯羹，析脯为羹也。稌，稻。析稌，谓细析稻米为饭也。此五羹者，宜以五味调和米屑为糁，不须加蓼，故云“和糁不蓼”也。○食，音嗣，下同。蜗，力戈切。苽，音

孤。稌，音杜。和，去声。糁，思散切。蓼，音了。

[2] 濡，读为胹，烹煮之也。胹豚者，包裹之以苦菜，而实蓼于腹中。此四物，皆以蓼实其腹而煮之也。卵酱，鱼子为酱也。三物之用酱，盖以调和其汁耳。〇濡，音而。卵，音鲲。

[3] 腶脩，见前。蚳醢，以蚍蜉子为醢也。谓食腶脩者，以蚳醢配之；食脯羹者，以兔醢配之。余仿此。麋，鹿之大者。肤，切肉也。麋腥，生麋肉也。诸，菹也。桃梅皆为菹藏之，欲藏必令稍乾，故《周礼》谓之乾穛。食之则和以卵盐。大盐形似鸟卵，故名卵盐也。〇蚳，音墀。卵，力管切。蚍，音皮。蜉，音浮。令，平声。乾，音干。穛，音老。

凡食齐视春时，羹齐视夏时，酱齐视秋时，饮齐视冬时。[1] 凡和，春多酸，夏多苦，秋多辛，冬多咸，调以滑甘。[2] 牛宜稌，羊宜黍，豕宜稷，犬宜粱，雁宜麦，鱼宜苽。[3]

春宜羔豚，膳膏芗；夏宜腒鱐，膳膏臊；秋宜犊麛，膳膏腥；冬宜鲜羽，膳膏羶。[4]

[1] 郑氏曰："饭宜温，羹宜热，酱宜凉，饮宜寒也。"〇食，音嗣。齐，去声。

[2] 酸、苦、辛、咸、木、火、金、水之所属，多其时味，所以养气也。四时皆调以滑甘，象土之寄欤！

[3] 上云"析稌、犬羹、兔羹"，此云"牛宜稌"者，上是人君燕食，以滋味为美，此据尊者正食而言也。

[4] 牛膏芗，犬膏臊，鸡膏腥，羊膏羶。如春时食羔豚，则煎之以牛膏，故云"膳膏芗"也。余仿此。腒，干雉。鱐，干鱼。麛，鹿子。鲜，生鱼。羽，雁也。旧说此膳所宜，以五行衰王相参，及方氏燥湿疾迟强弱之说，今皆略之。〇腒，音渠。鱐，音搜。臊，音骚。麛，音迷。鲜，音仙。王，去声。

牛脩、鹿脯、田豕脯、麋脯、麕脯。麋、鹿、田豕、麕皆有轩，雉、兔皆有芼。[1]爵、鷃、蜩、范、芝、栭、蔆、椇、枣、栗、榛、柿、瓜、桃、李、梅、杏、楂、梨、姜、桂。[2]

[1] 疏曰："麛、鹿、田豕、麕皆有轩者，言此等非但为脯，又可腥食。腥食之时，皆以藿叶起之而不细切，故云皆有轩。不云牛者，牛惟可细切为脍，不宜大切为轩。雉、兔皆有芼者，为雉羹、兔羹，皆有芼菜以和之。"〇郑氏曰："轩，读为宪。宪，谓藿叶切也。"〇麕，俱伦切。轩，音宪。

[2] 蜩，蝉；范，蜂；芝，如今木耳之类；栭，《韵会》注云"江淮呼小栗为栭栗"；蔆，芰也。椇，形似珊瑚，味甜美，一名白石李。〇郑氏曰："自牛脩至此三十一物，皆人君燕食所加庶羞也。《周礼》，天子羞用百有二十品，记者不能次录。"〇蜩，音条。栭，音而。蔆，音陵。椇，音矩。楂，侧加切。

大夫燕食，有脍无脯，有脯无脍。士不贰羹胾。庶人耆老不徒食。[1]

[1] 因上文言人君燕食之物，而言大夫燕食，士不贰羹胾，亦谓燕食也。徒，犹空也。不徒食，言必有馔。〇疏曰："若朝夕常食，则下云羹食，自诸侯以下至于庶人无等。"

脍，春用葱，秋用芥。豚，春用韭，秋用蓼。脂用葱，膏用薤，三牲用藙，和用醯，兽用梅。[1]鹑羹、鸡羹、駕，酿之蓼。鲂、鲊，烝。雏，烧。雉，芗，无蓼。[2]

[1] 芥，芥酱也。肥凝者为脂，释者为膏。三牲，牛、羊、豕也。藙，茱萸也。和用醯，以醯和三牲也。兽用梅，以梅和兽也。〇薤，胡介切。藙，音毅。和，去声。

[2] 駕不为羹，惟烝煮而已，故不曰羹。此三味皆切蓼以杂和之，故

曰"酿之蓼"。鲂、鲊二鱼，烝而食之，故曰"鲂、鲊，烝"。雏，鸟之小者，烧熟然后调和，故云雏烧。雉则或烧或烝，或以为羹皆可。芗，谓香草，若白苏、紫苏之属也。言烝鲂鲊、烧雏及烹雉，皆调和之以香草，无用蓼也。〇胹，音如。酿，尼亮切。鲂，音防。鲊，音序。

不食：句雏鳖，狼去肠，狗去肾，狸去正脊，兔去尻，狐去首，豚去脑，鱼去乙，鳖去丑。[1]肉曰脱之，鱼曰作之，枣曰新之，栗曰撰之，桃曰胆之，柤梨曰攒之。[2]

[1] 此九者皆为不利于人。雏鳖，伏乳者。鱼体中有骨如篆乙之形，去之，为鲠人也。丑，窍也。或云颈下有骨能毒人。〇去，上声。尻，苦刀切。为，去声。

[2] 脱者，剥除其筋膜。作者，摇动之以观其鲜馁。一说，作，犹斮也，谓削其鳞。枣则拭治而使之新洁。撰，犹选也。栗多虫蠹，宜选择之。桃多毛，拭治令青滑如胆。攒之者，钻治其蠹处也。此皆治择之名。〇撰，须衮切。柤，侧加切。攒，咨官切。馁，馁同。斮，音勺。治，平声。蠹、蠹同。

牛夜鸣则庮；羊泠毛而毳，膻；狗赤股而躁，臊；鸟皫色而沙鸣，郁；豕望视而交睫，腥；马黑脊而般臂，漏。[1]

[1] 牛之夜鸣者，其肉庮臭。羊之毛本稀泠，而毛端毳结者，其肉膻气。狗股里无毛而举动急躁者，其肉臊恶。皫色，色变而无润泽也。沙，嘶也，鸣而其声沙嘶者。郁，谓腐臭也。望视，举目高也。交睫，目睫毛交也。腥，读为星，肉中生小息肉如米者也。般臂，前胫毛斑也。漏，读为蝼，谓其肉如蝼蛄臭也。牛至马六物若此者，皆不可食。〇庮，音由。泠，音零。毳，昌锐切。皫，滂表切。睫，音接。般，音斑。漏，平声。

雏尾不盈握，弗食。舒雁翠，鹄鸮胖，舒凫翠，鸡肝，雁肾，鸨奥，鹿胃。[1]

[1] 舒雁，鹅也。翠，尾肉也。胖，胁侧薄肉也。舒凫，鸭也。鸨，似雁而大，无后指。奥，脾肶也，藏之深奥处也。此九物亦不可食。○鸮，于娇切。胖，音判。鸨，音保。奥，音郁。肶，音皮。

肉腥，细者为脍，大者为轩。或曰："麋鹿鱼为菹，麇为辟鸡，野豕为轩，兔为宛脾。切葱若薤，实诸醯以柔之。"[1]

[1] 细缕切者为脍，大片切者为轩。或用葱或用薤，故云"切葱若薤"。肉与葱薤皆置之醋中，故云"实诸醯"。浸渍而熟，则柔软矣，故曰柔之。○疏曰："为记之时，无菹、轩、辟鸡、宛脾之制，作之未审，旧有此言，记者承而用之，故称'或曰'。其辟鸡、宛脾及轩之名，其义未闻。"○轩，音宪。辟，音璧。宛，音苑。

羹食，自诸侯以下至于庶人，无等。大夫无秩膳，大夫七十而有阁。[1]

天子之阁，左达五，右达五。公、侯、伯于房中五，大夫于阁三，士于坫一。[2]

[1] 羹与饭常日所食，故无贵贱之等差。秩，常也。五十始命，未为甚老，故无常膳。七十有阁，则有秩膳矣。阁以板为之，所以庋饮食之物。○食，音嗣。差，楚宜切。庋，音巳。

[2] 疏曰："宫室之制，中央为正室，正室左右为房，房外有序，序外有夹室。天子尊，庖厨远，故左夹室五阁，右夹室五阁。诸侯卑，庖厨宜稍近，故于房中，惟一房之中而五阁也。大夫卑而无嫌，故亦于夹室而三阁。士卑不得为阁，但于室中为土坫以庋食。五者，三牲之肉及鱼、腊。三者，豕、鱼、腊也。"

凡养老，有虞氏以燕礼，夏后氏以飨礼，殷人以食礼，周人修而兼用之。凡五十养于乡；六十养于国；七十养于学，达于诸侯；八十拜君命，一坐再至，瞽亦如之；九十者使人受。五十异粻，六十宿肉，七十贰膳，八十常珍，九十饮食不违寝，膳饮从于游可也。六十岁制，七十时制，八十月制，九十日修，唯绞、紟、衾、冒，死而后制。五十始衰，六十非肉不饱，七十非帛不暖，八十非人不暖，九十虽得人不暖矣。五十杖于家，六十杖于乡，七十杖于国，八十杖于朝，九十者天子欲有问焉，则就其室，以珍从。七十不俟朝，八十月告存，九十日有秩。五十不从力政，六十不与服戎，七十不与宾客之事，八十齐丧之事弗及也。五十而爵，六十不亲学，七十致政。凡自七十以上，唯衰麻为丧。凡三王养老皆引年。八十者一子不从政，九十者其家不从政，瞽亦如之。凡父母在，子虽老不坐。有虞氏养国老于上庠，养庶老于下庠；夏后氏养国老于东序，养庶老于西序；殷人养国老于右学，养庶老于左学；周人养国老于东胶，养庶老于虞庠。虞庠在国之西郊。有虞氏皇而祭，深衣而养老；夏后氏收而祭，燕衣而养老；殷人冔而祭，缟衣而养老；周人冕而祭，玄衣而养老。[1]

[1] 此一节，并说见《王制》。

曾子曰："孝子之养老也，[1]乐其心，不违其志，乐其耳目，安其寝处，以其饮食忠养之。孝子之身终，终身也者，非终父母之身，终其身也。是故父母之所爱亦爱之，父母之所敬亦敬之。至于犬马尽然，而况于人乎！"[2]

[1] 石梁王氏曰："此一'养'字蒙上文当从上声，'忠养'之养当从去声。"

[2] 乐其心，喻父母于道也。不违其志，能养志也。"饮食忠养"以上，是终父母之身；爱所爱，敬所敬，则终孝子之身也。○乐，音洛。处，上声。养，去声。上，上声。

凡养老，五帝宪，三王有乞言。五帝宪，养气体而不乞言，有善则记之为惇史。三王亦宪，既养老而后乞言，亦微其礼，皆有惇史。[1]

[1] 宪，法也。养老之礼，五帝之世，主于法其德行而已。至三王之世，则又有乞言之礼焉。惇史，所以记其惇厚之德也。三王亦未尝不法其德行，然于乞言之际，其礼微略，不诚切以求之，故云"微其礼"。然亦皆有惇史焉。○方氏曰："五帝之宪也，而老者未尝无言，要之以德为主耳。故曰'有善则记之'，盖可记者言故也。三王之乞言，而老者未尝无德，要之以言为主耳。故曰'三王亦宪'。"○有，音又。行，去声。要，平声。

淳熬：煎醢加于陆稻上，沃之以膏，曰淳熬。[1]淳毋：煎醢加于黍食上，沃之以膏，曰淳毋。[2]

[1] 淳，沃也。熬，煎也。陆稻，陆地之稻也。以陆稻为饭，煎醢加于饭上，又恐味薄，故更沃之以膏。此八珍之一也。○淳，之纯切。熬，音遨。

[2] 疏曰："毋，是禁辞，非膳羞之体，故读为'模'。象也。盖法象淳熬而为之。但用黍饭为异耳。此八珍之二也。"○毋，音模。食，音嗣。

炮：取豚若牂，刲之刳之，实枣于其腹中，编萑以苴之，涂之以谨涂。炮之，涂皆乾。擘之，濯手以摩之，去其皽，为稻粉，糔溲之以为酏，以付豚，煎诸膏，膏必灭之。巨镬汤，以小鼎芗脯于其中，使其汤毋灭鼎，三日三夜毋绝火，而后调之以醯醢。[1]

[1] 此珍主于涂而烧之，故以炮名。牂，牡羊也。刲之刳之，杀而去其五藏也。萑，芦苇之类。苴，里也。谨，读为堇，《说文》："粘土也。"擘之者，擘去干涂也。"濯手以摩之，去其皽"，谓擘泥手不净，又兼肉热，故必濯其手，然后摩去其皽膜也。糔，与前章"滫瀡"之"滫"同，以稻米为粉，滫溲之为粥。若豚则以此粥敷其外，若羊则解析其肉，以此粥和之，而俱煎以膏。灭，没也。谓所用膏，没此豚与羊也。巨镬汤，以大镬盛汤也。脯，解析之薄如脯也。芗脯，香美此脯也。脯在小鼎内，而小鼎则置在镬汤内，汤不可没鼎，没鼎则水入坏脯也。毋绝火，微热而已，不炽之也。至食则又以醯与醢调和之。此八珍之三、四也。〇将，音牂。刲，音睽。刳，音枯。萑，音丸。苴，子余切。谨，音芹。乾，音干。擘，音百。去，上声。皽，音展。糔，息酒切。溲，所九切。藏，去声。

捣珍：取牛、羊、麋、鹿、麇之肉必脄，每物与牛若一，捶反侧之，去其饵，孰出之，去其皽，柔其肉。[1]

[1] 脄，夹脊肉也。与牛若一，谓与牛肉之多寡均也。捶，捣也。反捶之，又侧捶之，然后去其筋饵。既熟，乃去其皽膜而柔之以醯醢。此八珍之五也。〇捣，音岛。脄，音每。捶，主蕊切。

渍：取牛肉必新杀者，薄切之，必绝其理，湛诸美酒，期朝而食之，以醢若醯醷。[1]

[1] 绝其理，横断其文理也。湛，亦渍也。期朝，今旦至明旦也。醷，梅浆也。此八珍之六也。〇渍，音自。湛，音尖。期，音基。

为熬：捶之去其皽，编萑布牛肉焉。屑桂与姜，以洒诸上而盐之，乾而食之。施羊亦如之。施麋、施鹿、施麇皆如牛羊。欲濡肉，则释而煎之以醢；欲乾肉，则捶而食之。[1]

[1] 此肉于火上为之，故名曰熬。生捣而去其皽膜，然后布于编萑之上，先以桂姜之屑洒之，次用盐。释，谓以水润释之也。此八珍之七也。〇盐，去声。

糁：取牛、羊、豕之肉三如一，小切之与稻米，稻米二，肉一，合以为饵，煎之。[1]

[1] 三如一，谓三者之肉多寡均也。稻米二肉一，谓二分稻米，一分肉也。此即《周礼》糁食。

肝膋：取狗肝一，幪之以其膋，濡炙之举燋，其膋不蓼。[1]

[1] 举，皆也。谓炙膋皆熟而焦，食之不用蓼也。此八珍之八。记者文不依次，故间杂在糁食、酏食之间。〇幪，音蒙。

取稻米举糔溲之，小切狼臅膏，以与稻米为酏。[1]

[1] 狼臅膏，狼胸臆中之膏也。此盖以滫溲稻米之粉，而煎之以膏。注读"酏"为"餰"者，以酏是粥，非豆实也。此即《周礼》之酏食。〇臅，音独。酏，之然切。餰，饘同。

礼始于谨夫妇，为宫室，辨外内，男子居外，女子居内。深宫固门，阍寺守之，男不入，女不出。[1]男女不同椸枷，不敢县于夫之楎椸，不敢藏于夫之箧笥，不敢共湢浴。夫不在，敛枕箧，簟席襡器而藏之。少事长，贱事贵，咸如之。[2]

夫妇之礼，唯及七十，同藏无间。故妾虽老，年未满五十，必与五日之御。将御者，齐漱澣，慎衣服，栉、縰、笄、总角，拂髦，衿缨，綦屦。虽婢妾，衣服饮食必后长者。妻不在，妾御莫敢当夕。[3]

[1] 夫妇为人伦之始，不谨则乱其伦类，故礼始于谨夫妇也。○郑氏曰："阍，掌守中门之禁。寺，掌内人之禁令。"

[2] 椸枷，见《曲礼》。植者曰楎，横者曰椸。楎椸，同类之物，椸以竿为之。故郑云"竿谓之椸"。余见前。○椸，音移。枷，音架。县，音玄。楎，音辉。笥，音四。

[3] 栉縰以下，说见篇者。"角"字衍。天子之御妻八十一人，当九夕；世妇二十七人，当三夕。九嫔九人，当一夕；三夫人当一夕；后当一夕。凡十五日而遍。五日之御，诸侯制也。诸侯一娶九女，夫人及二媵各有侄娣，此六人当三夕；次二媵当一夕；次夫人专一夕。凡五日而遍也。当夕，当妻之夕也。○间、与，并去声。齐，音斋。漱，平声。澣，音浣。

妻将生子，及月辰，居侧室。夫使人日再问之，作而自问之。妻不敢见，使姆衣服而对。至于子生，夫复使人日再问之。夫齐，则不入侧室之门。[1]子生，男子设弧于门左，女子设帨于门右。三日始负子，男射女否。[2]国君世子生，告于君，接以大牢，宰掌具。三日，卜士负之，吉者宿齐，朝服寝门外，诗负之。射人以桑弧蓬矢六，射天地四方，保受乃负之。宰醴负子，赐之束帛。卜士之妻，大夫之妾，使食子。[3]

[1] 正寝在前，燕寝在后。侧室者，燕寝之旁室也。作，动作之时也。姆，女师也。○见，音现。姆，音茂。复，扶又切。齐，侧皆切。

[2] 弧,弓也。帨,佩巾也。以此二物为男女之表。负,抱也。

[3] 接以大牢者,以大牢之礼接见其子也。宰,宰夫也。掌具,掌其设礼之具也。卜士负之者,卜其吉者而使之抱子也。诗,承也。《仪礼》言"尸酢主人,诗怀之",亦承义。射天地四方者,期其有事于远大也。保,保母也。受乃负之,受子于士而抱之也。盖士之负子,特为斯须之礼而已,宰既掌具,故以醴礼负子之士,仍赐束帛以酬之。食子,谓乳养之也。今按此言世子生接以大牢,特言其常礼如此耳。下文又言"接子择日",则亦或在始生三日之后也。郑氏谓"食其母,使补虚强气",读"接"为"捷",而训为"胜",其义迂。方氏读如本字,今从之。〇大,音泰。齐,音斋。射,音石。食,音嗣。

凡接子择日,冢子则大牢,庶人特豚,士特豕,大夫少牢,国君世子大牢。其非冢子,则皆降一等。[1]

[1] 冢子大牢,谓天子之元子也。〇大,音泰。少,去声。

异为孺子室于宫中,择于诸母与可者,必求其宽裕、慈惠、温良、恭敬、慎而寡言者,使为子师,其次为慈母,其次为保母,皆居子室。他人无事不往。[1]

[1] 诸母,众妾也。可者,谓虽非众妾之列,或傅御之属,可为子师者也。此人君养子之礼。师,教以善道者。慈母,审其欲恶者。保母,安其寝处者。他人无事不往,恐儿惊动也。

三月之末,择日剪发为鬌,男角女羁,否则男左女右。是日也,妻以子见于父,贵人则为衣服,由命士以下皆漱澣,男女夙兴,沐浴,衣服,具视朔食。夫入门升自阼阶,立于阼,西乡。妻抱子出自房,当楣立,东面。[1] 姆先相曰:"母某，敢用时日，只见孺子。”夫对曰：“钦，有帅。”父执子之右手，咳而名之。妻对曰：“记有成。”遂左还，授师，子师辩告诸妇、诸母名，妻遂适寝。[2]夫告宰名，宰辩告诸男名，书曰“某年某月某日某生”而藏之。宰告闾史，闾史书为二，其一藏诸闾府，其一献诸州史。州史献诸州伯，州伯命藏诸州府。夫入，食如养礼。[3]

[1] 鬌，所存留不剪者也。夹囟两旁当角之处，留发不剪者谓之角。留顶上纵横各一相交通达者谓之羁。严氏云：“夹囟曰角，两髻也。午达曰羁，三髻也。”贵人，大夫以上也。由，自也。具视朔食者，所具之礼如朔食也。朔食，天子大牢，诸侯少牢，大夫特豕，士特豚也。入门，入侧室之门也。侧室亦南向，故有阼阶、西阶。出自房，自东房而出也。〇鬌，音朵。囟，音葱。

[2] 某，妻姓某氏也。时日，是日也。孺，稚也。钦，敬；帅，循也。言当敬教之，使循善道也。咳而名之者，《说文》“咳，小儿笑声”，谓父作咳声笑容，以示慈爱而名之也。记有成，谓当记识夫言，教之成德也。授师，以子授子师也。诸妇，同族卑者之妻也。诸母，同族尊者之妻也。后告诸母，欲名成于尊也。妻遂适寝，复夫之燕寝也。〇相，去声。见，音现。帅，入声。咳，户才切。还，音旋。辩，音遍。识，音志。

[3] 宰，属吏也。诸男，同宗子姓也。藏之者，以简策书子名而藏于家之书府也。二十五家为闾，二千五百家为州。州伯，则州长也。闾史、州史，皆其属吏也。闾府、州府，皆其府藏也。夫入食如养礼，谓与其妻礼食，如妇始馈舅姑之礼也。〇疏曰：“此经所陈，谓卿大夫以下，故以名遍告同宗诸男。诸男卑者尚告，则告诸父可知。若诸侯绝宗，则不告也。”〇养，去声。

世子生，则君沐浴朝服，夫人亦如之。皆立于阼阶西乡，世妇抱子升自西阶。君名之，乃降。[1]适子、庶子见于外寝，抚其首，咳而名之。礼帅初，无辞。[2]

[1] 诸侯朝服，玄端素裳。夫人亦如之者，亦朝服也，当是展衣。注云“褖衣”者，以见子毕即侍御于君，故服进御之褖衣也。人君见世子于路寝，此升自西阶，是自外而入也。凡生子，无问妻妾，皆在侧室。

[2] 此适子，盖世子之弟。庶子，则妾子也。外寝，君燕寝也。燕寝在内，以侧室在旁处内，故谓此为外也。〇疏曰：“庶子见于侧室，此以抚首、咳名、无辞之事同，故与适子连文，云见于外寝耳。”〇适，音的。帅，入声。处，上声。

凡名子，不以日月，不以国，不以隐疾。大夫、士之子，不敢与世子同名。[1]

[1] 说见《曲礼》。

妾将生子，及月辰，夫使人日一问之。子生三月之末，漱澣，夙齐，见于内寝，礼之如始入室。君已食，彻焉，使之特馂，遂入御。[1]

[1] 此言大夫、士之妾生子之礼。宫室之制，前有路寝，次则君之燕寝，次夫人正寝。卿大夫以下，前有适室，次则燕寝，次则适妻之寝。此言内寝，正谓适妻寝耳。如始入室者，如初来嫁时也。特馂，使此生子者独馂，不如常时众妾同馂也。

公庶子生，就侧室。三月之末，其母沐浴朝服见于君，摈者以其子见。君所有赐，君名之，众子则使有司名之。[1]

[1] 摈者，傅姆之属也。君所有赐者，此妾君所偏爱而特加恩赐者，故其子，君自名之。若众妾之子，恩宠轻略者，则使有司名之也。〇疏曰：“前文已云适子、庶子见，异于世子，今更重出者，以前庶、适连文，故

此特言庶子之礼。”

庶人无侧室者，及月辰，夫出居群室。其问之也，与子见父之礼，无以异也。[1]

[1] 问之之礼，与执手咳名之事，钦帅记成之辞，皆与有爵者同，故云“无以异也”。

凡父在，孙见于祖，祖亦名之。礼如子见父，无辞。[1]

[1] 应氏曰：“辞者，夫妇所以相授受也。祖尊，故有其礼而无其辞。”

食子者，三年而出，见于公宫，则劬。[1]

[1] 食子者，士之妻，大夫之妾也。子三年则免怀抱，故食者出还其家，见于公宫而告辞。则君必有赐劬者，有赐以劳其劬劳也。〇食，音嗣。上劳，去声。

大夫之子有食母，士之妻自养其子。[1]

[1] 食母，乳母也。士卑故自养。〇食，音嗣。

由命士以上及大夫之子，旬而见。[1]冢子未食而见，必执其右手。适子、庶子已食而见，必循其首。[2]

[1] 注读“旬”为“均”，谓适子妾子有同时生者，虽是先生者先见，后生者后见，然皆在夫未与妇礼食之前，故曰均而见也。〇应氏曰：“子固以礼见于父，父则欲时时见之，又不可渎，故每旬而一见之。若庶人则简略易通，故不必以旬而见。”今详二说俱可疑，阙之可也。〇上，上声。旬，音均。

[2] 疏曰：“此天子诸侯之礼。未与后夫人礼食而先见冢子，急于正

也；礼食之后乃见适子、庶子，缓于庶耳。”○食，如字。

子能食食，教以右手；能言，男“唯”女“俞”。男鞶革，女鞶丝。[1]

六年，教之数与方名。七年，男女不同席，不共食。八年，出入门户，及即席饮食，必后长者，始教之让。[2]九年，教之数日。十年，出就外傅，居宿于外，学书计。[3]衣不帛襦袴。礼帅初，朝夕学幼仪，请肄简谅。[4]十有三年，学乐，诵《诗》，舞《勺》。成童，舞《象》，学射御。[5]二十而冠，始学礼，可以衣裘帛，舞《大夏》，惇行孝弟，博学不教，内而不出。[6]三十而有室，始理男事，博学无方，孙友视志。[7]四十始仕，方物出谋发虑，道合则服从，不可则去。五十命为大夫，服官政。七十致事。

[1] 食，饭也。唯、俞，皆应辞。鞶，小囊，盛帨巾者。男用韦，女用缯帛。○上食与注，如字。下食，音嗣。唯，上声。饭，上声。

[2] 数，谓一十百千万。方名，东西南北也。

[3] 数日，知朔望与六甲也。外傅，教学之师也。书，谓六书。计，谓九数。○数，上声。九数，如字。

[4]《曲礼》曰：“童子不衣裘裳。”不以帛为襦袴，亦为太温也。礼帅初，谓行礼动作皆循习初教之方也。肄，习也。简，书篇数也。谅，言语信实也。皆请于长者而习学之也。一说，简者简要，谓使之习事务从其要，不为迂曲烦扰也。○襦，音儒。衣，去声。“亦为”为，去声。

[5] 乐，八音之器也。诗，乐歌之篇章也。成童，十五以上。《象》，说见《文王世子》。射，谓五射。御，谓五御也。六艺，详见《小学书》。○朱子曰：“酌，即勺也。《内则》曰‘十三舞《勺》’即以此诗为节而舞也。”

[6] 始学礼，以成人之道，当兼习吉、凶、军、宾、嘉之五礼也。《大

夏》，禹乐，乐之文武兼备者也。孝弟，百行之本，故先务惇行于孝弟而后博学也。不教，恐所学未精，故不可为师以教人也。内而不出，言蕴畜其德美于中，而不自表见其能也。一说，谓不出言以为人谋画。○冠，去声。衣，去声。弟，音悌。"百行"行，去声。畜，许六切。见，音现。"为人"为，去声。

[7] 室，犹妻也。男事，受田给政役也。方，犹常也。学无常，在志所慕则学之。孙友，顺交朋友也。视志，视其志意所尚也。○孙，去声。

凡男拜，尚左手。[1]

[1] 朱子曰："物，犹事也。方物出谋，则谋不过物；方物发虑，则虑不过物。"问："何谓不过物？"曰："方，犹对也。比方以穷理。"

女子十年不出，姆教婉娩听从。执麻枲，治丝茧，织纴组紃，学女事以共衣服。观于祭祀，纳酒、浆、笾、豆、菹、醢，礼相助奠。[1]十有五年而笄，二十而嫁。有故，二十三而嫁。聘则为妻，奔则为妾。

[1] 十年不出，谓十岁则恒处于内也。姆，女师也。婉，谓言语。娩，谓容貌。司马公云："柔顺貌。"纴，缯帛之属。组，亦织也，《诗》："执辔如组。"紃之制似绦，古人以置诸冠服缝中者。○姆，音茂，娩，音晚。枲，音徙。从朮，诸本误从木。治，平声。纴，女金切。组，音祖。紃，音巡。共，音恭。相，去声。绦，音叨。缝，去声。

凡女拜，尚右手。[1]

[1] 十五许嫁则笄，未许嫁者二十而笄。故，谓父母丧。妻，齐也。妾之言接，言得接见于君子，不得伉俪也。尚左尚右，阴阳之别。○别，必列切。

卷之六

玉藻第十三[1]

[1] 此篇记天子诸侯服冕笏佩诸制，及行礼之容节。

天子玉藻，十有二旒，前后邃延，龙卷以祭。[1]玄端而朝日于东门之外，听朔于南门之外。[2]闰月则阖门左扉，立于其中。[3]

[1] 玉，冕前后垂旒之玉也。藻，杂采丝绳之贯玉者也。以藻穿玉，以玉饰藻，故曰玉藻。邃，深也。延，冕上覆也，玄表而纁里。前后邃延者，言前后各有十二旒，垂而深邃，延在其上也。龙衮，画龙于衮衣也。祭，祭宗庙也。余见《礼器》。〇邃，音粹。卷，读为衮。

[2] 朝日，春分之礼也。听朔者，听月朔之事也。东门、南门，皆谓国门也。〇疏曰："知端当为冕者；皮弁尊，次则诸侯之朝服，又其次玄端。诸侯皮弁听朔，朝服视朝，是视朝之服卑于听朔。今天子皮弁视朝，若玄端听朔，则是听朔之服卑于视朝。且听朔大，视朝小，故知'端'为'冕'，谓玄冕也。是冕服之下者。"〇端，读为冕。朝，音潮。

[3] 郑氏曰："天子庙及路寝，皆如明堂制。明堂在国之阳，每月就其时之堂而听朔焉。卒事反宿路寝。闰月，非常月也。听其朔于明堂门中，还处路寝门终月。"〇疏曰："乐太史云：'终月，谓终竟一月所听之事于一月中耳。寻常则居燕寝也。'皇氏云：'明堂有四门，即路寝亦有四门。闰月各居其时当方之门。'义或然也。"〇今按阖门左扉者，左为阳，阳为正，以非月之正，故阖左而由右。

皮弁以日视朝，遂以食；日中而馂，奏而食。日少牢，朔月大牢。五饮：上水、浆、酒、醴、酏。[1]卒食，玄端而居。动则左史书之，言则右史书之，御瞽几声之上下。年不顺成，则天子素服，乘素车，食无乐。[2]

[1] 皮弁服，天子常日视朝之服也。诸臣同此服。日中而馂，谓日中所食，乃朝食之余也。奏，作乐也。日，常日也。朔月，月朔也。上水，以水为上也。下四者说见《内则》。〇疏曰："馂尚奏乐，即朝食奏乐可知。"〇少，去声。大，音泰。酏，音移。

[2] 玄端服，说见《内则》。玄者，幽阴之色。宴息向晦而服之，于义为得也。御瞽，侍御之乐工也。几，察也。察乐声之高下，以知政令之得失也。此以上皆天子之礼。〇端，如字。幾，平声。

诸侯玄端以祭，裨冕以朝，皮弁以听朔于大庙，朝服以日视朝于内朝。[1]朝，辨色始入。君日出而视之，退适路寝听政，使人视大夫，大夫退，然后适小寝，释服。[2]又朝服以食，特牲，三俎，祭肺；夕深衣，祭牢肉。朔月少牢，五俎，四簋。子卯，稷食菜羹。夫人与君同庖。[3]

[1] 裨冕，公衮，侯伯鷩，子男毳也。朝，见天子也。诸侯以玄冠、缁衣、素裳为朝服，凡在朝，君臣上下同服，但士服则谓之玄端，袂广二尺二寸故也。大夫以上皆侈袂三尺三寸。〇方氏曰："天子听朔于南门，示受之于天。诸侯听朔于太庙，示受之于祖。原其所自也。天子诸侯皆三朝，外朝在库门之外，治朝在路门之外，内朝在路门之内，亦曰燕朝也。"〇端，读为冕。

[2] 臣入常先，君出常后，尊卑之礼然也，视朝而见群臣，所以通上下之情；听政而适路寝，所以决可否之计。释服，释朝服也。

[3] 三俎，特豕、鱼、腊也。周人祭肺。夕，夕食也。牢肉，即特牲之

余也。五俎，加羊与其肠胃也。簋，盛黍稷之器。常食二簋，月朔则四簋也。子卯，说见《檀弓》。夫人不特杀，故云“与君同庖”也。○食，音嗣。

君无故不杀牛，大夫无故不杀羊，士无故不杀犬豕。君子远庖厨，凡有血气之类，弗身践也。至于八月不雨，君不举。[1]年不顺成，君衣布搢本，关梁不租，山泽列而不赋，土功不兴，大夫不得造车马。[2]

[1] 天子膳用六牲，则无故亦杀牛，此言国君也。天子之大夫有故得杀牛，此无故不杀羊，谓诸侯之大夫也。故，谓祭祀及宾客飨食之礼也。《祭礼》有射牲之文，此言“弗身践”，亦谓寻常也。八月，今之六月。杀牲盛馔曰举。○远，去声。践，读为翦。食，音嗣。

[2] 衣布，身著布衣也。士以竹为笏而以象饰其本。搢，插也。君插士之笏也。关，谓门关。梁，谓泽梁。不租，不收租税也。列，当作迾，遮遏之义。《周礼》“山虞掌其厉禁”，郑云“遮迾守之”是也。凶年虽不收山泽之赋，犹必遮迾其非时采取者。造，新有制作也。此皆为岁之凶，故上之人节损以宽货其下也。○衣，去声。搢，音荐。著，音勺。“皆为”为，去声。

卜人定龟，史定墨，君定体。[1]

[1]《周礼》龟人所掌，有天地四方六者之异，各以方色与体辨之，随所卜之事，各有宜用，所谓“卜人定龟”也。史定墨者，凡卜必以墨画龟，以求吉兆，乃钻之以观其所拆。若从墨而拆大谓之“兆广”，若裂其旁岐细出则谓之“璺拆”，亦谓之兆璺。《韵书》，璺，音问，器破而未离之名也。体者，兆象之形体。定，谓决定其吉凶也。○疏曰：“尊者视大，卑者视小。”

君羔幦，虎犆；大夫齐车鹿幦，豹犆，朝车；士齐车鹿幦，豹犆。[1]

[1] 幦者，覆轼之皮。犆，缘也。君之齐车，以羔皮覆轼而缘以虎皮。朝车，亦谓大夫之朝车。以下文两言齐车，故知上为君齐车也。○幦，音觅。犆，音直。齐，音斋。覆、缘，并去声。

君子之居恒当户，寝恒东首。若有疾风、迅雷、甚雨，则必变，虽夜必兴，衣服、冠而坐。[1]日五盥，沐稷而靧粱，栉用樿栉，发晞用象栉，进禨进羞，工乃升歌。[2]浴用二巾，上絺下绤。出杅履蒯席，连用汤，履蒲席，衣布晞身，乃屦进饮。[3]将适公所，宿齐戒，居外寝，沐浴。史进象笏，书思对命。[4]既服，习容观玉声乃出，揖私朝辉如也，登车则有光矣。[5]

[1] 向明而居，顺生气而卧，敬天威而变，凡知礼者皆当如是，不但有位者也，故以君子言。○首，去声。

[2] 盥，洗手也。沐稷，以浙稷之水洗发也。靧粱，以浙粱之水洗面也。樿栉，白木梳也。晞，干也。象栉，象齿梳也。发湿则滑，故用木梳；干则涩，故用象栉也。沐而饮酒曰禨。羞，则笾豆之实也。工乃升堂以琴瑟而歌焉。既充之以和平之味，又感之以和平之音，皆为新沐气虚，致其养也。○靧，音悔。樿，音展。禨，音暨。

[3] 杅，浴盘也。履，践也。蒯席，蒯草之席也。湅，洗也。履蒯席之上，而以汤洗其足垢，然后立于蒲席，而以布干洁其体，乃著屦而进饮也。○杅，音于。连，读为湅，力甸切。衣，去声。

[4] 大夫之有史，盖掌文史之事耳，非史官之比也。思，谓意所思念欲告君之事。对，谓君若有问则对答之辞。命，谓君所命令当奉行者。此三者，皆书之于笏，故曰"书思对命"。皆谓敬谨之至，恐或遗忘也。○齐，音斋。

[5] 既服，著朝服毕也。容观，容貌仪观也。玉声，佩玉之声也。揖

私朝,与其家臣揖而往朝于君也。辉与光,皆言德容发越之盛,光则又盛于辉矣。○观,去声。

天子搢珽,方正于天下也。[1]诸侯荼,前诎后直,让于天子也。[2]大夫前诎后诎,无所不让也。[3]

[1] 搢,插也。珽,亦笏也。即玉人所谓大圭长三尺者是也。以其挺然无所诎,故谓之珽。盖以端方正直之道示天下也。○搢,音荐。珽,他顶切。

[2] 荼者,舒迟之义。前有所畏,则其进舒迟。诸侯之笏前诎者,圆杀其首也;后直者,下角正方也,以其让于天子,故杀其上也。○荼,音舒。诎,音屈。杀,去声。

[3] 大夫上有天子,下有已君,故笏之下角亦杀而圜,示无所不让也。

侍坐则必退席,不退,则必引而去君之党。[1]登席不由前为躐席。[2]徒坐不尽席尺。[3]读书、食句则齐豆去席尺。[4]

[1] 臣侍君之坐,若侧旁有别席,则退就别席。或旁无别席可退,或有席而君不命之退,则当引而却离,坐于君亲党之下也。一说党属于乡而小,故以为旁侧之喻。

[2] 疏曰:"失节而践为躐席。应从下升,若由前升,是躐席也。《乡饮酒礼》:'宾席于户西,以西头为下。主人席于阼阶,介席于西阶,皆北头为下。宾升席自西方。'注云:'升由下也。'又《记》云:'主人、介凡升席自北方,降自南方。'注云:'席南上,升由下,降由上。'主人受献自席前适阼阶,是降自北方者,以受献正礼,须席末啐酒,因从北方降也。故注云'由便'也,若寻常无事,则升由下而降由上。若宾则升降皆由下也。"○今按:此说席之上下,固为明白,窃意此经八字当作一句,而"为"字平声。盖行礼之时,人各一席,而相离稍远,固可从下而升。若布席稍密,

或数人共一席，则必须由前乃可得己之坐。若不由前，则是躐席矣。

[3] 徒，空也。非饮食及讲问之坐为徒坐。不尽席之前一尺，示无所求于前也。

[4] 石梁王氏曰："食则豆去席尺，读书则与豆齐，亦去席尺，是谓齐豆去席尺。"

若赐之食而君客之，则命之祭，然后祭，先饭，辩尝羞，饮而俟。[1]若有尝羞者，则俟君之食，然后食。饭，饮而俟。君命之羞，羞近者，命之品尝之，然后唯所欲。凡尝远食，必顺近食。[2]君未覆手，不敢飧；君既食，又饭飧。饭飧者，三饭也。君既彻，执饭与酱乃出授从者。[3]

[1] 客之，以客礼待之也。然必"命之祭，然后祭"者，不敢以客礼自居也。先食而遍尝诸味，亦示臣为君尝食之礼也。饮而俟者，礼食未飧以前，啜饮以利滑喉中，不令涩噎。今君犹未飧，故臣亦不敢飧而先尝羞，尝羞毕而啜饮以俟君飧，臣乃敢飧也。○饭，上声。辩，音遍。

[2] 此谓君但赐之食，而非客之者，则膳宰自尝羞，故云"若有尝羞者"。此臣既不祭不尝，则俟君食乃食也。虽不尝羞，亦先饮，饮以利喉而俟君也。羞近者，但于近处食一羞也。品，犹遍也。凡尝远食，必自近者始，客与不客皆然，故云凡也。○饭，上声。

[3] 覆手者，谓食毕而覆手以循口之两旁，恐有殽粒污著之也。飧，以饮浇饭也。礼食竟，更作三飧以助饱实，故君未覆手，则臣不敢飧，明不敢先君而饱也。既，犹毕也。君毕食，则臣更饭飧也。三饭并是飧，谓三度飧也。故曰"饭飧者，三饭也"。君食竟，既彻馔，臣乃自执己之饭与酱出授己之从者，此食己所当得故也。此非客礼，故得以己馔授从者，故《公食大夫礼》，宾取粱与酱降，奠于阶西，不以出也。若非君臣，但是降等者，则彻之以授主人之相者。故《曲礼》云"彻饭齐以授相者"也。○飧，音孙。上三"饭"，上声。执"饭"，去声。从，去声。先，去声。

凡侑食，不尽食，食于人不饱，唯水、浆不祭，若祭为已偞卑。[1]

[1] 食而劝侑，礼之勤也。食之不尽与不饱，礼之谦也。《公食大夫礼》，宾祭觯浆，臣敬君之礼，此言水浆不祭，礼各有所施也。水浆非盛馔之比，若祭之则为大偞卑矣。已，太也。偞，厌也。谓太厌降卑微，如有所畏迫也。〇偞，虚涉切。厌，入声。

君若赐之爵，则越席再拜稽首受。登席祭之。饮，卒爵而俟，君卒爵，然后授虚爵。君子之饮酒也，受一爵而色洒如也，二爵而言言斯，礼已三爵，而油油以退。退则坐取屦，隐辟而后屦，坐左纳右，坐右纳左。[1]

[1] 洒如，礼度明肃之貌。言言，与訚訚同，意气和悦之貌。已，止也。油油，谨重自得之貌。坐取屦，跪而取屦也。隐辟而后屦，不敢向人而著屦也。跪左足而纳右足之屦，跪右足而纳左足之屦，此纳屦之仪也。〇洒，先典切。言言，读作訚訚。辟，音僻。

凡尊必尚玄酒。唯君面尊。唯飨野人皆酒。大夫侧尊用棜，士侧尊用禁。[1]

[1] 尊尚玄酒，不忘古也。君坐必向尊，示惠自君出，而君专之也。飨野人，如蜡祭之饮是也。礼不下庶人，唯使之足于味而已，故一用酒也。侧，旁侧也，谓设尊在宾主两楹之间，旁侧夹之，故云侧尊。棜、禁，见《礼器》。〇疏曰："若一尊亦曰侧尊，故《士冠礼》云：'侧尊一甒醴在服北。'注云：'无偶曰侧，与此侧别。'"〇马氏曰："面尊则不侧，侧尊则不面。尊于房户之间，'宾主共之'是也。"〇棜，于据切。甒，音武。

始冠，缁布冠，自诸侯下达。冠而敝之可也。[1]玄冠，朱组缨，天子之冠也。缁布冠，缋緌，诸侯之冠也。玄冠，丹组缨，诸侯之齐冠也。玄冠，綦组缨，士之齐冠也。[2]缟冠，玄武，子姓之冠也。缟冠，素纰，既祥之冠也。[3]垂緌五寸，惰游之士也。[4]玄冠缟武，不齿之服也。[5]居冠属武，自天子下达，有事然后緌。[6]五十不散送，亲没不髦。[7]大帛不緌。玄冠紫緌，自鲁桓公始也。[8]

[1] 冠礼初加缁布冠，诸侯以下通用。存古故用之，非时王之制也。故既用即敝，弃之可矣。〇“始冠”冠，去声，“冠礼”同，余如字。

[2] 天子始冠之冠则玄冠，而以朱组为缨。诸侯虽是缁布冠，却用杂采之缋为缨緌，为尊者饰耳，非古制也。齐冠，齐戒时所服者。诸侯与士皆玄冠，但其缨则有丹组、綦组之异。朱，色红而明。丹，赤色也。綦，帛之苍白如艾色者。一说，文也。〇缋，音会。緌，音蕤。齐，音斋。

[3] 缟，生绢也。武，冠卷也。以缟为冠，凶服也。武则玄色，吉也。所以吉凶相半者，盖父有丧服，子不可用纯吉，故曰“子姓之冠”。姓，生也。孙是子之所生，故谓之子姓。素，熟绢也。纰，冠两边及卷下畔之缘也。缟冠素纰，谓冠与卷身皆用缟，但以素缘之耳。既祥之冠者，祥祭后所服也。〇方氏曰：“为祖之亡也，故冠缟以示其凶；为父之存也，故武玄以示其吉。冠上而武下，为祖而缟者，尊尊于上也；为父而玄者，亲亲于下也。”〇纰，音皮。卷，上声。

[4] 此言缟服素纰而緌之垂者长五寸，盖以其为惰游失业之士，使之服此以耻之耳。

[5] 不齿，即《王制》所谓不帅教而屏弃之者。使之玄冠缟武，亦以耻辱之。〇屏，音丙。

[6] 礼服之冠，则临著乃合其武，有仪饰故也。若燕居之冠，则冠与武相连，以非行礼之时，故率略少威仪也。此冠无分贵贱皆著之，故云“自天子下达”。凡緌所以致其饰，故有事乃緌，无事则否也。〇属，音烛。著，音勺。

［7］丧礼启殡以后，要绖之麻散垂，葬毕乃绞。此言五十始衰，不散麻以送葬也。髦，象幼时剪发为鬌之形。父母在则用之，故亲没则去此饰，详见《内则》。○散，上声。鬌，音朵。

［8］方氏曰："大帛，冠之白者。凶服去饰，故不緌也。玄冠之緌，不宜用紫色，为其非正色也。后世用之，则自鲁桓公始。"

朝玄端，夕深衣。[1]深衣三袪，缝齐倍要，衽当旁，袂可以回肘。[2]长中继掩尺，袷二寸，祛尺二寸，缘广寸半。[3]以帛里布，非礼也。[4]士不衣织。无君者不贰采。[5]衣正色，裳间色。非列采不入公门，振絺绤不入公门，表裘不入公门，袭裘不入公门。[6]纩为茧，缊为袍，禅为絅，帛为褶。[7]朝服之以缟也，自季康子始也。[8]孔子曰："朝服而朝，卒朔然后服之。"[9]曰："国家未道，则不充其服焉。"[10]

［1］前章言"夕深衣，祭牢肉"者，国君之礼也。此言"朝玄端，夕深衣"者，谓大夫士在私朝及家朝夕所服也。

［2］袪，袖口也，尺二寸，围之为二尺四寸。要之广，三其二尺四寸，则七尺二寸也。故云"三袪"。齐者，裳之下畔。要为裳之上畔，缝齐倍要者，谓缝下畔之广一丈四尺四寸，是倍要之七尺二寸也。衽，裳交接之处也。在身之两旁，故云"衽当旁"。袂，袖之连衣者也，上下之广二尺二寸，肘长尺二寸，故可以回肘也。○袪，音岖。缝，如字。齐，音咨。要，平声。

［3］长中者，长衣、中衣也。与深衣制同而名异者，著于内侧曰中衣，盖著在朝服或祭服之内也；著于外则曰长衣，以素为纯缘者也。《杂记》云："练冠长衣以筮。"注云："深衣之纯以素者也。"若凶服之纯以布者，则谓之麻衣。继掩尺者，幅广二尺二寸，以半幅继续袂口，而掩覆一尺也。袷，曲领也。其广则二寸。○袷，音劫。缘、广，并去声。纯，音准。

[4] 外服是布，则不可用帛为中衣以里之，谓不相称也。冕服是丝衣，皮弁服、朝服、玄端服是麻衣，皆十五升布。凡里各如其服。

[5] 染丝而织之为织。功多色重，故士贱不得衣之也。无君，去位之臣也。不贰采，谓衣裳与冠同色。○疏曰："大夫士去国，三月之内，服素衣素裳；三月之后，服玄端玄裳。"○衣，去声。织，音志。

[6] 正色者，青、赤、黄、白、黑，五方之正色也。木青克土黄，故绿色青黄，为东方之间色；火赤克金白，故红色赤白，为南方之间色；金白克木青，故碧色青白，为西方之间色；水黑克火赤，故紫色赤黑，为北方之间色；土黄克水黑，故骝黄之色黄黑，为中央之间色也。列采，谓正服之色各有尊卑品列也。非此则是亵服。振，读为袗，禅也。禅则见体，裘上必有裼衣。表裘，是无裼衣而裘在外也。袭裘，谓掩其袭衣而不露裼衣也。表与袭皆为不敬，故此四者，皆不可以入公门也。○间，去声。振，上声。

[7] 纩，新绵也。缊，旧絮也。衣之有著者，用新绵则谓之茧，用旧絮则谓之袍，有表而无里者谓之絅，有表里而无著者谓之褶。○缊，音韫。禅，音丹。絅，苦迥切。褶，音牒。著，音主。

[8] 朝服之布十五升，先王之制也。季康子始用生绢，后人因之，故记者原其所自。凡古礼之亡皆由于变。

[9] 听朔重于视朝，诸侯之朝服玄端素裳，而听朔则皮弁，故卒听朔之礼，然后服朝服而视朝也。

[10] "曰"字承上文，亦孔子之言也。礼乐刑政，未合于先王之道，则亦不宜充盛其衣服。○郑氏曰："谓若卫文公者。"

唯君有黼裘以誓省，大裘非古也。[1]君衣狐白裘，锦衣以裼之。君之右虎裘，厥左狼裘。士不衣狐白。[2]君子狐青裘豹褎，玄绡衣以裼之。[3]麛裘青豻褎，绞衣以裼之。[4]羔裘豹饰，缁衣以裼之；狐裘，黄衣以裼之。锦衣狐裘，诸侯之服也。[5]犬羊之裘不裼。

[1] 君,国君也。黼裘,以黑羊皮杂狐白为黼文以作裘。旧读“省”为“狝”,方氏释为“省耕”、“省敛”之义,今从之。大裘,黑羊裘也,天子郊服。谓国君固可衣黼裘以誓军旅、省耕敛,今而僭服大裘,则不可也。但言非古,则僭礼之失自见。

[2] 狐白裘,以狐之白毛皮为裘也。君衣此裘,则以素锦为衣加其上,使可裼也。袒而有衣曰裼,详见《曲礼》。虎裘者居右,狼裘者居左,示威猛之卫也。狐之白者少,故惟君得衣之,士贱不得衣也。○“君衣”、“得衣”衣,去声,注“君衣”、“得衣”同。

[3] 君子,谓大夫、士也。狐青裘,狐之青毛皮为裘也。豹褎,豹皮为袖。玄绡衣,玄色之绡为衣也。○褎,袖同。绡,音消。

[4] 麛,鹿子也。犴,胡地野犬。绞,苍黄之色。○犴,音岸。绞,音爻。

[5] 饰,谓袖也。《论语》:“缁衣羔裘,黄衣狐裘。”○郑氏曰:“凡裼衣象裘色。”

不文饰也不裼。[1]裘之裼也,见美也。吊则袭,不尽饰也。君在则裼,尽饰也。[2]服之袭也,充美也。是故尸袭,执玉龟袭。无事则袭,弗敢充也。[3]

[1] 犬羊之裘,庶人所服。裘与人俱贱,故不裼以为饰也。

[2] 此言裼袭之异宜。见美,谓裼衣上虽加他服,犹必开露以现示裼衣之美。吊丧袭裘,惟小敛后则然。尽饰者,尽其文饰之道以为敬。吊主于哀,故敬不在美。君在则当以尽饰为敬。

[3] 充美,犹云掩塞其华美也。尸尊无所示敬,故袭。执玉之礼,有裼时,有袭时,执龟为享礼,庭实则裼,以卜则袭。此特主袭而言耳,非谓执玉龟无裼之礼也。无事,谓执玉执龟之礼已竟也。无事则裼,亦谓在君之所,非君所则否。弗敢充者,以见美为敬也。○疏曰:“凡敬有二体,以质为敬者,子于父母之所,不敢袒裼;以文为敬者,臣于君所则裼。若

平敌以下则亦袭，以质略故也。所袭虽同，其意异也。”

笏，天子以球玉，诸侯以象，大夫以鱼须文竹，士竹，本象可也。[1]见于天子与射，无说笏，入大庙说笏，非礼也。小功不说笏，当事免则说之。既搢必盥，虽有执于朝，弗有盥矣。[2]凡有指画于君前，用笏。造受命于君前，则书于笏。笏，毕用也，因饰焉。[3]笏度二尺有六寸，其中博三寸，其杀六分而去一。[4]

[1] 球，美玉也。文，饰也。陆氏音“须”为“班”，而疏引庾氏说，以鲛鱼须饰竹以成文，与应氏说相近，宜读如字。〇应氏曰：“《尔雅》鱼曰须，盖鱼之所以鼓息者在须。大夫以近尊而屈，故饰竹以鱼须；士以远尊而伸，故饰以象。”

[2] 陈氏曰：“笏之所用，盖诸侯之朝天子，则执命圭而搢荼。大夫之聘，则执聘圭而搢笏。及其合瑞而授圭，则执其所搢而已。所谓见于天子“无说笏”者此也。射以观德，则礼固在所隆。小功则礼可以胜情，故亦不说。当事而免，则事可以胜礼，故说之。”〇方氏曰：“大庙之内，惟君当事则说笏，所以逸尊者也。后世臣或说之，则失之简矣。小功之丧，悲哀杀矣，事不可不记也，故不说笏。及当事而免之时，则不可以不说。凡在庙搢笏必盥手者，为将执事也，及有执事于朝，则亦不再盥，为其已盥故也。”〇见，音现。说，音脱。大，音泰。免，音问。

[3] 因事而有所指画，用于则失容，故用笏也。造受命，诣君所而受命也。毕用者，每事皆用之也。因饰焉，谓因而文饰之，以为上下之等级也。〇造，七到切。

[4] 中广三寸，天子、诸侯、大夫、士之笏皆然。天子、诸侯则从中以上稍稍渐杀，至上首止广二寸半，是六分三寸而去其一也。其大夫、士又从中杀至下，亦广二寸半，故惟中间广三寸也。《玉人》言“大圭长三尺”，是兼终葵首言之。〇杀，色介切。去，上声。

天子素带，朱里，终辟。[1]而素带，终辟。[2]大夫素带，辟垂。[3]士练带，率，下辟。[4]居士锦带，弟子缟带。[5]并纽约用组三寸，长齐于带。绅长制，士三尺，有司二尺有五寸。子游曰："参分带下，绅居二焉。"绅、韠、结，三齐。[6]大夫大带四寸。杂带，君朱绿，大夫玄华，士缁辟，二寸，再缭四寸。[7]凡带有率，无箴功。[8]肆束及带，勤者有事则收之，走则拥之。[9]

[1] 此"辟"字，读如前章"缟冠素纰"之"纰"，缘也。天子以素为带。素，熟绢也。用朱为里。终，竟也。终辟，终竟此带尽缘之也。〇辟，音皮。

[2] 而下缺"诸侯"字，诸侯亦素带、终辟而不朱里。

[3] 大夫之素带，则惟缘其两耳及垂下之绅，腰后不缘。

[4] 练，缯也。士以练为带，单用之而緶缉其两边，故谓之"䌊"。腰及两耳皆不缘，惟缘其绅，故云"下辟"。〇率，音律。

[5] 以锦为带，示文也。弟子用生绢，示质也。〇郑氏曰："居士，道艺处士也。"

[6] 疏曰："并，并也。谓天子下至弟子，其所纽约之物，并用组为之。"〇方氏曰："纽则带之交结也。合并其纽，用组以约，则带始束而不可解矣。三寸，其广也。长齐于带者，言组之垂适与绅齐也。绅之"长制，士三尺"者，自要而下为称也。士如此，亦举卑以见尊也。有司欲便于趋走，故特去五寸。引子游之言，言人长八尺，自要而下四尺五寸，分为三分而绅居二，故长三尺也。韠，蔽膝也。结，即组也。绅、韠、结三者，皆长三尺，故曰三齐。"〇韠，音必。

[7] 四寸，广之度也。杂带，谓以杂色为辟缘也。朱绿者，上以朱，下以绿。玄华者，外以玄，内以华。华，黄色也。士带之辟则内外皆缁，是谓缁带。大夫以上，带皆广四寸，士练带惟广二寸，而再绕要一匝，则亦是四寸矣。一说，大带者，正服之带；杂带者，杂服之带。〇缭，音了。

[8] 凡带当率缏之处，箴线细密，不见用箴之功，若无箴功也。〇率，音律。

[9] 肆，读为肄，余也。《诗》“伐其条肄”，谓约束带之余组，及绅之垂者。遇有勤劳之事，则收敛而持于手。若事迫而不容不走者，则拥抱之于怀也。

韠，君朱，大夫素，士爵韦。圜杀直，天子直，公侯前后方，大夫前方后挫角，士前后正。韠下广二尺，上广一尺，长三尺，其颈五寸，肩革带博二寸。[1]

[1] 韠象裳色。天子、诸侯玄端服朱裳，大夫素裳，上士玄裳，中士黄裳，下士杂裳。此言玄端服之韠。若皮弁服，则皆素韠也。凡韠皆韦为之，故其字从韦。又以著衣毕然后著之，故名为韠。韠之言蔽也。爵韦，爵色之韦也，在冕服则谓之韨，字亦作芾也。圜、杀、直，三者之形制也。天子之韠直，谓四角无圜、无杀也。下为前，上为后。公侯上下各去五寸，所去之处，以物补饰之使方，变于天子也。大夫则圜其上角，变于君也。正，即直与方之义，士贱不嫌与君同也。颈之广五寸，在中，故谓之颈。肩，两角也。肩与革带皆广二寸。〇《诗疏》曰：“古者佃渔而食，因衣其皮，先知蔽前，后知蔽后。后王易之以布帛，而犹存其蔽前者，重古道不忘本也。士服爵弁，以靺韐配之，则服冕者，以芾配之，故知冕服谓之芾。芾、韠，皆是蔽膝，其制同，但以尊祭服，故异其名耳。”〇今按“靺韐”者，以茜草染韦为赤色作蔽膝也。〇圜，音圆。杀，色介切。挫，音佐。广，去声。去，上声。茜，音倩。

一命缊韨、幽衡，再命赤韨、幽衡，三命赤韨、葱衡。[1]

[1] 此以命数之多寡，定韨佩之制。缊，赤黄色也。幽，读为黝，黑色也。衡，佩玉之衡也。葱，青色也。《周礼》：“公、侯、伯之卿三命，其大夫再命，其士一命。子男之卿再命，其大夫一命，其士不命。”〇缊，音温。

韨，音弗。幽，上声。

王后袆衣，夫人揄狄，君命屈狄。[1]再命袆衣，一命襢衣，士褖衣。[2]

唯世妇命于奠茧，其他则皆从男子。[3]

[1] 此言后夫人以下六等之服。袆衣色玄，揄狄青，屈狄赤。六服皆衣裳相连。袆，读为翚。揄狄，读为摇翟。翚、翟，皆雉也。二衣皆刻缯为雉形而五采画之。屈，读为阙。刻形而不画，故云阙也。王后袆衣，夫人揄狄，皆本服也。君命屈狄，谓女君子男之妻，受王后之命，得服屈狄也。○袆，音翚。揄，音摇。屈，音阙。

[2] 鞠衣黄，襢衣白，褖衣黑。袆，读为鞠。鞠衣黄，桑服也。色如鞠尘，象桑叶始生之色。再命鞠衣者，子男之卿再命，其妻得服鞠衣也。一命襢衣者，子男之大夫一命，其妻得服襢衣也。士褖衣者，子男之士不命，其妻服褖衣也。○袆，读为鞠。襢，张战切。褖，音象。

[3] 世妇，天子二十七人。奠茧，献茧也。凡献物必先奠置于地，故谓献为奠。凡妻贵因夫，故得各服其命数之服。惟世妇必俟蚕毕献茧，命之服乃服耳。他皆从夫之爵位也。

凡侍于君，绅垂，足如履齐，颐霤，垂拱，视下而听上，视带以及袷，听乡任左。[1]

[1] 立而磬折，则绅必垂；身折则裳下之缉委地，故足如践之也。颐，颔也。霤，屋檐也。身俯故头临前，而颐之垂如屋霤然。垂拱，亦谓身俯则手之拱者下垂也。视虽在下，而必侧面向上以听尊者之言，故云视下而听上也。袷，交领也。视则自带至袷，高下之则也。凡立者尊右，坐者尊左，侍而君坐，则臣在君之右，是以听向皆任左以向君。○齐，音咨。乡，去声。

凡君召以三节，二节以走，一节以趋，在官不俟屦，在外不俟车。[1]

[1] 疏曰："节以玉为之，所以明信辅于君命者也。君使使召臣，有二节时，有一节时，故合云三节也。随事缓急，急则二节，故走；缓则一节，故趋。官，谓朝廷治事处也。外，谓其室及官府也。在官近，故云屦；在外远，故云车。"

士于大夫，不敢拜迎而拜送。士于尊者，先拜进面，答之拜则走。[1]士于君所言，大夫没矣，则称谥若字，名士。与大夫言，名士，字大夫。[2]

[1] 士于大夫，尊卑有间，若大夫诣士，士不敢拜而迎之，恐其答拜也。去则拜送者，礼，宾出则主人再拜送之，宾不答拜，礼有终止故也。士若见于大夫，则先拜于门外，然后进而见面。若大夫出迎而答其拜，则走避之。

[2] 名士者，士虽没，犹称其名，以在君之前也。与大夫言而名士，则谓士之生者也。大夫之生者，则字之。

于大夫所，有公讳无私讳。凡祭不讳，庙中不讳，教学临文不讳。[1]

[1] 公讳，本国先君之讳也。私讳，私家之讳也。凡祭，祭群神也。余见《曲礼》。

古之君子必佩玉，右徵、角，左宫、羽。[1]趋以《采齐》，行以《肆夏》，周还中规，折还中矩，进则揖之，退则扬之，然后玉锵鸣也。故君子在车，则闻鸾和之声，行则鸣佩玉，是以非辟之心无自入也。[2]君在不佩玉，左结佩，右设佩；居则设佩，朝则结佩。[3]齐则绱结佩而爵韠。[4]凡带必有佩玉，唯丧否。佩玉有冲牙，君子无故，玉不去身，君子于玉比德焉。[5]天子佩白玉，而玄组绶。[6]公侯佩山玄玉，而朱祖绶。大夫佩水苍玉，而纯组绶。世子佩瑜玉，而綦组绶。士佩瓀玟，而缊组绶。[7]孔子佩象环五寸，而綦组绶。[8]

[1] 徵、角、宫、羽，以玉声所中言也。徵为事，角为民，故在右，右为动作之方也；宫为君，羽为物，君道宜静，物道宜积，故在左，左乃无事之方也。不言商者，或以西方肃杀之音，故遗之欤？○方氏曰："徵角为阳，宫羽为阴，阳主动，阴主静。右佩阴也，而声中徵角之动；左佩阳也，而声中宫羽之静。何哉？盖佩所以为行止之节，时止则止，时行则行，此设佩之意也。"○徵，音止。中，去声。

[2] 路寝门外至应门，谓之趋。于此趋时，歌《采齐》之诗以为节。路寝门内至堂，谓之行。于行之时，则歌《肆夏》之诗以为节。中规，圆也。中矩，方也。进而前，则其身略俯，如揖然。退而后，则其身微仰，故曰扬之。进退俯仰皆得其节，故佩玉之鸣，锵然可听也。鸾和，铃也。常所乘之车，鸾在衡，和在轼；若田猎之车，则和在轼，鸾在马镳也。○方氏曰："心，内也，而言入，何哉？盖心虽在内，有物探之而出，及其久也，则与物俱入矣，故得以入言焉。"○齐，音慈。还，音旋。中，去声。辟，音僻。

[3] 君在，谓世子在君所也。不佩玉，非去之也，但结蹙其左佩之绶，不使玉之有声。玉以比德，示不敢表其有如玉之德耳。右设佩者，佩谓事佩觿、燧之属，设之于右，示有服役以奉事于上也。居则设佩，谓退而燕居，则佩玉如常也。朝则结佩，申言上意，此皆谓世子也。

[4] 凡佩玉者，遇齐时则绱结其佩。绱，屈也。谓结其绶而又屈上之也。爵韠，爵色之韦为韠也。士之服但齐，则虽诸侯、大夫亦服之也。○齐，音斋。绱，音争。

[5] 疏曰："凡佩玉必上系于衡，下垂三道，穿以蠙珠，下端前后以悬

璜，中央下端悬以冲牙，动则冲牙前后触璜而为声。所触之玉其形似牙，故曰冲牙。”

[6] 绶，所以贯佩之珠玉而相承受者。玄组绶，谓以玄色之组为绶也。

[7] 山玄、水苍，如山之玄，如水之苍也。瑜，美玉也。綦，杂文也。瓀玟，石之次玉者。缊，赤黄色。〇纯，音缁。瓀，乳兖切。玟，音民。缊，音温。

[8] 象环，象牙之环也，其广五寸。孔子谦不佩玉，故燕居佩之，非谓礼服之正佩也。

童子之节也，缁布衣锦缘，锦绅并纽，锦束发，皆朱锦也。[1]童子不裘不帛，不屦绚，无缌服，听事不麻。无事则立主人之北，南面。见先生，从人而入。[2]

[1] 节，礼节也。锦缘，以锦为缁布衣之缘也。绅、纽见前。〇缘，去声。

[2] 不屦绚，未习行戒也。无缌服，谓父在时，己虽有缌亲之丧，不为之著缌服，但往听主人使令之事。不麻，谓免而深衣不加绖也。《问丧》云：童子不缌，唯当室缌。当室，为父后者也。童子未能习礼，且缌轻，故父在不缌，父没则本服不可违矣。从人而见先生，不敢以卑小烦长者为礼也。〇绚，音劬。见，音现。“不为”为，去声。著，音勺。免，音问。

侍食于先生、异爵者，后祭先饭。客祭，主人辞曰：“不足祭也。”客飧，主人辞以疏。主人自置其酱，则客自彻之。[1]一室之人非宾客，一人彻。壹食之人一人彻。凡燕食，妇人不彻。[2]

[1] 此言成人之礼。先生，齿尊于己者。异爵，爵贵于己者。后祭，

示馔不为己也。先饭，示为尊贵者尝之也。盛主人之馔，故祭；而主人辞之，谦也。既食而飧，以为美也；而主人辞以粗疏，亦谦也。酱者，食味之主，故主人自设，客亦自彻，礼尚施报也。○饭，上声。飧，音孙。

[2] 一室之人，同居共事者也。壹食之人，为同事而相聚以食者也。二者皆为无宾主之分，故但推少者一人彻之而已。妇人不彻，弱不胜事也。

食枣、桃、李弗致于核。瓜祭上环，食中弃所操。[1] 凡食果实者后君子，火孰者先君子。[2]

[1] 致，谓委弃之也。《曲礼》曰："其有核者怀其核。"上环，横切之圆如环也。○操，平声。

[2] 古人尝药尝食，盖恐其不善，或为尊者害耳。果实生成之味，当使尊者先食。火孰者先君子，尝食之礼也。○先，去声。孰，熟通。

有庆，非君赐不贺。[1] 有忧者。[2]

[1] 君赐，如爵命、土田、车服之类皆是也。言卿、大夫、士之家，设有喜庆之事，若是君命所赐则当贺，非君赐则不贺，盖以君赐为荣也。一说，有庆而君亦庆之，则余人亦致贺；君无所赐，则余人亦不必贺也。

[2] 此下缺文。

孔子食于季氏，不辞，不食肉而飧。[1]

[1] 为客之礼，将食，必兴辞，食则先胾次殽至肩，乃饱而飧。孔子既不辞，又不食肉，乃独浇饭而为飧之礼，盖以季氏之馈失礼故也。

君赐车马，乘以拜赐；句衣服，服以拜赐。[1] 君未有命，弗敢即乘服也。[2] 君赐，稽首据掌致诸地。[3]

酒肉之赐弗再拜。[4]凡赐君子与小人不同日。[5]

[1] 君赐及门既拜受矣，明日又乘服诣君所而拜谢其赐。所谓再拜，敬之至也。二“赐”字句绝，本朱子说。

[2] 此谓诸侯之卿大夫为使臣而受天子之赐，归而献诸其君，君命之乘服，乃得乘服，故君未有命，不敢即乘服也。《左传》：“杜洩将以路葬，南遗谓季孙曰：‘叔孙未乘路，葬焉用之?’季孙使杜洩舍路，不可。曰：‘夫子受命于朝而聘于王，王思旧勋而赐之路。复命而致之君，君不敢逆王命而复赐之。’”○使，去声。焉，音烟。舍，上声。

[3] 据，按也，覆左手以按于右手之上。致，至也，头及手俱至地也。

[4] 已拜受于家，而明日又往拜，谓之再拜。酒肉之赐轻，故唯拜受于家而已。

[5] 君子小人以位言，君子曰“赐”，小人曰“与”，贵贱殊，故不可同日也。

凡献于君，大夫使宰，士亲，皆再拜稽首送之。膳于君有荤桃茢，于大夫去茢，于士去荤，皆造于膳宰。[1]

大夫不亲拜，为君之答己也。[2]

[1] 大夫不亲往而使宰者，恐勤君之降礼而受献也。士贱，故得自往。皆再拜稽首送之者，言大夫初遣宰时，已拜送矣，及至君门以授小臣，则或宰或士，亦皆再拜而送之也。膳，美食也。荤，姜及辛菜也。茢，苕帚也。膳宰，主饮食者。○方氏曰：“膳必用荤、桃、茢者，防不祥之物或干之也。桃以其性，荤以其气，茢以其形。形不如气，气不如性，故贵贱多少之数，去其一者茢，去其二者荤，唯桃不可去焉。皆造膳宰者，以不敢专达，必待主膳之人达之也。”○荤，音薰。茢，音列。去，上声。造，七到切。

[2] 释所以不亲献之义。○为，去声。

大夫拜赐而退。士待“诺”而退，又拜。弗答拜。[1]大夫亲赐士，士拜受，又拜于其室。衣服，弗服以拜。敌者不在，拜于其室。[2]凡于尊者有献，而弗敢以闻。[3]士于大夫不承贺，下大夫于上大夫承贺。[4]

亲在，行礼于人称父。人或赐之，则称父拜之。[5]

[1] 大夫往君门而拜君昨日所赐，及门，即告小臣。小臣入白，大夫即拜，拜竟即退，不待小臣出报，恐君召进之而答拜也。君不答士之拜，故士拜竟则待小臣传君之诺报而后退也。又拜者，小臣传诺报而出，士又拜君之诺也。弗答拜，谓君终不答士之拜也。

[2] 其室，大夫之家也。衣服弗服以拜，下于君赐也。敌者，尊卑相等也。其室，献者之家也。若当时主人在家而拜受，则不复往彼家拜谢。今主人不在，不得拜受，还家必往而拜之也。若朋友，则非祭肉不拜。

[3] “不敢以闻”者，不敢直言献于尊者，如云致马资于有司，及赠从者之类也。

[4] 士于大夫尊卑远，若有庆事，不敢受大夫之亲贺。下大夫于上大夫尊卑近，故可承受其亲贺也。

[5] 方氏曰：“不敢私交，不敢私受故也。”

礼不盛，服不充，故大裘不裼，乘路车不式。[1]

[1] 前章言不充其服，与此“充”字义殊。此谓礼之盛者，则以充美为敬。大裘、路车，皆祭天所用。不裼而袭，是欲掩塞其华美也。不式，敬天之心不可他用也。

父命呼“唯”而不“诺”，手执业则投之，食在口则吐之，走而不趋。[1]亲老，出不易方，复不过时。亲瘠，色容不盛，此孝子之疏节也。[2]父没而不能读父之书，手泽存焉尔。母没而杯圈不能饮焉，口泽之气存焉尔。[3]

[1] 应辞，"唯"速而恭，"诺"缓而慢。○唯，上声。

[2] 易方，则恐召己而莫知所在；过时，则恐失期而贻亲之忧。疥，病也。疏节，谓常行疏略之礼而已，非大节也。○疥，才细切。

[3] 不能，犹不忍也。手之所持，犹存其润泽之迹。杯圈，盛酒浆之器，屈木为之，若卮匜之属也。口泽之气，亦谓常用以饮，故口所润泽犹有余气。此所以不忍读，不忍饮也。

君入门，介拂闑，大夫中枨与闑之间，士介拂枨。[1]宾入不中门，不履阈，公事自闑西，私事自闑东。[2]

[1] 此言两君相见之时。入门，入大门也。介，副也。闑，门中央所竖短木也。枨者，门之两旁长木，所谓楔也。君入当枨闑之中，主君在闑东，宾在闑西。主君上摈，在君后稍近西而拂闑；宾之上介，在宾后稍近东而拂闑。大夫之为摈为介者，各当君后而在枨闑二者之中；士之为摈为介者，则各拂东西之枨也。○枨，音橙。楔，音屑。

[2] 此宾谓邻国来聘之卿大夫也。入不中门，谓入门稍东而近闑也。阈，门限也。聘享是奉君命而行，谓之公事。入自闑西，用宾礼也。若私觌私面，谓之私事，以其非君命故也。入自闑东，从臣礼也。

君与尸行接武，大夫继武，士中武。徐趋皆用是。[1]疾趋则欲发，而手足毋移。[2]圈豚行不举足，齐如流。席上亦然。[3]端行颐霤如矢，弁行剡剡起屦。[4]执龟玉，举前曳踵，蹜蹜如也。[5]凡行容惕惕。[6]

庙中齐齐，朝廷济济翔翔。[7]

[1] 君，谓天子诸侯也。接武，谓二足相蹑每蹈于半，不得各自成迹也。若大夫与其尸行，则两足迹相接续。渐卑，故与尸行步稍广而速。

中，犹间也。士与其尸行，每徙足间容一足地乃躐之。士极卑，故与尸行步极广也。徐趋皆用是，谓君、大夫、士或徐或趋，皆用此与尸行步之节也。

[2] 此言若以他事行礼而当疾趋者，其屦头固欲发起，不以接武继武为拘，然而手容必恭，足容必重，不可或低或斜而变其常度。移，犹变也。

[3] 旧说，圈，转也。豚之言循，读为上声。谓徐趋之法，当曳转其足循地而行，故云不举足也。方氏谓此言回旋而行，羔性聚，豚性散，圈之则聚而回旋于其中矣，故取况如此。未知是否。齐，裳下缉也。足既不举，身又俯折，则裳下委于地，而曳足，则齐如水之流。席上亦然，言未坐之时，行于席上，亦当如此也。○圈，举远切。豚，上声。齐，音咨。

[4] 端，直也。直身而行，身亦小折，故头直临前，而颐如屋霤之垂，其步之进则如矢之直也。弁，急也。剡剡，身起之貌。急行则欲速而身屦恒起也。一说，端，谓玄端、素端；弁，谓爵弁、皮弁。行容各欲称其服也。

[5] 踵，足后跟也。举足之前而曳其后跟，则行不离地，如有所循也。蹜蹜，促狭之貌。龟玉皆重器，故敬谨如此。○离，去声。

[6] 愓愓，直而且疾也。谓行于道路则然。盖回枉则失容，舒缓则近惰也。○愓，音伤。

[7] 齐齐，收持严正之貌。济济，威仪详整也。翔翔，张拱安舒也。

君子之容舒迟，见所尊者齐遬。[1]足容重，手容恭。[2]目容端，口容止。[3]声容静，头容直。[4]气容肃。[5]立容德。[6]色容庄，坐如尸。[7]燕居告温温。[8]凡祭，容貌颜色，如见所祭者。[9]丧容累累，色容颠颠，视容瞿瞿梅梅，言容茧茧。[10]戎容暨暨，言容詻詻，色容厉肃，视容清明。[11]立容辨，卑无谄。[12]头颈必中，[13]时行，[14]盛气颠实扬休，[15]玉色。[16]

[1] 舒迟，闲雅之貌。齐，如夔夔齐慄之齐。遬者，谨而不放之谓。见所尊者故加敬。○齐，音斋。遬，音速。

[2] 重，不轻举移也。恭，无慢弛也。

[3] 无睇视，不妄动。

[4] 无或哕咳，欲其静也。无或倾顾，欲其直也。○哕，一决切。咳，音孩，又音概。

[5] 似不息者。

[6] 旧说以为如有所予于人，其义难通。应氏谓中立不倚，俨然有德之气象。此说近之。

[7] 庄，矜持之貌也。坐如尸，见《曲礼》。

[8]《诗》言"温温恭人"。燕居之时，与告语于人之际，则皆欲其温和，所谓居不容，宽柔以教也。

[9]《论语》曰："祭如在，祭神如神在。"

[10] 此皆居丧之容。累累，羸惫失意之貌。颠颠，忧思不舒之貌。瞿瞿，惊遽之貌。梅梅，犹昧昧。瞻视不审，故瞿瞿梅梅然也。茧茧，犹绵绵，声气低微之貌也。○累，力追切。颠，音田。瞿，音屦。

[11] 此皆军旅之容。暨暨，果毅之貌。詻詻，教令严饬之貌。颜色欲其严厉而庄肃，视瞻欲其莹澈而明审。○詻，五格切。

[12] 立之容贬卑者，不为矜高之态也。虽贵贬损卑降而必贵于正，若倾侧其容，柔媚其色，则流于谄矣。故戒以毋谄也。○辨，读为贬。谪，音谄。

[13] 头容欲直。山立，如山之嶷然不摇动也。

[14] 当行则行。

[15] 颠，读为填塞之填。实，满也。扬，读为阳。休，与煦同。气体之充也。言人当养气，使充盛填实于内，故息之出也，若阳气之煦物，其来无穷也。○颠，音田。休，吁句切。

[16] 玉无变色，故以为颜色无变动之喻。○石梁王氏曰："立容以下，不属戎容。"

凡自称，天子曰“予一人”，[1]伯曰“天子之力臣”。[2]诸侯之于天子，曰“某土之守臣某”。[3]其在边邑，曰“某屏之臣某”。[4]其于敌以下曰“寡人”，小国之君曰“孤”，摈者亦曰“孤”。[5]

[1] 一者，无对之称。

[2] 天子三公，一相处内，二伯分主畿外诸侯。盖股肱之臣，宣力四方者也，故曰力臣。

[3] 某土，犹云东土、西土之类。〇守，去声。

[4] 边邑远，谓之屏者，藩屏之义，所以蔽内而捍外也。〇屏，音丙。

[5] 此章与《曲礼》小异者，此据自称为辞，彼则摈者之辞也。

上大夫曰“下臣”，摈者曰“寡君之老”。下大夫自名，摈者曰“寡大夫”。世子自名，摈者曰“寡君之适”。[1]公子曰“臣孽”。[2]士曰“传遽之臣”。于大夫曰“外私”。[3]大夫私事使，私人摈，则称名。[4]公士摈，则曰“寡大夫”、“寡君之老”。[5]大夫有所往，必与公士为宾也。[6]

[1] 此明自称与摈者之辞不同也。〇适，音的。

[2] 适而传世者，谓之世子，余者但称公子而已。读孽为枿者，盖比之木生之余也，故以臣孽自称。

[3] 驿传之车马，所以供急遽之令，士贱而给车马之役使，故自称传遽之臣也。家臣称私，此大夫非己所臣事者，故对之言，则自称外私也。〇传，张恋切。

[4] 私事，谓非行聘礼，而以他事奉君命往使邻国也。随行之人当谓之介，曰摈者，摈是主人之副，今以在宾馆而主国致礼，则己为主人，故称摈也。私人，己之属臣也。私事使而私人摈，则无问上大夫、下大夫，皆降而称名，以非正聘故也。〇使，去声。

[5] 公士，公家之士也。若正行聘礼，以公士为摈，其下大夫往行小聘之礼，则摈辞称寡大夫；其上大夫往行大聘之礼，则摈辞称寡君之老。

[6] 宾，读为摈，介也。谓大夫有正聘之往，必使公士作介也。○方氏读宾如字，谓摈虽为宾执事，其实亦与之同为宾而已，故曰“与公士为宾也”。○宾，去声。

明堂位第十四

昔者周公朝诸侯于明堂之位，天子负斧依，南乡而立。[1]

三公，中阶之前，北面东上。诸侯之位，阼阶之东，西面北上。诸伯之国，西阶之西，东面北上。诸子之国，门东，北面东上。诸男之国，门西，北面东上。[2]九夷之国，东门之外，西面北上。八蛮之国，南门之外，北面东上。六戎之国，西门之外，东面南上。五狄之国，北面之外，南面东上。[3]九采之国，应门之外，北面东上。[4]四塞，世告至。此周公明堂之位也。明堂也者，明诸侯之尊卑也。[5]

[1] 斧依，说见《曲礼》。〇石梁王氏曰："注云：'周公摄王位。'又云：'天子即周公。'周公为冢宰时，成王年已十四，非摄位，但摄政，周公未尝为天子，岂可以天子为周公？此记者之妄，注亦曲徇之。"〇朝，音潮。依，上声。乡，去声。

[2] 疏曰："中阶者，南面三阶故称中。诸伯以下皆云'国'，此云'位'者，以三公不云位，诸侯在诸国之上，特举位言之，明以下皆朝位也。"

[3] 夷蛮戎狄，各从其方之门，而以右为尊，独南面东上者不然。方氏以为南面疑于君，故与北面者同其上也。

[4] 疏曰："此是九州之牧，谓之采者，以采取当州美物而贡天子。故《王制》云：'千里之外曰采。'明堂无重门，但有应门耳。"〇应，去声。当，去声。重，平声。

[5] 四塞，九州之外夷狄也。若天子新即位，或其国君易世，皆一来

朝告至，故云“世告至”也。○塞，如字，先代切。

昔殷纣乱天下，脯鬼侯以飨诸侯，是以周公相武王以伐纣。武王崩，成王幼弱，周公践天子之位以治天下。六年，朝诸侯于明堂，制礼作乐，颁度量，而天下大服。七年，致政于成王。[1]

成王以周公为有勋劳于天下，是以封周公于曲阜，地方七百里，革车千乘，命鲁公世世祀周公以天子之礼乐。是以鲁君孟春乘大路，载弧韣，旗十有二旒，日月之章，祀帝于郊，配以后稷，天子之礼也。[2]

[1] 鬼，国名。《易》曰：“高宗伐鬼方。”杀人以为荐羞，恶之极也，故伐之。“六年五服一朝”，盖始于此。○石梁王氏曰：“只以《诗》、《书》证之，即知周公但居冢宰摄政，未尝在天子位。‘周公相，践阼而治’，《文王世子》此语为是。《诗小序》之言亦不可据，注引《鲁颂》，岂尽伯禽时事哉？”○刘氏曰：“此盖因《洛诰》篇首，有周公曰‘朕复子明辟’之辞，篇终有‘周公诞保文武受命惟七年’之语，遂生此论，谓周公践天子位，七年而致政于成王也。殊不知‘复子明辟’者，周公营洛遣使告卜之辞；‘受命惟七年’者，史臣叙周公留后治洛，凡七年而薨也。《书传》中九峰蔡氏之辨，可谓深切著明。”○相、量，并去声。辟，音壁。

[2]《论语》称伯禽为“鲁公”，《闷宫》称僖公为“鲁侯”，又曰“俾侯于鲁”，则鲁本侯爵，过称公也。孟子言公侯皆方百里，又言周公封于鲁地方百里，而此云七百里者，盖以百里之田为鲁本国，如后世食实封也；并附庸为七百里，所谓锡之山川土田附庸也。《周礼》，封疆方五百里之制，当时设法未行，不可以据。革车，兵车也。千乘，田赋所出之数也。孟春，周正子月也。大路，殷祭天所乘之木路。弧，所以开张旌旗之幅，其形如弓，以竹为之。韣，则弧之衣也。旒属于旂之正幅，而画日月以为章也。○王荆公谓周公能为人臣所不能为之功，故可用人臣所不得用之礼

乐。程子曰:“是不知人臣之道也。夫居周公之位,则为周公之事,由其位而能为者,皆所当为也。周公乃尽其为臣之职耳,岂得独用天子之礼乐哉? 成王之赐,伯禽之受,皆非也。”〇问:“孟子说齐鲁皆封百里,而先生向说齐鲁始封七百里者,何耶?”朱子曰:“此等处皆难考。”云云。见《告子下篇》。〇“千乘”乘,去声,下如字。载,音戴。镯,音独。

季夏六月,以禘礼祀周公于大庙,牲用白牡,[1]尊用牺象山罍,郁尊用黄目,[2]灌用玉瓒大圭,荐用玉豆雕篹,爵用玉琖仍雕,加以璧散璧角,俎用梡嶡。[3]升歌《清庙》,下管《象》。朱干玉戚,冕而舞《大武》。皮弁素积,裼而舞《大夏》。《昧》,东夷之乐也。《任》,南蛮之乐也。纳夷蛮之乐于大庙,言广鲁于天下也。[4]

[1] 殷尚白,白牡,殷牲也。〇方氏曰:“止用时王之礼者,诸侯之事;通用先王之礼者,天子之事。故《郊特牲》云‘诸侯祭以白牡,乘大路’,谓之僭礼也。”〇大,音泰。

[2] 尊,酒器也。牺,牺尊也。音莎者,释云刻画凤形娑娑然也。读如字者,释云画为牛形,又云尊为牛之形。象,象尊也,以象骨饰尊。一说,尊为象之形也。山罍,刻画山云之状于罍也。郁尊,盛郁鬯酒之尊也。黄目,黄彝也,卣罍之类,以黄金镂其外为目,因名也。〇牺,音莎。

[3] 灌,酌郁鬯以献尸也。以玉饰瓒,故曰“玉瓒”。以大圭为瓒柄,故言“玉瓒大圭”也。荐,祭时所荐菹醢之属也。玉豆,以玉饰豆也。篹,笾也。雕饰其柄,故曰雕篹。爵,行酒之器。夏氏爵名琖,以玉饰之。仍,因也。因爵形而雕饰之,故曰“仍雕”也。加者,夫人亚献于尸也。用璧角,即《周礼·内宰》所谓瑶爵也。夫人献后,则宾用璧散献尸,散角皆以璧饰其口。此先言散,后言角,便文也。虞俎名梡,夏俎名嶡。梡形四足如按,嶡则加横木于足,中央为横距之形也。〇瓒,才旱切。篹,损管切。琖,侧眼切。散,去声。梡,音浣。嶡,音鳜。

[4]《清庙》,《周颂》,升乐工于庙之堂上而歌此诗也。下,堂下也。管,匏竹也。《象》,《象武》诗也。堂下以管吹《象武》之诗,故云下管《象》也。朱干,赤盾也。玉戚,玉饰斧柄也。著衮冕而执此干戚以舞武王伐纣之乐,又服皮弁见裼衣而舞夏后氏《大夏》之乐。五冕皆周制,故用以舞周乐。皮弁,三王之服,故用以舞夏乐也。《昧》、《任》,皆乐名。广鲁于天下,言周公勋业之盛,广及四夷,故广大其国礼乐之事,以示天下也。○裼,音析。任,音壬。

君卷冕立于阼,夫人副袆立于房中。君肉袒迎牲于门,夫人荐豆笾,卿大夫赞君,命妇赞夫人,各扬其职。百官废职,服大刑,而天下大服。[1]

[1] 副,首饰也。副之言覆,以其覆被乎首而为名,详见《周礼·追师》,及《诗》"副笄六珈"注疏。袆,袆衣也。本王后之服,亦以尊周公而用天子礼乐,故得服之也。房,太庙之东南室也。赞,助也。命妇,内则世妇,外则卿大夫之妻也。扬,举也。废,不举也。天下大服,谓敬服周公之德也。○卷,读为衮。覆,去声。

是故夏礿,秋尝,冬烝,春社,秋省,而遂大蜡,天子之祭也。[1]

[1] 鲁在东方,或有朝于方岳之岁,则废春祠,故此略之。秋省,省敛也。年不顺成,则八蜡不通,必视年之上下,以为蜡之丰啬。旧读"省"为"狝"者非。○礿,音药。省,悉井切。蜡,音乍。

大庙,天子明堂。库门,天子皋门。雉门,天子应门。[1]

[1] 鲁无明堂,而太庙如明堂之制。天子五门:路、应、雉、库、皋,由内而外。路门亦曰毕门。今鲁库门之制,如天子皋门;雉门之制,如天子应门也。○大,音泰。

振木铎于朝，天子之政也。[1]

[1] 木铎，金口木舌，发教令则振之，所以警动众听。

山节藻棁，[1]复庙重檐，[2]刮楹达乡，[3]反坫出尊，[4]崇坫康圭疏屏，天子之庙饰也。[5]

[1] 说见前篇。

[2] 复庙，上下重屋也。重檐者，檐下复有板檐，免风雨之坏壁。○复，音福。重，平声。檐，音簷。“复有”复，去声。

[3] 以密石摩柱使之精泽，故云刮楹。达，通也。乡，窗牖也。每室四户八窗，窗户相对，故云达乡。○刮，古刹切。乡，去声。

[4] 两君好会反爵之坫，筑土为之，在两楹间而近南。盖献酬毕，则反爵于其上也。凡物在内为入，在外为出。以坫在尊之外，故云“反坫出尊”，言坫出在尊之外也。

[5] 崇，高也。康，安也。凡物措之得所，则无危坠之失。圭，礼器之重者，不可不谨，故为此高坫以康圭也。疏屏者，刻镂于屏，使之文理疏通也。

鸾车，有虞氏之路也。钩车，夏后氏之路也。大路，殷路也。乘路，周路也。[1]

[1] 鸾车，有鸾和之车也。路，与辂同。钩，曲也。车床谓之舆，舆之前阑曲，故名钩车也。大路，殷之木路也。乘路，周之玉路也。

有虞氏之旂，夏后氏之绥，殷之大白，周之大赤。[1]

[1] 四者旌旗之属。《周礼》“交龙为旂”。绥，读为緌。以旄牛尾注于杠首而垂之者也。大白，白色旗也。大赤，赤色旗也。郑云：“当言有虞氏之緌，夏后氏之旂，谓虞质于夏，惟緌而已，至夏世乃有旂之制也。”

夏后氏骆马黑鬣，殷人白马黑首，周人黄马蕃鬣。[1]

[1] 白黑相间谓之骆，此马白身而黑鬣也。蕃鬣，赤鬣也。

夏后氏牲尚黑，殷白牡，周骍刚。[1]

[1] 骍，赤色。刚，壮色。

泰，有虞氏之尊也。山罍，夏后氏之尊也。著，殷尊也。牺象，周尊也。[1]

[1] 虞氏尚陶。泰，瓦尊也。著者，无足而底著于地也。余见前章。○著，直略切。牺，音莎。

爵，夏后氏以琖，殷以斝，周以爵。[1]

[1] 夏爵名琖，以玉饰之，故其字从玉。殷爵名斝，稼也，故画为禾稼。周之爵，则爵之形也。其曰玉爵者，则饰之以玉也。○斝，音稼。

灌尊，[1]夏后氏以鸡夷，殷以斝，周以黄目。[2]其勺，夏后氏以龙勺，殷以疏勺，周以蒲勺。[3]

[1] 灌鬯酒之尊也。

[2] 夷，读为彝，法也。与余尊为法，故称彝。刻画鸡形于其上，故名鸡彝。余见上章。

[3]《周礼》："梓人为饮器，勺一升。"龙勺，刻画为龙头。疏勺，刻镂疏通也。蒲勺者，合蒲为凫头之形，其口微开，如蒲草本合而末微开也。三者皆谓勺之柄头耳。○勺，是若切。

土鼓，蕢桴，苇籥，伊耆氏之乐也。[1]

[1] 方氏曰："以土为鼓，未有鞸革之声故也；以凷为桴，未有斲木之

利故也；以苇为籥，未有截竹之精故也。”〇蒉，音块。桴，音浮。辉，音运，又音绚。

拊搏，玉磬，揩击，大琴，大瑟，中琴，小瑟，四代之乐器也。[1]

[1] 拊搏，旧说以韦为之，充之以糠，形如小鼓。揩击，谓柷敔，皆所以节乐者。方氏以为或拊或搏，或揩或击，皆言作乐之事。又按《书传》云：“戛击，考击也。搏，至；拊，循也。”皆与此文理有碍，当从郑注。〇拊，音抚。搏，音博。揩，居八切。

鲁公之庙，文世室也。武公之庙，武世室也。[1]

[1] 鲁公，伯禽也。武公，伯禽之玄孙。其室世世不毁，故言“世室”。〇方氏曰：“周以祖文王为不毁之庙，而鲁以伯禽之庙比之，故曰‘文世室’。宗武王为不毁之庙，而鲁以武公之庙比之，故曰‘武世室’。”

米廪，有虞氏之庠也。序，夏后氏之序也。瞽宗，殷学也。頖宫，周学也。[1]

[1] 此言鲁立四代之学。鲁所藏粢盛米之廪，即虞氏之庠，谓藏此米于学宫也，亦教孝之义。序者，射也。射以观德，有先后之次焉。乐师瞽蒙之所宗，故谓之瞽宗。頖，半也。诸侯曰頖宫，以其半辟雍之制也。孟子言：夏曰校，殷曰序。〇頖，音判。盛，平声。

崇鼎，贯鼎，大璜，封父龟，天子之器也。越棘，大弓，天子之戎器也。[1]

[1] 崇、贯、封父、越，皆国名。棘，戟也。〇方氏曰：“凡此即《周官》天府所藏大宝镇宝之类是也。”

夏后氏之鼓足，殷楹鼓，周县鼓。垂之和钟，叔之离磬，女娲之笙簧。[1]夏后氏之龙簨虡，殷之崇牙，周之璧翣。[2]

[1] 足，谓四足也。楹，贯之以柱也。县，悬于簨虡也。垂，见《舜典》。○方氏曰："《郊特牲》曰：'以钟次之，以和居参之也。'故谓之和钟。《乐记》曰：'石声磬，磬以立辨。辨者，离之音也，故谓之"离磬"。笙以象物生之形，簧则美在其中，故谓之笙簧。'《世本》曰：'无句作磬。'皇氏云：'无句，叔之别名。'"○县，音玄。

[2]《周官》："梓人为簨虡。"横曰筍，植曰虡，所以悬乐器也。以龙形饰之，故曰龙簨虡。崇牙者，刻木为之，饰以采色，其状隆然。殷人于簨之上，施崇牙以挂钟磬也。周人则又于簨上画缯为翣，载之以璧，下悬五采之羽，而挂于簨之角焉。○簨，音笋。虡，音距。

有虞氏之两敦，夏后氏之四琏，殷之六瑚，周之八簋。[1]俎，有虞氏以梡，夏后氏以嶡，殷以椇，周以房俎。[2]夏后氏以楬豆，殷玉豆，周献豆。[3]

[1]《少牢礼》曰："执敦黍，有盖。"又曰："设四敦，皆南首。"敦之为器，有盖有首也。四者皆盛黍稷之器。礼之有器，时王各有制作，故历代宝而用之。但时代渐远，则古器之存者渐寡，此鲁所有之数耳。○敦，音对。琏，音辇。

[2] 梡、嶡，见前章。椇者，俎之足间横木，为曲桡之形，如椇枳之树枝也。房者，俎足下之跗，谓俎之上下两间，有似于堂房也。○疏曰："古制不可委知，今依注略为此意，未知可否。"○椇，音矩。

[3] 楬，不饰也，木质而已。献，读为娑，献尊刻画凤羽，则此豆亦必刻画凤羽，故名也。○楬，苦瞎切。献，音莎。

有虞氏服韨。夏后氏山，殷火，周龙章。[1]

[1] 韨者，祭服之蔽膝，即韠也。虞氏直以韦为之，无文饰。夏世则

画之以山，殷人增之以火，周人又加龙以为文章。○韨，音黻。

有虞氏祭首，夏后氏祭心，殷祭肝，周祭肺。[1]夏后氏尚明水，殷尚醴，周尚酒。[2]

[1] 方氏曰："三代各祭其所胜，盖夏尚黑为胜赤，故祭心。殷尚白为胜青，故祭肝。周尚赤为胜白，故祭肺。"

[2] 疏曰："《仪礼》设尊尚玄酒，是周亦尚明水也。《礼运》云'澄酒在下'，则周不尚酒，故注云'言尚非'也。"○方氏曰："明水者，取于月之水，故谓之明水，则淡而无味。醴则渐致其味，酒则味之成者。"

有虞氏官五十，夏后氏官百，殷二百，周三百。[1]

[1]《书》言"唐虞建官惟百，夏商官倍"。先儒信此记而不信《书》，固为不可。且谓鲁得用四代礼乐，故惟通用其官之名号，不必尽用其数，皆臆说也。

有虞氏之绥，夏后氏之绸练，殷之崇牙，周之璧翣。[1]

[1] 此皆丧葬之饰。绸练，见《檀弓》。余见上章。又翣制，详见《丧大记》。○绥，音绥。绸，音叨。

凡四代之服、器、官，鲁兼用之。是故鲁，王礼也，天下传之久矣，君臣未尝相弑也。礼乐刑法政俗，未尝相变也。天下以为有道之国，是故天下资礼乐焉。[1]

[1] 君臣未尝相弑，礼乐、刑法、政俗未尝相变，先儒以为近诬。或以为讳国恶，论之详矣。大抵此篇主于夸大鲁国，故历举四代之服、器、官，以见鲁之礼乐其盛如此，不知"鲁之郊禘，非礼也。周公其衰矣"，知此则此记所陈，适足以彰其僭而已，而奚盛大之有哉？○朱氏曰："羽父杀

隐公，庆父弑二君，则君臣相弑矣。夏父跻僖公，礼之变也。季氏舞八佾，乐之变也。僖公欲焚巫尪，刑之变也。宣公初税亩，法之变也。政逮于大夫，政之变也。妇人髽而吊，俗之变也。"〇石梁王氏曰："此见《春秋经》而不见《传》者，故谓未尝相弑，未尝变法，大抵此篇多诬。"

丧服小记第十五[1]

[1] 朱子曰:“小记是解丧服传。”

斩衰,括发以麻。为母,括发以麻,免而以布。[1]齐衰,恶笄以终丧。[2]

男子冠而妇人笄,男子免而妇人髽。其义为男子则免,为妇人则髽。[3]

[1] 斩衰,主人为父之服也。亲始死,子服布深衣,去吉冠而犹有笄纚,徒跣扱深衣前衽于带。将小敛,乃去笄纚,著素冠。敛讫,去素冠,而以麻自项而前交于额上,却而绕于紒,如著幓头然。幓头,今人名掠发,此谓括发以麻也。母在亦然,故云为母括发以麻。言此礼与丧父同也。免而以布,专言为母也。盖父丧小敛后,拜宾竟,子即堂下之位,犹括发而踊,母丧则此时不复括发,而著布免以踊,故云免而以布也。笄纚,说见《内则》。免,见《檀弓》。〇为,去声。免,音问。纚,缅同。紒,髻同。幓,七遥切。

[2] 妇人居齐衰之丧,以榛木为笄以卷发,谓之恶笄。以终丧者,谓中间更无变易,至服竟则一并除之也。

[3] 吉时男子首有吉冠,妇人首有吉笄。若亲始死,男去冠,女则去笄。父丧成服也,男以六升布为冠,女则箭筱为笄。若丧母,男则七升布为冠,女则榛木为笄,故云“男子冠而妇人笄”也。“男子免而妇人髽”者,言今遭齐衰之丧,当男子著免之时,妇人则髽其首也。髽有二,斩衰则麻髽,齐衰则布髽,皆名露紒。其义为男子则免,为妇人则髽者,言其义不过以此免与髽,分别男女而已。〇冠,如字。髽,庄加切。为,如字。去,上声。别,必列切。

苴杖，竹也。削杖，桐也。[1]

[1] 竹杖圆以象天，削杖方以象地，父母之别也。○疏曰："苴者，黯也。必用竹者，以其体圆性贞，四时不改，明子为父礼伸痛极，自然圆足，有终身之痛也。削者，杀也。桐随时凋落，谓母丧，外虽削杀，服从时除，而终身之心，当与父同也。"○苴，音雎。

祖父卒，而后为祖母后者三年。[1]

[1] 适孙无父，既为祖三年矣，今祖母又死，亦终三年之制，盖祖在而丧祖母，则如父在而为母期也。子死则孙为后，故以为后者言之。○为，如字。

为父母，长子稽颡。大夫吊之。虽缌必稽颡。[1]妇人为夫与长子稽颡，其余则否。[2]

[1] 服重者，先稽颡而后拜宾；服轻者，先拜宾而后稽颡。父母，尊也；长子，正体也。故从重。大夫吊于士，是以尊临卑，虽是缌服之丧，亦必稽颡而后拜。盖尊大夫，不敢以轻待之也。

[2] 妇人受重于他族，故夫与长子之丧则稽颡。其余，谓父母也。降服移天，其礼杀矣。

男主必使同姓，妇主必使异姓。[1]

[1] 丧必有男主以接男宾，必有女主以接女宾。若父母之丧，则适子为男主，适妇为女主。今无男主而使人摄主，则必使丧家同姓之男；无女主而使人摄主，则必使丧家异姓之女，谓同宗之妇也。

为父后者，为出母无服。[1]

[1] 出母，母为父所遣者也。适子为父后者不服之。盖尊祖敬宗，

家无二主之义也，非为后者服期。〇上为，如字。下为，去声。

亲亲以三为五，以五为九，上杀、下杀、旁杀，而亲毕矣。[1]

[1] 由己身言之，上有父，下有子，宜言以一为三，而不言者，父子一体，无可分之义，故惟言以三为五。谓因此三者，而由父以亲祖，由子以亲孙，是以三为五也。又不言以五为七者，盖由祖以亲曾、高二祖，由孙而亲曾孙、玄孙，其恩皆已疏略，故惟言以五为九也。由父而上，杀之至高祖，由子而下，杀之至玄孙，是上杀、下杀也。同父则期，同祖则大功，同曾祖则小功，同高祖则缌麻，是旁杀也。高祖外无服，故曰毕矣。〇杀，色介切。

王者禘其祖之所自出，以其祖配之，而立四庙。庶子王亦如之。[1]

[1] 四庙，谓高、曾、祖、祢四亲庙也。始祖居中为五，并高祖之父祖为七。或世子有废疾不可立，而庶子立为王者，其礼制亦然。〇赵氏曰："禘，王者之大祭也。王者既立始祖之庙，又推始祖所自出之帝，祀之于始祖之庙，而以始祖配之也。"

别子为祖，继别为宗。继祢者为小宗。有五世而迁之宗，其继高祖者也。是故祖迁于上，宗易于下。尊祖故敬宗，敬宗所以尊祖祢也。[1]

庶子不祭祖者，明其宗也。[2]

[1] 别子有三，一是诸侯适子之弟，别于正适；二是异姓公子来自他国，别于本国不来者；三是庶姓之起于是邦为卿大夫，而别于不仕者，皆称别子也。为祖者，别与后世为始祖也。继别为宗者，别子之后，世世以

适长子继别子，与族人为百世不迁之大宗也。继祢者为小宗，谓别子之庶子，以其长子继己为小宗，而其同父之兄弟宗之也。五世者，高祖至玄孙之子。此子于父之高祖无服，不可统其父同高祖之兄弟，故迁易而各从其近者为宗矣。故曰："有五世而迁之宗，其继高祖者也。"四世之时，尚事高祖，五世则于高祖之父无服，是祖迁于上也。四世之时，犹宗三从族人，至五世则不复宗四从族人矣，是宗易于下也。宗是先祖正体，惟其尊祖，是以敬宗也。〇疏曰："族人一身事四宗，事亲兄弟之适，是继祢小宗也。事同堂兄弟之适，是继祖小宗也。事再从兄弟之适，是继曾祖小宗也。事再从兄弟之适，是继高祖小宗也。小宗凡四，独云继祢者，初皆继祢为始，据初而言之也。"〇别，必列切。从，去声。

[2] 此继适士立二庙，祭祢及祖。今兄弟二人，一适一庶，而俱为适士，其适子之为适士者，固祭祖及祢矣，其庶子虽适士，止得立祢庙，不得立祖庙而祭祖者，明其宗有所在也。

庶子不为长子斩，不继祖与祢故也。[1]

[1] 庶子不得为长子服斩衰三年者，以己非继祖之宗，又非继祢之宗，则长子非正统故也。〇为，去声。长，上声。

庶子不祭殇与无后者，殇与无后者，从祖祔食。[1]

[1] 长中下殇，见前篇，盖未成人而死者也。无后者，谓成人未昏，或已娶而无子而死者也。庶子所以不得祭此二者，以己是父之庶子，不得立父庙，故不得自祭其殇子也。若己是祖之庶孙，不得立祖庙，故无后之兄弟，己亦不得祭之也。祖庙在宗子之家，此殇与此无后者，当祭祖之时，亦与祭于祖庙也。故曰从祖祔食。〇"与祭"与，去声。

庶子不祭祢者，明其宗也。[1]

[1] 庶子不得立祢庙，故不得祭祢。所以然者，明主祭在宗子，庙必

在宗子之家也。庶子虽贵，止得供具牲物，而宗子主其礼也。上文言“庶子不祭祖”，是犹得立祢庙，以其为适士也。此言不祭祢，以此庶子非适士，或未仕，故不得立庙以祭祢也。

亲亲尊尊长长，男女之有别，人道之大者也。[1]

[1] 疏曰：“此论服之降杀。亲亲，谓父母也。尊尊，谓祖及曾祖、高祖也。长长，谓兄及旁亲也。不言卑幼，举尊长则尊幼可知也。男女之有别者，若为父斩为母齐衰，姑姊妹在室期出嫁大功，为夫斩为妻期之属是也。此四者，于人之道为最大。”〇长，上声。别，必列切。

从服者，所从亡则已。属从者，所从虽没也服。[1]妾从女君而出，则不为女君之子服。[2]

[1] 疏曰：“服术有六，其一是徒从。徒，空也。与彼非亲属，空从此而服彼。有四者，一是妾为女君之党，二是子从母服于母之君母，三是妾子为君母之党，四是臣从君而服君之党。此四徒之中，唯女君虽没，妾犹服女君之党。余三徒，所从既亡，则止而不服。已，止也。属者，骨血连继以为亲也。亦有三，一是子从母服母之党，二是妻从夫服夫之党，三是夫从妻服妻之党。此三从虽没，犹从之服其亲也。”

[2] 妾，谓女君之侄娣也。其来也，与女君同入，故服女君之子与女君同。若女君犯七出而出，则此侄娣亦从之出。子死，则母自服其子，侄娣不服，义绝故也。〇为，去声。

礼，不王不禘。[1]

[1] 禘，王者之大祭。诸侯不得行之，故云“不王不禘”。〇石梁王氏曰：“此句合在王者禘其祖之所自出上，错乱在此。”

世子不降妻之父母。其为妻也，与大夫之适子同。[1]

[1] 世子，天子诸侯之适子传世者也。不降杀其妻父母之服者，以妻故亲之也。大夫适子死，服齐衰不杖。今世子既不降其妻之父母，则其为妻服，与大夫服适子之服同也。○为，去声。

父为士，子为天子诸侯，则祭以天子诸侯，其尸服以士服。[1]父为天子诸侯，子为士，祭以士，其尸服以士服。[2]

[1] 祭用生者之礼，尽子道也。尸以象神，自用本服。

[2] 以天子诸侯之礼祭其父之为士者，其礼伸，故尸服死者之服，为礼之正。以士之礼祭其父之为天子诸侯者，其礼屈，故尸服生者之服，为礼之变。礼有曲而杀者，此类是也。

妇当丧而出，则除之。[1]为父母丧，未练而出则三年，既练而出则已。[2]未练而反则期，既练而反则遂之。[3]

[1] 妇当舅姑之丧，而为夫所出，则即除其服，恩义绝故也。○为，去声。

[2] 若当父母之丧未期而为夫所出，则终父母三年之制，为己与夫族绝，故其情复隆于父母也。若在父母小祥后被出，则是己之期服已除，不可更同兄弟为三年服矣，故已也。已者，止也。○为，去声。“为三”为，如字。

[3] 若被出后遇父母之丧未及期，而夫命之反，则但终期服，反在期后，则遂终三年。盖缘已随兄弟小祥服，三年之丧，不可中废也。

再期之丧，三年也。期之丧，二年也。九月、七月之丧，三时也。五月之丧，二时也。三月之丧，一时也。故期而祭，礼也。期而除丧，道也。祭不为除丧也。[1]三年而后葬者必再祭，其祭之间不同时而除丧。[2]大功者主人之丧，有三年者则必为之再祭，朋友虞祔而已。[3]

士妾有子而为之缌，无子则已。[4]

[1]《仪礼·大功》章有“中殇七月”之文，即此七月之丧也。期而祭，谓再期之丧致小祥之祭也。期而除丧，谓除衰绖易练服也。小祥之祭，乃孝子因时以伸其思亲之礼也。练时男子除首绖，妇人除要带，乃生者随时降杀之道也。祭与练虽同时并举，然祭非为练而设也。

[2] 孝子以事故不得及时治葬，中间练祥时月，以尸柩尚存，不可除服。今葬毕必举练祥两祭，故云“必再祭”也。但此二祭仍作两次举行，不可同在一时。如此月练祭，则男子除首绖，妇人除要带，次月祥祭，乃除衰服。故云其祭之间，不同时而除丧也。

[3] 大功者主人之丧，谓从父兄弟，来主此死者之丧也。三年者，谓死者之妻与子也。妻既不可为主，而子又幼小，别无近亲，故从父兄弟主之。必为之主行练祥二祭，朋友但可为之虞祭、祔祭而已。○为，去声。从，去声。“为主”为，如字。

[4]《丧服》云：“大夫为贵妾缌。”士卑，故妾之有子者为之缌，无子则不服也。○为，去声。

生不及祖父母、诸父、昆弟，而父税丧，己则否。[1]为君之父母、妻、长子，君已除丧而后闻丧则不税。[2]

降而在缌、小功者则税之。[3]近臣，君服，斯服矣。其余，从而服，不从而税。[4]君虽未知丧，臣服已。[5]

[1] 税者，日月已过，始闻其死，追而为之服也。此言生于他国，而祖父母、诸父、昆弟皆在本国，己皆不及识之。今闻其死而日月已过，父则追而服之，己则不服也。○税，吐外切。

[2] 卿大夫为君之父母、妻、长子皆有服，今以出使他国，或以事久留，君除丧之后，己始闻丧，不追服也。

[3] 此句承“父税丧，己则否”之下，误在此。降者，杀其正服也。如

叔父及适孙正服，皆不杖期，死在下殇，则皆降服小功，如庶孙之中殇，以大功降而为缌也，从祖昆弟之长殇，以小功降而为缌也。如此者皆追服之。《檀弓》曾子所言"小功不税"，是正服小功，非谓降也。凡降服重于正服，详见《仪礼》。

[4] 近臣，卑贱之臣也。此言小臣有从君往他国既返，而君之亲丧已过服之月日，君税之，此臣亦从君而服。其余，谓卿大夫之从君出为介为行人宰史者，返而君服限未满，亦从君而服，若在限外而君税，则不从君而税也。

[5] 此言君在他国，而本国有丧，君虽未知，而诸臣之留国者，自依礼成服，不待君返也。

虞，杖不入于室；祔，杖不升于堂。[1]

[1] 虞祭在寝，祭后不以杖入室；祔祭在祖庙，祭后不以杖升堂，皆杀哀之节也。

为君母后者，君母卒，则不为君母之党服。[1]

[1] 此言无适子而庶子为后者，即上章"从服者所从亡则已"之义也。

绖杀五分而去一，杖大如绖。[1]

[1]《丧服传》曰："苴绖大搹，左本在下，去五分一以为带。"绖，大搹者，谓首绖也。五分减一分，则要绖之大也。递减之，则齐衰之绖，大如斩衰之带，去五分一以为齐衰之带，大功之绖大如齐衰之带，去五分一以为大功之带；小功之绖大如大功之带，去五分一以为小功之带；缌麻之绖大如小功之带，去五分一以为缌麻之带。麻在首在要，皆曰绖。分言之，则首曰绖，要曰带。所以五分者，象五服之数也。杖大如绖，如要绖也。搹者，搤也。〇朱子曰："首绖大一搤，只是拇指与第二指一围。"〇杀，去

声。去，上声。“一分”分，音问。搹、搤，同音戹。

妾为君之长子，与女君同。[1]

[1] 女君为长子三年，妾亦同服三年，以正统故重也。

除丧者，先重者，易服者，易轻者。[1]

[1] 男子重在首，妇人重在要，凡所重者有除无变，故虽卒哭，不受轻服，直至小祥，而男子除首绖，妇人除要绖。此之谓“除丧者，先重者”也。易服者，谓先遭重丧，后遭轻丧，而变易其服也。轻，谓男子要、妇人首也。此言先是斩衰，虞而卒哭，已变葛绖。葛绖之大小，如齐衰之麻绖。今忽又遭齐衰之丧，齐衰要、首绖皆牡麻，牡麻重于葛也。服宜从重，故男不变首，女不变要，以其所重也。但以麻易男要、女首而已，故云“易服者，易轻者”也。若未虞卒哭则后丧不能变。

无事不辟庙门，哭皆于其次。[1]

[1] 辟，开也。庙门，殡宫之门也。鬼神尚幽暗，故有事则辟，无事不辟也。次，倚庐也。朝夕之哭，与受吊之哭，皆即门内之位，若或昼或夜无时之哭，则皆于倚庐也。〇辟，音避。

复与书铭，自天子达于士，其辞一也。男子称名，妇人书姓与伯仲，如不知姓则书氏。[1]

[1] 复，招魂以复魄也。书铭，书死者名字于明旌也。《檀弓》疏云：“《士丧礼》：为铭各以其物，士长三尺，大夫五尺，诸侯七尺，天子九尺。若不命之士，以缁长半幅长一尺，赪末长终幅长二尺，总长三尺。”《周礼》：天子之复，曰“皋天子复”。诸侯，则曰“皋某甫复”。此言“天子达于士，其辞一”者，殷以上质不讳名，故臣可以名君欤？男子称名，谓复与铭皆名之也。妇人铭则书姓及伯仲，此或亦是殷以上之制，如周则必称

夫人也。姓,如鲁是姬姓,后三家各自称氏。所谓氏也,殷以前,六世之外,则相与为昏,故妇人有不知姓者,周不然矣。

斩衰之葛与齐衰之麻同,齐衰之葛与大功之麻同,麻同皆兼服之。[1]

[1] 上章言绖杀皆是五分去一,此言斩衰卒哭后所受葛绖,与齐衰初死之麻绖大小同;齐衰变服之葛绖,与大功初死之麻绖大小同。麻同皆兼服之者,谓居重丧而遭轻丧,服麻又服葛也。上章言男子易要绖,不易首绖,故首仍重丧之葛,要乃轻丧之麻也。妇人卒哭后无变上下皆麻,此言麻葛兼服者,止谓男子耳。

报葬者报虞,三月而后卒哭。[1]

[1] 报,读为赴,急疾之义。谓家贫或以他故不得待三月,死而即葬者,既疾葬亦疾虞。虞以安神,不可后也。惟卒哭则必俟三月耳。

父母之丧偕,句先葬者不虞祔,待后事。其葬服斩衰。[1]

[1] 父母之丧偕,即《曾子问》"并有丧",言父母同时死也。葬先轻而后重。先葬,葬母也。不虞祔,不为母设虞祭祔祭也。盖葬母之明日,即治父葬,葬父毕虞祔,然后为母虞祔,故云"待后事",祭则先重而后轻也。其葬母亦服斩衰者,从重也。以父未葬,不敢变服也。

大夫降其庶子,其孙不降其父。[1]大夫不主士之丧。[2]

[1] 大夫为庶子服大功,而庶子之子,则为父三年也。大夫不服其妾,故妾子为其母大功。

[2] 谓士死无主后,其亲属有为大夫者,不得主其丧,尊故也。

为慈母之父母无服。[1]

[1] 恩所不及故也。○为，去声。

夫为人后者，其妻为舅姑大功。[1]

[1] 此舅姑，谓夫之所生父母。○上为，如字。下为，去声。

士祔于大夫则易牲。[1]

[1] 祖为大夫，孙为士，孙死祔祖，则用大夫牲。士牲卑，不可祭于尊者也。此与"葬以大夫，祭以士"者不同，如妾无妾祖姑可祔，则易牲而祔于女君也。

继父不同居也者，必尝。同居皆无主后，同财而祭其祖祢为同居，有主后者为异居。[1]

[1] 母再嫁而子不随往，则此子与母之继夫犹路人也，故自无服矣。今此子无大功之亲，随母以往，其人亦无大功之亲，故去"同居皆无主后"也。于是以其货财为此子同筑宫庙，使之祭祀其先，如此则是继父同居，其服期也。异居有三，一是昔同今异，二是今虽同居却不同财，三是继父自有子即为异居。异居者，服齐衰三月而已。此云"有主后者为异居"，则此子有子亦为异居也。

哭朋友者，于门外之右南面。[1]

[1]《檀弓》曰："朋友，吾哭诸寝门之外。"南向者，为主以待吊宾也。

祔葬者，不筮宅。[1]

[1] 宅，谓茔圹也。前人之葬已筮而吉，故祔葬则不必再筮也。

士、大夫不得祔于诸侯，祔于诸祖父之为士、大夫者。其妻祔于诸祖姑，妾祔于妾祖姑，亡则中一以上而祔，祔必以其昭穆。[1]诸侯不得祔于天子，天子、诸侯、大夫可以祔于士。[2]

[1] 公子、公孙之为士、为大夫者，不得祔于先君之庙也。诸祖父，其祖为国君者之兄弟也。诸祖姑，诸祖父之妻也。若祖为国君，而无兄弟可祔，亦祔宗族之疏者。上言士易牲而祔于大夫，而大夫不得易牲而祔诸侯者，诸侯之贵绝宗，故大夫士不得亲之也。妾祔于妾祖姑，言妾死则祔于祖之妾也。亡，无也。中，间也。若祖无妾，则又间曾祖一位而祔高祖之妾，故云“亡则中一以上而祔”也。所以间曾祖者，以昭穆之次不同列，祔必以昭穆也。〇亡，音无。间，去声。

[2] 卑孙不可祔于尊祖，孙贵而不祔其祖之为士者，是自尊而卑其祖，不可也。故可以祔于士。

为母之君母，母卒则不服。[1]

[1] 母之君母者，母之适母也。非母所生之母，故母在而为之服，则己亦从而服，是徒从也。徒从者，所从亡则已，故母卒则不服。〇为，去声，下节同。

宗子母在为妻禫。[1]

[1] 父在，则适子为妻不杖，不杖则不禫。父没母存，则杖且禫矣。此宗子百世不迁者也。恐疑于宗子之尊厌其妻，故明言虽母在，亦当为妻禫也。然则非宗子而母在者不禫矣。

为慈母后者，为庶母可也，为祖庶母可也。[1]为父、母、妻、长子禫。[2]

[1]《传》曰:“妾之无子者,妾子之无母者,父命之为子母。”此谓为慈母后者也。若庶母尝有子,而子已死,命他妾之子为其后,故云为庶母可也。若父之妾有子而子死,已命己之妾子后之亦可,故云为祖庶母可也。○石梁王氏曰:“为慈母后者,为庶母、为祖庶母后皆可。谓既是妾子,此三母皆妾,皆可以妾生之子为后。”

[2] 此言当禫之丧,有此四者。然妻为夫亦禫。又慈母之丧无父在亦禫,记者略耳。○为,去声。长,上声。

慈母与妾母,不世祭也。[1]

[1] 不世祭者,谓子祭之而孙不祭也。上章言妾祔于妾祖姑者,疏云:“妾无庙,今乃云祔及高祖,当是为坛以祔之耳。”

丈夫冠而不为殇,妇人笄而不为殇。为殇后者,以其服服之。[1]

[1] 男子死在殇年,则无为父之道,然亦有不俟二十而冠者,冠则成人也。此章举不为殇者言之,则此当立后者,乃是已冠之子,不可以殇礼处之,其族人为之后者,即为之子也。以其服服之者,子为父之服也。旧说,为殇者父之子,而依兄弟之服服此殇,非也。其女子已笄而死,则亦依在室之服服之,不降而从殇服也。○冠,去声。

久而不葬者,唯主丧者不除,其余以麻终月数者,除丧则已。[1]

[1] 主丧者不除,谓子于父,妻于夫,孤孙于祖父母,臣于君,未葬不得除衰绖也。麻终月数者,期以下至缌之亲,以主人未葬,不得变葛,故服麻以至月数足而除,不待主人葬后之除也。然其服犹必收藏以俟送葬也。

箭笄终丧三年。

齐衰三月，与大功同者，绳屦。[1]

[1] 前章言“齐衰：恶笄以终丧”，为母也。此言箭笄三年，女子在室为父也。箭，篠也。齐衰为尊，大功为卑。然三月者恩之轻，九月者恩稍重，故可以同用绳屦。此制礼者浅深之宜也。绳屦，麻绳为屦也。

练，筮日，筮尸，视濯，皆要绖，杖，绳屦，有司告具而后去杖。筮日筮尸，有司告事毕而后杖拜送宾。大祥吉服而筮尸。[1]

[1] 练，小祥也。筮日，筮祥祭之日也。筮尸，筮为尸之人也。视濯，视祭器之涤濯也。小祥除首绖，而要之葛绖未除，将欲小祥，则预著此小祥之服以临此三事，不言衰与冠者，则亦必同小祥之制矣。有司，谓执事者。向者变服犹杖，今执事者告三事办具，将欲临事，故孝子即去杖而致敬。此三事者，惟筮日筮尸有宾来，今执事者告筮占之事毕，则孝子复执杖以拜送于宾。视濯无宾，故不言。至大祥时，则吉服行事矣。吉服，朝服也。不言筮日视濯，与小祥同可知也。○要，平声。去，上声。

庶子在父之室，则为其母不禫。[1]庶子不以杖即位。[2]父不主庶子之丧，则孙以杖即位可也。[3]父在，庶子为妻，以杖即位可也。[4]

[1] 此言不命之士父子同室者。○为，去声。

[2] 此言适庶俱有父母之丧者，适子得执杖进阼阶哭位，庶子至中门外则去之矣。

[3] 父主适子丧而有杖，故适子之子不得以杖即位，避祖之尊故然，非厌之也。今父既不主庶子之丧，故庶子之子得以杖即位，祖不厌孙，孙得伸也。父皆厌子，故舅主适妇丧，而适子不杖。大夫不服贱妾，故妾子

亦以厌而降服以服其母。祖虽尊贵，不厌其孙，故大夫降庶子，而孙不降其父也。○厌，音压。

［4］舅主适妇，故适子不得杖。舅不主庶妇，故庶子为妻可以杖即位。此以即位言者，盖庶子厌子父母，虽有杖不得持以即位，故明言之也。○为，去声。

诸侯吊于异国之臣，则其君为主。[1]诸侯吊必皮弁锡衰，所吊虽已葬，主人必免。主人未丧服，则君亦不锡衰。[2]

［1］君无吊外臣之礼，若来在此国而适遇其卿大夫之丧则吊之，以主君之故耳，故主君代其臣之子为主。

［2］锡者，治其布使之滑易也。国君自吊其臣，则素弁环绖锡衰；吊异国臣，则皮弁锡衰也。凡免之节，大功以上为重服，自始死至葬，卒哭后，乃不复免；小功以下为轻服，自始死至殡，殡后不复免，至葬启殡之后而免，以至卒哭如始死。今人君来吊，虽非服免之时，必为之免，以尊重人君故也。《礼》"既殡而成服"。此言未丧服，谓未成服也。○免，音问。易，去声。

养有疾者不丧服，遂以主其丧。非养者入主人之丧，则不易己之丧服。养尊者必易服，养卑者否。[1]

［1］亲属无近亲而遇疾者，己往养之而身有丧服，则释去其服，恶其凶也。故云"养有疾者不丧服"。若此疾者遂死，既无主后，己既养之，当遂主其丧，盖养者于死者有亲也。然亦不著己之丧服，故云"遂以主其丧"。非养者入主人之丧，谓疾时不曾释服来致其养，今死乃入来主其丧，则亦不易去己之丧服也。尊，谓父兄。卑，谓子弟。○养，去声。著，音勺。

妾无妾祖姑者，易牲而祔于女君可也。[1]

[1] 妾当祔于妾祖姑。上章言“亡则中一以上而祔”,是祔高祖之妾,今又无高祖妾,则当易妾之牲而祔于适祖姑。女君,谓适祖姑也。

妇之丧,虞,卒哭,其夫若子主之,祔则舅主之。[1]

[1] 虞卒哭在寝,祭妇也。祔于庙,祭舅之母也。尊卑异,故所主不同。

士不摄大夫,士摄大夫,唯宗子。[1]

[1] 士丧无主,不敢使大夫兼摄为主。若士是宗子,则主丧之任,可使大夫摄之,以宗子尊故也。一说,大夫之丧无主,士不敢摄而主之,若士是宗子则可。

主人未除丧,有兄弟自他国至,则主人不免而为主。[1]

[1] 葬后而君吊之,则非时亦免,以敬君,故新其事也。兄弟,亲属也。亲则尚质,故不免而为主也。

陈器之道,多陈之而省纳之可也,省陈之而尽纳之可也。[1]

[1] 陈器,陈列从葬之明器也。凡朋友宾客所赠遗之明器,皆当陈列,所谓多陈之也。而所纳于圹者有定数,故云“省纳之可也”。省,减杀也。若主人所作者依礼有限,故云“省陈之而尽纳之可也”。

奔兄弟之丧,先之墓而后之家,为位而哭。所知之丧,则哭于宫而后之墓。[1]

[1] 兄弟,天伦也。所知,人情也。系于天者情急于礼,由于人者礼胜于情。宫,故殡宫也。

父不为众子次于外。[1]

[1] 适长子死,父为之居丧次于中门外,庶子否。○为,去声。

与诸侯为兄弟者,服斩。[1]

[1] 卿、大夫于君,自应服斩,若不为卿、大夫,而有五属之亲者,亦皆服斩衰。此记者恐疑服本亲兄弟之服,故特明之,盖谓国君之兄弟先为本国卿大夫,今居他国未仕,而本国君卒,以有兄弟之亲,又是旧君,必当反而服斩也。不言与君为兄弟,而言与诸侯为兄弟,明在异国也。

下殇小功,带澡麻,不绝本,诎而反以报之。[1]

[1] 本是期服之亲,以死在下殇,降为小功,故云下殇小功也。其带以湅麻为之,谓戛治其麻,使之洁白也。不绝本,不断去其根也。报,犹合也。垂麻向下,又屈之而反向上,以合而纠之,故云诎而反以报之也。凡殇服之麻皆散垂,此则不散,首绖麻无根,而要带犹有根,皆示其重也。○诎,音屈。断,音短。散,上声。

妇祔于祖姑。祖姑有三人,则祔于亲者。[1]

[1] 此言祔庙之礼,三人或有二继也。亲者,谓舅所生母也。

其妻为大夫而卒,而后其夫不为大夫,而祔于其妻,则不易牲。妻卒而后夫为大夫,而祔于其妻,则以大夫牲。[1]

[1] 妻卒时夫为大夫,卒后夫黜退遂死,以无祖庙,故祔于妻之礼,止得依夫今所得用之牲,不得易用昔大夫之牲也。若妻死时夫未为大夫,死后夫乃为大夫而死,今祔祭其妻,则得用大夫牲矣。○疏曰:"此谓始来仕而无庙者,若有庙,则死者当祔于祖,不得祔于妻也。惟宗子去他

国以庙从。”

为父后者，为出母无服。无服也者，丧者不祭故也。[1]

[1] 出母，父所弃绝，为他姓之母以死，则有他姓之子服之。盖居丧者不祭，若丧他姓之母，而废己宗庙之祭，岂礼也哉？故为父后者不丧出母，重宗祀也。然虽不服，犹以心丧自居为恩也，非为后者，期而不禫。○朱子曰：“出母为父后者无服，此尊祖敬宗、家无二主之意，先王制作精微不苟盖如此。”

妇人不为主而杖者，姑在为夫杖。母为长子削杖。女子子在室为父母，其主丧者不杖，则子一人杖。[1]

[1] 此明妇与女当杖之礼。女子在室而为父母杖者，以无男昆弟而使同姓为摄主也。○上“为”，如字。下三“为”，并去声。长，上声。“而为”为，去声。

缌、小功，虞、卒哭则免。[1]既葬而不报虞，则虽主人皆冠，及虞则皆免。[2]为兄弟既除丧已，及其葬也反服其服，报虞卒哭则免，如不报虞则除之。[3]远葬者，比反，哭者皆冠。及郊而后免，反哭。[4]

君吊，虽不当免时也，主人必免，不散麻。虽异国之君，免也，亲者皆免。[5]

[1] 缌与小功，服之轻者也。殡之后、启之前，虽有事不免，及虞与卒哭则必免，不以恩轻而略于后也。

[2] 前章言赴葬者赴虞，今言不赴虞，谓以事故阻之也。既未得虞，故且冠以饰首，及虞则主人至缌、小功者皆免也。○报，读为赴。

[3] 此言为兄弟除服，及当免之节。○为，去声。

[4] 远葬，谓葬地在四郊之外也。葬讫而反，主人以下皆冠，道路不可无饰也。及至郊，乃去冠著免而反哭于庙焉。○比，音畀。去，上声。著，音勺。

[5] 君吊，本国之君来吊也。不散麻，谓纠其要绖，不使散垂也。亲者皆免，谓大功以上之亲皆从主人而免，所以敬异国之君也。余见前章“诸侯吊”下。○散，上声。

除殇之丧者，其祭也必玄。除成丧者，其祭也朝服缟冠。[1]

[1] 玄，谓玄冠、玄端也。殇无虞、卒哭，及练之变服，其除服之祭，用玄冠玄端黄裳，此于成人为释禫之服，所以异于成人之丧也。若除成人之丧，则祥祭用朝服缟冠，朝服玄冠缁衣素裳。今不用玄冠而用缟冠，是未纯吉之祭服也。又按“玄端黄裳”者，若素裳则与朝服纯吉同，若玄裳又与上士吉服玄端同，故知此为黄裳也。

奔父之丧，括发于堂上，袒降踊，袭、绖于东方。奔母之丧，不括发，袒于堂上降踊，袭、免于东方。绖即位成踊，出门哭止，三日而五哭，三袒。[1]

[1] 不言笄纚者，异于始死时也。至即以麻括发于殡宫之堂上，袒去上衣，降阼阶之东而踊，踊毕而升堂，袭掩所袒之衣而著要绖于东方。东方者，东序之东也。此奔父丧之礼如此。若奔母丧，初时括发，至又哭，以后至于成服，皆不括发，其袒于堂上降踊者与父同。父则括发而加绖，母则不括发而加免，此所异也。著免加要绖，而即位于阼阶之东而更踊，故云“绖即位成踊”也。其即位成踊，父母皆然。出门，出殡宫之门而就庐次也，故哭者止。初至一哭，明日朝夕哭，又明日朝夕哭，所谓三日而五哭也。三袒者，初至袒，明日朝袒，又明日朝袒也。

适妇不为舅姑后者，则姑为之小功。[1]

[1]《礼》："舅姑为适妇大功，为庶妇小功。"今此言不为后者，以其夫有废疾，或他故不可传重，或死而无子不受重者，故舅姑以庶服之服服之也。〇适，音的。"姑为"为，去声。

大传第十六[1]

[1] 郑氏曰："记祖宗人亲之大义。"

礼，不王不禘。王者禘其祖之所自出，以其祖配之。[1]诸侯及其太祖。大夫、士有大事省于其君，干祫及其高祖。[2]

[1] 方氏曰："此禘也，以其非四时之常祀，故谓之间祀。以其及祖之所自出，故谓之追享。以其比常祭为特大，故谓之大祭。以其犹事生之有享焉，故谓之肆献祼。名虽不同，通谓之禘也。"

[2] 上文言诸侯不得行禘礼，此言诸侯以下有祫祭之礼。二昭二穆与太祖而五者，诸侯之庙也。诸侯之祫，固及其太祖矣。大事，谓祫祭也。大夫三庙，士二庙，一庙不敢私自举行，必省问于君，而君赐之，乃得行焉。而其祫也，亦上及于高祖。干者，自下干上之义。以卑者而行尊者之礼，故谓之"干"。祫礼说见《王制》。○省，悉井切。

牧之野，武王之大事也。既事而退，柴于上帝，祈于社，设奠于牧室，遂率天下诸侯，执豆、笾，逡奔走，追王大王亶父、王季历、文王昌，不以卑临尊也。[1]

[1] 既事，杀纣之后也。燔柴以告天，陈祭以告社，奠告行主于牧野之馆室，然后率诸侯以祭告祖庙。逡，疾也。追加先公以天子之号者，盖为不可以诸侯之卑号，临天子之尊也。○石梁王氏曰："《周颂》作'骏'，以此章参之，《书・武成》及《中庸》有不同者，先儒言文王已备礼亶父、季历，克商后但尊称其号，若王者礼制，至周公相成王而后备也。"○"追王"

王，去声。“大王”大，音泰。父，音甫。

上治祖祢，尊尊也。下治子孙，亲亲也。旁治昆弟，合族以食，序以昭缪，别之以礼义，人道竭矣。[1]

[1] 治，理而正之也。谓以礼义理正其恩之隆杀、属之戚疏也。合会族人以饮食之礼，次序族人以昭穆之位。上治、下治、旁治之道，皆有礼义之别，则人伦之道，竭尽于此矣。○缪，音穆。别，必列切。

圣人南面而听天下，所且先者五，民不与焉。一曰治亲，二曰报功，三曰举贤，四曰使能，五曰存爱。五者一得于天下，民无不足、无不赡者；五者一物纰缪，民莫得其死。圣人南面而治天下，必自人道始矣。[1]

立权、度、量，考文章，改正朔，易服色，殊徽号，异器械，别衣服，此其所得与民变革者也。[2]其不可得变革者，则有矣。亲亲也，尊尊也，长长也，男女有别，此其不可得与民变革者也。[3]

[1] 民不与焉，谓未及治民也。治亲，即上治、下治、旁治也。君使臣以礼，故功曰报。行成而上，故贤曰举。艺成而下，故能曰使。存，察也。人于其所亲爱而辟焉，有以察之，则所爱者一出于公，而四者皆无私意之累矣。一得，犹皆得也。赡，赒也。物，事也。纰缪，舛戾也。民莫得其死，言此五事之得失，关国家之治乱也。人道，申言上文之意。○与，去声。纰，篇夷切。

[2] 权，称锤；度，丈尺；量，斗斛也。文章，典籍也。正者，年之始。朔者，月之初。服之色，随所尚而变易。徽，旌旗之属。徽之号，亦随所尚而殊异，如殷之大白，周之大赤之类也。器者，礼乐之器。械者，军旅之器。衣服各有章采，时王因革不同。此七者，以立、考、改、易、殊、异、

别为言,是与民变革者也。〇量,去声。别,必列切。

[3] 此天地之常经,故不可变革。〇长,并上声。别,必列切。

同姓从宗,合族属,异姓主名,治际会,名著而男女有别。[1]

[1] 同姓,父族也。从宗,从大宗小宗也。合聚其族之亲属,则无离散陵犯之事。异姓,他姓之女来归者也。礼莫大于分,分莫大于名。卑者为妇,尊者为母,以妇与母之名,治昏姻交际会合之事,名分显著,尊卑有等,然后男女有别,而无淫乱贼逆之祸也。

其夫属乎父道者,妻皆母道也;其夫属乎子道者,妻皆妇道也。谓弟之妻妇者,是嫂亦可谓之母乎?名者人治之大者也,可无慎乎?[1]

[1] 属,联也。父之兄弟为伯叔父,则其妻谓之伯叔母;兄弟之子为从子,则其妻谓之妇,此于昭穆为宜。弟之妻不可谓之为妇,犹兄之妻不可谓之为母,以紊昭穆也。故云:"谓弟之妻妇者,是嫂亦可谓之母乎?"言皆不可也。旧说,弟妻可妇,嫂不可母,失其指矣。〇属,音烛。

四世而缌,服之穷也。五世袒免,杀同姓也。六世亲属竭矣。其庶姓别于上,而戚单于下,昏姻可以通乎?[1]系之以姓而弗别,缀之以食而弗殊,虽百世而昏姻不通者,周道然也。[2]

[1] 四世,高祖也。同高祖者服缌麻,服尽于此矣,故云"服之穷也"。五世袒免,谓共承高祖之父者,相为袒免而已,是减杀同姓也。六世则共承高祖之祖者,并袒免亦无矣,故曰"亲属竭"也。上,指高祖以上也。姓为正姓,氏为庶姓,故鲁姬姓而三家各自为氏,春秋诸国皆然,是

庶姓别异于上世也。戚，亲也。单，尽也。四从兄弟，恩亲已尽，各自为宗，是戚单于下也。殷人五世以后，则相与通昏，故记者设问云："今虽周世，昏姻可以通乎？"○杀，色介切。别，必列切。单，音丹。

[2]《周礼》：大宗百世不迁。庶姓虽别，而有本姓世系以联系之，不可分别也。又连缀族人以饮食之礼，不殊异也。虽百世之远，无通昏之事，此周道所以为至，而人始异于禽兽者也。此是答上文设问之辞。○系，音计。别，必列切。缀，株卫切。食，音嗣。"世系"系，如字。

服术有六：一曰亲亲，二曰尊尊，三曰名，四曰出入，五曰长幼，六曰从服。[1]

[1] 疏曰："亲亲者，父母为首，次妻、子、伯、叔。尊尊者，君为首，次公卿大夫。名者，若伯叔母及子妇、弟妇、兄嫂之属。出入者，女在室为入，适人为出，及为人后者。长幼者，长谓成人，幼谓诸殇。从服者，下文六等是也。"

从服有六：有属从，有徒从，有从有服而无服，有从无服而有服，有从重而轻，有从轻而重。[1]

[1] 属，亲属也。子从母而服母党，妻从夫而服夫党，夫从妻而服妻党，是属从也。徒，空也。非亲属而空从之服其党，如臣从君而服君之党，妻从夫而服夫之君，妾服女君之党，庶子服君母之父母，子服母之君母，是徒从也；如公子之妻为父母期，而公子为君所厌，不得服外舅外姑，是妻有服而公子无服，如兄有服而嫂无服，是从有服而无服也；公子为君所厌，不得为外兄弟服，而公子之妻则服之，妻为夫之昆弟无服，而服娣姒，是从无服而有服也；妻为其父母期，重也。夫从妻而服之三月，则为轻。母为其兄弟之子大功，重也。子从母而服之三月，则为轻。此从重而轻也；公子为君所厌，自为其母练冠，轻矣，而公子之妻为之服期，此从轻而重也。○"为父"、"为外"、"为夫"、"为其"、"为之"为，去声。

自仁率亲，等而上之至于祖，名曰轻；自义率祖，顺而下之至于祢，名曰重。一轻一重，其义然也。[1]

[1] 疏曰："自，用也。仁，恩也。率，循也。亲，父母也。等，差也。子孙若用恩爱依循于亲，节级而上至于祖，远者恩爱渐轻，故名曰轻也。义主断割，用义循祖，顺而下之至于祢，其义渐轻，祖则义重，故名曰重也。义则祖重而父母轻，仁则父母重而祖轻。一轻一重，宜合如是，故云"其义然也"。按《丧服》条例，衰服表恩，若高曾之服，本应缌麻、小功而进以齐衰，岂非为尊重而然邪？至亲以期断，而父母三年，宁不为恩深乎？"〇差，楚宜切。

君有合族之道，族人不得以其戚戚君，句位也。[1]

[1] 君恩可以下施，故于族人有合聚燕饮之礼。而族人则皆臣也，不敢以族属父兄子弟之亲而上亲于君者，一则君有绝宗之道，二则以严上下之辨，而杜篡代之萌也。〇石梁王氏曰："详注下文以十一字为句，然'位也'当自为句，盖族人不敢戚君者，限于位也。"

庶子不祭，明其宗也。庶子不得为长子三年，不继祖也。[1]别子为祖，继别为宗，继祢者为小宗。有百世不迁之宗，有五世则迁之宗。百世不迁者，别子之后也。宗其继别子之所自出者，百世不迁者也。宗其继高祖者，五世则迁者也。尊祖故敬宗，敬宗，尊祖之义也。[2]

[1] 说见前篇。〇为，去声。

[2] 宗其继别子者，百世不迁者也。"之所自出"四字，朱子曰衍文也。凡大宗，族人与之为绝族者，五世外皆为之齐衰三月，母妻亦然。为小宗者，则以本亲之服服之。余并说见前篇。

有小宗而无大宗者，有大宗而无小宗者，有无宗亦莫之宗者，公子是也。[1]

[1] 君无适昆弟，使庶兄弟一人为宗，以领公子，其礼亦如小宗。此之谓“有小宗而无大宗”也；君有适昆弟使之为宗，以领公子，更不得立庶昆弟为宗。此之谓“有大宗而无小宗”也；若公子止一人，无他公子可为宗，是无宗也，则亦无他公子宗于己矣。此之谓“无宗亦莫之宗”也。前所论宗法，是通言卿大夫大小宗之制，此则专言国君之子，上不得宗君，下未为后世之宗，有此三事也。

公子有宗道。公子之公，为其士大夫之庶者，宗其士大夫之适者，公子之宗道也。[1]

[1] 此又申言公子之宗道。公子之公，谓公子之适兄弟为君者，为其庶兄弟之为士为大夫者，立适公子之为士大夫者为宗，使此庶者宗之，故云宗其士大夫之适者。此适，是君之同母弟，适夫人所生之子也。○“为其”为，去声。适，音的。

绝族无移服，亲者属也。[1]

[1] 三从兄弟，同高祖，故服缌麻，至四从则族属绝，无延及之服矣。移，读为施。在旁而反之曰施，服之相为以有亲而各以其属为之服耳，故云“亲者属也”。○移，去声。施，音异。

自仁率亲，等而上之至于祖；自义率祖，顺而下之至于祢。是故人道亲亲也。亲亲故尊祖，尊祖故敬宗，敬宗故收族，收族故宗庙严，宗庙严故重社稷；重社稷故爱百姓，爱百姓故刑罚中，刑罚中故庶民安，庶民安故财用足，财用足故百志成，百志成故礼俗刑，礼俗刑然后乐。《诗》云：“不显不承,无斁于人斯。"此之谓也。[1]

[1] 祖之迁者逾远,宗之继者无穷,必知尊祖,乃能敬宗。收,不离散也。宗道既尊,故族无离散,而祭祀之礼严肃。内严宗庙之事,故外重社稷之礼。知社稷之不可轻,则知百官族姓之当爱。官得其人,则刑不滥而民安其生。安生乐业,而食货所资,上下俱足,"有恒产者有恒心","仓廪实而知礼节"。故非心邪念不萌,而百志以成;乖争陵犯不作,而礼俗一致。刑,犹成也。如此则协气嘉生,薰为大和矣,岂不可乐乎!《诗·周颂·清庙》之篇,言文王之德,岂不光显乎?岂不见尊奉于人乎?无厌斁于人矣。引此以喻人君。自亲亲之道推之而家而国而天下。至于礼俗大成,其可乐者,亦无有厌斁也。○中,去声。乐,音洛。斁,音亦。

少仪第十七[1]

[1] 朱子曰："小学之支流余裔。"〇石梁王氏曰："非幼少之少。此篇《曲礼》之类。"

闻始见君子者辞，[1]曰："某固愿闻名于将命者。"不得阶主。适者曰："某固愿见。"罕见，曰"闻名"。亟见，曰"朝夕"。瞽，曰"闻名"。[2]

[1] 石梁王氏曰："此句绝。"〇见，音现。

[2] 记者谦言我尝闻之于人云，初见有德有位之君子者，其辞云：某固愿通闻己名于将命之人。固，如固辞之固。不曰愿而曰"固愿"，虑主人不即见己，而假此荐请之辞也。将命者，通客主言语出入之人也。阶者，升进之喻。主，主人也。言宾请见之辞，不得径指主人也。适者，宾主敌体之人也。则曰"某固愿见于将命者"。罕见，谓久不相见也。亦曰"愿闻名于将命者"，盖疑疏阔之久，未必主人肯见也。亟见，数见也。于君子，则曰"某愿朝夕闻名于将命者"。于敌者，则曰"某愿朝夕见于将命者"。若瞽者来见，无问贵贱，惟曰"某愿闻名于将命者"。以无目，故不言愿见也。〇适，音敌。亟，音器。数，入声。

适有丧者曰"比"，童子曰"听事"。[1]适公卿之丧，则曰"听役于司徒"。[2]

[1] 适，往也。其辞云，某愿比于将命者。丧不主相见，来欲比方于执事之人也。童子未成人，其辞则云，某愿听事于将命者，谓来听主人以事见使令也。〇比，如字。令，平声。

[2] 孟献子之丧，司徒旅归四布，则公卿之丧，司徒掌其事也。故云某愿听役于司徒。

君将适他，臣如致金玉货贝于君，则曰："致马资于有司。"敌者，曰"赠从者"。[1]

[1] 适他，谓以朝会之事而出也。马资，谓资给道路车马之费也。○从，去声。

臣致襚于君，则曰："致废衣于贾人。"敌者曰"襚"。亲者兄弟不以襚进。[1]

[1] 以衣送死者谓之襚。称废衣者，不敢必用之以敛，将废弃之也。贾人识物价贵贱，而主君之衣物者也。敌者则直以襚言矣。凡致襚，若非亲者，则须摈者传辞将进以为礼。若亲者兄弟之类，但直将进而陈之，不须执以将命，故云不以襚进也。士丧礼，大功以上同财之亲，襚不将命，即陈于房中。小功以下及同姓等皆将命。○贾，音架。

臣为君丧，纳货贝于君，则曰："纳甸于有司。"

赗马入庙门。赙马与其币，大白兵车，不入庙门。[1]

赙者既致命，坐委之，摈者举之，主人无亲受也。[2]

[1] 纳，入也。甸，田也。臣受君之田邑，此纳者，田野所出，故云"纳甸"也。赗马以送死者，故可入庙门。赙马与币，所以助主人丧事之用，故不入庙门。大白之旗与兵车，虽并为送丧之用，以其本战伐之具，故亦不可入于庙门。此谓国君之丧，邻国有以此为赗者，亦或本国自有之也。○为，去声，注"如字"。

[2] 来赙者既致其主之命，即跪而委置其物于地。摈者乃举而取之，主人不亲受，异于吉事也。

受立授立不坐，性之直者则有之矣。[1]

[1] 受人之物而立，与以物授人之立者皆不跪，此皆委曲以尽礼之当然耳。然直情径行之人亦或有跪者，故曰“性之直者则有之矣”。

始入而辞，曰：“辞矣。”[1]即席，曰：“可矣。”[2]排阖说屦于户内者，一人而已矣。有尊长在则否。[3]

[1] 宾始入门，主人当辞让令宾先入，故摈者告主人曰“辞矣”。谓当致辞以让宾也。至阶亦然。此不言者，礼可知也。

[2] 及宾主升堂各就席，摈者恐宾主再辞，故告之曰“可矣”。言可即席，不须再辞也。

[3] 阖，门扇也。推排门扇而脱屦于户内者一人而已，言止许最长者一人如此，余人不可也。若先有尊长在堂或在室，则后入之人皆不得脱屦于户内，故云“有尊长在则否”也。○说，他括切。长，上声。推，吐回切。

问品味，曰：“子亟食于某乎？”问道艺，曰：“子习于某乎？子善于某乎？”[1]

[1] 方氏曰：“人之情，品味有偏嗜，道艺有异尚，问品味，不可斥之以好恶而昭其癖，故曰‘子亟食于某乎’。问道艺，不可斥之以能否而暴其短，故曰：‘子习于某乎，子善于某乎？’”

不疑在躬，不度民械，不愿于大家，不訾重器。[1]

[1] 一言一行，皆其在躬者也。口无择言，身无择行，是不疑在躬也。器械之备所以防患，不可度其利钝，恐人以非心议己。大家之富，爵位所致，不可愿望于己，以其有僭窃之萌。訾，鄙毁之也。重器之传，宝之久矣，乃从而毁之，岂不起人之怒乎？○度，入声。訾，音咨。

泛埽曰埽,埽席前曰拚。拚席不以鬣,执箕膺擖。[1]

[1] 泛埽,广埽也。拚,除秽也。鬣,帚也。席上不可用帚。膺,胸也。擖,箕舌也。执箕而拚,则以箕舌向己胸前,不可持向尊者也。○泛,音泛。埽,去声。拚,音粪。鬣,音猎。擖,音叶。

不贰问。问卜筮,曰:“义与志与?”义则可问,志则否。[1]

[1] 不贰问,谓谋之龟筮,事虽正而兆不吉,则不可以不正者再问之也。见人卜筮,欲问其所卜何事,则曰“义与志与”。义者,事之宜为。志,则心之隐谋也。故义者则可问其事,志则不可问其事也。一说,卜者,问求卜之人,义则为卜之,志则不为之卜。亦通。○与,平声。

尊长于己逾等,不敢问其年。燕见,不将命。遇于道,见则面,不请所之。丧俟事,不犆吊。[1]侍坐,弗使,不执琴瑟,[2]不画地,手无容,不翣也。寝则坐而将命。[3]侍射则约矢,[4]侍投则拥矢。[5]胜则洗而以请,客亦如之。不角,不擢马。[6]

[1] 逾等,祖与父之行也。不敢问年,嫌若序齿也。燕见不将命,谓卑幼者燕私来见,不使摈者传命,非宾主之礼也。若遇尊长于道路,尊者见己则面见之,不见则隐避,不欲烦动之也。不请所之,不问其所往也。若于尊长之丧,则待主人哭之时而往,不非时特吊。○长,上声。见,音现。犆,音特。行,音杭。“燕见”、“来见”、“面见”见,音现。

[2] 侍坐于尊者,不使之执琴瑟,则不得擅执而鼓之。

[3] 无故而画地,亦为不敬。手容恭,若举手以为容,亦为不恭。时虽暑热,不得挥扇。若当尊者寝卧之时而传命,必跪而言之,不可直立以临之也。

[4] 凡射必二人为耦。楅在中庭,箭倚于楅,上耦前取一矢,次下耦又进取一矢,如是更进,各得四矢。若卑者侍射,则不敢更迭取之,但一

时并取四矢，故谓之约矢也。〇楅，音逼。

[5] 投壶之礼，亦宾主各四矢。尊者则委四矢于地，一一取而投之。卑者不敢委于地，故悉拥抱之也。

[6] 射与投壶之礼，胜者之弟子酌酒置于丰上，其不胜者跪而饮之。若卑者得胜，则不敢径酌，当前洗爵而请行觞也。客若不胜，则主人亦洗而请，所以优宾也。角，兕觥也。今饮尊者及客不敢用角，但如常献酬之爵也。擢，进而取之也。马者，投壶之胜算，每一胜则立一马，至三马而成胜。若一朋得二马，一朋得一马，则二马者，取彼之一马，足成己之三马。今卑者虽得二马，不敢取尊者之一马以成己胜也。〇洗，苏典切。

执君之乘车则坐。仆者右带剑，负良绥，申之面，拖诸幦，以散绥升，执辔然后步。[1]

[1] 方氏曰："执，谓执辔也。凡御必立，今坐者，君未升车而车未行也。剑在左，以便右抽，仆则右带者，以君在左，嫌妨君也。良绥，正绥也。犹良车、良材之良。散绥，贰绥也。犹散材之散。正绥君所执，贰绥则仆执之。仆在车前，而君自后升，故曰"负良绥"。申之面者，言垂绥之末于前也。拖诸幦者，引之于车阑覆苓之上也。以散绥升者，复言仆初升时也。执辔然后步者，防马之逸也。"〇今按：苓，即轼也。〇乘，去声。拖，徒我切。幦，音觅。

请见不请退。朝廷曰退，燕游曰归，师役曰罢。[1]

[1] 方氏曰："跂慕则来，厌斁则去，人之情也。请见不请退，嫌有厌斁之心也。朝廷人之所趋，故于其还曰退，退则为出故也。燕游不可以久，故于其还曰归，归有所止故也。师役劳苦为甚，故于其还曰罢，以其疲故也。"〇愚按"罢"，当读如"欲罢不能"之"罢"。

侍坐于君子，君子欠伸，运笏，泽剑首，还屦，问日之蚤莫，虽请退可也。[1]

[1] 运，转动之也。泽，玩弄而生光泽也。还屦，谓转而正之，示欲著也。余见《曲礼》。〇还，音旋。莫，音暮。

事君者，量而后入，不入而后量。凡乞假于人，为人从事者亦然。然故上无怨而下远罪也。[1]

[1] 先度其君之可事而后事之，则道可行而身不辱；入而后量，则有不胜其轻进之悔者矣。或乞，或假，或任人之事，亦必量其可而后行。"上无怨，下远罪"，为事君者言之。〇马氏曰："古之人有能尽臣道量而后入者，莫如伊周。不入而后量者，莫如孔孟。"〇量、为、远，并去声。度，入声。胜，平声。

不窥密，不旁狎，不道旧故，不戏色。[1]

[1] 窥觇隐密之处，论说故旧之非，非重厚者所为也。〇应氏曰："旁狎，非必正为玩狎，旁近循习而流于狎也。戏色，非必见诸笑言，外貌斯须不敬，则色不庄矣。"

为人臣下者，有谏而无讪，有亡而无疾，颂而无谄，谏而无骄，怠则张而相之，废则埽而更之，谓之社稷之役。[1]

[1] 疏曰："谏而无骄者，谓君若从己之谏，己不得恃己言行谋用而生骄慢也。"〇方氏曰："君有过，谏之使止可也，讪之则不恭。谏不从，逃而去之可也，疾之则太伤。颂而无谄，则所颂为公；谏而无骄，则所谏为正。事弛而不力为怠，事弊而无用为废。相之，更之，则君岂有失德，国岂有废事哉？谓之社稷之役，以其有劳于社稷也。"〇谄，音谄。相，去声。更，平声。

毋拔来，毋报往。[1]毋渎神，毋循枉，毋测未至。[2]

[1] 朱子曰："拔，是急走倒从这边来。赴，是又急再还倒向那边去。来往，只是向背之意。此两句文义，犹云其就义若热，则其去义若渴。言人见有个好事，火急欢喜去做，这样人不耐久，少间心懒意阑，则速去之矣。所谓其进锐者，其退速也。"〇拔，蒲末切。报，读作赴。

[2] 神不可渎，必敬而远之。言行过而邪枉，当改以从直，后复循袭，是贰过矣。君子以诚自处，亦以诚待人，不逆料其将然也。未至而测之，虽中亦伪。〇远、行、中，去声。处，上声。

士依于德，游于艺；工依于法，游于说。[1]

[1] 依者，据以为常。游，则出无定。工之法，规矩尺寸之制也。说，则讲论变通之道焉。

毋訾衣服成器，毋身质言语。[1]

[1] 訾，毁其不善也。《曲礼》"疑事毋质"，与此"质"字义同，谓言语之际，疑则阙之，不可自我质正，恐有失误也。

言语之美，穆穆皇皇。朝廷之美，济济翔翔。祭祀之美，齐齐皇皇。车马之美，匪匪翼翼。鸾和之美，肃肃雍雍。[1]

[1] 方氏曰："穆穆者，敬以和；皇皇者，正而美；济济者，出入之齐；翔翔者，翕张之善。齐齐，致齐而能定也。皇皇，有求而不得也。匪匪，言行而有文。翼翼，言载而有辅。肃肃，唱者之敬。雍雍，应者之和。此即保氏所教六仪也。"〇五"美"字，皆读为仪。然皆如本字亦可通。济，上声。皇，旧音往，方读如字。匪，音非。

问国君之子长幼，长，则曰“能从社稷之事矣”；幼，则曰“能御”、“未能御”。问大夫之子长幼，长，则曰“能从乐人之事矣”；幼，则曰“能正于乐人”、“未能正于乐人”。问士之子长幼，长，则曰“能耕矣”；幼，则曰“能负薪”、“未能负薪”。[1]

[1] 社稷之事，如祭祀军旅之类皆是也。御者，六艺之一。国君尊，故以社稷言。乐人之事，如《周礼》乐德、乐语、乐舞之类，大司乐以教国子者。正者，正其善否。大夫下于君，故以教子言。士贱，则以耕与负薪言。此与《曲礼》所记不同，盖记者之辞异耳。

执玉执龟筴不趋，堂上不趋，城上不趋。武车不式，介者不拜。[1]

[1] 说见《曲礼》。

妇人吉事，虽有君赐，肃拜。为尸坐，则不手拜，肃拜。为丧主则不手拜。[1]

[1] 肃拜，如今妇人拜也。《左传》，三肃使者亦此拜。手拜，则手至地而头在手上，如今男子拜也。妇人以肃拜为正，故虽君赐之重，亦肃拜而受。为尸，虞祭为祖姑之尸也。为丧主，夫与长子之丧也。为丧主则稽颡，故不手拜。若有丧而不为主，则手拜矣。或曰：“为丧主不手拜，则亦肃拜也。”

葛绖而麻带。[1]

[1] 妇人遭丧，卒哭后，以葛绖易首之麻绖，而要之麻绖不变，故云“葛绖而麻带”也。

取俎、进俎不坐。[1]

[1] 取俎,就俎上取肉也。进俎,进肉于俎也。俎有足,立而取进为便,故不跪。

执虚如执盈,入虚如有人。[1]

[1] 皆敬心之所寓。

凡祭于室中,堂上无跣,燕则有之。[1]

[1] 凡祭,通言君臣上下之祭也。跣,脱屦也。祭礼主敬,凡祭在室中者,非惟室中不脱屦,堂上亦不敢脱屦。燕则有之者,谓行燕礼,则堂上可跣也。又按下大夫及士阴阳二厌,及燕尸皆于室中,上大夫阴厌,及祭在室,若摈尸则于堂。

未尝不食新。[1]

[1] 尝者,荐新物于寝庙也。未荐,则孝子不忍先食。一云:尝,秋祭也。

仆于君子,君子升下则授绥,始乘则式,君子下行,然后还立。乘贰车则式,佐车则否。[1]

贰车者,诸侯七乘,上大夫五乘,下大夫三乘。

[1] 君子或升或下,仆者皆授之绥。始乘之时,君子犹未至,则式以待君子之升。凡仆之礼,升在君子之先,下在君子之后,故君子下车而步,仆者乃得下而还车以立,以待君子之去也。贰车,朝祀之副车也。佐车,戎猎之副车也。朝祀尚敬,故式。戎猎尚武,故不式。

有贰车者之乘马,服车,不齿,观君子之衣服,服剑,乘马,弗贾。[1]

[1]《周礼》:“贰车,公九乘,侯伯七乘,子男五乘。”又《典命》云:“卿六命,大夫四命,车服各如命数。”与此不同者,或《周礼》成而未行,亦或异代之制也。服车,所乘之车也。马有老少,车有新旧,皆不可齿次其年岁。服剑,所佩之剑也。弗贾,不可评论其所直多少之价。《曲礼》云:“齿路马有诛。”此皆贵贵之道,以广敬也。○乘,去声。贾,音嫁。

其以乘壶酒、束脩、一犬赐人,若献人,则陈酒,执脩以将命,亦曰:“乘壶酒、束脩、一犬。”[1]其以鼎肉,则执以将命。[2]其禽加于一双,则执一双以将命,委其余。[3]犬则执緤,守犬、田犬则授摈者,既受乃问犬名。[4]牛则执纼,马则执靮,皆右之。[5]臣则左之。[6]

车则说绥,执以将命。甲若有以前之,则执以将命。无以前之,则袒櫜奉胄。[7]器则执盖,弓则以左手屈韣执拊。[8]剑则启椟,盖袭之,加夫襓与剑焉。[9]笏、书、脩、苞苴,弓、茵、席、枕、几、颖、杖、琴、瑟、句戈有刃者椟,句筴、籥,其执之皆尚左手。刀却刃授颖,削授拊。凡有刺刃者以授人,则辟刃。[10]

[1] 乘壶,四壶也。束脩,十脡脯也。卑者曰赐,尊者曰献。○乘,去声。

[2] 鼎肉,谓肉之已解剔而可升鼎者,故可执也。

[3] 加于一双,不止一双也。委其余,陈列于门外也。

[4] 緤,牵犬绳也。犬有三种,守御宅舍曰守犬,田猎所用曰田犬,充庖厨所烹曰食犬。

[5] 纼、靮,皆执之以牵者。右之者,以右手牵,由便也。○纼,直轸切。靮,音的。

[6] 臣,征伐所获民虏也。《曲礼》云:“献民虏者操右袂。”左之,以

左手操其右袂，而右手得以制其非常也。○操，平声。

[7] 前之，谓以他物先之也。古人献物必有先之者，如《左传》所云“乘韦先，牛十二”之类是也。袒，开也。櫜，弢甲之衣也。胄，兜鍪也。谓开櫜出甲，而奉胄以将命也。○说，音脱。櫜，音羔。奉，上声。

[8] 执盖，盖轻便于执也。韣，弓衣。拊，弓把。左手屈弓衣并于把而执之，而右手执箫以将命。《曲礼》云“右手执箫，左手承弣”是也。○韣，音独。拊，音抚。

[9] 启，开也。椟，剑匣也。盖者，匣之盖也。袭，却合也。夫襓，剑衣也。开匣以其盖却合于匣之底下，乃加襓于匣中，而以剑置襓上也。○夫，音扶。襓，音饶。

[10] 笏也，书也，脯脩也，苞苴也，苴藉而苞裹之，非特鱼肉，他物亦可苞苴以遗人也。弓也，茵褥也，席也，枕也，几也，颖，警枕也，杖也，琴也，瑟也，戈有刃者，椟而致之也。筴，蓍也。籥，如笛而三孔也。凡十六物，左手执上，右手捧下，阴阳之义也。颖，刀镮也。削，曲刀也。拊，刀把也。辟，偏也。谓不以刃正向人也。○颖，京领切。削，音笑。刺，音次。辟，音僻。

乘兵车，出先刃，入后刃。军尚左，卒尚右。[1]

[1] 先刃，刃向前也。入后刃，不以刃向国也。左，阳，生道也。右，阴，死道也。左将军为尊，其行伍皆尊尚左方，欲其无覆败也。士卒之行伍尊尚右方，示有必死之志也。○行，音杭。

宾客主恭，祭祀主敬，丧事主哀，会同主诩。军旅思险，隐情以虞。[1]

[1] 恭，以容言。敬，以心言。诩者，辞气明盛之貌。前篇“德发扬，诩万物”，义亦相近。军行舍止经由之处，必思为险阻之防，又当隐密己情，以虞度彼之情计也。○诩，音许。度，入声。

燕，侍食于君子，则先饭而后已，毋放饭，毋流歠，小饭而亟之，数噍毋为口容。

客自彻，辞焉则止。[1]

[1] 先饭，亦尝食之礼也。后已，犹劝食之意也。放饭、流歠，见《曲礼》。小饭则无哕噎之患。亟之，谓速咽下，备或有见问之言也。数噍毋为口容，言数数嚼之，不得弄口以为容也。若食讫而客欲自彻食器，主人辞之则止也。○饭，上声。亟，音棘。数，音朔。噍，音醮。

客爵居左，其饮居右。介爵、酢爵、僎爵皆居右。[1]

[1] 疏曰："《乡饮酒》礼，主人酬宾之爵，宾受奠觯于荐东，是客爵居左也。旅酬之时，一人举觯于宾，宾奠觯于荐西，至旅酬，宾取荐西之觯以酬主人，是其饮居右也。介，宾副也。酢，客酌还答主人也。僎，乡人来观礼副主人者也。《乡饮礼》，介爵及主人受酢之爵并僎爵，皆不明奠置之所，故记者于此明之。"○今按宾坐南向，故以东西分左右也。○僎，音遵。

羞濡鱼者进尾，冬右腴，夏右鳍，祭肬。[1]

[1] 擘湿鱼从后起，则胁肉易离，故以尾向食者，若干鱼，则进首也。腴，腹下肥处。鳍在脊。冬时阳气在下，夏则阳在上，凡阳气所在之处肥美。右之者，便于食也。祭肬者，刳鱼腹下大脔以祭也。此言寻常燕食进鱼者如此，祭祀及飨食正礼者不然。○鳍，音奇。肬，音许。

凡齐，执之以右，居之以左。[1]

[1] 凡调和盐梅者，以右手执之，而居羹器于左，则以右所执者调之为便也。○齐，去声。

赞币自左,诏辞自右。[1]

[1] 此言相礼者为君受币则由君之左,传君之辞命于人,则由君之右也。

酌尸之仆,如君之仆。其在车,则左执辔,右受爵,祭左右轨、范,乃饮。[1]

[1] 尸之仆,御尸车者。轨,毂末也。范,轼前也。尸仆、君仆之在车,以左手执辔,右手受爵,祭轨之左右及范,乃饮之也。

凡羞,有俎者则于俎内祭。[1]

[1] 羞在豆,则祭之豆间之地。俎长而横于人之前,则祭之俎内也。

君子不食圂腴。[1]

[1] 圂,与豢同,谓犬豕也。腴,肠也。犬豕亦食米谷,其腹与人相似,故不食其肠也。

小子走而不趋,举爵则坐,祭立饮。[1]

[1] 小子不敢与尊者并礼,故行步举爵,皆异于成人也。

凡洗必盥。[1]

[1] 洗,洗爵也。盥,洗手也。凡洗爵必先洗手,示洁也。

牛羊之肺,离而不提心。[1]

[1] 提,犹绝也。心,中央也。牛羊之肺虽割离之,而不绝中央少许,使可手绝之以祭也。不言豕,事同可知。○提,丁礼切。

凡羞，有湇者不以齐。[1]

[1] 湇，大羹也。大羹不和，故不用盐梅之齐也。○湇，音泣。齐，去声。大，音泰。和，去声。

为君子择葱薤，则绝其本末。

羞首者，进喙祭耳。[1]

[1] 喙，口也。以口向尊者，而尊者先取耳以祭也。○为，去声。喙，充芮切。

尊者，以酌者之左为上尊。[1]尊壶者面其鼻。[2]

[1] 尊者，谓设尊之人也。酌者，酌酒之人也。人君陈尊在东楹之西，南北列之，设尊者在尊西而向东，以右为上，酌人在尊东而向西，以左为上，二人俱以南为上也。上尊在南，故云"以酌者之左为上尊"。

[2] 尊与壶皆有面，面有鼻，鼻宜向尊者，故云"尊壶者面其鼻"。言设尊设壶，皆面其鼻也。

饮酒者、禨者、醮者，有折俎不坐。

未步爵不尝羞。[1]

[1] 禨，沐而饮酒也。醮，冠而饮酒也。折俎，折骨体于俎也。禨、醮小事为卑，折俎礼盛，故禨、醮而有折俎则不坐，无俎则可坐也。步，行也。无算爵之礼，行爵之后乃得尝羞，谓庶羞也。若正羞脯醢，则饮酒之前得尝之。○禨，音暨。

牛与羊、鱼之腥，聂而切之为脍。麋鹿为菹，野豕为轩，皆聂而不切。麇为辟鸡，兔为宛脾，皆聂而切之。切葱若薤，实之醯以柔之。[1]

[1] 聂而切之者，谓先聂为大脔，而后报切之为脍也。余见《内则》。○轩，去声。麇，俱伦切。

其有折俎者，取祭，反之，不坐，燔亦如之。尸则坐。[1]

[1] 有折骨体之俎者，若就俎取肺而祭之，及祭竟而反此所祭之物于俎，皆立而为之。燔，烧肉也。此肉亦在俎，其取祭与反亦皆不坐，故云燔亦如之。尸则坐者，言不坐者宾客之礼耳，尸尊，祭反皆坐也。

衣服在躬而不知其名为罔。[1]

[1] 衣裳之制，取诸乾坤，有其名，则有其义，服之而不审名义，是无知之人矣。○石梁王氏曰："'学而不思则罔'，当如此罔字。"

其未有烛而后至者，则以在者告。道瞽亦然。

凡饮酒，为献主者执烛抱燋，客作而辞，然后以授人。执烛不让、不辞、不歌。[1]

[1] 献主，主人也。人君则使宰夫燋未爇之炬也。饮酒之礼，宾主有让，及更相辞谢，又各歌诗以见意。今以暮夜，略此三事。一说，执烛在手，故不得兼为之。○燋，侧角切。

洗、盥、执食饮者，勿气，有问焉，则辟咡而对。[1]

[1] 奉进洗盥之水于尊长，及执食饮以进之时，皆不可使口气直冲尊者。若此时尊者有问，则偏其口之所向而对。咡，口旁也。○辟，匹亦切。咡，音二。

为人祭曰"致福"，为己祭而致膳于君子曰"膳"。[1]祔练曰"告"。[2]

[1] 为人祭，摄主也。其归胙将命之辞言“致福”，谓致其祭祀之福也。曰膳，则善味而已。○为，去声。

[2] 言告其事也。颜渊之丧，亦馈孔子祥肉。

凡膳、告于君子，主人展之以授使者于阼阶之南，南面再拜稽首，送。反命，主人又再拜稽首。其礼大牢则以牛左肩、臂臑折九个，少牢则以羊左肩七个，犆豕则以豕左肩五个。[1]

[1] 膳告，承上文而言。臂臑，肩脚也。九个，自肩上至蹄折为九段也。周人牲体尚右，右边已祭，故献其左。○使，去声。大，音泰。臑，奴道切。少，去声。犆，音特。

国家靡敝，[1]则车不雕几，甲不组縢，食器不刻镂，君子不履丝屦，马不常秣。[2]

[1] 谓师旅饥馑之余，财力靡散，民庶凋敝也。○靡，平声。

[2] 雕，刻镂之也。几，漆饰之畿限也。縢者，缚约之名，不用组以连甲，及为约带也。以谷食马曰秣。○几，音祈。“食马”食，音嗣。

学记第十八[1]

[1] 石梁王氏曰："六经言学字，莫先于《说命》。此篇不详言先王学制与教者、学者之法，多是泛论，不如《大学》篇。教是教个甚，学是学个甚。"○说，音悦。论，去声。

发虑宪，求善良，足以谀闻，不足以动众。[1]就贤体远，足以动众，未足以化民。[2]

君子如欲化民成俗，其必由学乎！[3]

[1] 发虑宪，谓致其思虑以求合乎法则也。求善良，亲贤也。此二者，可以小致声誉，不能感动众人。○谀，读为小。闻，去声。

[2] 就贤，礼下贤德之士也。如"王就见孟子"之"就"。体，如《中庸》"体群臣"之"体"，谓设以身处其地而察其心也。远，疏远之臣也。此二者，可以感动众人，未能化民也。○处，上声。

[3] 化民成俗，必如唐虞之"於变时雍"乃为至耳。然则舍学何以哉？此学乃《大学》之道，明德新民之事也。○於，音乌。舍，上声。

玉不琢，不成器；人不学，不知道。是故古之王者建国君民，教学为先。《兑命》曰："念终始典于学。"其此之谓乎！[1]

[1] 建国君民，谓建立邦国以君长其民也。教学为先，以立教立学为先务也。《兑命》，商书。典，常也。○兑，读作说，音悦。长，上声。

虽有嘉肴，弗食不知其旨也；虽有至道，弗学不知其善也。是故学然后知不足，教然后知困。知不足，然后能自反也；知困，然后能自强也。故曰教学相长也。《兑命》曰："学学半。"其此之谓乎！[1]

[1] 学然后知不足，谓师资于人，方知己所未至也。教然后知困，谓无以应人之求，则自知困辱也。自反，知反求而已。自强，则有黾勉倍进之意。教学相长，谓我之教人与资人，皆相为长益也。引《说命》"教学半"者，刘氏曰："教人之功，居吾身学问之半。盖始之修己所以立其体，是一半，终之教人所以致其用，又是一半。此所以终始典于学，成己成物，合内外之道，然后为学问之全功也。"○强，上声。长，上声。"学学"上学，读为敩，音效。应，去声。

古之教者，家有塾，党有庠，术有序，国有学。比年入学，中年考校。一年视离经辨志，三年视敬业乐群，五年视博习亲师，七年视论学取友，谓之小成。九年知类通达，强立而不反，谓之大成。[1]夫然后足以化民易俗，近者说服而远者怀之。此大学之道也。记曰："蛾子时术之。"其此之谓乎！[2]

[1] 古者二十五家为闾，同在一巷，巷首有门，门侧有塾。民在家者，朝夕受教于塾也。五百家为党，党之学曰庠，教闾塾所升之人也。术，当为州。万二千五百家为州，州之学曰序。《周礼》乡大夫"春秋以礼会民，而射于州序"，是也。序，则教党学所升之人。天子所都，及诸侯国中之学，谓之国学，以教元子、众子及卿、大夫、士之子，与所升俊选之士焉。比年，每岁也。每岁皆有入学之人。中年，间一年也。与《小记》"中一以上"之"中"同。每间一年而考校其艺之进否也。离经，离绝经书之句读也。辨志，辨别其趋向之邪正也。敬业，则于所习无怠忽。乐群，则于朋徒无睽贰。博习，则不以程度为限制。亲师，则于训诲知嗜好。论

学,讲求学问之缊奥也。取友,择取益者而友之也。能如此,是学之小成也。至于九年,则理明义精,触类而长,无所不通,有卓然自立之行,而外物不得以夺之矣,是大成也。○朱子曰:“这几句,都是上两字说学,下两字说所得处。如离经便是学,辨志是所得处。他仿此。”○术,当为州。比,毗至切。中,平声。乐,五教切。论,去声。间,去声。“以上”上,上声。读,音豆。别,必列切。行,去声。

[2] 前言成俗,成其美俗也。此言易俗,变其污俗也。以此大成之士而官使之,其功效如此,是所谓大学教人之道也。蛾子,虫之微者,亦时时述学衔土之事而成大垤,以喻学者由积学而成大道也。此古记之言,故引以证其说。○蛾,鱼起切,古蚁字。

大学始教,皮弁祭菜,示敬道也。[1]宵雅肄三,官其始也。[2]入学鼓箧,孙其业也。[3]夏楚二物,收其威也。[4]

未卜禘不视学,游其志也。时观而弗语,存其心也。幼者听而弗问,学不躐等也。此七者,教之大伦也。记曰:“凡学,官先事,士先志。”其此之谓乎![5]

[1] 始教,学者入学之初也。有司衣皮弁之服,祭先师以蘋藻之菜,示之以尊教道艺也。

[2] 当祭菜之时,使歌《小雅》中《鹿鸣》、《四牡》、《皇皇者华》之三篇而肄习之。此三诗皆君臣燕乐相劳苦之辞,盖以居官受任之美,诱谕其初志,故曰“官其始也”。○朱子曰:“圣人教人,合下便要他用,便要用贤以治不贤,举能以教不能,所以公卿大夫在下思各举其职。”○宵、小通。肄,音异。乐,音洛。劳,去声。

[3] 入学时,大胥之官击鼓以召学士,学士至,则发箧以出其书籍等物,警之以鼓声,使以逊顺之心进其业也。《书》言“惟学逊志”。○孙,去声。

[4] 夏,榎也。楚,荆也。榎形圆,楚形方,以二物为扑,以警其怠忽

者，使之收敛威仪也。○夏、榎，古雅切。

[5] 禘，五年之大祭也。不五年不视学，所以优游学者之心志也。此又非仲春、仲秋视学之礼，使观而感于心，不言以尽其礼，欲其自得之也，故曰"存其心"。幼者未必能问，问亦未必知要，故但听受师说而无所请。亦长幼之等当如是，不可逾躐也。○刘氏曰："自'皮弁祭菜'至'听而弗问'，凡七事，皆大学为教之大伦。"大伦，犹言大节耳。官先事，士先志，窃意官是已仕者，士是未仕者，谓已仕而为学，则先其职事之所急，未仕而为学，则未得见诸行事，故先其志之所尚也。子夏曰："仕而优则学。"是已居官而为学也。王子垫问士何事，孟子曰："尚志。"是未仕而学，则先尚志也。然大学之道，明德新民而已。先志者，所以明德；先事者，所以新民。七事上句皆教者之事，下句皆学者之志。○语，去声。

大学之教也，时教必有正业，退息必有居学。句不学操缦，不能安弦；不学博依，不能安诗；不学杂服，不能安礼；不兴其艺，不能乐学。故君子之于学也，藏焉，修焉，息焉，游焉。[1]

夫然，故安其学而亲其师，乐其友而信其道，是以虽离师辅而不反也。《兑命》曰："敬孙务时敏，厥修乃来。"其此之谓乎！[2]

[1] 旧说，"大学之教也时"，句绝。"退息必有居"，句绝。今读"时"字连下句，"学"字连上句，谓四时之教，各有正业，如"春秋教以《礼》、《乐》，冬夏教以《诗》、《书》"，"春诵夏弦"之类是也。退而燕息，必有燕居之学，如"退而省其私，亦足以发"是也。弦也，诗也，礼也，此时教之正业也。"操缦"、"博依"、"杂服"，此退息之居学也。凡为学之道，贵于能安，安则心与理融而成熟矣。然未至于安，则在乎为之不厌，而不可有作辍也。操缦，操弄琴瑟之弦也。初学者手与弦未相得，故虽退息时，亦必操弄之不废，乃能习熟而安于弦也。诗人比兴之辞，多依托于物理。而物

理至博也，故学《诗》者但讲之于学校，而不能于退息之际，广求物理之所依附者，则无以验其实，而于《诗》之辞，必有疑殆而不能安者矣。杂服，冕弁衣裳之类。先王制作，礼各有服，极为繁杂。学者但讲之于学，而不于退息时游观行礼者之杂服，则无以尽识其制，而于礼之文，必有仿佛而不能安者矣。兴者，意之兴起而不能自已者。艺，即三者之学是也。言退息时，若不兴此三者之艺，则谓之不能好学矣。故君子之于学也，"藏焉"、"修焉"之时，必有正业，则所习者专而志不分；"息焉"、"游焉"之际，必有居学，则所养者纯而艺愈熟。故其学易成也。〇朱子曰："古人服各有等降，若理会得杂服，则于礼思过半矣。"〇缦，莫半切。依，上声。兴、乐，并去声。

[2] 承上文而言，藏修游息无不在于学，是以安亲乐信，虽离师友亦不畔于道也。时敏，无时而不敏也。厥修乃来，言其进修之益，如水之源源而来也。〇乐、离、孙，并去声。

今之教者，呻其占毕，多其讯，言及于数，进而不顾其安，使人不由其诚，教人不尽其材，其施之也悖，其求之也佛。夫然，故隐其学而疾其师，苦其难而不知其益也。虽终其业，其去之必速。教之不刑，其此之由乎！[1]

[1] 呻，吟讽之声也。占，视也。毕，简也。讯，问也。言今之教人者，但吟讽其所占视之简牍，不能通其缊奥，乃多发问辞以讯问学者而所言又不止一端，故云"言及于数"也。不顾其安，不恤学者之安否也。不由其诚，不肯实用其力也。不尽其材，不能尽其材之所长也。夫多其讯而言及于数，则与时教必有正业者异矣。使人不由其诚，教人不尽其材，则与退息必有居学者异矣。惟其如此，是以师之所施者，常至于悖逆；学者之所求，每见其拂戾也。隐其学，不以所学自表见也。终业而又速去之，以其用工间断，卤莽灭裂而不安不乐故也。刑，成也。〇朱子曰："横渠作简与人，言其子日来诵书不熟且教他熟诵，以尽其诚与材。他解此

两句，只作一意解，言人之材足以有为，但以不由于诚，则不尽其材。”〇呻，音申。占，音觇。佛，音弗。

大学之法，禁于未发之谓豫，当其可之谓时，不陵节而施之谓孙，相观而善之谓摩。此四者，教之所由兴也。[1]

[1] 豫者，先事之谓；时者，不先不后之期也。陵，逾犯也。节，如节候之节。礼有礼节，乐有乐节，人有长幼之节，皆言分限所在。不陵节而施，谓不教幼者以长者之业也。相观而善，如称甲之善，则乙者观而效之，乙有善可称，甲亦如之。孙，以顺言；摩，以相厉而进为言也。〇方氏曰：“若七年男女不同席，不共食，幼子常视毋诳，则可谓之豫矣。若十年学书计，十三年舞《勺》，成童舞《象》，可谓之时矣。”〇石梁王氏曰：“注专以时为年，二十之时，非也。”〇当、孙，并去声。

发然后禁，则扞格而不胜；时过然后学，则勤苦而难成；杂施而不孙，则坏乱而不修；独学而无友，则孤陋而寡闻；燕朋逆其师；燕辟废其学。此六者，教之所由废也。[1]

[1] 扞，拒扞也。格，读如“冻洛”之“洛”，谓如地之冻，坚强难入也。不胜，不能承当其教也。一读为去声，谓教不能胜其为非之心，亦通。杂施，谓躐等陵节也。燕私之朋，必不责善，或相与以慢其师。燕游邪僻，必惑外诱，得不废其业乎？此“燕朋”、“燕辟”之害，皆由于“发然后禁”以下四者之失，皆与上文四者相反也。〇郑氏曰：“燕，犹亵也。亵其朋友，亵师之比喻。”〇格，胡客切。胜，音升。孙，去声。坏，音怪。辟，音僻。

君子既知教之所由兴，又知教之所由废，然后可以为人师也。故君子之教喻也，道而弗牵，强而弗抑，开而弗达。道而弗牵则和，强而弗抑则易，开而弗达则思。和、易以思，可谓善喻矣。[1]

[1] 示之以入道之所由，而不牵率其必进；作兴其志气之所尚，而不沮抑之使退；开其从入之端，而不竟其所通之地。如此，则不扞格而和，不勤苦而易，不杂施以乱其心，有相观以辅其志，而思则得之矣。○强，上声。易，音异。

学者有四失，教者必知之。人之学也，或失则多，或失则寡，或失则易，或失则止。此四者，心之莫同也。知其心，然后能救其失也。教也者，长善而救其失者也。[1]

[1] 方氏曰："或失则多者，知之所以过。或失则寡者，愚之所以不及。或失则易，贤者之所以过。或失则止，不肖者之所以不及。'多闻见而适乎邪道'，多之失也。'寡闻见而无约无卓'，寡之失也。'子路好勇过，我无所取材'，易之失也。冉求之'今女画'，止之失也。'约我以礼'，所以救其失之多；'博我以文'，所以救其失之寡；'兼人则退之'，所以救其失之易；'退则进之'，所以救其失之止也。"○易，去声。长，上声。

善歌者，使人继其声；善教者，使人继其志。其言也约而达，微而臧，罕譬而喻，可谓继志矣。[1]

[1] 约而达，辞简而意明也。微而臧，言不峻而善则明也。罕譬而喻，比方之辞少而感动之意深也。继志，谓能使学者之志与师无间也。

君子知至学之难易，而知其美恶，然后能博喻，能博喻然后能为师，能为师然后能为长，能为长然后能为君。故师也者，所以学为君也。是故择师不可不慎也。记曰："三王四代唯其师。"其此之谓乎！[1]

[1] 至学，至于学也。钝者至之难，敏者至之易，质美者向道，不美

者叛道。知乎此，然后能博喻，谓循循善诱，不拘一涂也。《周官·太宰》："长以贵得民，师以贤得民。"长者一官之长，君则一国之君也。言为君之道，皆自务学充之，三王四代之所以治，以能"作之君，作之师"尔。周子曰："师道立，则善人多，善人多，则朝廷正而天下治矣。"

凡学之道，严师为难。师严然后道尊，道尊然后民知敬学。是故君之所不臣于其臣者二：当其为尸，则弗臣也；当其为师，则弗臣也。大学之礼，虽诏于天子无北面，所以尊师也。[1]

[1] 严师，如《孝经》严父之义，谓尊礼严重之也。无北面，不处之以臣位也。〇石梁王氏曰："'诏于天子无北面'注引武王践祚，出《大戴礼》。"

善学者，师逸而功倍，又从而庸之；不善学者，师勤而功半，又从而怨之。善问者如攻坚木，先其易者，后其节目，及其久也，相说以解；不善问者反此。善待问者如撞钟，叩之以小者则小鸣，叩之以大者则大鸣，待其从容，然后尽其声；不善答问者反此。此皆进学之道也。[1]

[1] 庸，功也，感师之有功于己也。相说以解，旧读"说"为"悦"，今从朱子说读如字。〇疏曰："从读为舂者，舂，谓击也，以为声之形容。言钟之为体，必待其击，每一舂而为一容，然后尽其声。善答者，亦待其一问，然后一答，乃尽说义理也。"愚谓从容，言优游不迫之意。不急疾击之，则钟声之小大长短得以自尽，故以为善答之喻。〇朱子曰："'说'字人以为'悦'，恐只是'说'字。先其易者，难处且放下，少间见多了，自然相证而解，解物为解，自解释为解，恐是相证而晓解也。"〇说，如字。解，下介切。"解物"、"为解"、"自解"三"解"字，如字。

记问之学不足以为人师，必也其听语乎！力不能问，然后语之。语之而不知，虽舍之可也。[1]

[1] 记问，谓记诵古书以待学者之问也。以此为学，无得于心，而所知有限，故不足以为人师。听语，听学者所问之语也。不能问则告之，不知而舍之，以其终不可入德也。“不以三隅反则不复”，亦此意。○上“语”，如字。下二“语”，去声。舍，上声。复，扶又切。

良冶之子，必学为裘；良弓之子，必学为箕。始驾马者反之，车在马前。君子察于此三者，可以有志于学矣。[1]

[1] 疏曰：“善冶之家，其子弟见其父兄陶熔金铁，使之柔合以补治破器，故此子弟能学为袍裘，补续兽皮，片片相合，以至完全也。箕，柳箕也。善为弓之家，使干角挠屈，调和成弓，故其子弟亦观其父兄世业，学取柳条和软挠之成箕也。马子始学驾车之时，大马驾在车前，将马子系随车后而行，故云反之。所以然者，此驹未曾驾车，若忽驾之必惊奔。今以大马牵车于前，而系驹于后，使日日见车之行，惯习而后驾之，不复惊矣。言学者亦须先教小事‘操缦’之属，然后乃示其业，则易成也。”○应氏曰：“冶矿难精，而裘软易纫；弓劲难调，而箕曲易制；车重难驾，而马反则易驯。皆自易而至于难，自粗而至于精，习之有渐而不可骤进，学之以类而不可泛求，是之谓有志矣。”○复，扶又切。纫，尼邻切。

古之学者，比物丑类。鼓无当于五声，五声弗得不和；水无当于五色，五色弗得不章；学无当于五官，五官弗得不治；师无当于五服，五服弗得不亲。[1]

[1] 比物丑类，谓以同类之事相比方也。当，犹主也。鼓声不宫不商，于五声本无所主，然而五声不得鼓，则无谐和之节；水无色，不在五色之列，而缋画者不得水，则不章明。五官，身、口、耳、目、心之所职，即《洪范》之五事也。学于吾身五者之官，本无所当，而五官不得学则不能治。

师于弟子不当五服之一，而弟子若无师之教诲，则五服之属不相和亲。○陈氏曰："类者，物之所同，丑之为言众也。理有所不显，则比物以明之；物有所不一，则丑类以尽之。然后因理以明道，而善乎学矣。总而论之，鼓非与乎五声，而五声待之而和；水非与乎五色，而五色待之而章；学非与乎五官，而五官待之而治；师非与乎五服，而五服待之而亲。是五声、五色、五官、五服虽不同，而同于有之以为利；鼓也、水也、学也、师也虽不一，而一于无之以为用。然则古之学者比物丑类，而精微之意有寓于是，非穷理之至者孰能与此？"○比，音纰。当，去声。与，去声。

君子曰："大德不官，大道不器，大信不约，大时不齐。察于此四者，可以有志于本矣。"[1]三王之祭川也，皆先河而后海，或源也，或委也。此之谓务本。[2]

[1] 大德、大道、大信，皆指圣人而言。大时，天时也。不官，不拘一职之任也。不器，无施而不可也。不约，不在期约之末也。元化周流，一气屈伸，不可以截然分限求之，故方荣之时而有枯者焉，寂之时而有旉者焉。惟其不齐，是以不可穷。凡此四者，皆以本原盛大而体无不具，故变通不拘而用无不周也。君子察于此，可以有志于学而洪其本矣。○旉，音敷。

[2] 河为海之源，海乃河之委。承上文志于本而言，水之为物，盈科而后进，放乎四海，有本者如是也。君子之于学，不成章不达，故先务本。○委，去声。放，上声。

卷之七

乐记第十九

凡音之起，由人心生也。人心之动，物使之然也。感于物而动，故形于声。声相应，故生变。变成方，谓之音。比音而乐之，及干戚羽旄，谓之乐。[1]

[1] 凡乐音之初起，皆由人心之感于物而生。人心虚灵不昧，感而遂通，情动于中，故形于言而为声。声之辞意相应，自然生清浊高下之变，变而成歌诗之方法，则谓之音矣。成方，犹言成曲调也。比合其音而播之乐器，及舞之干戚羽旄，则谓之乐焉。干戚，武舞也。羽旄，文舞也。〇比，毗至反。乐，如字。调，去声。

乐者，音之所由生也，其本在人心之感于物也。是故其哀心感者，其声噍以杀；其乐心感者，其声啴以缓；其喜心感者，其声发以散；其怒心感者，其声粗以厉；其敬心感者，其声直以廉；其爱心感者，其声和以柔。六者非性也，感于物而后动。[1]是故先王慎所以感之者，故礼以道其志，乐以和其声，政以一其行，刑以防其奸。礼乐刑政，其极一也，所以同民心而出治道也。[2]

[1] 方氏曰："人之情，得所欲则乐，丧所欲则哀；顺其心则喜，逆其心则怒；于所畏则敬，于所悦则爱。噍则竭而无泽，杀则减而不隆，盖心丧其所欲，故形于声者如此。啴则阐而无余，缓则纾而不迫，盖心得其所

欲，故形于声者如此。发则生而不穷，散则施而无积，盖顺其心，故形于声者如此。直则无委曲，廉则有分际，盖心有所畏，故形于声者如此。和则不乖，柔则致顺，盖心有所悦，故形于声者如此。”○愚谓粗以厉者，高急而近于猛暴也。六者心感物而动，乃情也，非性也，性则喜怒哀乐未发也。○噍，音焦。杀，色介反。乐，音洛。啴，昌展反。

[2] 刘氏曰：“慎其政之所以感人心者，故以礼而道其志之所行，使必中节；以乐而和其声之所言，使无乖戾。政以教不能而一其行，刑以罚不率而防其奸。礼、乐、刑、政四者之事虽殊，而其致则一归于慎其所以感之者，所以同民心而出治道也。”○行，去声。中，去声。

凡音者，生人心者也。情动于中，故形于声，声成文，谓之音。是故治世之音安以乐，其政和；乱世之音怨以怒，其政乖；亡国之音哀以思，其民困。声音之道，与政通矣。[1]

[1] 此言音生于人心之感，而人心哀乐之感，由于政治之得失，此所以慎其所以感之者也。治世政事和谐，故形于声音者安以乐；乱世政事乖戾，故形于声音者怨以怒；将亡之国其民困苦，故形于声音者哀以思。此声音所以与政通也。○《诗疏》曰：“杂比曰音，单出曰声。哀乐之情，发见于言语之声，于时虽言哀乐之事，未有宫商之调，惟是声耳。至于作诗之时，则次序清浊，节奏高下，使五声为曲，似五色成文，即是为音。此音被诸弦管，乃名为乐。”

宫为君，商为臣，角为民，徵为事，羽为物。五者不乱，则无怗懘之音矣。[1]宫乱则荒，其君骄；商乱则陂，其臣坏；角乱则忧，其民怨；徵乱则哀，其事勤；羽乱则危，其财匮。五者皆乱，迭相陵，谓之慢。如此则国之灭亡无日矣。[2]

[1] 刘氏曰：“五声之本，生于黄钟之律，其长九寸，每寸九分，九九八十一，是为宫声之数。三分损一以下生徵，则去二十七，得五十四也。

徵三分益一以上生商，则加十八，得七十二也。商三分损一以下生羽，则去二十四，得四十八也。羽三分益一以上生角，则加十六，得六十四也。角声之数，三分之不尽一算，其数不行，故声止于五。此其相生之次也。宫属土，弦用八十一丝为最多，而声至浊，于五声独尊，故为君象。商属金，弦用七十二丝，声次浊，故次于君而为臣象。角属木，弦用六十四丝，声半清半浊，居五声之中，故次于臣而为民象。徵属火，弦用五十四丝，其声清，有民而后有事，故为事象。羽属水，弦用四十八丝为最少，而声至清，有事而后用物，故为物象。此其大小之次也。五声固本于黄钟为宫，然还相为宫，则其余十一律皆可为宫。宫必为君而不可下于臣，商必为臣而不可上于君，角民、徵事、羽物，皆以次降杀。其有臣过君、民过臣、事过民、物过事者，则不用正声而以半声应之。此八音所以克谐而无相夺伦也。然声音之道与政相通，必君、臣、民、事、物五者，各得其理而不乱，则声音和谐而无怗懘也。怗懘者，敝败也。"〇怗，音覘。懘，昌制切。徵，上声。去，上声。还，音旋。杀，去声。

[2] 此言审乐以知政，若宫乱则乐声荒散，是知由其君之骄恣使然也。余四者例推。〇陈氏曰："五声含君、臣、民、事、物之象，必得其理，方调得律吕，否则有臣陵君，民过臣，而谓之夺伦矣。此却不比汉儒附会效法之言。具有此事，毫发不可差，设或乐声夺伦，即其国君、臣、民、物必有不尽分之事。如州鸠、师旷皆能以此知彼，正是乐与政通。"〇陂，音界。

郑卫之音，乱世之音也，比于慢矣。桑间濮上之音，亡国之音也，其政散，其民流，诬上行私而不可止也。[1]

[1] 此"慢"字，承上文"谓之慢"而言。比，近也。桑间濮上，卫地，濮水之上，桑林之间也。《史记》言卫灵公适晋，舍濮上，夜闻琴声，召师涓听而写之。至晋，命涓为平公奏之。师旷曰："此师延靡靡之乐。武王伐纣，师延投濮水死。故闻此声，必于濮水之上也。"政散故民罔其上，民流故行其淫荡之私也。〇张子曰："郑卫地滨大河，沙地土薄，故其人气

轻浮；其地平下，故其质柔弱，其地肥饶，不费耕耨，故其人心怠惰。其人情性如此，其声音亦然。故闻其乐，使人如此懈慢也。”〇朱子曰：“郑声之淫甚于卫。夫子论为邦独以郑声为戒，盖举重而言也。”〇比，毗至切。濮，音卜。

凡音者，生于人心者也。乐者，通伦理者也。是故知声而不知音者，禽兽是也。知音而不知乐者，众庶是也。唯君子为能知乐。是故审声以知音，审音以知乐，审乐以知政，而治道备矣。是故不知声者，不可与言音；不知音者，不可与言乐。知乐则几于礼矣。礼乐皆得，谓之有德。德者，得也。[1]是故乐之隆，非极音也。食飨之礼，非致味也。清庙之瑟，朱弦而疏越，壹倡而三叹，有遗音者矣。大飨之礼，尚玄酒而俎腥鱼，大羹不和，有遗味者矣。是故先王之制礼乐也，非以极口腹耳目之欲也，将以教民平好恶而反人道之正也。[2]

[1] 伦理，事物之伦类各有其理也。〇方氏曰：“凡耳有所闻者，皆能知声，心有所识者则能知音，道有所通者乃能知乐。若瓠巴鼓瑟，流鱼出听；伯牙鼓琴，六马仰秣。此禽兽之知声者也。魏文侯好郑卫之音，齐宣王好世俗之乐，此众庶之知音者也。若孔子在齐之所闻，季札聘鲁之所观，此君子之知乐者也。”〇应氏曰：“伦理之中，皆礼之所寓，知乐则通于礼矣。不曰通而曰几者，辨析精微之极也。”〇几，平声。好，去声。

[2] 乐之隆盛，不是为极声音之美；食、飨、禘、祫之重礼，不是为极滋味之美。盖乐主于移风易俗，而祭主于报本反始也。鼓《清庙》之诗之瑟，练朱丝以为弦，丝不练则声清，练之则声浊。疏，通也。越，瑟底之孔也。疏而通之，使其声迟缓。瑟声浊而迟，是质素之声，非要妙之音也。此声初发，一倡之时，仅有三人从而和之，言和者少也。以其非极声音之

美，故好者少。然而其中则有不尽之余音存焉，故曰“有遗音者矣”。尊以玄酒为尚，俎以生鱼为荐，大羹无滋味之调和，是质素之食，非人所嗜悦之味也。然而其中则有不尽之余味存焉，故曰“有遗味者矣”。由此观之，是非以极口腹耳目之欲也。教民平好恶，谓不欲其好恶之偏私也。人道不正，必自好恶不平始，好恶得其平则可以复乎人道之正，而风移俗易矣。〇朱子曰：“一倡而三叹，谓一人倡而三人和。今解者以为三叹息，非也。”〇食，音嗣。越，如字。大，音泰。和、好、恶、为，并去声。

人生而静，天之性也。感于物而动，性之欲也。物至知知，[1]然后好恶形焉。好恶无节于内，知诱于外，不能反躬，天理灭矣。夫物之感人无穷，而人之好恶无节，则是物至而人化物也。人化物也者，灭天理而穷人欲者也。于是有悖逆诈伪之心，有淫泆作乱之事。是故强者胁弱，众者暴寡，知者诈愚，勇者苦怯，疾病不养，老幼孤独不得其所，此大乱之道也。[2]

[1] 朱子曰：“上‘知’字是体，下‘知’字是用。”

[2] 刘氏曰：“人生而静者，喜、怒、哀、乐未发之中，天命之性也。感于物而动，则性发而为情也。人心虚灵知觉事至物来，则必知之而好恶形焉。好善恶恶，则道心之知觉，原于义理者也。好妍恶丑，则人心之知觉，发于形气者也。好恶无节于内，而知诱于外，则是道心昧而不能为主宰，人心危而物交物，则引之矣。不能反躬以思其理之是非，则人欲炽而天理灭矣。况以无节之好恶，而接乎无穷之物感，则心为物役，而违禽兽不远矣。违禽兽不远，则爪刚者决，力强者夺。此所以为大乱之道也。”〇好、恶、“知者”之知，并去声。乐，音洛。

是故先王之制礼乐，人为之节。衰麻哭泣，所以节丧纪也。钟鼓干戚，所以和安乐也。昏姻冠笄，所以别男女也。射乡食飨，所以正交接也。礼节民心，乐和民声，政以行之，刑以防之。礼乐刑政，四达而不悖，则王道备矣。[1]

[1] 刘氏曰："先王之制礼乐，因人情而为之节文。因其哀死而丧期无数，故为衰麻哭泣之数以节之。因其好逸乐而不能和顺于义理，故为钟鼓干戚之乐以和之。因其有男女之欲而不知其别，故为昏姻冠笄之礼以别之。因其有交接之事而或失其正，故为射、乡、食、飨之礼以正之。节其心，所以使之行而无过不及；和其声，所以使之言而无所乖戾；为之政以率其怠倦，而使礼乐之教无不行；为之刑以防其恣肆，而使礼乐之道无敢废。礼乐刑政四者通行于天下，而民无悖违之者，则王者之治道备矣。"○衰，音催。"安乐"乐，音洛。食，音嗣。"逸乐"乐，音洛。别，必列切。冠，去声。

乐者为同，礼者为异。同则相亲，异则相敬。乐胜则流，礼胜则离。合情饰貌者，礼乐之事也。礼义立，则贵贱等矣。乐文同，则上下和矣。好恶著，则贤不肖别矣。刑禁暴，爵举贤，则政均矣。仁以爱之，义以正之，如此则民治行矣。[1]

[1] 和以统同，序以辨异。乐胜则流，过于同也。礼胜则离，过于异也。合情者，乐之和于内，所以救其离之失；饰貌者，礼之检于外，所以救其流之失。此礼之义、乐之文，所以相资为用者也。仁以爱之，则相敬而不至于离；义以正之，则相亲而不至于流。此又以仁义为礼乐之辅者也。等贵贱，和上下，别贤不肖，均政，此四者皆所以行民之治，故曰民治行矣。○应氏曰："上言王道备，言其为治之具也。此言民治行，言其为治之效。"○别，必列切。

乐由中出，礼自外作。乐由中出故静，礼自外作故文。大乐必易，大礼必简。乐至则无怨，礼至则不争。揖让而治天下者，礼乐之谓也。暴民不作，诸侯宾服，兵革不试，五刑不用，百姓无患，天子不怒，如此，则乐达矣。合父子之亲，明长幼之序，以敬四海之内，天子如此，则礼行矣。[1]

[1] 应氏谓“四海之内”四字，恐在合字上，如此则文理为顺。○刘氏曰：“欣喜欢爱之和出于中，进退周旋之序著于外。和则情意安舒，故静；序则威仪交错，故文。大乐与天地同和，如‘乾以易知’而不劳；大礼与天地同节，如‘坤以简能’而不烦。乐至则人皆得其所而无怨，礼至则人各安其分而不争。如帝世揖让而天下治者，礼乐之至也。达者，彻于彼之谓。行者，出于此之谓。行者达之本，达者行之效。天子自能合其父子之亲，明其长幼之序，则家齐族睦矣。又能亲吾亲以及人之亲，长吾长以及人之长，是谓以敬四海之内，则礼之本立而用行矣。礼之用行，而后乐之效达。故于乐但言天子无可怒者，而于礼则言天子如此。是乐之达，乃天子行礼之效也。周子曰：‘万物各得其理而后和，故礼先而乐后。’是也。”

大乐与天地同和，大礼与天地同节。和故百物不失，节故祀天祭地。明则有礼乐，幽则有鬼神。如此，则四海之内合敬同爱矣。礼者殊事合敬者也。乐者异文合爱者也。礼乐之情同，故明王以相沿也。故事与时并，名与功偕。[1]

[1] 百物不失，言各遂其性也。○朱子曰：“礼主减，乐主盈，鬼神亦止是屈伸之义。礼乐鬼神一理。”又曰：“在圣人制作处便是礼乐，在造化功用处便是鬼神。礼有经礼、曲礼之事殊，而敬一；乐有五声、六律之文异，而爱一。所以能使四海之内合敬同爱者，皆大乐、大礼之所感化也。礼乐之制，在明王虽有损益，而情之同者，则相因述也。惟其如此，是以

王者作兴，事与时并。如：唐虞之时，则有揖让之事；夏殷之时，则有放伐之事。名与功偕者，功成作乐，故历代乐名，皆因所立之功而名之也。”〇蔡氏曰：“礼乐本非判然二物也。人徒见乐由阳来，礼由阴作，即以为礼属阴，乐属阳，判然为二，殊不知阴阳一气也。阴气流行即为阳，阳气凝聚即为阴，非真有二物也。礼乐亦止是一理。礼之和即是乐，乐之节即是礼，亦非二物也。善观者，既知阴阳礼乐之所以为二，又知阴阳礼乐之所以为一，则达礼乐之体用矣。”

故钟鼓管磬，羽籥干戚，乐之器也。屈伸俯仰，缀兆舒疾，乐之文也。簠、簋、俎、豆，制度文章，礼之器也。升降上下，周还裼袭，礼之文也。故知礼乐之情者能作，识礼乐之文者能述。作者之谓圣，述者之谓明。明圣者，述作之谓也。[1]

[1] 缀，舞者行位相连缀也。兆，位外之营兆也。裼袭，说见《曲礼》。情，谓理趣之深奥者。知之悉，故能作。文，谓节奏之宣著者。识之详，故能述。若黄帝尧舜之造律吕、垂衣裳，禹汤文武之不相沿袭，皆圣者之作也。周公经制，尽取先代之礼乐而参用之，兼圣明之作述也。季札观乐而各有所论，此明者之述也。夫子之圣，乃述而不作者，有其德无其位故耳。〇缀，音拙。还，音旋。行，音杭。论，去声。

乐者天地之和也。礼者天地之序也。和故百物皆化，序故群物皆别。乐由天作，礼以地制。过制则乱，过作则暴。明于天地，然后能兴礼乐也。[1]

[1] 朱子曰：“乐由天作属阳，故有运动底意。礼以地制，如由地出，不可移易。”〇刘氏曰：“前言‘大乐与天地同和，大礼与天地同节’，以成功之所合而言也。此言‘乐者天地之和，礼者天地之序’，以效法之所本

而言也。盖圣人之礼乐，与天地之阴阳相为流通，故始也法阴阳以为礼乐，终也以礼乐而赞阴阳。天地之和，阳之动而生物者也。气行而不乖，故百物皆化。天地之序，阴之静而成物者也。质具而有秩，故群物皆别。乐由天作者，法乎气之行于天者而作，故动而属阳。声音，气之为也。礼以地制者，法乎质之具于地者而制，故静而属阴。仪则，质之为也。过制则失其序，如阴过而肃，则物之成者复坏矣，故乱。过作则失其和，如阳过而亢，则物之生者反伤矣，故暴。明乎天地之和与序，然后能兴礼乐以赞化育也。"

论伦无患，乐之情也；欣喜欢爱，乐之官也；中正无邪，礼之质也；庄敬恭顺，礼之制也。若夫礼乐之施于金石，越于声音，用于宗庙社稷，事乎山川鬼神，则此所与民同也。[1]

[1] 方氏曰："金石声音，特乐而已，亦统以礼为言者。凡行礼然后用乐，用乐以成礼，未有用乐而不为行礼者也。情、官、质、制者，礼乐之义也。金、石、声、音者，礼乐之数也。其数可陈，则民之所同；其义难知，则君之所独。故于金、石、声、音，曰此所与民同也。"〇刘氏曰："论者雅颂之辞，伦者律吕之音。惟其辞足论而音有伦，故极其和而无患害。此乐之本情也，而在人者则以欣喜欢爱为作乐之主焉。中者，行之无过不及。正者，立之不偏不倚。惟其立之正而行之中，故得其序而无邪僻。此礼之本质也，而在人者则以庄、敬、恭、顺为行礼之制焉。此圣贤君子之所独知也。若夫施之器而播之声，以事乎鬼神者，则众之所共知者也。"〇论，去声。

王者功成作乐，治定制礼，其功大者其乐备，其治辩者其礼具。干戚之舞，非备乐也；孰亨而祀，非达礼也。五帝殊时，不相沿乐；三王异世，不相袭礼，乐极则忧，礼粗则偏矣。及夫敦乐而无忧，礼备而不偏者，其唯大圣乎！[1]

[1] 干戚之舞，武舞也。不如《韶》乐之尽善尽美，故云“非备乐也”。熟烹牲体而荐，不如古者血腥之祭为得礼意，故云“非达礼也”。若奏乐而欲极其声音之娱乐，则乐极悲来，故云“乐极则忧”；行礼粗略而不能详审，则节文之仪，必有偏失而不举者，故云“礼粗则偏矣”。惟大圣人则道全德备，虽敦厚于乐，而无乐极悲来之忧；其礼仪备具，而无偏粗之失也。○辩，音遍。亨，音烹。

天高地下，万物散殊，而礼制行矣。流而不息，合同而化，而乐兴焉。春作夏长，仁也。秋敛冬藏，义也。仁近于乐，义近于礼。乐者敦和，率神而从天；礼者别宜，居鬼而从地。故圣人作乐以应天，制礼以配地。礼乐明备，天地官矣。[1]

[1] 物各赋物而不可以强同，此造化示人以自然之礼制也。絪缊化醇而不容以独异，此造化示人以自然之乐情也。合同者，春夏之仁，故曰“仁近于乐”。散殊者，秋冬之义，故曰“义近于礼”。敦和，厚其气之同者。别宜，辨共物之异者。率神，所以循其气之伸；居鬼，所以敛其气之屈。伸阳而从天，屈阴而从地也。由是言之，则圣人礼乐之精微寓于制作者，既明且备，可得而知矣。官，犹主也。言天之生物，地之成物，各得其职也。○刘氏曰：“此申明礼者，天地之序；乐者，天地之和。高下散殊者，质之具，天地自然之序也。而圣人法之，则礼制行矣。周流同化者，气之行，天地自然之和也。而圣人法之，则乐兴焉。春作夏长，天地生物之仁也。气行而同和，故近于乐。秋敛冬藏，天地成物之义也。质具而异序，故近于礼。此言效法之所本也。敦和者，厚其气之同。别宜者，辨其质之异。神者，阳之灵。鬼者，阴之灵。率神以从天者，达其气之伸而行于天。居鬼而从地者，敛其气之屈而具于地。盖乐可以敦厚天地之和，而发达乎阳之所生；礼可以辨别天地之宜，而安定乎阴之所成。故圣人作乐以应助天之生物，制礼以配合地之成物。礼乐之制作既明且备，

则足以裁成其道，辅相其宜，而天之生，天地之成，各得其职矣。此言成功之所合也。”〇长，上声。别，必列切。应，去声。

天尊地卑，君臣定矣。卑高以陈，贵贱位矣。动静有常，小大殊矣。方以类聚，物以群分，则性命不同矣。在天成象，在地成形，如此，则礼者天地之别也。[1]

[1] 此与《易·系辞》略同，记者引之，言圣人制礼，其本于天地自然之理者如此。定君臣之礼者，取于天地尊卑之势也。列贵贱之位者，取于山泽卑高之势也。小者不可为大，大者不可为小，故小大之殊，取于阴阳动静之常也。此“小大”如《论语》“小大由之”之义，谓小事、大事也。方，犹道也。聚，犹处也。君臣、父子、夫妇、长幼、朋友各有其道，则各以其类而处之，所谓方以类聚也。物，事也。行礼之事，即谓天理之节文，人事之仪则，行之不止一端，分之必各从其事，所谓物以群分也。所以然者，以天所赋之命，人所受之性，自然有此三纲五常之伦，其间尊卑厚薄之等，不容混而一之也。故曰性命不同矣。在天成象，如衣与旗常之章，著为日月星辰之象也。在地成形，如宫室器具各有高卑大小之制，是取法于地也。由此言之，礼之有别，非天地自然之理乎？〇应氏曰：“此即所谓天高地下，万物散殊，而礼制行矣。”〇刘氏曰：“此又申言礼者，天地之序也。天地万物，各有动静之常，大者有大动静，小者有小动静，则小大之事法之，而久近之期殊矣。方以类聚，言中国蛮夷戎狄之民，各以类而聚。物以群分，言飞潜动植之物，各以群而分。则以其各正性命之不同也，故圣人亦因之而异其礼矣。在天成象，则日月星辰之历数，各有其序。在地成形，则山川人物之等伦，各有其仪。由此言之，则礼者岂非天地之别乎？”〇别，必列切。处，上声。

地气上齐，天气下降，阴阳相摩，天地相荡，鼓之以雷霆，奋之以风雨，动之以四时，暖之以日月，而百化兴焉。如此，则乐者天地之和也。[1]

[1] 应氏曰："此即所谓流而不息，合同而化，而乐兴焉。"○刘氏曰："此申言乐者，天地之和也。齐，读为跻。天地相荡，亦言其气之播荡也。百化兴焉，所谓天地细缊而万物化醇也。以上言效法之所本。"○上，上声。齐，音跻。暖，音喧。

化不时则不生，男女无辨则乱升，天地之情也。[1]

[1] 此言礼乐之得失与天地相关，所谓和气致祥，乖气致异也。总结上文两节之意。

及夫礼乐之极乎天，而蟠乎地，行乎阴阳，而通乎鬼神，穷高极远而测深厚。乐著太始而礼居成物。著不息者，天也。著不动者，地也。一动一静者，天地之间也。故圣人曰"礼乐"云。[1]

[1] 朱子曰："乾知太始，坤作成物。知者，管也。乾管却太始，太始即物生之始，乾始物而坤成之也。"○应氏曰："及，至也。言乐出于自然之和，礼出于自然之序，二者之用，充塞流行，无显不至，无幽不格，无高不届，无深不入，则乐著乎乾知太始之初，礼居乎坤作成物之位。而昭著不息者，天之所以为天；昭著不动者，地之所以为地。著不动者，藏诸用也。著不息者，显诸仁也。天地之间，不过一动一静而已。故圣人昭揭以示人，而名之曰'礼乐'也。或曰：不息不动，分著于天地。而一动一静，循环无端者，天地之间也。动静不可相离，则礼乐不容或分。故圣人言礼乐必合而言之，未尝析而言之也。以上言成功之所合。"○刘氏曰："自一阳生于子，至六阳极于巳而为乾，此乾知太始也。自一阴生于午，至六阴极于亥而为坤，此坤作成物也。又乾坤交于否泰，一岁则正月泰，二壮，三夬，四乾，五姤，六遁，皆有乾以统阴，是乾主春夏也。七月否，八观，九剥，十坤，子复，丑临，皆有坤以统阳，是坤主秋冬也。"○夫，音扶。

上“著”,直略切。下“著”,如字。否,备鄙切。观,去声。

昔者舜作五弦之琴,以歌《南风》,夔始制乐以赏诸侯。故天子之为乐也,以赏诸侯之有德者也。德盛而教尊,五谷时熟,然后赏之以乐。故其治民劳者,其舞行缀远;其治民逸者,其舞行缀短。故观其舞,知其德;闻其谥,知其行也。[1]

[1] 应氏曰:“勤于治民,则德盛而乐隆,故舞列远而长;怠于治民,则德薄而乐杀,故舞列近而短。”〇石梁王氏曰:“夔制乐岂专为赏诸侯?此处皆无义理。”〇行,上二音杭,下去声。缀,音拙。杀、为,并去声。

《大章》,章之也。《咸池》,备矣。《韶》,继也。《夏》,大也。殷周之乐尽矣。[1]

[1] 疏曰:“尧乐谓之《大章》者,言尧德章明于天下也。咸,皆也。池,施也。黄帝乐名《咸池》,言德皆施被于天下,无不周遍,是为备具矣。‘《韶》,继也者’,言舜之道德继绍于尧也。‘《夏》,大也’。禹乐名《夏》者,言能光大尧舜之德也。殷周之乐,谓汤之《大濩》,武王之《大武》也。尽矣,言于人事尽极矣。”

天地之道,寒暑不时则疾,风雨不节则饥。教者,民之寒暑也,教不时则伤世;事者,民之风雨也,事不节则无功。然则先王之为乐也,以法治也,善则行象德矣。[1]

[1] 寒暑者,一岁之分剂;风雨者,一旦之气候。教重而事轻,故以寒暑喻教,而以风雨喻事也。然则先王之制礼乐,事皆有教,是法天地之道以为治于天下也。施于政治而无不善,则民之行,象君之德矣。〇行,去声。分,去声。

夫豢豕为酒，非以为祸也。而狱讼益繁，则酒之流生祸也。是故先王因为酒礼。壹献之礼，宾主百拜，终日饮酒而不得醉焉。此先王之所以备酒祸也。故酒食者，所以合欢也。乐者，所以象德也。礼者，所以缀淫也。是故先王有大事，必有礼以哀之；有大福，必有礼以乐之。哀乐之分，皆以礼终。乐也者，圣人之所乐也，而可以善民心。其感人深，其移风易俗，故先王著其教焉。[1]

[1] 一献之礼，士之飨礼惟一献也。缀，止也。大事，死丧之事也。大福，吉庆之事也。以大福对大事而言，则大事为祸矣。哀乐皆以礼终，则不至于过哀过乐矣。此章言礼处多，而末亦云乐者，明礼乐非二用也。应氏本《汉志》"俗"下增"易"字，音以豉反。〇疏曰："按今乡饮酒之礼，是一献无百拜，此云百拜，喻多也。"〇缀，音拙。"以乐"、"哀乐"、"所乐"乐，音洛。分，去声。

夫民有血气心知之性，而无哀乐喜怒之常，应感起物而动，然后心术形焉。是故志微噍杀之音作，而民思忧；[1]啴谐慢易繁文简节之音作，而民康乐；[2]粗厉猛起奋末广贲之音作，而民刚毅；[3]廉直劲正庄诚之音作，而民肃敬；[4]宽裕肉好顺成和动之音作，而民慈爱；[5]流辟邪散狄成涤滥之音作，而民淫乱。[6]

[1] 刘氏曰："此申言篇首'音之生，本在人心之感于物也'一条之义。民心无常，而喜怒哀乐之情，应其感起于物者而动，然后其心术形于声音矣。故采诗可以观民风，审乐可以知国政也。志，疑当作急，急促。微，细；噍，枯；杀，减也。其哀心感者，其声噍以杀，故作乐而有急微噍杀之音，则其民心之哀思忧愁可知矣。"〇应，去声。噍，音焦。杀、思，并去声。

[2] 啴，宽；谐，和；慢，缓；易，平也。繁文简节，多文理而略节奏也。其乐心感者，其声啴以缓，故此等音作，则其民心之安乐可知矣。○啴，昌展切。易，去声。乐，音洛。

[3] 粗厉，粗疏严厉也。猛，威盛貌。奋，振迅貌。起，初；末，终也。猛起奋末者，猛盛于初起，而奋振于终末也。广，大；贲，愤也。广愤，言中间丝竹匏土革木之音皆怒也。其怒心感者，其声粗以厉，故此等音作，则可知其民之刚毅。○贲，扶粉切。

[4] 廉，有棱隅也。劲，坚强也。其敬心感者，其声直以廉，故此等音作，则可知其民之肃敬。

[5]《考工记》注云："好，璧孔也。肉倍好曰璧，好倍肉曰瑗，肉好均曰环。"如此，则肉乃璧之肉地也。此言肉好，则以璧喻乐音之圆莹通滑耳。其爱心感者，其声和以柔，故此等音作，则知其民之慈爱。○肉，而救切。好，去声。

[6] 狄，与逖同，远也。成者，乐之一终。狄成，言其一终甚长，淫泆之意也。涤，洗也。滥，侵僭也。言其音之泛滥侵僭，如以水洗物，而浸渍侵滥无分际也。此是其喜心感者，而其声然也。故闻此音之作，则其民之淫乱可知矣。○辟，音僻。狄，音逖。分，去声。

是故先王本之情性，稽之度数，制之礼义，合生气之和，道五常之行，使之阳而不散，阴而不密，刚气不怒，柔气不慑，四畅交于中，而发作于外，皆安其位而不相夺也。然后立之学等，广其节奏，省其文采，以绳德厚，律小大之称，比终始之序，以象事行，使亲疏贵贱长幼男女之理，皆形见于乐。故曰"乐观其深矣"。[1]

[1] 此承上文声音之应感而言。本之情性，即民有血气心知之性，喜怒哀乐之情也。度数，十二律上生下生损益之数也。礼义、贵贱、隆杀、清浊、高下各有其义也。生气之和，造化发育之妙也。五常之行，仁

义礼知信之德也。言圣人之作乐，本于人心七情所感之音，而稽考于五声、十二律之度数，而制之以清浊、高下、尊卑、隆杀之节，而各得其宜，然后用之以合天地生气之和，而使其阳之动而不至于散，阴之静而不至于密，道人心五常之行，而使刚者之气不至于怒，柔者之气不至于慑。天地之阴阳，人心之刚柔，四者各得其中而和畅焉，则交畅于中而发形于外，于是宫君、商臣、角民、徵事、羽物，皆安其位而不相夺伦也。此言圣人始因人情而作乐，有度数礼义之详，而以之和天地之气，平天下之情，及天气人情感而太和焉，则乐无怗懘之音矣，然后推乐之教以化民成俗也。立之学，若乐师掌国学之政，大胥掌学士之版是也。立之等，若十三舞《勺》，成童舞《象》之类是也。广其节奏，增益学者之所习也。省其文采，省察其音曲之辞，使五声之相和相应，若五色之杂以成文采也。厚，如《书》"惟民生厚"之"厚"。以绳德厚，谓检约其固有之善而使之成德也。律，以法度整齐之也。比，以次序联合之也。宫音至大，羽音至小，律之使各得其称，始于黄钟之初九，终于仲吕之上六，比之使各得其序。以此法象而寓其事之所行，如宫为君，宫乱则荒之类，故曰"以象事行"也。人伦之理，其得失皆可于乐而见之，是乐之所观，其义深奥矣。此古有是言，记者引以为证。○道，去声。"之行"行，去声。省，悉井切。称，去声。比，毗至切。"事行"行，如字。见，音现。乐，音洛。杀，去声。

土敝则草木不长，水烦则鱼鳖不大，气衰则生物不遂，世乱则礼慝而乐淫。是故其声哀而不庄，乐而不安；慢易以犯节，流湎以忘本；广则容奸，狭则思欲；感条畅之气，灭平和之德。是以君子贱之也。[1]

[1] 土敝，地力竭也，故草木不长。水烦，谓泽梁之入无时。水烦扰而鱼鳖不得自如，故不大也。物类之生，必资阴阳之气。气衰耗，故生物不得成遂也。此三句，皆以喻世道衰乱，上下无常，故礼慝，男女无节，故乐淫也。乐淫，故哀而不庄，乐而不安。若《关雎》，则"乐而不淫"、"哀而

不伤”。礼慝，故慢易以犯节，流湎以忘本。若正礼则庄敬而有节，知反而报本也。广，犹大也。狭，犹小也。言淫乐慝礼，大则使人容为奸宄，小则使人思为贪欲，感伤天地条畅之气，灭败人心和平之德。是以君子贱之而不用也。感，或作蹙。蹙条畅之气，则与“合生气之和”者反矣。灭平和之德，则与“道五常之行”者异矣。〇长，上声。“乐而”乐，音洛。

凡奸声感人而逆气应之，逆气成象而淫乐兴焉；正声感人而顺气应之，顺气成象而和乐兴焉。倡和有应，回邪曲直各归其分，而万物之理，各以类相动也。[1]

是故君子反情以和其志，比类以成其行，奸声乱色不留聪明，淫乐慝礼不接心术，惰慢邪僻之气不设于身体，使耳目鼻口心知百体，皆由顺正以行其义。[2]

[1] 疏曰：“倡和有应者，奸声、正声感人是倡也，而逆气顺气应之，是和也。回，谓乖违。邪，谓邪僻。及曲之与直，各归其善恶之分限，善归善分，恶归恶分，而万物之情理，亦各以善恶之类，自相感动也。”〇应氏曰：“声感于微而气之所应者甚速，气应于微而象之所成者甚著。成象则有形而可见，见乃谓之象也。各归其分者，所谓乐之道归焉尔。”〇分，去声。

[2] 反情，复其情性之正也。情不失其正，则志无不和。比类，分次善恶之类也。不入于恶类，则行无不成。曰“不留”、“不接”、“不设”，如《论语》“四勿”之谓，皆反情比类之事。如此则百体从令，而义之与比矣。此一节，乃学者修身之要法。〇行，去声。比，毗至反。

然后发以声音，而文以琴瑟，动以干戚，饰以羽旄，从以箫管，奋至德之光，动四气之和，以著万物之理。是故清明象天，广大象地，终始象四时，周还象风雨，五色成文而不乱，八风从律而不奸，百度得数而有常，小大相成，终始相生，倡和清浊，迭相为经。故乐行而伦清，耳目聪明，血气和平，移风易俗，天下皆宁。[1]

故曰："乐者乐也。"君子乐得其道，小人乐得其欲。以道制欲，则乐而不乱；以欲忘道，则惑而不乐。[2]是故君子反情以和其志，广乐以成其教。乐行而民乡方，可以观德矣。[3]

[1]《大章》之章，《咸池》之备，《韶》之继，皆圣人极至之德发于乐者，其辉光犹若可见也。《书》言"光被四表"、"光天之下"，皆所谓至德之光也。四气之和，四时之和气也。小大终始，即前章"小大之称"、"终始之序"也。迭相为经，即前篇"还相为宫"之说也。○疏曰："八风，八方之风也。律，十二月之律也。距冬至四十五日条风至，条者，生也。四十五日明庶风至，明庶者，迎众也。四十五日清明风至，清明者，芒也。四十五日景风至，景者，大也，言阳气长养也。四十五日凉风至，凉，寒也，阴气行也。四十五日阊阖风至，阊阖者，咸收藏也。四十五日不周风至，不周者不交也，言阴气未合化也。四十五日广莫风至，广莫者，大莫也，开阳气也。"○方氏曰："清明者乐之声，故象天。广大者乐之体，故象地。终始者乐之序，故象四时。周还者乐之节，故象风雨。"○应氏曰："五声配乎五行之色，故各成文而不乱；八音配乎八卦之风，故各从律而不奸。自一度衍之而至于百，则百度名得其数，犹八卦至于六十四，而其变无穷也。大而日月星辰之度，小而百工器物之度，各有数焉，不止昼夜之百刻也。曰不乱不奸，以至有常，言其常而不紊也。曰相成相生，以至迭相为经，言其变而不穷也。顺其常，则能极其变矣。"○还，音旋。"倡和"和，去音。

[2] 君子之乐道，犹小人之乐欲。君子以道制欲，故坦荡荡；小人徇欲忘道，故长戚戚。○"乐者"、"之乐"，如字，余并音洛。

[3] 承上文而言，所以君子复情和志以修其身，广乐成教以治乎民，

及乐之教行而民知向道，则可以观君子之德矣。○乡，去声。

德者，性之端也。乐者，德之华也。金石丝竹，乐之器也。诗，言其志也。歌，咏其声也。舞，动其容也。三者本于心，然后乐器从之。是故情深而文明，气盛而化神，和顺积中而英华发外，惟乐不可以为伪。[1]

[1] 石梁王氏曰："注以志、声、容三者为本，非也。德有心为本，性又德之本，然后诗、歌、舞三者出焉。"○刘氏曰："性之端，和顺积中者也。德之华，英华发外者也。三者，谓志也，声也，容也。志则端之初发者。声、容，则华之既见者。志动而形于诗，诗成而咏歌其声，咏歌之不足，则不知手舞足蹈而动其容焉。三者皆本于心之感物而动，然后被之八音之器，以及干、戚、羽、旄也。情之感于中者深，则文之著于外者明。如天地之气盛于内，则化之及于物者，神妙不测也。故曰'和顺积中而英华发外'也。由是观之，则乐之为乐，可以矫伪为之乎？"

乐者，心之动也。声者，乐之象也。文采节奏，声之饰也。君子动其本，乐其象，然后治其饰。是故先鼓以警戒，三步以见方，再始以著往，复乱以饬归，奋疾而不拔，极幽而不隐，独乐其志，不厌其道，备举其道，不私其欲。是故情见而义立，乐终而德尊，君子以好善，小人以听过。故曰："生民之道，乐为大焉。"[1]

[1] 动其本，心之动也。心动而有声，声出而有文采节奏，则乐饰矣。乐之将作，必先击鼓以耸动众听，故曰"先鼓以警戒"。舞之将作，必先三举足以示其舞之方法，故曰"三步以见方"。再始，谓一节终而再作也。往，进也。乱，终也。如云《关雎》之乱。归，舞毕而退就位也。再始以著往者，再击鼓以明其进也。复乱以饬归者，复击铙以谨其退也。此

两句，言舞者周旋进退之事。拔，如“拔来赴往”之“拔”，言舞之容，虽若奋迅疾速，而不过于疾也。乐之道虽曰幽微难知，而不隐于人也。是故君子以之为己，则和而平，故：“独乐其志，不厌其道”，言学而不厌也。以之为人，则爱而公，故备举其道。不私其欲，言诲人不倦也。情见于乐之初，而见其义之立；化成于乐之终，而知其德之尊。君子听之而好善，感发其良心也。小人听之而知过，荡涤其邪秽也。“故曰”以下，亦引古语结之。此章诸家皆以为论《大武》之乐，以明伐纣之事，且以“再始”为十一年观兵、十三年伐纣，此误久矣。愚谓此特通论乐与舞之理如此耳，故曰：“生民之道，乐为大焉。”岂可以生民之道，莫大于战伐哉？〇见，音现。拔，蒲末切。好，去声。

乐也者，施也。礼也者，报也。乐，乐其所自生；礼，反其所自始。乐章德，礼报情，反始也。[1]

[1] 文蔚问：“如何是章德。”朱子曰：“和顺积诸中，英华发于外，便是章著其内之德。”〇马氏曰：“乐由阳来，阳散其文而以生育为功，故乐主于施。礼由阴作，阴敛其质而以反朴为事，故礼主于报。舜生于绍尧而施及于天下，故作《大韶》。武王生于武功而施及于天下，故作《大武》。此乐其所自生也。万物本乎天，故先王以郊明天之道。人本乎祖，故王者禘其祖之所自出。此反其所自始也。”〇应氏曰：“乐有发达动荡之和，宣播而出于外，一出而不可反，故曰施。礼有交际酬答之文，反覆而还于内，故曰报。《韶》、《濩》、《夏》、《武》，皆章德而导和。祭享朝聘，皆报情而反始。所谓反者，有收敛之节也。”〇施，去声。“乐其”乐，音洛。

所谓大辂者，天子之车也。龙旂九旒，天子之旌也。青黑缘者，天子之宝龟也。从之以牛羊之群，则所以赠诸侯也。[1]

[1] 天子赐车，则上公及同姓侯伯金辂，异姓则象辂，四卫则革辂，

蕃国则木辂。受于天子,则总谓之大辂也。龙旂九旒,亦上公,侯伯则七旒,子男则五旒也。宝龟则以青黑为之缘饰。牛羊非一,故称群。此明报礼之事。○石梁王氏曰:"此八句专言礼,与上下文不相承,当是他篇之错简。"○缘,去声。

乐也者,情之不可变者也。礼也者,理之不可易者也。乐统同,礼辨异。礼乐之说,管乎人情矣。[1]

[1] 刘氏曰:"人情感物无常,固多变。然既发于声音而为乐,则其哀乐一定而不可变矣。事理随时有异,固多易也。然既著之节文而为礼,则其威仪一定而不可易矣。惟其不可变,故使人佚能思初,安能惟始,和顺道德而纯然罔间,所谓统同也。惟其不可易,故使人亲疏有序,贵贱有等,谨审节文而截然不乱,所谓辨异也。此礼乐之说,所以管摄乎人情也。"

穷本知变,乐之情也。著诚去伪,礼之经也。礼乐偩天地之情,达神明之德,降兴上下之神,而凝是精粗之体,领父子君臣之节。[1]

[1] 朱子曰:"偩,依象也。"○刘氏曰:"人情理同而气异,同则本一,异则变多。乐以统同,故可使人穷其本之同,而知其变之异。人情理微而欲危,微则诚隐,危则伪生。礼以辨异,故可使人去其欲之伪,而著其理之诚也。穷本知变者,感通之自然,故曰情。著诚去伪者,修为之当然,故曰经。"○愚谓礼乐之作,道与器未始相离,故曰凝是精粗之体也。○去,上声。偩,音负。离,去声。

是故大人举礼乐则天地将为昭焉。天地䜣合,阴阳相得,煦妪覆育万物,然后草木茂,区萌达,羽翼奋,角觡生,蛰虫昭苏，羽者妪伏，毛者孕鬻，胎生者不殰，而卵生者不殈，则乐之道归焉耳。[1]

[1] 大人举礼乐，言圣人在天子之位而制礼作乐也。天地将为昭焉，言将以礼乐而昭宣天地化育之道也。䜣，与欣同。䜣合，和气之交感，即阴阳相得之妙也。天以气煦之，地以形妪之，天煦覆而地妪育，是“煦妪覆育万物”也。屈生曰勾，谓勾曲而生者也。角之无䚡者曰觡。䚡，谓角外皮之滑泽者。蛰藏之虫初出，如暗而得明，如死而更生，故曰“昭苏”也。妪伏，体伏而生子也。孕鬻，妊孕而育子也。殰，未及生而胎败也。殈，裂也。凡物皆得自生自育而无所害者，是皆归于圣人礼乐参赞之道耳。〇䜣，音欣。煦，吁句切。妪，于句切。覆，去声。区，音勾。觡，音格。伏，扶又切。鬻，音育。殰，音渎。殈，吁阒切。

乐者，非谓黄钟、大吕、弦歌、干扬也，乐之末节也，故童者舞之。铺筵席，陈尊俎，列笾豆，以升降为礼者，礼之末节也，故有司掌之。乐师辨乎声诗，故北面而弦；宗祝辨乎宗庙之礼，故后尸；商祝辨乎丧礼，故后主人。是故德成而上，艺成而下，行成而先，事成而后。是故先王有上有下，有先有后，然后可以有制于天下也。[1]

[1] 礼乐之事，有道有器。前经皆言礼乐之道，此以器言，谓道之精者，非习艺习事者所能知也。干、扬，皆舞者所执。商祝，习知殷礼者。殷尚质，丧礼以质为主，故兼用殷礼也。北面，位之卑也。宗庙之敬在尸，丧礼之哀在主人，在尸与主人之后，其轻可知也。德行在君尸主人，童子、有司习于艺，宗祝、商祝习于事，故上下先后之序如此。〇石梁王氏曰：“德成而上。注云：德，三德也。汉儒训解，每以三德为德。”〇行，去声。

魏文侯问于子夏曰：“吾端冕而听古乐，则唯恐卧；听郑卫之音，则不知倦。敢问古乐之如彼何也？新乐之如此何也？”子夏对曰：“今夫古乐，进旅退旅，和正以广，弦、匏、笙、簧，会守拊鼓，始奏以文，复乱以武，治乱以相，讯疾以雅。君子于是语，于是道古，修身及家，平均天下，此古乐之发也。[1]今夫新乐，进俯退俯，奸声以滥，溺而不止，及优侏儒，獶杂子女，不知父子。乐终不可以语，不可以道古。此新乐之发也。[2]今君之所问者乐也，所好者音也。夫乐者，与音相近而不同。”

[1] 厌之，故惟恐卧；好之，故不知倦。如彼，外之也；如此，内之也。旅，众也。或进或退，众皆齐一，无参差也。和正以广，无奸声也。弦、匏、笙、簧之器虽多，必会合相守，待击拊鼓，然后作也。文，谓鼓也。武，谓金铙也。乐之始奏先击鼓，故云“始奏以文”。乱者，卒章之节。欲退之时，击金铙而终，故云“复乱以武”。相，即拊也，所以辅相于乐。治乱而使之理，故云“治乱以相”也。讯，亦治也。雅，亦乐器也。过而失节谓之疾，奏此雅器以治舞者之疾，故云“讯疾以雅”也。于此而语乐，是道古乐之正也。知古乐而明修身之道，则家齐、国治而天下平矣。〇方氏曰：“鼓声为阳，故谓之文；铙声为阴，故谓之武。平，言无上下之偏；均，言无远近之异。”〇相，去声。

[2] 进俯退俯，谓俯偻曲折，行列杂乱也。奸声以滥，即前章所谓“涤滥之音”，谓奸邪之声，侵滥不正也。溺而不止，即前章所谓“狄成之音”，谓其声沉淫之入也。及俳优杂戏、侏儒短小之人，如狝猴之状，间杂于男子、妇人之中，不复知有父子尊卑之等。作乐虽终，无可言者，况可与之言古道乎？獶，与猱同。〇儒，儒同。獶，乃刀切。行，音杭。间，去声。复，扶又切。

文侯曰：“敢问何如？”子夏对曰：“夫古者天地顺而四时

当，民有德而五谷昌，疾疢不作而无妖祥，此之谓大当。然后圣人作为父子君臣以为纪纲，纪纲既正，天下大定，天下大定，然后正六律，和五声，弦歌《诗》、《颂》。此之谓德音，德音之谓乐。《诗》云：‘莫其德音，其德克明。克明克类，克长克君。王此大邦，克顺克俾。俾于文王，其德靡悔。既受帝祉，施于孙子。’此之谓也。[1]今君之所好者，其溺音乎！”

[1] 四时当，谓不失其序也。妖祥，祥亦妖也。《书》言“亳有祥”。大当，大化之均调也。“作为父子君臣以为纪纲”是一句读，言圣人立父子君臣之礼，为三纲六纪之目也。纲，维网大绳。纪，附纲小绳。纲目则附于纪也。三纲，谓君为臣纲，父为子纲，夫为妻纲也。六纪，谓诸父有善，诸舅有义，族人有叙，昆弟有亲，师长有尊，朋友有旧也。先序之以礼，乃可和以乐，故然后有正六律以下之事。周子曰：“古者圣王制礼法，修教化，三纲正，九畴叙，百姓大和，万物咸若，乃作乐以宣八风之气，以平天下之情。”意盖本此，《诗・大雅・皇矣》之篇。莫，静也。德音，名誉也。俾，当依《诗》作“比”。子夏引《诗》以证德音之说。〇严氏曰：“王季虽无心于干誉，然其德明而类，长而君，顺而比，自不可掩。类者明之克，君者长之推，比者顺之积。克明，谓知此理。克类，谓触类而通，一理混融，彻上彻下也。君又尊于长，《学记》言能为长，然后能为君是也。以之君临大邦，则克顺而能和其民，克比而能亲其民。顺言不扰，比则欢然相爱矣。比及文王，其德无有可悔，从容中道，无毫发之慊也。言王季之德，传于文王而益盛，故能受天之福，而延于子孙也。”〇当，去声。疢，丑刃切。莫，音默。王，去声。俾，读为比，皮义切。祉，音耻。施，音异。长，上声。比，去声。从，七容切。中，去声。

文侯曰：“敢问溺音何从出也？”子夏对曰：“郑音好滥淫志，宋音燕女溺志，卫音趋数烦志，齐音敖辟乔志。此四者皆淫于色而害于德，是以祭祀弗用也。[1]《诗》云：‘肃雍和鸣，先祖是听。’夫肃，肃敬也。雍，雍和也。夫敬以和，何事不行？[2]为人君者，谨其所好恶而已矣。君好之则臣为之，上行之则民从之。《诗》云‘诱民孔易’，此之谓也。[3]

[1] 溺音，淫溺之音也。滥者，泛滥之义，谓泛及非己之色也。燕者，晏安之意，谓耽于娱乐而不反也。趋数，迫促而疾速也。敖辟，倨肆而偏邪也。四者皆以志言，淫溺较深，烦骄较浅，然皆以害德，故不可用之宗庙。○趋，音促。数，音速。敖，去声。辟，音僻。乔，音骄。

[2]《诗·周颂·有瞽》之篇。因上文言溺音害德，祭祀弗用，故引之。

[3] 德音之正，溺音之邪，皆易以感人，故人君不可不谨所好恶也。《诗·大雅·板》之篇。诱，《诗》作“牖”。○好、恶、易，并去声。

“然后圣人作为鞉、鼓、椌、楬、埙、篪。此六者，德音之音也。然后钟、磬、竽、瑟以和之，干、戚、旄、狄以舞之。此所以祭先王之庙也，所以献酬酳酢也，所以官序贵贱各得其宜也，所以示后世有尊卑长幼之序也。[1]

[1] 鞉，如鼓而小，持柄摇之，旁耳自击。椌，褐，柷敔也。埙，六孔，烧土为之。篪，大者长尺四寸，小者尺二寸，竹也。六者皆质素之声，故云德音。既用质素为本，然后用钟、磬、竽、瑟四者华美之音以赞其和。干，楯也。戚，斧也。武舞所执。旄，旄牛尾也。狄，翟雉羽也。文舞所执。此则宗庙之乐也。酳，说见前篇。有事于宗庙，则有献酬酳酢之礼也。宗庙朝廷无非礼乐之用，所以贵贱之官序，长幼之尊卑，自今日而垂之后世也。○椌，音腔，坊本音控，又音空。楬，丘八切。埙，音喧，坊本音宣。篪，音池。长，上声。

“钟声铿，铿以立号，号以立横，横以立武。君子听钟声，则思武臣。[1]石声磬，磬以立辨，辨以致死。君子听磬声，则思死封疆之臣。[2]丝声哀，哀以立廉，廉以立志。君子听琴瑟之声，则思志义之臣。[3]竹声滥，滥以立会，会以聚众。君子听竽、笙、箫、管之声，则思畜聚之臣。[4]鼓鼙之声欢，欢以立动，动以进众。君子听鼓鼙之声，则思将帅之臣。君子之听音，非听其铿锵而已也，彼亦有所合之也。"[5]

[1] 铿然有声，号令之象也，号令欲其威严。横则盛气之充满也。令严气壮，立武之道，故君子听之而思武臣。〇横，古旷切。

[2] 旧说，"磬"，读为"罄"，上声，谓其声音罄罄然所以为辨别之意。死生之际非明辨于义而刚介如石者不能决。封疆之臣，致守于彼此之限，而能致死于患难之中，故君子闻声而知所思也。〇磬，上声。别，必列切。难，去声。

[3] 人之处心，虽当放逸之时，而忽闻哀怨之声，亦必为之恻然而收敛，是哀能立廉也。丝声凄切，有廉刿裁割之义。人有廉隅，则志不诱于欲。士无故不去琴瑟，有以也夫。

[4] 旧说，滥为擥聚之义，故可以会，可以众。畜聚之臣，谓节用爱人，容民畜众者，非谓聚敛之臣也。〇刘氏曰："竹声泛滥，泛则广及于众而众必归之，故以立会聚。而君子闻竹声，则思容民畜众之臣也。"〇滥，上声。畜，敕六切。擥，览同。敛，去声。

[5] 欢，谓欢嚣也。其声喧杂，使人心意动作，故能进发其众。前言武臣，泛言之也。此专指将帅而言，盖师以鼓进，而进之权在主将也。彼，谓乐声也。合之，契合于心也。〇应氏曰："八音举其五，而不言匏、土、木者，匏声短滞，土声重浊，木声朴质，而无轻清悠飏之韵。然木以击鼓，而匏亦在竽、笙之中矣。"

宾牟贾侍坐于孔子，孔子与之言及乐，曰："夫《武》之备戒之已久，何也？"对曰："病不得其众也。"[1]"咏叹之，淫液之，何也?”对曰:“恐不逮事也。”[2]“发扬蹈厉之已早,何也?”对曰:“及时事也。”[3]“《武》坐致右宪左,何也?”对曰:“非《武》坐也。”[4]“声淫及商,何也?”对曰:“非《武》音也。”子曰:“若非《武》音,则何音也?”对曰:“有司失其传也。若非有司失其传,则武王之志荒矣。”子曰:“唯。丘之闻诸苌弘,亦若吾子之言,句是也。”[5]

[1] 宾牟,姓。贾,名。孔子问《大武》之乐,先击鼓备戒已久,乃始作舞,何也? 贾答言武王伐纣之时,忧病不得士众之心,故先鸣鼓以戒众,久乃出战。今欲象此,故令舞者久而后出也。

[2] 此亦孔子问而贾答也。咏叹,长声而叹也。淫液,声音之连延,流液不绝之貌。逮,及也。言武王恐诸侯后至者不及战事,故长歌以致其望慕之情也。

[3] 问初舞时,即手足发扬蹈地而猛厉,何其太早乎? 贾言象武王及时伐纣之事,故不可缓。然下文孔子言是“太公之志”,则此答非也。

[4] 坐,跪也。问舞《武》乐之人,何故忽有时而跪,以右膝至地,而左足仰之,何也? 宪,读为“轩轾”之“轩”。贾言非《武》人坐,舞法无坐也。然下文孔子言“《武》乱皆坐”,是周召之治,则《武》舞有坐,此答亦非也。○宪,音轩。召,音邵。

[5] 淫,贪欲之意也。《武》乐之中有贪商之声,则是武王贪欲纣之天下,故取之也。贾言非《武》乐之声也,孔子又问既非《武》乐之声,则是何乐声乎? 贾又言此典乐之官失其相传之说也,若非失其所传之真,而谓武王实有心于取商,则是武王之志有荒谬矣,岂精明神武,应天顺人之志哉? 孔子于是然其言,而谓其言与苌弘相似也。一说,商声为杀伐之声,淫谓商声之长也。若是《武》乐之音则是武王有嗜杀之心矣,故云“志荒”也。○唯,上声。

宾牟贾起,免席而请曰:“夫《武》之备戒之已久,则既闻命矣，敢问迟之，迟而又久，何也？”子曰：“居！吾语汝。夫乐者，象成者也。总干而山立，武王之事也。发扬蹈厉，太公之志也。《武》乱皆坐，周召之治也。[1]且夫武始而北出，再成而灭商，三成而南，四成而南国是疆，五成而分周公左、召公右，六成复缀以崇天子。[2]丧振之而驷伐，盛威于中国也。[3]分夹而进，事早济也。久立于缀，以待诸侯之至也。[4]

[1] 免席，避席也。备戒已久，所谓迟也。久立于缀，是迟而又久也。孔子言作乐者仿象其成功，故将舞之时，舞人总持干盾，如山之立，嶷然不动。此象武王持盾以待诸侯之至，故曰“武王之事”也。所以发扬蹈厉，象太公威武鹰扬之志也。乱，乐之卒章也。上章言“复乱以武”。言《武》舞将终而坐，象周公、召公文德之治，盖以文而止武也。〇语，去声。

[2] 成者，曲之一终。《书》云：“箫韶九成。”孔子又言《武》之舞也，初自南第一位而北至第二位，故云“始而北出”也。此是一成；再成，则舞者从第二位至第三位，象灭商也；三成，则舞者从第三位至第四位，极于北而反乎南，象克殷而南还也；四成，则舞者从北头第一位却至第二位，象伐纣之后，疆理南方之国也；五成，则舞者从第二位至第三位乃分为左右，象周公居左，召公居右也。缀，谓南头之初位也；六成，则舞者从第三位而复于南之初位，乐至六成而复初位，象武功成而归镐京，四海皆崇武王为天子矣。〇陈氏曰：“乐终而德尊也。”〇召，音邵。缀，音拙，下同。

[3] 此又申言《武》始北出以下事。二人夹舞者而振铎以为节，则舞者以戈矛四次击刺，象伐纣也。驷，读为四。伐，如《泰誓》四伐、五伐之“伐”。此象武王之兵所以盛威于中国也。一说，引君执干、戚就舞位，读“天子”连下句，但旧注以“崇”训“充”，则未可通耳。四伐，或象四方征伐，武胜殷而灭国者五十，则亦有东征、西讨、南征、北伐之事矣。

[4] 分，部分也。舞者各有部分，而振铎者夹之而进也。济，犹成也。此于武王之事为早成也。舞者久立于行缀之位，象武王待诸侯之集

也。○分，去声。行，音杭。

“且女独未闻牧野之语乎？武王克殷，反商，未及下车而封黄帝之后于蓟，封帝尧之后于祝，封帝舜之后于陈；下车而封夏后氏之后于杞，投殷之后于宋，封王子比干之墓，释箕子之囚，使之行商容而复其位。庶民弛政，庶士倍禄。[1]济河而西，马散之华山之阳而弗复乘，牛散之桃林之野而弗复服，车甲衅而藏之府库而弗复用，倒载干戈，包之以虎皮，将帅之士，使为诸侯，名之曰‘建櫜’。然后天下知武王之不复用兵也。[2]

[1] 反，读为及。言牧野克殷师之后，即至纣都也。殷后不曰封而曰投者，举而徙置之辞也。然封微子于宋，在成王时，此特历叙黄帝、尧、舜、禹、汤之次而言之耳。其曰“未及下车而封”与“下车而封”，先后之辞，读者不以辞害意可也。行商容，即《书》所谓“式商容闾”也。弛政，解散纣之虐政也。一说，谓罢其征役。倍禄，禄薄者倍增之也。○女，音汝。反，音及。行，去声。

[2] 衅，与釁同，以血涂之也。凡兵器之载，出则刃向前，入则刃向后。今载还镐京而刃向后，有似于倒，故云倒载也。建，读为键，锁也。櫜，韬兵器之具。兵器皆以键櫜闭藏之，示不用也。封将帅为诸侯，赏其功也。今详文理，“名之曰‘建櫜’”一句，当在虎皮之下，将帅之上。○复，扶又切。衅，许靳切。将，去声。建，上声。櫜，音高。

“散军而郊射，左射《狸首》，右射《驺虞》，而贯革之射息也。裨冕搢笏，而虎贲之士说剑也。祀乎明堂，而民知孝。朝觐，然后诸侯知所以臣。耕藉，然后诸侯知所以敬。五者天下之大教也。[1]食三老、五更于大学，天子袒而割牲，执酱而馈，执爵而酳，冕而总干，所以教诸侯之弟也。若此，则周道四达，礼乐交通，则夫‘武’之迟久，不亦宜乎！”[2]

[1] 散军，放散军伍也。郊射，习射于郊学之中也。左，东学也，在东郊。东学之射，歌《狸首》之诗以为节。右，西学，在西郊。西学之射，则歌《驺虞》之诗以为节也。贯，穿也。革，甲铠也。军中不习礼，其射但主于穿札，今既行礼射，则此射止而不为矣。裨冕，见《曾子问》。搢，插也。说剑，解去其佩剑也。○“左射”、“右射”射，音石。说，音脱。朝，音潮。

[2] 冕而总干，谓首戴冕而手执干盾也。余说各见前篇。孔子语宾牟贾武乐之详，其言止此。○食，音嗣。更，平声。大，音泰。弟，音悌。

君子曰：“礼乐不可斯须去身。”致乐以治心，则易、直、子、谅之心油然生矣。易、直、子、谅之心生则乐，乐则安，安则久，久则天，天则神。天则不言而信，神则不怒而威，致乐以治心者也。[1]

[1] 致，谓研穷其理也。乐由中出，故以治心言之。子谅，从朱子说读为“慈良”。乐之感化人心，至于天而且神，可以识穷本知变之妙矣。○朱子曰：“‘易、直、子、谅之心’一句，从来说得无理会，却因见《韩诗外传》，‘子谅’作‘慈良’字，则无可疑矣。”○易，去声。“则乐”、“乐则”之乐，音洛。

致礼以治躬则庄敬，庄敬则严威。心中斯须不和不乐，而鄙诈之心入之矣。外貌斯须不庄不敬，而易慢之心入之矣。[1]故乐也者，动于内者也。礼也者，动于外者也。乐极和，礼极顺。内和而外顺，则民瞻其颜色而弗与争也，望其容貌而民不生易慢焉。故德辉动于内而民莫不承听，理发诸外而民莫不承顺。故曰:“致礼乐之道,举而错之天下无难矣。”[2]

[1] 礼自外作,故以治躬言之。此言著诚去伪之心,不可少有间断。○乐,音洛。易,去声。

[2] 动于内,则能治心矣。动于外,则能治躬矣。极和极顺,则无斯须之不和不顺矣。所以感人动物,其效如此。德以辉言,乃英华发外之验。理发诸外,是动容周旋之中礼。君子极致礼乐之道,其于治天下乎何有!○易,去声。错,音措。中,去声。治,平声。

乐也者,动于内者也。礼也者,动于外者也。故礼主其减,乐主其盈。礼减而进,以进为文;乐盈而反,以反为文。礼减而不进则销,乐盈而不反则放,故礼有报而乐有反。礼得其报则乐,乐得其反则安。礼之报,乐之反,其义一也。[1]

[1] 马氏曰:“以体言之,礼减乐盈;以用言之,礼进乐反。乐动于内,故其体主盈,盖乐由中出,而为人心之所喜;礼动于外,故其体主减,盖礼自外作,而疑先王有以强世也。礼主减,故勉而作之,而以进为文;乐主盈,故反而抑之,而以反为文。故七介以相见,不然则已悫;三辞三让而至,不然则已蹙。一献之礼,而宾主百拜,日莫人倦而齐庄正齐,此皆勉而进之者也。进旅退旅,以示其和;弦、匏、笙、簧,会守拊鼓,以示其统。治乱则以相,讯疾则以雅,作之以柷,止之以敔,此皆反而抑之者也。减而不进,则几于息矣,故销;盈而不反,则至于流矣,故放。先王知其易偏,故礼则有报,乐则有反。礼有报者,资于乐也。乐有反者,资于礼也。”○刘氏曰:“礼之仪动于外,必谦卑退让以自牧,故主于减杀;乐之德动于中,必和顺充积而后形,故主于盈盛。盖乐由阳来,故盈;礼自阴作,故减也。然礼之体虽主于退让,而其用则贵乎行之以和,故以进为文也;乐之体虽主于充盛,而其用则贵乎抑之以节,故以反为文也。礼若过于

退让而不进，则威仪销沮，必有礼胜则离之失；乐过于盛满而不反，则意气放肆，必有乐胜则流之弊。故礼必有和以为减之报。报者，相济之意也。乐必有节以为盈之反。反者，知止之谓也。礼减而得其和以相济，则从容欣爱而乐矣，此乐以和礼也。乐盈而得其节以知止，则优柔平中而安矣，此礼以节乐也。礼乐相须并用，而一归于无过无不及之中，而合其事理之宜，故曰：'礼之报，乐之反，其义一也'。"○报，如字。"则乐"乐，音洛。强，上声。莫，音暮。"齐庄"齐，音斋。易、杀，并去声。从，七容切。

夫乐者，乐也，人情之所不能免也。乐必发于声音，形于动静，人之道也。声音动静，性术之变尽于此矣。故人不耐无乐，乐不耐无形。形而不为道，不耐无乱。先王耻其乱，故制《雅》、《颂》之声以道之，使其声足乐而不流，使其文足论而不息，使其曲直繁瘠廉肉节奏，足以感动人之善心而已矣，不使放心邪气得接焉。是先王立乐之方也。[1]

[1] 方氏曰："声足乐者，乐其道；文足论者，论其理也。道所以制用而有节，故虽乐而不至于流；理所以明义而无穷，故可论而不至于息。曲者，声之柔，若丝是也。直者，声之刚，若金是也。繁者，声之杂，若笙是也。瘠者，声之纯，若磬是也。廉者，声之清，若羽是也。肉者，声之浊，若宫是也。节者，声之制，若徵是也。奏者，声之作，若合是也。"○刘氏曰："人情有所乐而发于咏歌，咏歌之不足而不知手舞足蹈，则性情之变尽于此矣。故人情不能无乐，乐于中者不能不形于外而为歌舞。形于歌舞而不为文辞以道之于礼义，则必流于荒乱矣。先王耻其然，故制为《雅》、《颂》之声诗以道迪之，使其声音足以为娱乐，而不至于流放；使其文理足以为讲明，而不至于怠息；使其乐律之清浊高下，或宛转而曲，或径出而直，或丰而繁，或杀而瘠，或棱隅而廉，或圆滑而肉，或止而节，或作而奏，皆足以感发人之善心，而不使放肆之心、邪僻之气，得接于吾身

焉。是乃先王立乐之方法也。”〇“乐者”、“立乐”乐，如字，余音洛。耐，音能。道、论，并去声。肉，而救切。徵，上声。杀，去声。

是故乐在宗庙之中，君臣上下同听之，则莫不和敬；在族长乡里之中，长幼同听之，则莫不和顺；在闺门之内，父子兄弟同听之，则莫不和亲。故乐者审一以定和，比物以饰节，节奏合以成文，所以合和父子君臣附亲万民也。是先王立乐之方也。[1]

[1] 应氏曰：“一者，心也。心一而所应者不一，守一以凝定其和，杂比以显饰其节，及其成文，可以合和至亲至严之伦，附亲其至疏至众者，盖乐发于吾心，而感于人心，无二理也。”〇刘氏曰：“作乐之道，先审人声之所形，或《风》或《雅》或《颂》，或喜或敬或爱，各从一体，以定其调度之和，然后比之乐器之物，以饰其节奏。此一条，言乐以和礼也。”〇长，上声。比，音避。

故听其《雅》、《颂》之声，志意得广焉。执其干戚，习其俯仰诎伸，容貌得庄焉。行其缀兆，要其节奏，行列得正焉，进退得齐焉。故乐者，天地之命，中和之纪，人情之所不能免也。[1]

[1] 天地之教命，中和之统纪，所以防范人心者在是。曰庄，曰正，曰齐，曰纪，皆言礼之节乐。〇要，平声。行，音杭。

夫乐者，先王之所以饰喜也。军旅铁钺者，先王之所以饰怒也。故先王之喜怒，皆得其侪焉。喜则天下和之，怒则暴乱者畏之。先王之道，礼乐可谓盛矣。[1]

[1] 皆得其侪，言各从其类，喜非私喜，怒非私怒也。〇侪，音柴。

子赣见师乙而问焉，曰："赐闻声歌，各有宜也。如赐者宜何歌也？"师乙曰："乙，贱工也，何足以问所宜！请诵其所闻，而吾子自执焉。宽而静，柔而正者，宜歌《颂》。广大而静，疏达而信者，宜歌《大雅》。恭俭而好礼者，宜歌《小雅》。正直而静，廉而谦者，宜歌《风》。肆直而慈爱者，宜歌《商》。温良而能断者，宜歌《齐》。夫歌者，直己而陈德也，动己而天地应焉，四时和焉，星辰理焉，万物育焉。[1]故《商》者，五帝之遗声也，商人识之，故谓之《商》。《齐》者，三代之遗声也，齐人识之，故谓之《齐》。明乎商之音者，临事而屡断；明乎齐之音者，见利而让。临事而屡断，勇也。见利而让，义也。有勇有义，非歌孰能保此？[2]故歌者，上如抗，下如队，曲如折，止如槁木，倨中矩，句中钩，累累乎端如贯珠。

[1] 子赣，孔子弟子端木赐也。乐师名乙。各有宜，言取诗之兴趣以理其情性，使合于宜也。有此德而宜此歌，是正直己身而敷陈其德也，故曰"直己而陈德"。动己，性天之流行也。动天地，感鬼神，莫近于诗，故有四者之应。〇方氏曰："肆，宽大而舒缓也。《商》音刚决，故性之柔缓者宜歌之，而变其柔为刚断。《齐》音柔缓，故性刚决者宜歌之，而终至于柔逊。盖各济其所偏，而融会之于平和之地也。"〇好，去声。断，丁玩切。应，去声。兴，去声。

[2] 保，犹安也。言安于勇、安于义而不移也。〇疏曰："宋是商后，此商人谓宋人也。"〇识，音志，下同。断，丁玩切，下同。

故歌之为言也，长言之也。说之，故言之；言之不足，故长言之；长言之不足，故嗟叹之；嗟叹之不足，故不知手之舞之、足之蹈之也。"子贡问乐。[1]

［1］上如抗，下如队，言歌声之高者如抗举，其下者如坠堕也。槁木，枯木也。倨，微曲也。句，甚曲也。端，正也。长言之，所谓歌永言也。〇朱子曰："看《乐记》大段形容得乐之气象，当时许多名物度数，人人晓得，不须说出，故止说乐之理如此其妙。今许多度数都没了，只有许多乐之意思是好，只是没顿放处。"又曰："今礼乐之书皆亡，学者但言其义，至于器数，则不复晓，盖失其本矣。"〇队，音坠。中，去声。说，音悦。思，去声。

杂记上第二十

诸侯行而死于馆，则其复如于其国；如于道，则升其乘车之左毂以其绥复。[1]其輤有裧，缁布裳帷，素锦以为屋而行。[2]至于庙门，不毁墙，遂入，适所殡，唯輤为说于庙门外。[3]

[1] 馆，谓主国有司所授馆舍也。复，招魂复魄也。如于其国，其礼如在本国也。道，路也。乘车，其所自乘之车也。在家则升屋之东荣，车向南，则左在东也。绥，谓为緌，旌旗之旄也，去其旒而用之耳。凡五等诸侯之复，人数视命数。今毂上狭，止容一人。○乘，去声。绥，而追切。

[2] 輤，载柩之车上覆饰也。輤象宫室。旧说，輤用染赤色，以蒨而名。裧者，輤之四旁所垂下者。缁布裳帷者，輤下棺外，用缁色之布为裳帷，以围绕棺也。素锦以为屋者，用素锦为小帐如屋，以覆棺之上，设此饰乃行也。○輤、蒨，并音倩。裧，尺占切。覆，芳又切。

[3] 庙门，殡宫之门也。不毁墙，谓不拆去裳帷也。所殡在两楹间，脱輤于门外者，既入宫室，则不必象宫之輤也，故脱之。○说，音脱，下节同。

大夫、士死于道，则升其乘车之左毂以其绥复。如于馆死，则其复如于家。大夫以布为輤而行，至于家而说輤，载以輲车，入自门，至于阼阶下而说车，举自阼阶，升适所殡。[1]士輤苇席以为屋，蒲席以为裳帷。[2]

[1] 布輤，以白布为輤也。輲，读为辁，音与船同。《说文》："有辐曰轮，无辐曰辁。"有辐者，别用木以为辐也。无辐者，合大木为之也。大夫

初死，及至家，皆用辁车载之。今至家而脱去輤，则惟尸在辁车上耳，故云“载以辁车”。凡死于外者，尸入自门，升自阼阶，柩则入自阙，升自西阶。周礼，殡则于西阶之上，惟死于外者，殡当两楹之中，盖不忍远之也。○远，去声。

[2] 士卑，故质略如此。

凡讣于其君，曰：“君之臣某死。”父母、妻、长子，曰：“君之臣某之某死。”君讣于他国之君，曰：“寡君不禄，敢告于执事。”夫人，曰：“寡小君不禄。”大子之丧，曰：“寡君之适子某死。”[1]大夫讣于同国适者，曰：“某不禄。”讣于士，亦曰：“某不禄。”讣于他国之君，曰：“君之外臣寡大夫某死。”讣于适者，曰：“吾子之外私寡大夫某不禄，使某实。”讣于士，亦曰：“吾子之外私寡大夫某不禄，使某实。”[2]士讣于同国大夫，曰：“某死。”讣于士，亦曰：“某死。”讣于他国之君，曰：“君之外臣某死。”讣于大夫，曰：“吾子之外私某死。”讣于士，亦曰：“吾子之外私某死。”[3]

[1] 君与夫人讣，不曰“薨”而曰“不禄”，告他国谦辞也。敢告于执事者，凶事不敢直指君身也。○长，上声。大，音泰。适，音的，下节同。

[2] 适者，谓同国大夫位命相敌者。外私，在他国而私有恩好者也。实，读为至，言为讣而至此也。○适，并音敌。实，音至。好、为，并去声。

[3] 士卑，故其辞降于大夫。

大夫次于公馆以终丧，士练而归，士次于公馆。大夫居庐，士居垩室。[1]

[1] 此言君丧，则大夫居丧之次，在公馆之中，终丧乃得还家。若邑宰之士，至小祥得还其所治之邑。其朝廷之士，亦留次公馆以待终丧。

庐，在中门外东壁，倚木为之，故云倚庐。垩室，在中门外屋下，垒墼为主，不涂塈。○刘氏曰："郑云居垩室，亦谓邑宰也，朝士亦居庐。盖斩衰之丧居庐，既练居垩室，朝士大夫皆斩衰，未练时皆当居庐也。"

大夫为其父母兄弟之未为大夫者之丧服，如士服。[1]士为其父母兄弟之为大夫者之丧服，如士服。大夫之适子，服大夫之服。[2]大夫之庶子为大夫，则为其父母服大夫服，其位与未为大夫者齿。[3]

[1] 石梁王氏曰："父母丧，自天子达，周人重爵，施于尊亲，乃异其服。非也，周公制礼时，恐其弊未至此。"○"为其"为，去声，下二节仿此。

[2] 大夫适子虽未为士，亦得服大夫之服，则为士而服大夫服可知矣。今此所言士，是大夫之庶子为士者也。庶子卑，故不敢服尊者之服，所以止如士服也。《孟子》言齐疏之服自天子达，而此经之文若此，盖大夫丧礼亡，不得闻其说之详矣。

[3] 大夫庶子若为大夫，可以大夫之丧服丧其亲。然其行位之处，则与适子之未为大夫者相齿列。○疏曰："此庶子虽为大夫，其年虽长于适子，犹在适子下，使适子为主也。"

士之子为大夫，则其父母弗能主也，使其子主之，无子，则为之置后。[1]

[1] 石梁王氏曰："此最无义理，充其说，则是子爵高，父母遂不能子之，舜可臣瞽瞍，皆齐东野人语也。"○下为，去声。

大夫卜宅与葬日，有司麻衣，布衰，布带，因丧屦，缁布冠不蕤，占者皮弁。[1]如筮，则史练冠、长衣以筮，占者朝服。[2]

[1] 卜宅，卜葬地也。有司，治卜事之人也。麻衣，白布深衣也。布衰者，以三升半布为衰，长六寸，广四寸，就缀于深衣前当胸之上。布带，以布为带也。因丧屦，因丧服之绳屦也。緌，与绥同。古者缁布冠无緌，后代加緌，故此明言之也。有司为卜，故用半吉半凶之服。占者，卜龟之人也。尊于有司，故皮弁，其服弥吉也。皮弁者，于天子则为视朝之服，诸侯、大夫、士，则为视朔之服也。○衰，音催。緌，而追切。

[2] 筮史，筮人也。练冠，缟冠也。长衣，与深衣制同，而以素为纯缘。占者，审卦爻吉凶之人也。朝服卑于皮弁服，以筮轻于卜也。○朝，音潮。纯，音准。缘，去声。

大夫之丧，既荐马，荐马者哭踊，出乃包奠而读书。[1]

[1] 荐，进也。驾车之马，每车二匹。按《既夕礼》，柩初出至祖庙，设迁祖之奠讫，乃荐马，至日侧祖奠之时又荐马，明日设遣奠时又荐马。此言"既荐马"，谓遣奠时也。马至则车将行，故孝子感之而哭踊。包奠者，取遣奠牲之下体包裹而置于遣车以送死者。马至在包奠之前，而云"出乃包奠"者，明包奠为出之节也。读书者，《既夕》云："书赗于方。"方，版也，谓书赗奠赙赠之人名与其物于版，柩将行，主人之史于柩东，西面而读之，此明大夫之礼与士同。○遣，去声。

大夫之丧，大宗人相，小宗人命龟，卜人作龟。[1]

[1] 大宗人、小宗人，即大宗伯、小宗伯也。相，佐助礼仪也。命龟，告龟以所卜之事也。作龟，钻灼之也。○刘氏曰："大宗人，或是都宗人。小宗人，或是家宗人。掌都家之礼者。"○相，去声。

复，诸侯以褒衣、冕服、爵弁服。[1]夫人税衣、揄狄，狄税素沙。[2]

[1] 复，解见前。褒衣者，始命为诸侯之衣，及朝觐时天子所加赐之

衣也。冕服者，上公自衮冕而下，备五冕之服；侯伯自鷩冕而下，其服四；子男自毳冕而下，其服三。诸侯之复也，兼用褒衣及冕服、爵弁之服也。

[2] 此言夫人始死所用以复之衣也。税衣，色黑而缘以纁。揄，与摇同。揄狄色青，江淮而南，青质而五色皆备成章曰摇狄。狄，当为翟，雉名也。此服盖画摇翟之形以为文章，因名也。狄税素沙，言自摇翟至税衣，皆用素沙为里，即今之白绢也。〇按《内司服》，六服者，袆衣、揄狄、阙狄、鞠衣、展衣、褖衣也。〇《仪礼》注云："王之服九，而祭服六；后之服六，而祭服三。王之服，衣裳之色异；后之服，连衣裳而其色同。以妇人之德，本末纯一故也。王之服禅而无里，后之服里而不禅，以阳成于奇，阴成于偶故也。"〇税，读为缘，音彖。揄，音摇。缘，去声。禅，音丹。

内子以鞠衣褒衣素沙。下大夫以襢衣。其余如士。复西上。[1]

[1] 内子，卿之适妻也。其服用鞠衣。此衣盖始命为内子时所褒赐者，故云"鞠衣褒衣"也，亦以素沙为里。下大夫，谓下大夫之妻也。襢，《周礼》作"展"。其余如士者，谓士妻之复用褖衣，内子与下大夫之妻，复亦兼用褖衣也。复西上者，复之人数多寡各如其命数，若上公九命，则复者九人，以下三命，则用三人。北面则西在左，左为阳，冀其复生，故尚左也，尊者立于左。〇襢，之彦切。

大夫不揄绞属于池下。[1]大夫附于士。士不附于大夫，附于大夫之昆弟。无昆弟，则从其昭穆，虽王父母在亦然。[2]妇附于其夫之所附之妃，无妃，则亦从其昭穆之妃。妾祔于妾祖姑，无妾祖姑，则亦从其昭穆之妾。[3]男子附于王父则配，女子附于王母则不配。[4]公子附于公子。[5]

[1] 此言大夫丧车之饰。揄，翟雉也。绞，青黄之缯也。池，织竹为之，形如笼，衣以青布。若诸侯以上则画揄翟于绞而属于池之下，大夫降

于人君,故不揄绞属于池下也。〇揄,音摇。绞,音爻。属,音烛。

[2] 附,读为祔。祖为士,孙为大夫而死,可以祔祭于祖之为士者,故曰"大夫祔于士"。若祖为大夫,孙为士而死,不可祔祭于祖之为大夫者,惟得祔祭于大夫之兄弟为士者,故曰"士不祔于大夫,祔于大夫之昆弟"。若祖之兄弟无为士者,则从其昭穆,谓祔于高祖之为士者。若高祖亦是大夫,则祔于高祖昆弟之为士者也。虽王父母在亦然者,谓孙死应合祔于祖,今祖尚存无可祔,亦是祔于高祖也。《小记》云:"中一以上而祔。"与此义同。

[3] 夫所祔之妃,夫之祖母也。昭穆之妃,亦谓间一代而祔高祖之妃也。妾亦然。

[4] 男子死而附祖者,其祝辞云:"以某妃配某氏。"是并祭王母也。未嫁之女,及嫁未三月而死,归葬女氏之党者,其祔于祖母者,惟得祭祖母,不祭王父也,故云"祔于王母则不配"。盖不言"以某妃配某氏"耳。有事于尊者可以及卑,有事于卑者不敢援尊也。

[5] 疏曰:"若公子之祖为君,公子不敢祔之,祔于祖之兄弟为公子者,不敢戚君故也。"

君薨,大子号称子,待犹君也。[1]

[1] 君在称世子,君薨则称子,逾年乃得称君也。僖九年《传》云:"凡在丧,王曰小童,公侯曰子。"待犹君者,谓与诸侯并列,供待之礼,犹如正君也。〇大,音泰。传,去声。

有三年之练冠,则以大功之麻易之,唯杖屦不易。[1]

[1] 大功之服,为殇者凡九条,其长殇皆九月,中殇皆七月,皆降服也。又有降服者六条,正服者五条,正服不降者三条,义服者二条,皆九月。详见《仪礼》。此章言居三年之丧,至练时首绖已除,故云有三年之练冠也。当此时忽遭大功之丧,若是降服,则其衰七升,与降服齐衰葬后之服同,故

以此大功之麻绖，易去练服之葛绖也。惟杖屦不易者，言大功无杖无可改易，而三年之练，与大功初丧，同是绳屦耳。○为，去声。长，上声。

有父母之丧尚功衰，而附兄弟之殇则练冠附，句于殇称“阳童某甫”，不名神也。[1]

[1] 三年丧练后之衰，升数与大功同，故云“功衰”也。此言居父母之丧，犹尚身著功衰，而小功兄弟之殇，又当祔祭，则仍用练冠而行礼，不改服也。祝辞称阳童者，庶子之殇，祭于室之白处，故曰“阳童”。宗子为殇，则祭于室之奥，故称“阴童”。童者，未成人之称也。今按已是曾祖之适，与小功兄弟同曾祖，其死者及其父皆庶人，不得立祖庙，故曾祖之适孙为之立坛而祔之。若已是祖之适孙，则大功兄弟之殇，得祔祖庙，其小功兄弟之殇，则祖之兄弟之后也。今以练冠而祔，谓小功及缌麻之殇耳。若正服大功，则变练冠矣。某甫者，为之立字而称之，盖尊而神之，则不可以名呼之也。○衰，音催。著，入声。适，音的。为，去声。

凡异居，始闻兄弟之丧，唯以哭对可也。其始麻散带绖。[1]未服麻而奔丧，及主人之未成绖也，疏者与主人皆成之，亲者终其麻带绖之日数。[2]

[1] 兄弟异居而讣至，唯以哭对其来讣之人，以哀伤之情重，不暇他言也。其带绖之麻始皆散垂，谓大功以上之兄弟，至三日而后绞之也。小功以下不散垂。○散，上声。

[2] 若闻讣未及服麻而即奔丧者，以道路既近，闻死即来，此时主人未行小敛，故未成绖。小功以下谓之疏。疏者值主人成服之节，则与主人皆成之。大功以上谓之亲，亲者奔丧而至之时，虽值主人成服，已必自终竟其散麻带绖之日数，而后成服也。

主妾之丧则自祔，至于练祥皆使其子主之，其殡、祭不于正室。[1]

[1] 女君死而妾摄女君，此妾死则君主其丧，其祔祭亦君自主，若练与大祥之祭，则其子主之。殡祭不于正室者，虽尝摄女君，犹降于正适，故殡与祭不得在正室也。不摄女君之妾，君则不主其丧。

君不抚仆妾。[1]

[1] 死而君不抚其尸者，略于贱也。

女君死，则妾为女君之党服，摄女君，则不为先女君之党服。[1]

[1] 女君死而妾犹服其党，是徒从之礼也。妾摄女君则不服，以摄位稍尊也。○为，去声。

闻兄弟之丧，大功以上，见丧者之乡而哭。[1]适兄弟之送葬者弗及，遇主人于道，则遂之于墓。[2]凡主兄弟之丧，虽疏亦虞之。[3]

[1]《奔丧礼》云："齐衰望乡而哭，大功望门而哭。"此言大功以上，谓降服大功者也。凡丧服，降服重于正服。○上，上声。

[2] 适，往也。往送兄弟之葬而不及，当送之时，乃遇主人葬毕而反，则此送者不可随主人反哭，必自至墓所而后反也。○适，如字。

[3] 小功、缌麻，疏服之兄弟也。彼无亲者主之，而己主其丧，则当为之毕虞祔之祭也。

凡丧服未毕，有吊者，则为位而哭拜踊。[1]

[1] 疏曰："不以杀礼而待新吊之宾也。言凡者，五服悉然。"○杀，去声。

大夫之哭大夫，弁绖。大夫与殡亦弁绖。[1]大夫有私丧之葛，则于其兄弟之轻丧，则弁绖。[2]

[1] 大夫之丧既成服，而大夫往吊，则身著锡衰，首加弁绖。弁绖者，如爵弁而素，加以环绖也。若与其殡事，是未成服之时也。首亦弁绖，但身不锡衰耳。不锡衰，则皮弁服也。○与，去声。

[2] 私丧，妻子之丧也。卒哭以葛代麻。于此时而遭兄弟之丧，虽缌麻之轻，亦用吊服，弁绖而往，不以私丧之末临兄弟也。大夫降旁亲，于缌麻兄弟无服。○疏曰："若已成服则锡衰，未成服则身素裳而首弁绖也。"

为长子杖，则其子不以杖即位。[1]为妻，父母在，不杖，不稽颡。[2]母在，不稽颡。稽颡者，其赠也拜。[3]

[1] 其子，长子之子也。祖不厌孙，此长子之子亦得杖，但与祖同处，不得以杖独居己位耳。○为，去声。长，上声。厌，入声。处，上声。

[2] 此谓适子妻死，而父母俱存，故其礼如此。然大夫主适妇之丧，故其夫不杖，若父没母存，母不主丧，则子可以杖，但不稽颡耳。此并言之，读者不以辞害意可也。○为，去声。稽，上声，下并同。并，去声。

[3] 赠，谓人以物来赠己助丧事也。母在虽不稽颡，惟拜谢此赠物之人，则可以稽颡，故云："稽颡者，其赠也拜。"一说，赠，谓以物送别死者，即《既夕礼》所云"赠用制币"也。

违诸侯之大夫不反服，违大夫之诸侯不反服。[1]

[1] 违，去也。己本是国君之臣，今去国君而往为他国大夫之臣，是自尊适卑，若旧君死，己不反服。以仕于卑臣，不可反服于前之尊君也。本是大夫之臣，今去而仕为诸侯之臣，是自卑适尊。若反服卑君，则为新君之耻矣，故亦不反服。若新君与旧君等，乃为旧君服也。

丧冠条属，以别吉凶。三年之练冠亦条属，右缝。小功以下左。[1]缌冠缲缨。

[1] 丧冠以一条绳屈而属于冠，以为冠之武，而垂下为缨，故云“丧冠条属”。属，犹著也，言著于冠也。是缨与武共此一绳，若吉冠则缨与武各一物。《玉藻》云“缟冠玄武”之类是也。吉凶之制不同，故云“别吉凶”也。三年练冠，小祥之冠也。其条属亦然。吉冠则襵缝向左，左为阳，吉也。凶冠则襵缝向右，右为阴，凶也。小功缌麻之服轻，故襵缝向左而同于吉。〇属，音烛，下同。别，必列切。著，入声。

大功以上散带。[1]

[1] 缌服之缕，其粗细与朝服十五升之布同，而缕数则半之。治其缕，不治其布，冠与衰同是此布也，但为缨之布则加以灰澡治之耳，故曰“缌冠缲缨”。缲，读为澡。大功以上服重，初死麻带散垂，至成服乃绞。小功以下，初死即绞也。〇缲，音早。散，上声。朝，音潮。

朝服十五升，去其半而缌加灰，句锡也。[1]

[1] 朝服精细，全用十五升布为之，去其半，则七升半布也。用为缌服。缌云者，以其缕之细如丝也。若以此布而加灰以澡治之，则谓之锡，所谓吊服之锡衰也。锡者，滑易之貌。缌服不加灰治也。朝服一千二百缕终幅，缌之缕细与朝服同，但其布终幅止六百缕而疏。故《仪礼》云：“有事其缕，无事其布，曰缌。”〇朝，音潮。去，上声。易，去声。

诸侯相襚以后路与冕服，先路与褒衣不以襚。[1]

[1] 后路，贰车也。贰车在后，故曰后路。冕服，上冕之后次冕也。上公以鷩冕为次，侯伯以毳冕为次，子男以絺冕为次。先路，正路也。褒衣，说见前章。相襚不可用己之正车服者，以彼不用之以为正也。

遣车视牢具，疏布輤，四面有章，置于四隅。载粻，有子曰："非礼也，丧奠脯醢而已。"[1]

[1] 遣车，说见《檀弓》。视牢具者，天子太牢包九个，则遣车九乘；诸侯太牢包七个，则七乘；大夫亦太牢包五个，则五乘；天子之上士三命，少牢包三个，则三乘也。诸侯之士无遣车。遣车之上以粗布为輤。輤，盖也，四面有物以鄣蔽之。章，与鄣同。四隅，椁之四角也。粻，米粮也，遣奠之馔无黍稷。故有子以载粻为非礼，牲体则脯醢之义也。○遣、章，并去声。粻，音张。乘，去声。

祭称"孝子"、"孝孙"，丧称"哀子"、"哀孙"。端衰、丧车皆无等。[1]

[1] 祭，吉祭也。卒哭以后为吉祭，故祝辞称"孝子"或"孝孙"。自虞以二尺凶祭，故称哀。端，正也。端衰，丧服上衣也。吉时玄端服，身与袂同，以二尺二寸为正，丧衣亦如之，而缀六寸之衰于胸前，故曰"端衰"也。丧车，孝子所乘恶车也。此二者，皆无贵贱之差等。○衰，音催。

大白冠，缁布之冠，皆不蕤。委武玄缟而后蕤。[1]

[1] 大白冠，太古之白布冠也。缁布冠，黑布冠也。此二冠无饰，故皆不蕤。然《玉藻》云："缁布冠缋緌，是诸侯之冠。"则此不緌者，谓大夫士也。委、武，皆冠之下卷，秦人呼卷为委，齐人呼卷为武。玄，玄冠也。缟，缟冠也。玄、缟二冠既别有冠卷，则必有蕤，故云"委武玄缟而后蕤"也。○大，音泰，坊本如字。卷，上声。

大夫冕而祭于公，弁而祭于己。士弁而祭于公，冠而祭于己。士弁而亲迎，然则士弁而祭于己可也。[1]

[1] 冕，絺冕也。祭于公，助君之祭也。弁，爵弁也。祭于己，自祭

于庙也。冠，玄冠也。助祭为尊，自祭为卑，故冠服有异也。《仪礼·少牢》："上大夫自祭用玄冠。"此云"弁而祭于己"者，此大夫指孤而言也。记者以士之亲迎用弁，以为可以"弁而祭于己"，然亲迎之弁，暂焉摄用耳，祭有常礼，不可紊也。〇迎，去声。少，去声。

畅臼以椈，杵以梧，枇以桑，长三尺，或曰五尺。毕用桑，长三尺，刊其柄与末。[1]

[1] 畅，鬱鬯也。椈，柏也。捣鬱鬯者，以柏木为臼，梧木为杵。柏香芳而梧洁白，故用之。牲体在镬，用枇升之以入鼎，又以枇自鼎载之入俎，主人举肉之时，执事者则以毕助之举。此二器，吉祭以棘木为之，丧祭则用桑木。毕之柄与末加刊削，枇亦必然也。〇椈，音菊。枇，音匕。长，去声，下同。

率带，诸侯、大夫皆五采，士二采。[1]

[1] 率，与繂同，死者著衣毕而加此带。谓之繂者，但繘帛边而熨杀之，不用箴线也，以五采饰之。《士丧礼》缁带。此二采，天子之士也。〇率，音律。著，入声。杀，去声。

醴者，稻醴也。瓮、甒、筲、衡实见间，而后折入。[1]

[1] 此言葬时所藏之物。稻醴，以稻米为醴也。瓮甒，皆瓦器，瓮盛醯醢，甒盛醴酒。筲，竹器，以盛黍稷。衡，读为桁，以木为之，所以庋举瓮甒之属也。见，棺衣也。言此瓮、甒、筲、衡实于见之外椁之内，而后折入者，折形如床而无足，木为之，直者三，横者五，窆事毕，而后加之圹土，以承抗席也。〇甒，音武。筲，思交切。衡，音杭。见，音谏。间，平声。盛，平声。

重既虞而埋之。[1]

［1］重，说见《檀弓》。虞祭毕，埋于祖庙门外之东。〇重，平声。

凡妇人，从其夫之爵位。[1]

［1］治妇人丧事，皆以夫爵位尊卑为等降，无异礼也。

小敛、大敛、启，皆辩拜。[1]

［1］礼，当大敛、小敛及启攒之时，君来吊，则辍事而出拜之。若他宾客至，则不辍事，待事毕乃即堂下之位而遍拜之，故特举此三节言之。若士于大夫，当事而大夫至，则亦出拜之也。〇敛，去声，下并同。辩，音遍。

朝夕哭不帷，无柩者不帷。[1]

［1］朝夕之间，孝子欲见殡，故哭则褰举其帷，哭毕仍垂下之。无柩，谓葬后也。神主祔庙之后还在室，无事于堂，故不复施帷。

君若载而后吊之，则主人东面而拜，门右北面而踊，出待反而后奠。[1]

［1］此谓君来吊臣之丧，而柩已朝庙毕，载在柩车，君既吊，位在车之东，则主人在车西东面而拜。门右，祖庙门之西偏也。自内出则右在西，孝子既拜君从位而立，故于门内西偏北面而哭踊为礼也。踊毕先出门以待拜送，不敢必君之久留也。君命之反还丧所，即设奠以告死者，使知君之来吊也。一说，此谓在庙载柩车之时。奠，谓反设祖奠。

子羔之袭也，茧衣裳与税衣纁袡为一，素端一，皮弁一，爵弁一，玄冕一。曾子曰："不袭妇服。"[1]

［1］子羔，孔子弟子高柴也。袭，以衣敛尸也。茧衣裳，谓衣裳相连

而绵为之著也。税衣，黑色。纁，绛色帛。袡，裳下缘也。茧衣亵故用禒衣为表，合为一称，故云“茧衣裳与税衣纁袡为一”。素端一，第二称也。贺氏云：“衣裳并用素为之。”皮弁一，第三称也。皮弁之服，布衣而素裳。爵弁一，第四称也。其服玄衣而纁裳。玄冕一，第五称也。其服亦玄衣纁裳，衣无文而裳刺黻，大夫之上服也。妇服，指纁袡而言。曾子非之，以其不合于礼也。〇税，音彖。袡，而占切。著，上声。缘，去声。称，去声。刺，音戚。

为君使而死，公馆复，私馆不复。公馆者，公宫与公所为也。私馆者，自卿大夫以下之家也。[1]

[1] 说见《曾子问》。〇使，去声。

公七踊，大夫五踊，妇人居间；士三踊，妇人皆居间。[1]

[1] 国君五日而殡，自死至大敛凡七次踊者。始死，一也。明日袭，二也。袭之明日之朝，三也。又明日之朝，四也。其日既小敛，五也。小敛明日之朝，六也。明日大敛时，七也。大夫三日而殡，凡五次踊者。始死，一也。明日袭之朝，二也。明日之朝，及小敛，四也。小敛之明日大敛，五也。士二日而殡，凡三次踊者。始死，一也。小敛时，二也。大敛时，三也。凡踊，男子先踊，踊毕而妇人乃踊，妇人踊毕，宾乃踊，是妇人居主人与宾之中间，故云“居间”也。然记者固云动尸举柩，哭踊无数，而此乃有三五七之限者，此以礼经之常节言，彼以哀心之泛感言也。又所谓无数者，不以每踊三跳、九跳为三踊之限也。

公袭，卷衣一，玄端一，朝服一，素积一，纁裳一，爵弁二，玄冕一，褒衣一，朱绿带，申加大带之上。[1]

[1] 卑者以卑服亲身，如子羔之袭是也。公，贵者，故上服亲身，褒以最外，尊显之也。褒衣，上公之服也。玄端，玄衣朱裳，齐服也。天子

以为燕服，士以为祭服，大夫、士以为私朝之服。朝服，缁衣素裳，公日视朝之服也。素积，皮弁之服，诸侯视朝之服也。纁裳，冕服之裳也。爵弁二者，玄衣、纁衣一通也。以其为始命所受之服，故特用二通，示重本也。玄冕，见上章。褒衣者，君所加赐之衣，最在上，荣君赐也。诸侯袭尸用小带以为结束，此带则素为之而饰以朱绿之采也。申，重也。已用革带，又重加大带，象生时所服大带也。此带即上章所云"率带，诸侯、大夫皆五采，士二采"者是也。〇卷，音衮。朝，音潮。齐，音斋。重，平声。

小敛环绖，公、大夫、士一也。[1]

[1] 疏曰："环绖，一股而缠也。亲始死，孝子去冠，至小敛不可无饰，士素委貌，大夫以上素弁，而贵贱悉得加于环绖，故云：'公、大夫、士一也。'"〇去，上声。

公视大敛，公升，商祝铺席乃敛。[1]

[1] 君临臣丧而视其大敛。商祝，习知殷礼者，专主敛事。主人虽先已铺席布绞约等物，闻君将至，悉彻去之，待君至升堂，商祝乃始铺席为敛事，盖荣君之至而举其礼也。

鲁人之赠也，三玄二纁，广尺，长终幅。[1]

[1] 赠，以物送别死者于椁中也。《既夕礼》曰："赠用制币玄纁束。"一丈八尺为制。今鲁人虽用玄与纁，而短狭如此，则非礼矣，故记者讥之。幅之度二尺二寸。〇广、长，并去声。

吊者即位于门西，东面。其介在其东南，北面西上，西于门。主孤西面。相者受命曰："孤某使某请事。"客曰："寡君使某，如何不淑！"相者入告。出曰："孤某须矣。"吊者入，主人升堂西面。吊者升自西阶，东面致命曰："寡君闻君之丧，寡君使某，如何不淑！"子拜稽颡，吊者降反位。[1]

[1] 此言列国遣使吊丧之礼。吊者，君所遣来之使也。介，副也。门西，主国大门之西也。西上者，介非一人，其长者在西，近正使也。西于门，不敢当门之中也。主孤西面，立于阼阶之下也。相者受命，相礼者受主人之命也。如何不淑，慰问之辞，言何为而罹此凶祸也。须，待也。凶礼不出迎，故云"须矣"。主人升堂，由阼阶而升也。降反位，降阶而出复门外之位也。《曲礼》云："升降不由阼阶。"谓平常无吊宾时耳。〇石梁王氏曰："此一段颇详，可补诸侯丧礼之缺。"〇相，去声，下并同。使，去声。

含者执璧将命曰："寡君使某含。"相者入告，出曰："孤某须矣。"含者入，升堂致命，子拜稽颡。含者坐委于殡东南，有苇席，既葬蒲席。降，出，反位。宰大夫朝服即丧屦，升自西阶，西面坐取璧，降自西阶，以东。[1]

[1] 此言列国致含之礼。含玉之形制如璧。旧注云，分寸大小未闻。坐委，跪而致之也。未葬之前，设苇席以承之，既葬，则设蒲席承之。邻国有远近，故有葬后来致含者。降出反位，谓含者委璧讫，降阶而复门外之位也。上文吊者为正使，此含者乃其介耳。凡初遭丧，则主人不亲受，使大夫受于殡宫。此遭丧已久，故嗣子亲受之，然后宰夫取而葬之也。朝服，吉服也。执玉不麻，故著朝服。以在丧不可纯变吉，故仍其丧屦。坐取璧，亦跪而取之也。以东，藏之于内也。疏云："宰，谓上卿。夫字衍。"〇含，去声。著，入声。

襚者曰："寡君使某襚。"相者入告，出曰："孤某须矣。"襚者执冕服，左执领，右执要，入，升堂致命曰："寡君使某襚。”子拜稽颡，委衣于殡东。襚者降，受爵弁服于门内霤将命，子拜稽颡如初。受皮弁服于中庭，自西阶受朝服，自堂受玄端将命，子拜稽颡，皆如初。襚者降，出，反位。宰夫五人举以东，降自西阶，其举亦西面。[1]

[1] 此言列国致襚之礼。衣服曰襚。委于殡东，即委璧之席上也。左执领，则领向南。此襚者既致冕服讫，复降而出，取爵弁服以进，至门之内霤而将命，子拜如初者，如受冕服之礼也。受讫，襚者又出取皮弁服及朝服及玄端服，每服进受之礼皆如初，但受之之所不同耳。致五服皆毕，襚者乃降出反位，而宰夫五人，各举一服以东，而其举之也，亦如襚者之西面焉。○要，平声。朝，音潮。

上介赗，执圭将命曰："寡君使某赗。"相者入告，反命曰："孤须矣。"陈乘黄、大路于中庭，北辀，执圭将命。客使自下由路西，子拜稽颡，坐委于殡东南隅，宰举以东。[1]

[1] 此言列国致赗之礼。车马曰赗。乘黄，四黄马也。大路，车也。北辀，车之辀辕北向也。客使，上介所役使之人也。为客所使，故曰客使。自，率也。下，谓马也。由，在也。路，即大路也。陈车北辕毕，赗者执圭升堂致命，而客之从者，率马设在车之西也，车亦此从者设之。子拜之后，赗客即跪而置其圭于殡东南隅之席上，而宰举之以东而藏于内也。又按《觐礼》车在西，统于宾也。《既夕礼》车以西为上者，为死者而设于鬼神之位也。此赗礼车马，为助主人送葬而设，统于主人，故车在东也。○陆氏曰："孤须矣，从此尽篇末，皆无某字，有者非。"○赗，芳凤切。乘，去声。从，去声。

凡将命，乡殡将命，子拜稽颡，西面而坐委之。宰举璧与圭，宰夫举襚，升自西阶，西面坐取之，降自西阶。[1]

[1] 凡将命者，总言上文吊、含、襚、赗、将命之礼也。乡殡者，立于殡之西南，而面东北以向殡也。将命之时，子拜稽颡毕，客即西向跪而委其所执之物。其含璧与圭，则宰举之；襚衣，则宰夫举之。而其举也，皆自西阶升，而西面以跪而取之，乃自西阶以降也。○乡，去声。

赗者出，反位于门外。[1]

上客临，曰："寡君有宗庙之事，不得承事，使一介老某相执绋。"相者反命曰："孤须矣。"临者入门右，介者皆从之，立于其左东上。宗人纳宾，升受命于君。降曰："孤敢辞吾子之辱。请吾子之复位。"客对曰："寡君命某毋敢视宾客，敢辞。"宗人反命曰："孤敢固辞吾子之辱。请吾子之复位。"客对曰："寡君命某毋敢视宾客，敢固辞。"宗人反命曰："孤敢固辞吾子之辱。请吾子之复位。"客对曰："寡君命使臣某毋敢视宾客，是以敢固辞。固辞不获命，敢不敬从。"客立于门西，介立于门左东上。孤降自阼阶拜之，升，哭，与客拾，踊三。客出，送于门外拜稽颡。[2]

[1] 此句当属于前章"上介赗云云，宰举以东"之下。○属，音烛。

[2] 上客，即前章所云吊者，盖邻国来吊之正使也。吊、含、襚、赗皆毕，自行临哭之礼，若《聘礼》之有私觌然，盖私礼尔。主人入门而右，客入门而左，礼也。今此客入门之右，是不敢以宾礼自居也。宗人，掌礼之官。欲纳此吊宾，先受纳宾之命于主国嗣君，然后降而请于客，使之复门左之宾位也。宗人以客答之辞入告于君，而反命于客，如是者三，客乃自称使臣而从其命，于是立于门西之宾位。主君自阼阶降而拜之，主客俱升堂哭而更踊者三，所谓成踊也。客出，送而拜之，谢其劳辱也。○临，如字。相，去声。绋，音弗。使，去声。拾，其劫切。

其国有君丧，不敢受吊。[1]

[1] 言卿大夫以下有君丧，而又有亲丧，则不敢受他国宾客之吊，尊君故也。

外宗房中南面。小臣铺席，商祝铺绞、紟、衾，士盥于盘北，举迁尸于敛上。卒敛，宰告，子冯之踊，夫人东面坐冯之兴踊。[1]

[1] 此是《丧大记》"君大敛"章文，重出在此，说见本章。〇绞，音爻。紟，其鸩切。冯，音凭。

士丧有与天子同者三：其终夜燎，及乘人，专道而行。[1]

[1] 终夜燎，谓迁柩之夜，须光明达旦也。乘人，使人执引也。专道，柩行于路，人皆避之也。

杂记下第二十一

有父之丧，如未没丧而母死，其除父之丧也，服其除服，卒事，反丧服。[1]虽诸父昆弟之丧，如当父母之丧，其除诸父昆弟之丧也，皆服其除丧之服，卒事，反丧服。[2]如三年之丧，则既颖，其练、祥皆行。[3]

[1] 没，犹终也，除也。父丧在小祥后、大祥前，是未没父丧也。又遭母丧，则当除父丧之时，自服除丧之服，以行大祥之礼。此礼事毕，即服丧母之服。若母丧未葬，而值父之二祥，则不得服祥服者，以祥祭为吉，未葬为凶，不忍于凶时行吉礼也。○"父丧"、"丧母"丧，去声。

[2] 诸父、昆弟之丧，自始死至除服，皆在父母服内，轻重虽殊，而除丧之服不废者，笃亲爱之义也。若遭君服，则不得自除私服，《曾子问》言之矣。

[3] 前丧后丧，俱是三年之服，其后丧既受葛之后，得为前丧行练、祥之礼也。既颖者，既虞受服之时，以葛绖易要之麻绖也。颖，草名。无葛之乡以颖代。○颖，大迥切。要，平声。

王父死，未练、祥而孙又死，犹是附于王父也。[1]

[1] 孙之祔祖，礼所必然，故祖死虽未练、祥，而孙又死，亦必祔于祖。

有殡闻外丧，哭之他室。入奠，卒奠出，改服即位，如始即位之礼。[1]

[1] 有殡，谓父母丧未葬也。外丧，兄弟之丧在远者也。哭不于殡

宫而于他室,明非哭殡也。入奠者,哭之明日之朝,著己本丧之服,入奠殡宫,奠毕而出,乃脱己本丧服,著新死者未成服之服,而即昨日他室所哭之位。如始即位之礼者,谓今日之即哭位,如昨日始闻丧而即位之礼也。

大夫、士将与祭于公,既视濯而父母死,则犹是与祭也。次于异宫,既祭,释服出公门外,哭而归,其他如奔丧之礼。如未视濯,则使人告,告者反而后哭。[1]如诸父昆弟姑姊妹之丧,则既宿则与祭,卒事出公门,释服而后归。其他如奔丧之礼。如同宫,则次于异宫。[2]

[1] 视濯,监视器用之涤濯也。犹是与祭者,犹是在吉礼之中,不得不与祭,但居次于异宫耳,以吉凶不可同处也。如未视濯而父母死,则使人告于君,俟告者反而后哭父母也。○与,去声,下节同。监,平声。

[2] 既宿,谓祭前三日。将致祭之时,既受宿戒,必与公家之祭,以期以下之丧服轻故也。如同宫则次于异宫者,谓此死者是己同宫之人,则既宿之后,出次异宫,亦以吉凶不可同处也。○郑氏曰:"古者昆弟异居同财,有东宫,有西宫,有南宫,有北宫。"

曾子问曰:"卿大夫将为尸于公,受宿矣,而有齐衰内丧,则如之何?"孔子曰:"出舍乎公宫以待事,礼也。"孔子曰:"尸弁冕而出,卿、大夫、士皆下之。尸必式,必有前驱。"[1]

[1] 说见《曾子问》篇。

父母之丧,将祭而昆弟死,既殡而祭。如同宫,则虽臣妾葬而后祭。[1]祭,主人之升降散等,执事者亦散等。虽虞、附亦然。[2]

[1] 将祭，将行小祥或大祥之祭也。适有兄弟之丧，则待殡讫乃祭。然此死者乃是异宫之兄弟耳，若是同宫，则虽臣妾之卑贱，亦必待葬后乃祭，以吉凶不可相干也。故《丧服传》云："有死于宫中者，则为之三月不举祭。"○传、为，并去声。

[2] 散，栗也。等，阶也。吉祭则涉级聚足，丧祭则栗阶，二祥之祭，古礼宜涉级聚足，而栗阶者，以有兄弟之丧，故略威仪也。《燕礼》云："栗阶不过二等。"盖始升犹聚足，连步至二等，则左右足各一发而升堂也。虽虞、祔亦然者，谓主人至昆弟虞、祔时而行父母祥祭，则与执事者亦皆散等也。○与，去声。

自诸侯达诸士，小祥之祭，主人之酢也，哜之，众宾兄弟则皆啐之。大祥主人啐之，众宾兄弟皆饮之可也。[1]

[1] 至齿为哜，入口为啐。主人之酢哜之，谓正祭之后，主人献宾长，宾长酢主人，主人受酢则哜之也。众宾兄弟啐之，谓祭末受献之时则啐之也。○哜，才细切。啐，七内切。长，上声。

凡侍祭丧者，告宾祭荐而不食。[1]

[1] 侍祭丧，谓相丧祭礼之人也。荐，谓脯醢也。相礼者但告宾祭此脯醢而已，宾不食之也。若吉祭，宾祭毕则食之。此亦谓练祥之祭，主人献宾，宾受献，主人设荐时也。虞、祔无献宾之礼。

子贡问丧。子曰："敬为上，哀次之，瘠为下。颜色称其情，戚容称其服。"[1]"请问兄弟之丧。"子曰："兄弟之丧，则存乎书策矣。"[2]

[1] 问丧，问居父母之丧也。附于身，附于棺者，皆欲其必诚必信，

故曰“敬为上”。子游言“丧致乎哀而止”，先儒谓“而止”二字，微有过于高远而简略细微之弊。此言“哀次之”可见矣。毁瘠不形，不胜丧，乃比于不慈不孝，故曰“瘠为下”也。齐斩之服故有重轻，称其情，称其服，则中于礼矣。〇称，并去声。胜，平声。中，去声。

[2] 存乎书策者，言依礼经所载而行之，非若父母之丧，哀容体状之不可名言，而经不能备言也。

君子不夺人之丧，亦不可夺丧也。[1]

[1] 君子不夺废他人居丧之情，而君子居丧之情，亦不可为他事所夺废，要使各得尽其礼耳。〇疏曰：“不夺人丧，恕也。不夺己丧，孝也。”〇为，去声。要，平声。

孔子曰：“少连、大连善居丧，三日不怠，三月不解，期悲哀，三年忧，东夷之子也。”[1]

[1] 少连，见《论语》。三日，亲始死时也。不怠，谓哀痛之切，虽不食而能自力以致其礼也。三月，亲丧在殡时也。解，与懈同，倦也。或读如本字，谓寝不脱绖带也。忧，谓忧戚憔悴。〇少，去声。解，音懈。期，音基。

三年之丧，言而不语，对而不问。庐垩室之中，不与人坐焉。在垩室之中，非时见乎母也不入门。[1]疏衰皆居垩室不庐。庐严者也。[2]

[1] 言，自言己事也。语，为人论说也。倚庐及垩室，说见前篇。时见乎母，谓有事行礼之时而入见母也。非此则不入中门。见，音现。为、论，并去声。

[2] 疏衰，齐衰也。齐衰有三年者，有期者，有三月者。凡丧次，斩衰居倚庐，齐衰居垩室。大功有帷帐，小功缌麻有床笫。庐严者，谓倚庐

乃哀敬严肃之所，服轻者不得居。○疏，平声。

妻视叔父母，姑、姊妹视兄弟，长中下殇视成人。[1]

[1] 哀戚轻重之等，各有所比，殇服皆降，而哀之如成人，以本亲重故也。○长，上声。

亲丧外除，兄弟之丧内除。[1]

[1] 郑氏曰："外除，日月已竟而哀未忘。内除，日月未竟而哀已杀。"○杀，去声。

视君之母与君之妻，比之兄弟，发诸颜色者亦不饮食也。[1]

[1] 君母，君妻，小君也。服轻，哀之比兄弟之丧。然于酒肴之珍醇，可以发见颜色者，亦不饮之食之也。○见，音现。

免丧之外行于道路，见似目瞿，闻名心瞿，吊死而问疾，颜色戚容必有以异于人也。如此而后可以服三年之丧，其余则直道而行之是也。[1]

[1] 见人貌有类其亲者，则目为之瞿然惊变；闻人所称名与吾亲同，则心为之瞿然惊变。丧服虽除，而余哀未忘，故于吊死问疾之时，戚容有加异于无忧之人也。如此而后可以服三年之丧，言其哀心诚实无伪也。其余服轻者，直道而行，则不过循丧礼而已。○瞿，九遇切。为，去声。

祥，主人之除也，于夕为期，朝服。祥因其故服。[1]

[1] 祥，大祥也。○疏曰："祥祭之时，主人除服之节，于夕为期，谓于祥祭前夕，预告明日祭期也。朝服，谓主人著朝服，缁衣素裳，其冠，则

缟冠也。祥因其故服者，谓明旦祥祭时，主人因著其前夕故朝服也。”又曰：“此据诸侯卿大夫言之，从祥至吉，凡服有六：祥祭，朝服缟冠，一也。祥讫，素缟麻衣，二也。禫祭，玄冠黄裳，三也。禫讫，朝服绶冠，四也。逾岁吉祭，玄冠朝服，五也。既祭玄端而居，六也。”○陆氏曰：“绶，息廉反。黑经白纬曰绶。”○朝，音潮。著，入声。

子游曰：“既祥，虽不当缟者，必缟然后反服。”[1]

[1] 疏曰：“既祥，谓大祥后有来吊者，虽不当缟，谓不正当祥祭缟冠之时也。必缟然后反服者，主人必须著此祥服缟冠以受吊者之礼，然后反服大祥后素缟麻衣之服也。”

当袒，大夫至，虽当踊，绝踊而拜之，反，改成踊，乃袭。于士，既事成踊袭，而后拜之，不改成踊。[1]

[1] 疏曰：“此明士有丧，大夫及士来吊之礼。士有丧当袒之时，而大夫来吊，盖敛竟时也，虽当主人踊时，必绝止其踊而出拜此大夫。反，还也。改，更也。拜竟而反还先位，更为踊而始成踊，尊大夫之来，新其事也。乃袭者，踊毕乃袭初袒之衣也。“于士，既事成踊袭”者，既，犹毕也，若当主人有大小敛诸事而士来吊，则主人毕事而成踊，踊毕而袭，袭毕乃拜之，拜之而止，不更为之成踊也。”○更，平声。

上大夫之虞也，少牢，卒哭成事，附，皆大牢。下大夫之虞也，犆牲，卒哭成事，附，皆少牢。[1]

[1] 卒哭谓之成事，成吉事也。附，祔庙也。○少，去声。大，音泰。犆，音特。

祝称卜葬虞，子孙曰“哀”，夫曰“乃”，兄弟曰“某卜葬其兄”，句弟曰“伯子某”。[1]

[1] 初虞，即葬之日，故并言“葬虞”。子卜葬父，则祝辞云：“哀子某卜葬其父某甫。”孙则云：“哀孙某卜葬其祖某甫。”夫则云：“乃某卜葬其妻某氏。”乃者，助语之辞，妻卑故尔。若弟为兄，则云：“某卜葬兄伯子某。”兄为弟，则云：“某卜葬其弟某。”○并、为，并去声。

古者贵贱皆杖。叔孙武叔朝见轮人，以其杖关毂而輠轮者，于是有爵而后杖也。[1]

[1] 轮人，作车轮之人也。关，穿也。輠，回也。谓以其衰服之杖穿于车毂中而回转其轮，鄙亵甚矣，自后无爵者不得杖。此记庶人废礼之由也。○朝，音潮。輠，胡罪切。

凿巾以饭，公羊贾为之也。[1]

[1] 饭，含也。大夫以上贵，使宾为其亲含，恐尸为宾所憎秽，故以巾覆尸面，而当口处凿穿之，令含玉得以入口。士贱不得使宾，子自含，无憎秽之心，故不以巾覆面。公羊贾，士也。而凿以饭，是憎秽其亲矣。此记士失礼之所由也。○饭，上声。含，去声，章内并同。为、覆，并去声。

冒者何也？所以掩形也。自袭以至小敛，不设冒则形，是以袭而后设冒也。[1]

[1] 冒，说见《王制》。袭，沐浴后以衣衣尸也。则形者，言尸虽已著衣，若不设冒，则尸象形见，为人所恶，是以袭而设冒也。“后”字衍。○下“衣”，去声。著，入声。见、为、恶，并去声。

或问于曾子曰：“夫既遣而包其余，犹既食而裹其余与？

君子既食则裹其余乎?”曾子曰:“吾子不见大飨乎?夫大飨既飨,卷三牲之俎归于宾馆,父母而宾客之,所以为哀也。子不见大飨乎?”[1]

[1] 设遣奠讫,即以牲体之余,包裹而置之遣车,以纳于圹中。或人疑此礼,谓如君子食于他人家,食毕而又包其余以归,岂不伤廉乎?曾子告以大飨之礼毕,卷俎内三牲之肉送归宾之馆中,犹此意耳。父母家之主,今死将葬,而孝子以宾客之礼待之,此所以悲哀之至也。重言以喻之。○夫,平声。遣,去声。与,平声。卷,上声。重,平声。

非为人丧,问与?赐与?[1]

[1] 此上有阙文,言非为其有丧而问遗之欤,赐予之欤?问,敌者之礼。赐,尊上之命。○为,去声。与,平声。遗,去声。予,上声。

三年之丧,以其丧拜,非三年之丧,以吉拜。[1]

[1] 拜问、拜赐、拜宾,皆拜也。丧拜,稽颡而后拜也。吉拜,拜而后稽颡也。今按《檀弓》郑注,以拜而后稽颡,为殷之丧拜;稽颡而后拜,为周之丧拜。疏云:“郑知此者,以孔子所论,每以二代对言,故云三年之丧吾从其至者,但殷之丧拜,自斩衰至缌麻,皆拜而后稽颡,以其质故也。周制则杖期以上,皆先稽颡而后拜,不杖期以下,乃作殷之丧拜。”此章疏义与《檀弓》疏互看,乃得其详。

三年之丧,如或遗之酒肉,则受之必三辞。主人衰绖而受之。如君命则不敢辞,受而荐之。丧者不遗人。人遗之,虽酒肉受也。从父昆弟以下既卒哭,遗人可也。[1]

[1]《丧大记》云:“既葬,君食之则食之,大夫父之友食之则食之。”此云“衰绖而受”,虽受而不食也。荐之者,尊君之赐。丧者不遗人,以哀

戚中不当行礼于人也。卒哭可以遗人，服轻哀杀故也。〇石梁王氏曰：“居丧有酒肉之遗，必疾者也。”〇遗、从，并去声。“君食”、“友食”食，音嗣。

县子曰：“三年之丧如斩，期之丧如剡。”[1]

[1] 剡，削也。此言哀痛浅深之殊。〇县，音玄。期，音基。

三年之丧，虽功衰不吊，自诸侯达诸士，如有服而将往哭之，则服其服而往。[1]期之丧，十一月而练，十三月而祥，十五月而禫。练则吊。[2]既葬大功，句吊哭而退，不听事焉。[3]期之丧未葬，吊于乡人，哭而退，不听事焉。功、衰吊，待事不执事。[4]小功、缌，执事不与于礼。[5]

相趋也出宫而退，相揖也哀次而退，相问也既封而退，相见也反哭而退，朋友虞、附而退。[6]吊非从主人也，四十者执綍。乡人五十者从反哭，四十者待盈坎。[7]

[1] 疏曰：“小祥后衰与大功同，故曰‘功、衰’。如有五服之亲丧而往哭，不著己之功、衰，而依彼亲之节以服之也。不吊与往哭二者，贵贱皆同之。”

[2] 郑氏曰：“凡齐衰十一月，皆可以出吊。”又曰：“此为父在为母。”〇“为母”为，去声。

[3] 既葬大功者，言己有大功之丧已葬也。吊哭而退，谓往吊他人之丧，则吊哭既毕，即退去，不待与主人袭敛等事也。〇与，去声。

[4]《仪礼·丧服传》：“姑姊妹适人无主者，侄与兄弟为之齐衰不杖期。此言期之丧，正谓此也。虽未葬，亦可出吊，但哭而退，不听事也。此丧既葬，受以大功之衰，谓之功衰。此后吊于人，可以待主人袭敛等事，但不亲自执其事耳。”

[5] 执事，谓摈相也。礼，馈奠也。轻服可以为人摈相，摈相事轻故也。馈奠之礼重，故不与。○与，去声。相，去声。为，去声。

[6] 此言吊丧之礼，恩义有厚薄，故去留有迟速。相趋者，古人以趋示敬。《论语》"过之必趋"，《左传》"免胄趋风"之类是也。言此吊者与主人昔尝有相趋之敬，故来吊丧。以情轻，故柩出庙之宫门即退去也。相揖者，已尝相会相识，故待柩之大门外之哀次而退也。相问遗者，是有往来恩义，故待窆毕而退。尝执贽行相见之礼者，情又加重，故待孝子反哭于家乃退。朋友恩义更重，故待虞祭、祔祭毕而后退也。○封，音窆。

[7] 言吊丧者，是为相助凡役，非徒随从主人而已，故年四十以下者力壮，皆当执绋。同乡之人五十者，始衰之年，故随主人反哭，而四十者待土盈圹乃去。○绋，音弗。

丧食虽恶必充饥。饥而废事，非礼也。饱而忘哀，亦非礼也。视不明，听不聪，行不正，不知哀，君子病之。故有疾，饮酒食肉。五十不致毁，六十不毁，七十饮酒食肉，皆为疑死。[1]有服，人召之食不往。大功以下既葬适人，人食之，其党也食之，非其党弗食也。[2]功衰，食菜果，饮水浆，无盐酪。不能食食，盐酪可也。[3]孔子曰："身有疡则浴，首有创则沐，病则饮酒食肉。毁瘠为病，君子弗为也。毁而死，君子谓之无子。"[4]

[1] 疑死，恐其死也。○为，去声。

[2] 党，谓族人与亲戚也。○"人食"食，音嗣。

[3] 功衰，斩衰、齐衰之末服也。酪，《说文》：乳浆也。○酪，音洛。下"食"，音嗣。

[4]《曲礼》曰："不胜丧，比于不慈不孝。"是有子与无子同也。○疡，音羊。创，平声。胜，平声。

非从柩与反哭，无免于堩。[1]

[1] 堩，道路也。道路不可无饰，故从柩送葬，与葬毕反哭，皆著免而行于道路，非此二者则否也。然此亦谓葬之近者。《小记》云："远葬者比反哭皆冠，及郊而后免也。"〇从，去声。免，音问。

凡丧，小功以上，非虞、附、练、祥无沐浴。[1]

[1] 洁饰所以交神，故非此四祭，则不沐浴也。〇上，上声。

疏衰之丧既葬，人请见之则见，不请见人。小功请见人可也。大功不以执挚，唯父母之丧，不辟涕泣而见人。[1]

[1] 疏衰，齐衰也。挚与贽同。〇辟，音避。

三年之丧，祥而从政。期之丧，卒哭而从政。九月之丧，既葬而从政。小功、缌之丧，既殡而从政。[1]

[1] 从政，谓庶人供力役之征也。《王制》云："齐衰大功，三月不从政。"庶人依士礼，卒哭与葬同三月也。

曾申问于曾子曰："哭父母有常声乎？"曰："中路婴儿失其母焉，何常声之有？"[1]

[1] 哀痛之极，无复音节，所谓哭不偯也。〇偯，音倚。

卒哭而讳。王父母、兄弟、世父、叔父、姑、姊妹，子与父同讳。[1]母之讳宫中讳，妻之讳不举诸其侧，与从祖昆弟同名则讳。[2]

[1] 卒哭以前，犹以生礼事之，故不讳其名。卒哭后，则事以鬼道，故讳其名而不称也。此专言父之所讳，则子亦不敢不讳，故曰"子与父同

讳"也。父之祖父母，伯父、叔父及姑等于己小功以下，本不合讳，但以父之所讳，己亦从而讳也。若父之兄弟及姊妹，己自当讳，不以从父而讳也。又按不逮事父母，则不讳王父母，谓庶人。此所言，以父是士，故从而讳也。

[2] 母为其亲讳，则子于一宫之中亦为之讳。妻为其亲讳，则夫亦不得称其辞于妻之左右。非宫中，非其侧，则固可称矣。若母与妻所讳者，适与己从祖昆弟之名同，则虽他所亦讳之也。○从，去声。为，去声。

以丧冠者，虽三年之丧可也。既冠于次，入哭踊，三者三，乃出。[1]

[1] 当冠而遭五服之丧，则因成丧服而遂加冠。此礼无分服之轻重，故曰"虽三年之丧可也"。既冠于居丧之次，乃入哭踊。凡踊，三踊为一节，三者三，言如此者三次也。乃出，出就次所也。详见《曾子问》。○冠，去声，下节同。"三者三"三，去声。"加冠"冠，如字。

大功之末，可以冠子，可以嫁子。父小功之末，可以冠子，可以嫁子，可以取妇。己虽小功，既卒哭，可以冠取妻，下殇之小功则不可。[1]凡弁绖，其衰侈袂。[2]

[1] 末，服之将除也。旧说，以末为卒哭后。然大功卒哭后，尚有六月，恐不可言末。小功既言末，又言卒哭，则末非卒哭明矣。下言"父小功之末"，则上文"大功之末"，是据己身而言。旧说，父及己身俱在大功之末，或小功之末，恐亦未然。下殇之小功，自期服而降，以本服重，故不可冠娶也。○取，去声。

[2] 弁绖之服，吊服也。首著素弁而加以一股环绖，其服有三等：锡衰、缌衰、疑衰也。侈，大也。袂之小者，二尺二寸，此三尺三寸。

父有服，宫中子不与于乐。母有服，声闻焉，不举乐。

妻有服，不举乐于其侧。大功将至，辟琴瑟。小功至，不绝乐。[1]

[1] 宫中子，与父同宫之子也。命士以上乃异宫。不与于乐，谓在外见乐，不观不听也。若异宫则否。此亦谓服之轻者，如重服，则子亦有服，可与乐乎？声之所闻，又加近矣。其侧则尤近者也。轻重之节如此。大功将至，谓有大功丧服者将来也。为之屏退琴瑟，亦助之哀戚之意。小功者轻，故不为之止乐。〇与，去声。闻，去声。辟，婢亦切。为，去声。屏，上声。

姑、姊妹其夫死而夫党无兄弟，使夫之族人主丧。妻之党，虽亲弗主。夫若无族矣，则前后家，东西家。无有，则里尹主之。或曰：主之而附于夫之党。[1]

[1] 此明姑、姊妹死，而无夫无子者，丧必有主。妇人于本亲降服，以其成于外族也，故本族不可主其丧。里尹，盖闾胥、里宰之属也。或以为妻党主之，而祔祭于其祖姑，此非也。故记者并著之。

麻者不绅，执玉不麻，麻不加于采。[1]

[1] 麻，谓丧服之绖也。绅，大带也。吉凶异道，居丧以绖代大带也。执玉不麻，谓著衰绖者，不得执玉行礼也。采，玄纁之衣也。〇疏曰："按《聘礼》：己国君薨，至于主国，衰而出。注云：可以凶服将事，盖受主君小礼，得以凶服，若聘享大事，则必吉服也。"

国禁哭则止，朝夕之奠，即位自因也。[1]童子哭不偯，不踊，不杖，不菲，不庐。[2]

[1] 国有大祭祀，则丧者不敢哭。然朝奠夕奠之时，自即其阼阶下之位，而因仍礼节之故事以行也。

[2] 偯,委曲之声也。菲,草屦也。庐,倚庐也。童子为父后者则杖。○菲,扶味切。

孔子曰:“伯母、叔母疏衰,踊不绝地。姑、姊妹之大功,踊绝于地。如知此者,由文矣哉!由文矣哉!”[1]

[1] 伯、叔母之齐衰,服重而踊不离地者,其情轻也。姑、姊妹之大功,服轻而踊必离地者,其情重也。孔子美之,言知此绝地、不绝地之情者,能用礼文矣哉。○郑氏曰:“伯母、叔母,义也。姑、姊妹,骨肉也。”○离,去声。

泄柳之母死,相者由左;泄柳死,其徒由右相。由右相,泄柳之徒为之也。[1]

[1] 悼公吊有若之丧,而子游摈由左,则由右相者非礼也。此记失礼所自始。○相,去声。

天子饭九贝,诸侯七,大夫五,士三。[1]

[1] 饭,含也。贝,水物,古者以为货。《士丧礼》:“贝三,实于笲。”《周礼》:“天子饭含用玉。”此盖异代之制乎!

士三月而葬,是月也卒哭。大夫三月而葬,五月而卒哭。诸侯五月而葬,七月而卒哭。士三虞,大夫五,诸侯七。[1]

[1] 疏曰:“大夫以上位尊,念亲哀情于时长远。士职卑位下,礼数未伸。”

诸侯使人吊,其次含、襚、赗、临,皆同日而毕事者也。

其次如此也。[1]

[1] 诸侯薨，邻国遣使来先吊，次含，次襚，次赗，次临，四者之礼，一日毕行。详见上篇。

卿大夫疾，君问之无算，士壹问之。君于卿大夫，比葬不食肉，比卒哭不举乐。为士，比殡不举乐。[1]

[1]《丧大记》云："三问。"此云无算，或恩义如师保之类乎？或三问者，君亲往；而无算者，遣使乎？士有疾，君问之惟一次，卑贱也。比，及也。○比，音界。为，去声。使，去声。

升正柩，诸侯执绋五百人，四绋皆衔枚，司马执铎，左八人，右八人，匠人执羽葆御柩。大夫之丧，其升正柩也，执引者三百人，执铎者左右各四人，御柩以茅。[1]

[1] 升正柩者，将葬柩朝祖庙，升西阶，用辁轴载柩于两楹间而正之也。柩有四绋，枚形似箸，两端有小绳，衔于口而系于颈后，则不能言，所以止喧哗也。五百人皆用之。司马十六人执铎，分居左右夹柩，以号令于众也。葆形如盖，以羽为之。御柩者，在柩车之前，若道途有低昂倾亏，则以所执者为抑扬左右之节，使执绋者知之也。引，即绋，互言之耳。茅，以茅为麾也。○引，去声。

孔子曰："管仲镂簋而朱纮，旅树而反坫，山节而藻棁，贤大夫也，而难为上也。[1]晏平仲祀其先人，豚肩不掩豆，贤大夫也，而难为下也。君子上不僭上，下不偪下。"[2]

[1] 镂簋，簋有雕镂之饰也。纮，冕之饰，天子朱，诸侯青，大夫、士缁。旅，道也。树，屏也。立屏当所行之路以蔽内外也。反坫，反爵之坫也，土为之，在两楹间。山节，刻山于柱头之斗栱也。藻，水草。藻棁，画

藻于梁上之短柱也。难为上，言僭上也。○坫，音店。棁，音拙。屏，上声。

[2] 大夫祭用少劳，不合用豚肩，在俎不在豆。此但喻其极小，谓并豚两肩亦不能掩豆耳。难为下，言偪下也。

妇人非三年之丧，不逾封而吊；如三年之丧，则君夫人归。夫人其归也，以诸侯之吊礼。其待之也，若待诸侯然。夫人至，自入闱门，升自侧阶，君在阼。其他如奔丧礼然。[1]

[1] 三年之丧，父母之丧也。女嫁者为父母期，此以本亲言也。逾封，越疆也。言国君夫人丧父母之丧，用诸侯吊礼，主国待之，亦用待诸侯之礼。闱门，非正门，宫中往来之门也。侧阶，非正阶，东房之房阶也。此皆异于女宾。主国君在阼阶上，不降迎也。奔丧礼，谓哭踊髽麻之类。○髽，侧瓜切。

嫂不抚叔，叔不抚嫂。[1]

[1] 抚，死而抚其尸也。叔嫂宜远嫌，故皆不抚。○远，去声。

君子有三患：未之闻，患弗得闻也；既闻之，患弗得学也；既学之，患弗能行也。君子有五耻：居其位无其言，君子耻之；有其言无其行，君子耻之；既得之而又失之，君子耻之；地有余而民不足，君子耻之；众寡均而倍焉，君子耻之。[1]

[1] 三患，言为学之君子；五耻，言为政之君子也。居位而无善言之可闻，是不能讲明政事，一耻也。有言无行，是言行不相顾，二耻也。始以有德而进，今以无德而退，三耻也。不能抚民，使之逃散，四耻也。国有功役，己与彼众寡相等，而彼之功绩倍于己，是不能作兴率励其下，五

耻也。○行，去声。

孔子曰："凶年则乘驽马，祀以下牲。"[1]

[1]《周礼·校人》：六马，曰种马、戎马、齐马、道马、田马、驽马，驽马其最下者。下牲，如常祭用太牢者，降用少牢；少牢者降用特牲；特豕者降用特豚之类。以年凶，故贬损也。《王制》云："凡祭，丰年不奢，凶年不俭。"与此不同，未详。

恤由之丧，哀公使孺悲之孔子学士丧礼，士丧礼于是乎书。[1]

[1] 郑氏曰："时人转而僭上，士之丧礼已废矣。孔子以教孺悲，国人乃复书而存之。"

子贡观于蜡，孔子曰："赐也乐乎？"对曰："一国之人皆若狂，赐未知其乐也。"子曰："百日之蜡，一日之泽，非尔所知也。[1]

[1] 蜡祭，见《郊特牲》。若狂，言饮酒醉甚也。未知其乐，言醉无礼仪，方且可恶，何乐之有？孔子言百日劳苦而有此蜡，农民终岁勤动，今仅使之为一日饮酒之欢，是乃人君之恩泽，非尔所知，言其义大也。○蜡，音乍。乐，音洛。恶，去声。

"张而不弛，文武弗能也。弛而不张，文武弗为也。一张一弛，文武之道也。"[1]

[1] 张，张弦也。弛，落弦也。孔子以弓喻民，谓弓之为器，久张而不弛，则力必绝；久弛而不张，则体必变。犹民久劳苦而不休息，则其力惫；久休息而不劳苦，则其志逸。弓必有时而张，有时而弛。民必有时而

劳,有时而息。文武弗能,言虽文王武王,亦不能为治也。一于逸乐则不可,故言文武弗为。

孟献子曰:"正月日至,可以有事于上帝;七月日至,可以有事于祖。"七月而禘,献子为之也。[1]

[1] 献子,鲁大夫仲孙蔑。正月,周正建子之月也。日至,冬至也。有事上帝,郊祭也。七月,建午之月也。日至,夏至也。有事于祖,禘祭也。《明堂位》云:"季夏六月,以禘礼祀周公于太庙。"盖夏正建巳之月,郊用冬至,礼之当然。此言献子变礼用七月禘祭,然不言自献子始,而但言献子为之,盖一时之事耳。

夫人之不命于天子,自鲁昭公始也。[1]

[1] 昭公娶吴为同姓,不敢告天子,天子亦不命之,后遂以为常。此记鲁失礼之由。〇疏曰:"天子命畿外诸侯夫人。若畿内诸侯夫人及卿大夫之妻,则《玉藻》注云:天子诸侯命其臣,后夫人亦命其妻也。"

外宗为君夫人,犹内宗也。[1]

[1] 疏曰:"外宗者,谓君之姑、姊妹之女,及舅之女,及从母皆是也。内宗者,君五属内之女。内宗为君服斩衰,为夫人齐衰。此云犹内宗也,则齐斩皆同。君夫人者,是国人所称号。此外宗,谓嫁在国中者。若国外,当云诸侯也。古者大夫不外娶,故君之姑、姊妹嫁于国内大夫为妻,是其正也。诸侯不内娶,故舅女及从母不得在国中。凡内外宗,皆据有爵者,其无服而嫁于诸臣,从为夫之君者,内外宗皆然。若嫁于庶人,则亦从其夫为国君服齐衰三月者,亦内外宗皆然。〇又按《仪礼·丧服疏》云:"外宗有三:《周礼》外宗之女有爵,通卿、大夫之妻,一也;《杂记》注,谓君之姑、姊妹之女、舅之女、从母皆是,二也;若姑之子妇,从母之子妇,其夫是君之外亲,为君服斩,其妇亦名外宗,为君服期,三也。内宗有二:

《周礼》内女之有爵，谓同姓之女悉是，一也；《杂记》注，君之五属之内女，二也。"〇为，去声。从，去声。

厩焚，孔子拜乡人为火来者。拜之，士壹，大夫再，亦相吊之道也。[1]

[1] 郑氏曰："宗伯职曰，以吊礼哀祸灾。"〇为，去声。

孔子曰："管仲遇盗，取二人焉，上以为公臣，曰：'其所与游辟也。可人也。'管仲死，桓公使为之服。宦于大夫者之为之服也，自管仲始也，有君命焉尔也。"[1]

[1] 管仲遇群盗，简取二人而荐进之，使为公家之臣，且曰："为其所与交游者是邪僻之人，故相诱为盗尔。"此二人本是堪可之人，可任用也。其后管仲死，桓公使此二人为管仲服。记者言仕于大夫而为之服自此始，以君命不可违也。盖于礼违大夫而之诸侯，不为大夫反服，桓公之意，盖不忘管仲之举贤也。〇上，上声。辟，音僻。为去声。

过而举君之讳，则起。与君之讳同，则称字。[1]

[1] 过，失误也。举，犹称也。起，起立也。失言不自安，故起立，示改变之意。诸臣之名或与君之讳同，则称字也。

内乱不与焉，外患弗辟也。[1]

[1] 内乱，谓本国祸难也。言卿大夫在国，若同僚中有谋作乱者，力能讨，则讨之，力不能讨，则谨自畏避，不得干与。其或寇患在外，如邻国来攻，或夷狄侵扰，则不可逃避，当尽力捍御，死义可也。〇与，去声。辟，音避。难，去声。

《赞大行》曰："圭，公九寸，侯、伯七寸，子、男五寸，博三寸，厚半寸，剡上左右各寸半，玉也。藻三采六等。"[1]

[1]《赞大行》，古礼书篇名也。其书必皆赞说大行人之职事，今记者引之，故云"《赞大行》曰"。子男执璧，非圭也，记者失之。博三寸，圭也。厚半寸，圭璧各厚半寸也。剡上，削杀其上也。藉玉者以韦衣板，而藻画朱、白、苍三色为六行，故曰"藻三采六等"也。〇杀，去声。行，音杭。

哀公问子羔曰："子之食奚当？"对曰："文公之下执事也。"[1]

[1] 问其先人始仕食禄，当何君时，文公至哀公七君。

成庙则衅之，其礼：祝宗人、宰夫、雍人，皆爵弁纯衣。雍人拭羊，宗人祝之，宰夫北面于碑南东上。雍人举羊升屋自中，中屋南面刲羊，血流于前乃降。门夹室皆用鸡，先门而后夹室。其衈皆于屋下。割鸡，门当门，夹室中室。有司皆乡室而立，门则有司当门北面。既事，宗人告事毕，乃皆退。反命于君曰："衅某庙事毕。"反命于寝，君南乡于门内朝服，既反命乃退。[1]路寝成，则考之而不衅。衅屋者，交神明之道也。[2]凡宗庙之器，其名者成，则衅之以豭豚。[3]

[1] 宗庙初成，以牲血涂衅之，尊神明之居也。爵弁，士服也。纯衣，玄衣纁裳也。拭羊，拭之使净洁也。宗人祝之，其辞未闻。碑，丽牲之碑也，在庙之中庭。升屋自中，谓由房东西之中而上也。门，庙门也。夹室，东西厢也。门与夹室各一鸡，凡三鸡也，亦升屋而割之。衈者，未刲羊割鸡之时，先灭耳旁毛以荐神，耳主听，欲神听之也。庙，则在庙之屋下；门与夹室，则亦在门与夹室之屋下也。门，则当门屋之中；夹室，则

当夹室屋之中，故云“门当门，夹室中室”也。有司，宰夫祝宗人也。宗人告事毕，告于宰夫也。宰夫为摄主，反命于寝，其时君在路寝也。○纯，音缁。刲，音奎。衈，音二。乡，去声。朝，音潮。

[2] 疏曰：“考之者，谓盛馔以落之。庾蔚云：落，谓与宾客燕会，以酒食浇落之，即欢乐之义也。”

[3] 名者，有名之器，若尊彝之属也。豭豚，牡豚也。○豭，音加。

诸侯出夫人，夫人比至于其国，以夫人之礼行。至以夫人入，使者将命曰：“寡君不敏，不能从而事社稷宗庙，使使臣某敢告于执事。”主人对曰：“寡君固前辞不教矣，寡君敢不敬须以俟命。”有司官陈器皿，主人有司亦官受之。[1]

[1] 出夫人，有罪而出之还本国也。在道至入，犹以夫人礼者，致命其国，然后义绝也。将命者，谦言寡君不敏，不能从夫人以事宗庙社稷，而不斥言夫人之罪。答言前辞不教，谓纳采时，固尝以此为辞矣。○疏曰：“有司官陈器皿者，使者使从己来有司之官，陈夫人嫁时所赍器皿之属以还主国也。主人有司亦官受之者，主国亦使有司官领受之也。并云官者，明付受悉如法也。”○比，音畀。“使者”、“使臣”使，并去声。

妻出，夫使人致之曰：“某不敏，不能从而共粢盛，使某也敢告于侍者。”主人对曰：“某之子不肖，不敢辟诛，敢不敬须以俟命。”使者退，主人拜送之。如舅在则称舅，舅没则称兄，无兄则称夫。主人之辞曰：“某之子不肖。”如姑、姊妹亦皆称之。[1]

[1] 遣妻必命由尊者，故称舅称兄。兄，谓夫之兄也。此但言夫致之之辞，未闻舅与兄致之之辞也。上文已有主人对辞，下文因姑、姊妹故重言，对言某之姑不肖，或某之姊不肖，或某之妹不肖，故云“亦皆称之”

也。○共，音供。“使者”使，去声。辟，音避。

孔子曰：“吾食于少施氏而饱，少施氏食我以礼。吾祭，作而辞曰：‘疏食不足祭也。’吾飧，作而辞曰：‘疏食也，不敢以伤吾子。’”[1]

[1] 少施氏，鲁惠公子施父之后。作而辞，起而辞谢也。疏食，粗疏之食也。飧，以饮浇饭也。礼食竟，更作三飧以助饱食。不敢以伤吾子者，言粗疏之饭，不可强食以致伤害也。○少，去声。“食我”、“疏食”食，音嗣。飧，音孙。父，音甫。强，上声。

纳币一束，束五两，两五寻。[1]

[1] 此谓昏礼纳征也。一束，十卷也。八尺为寻，每五寻为匹。从两端卷至中，则五匹为五个两卷矣，故曰束五两。○郑氏曰：“四十尺谓之匹，犹匹偶之匹，言古人每匹作两个卷子。”

妇见舅姑，兄弟、姑、姊妹皆立于堂下，西面北上，是见已。见诸父各就其寝。[1]

[1] 立于堂下，则妇之入也。已过其前，此即是见之矣，不复各特见之也。诸父旁尊，故明日各诣其寝而见之。○见，音现，下同。复，扶又切。

女虽未许嫁，年二十而笄，礼之，妇人执其礼。燕则鬈首。[1]

[1] 疏曰：“十五许嫁而笄，若未许嫁，至二十而笄，以成人礼言之。妇人执其礼者，十五许嫁而笄，则主妇及女宾为笄礼，主妇为之著笄，女宾以醴礼之。未许嫁而笄者，则妇人礼之，无主妇，女宾不备仪也。燕则

鬈首者,谓既笄之后,寻常在家燕居,则去其笄而分发为鬌紒也。此为未许嫁,故虽已笄,犹为少者处之。"○鬈,音拳。著,入声。去,上声。少,去声。处,上声。鬌,音垂。紒,音计。

韠长三尺,下广二尺,上广一尺,会去上五寸。纰以爵韦六寸,不至下五寸。纯以素,紃以五采。[1]

[1] 疏曰:"韠,韨也。会,领缝也。韠旁缘谓之纰,下缘曰纯。紃,条也,谓以五采之条置于诸缝之中,详见《玉藻》。"○长、广,并去声。会,音脍。纰,音毗。纯,音准。紃,音旬。缝、缘,并去声。

卷之八

丧大记第二十二

疾病，外内皆埽。君、大夫彻县，士去琴瑟。寝东首于北牖下。废床，彻亵衣、加新衣，体一人。男女改服。属纩以俟绝气。男子不死于妇人之手，妇人不死于男子之手。[1]

[1] 病，疾之甚也。以宾客将来候问，故埽洁所居之内外。若君与大夫之病，则彻去乐县，士则去琴瑟。东首于北牖下者，东首，向生气也。按《仪礼宫庙图》无北牖，而西北隅谓之屋漏，以天光漏入而得名。或者北牖指此乎？古人病将死，则废床而置病者于地，以始生在地，庶其生气复反而得活。及死，则复举尸而置之床上。手足为四体，各一人持之，为其不能自屈伸也。男女皆改服，亦拟宾客之来也。贵者朝服，庶人深衣。纩，新绵也。属之口鼻，观其动否，以验气之有无也。男子不死于妇人之手，妇人不死于男子之手，恶其亵也。〇埽，去声。县，音玄，章内并同。去，上声。首，去声。属，音烛。“为其”为，去声。朝，音潮。恶，去声。

君夫人卒于路寝，大夫世妇，卒于适寝。内子未命，则死于下室，迁尸于寝。士之妻，皆死于寝。[1]

[1] 诸侯与夫人皆有三寝，君正者曰路寝，余二曰小寝。夫人一正寝，二小寝，卒当于正处也。大夫妻曰命妇，而云世妇者，世妇乃国君之次妇，其尊卑与命妇等，故兼言之。内子，卿妻也。下室，燕处之所。又燕寝亦曰下室也。士之妻皆死于寝，谓士与其妻，故云皆也。《士丧礼》

云死于适室，此云寝，寝、室通名也。○适，音的，章内并问。“燕处”处，上声。

复，有林麓，则虞人设阶，无林麓则狄人设阶。[1]

[1] 复，始死升屋招魂也。虞人，掌林麓之官。阶，梯也。狄人，乐吏之贱者。死者封疆内若有林麓，则使虞人设梯以升屋。其官职卑下不合有林麓者，则使狄人设之。以其掌设簨、簴，或便于此。○簨，音笋。簴，音巨。

小臣复，复者朝服。君以卷，夫人以屈狄，大夫以玄赪，世妇以襢衣，士以爵弁，士妻以税衣，皆升自东荣，中屋履危，北面三号，卷衣投于前，司服受之，降自西北荣。[1]其为宾，则公馆复，私馆不复。其在野，则升其乘车之左毂而复。[2]复衣不以衣尸，不以敛。妇人复，不以袡。凡复男子称名，妇人称字。唯哭先复，复而后行死事。[3]

[1] 小臣，君之近臣也。君以衮，谓上公用衮服也。循其等而用之，则侯伯用鷩冕之服，子男用毳冕之服，上公之夫人用袆衣，侯伯夫人用揄狄，子男夫人用屈狄。此言君以衮，举上以见下也。夫人以屈狄，举下以知上也。赪，赤色。玄赪，玄衣纁裳也。世妇，大夫妻。言世妇者，大夫妻与世妇同用襢衣也。袆衣而下六服，说见前篇。爵弁，指爵弁服而言，非用弁也。六冕则以衣名冠，四弁则以冠名衣也。荣，屋翼也。天子、诸侯屋皆四注，大夫以下，但前檐、后檐而已。翼，在屋之两头，似翼，故名屋翼也。中屋，当屋之中也。履危，立于高峻之处，盖屋之脊也。三号者，一号于上，冀魂自天而来。一号于下，冀魂自地而来。一号于中，冀魂自天地四方之间而来。其辞则皋某复也。皋，长声也。三号毕，乃卷敛此衣自前投而下，司服者以箧受之，复之小臣，即自西北荣而下也。○朝，音潮。卷，音衮。屈，音阙。赪，尺贞切。襢，知彦切。税，音彖。号，

平声。

[2] 说见《曾子问》及《杂记》。○乘，去声。

[3]《士丧礼》："复衣初用以覆尸，浴则去之。"此言不以衣尸，谓不用以袭也。以绛缘衣之下曰衻。盖嫁时盛服，非事鬼神之衣，故不用以复也。○"衣尸"衣，去声。衻，如占切。先，去声。

始卒，主人啼，兄弟哭，妇人哭踊。[1]

[1] 啼者，哀痛之甚，呜咽不能哭，如婴儿失母也。兄弟情稍轻，故哭有声。妇人之踊，似雀之跳，足不离地。《问丧》篇云"爵踊"是也。○离，去声。

既正尸，子坐于东方，卿大夫父兄子姓立于东方，有司庶士哭于堂下北面，夫人坐于西方，内命妇姑姊妹子姓立于西方，外命妇率外宗哭于堂上北面。[1]

[1] 此言国君之丧。正尸，迁尸于牖下南首也。姓，犹生也。子姓，子所生，谓众子孙也。内命妇，子妇、世妇之属。姑姊妹，君之姑姊妹也。子姓，君女孙也。外命妇，卿大夫之妻也。外宗，谓姑姊妹之女。

大夫之丧，主人坐于东方，主妇坐于西方，其有命夫命妇则坐，无则皆立。士之丧，主人父兄子姓皆坐于东方，主妇姑姊妹子姓皆坐于西方。凡哭尸于室者，主人二手承衾而哭。[1]

[1] 承衾而哭，犹若致其亲近扶持之情也，谓初死时。○疏曰："君与大夫位尊，故坐者殊其贵贱；士位下，故坐者等其尊卑。"

君之丧，未小敛，为寄公、国宾出。大夫之丧，未小敛，为君命出。士之丧，于大夫，不当敛则出。[1]凡主人之出也，徒跣，扱衽，拊心，降自西阶。君拜寄公、国宾于位。大夫于君命，迎于寝门外，使者升堂致命，主人拜于下。士于大夫亲吊则与之哭，不逆于门外。[2]夫人为寄公夫人出，命妇为夫人之命出，士妻不当敛，则为命妇出。[3]

[1] 寄公，诸侯失国而寄托邻国者也。国宾，他国来聘之卿大夫也。出，出迎也。为君命出，谓君有命及门则出也。《檀弓》云："大夫吊，当事而至则辞焉。"辞，告也，故不当敛时，则亦出迎。《杂记》云"大夫至，绝踊而拜之"者，亦谓敛后也。○为，去声。

[2] 徒跣者，未著丧屦，吉屦又不可著也。扱衽者，扱深衣前襟于带也。拊心，击心也。《曲礼》云："升降不由阼阶。"拜寄公、国宾于位者，寄公位在门西，国宾位在门东，主人于庭各向其位而拜之也。《士丧礼》云："宾有大夫，则特拜之，即位于西阶下，东面，不踊。"○扱，音插。拊，音抚。

[3] 妇人不下堂，此谓自房而出拜于堂上也。○为，去声。

小敛，主人即位于户内，主妇东面乃敛。卒敛，主人冯之踊，主妇亦如之。主人袒，说髦，括发以麻。妇人髽，带麻于房中。

彻帷，男女奉尸夷于堂，降拜。[1]君拜寄公、国宾、大夫、士，句拜卿大夫于位，于士旁三拜。夫人亦拜寄公夫人于堂上，大夫内子，士妻，特拜命妇，氾拜众宾于堂上。[2]主人即位，袭带绖，踊。母之丧，即位而免，乃奠。吊者袭裘加武带绖，与主人拾踊。[3]

[1]《檀弓》云："小敛于户内。"冯之踊者，冯尸而踊也。髦，幼时剪发为之，年虽成人，犹垂于两边。若父死脱左髦，母死脱右髦。亲没不

髦，谓此也。髽，亦用麻，如男子括发以麻也。带麻，麻带也，谓妇人要绖。小敛毕，即彻去先所设帷堂之帷。诸侯大夫之礼，宾出乃彻帷，此言士礼耳。夷，陈也。小敛竟，相者举尸出户，往陈于堂，而孝子男女亲属，并扶捧之也。降拜，适子下堂而拜宾也。〇冯，音凭。章内并同。说，音脱。髽，侧瓜切。奉，上声。要，平声。去，上声。相，去声。适，音的。

[2] 君，谓遭丧之嗣君也。寄公与国宾入吊，固拜之矣，其于大夫士也，卿大夫则拜之于位，士则旁三拜而已。旁，谓不正向之地。士有上中下三等，故共三拜。大夫士皆先君之臣，俱当服斩，今以小敛毕而出庭列位，故嗣君出拜之。夫人亦拜寄公夫人于堂上矣，其于卿大夫之内子、士之妻，则亦拜之。但内子与命妇则人人各拜之。众宾，则士妻也。泛拜之而已，亦旁拜之比也。〇氾，音泛。

[3] 主人拜宾后，即阼阶下之位，先拜宾时袒，今拜毕，乃掩袭其衣，而加要带首绖，乃踊。《士丧礼》："先踊，乃袭绖。"此诸侯礼，故先袭绖乃踊也。母丧降于父，拜宾竟而即位，以免代括发之麻，免而袭绖，至大敛乃成踊也。乃奠者，谓小敛奠。吊者小敛后来，则掩袭裘上之裼衣，加素弁于吉冠之武。武，冠下卷也。带绖者，要带首绖。有朋友之恩，则加带与绖，无朋友之恩，则无带，惟绖而已。拾踊，更踊也。〇免，音问。拾，其劫切。要，平声。更，平声。

君丧，虞人出木、角，狄人出壶，雍人出鼎，司马县之，乃官代哭。大夫官代哭，不县壶，士代哭，不以官。[1]

[1] 虞人，主山泽之官。出木为薪，以供爨鼎。盖冬月恐漏水冰冻也。角，斛水之斗。狄人，乐吏也。主挈壶漏水之器，故出壶。雍人主烹饪，故出鼎。司马，夏官卿也，其属有挈壶氏。司马自临视其县，此漏器乃官代哭者，未殡，哭不绝声，为其不食疲倦，故以漏器分时刻，使官属以次依时相代，而哭声不绝也。"士代哭，不以官"者，亲疏之属，与家人自相代也。

君堂上二烛，下二烛。大夫堂上一烛，下二烛。士堂上一烛，下一烛。[1]宾出彻帷。[2]

[1] 疏曰："有丧则于中庭终夜设燎，至晓灭燎，而日光未明故须烛以照祭馔也。古者未有蜡烛，呼火炬为烛也。"

[2] 小敛毕即彻帷，士礼也。此君与大夫之礼，小敛毕，下阶拜宾，宾出乃彻帷也。

哭尸于堂上，主人在东方，由外来者在西方，诸妇南乡。[1]

[1] 妇人哭位本在西而东面，今以奔丧者由外而来，合居尸之西，故退而近北以乡南也。〇乡，音向。

妇人迎客，送客不下堂，下堂不哭。男子出寝门外见人不哭。[1]其无女主，则男主拜女宾于寝门内；其无男主，则女主拜男宾于阼阶下。子幼则以衰抱之，人为之拜。为后者不在，则有爵者辞，无爵者人为之拜。在竟内则俟之，在竟外则殡葬可也。

[1] 堂以内至房，妇人之事。堂以外至门，男子之事。非其所而哭，非礼也。此言小敛后，男主、女主迎送吊宾之礼。妇人于敌者固不下堂，若君夫人来吊，则主妇下堂至庭，稽颡而不哭也。男子于敌者之吊亦不出门，若有君命而出迎，亦不哭也。

丧有无后，无无主。[1]

[1] 为后者不在，谓以事故在外也。此时若有丧事，而吊宾及门，其为后者是有爵之人，则辞以摄主无爵，不敢拜宾。若此为后者是无爵之人，则摄主代之拜宾可也。出而在国境之内，则俟其还乃殡葬。若在境

外，则当殡即殡，殡后又不得归，而及葬期，则葬之可也。无后，不过己自绝嗣而已。无主，则阙于宾礼。故可无后，不可无主也。○衰，音催。为，去声。竟，音境。

君之丧三日，子、夫人杖；五日既殡，授大夫、世妇杖。子、大夫寝门之外杖，寝门之内辑之；夫人、世妇在其次则杖，即位则使人执之。子有王命则去杖，国君之命则辑杖。听卜有事于尸则去杖。大夫于君所则辑杖，于大夫所则杖。[1]

[1] 子，兼适、庶及世子也。寝门，殡宫门也。辑，敛也。谓举之不以拄地也。子大夫庐在寝门外，得拄杖而行至寝门。子与大夫并言者，据礼，大夫随世子以入，子杖则大夫辑，子辑则大夫去杖，故下文云"大夫于君所则辑杖"也。此言大夫特来，不与子相随，故云门外杖，门内辑。若庶子之杖，则不得持入寝门也。夫人世妇居次在房内，有王命至则世子去杖，以尊王命也。有邻国君之命则辑杖者，下成君也。听卜，卜葬卜日也。有事于尸，虞与卒哭及祔之祭也。于大夫所则杖者，诸大夫同在门外之位，同是为君，故并得以杖拄地而行也。○辑，音集。去，上声。适，音的。

大夫之丧，三日之朝既殡，主人、主妇、室老皆杖。大夫有君命则去杖，大夫之命则辑杖。内子为夫人之命去杖，为世妇之命授人杖。[1]

[1] 大夫有君命，此大夫，指为后子而言。世妇，君之世妇也。○去，上声。为，去声。

士之丧，二日而殡，三日之朝，主人杖，妇人皆杖。于君命、夫人之命如大夫，于大夫、世妇之命如大夫。[1]子皆杖，不以即位。大夫、士哭殡则杖，哭柩则辑杖。

[1] 如大夫，谓去杖、辑杖、授人杖，三者轻重之节也。

弃杖者，断而弃之于隐者。[1]

[1] 子，凡庶子，不独言大夫、士之庶子也。不以杖即位，避适子也。哭殡则杖，哀胜敬也。哭柩，启后也。辑杖，敬胜哀也。独言大夫士者，天子诸侯尊，子不敢以杖入殡宫门，故哭殡、哭柩皆去杖也。杖于丧服为重，大祥弃之，必断截使不堪他用，而弃于幽隐之处，不使人亵贱之也。〇断，音短。适，音的。

始死，迁尸于床，幠用，敛衾，去死衣，小臣楔齿用角柶，缀足用燕几，君、大夫、士一也。[1]

[1] 病困时迁尸于地，冀其复生，死则举而置之床上也。幠，覆也。敛衾，拟为大敛之衾也。先时彻亵衣而加新衣以死，今覆以衾而去此死时之新衣也。楔，拄也。以角为柶，长六寸，两头屈曲。为将含恐口闭，故以柶拄齿，令开而受含也。尸应著屦，恐足辟戾，故以燕几拘缀之令直也。〇幠，音呼。去，上声。楔，先结切。柶，音四。缀，音拙。覆，去声。"为将"为，去声。令，平声。著，入声。

管人汲，不说繘，屈之，尽阶，不升堂，授御者。御者入浴，小臣四人抗衾。御者二人浴，浴水用盆，沃水用枓，浴用绨巾，挋用浴衣，如他日。小臣爪足。浴余水弃于坎。其母之丧，则内御者抗衾而浴。[1]

[1] 管人，主馆舍者。汲水以供浴事也。繘，汲水瓶上索也。急遽不暇解脱此索，但萦屈而执于手。水从西阶升，尽等而不上堂，授与御

者。抗衾，举衾以蔽尸也。此浴水用盆盛之，乃用枓酌盆水以沃尸，以绤为巾，蘸水以去尸之垢。抿，拭也。浴衣，生时所用以浴者，用之以拭尸，令干也。如他日者，如生时也。爪足，浴竟而剪尸足之爪甲也。浴之余水，弃之坎中，此坎是甸人取土为灶所掘之坎。内御者，妇人也。〇说，音脱。繘，音聿。枓，音主。抿，音震。

管人汲，授御者，御者差沐于堂上。君沐粱，大夫沐稷，士沐粱。甸人为垼于西墙下，陶人出重鬲，管人受沐，乃煮之。甸人取所彻庙之西北厞，薪用爨之。管人授御者沐，乃沐。沐用瓦盘，抿用巾，如他日。小臣爪手剪须。濡濯弃于坎。[1]

[1] 此言尸之沐。差，犹摩也，谓淅粱或稷之潘汁以沐发也。君与士同用粱者，士卑不嫌于僭上也。垼，块灶也，将沐时，甸人之官取西墙下之土为块灶。陶人，作瓦器之官也。重鬲，县重之罂，瓦瓶也，受三升。管人受沐汁于堂上之御者，而下往西墙于垼灶鬲中煮之令温，甸人为灶毕，即往取复者所彻正寝西北厞，以爨灶煮沐汁。谓正寝为庙，神之也。旧说：厞是屋檐，谓抽取屋西北之檐。一说：西北隅厞，隐处之薪也，用瓦盘以贮此汁也。抿用巾，以巾拭发及面也。爪手，剪手之爪甲也。濡，烦搁其发也。濯，不净之汁也。〇差，七何切。垼，音役。重，平声。鬲，音历。厞，扶味切。濡，乃乱切。濯，音棹。

君设大盘，造冰焉。大夫设夷盘，造冰焉。士併瓦盘，无冰。设床禫笫，有枕。含一床，袭一床，迁尸于堂又一床，皆有枕席，君、大夫、士一也。[1]

[1] 大盘造冰，纳冰于大盘中也。夷盘，小于大盘。夷，犹尸也。併，并也。瓦盘小，故并设之。无冰，盛水也。冰在下，设床于上。禫，单

也。去席而袒露笫簀，尸在其上，使寒气得通，免腐坏也。含、袭、迁尸三节，各自有床，此谓沐浴以后，袭敛以前之事。○造，七到切。并，步顶切。襢，音展。笫，音滓。

君之丧，子、大夫、公子、众士皆三日不食。子、大夫、公子、众士食粥，纳财，朝一溢米，莫一溢米，食之无算。士疏食水饮，食之无算。夫人、世妇、诸妻皆疏食水饮，食之无算。[1]

[1] 纳财，谓有司供纳此米也。郑注："财，谷也。谓米由谷出，故言财。一溢，二十四分升之一也。食之无算者，谓居丧不能顿食，随意欲食则食，但朝暮不过此二溢之米也。疏食，粗饭也。"○莫，音暮。"疏食"食，音嗣，余如字，下五节并同。

大夫之丧，主人、室老、子姓皆食粥，众士疏食水饮，妻、妾疏食水饮。士亦如之。[1]既丧，主人疏食水饮，不食菜果，妇人亦如之，君、大夫、士一也。练而食菜果，祥而食肉。食粥于盛不盥，食于篹者盥。食菜以醯酱。始食肉者，先食乾肉。始饮酒者，先饮醴酒。[2]

[1] 室老，家臣之长。子姓，孙也。众士，室老之下也。士亦如之，谓士之丧，亦子食粥，妻妾疏食水饮也。

[2] 盛，杯圩之器也。篹，竹筥也。杯圩盛粥，歠之以口，故不用盥手。饭在篹，须手取而食之，故当盥手也。○盛，平声。篹，思管切。乾，音干。

期之丧，三不食，食疏食，水饮，不食菜果。三月既葬，食肉饮酒。期，终丧不食肉，不饮酒。父在，为母为妻，九月之丧，食饮犹期之丧也。食肉饮酒，不与人乐之。[1]五月、三月之丧，壹不食，再不食，可也。比葬，食肉饮酒，不与人乐之。叔母、世母、故主、宗子，食肉饮酒。[2]不能食粥，羹之以菜可也。有疾，食肉饮酒可也。五十不成丧，七十唯衰麻在身。[3]

[1] 不与人乐之，言不以酒肉与人共食为欢乐也。与，旧音预，非。○疏曰："期丧三不食，谓大夫士旁期之丧，正服则二日不食。"见《间传》。○为，去声。乐，音洛，下节同。

[2] 一不食，三月之丧也。再不食，五月之丧也。故主，旧君也，大夫本称主。○比，音畀。

[3] 不成丧，谓不备居丧之礼节也。

既葬，若君食之，则食之。大夫、父之友食之，则食之矣。不辟粱肉，若有酒醴则辞。[1]

[1] 君食之，食臣也。大夫食之，食士也。父友，父同志者。此并是尊者食卑者，故虽粱肉不避，酒醴见颜色，故当辞。○"君食"食，音嗣。辟，音避。见，音现。

小敛于户内，大敛于阼。君以簟席，大夫以蒲席，士以苇席。[1]小敛：布绞，缩者一，横者三。君锦衾，大夫缟衾，士缁衾，皆一。衾十有九称。君陈衣于序东，大夫士陈衣于房中，皆西领北上。绞，紟不在列。[2]

[1] 簟席，竹席也。

[2] 此明小敛之衣衾。绞，既敛所用以束尸使坚实者。从者在横者之上，从者一幅，横者三幅，每幅之末，析为三片，以便结束。皆一者，君、大夫、士皆一衾。衾在绞之上，天数终于九，地数终于十，故十有九称也。

袍，夹衣。衣裳，单衣。故注云："单、复具曰称。"约，单被也。不在列，不在十九称之数也。〇绞，音爻。称，去声，下节同。约，其鸠切。从，音悰。

大敛：布绞，缩者三，横者五；布约，二衾。君、大夫、士一也。君陈衣于庭，百称，北领西上。大夫陈衣于序东，五十称，西领南上。士陈衣于序东，三十称，西领南上。绞、约如朝服。绞一幅为三，不辟。约五幅，无紞。[1]

[1] 此明大敛之事。缩者三，谓一幅直用，裂其两头为三片也。横者五，谓以布二幅，分裂作六片，而用五片横于直者之下也。约，一说在绞下用以举尸，一说在绞上，未知孰是。二衾者，小敛一衾，大敛又加一衾也。如朝服，其布如朝服十五升也。绞一幅为三不辟者，一幅两头分为三段，而中不擘裂也。约五幅，用以举尸者。无紞，谓被头不用组纽之类为识别也。又按士沐粱及陈衣，与士丧礼不同，旧说此为天子之士。〇辟，音百。紞，都敢切。

小敛之衣，祭服不倒。

君无襚。大夫、士毕主人之祭服。亲戚之衣，受之，不以即陈。小敛，君、大夫、士皆用复衣复衾。大敛，君、大夫、士祭服无算，君褶衣褶衾，大夫、士犹小敛也。[1]

[1] 小敛十九称，不悉著于身，但取其方，故有领在下者，惟祭服尊，故必领在上也。君无襚，谓悉用己衣，不用他人襚送者，大夫、士尽用己衣然后用襚。言祭服，举尊美者言之也。亲戚所襚之衣，虽受之而不以陈列。复衣、复衾，衣衾之有绵纩者。祭服无算，随所有皆用，无限数也。褶衣、褶衾，衣衾之夹者。君衣尚多，故大敛用夹衣衾，大夫、士犹用小敛之复衣、复衾也。〇复，音幅。褶，音牒。著，入声。

袍必有表，不禅；衣必有裳，谓之一称。[1]

[1] 袍，衣之有著者，乃亵衣也，必须有礼服以表其外，不可禅露。衣与裳亦不可偏有，如此乃成称也。〇禅，音丹。称，去声。著，上声。

凡陈衣者实之箧，取衣者亦以箧。升降者自西阶。凡陈衣不诎，非列采不入，絺、绤、纻不入。[1]

[1] 陈衣者实之箧，自箧中取而陈之也。取衣，收取襚者所委之衣也。不诎，舒而不卷也。非列采，谓间色、杂色也。敛尸者，当暑亦用袍，故絺、绤与纻布皆不入也。〇诎，音屈。

凡敛者袒，迁尸者袭。[1]君之丧，大胥是敛，众胥佐之。大夫之丧，大胥侍之，众胥是敛。士之丧，胥为侍，士是敛。[2]

[1] 执小敛、大敛之事者，其事烦，故必袒以取便。迁尸入柩，则其事易矣，故不袒。

[2] 胥，读为祝者，以胥是乐官，不掌丧事也。《周礼》：大祝之职，大丧、赞敛。丧祝，卿大夫之丧掌敛。"《士丧礼》："商祝主敛。"故知当为祝。侍，犹临也。〇大，音泰。胥，音祝。

小敛大敛，祭服不倒，皆左衽，结绞不纽。[1]

[1] 疏曰："衽，衣襟也，生向右，左手解抽带便也。死则襟向左，示不复解也。结绞不纽者，生时带并为屈纽，使易抽解，死时无复解义，故绞束毕结之不为纽也。"

敛者既敛必哭。士与其执事则敛，敛焉则为之壹不食。凡敛者六人。[1]

[1] 与其执事，谓相助凡役也。旧说：谓与此死者平生共执事，则不至亵恶死者，故以之敛。未知是否。○与，去声。相、恶，并去声。

君锦冒黼杀，缀旁七。大夫玄冒黼杀，缀旁五。士缁冒赪杀，缀旁三。凡冒，质长与手齐，杀三尺，自小敛以往用夷衾。夷衾质杀之裁犹冒也。[1]

[1] 冒者，韬尸之二囊。上曰质，下曰杀。先以杀韬足而上，后以质韬首而下。君质用锦，杀画黼文，故云"锦冒黼杀"也。其制缝合一头，又缝连一边，余一边不缝，两囊皆然。缀旁七者，不缝之边，上下安七带，缀以结之也。上之质从头而下，其长与手齐；杀则自下而上，其长三尺也。小敛有此冒，故不用衾；小敛以后，则用夷衾覆之。夷，尸也。裁，犹制也。夷衾与质杀之制，皆为覆冒尸形而作也。旧说：夷衾亦上齐手，下三尺，缯色及长短制度，如冒之质杀。○杀，色介切。赪，尺贞切。裁，去声。覆，去声。

君将大敛，子弁绖，即位于序端；卿大夫即位于堂廉楹西，北面东上；父兄堂下北面；夫人、命妇尸西，东面；外宗房中南面。小臣铺席，商祝铺绞、紟、衾、衣，士盥于盘上，士举迁尸于敛上。卒敛，宰告，子冯之踊，夫人东面亦如之。[1]

[1] 弁绖，素弁上加环绖，未成服故也。序，谓东序。端，序之南头也。堂廉，堂基南畔廉棱之上也，楹南近堂廉者。父兄堂下北面，谓诸父诸兄之不仕者，以贱故在堂下。外宗，见《杂记下》。小臣铺席，绞、紟、衾铺于席上。士，商祝之属也。敛上，即敛处也。卒敛宰告，太宰告孝子以敛毕也。冯之踊者，冯尸而起踊也。

大夫之丧，将大敛，既铺绞、紟、衾、衣，君至，主人迎，先入门右，巫止于门外。君释菜，祝先人，升堂。君即位于序端；卿、大夫即位于堂廉楹西，北面东上；主人房外南面；主妇尸西，东面。迁尸卒敛，宰告，主人降，北面于堂下，君抚之，主人拜稽颡。君降，升主人冯之，命主妇冯之。[1]

[1] 君释菜，礼门神也。宰告，亦告主人以敛毕也。君抚之，抚尸也。主人拜稽颡，谢君之恩礼也。升主人冯之，君使主人升堂冯尸也。命，亦君命之。

士之丧，将大敛，君不在，其余礼犹大夫也。[1]

[1] 其余礼，如铺衣列位等事。

铺绞、紟踊，铺衾踊，铺衣踊，迁尸踊。敛衣踊，敛衾踊，敛绞、紟踊。[1]

[1] 此踊之节也。动尸举柩，哭踊无数，不在此节。

君抚大夫，抚内命妇。大夫抚室老，抚侄娣。[1]

君、大夫冯父、母、妻、长子，不冯庶子。士冯父、母、妻、长子、庶子。庶子有子，则父、母不冯其尸。凡冯尸者，父、母先，妻、子后。[2]君于臣抚之，父、母于子执之。子于父、母冯之，妇于舅、姑奉之，舅、姑于妇抚之。妻于夫拘之，夫于妻、于昆弟执之。冯尸不当君所。凡冯尸，兴必踊。[3]

[1] 抚，以手按之也。内命妇，君之世妇也。大夫、内命妇皆贵，故君自抚之，以下则不抚也。室老，贵臣；侄娣，贵妾；故大夫抚之也。古者诸侯一娶九女，二国各以女媵之，为娣侄以从，大夫内子亦有侄娣。侄者，兄之子娣，女弟也，娣尊侄卑。《士昏礼》：虽无娣，媵先言侄，若无娣，犹先媵，士有娣媵，则大夫有可知矣。○侄，音迭。

[2] 父母先,妻子后,谓尸之父母妻子也。尊者先冯,卑者后冯。○疏曰:"君、大夫之庶子,虽无子,并不得冯。"

[3] 抚之者,当尸之心胸处抚按之也。执之者,执持其衣。冯之者,身俯而冯之。奉之者,捧持其衣;拘之者,微牵引其衣;皆于心胸之处。不当君所者,假令君已抚心,则余人冯者必少避之,不敢当君所抚之处也。冯尸之际,哀情切极,故起必为踊以泄哀也。○奉,上声。拘,音俱。令,平声。

父母之丧,居倚庐,不涂,寝苫枕凷,非丧事不言。君为庐,宫之。大夫、士,襢之。[1] 既葬,柱楣,涂庐,不于显者,君、大夫、士皆宫之。[2] 凡非适子者,自未葬,以于隐者为庐。[3]

[1] 疏曰:"倚庐者,于中门外东墙下倚木为庐也。不涂者,但以草夹障,不以泥涂饰之也。寝苫,卧于苫也。枕凷,枕土块也。为庐宫之者,庐外以帷障之,如宫墙也。襢,袒也,其庐袒露,不以帷障之也。"○苫,始占切。枕,去声。凷,古块字。襢,音展。

[2] 柱楣者,先时倚木于墙以为庐,葬后哀杀,稍举起其木,柱之于楣以纳日光,略宽容也。又于内用泥以涂之,而免风寒。不于显者,不涂庐外显处也。皆宫之,不襢也。○柱,音主。杀,去声。

[3] 疏曰:"既非丧主,故于东南角隐映处为庐。《经》虽云未葬,其实葬竟亦然也。"

既葬,与人立,君言王事,不言国事;大夫、士言公事,不言家事。

君既葬,王政入于国;既卒哭,而服王事。大夫、士既葬,公政入于家;既卒哭,弁绖、带,金革之事无辟也。[1]

[1] 不言国事、家事，礼之经也；既葬政入以下，礼之权也。弁绖、带，谓素弁加环绖，而带则仍是要绖也。大夫、士弁绖，则国君亦弁绖也。君言服王事，则此亦服国事也。〇辟，音避。

既练，居垩室，不与人居。君谋国政，大夫、士谋家事。既祥，黝垩。祥而外无哭者，禫而内无哭者，乐作矣故也。[1]禫而从御，吉祭而复寝。[2]

[1] 垩室在中门外，练后服渐轻，可以谋国政、谋家事也。祥，大祥也。黝，治垩室之地令黑。垩，涂垩室之壁令白。皆稍致其饰也。祥后中门外不哭，故曰"祥而外无哭者"；禫则门内亦不复哭，故曰"禫而内无哭者"。所以然者，以乐作故也。〇上垩，乌各切。黝，于纠切。下垩，乌故切。

[2] 从御，郑氏谓御妇人，杜预谓从政而御职事。杜说近是。盖复寝，乃复其平时妇人当御之寝耳。吉祭，四时之常祭也。禫祭后值吉祭同月，则吉祭毕而复寝；若禫祭不值当吉祭之月，则逾月而吉祭乃复寝也。孔氏以下文"不御于内"为证，故从郑说。又按《间传》言既祥复寝者，谓大祥后复殡宫之寝，与此复寝异。

期居庐，终丧不御于内者，父在为母、为妻。齐衰期者，大功布衰九月者，皆三月不御于内。

妇人不居庐，不寝苫；丧父母，既练而归；期九月者，既葬而归。[1]公之丧，大夫俟练，士卒哭而归。[2]

[1] 丧父母，谓妇人有父母之丧也。既练而归，练后乃归夫家也。女子出嫁为祖父母，及为父后之兄弟皆期服。九月者，谓本是期服而降在大功者，此皆哀杀，故葬后即归也。

[2]《杂记》曰"大夫次于公馆以终丧，士练而归"，言大夫士为国君丧之礼也。此言公者，家臣称有地之大夫为公也。有地大夫之丧，其大

夫与士治其采地者，皆来奔丧，大夫则俟小祥而反其所治，士则待卒哭而反其所治也。〇采，音菜。

大夫、士，父母之丧，既练而归；朔日、忌日，则归哭于宗室。诸父、兄弟之丧，既卒哭而归。[1]

[1] 命士以上，父子皆异宫。庶子为大夫、士，而遭父母之丧，殡宫在适子家。既练，各归其宫。至月朔与死之日，则往哭于宗子之家，谓殡宫也。诸父、兄弟期服轻，故卒哭即归也。

父不次于子，兄不次于弟。[1]

[1] 疏曰："丧毕，故尊者不居其殡宫之次也。"

君于大夫、世妇，大敛焉；为之赐，则小敛焉。于外命妇，既加盖而君至。于士，既殡而往；为之赐，大敛焉。[1]夫人于世妇，大敛焉；为之赐，小敛焉。于诸妻，为之赐，大敛焉。于大夫、外命妇，既殡而往。[2]

[1] 君于大夫及内命妇之丧，而视其大敛，常礼也。若为之加恩赐，则视其小敛也。外命妇，乃臣之妻，其恩轻，故君待其大敛入棺加盖之后，而后至也。士虽卑，亦宜有恩赐，故亦视其大敛。〇为，并去声，下节同。

[2] 疏曰："诸妻，侄娣及同姓女也，同士礼，故赐大敛。若夫人侄娣尊同世妇，当赐小敛。"已上言君夫人视之皆有常礼，而为之赐，则加礼也。

大夫、士既殡，而君往焉，使人戒之。主人具殷奠之礼，俟于门外；见马首，先入门右。巫止于门外。祝代之先。君释菜于门内。祝先升自阼阶，负墉南面。君即位于阼，小臣二人执戈立于前，二人立于后。摈者进，主人拜稽颡。君称言，视祝而踊。主人踊。[1]大夫则奠可也；士则出俟于门外，命之反奠乃反奠。卒奠，主人先俟于门外。君退，主人送于门外，拜稽颡。[2]

[1] 大夫、士之丧，君或以他故不及敛者，则殡后亦往，先使告戒主人使知之。主人具盛馔之奠，身自出候于门外，见君车前之马首，入立于门东北面，巫本在君之前，今巫止不入，祝乃代巫先君而入。君释菜以礼门神之时，祝先由东阶以升。负墉南面者，在房户之东，背壁而向南也。主人拜稽颡者，以君之临丧，故于庭中北面拜而稽颡也。君称言者，君举其所来之言，谓吊辞也。祝相君之礼，称言毕而祝踊，故君视祝而踊。君踊毕，主人乃踊也。

[2] 若君所临是大夫丧，则踊毕，即释此殷奠于殡可也。若是士丧，则主人卑，不敢留君待奠，故先出俟于门，谓君将去也，君使人命其反而奠乃反奠。奠毕，主人又先俟于门外，君去即拜以送也。奠毕出俟，大夫与士皆然。

君于大夫疾，三问之；在殡，三往焉。士疾，一问之；在殡，壹往焉。

君吊，则复殡服。[1]

[1] 殡后主人已成服，而君始来吊，主人则还著殡时未成服之服。盖苴、绖、免布、深衣也，不散带。故《小记》云："君吊虽不当免时也，主人必免，不散麻。"一则不敢谓君之吊后时，又且以君来，故新其礼也。

夫人吊于大夫、士，主人出迎于门外。见马首，先入门右。夫人入，升堂即位。主妇降自西阶，拜稽颡于下。夫人视世子而踊，奠如君至之礼。夫人退，主妇送于门内，拜稽颡；主人送于大门之外，不拜。[1]

[1] 夫人吊，则主妇为丧主，故主妇之待夫人，犹主人之待君也。世子，夫人之世子也。夫人来吊，则世子在前道引，其礼如祝之道君，故“夫人视世子而踊”也。主人送而不拜者，丧无二主，主妇已拜，主人不当拜也。○道，去声。

大夫君，不迎于门外，入即位于堂下。主人北面，众主人南面，妇人即位于房中。若有君命、命夫命妇之命、四邻宾客，其君后主人而拜。[1]

[1] 大夫之臣，亦以大夫为君，故曰大夫君也。言此大夫君之吊其臣丧也，主人不迎于门外，此君入而即堂下之位，位在阼阶下西向，主人在其位之南而北面也。此大夫君来吊之时，若有本国之君命、或有国中大夫及命妇之命、或邻国卿大夫遣使来吊者，此大夫君必代主人拜命。及拜宾，以丧用尊者主其礼故也。然此君终不敢如国君专代为主，必以主人在己后，待此君拜竟，主人复拜也。○石梁王氏曰：“后主人者，己在前拜，使主人陪后。”

君吊，见尸柩而后踊。[1]

[1] 前章既殡而君往，是不见尸柩也，乃视祝而踊。此言见尸柩而后踊似与前文异，旧说殡而未涂则踊，涂后乃不踊，未知是否。

大夫、士，若君不戒而往，不具殷奠，君退必奠。[1]

[1] 以君之来告于死者，且以为荣也。

君大棺八寸，属六寸，椑四寸。上大夫大棺八寸，属六寸。下大夫大棺六寸，属四寸。士棺六寸。[1]君裹棺用朱绿，用杂金鐕。大夫里棺用玄绿，用牛骨鐕。士不绿。[2]君盖用漆，三衽三束。大夫盖用漆，二衽二束。士盖不用漆，二衽二束。[3]

[1] 君，国君也。大棺最在外，属在大棺之内，椑又在属之内，是国君之棺三重也。寸数以厚薄而言。○属，音烛。椑，音僻。重，平声。

[2] 疏曰："裹棺，谓以缯贴棺裹也。朱缯贴四方，绿缯贴四角。鐕，钉也，用金钉以琢朱绿著棺也。大夫四面玄，四角绿。士不绿者，悉用玄也，亦用大夫牛骨鐕。"○石梁王氏曰："用牛骨为钉，不可从。"○裹，音里。鐕，兹甘切。著，入声。

[3] 盖，棺之盖板也。用漆，谓以漆涂其合缝用衽处也。衽束，并说见《檀弓》。○缝，去声。

君、大夫鬊爪，实于绿中。士埋之。[1]

[1] 鬊，乱发也。爪，手足之爪甲也。生时积而不弃，今死为小囊盛之而实于棺内之四隅。故读绿为角，四角之处也。士则以物盛而埋之耳。○鬊，音舜。绿，音角。盛，平声。

君殡用輴，欑至于上，毕涂屋。大夫殡以帱，欑置于西序，涂不暨于棺。士殡见衽，涂上帷之。[1]熬，君四种八筐，大夫三种六筐，士二种四筐，加鱼、腊焉。[2]

[1] 君，诸侯也。輴，盛柩之车也。殡时以柩置輴上。欑，犹丛也。丛木于輴之四面，至于棺上。毕，尽也。以泥尽涂之。此欑木似屋形，故曰"毕涂屋"也。大夫之殡不用輴，其棺一面贴西序之壁，而欑其三面，上不为屋形，但以棺衣覆之。帱，覆也。故言"大夫殡以帱，欑至于西序"也。涂不暨于棺者，天子、诸侯之欑木广而去棺远，大夫欑狭而去棺近，

所涂者仅仅不及于棺而已。士殡掘肂以容棺。肂，即坎也。棺在肂中不没，其盖缝用衽处，犹在外而可见，其衽以上，亦用木覆而涂之。帷，幛也。贵贱皆有帷，故惟朝夕之哭乃褰举其帷耳。所以帷者，鬼神尚幽暗故也。此章以《檀弓》参之，制度不同。○輴，音春。欑，才冠切。帱，音焘。

[2] 熬，以火焰谷令熟也。熟则香，置之棺旁，使蚍蜉闻香而来食，免侵尸也。四种，黍、稷、稻、粱也。每种二筐。三种，黍、稷、粱。二种，黍，稷也。加鱼与腊，筐同异未闻。○石梁王氏曰："棺旁用熬谷加鱼腊，不可从。"○种，上声。焰、炒同。令，平声。

饰棺：君龙帷、三池、[1]振容、[2]黼荒，火三列，黻三列，[3]素锦褚，加伪荒；[4]纁纽六，[5]齐五采五贝；[6]黼翣二，黻翣二，画翣二，皆戴圭。[7]鱼跃拂池。[8]君纁戴六，[9]纁披六。[10]大夫画帷二池，不振容，画荒，火三列，黻三列，素锦褚；纁纽二，玄纽二齐，三采三贝；黻翣二，画婆二，皆戴绥。鱼跃拂池。大夫戴前纁后玄，披亦如之。[11]士布帷，布荒，一池，揄绞；纁纽二，缁纽二，齐三采一贝，画翣二，皆戴绥。士戴，前纁后缁，二披用纁。[12]

[1] 疏曰："君，诸侯也。帷，柳车边障也，以白布为之。王侯皆画为龙，故云"君龙帷"也。池者，织竹为笼，衣以青布，挂于柳上荒边爪端，象宫室承霤。天子四注，屋四面承霤，柳亦四池。诸侯屋亦四注而柳降一池，阙后，故三池也。"○衣，去声。

[2] 振容者，振动容饰也，以青黄之缯，长丈余如幡，画为雉，悬于池下为容饰，车行则幡动，故曰振容也。

[3] 荒，蒙也。柳车上覆，谓鳖甲也，绿荒边为白黑斧文，故云"黼荒"。荒之中央又画为火三行，故云"火三列"。又画两巳相背为三行，故云"黻三列"。○黼，音甫。黻，音弗。绿，去声。行，音杭。

[4] 素锦，白锦也。褚，屋也。荒下用白锦为屋，象宫室也。加帷荒者，帷是边墙，荒是上盖，褚覆竟，而加帷荒于褚外也。○伪，音帷。覆，去声。

[5] 上盖与边墙相离，故又以纁帛为纽连之，两旁各三，凡六也。

[6] 齐者，脐之义，以当中而言，谓鳖甲上当中形圆如车之盖，高三尺，径二尺余，以五采缯衣之，列行相次。五贝者，又连贝为五行，交络齐上也。○齐，如字。衣，去声。行，音杭。

[7] 翣形似扇，木为之，在路则障车，入椁则障柩。二画黼，二画黻，二画云气，六翣之两角皆戴圭玉也。

[8] 以铜鱼悬于池之下，车行则鱼跳跃，上拂于池，鱼在振容间也。

[9] 戴，犹值也，用纁帛系棺纽著柳骨，棺之横束有三，每一束，两边各屈皮为纽，三束则六纽，今穿纁戴于纽以系柳骨，故有六戴也。

[10] 亦用绛帛为之，以一头系所连柳纁戴之中，而出一头于帷外，人牵之，每戴系之，故亦有六也。谓之披者，若牵车，登高则引前以防轩车，适下则引后以防翻车，欹左则引右，欹右则引左，使不倾覆也。已上并孔说。○披，去声，下节并同。

[11] 画帷，画为云气也。二池，一云两边各一，一云前后各一。画荒，亦画为云气也。齐三采，绛、黄、黑也。皆戴绥者，用五采羽作蕤，缀翣之两角也。披亦如之，谓色及数悉与戴同也。○绥，而追切，下节同。

[12] 布帷布荒，皆白布不画也，一池在前。揄，摇翟也，雉类，青质五色。绞，青黄之缯也。画翟于绞，缯在池上。戴当棺束，每束各在两边，前头二戴用纁，后二用缁。二披用纁者，据一边前后各一披，故云二披。若通两边言之，亦四披也。○揄，音摇。绞，音爻。

君葬用輴，四綍二碑，御棺用羽葆。大夫葬用輴，二綍二碑，御棺用茅。士葬用国车，二綍无碑，比出宫，御棺用功布。[1]

[1] 此章二“輴”字、一“国”字，注皆读为“辁”，船音。然以《檀弓》“诸侯輴而设帱”言之，则诸侯殡得用輴，岂葬不得用輴乎？今读大夫葬用“輴”与“国”字，并作船音；君葬用輴，音春。〇天子之窆，用大木为碑，谓之丰碑；诸侯谓之桓楹。碑綍，详见《檀弓》。御棺羽葆，并见《杂记》。功布，大功之布也。辁车，《杂记》作輲字。〇上輴，音春。下輴，音船。国，音船。比，音畀。

凡封，用綍，去碑负引。君封以衡，大夫、士以咸。君命毋哗，以鼓封。大夫命毋哭。士哭者相止也。[1]

[1] 三“封”字，皆读为窆，谓下棺也。〇疏曰：“下棺时，将綍一头系棺缄，又将一头绕碑间鹿卢，所引之人，在碑外背碑而立，负引者渐渐应鼓声而下，故云‘用綍，去碑负引’也。以衡，谓下棺时，别以大木为衡，贯穿棺束之缄，平持而下，备倾顿也。以缄者，以綍直系棺束之缄而下也。命毋哗，戒止其喧哗也。以鼓封，击鼓为负引者纵舍之节也。命毋哭，戒止哭声也。士则众哭者自相止而已。”〇封，音窆。引，去声。咸，音缄。背，音佩。应，去声。

君松椁。大夫柏椁。士杂木椁。[1]棺椁之间，君容柷，大夫容壶，士容甒。[2]君里椁、虞筐。大夫不里椁。士不虞筐。[3]

[1] 天子柏椁，故诸侯以松。大夫同于天子者，卑远不嫌僭也。

[2] 柷，乐器，形如桶。壶，漏水之器，一说壶甒皆盛酒之器。此言阔狭之度，古者棺外椁内皆有藏器也。〇柷，昌六切。甒，音武。

[3] 疏曰：“卢氏虽有解释，郑云‘未闻’，今不录。”

祭法第二十三

祭法：有虞氏禘黄帝而郊喾，祖颛顼而宗尧；夏后氏亦禘黄帝而郊鲧，祖颛顼而宗禹；殷人禘喾而郊冥，祖契而宗汤；周人禘喾而郊稷，祖文王而宗武王。[1]

[1]《国语》曰："有虞氏禘黄帝而祖颛顼，郊尧而宗舜；夏后氏禘黄帝而祖颛顼，郊鲧而宗禹；商人禘喾而祖契，郊冥而宗汤；周人禘喾而郊稷，祖文王而宗武王。"〇石梁王氏曰："此四代禘、郊、祖、宗，诸经无所见，多有可疑，杂以纬书，愈纷错矣。"〇刘氏曰："虞、夏、殷、周皆出黄帝，黄帝之曾孙曰帝喾，尧则帝喾之子也。黄帝至舜九世，至禹五世，以世次言，尧、禹兄弟也。按《诗传》姜嫄生弃为后稷，简狄生契为司徒，稷、契皆尧之弟。契至冥六世，至汤十四世，后稷至公刘四世，至大王十三世。四代禘、郊、祖、宗之说，郑氏谓经文差互，今以成周之礼例而推之，有天下者，立始祖之庙，百世不迁，又推始祖所自出之帝，祭于始祖之庙，而以始祖配之，则虞夏皆当以颛顼为始祖，而禘黄帝于颛顼之庙，祭天于郊，则皆当以颛顼配也；殷当以契为始祖，而禘帝喾于契庙，郊则当以契配也。至于祖有功而宗有德，则舜之曾祖句芒，尝有功可以为祖，今既不祖之矣，瞽瞍顽而无德，非所得而宗者，故当祖喾而宗尧也。盖舜受天下于尧，尧受之于喾，故尧授舜，而舜受终于文祖，苏氏谓即喾庙也；舜授禹，禹受命于神宗，即尧庙也。即是可以知虞不祖句芒而祖喾，不宗瞽瞍而宗尧也明矣。先儒谓配天必以始祖，配帝必以父，以此'宗'字即为宗祀明堂之宗，故疑舜当宗瞽瞍，不当宗尧。窃意五帝官天下，自虞以上，祖功宗德，当如郑注尚德之说；三王家天下，则自当祖宗所亲。然鲧尝治水而殛死，有以死勤事之功，非瞽瞍比也，故当为祖，但亦不当郊耳。冥亦然。由是论之，则经文当云：有虞氏禘黄帝而郊项，祖喾而宗尧；夏后氏

亦禘黄帝而郊顼，祖鲧而宗禹；殷人禘喾而郊契，祖冥而宗汤；周人禘喾而郊稷，祖文王而宗武王。如此则庶乎其无疑矣。大抵祖功宗德之宗，与宗祀明堂之宗不同。祖其有功者，宗其有德者，百世不迁之庙也；宗祀父于明堂以配上帝者，一世而一易，不计其功德之有无也。有虞氏宗祀之礼未闻，借使有之，则宗祀瞽瞍以配帝，自与宗尧之庙不相妨。但虞不传子，亦无百世不迁之义耳。”○今按以此章之宗，为宗其有德者，自无可疑。但殷有三宗，不惟言宗汤，则未能究其说也。○夏，上声。契，息列切。大，音泰。句，音勾。

燔柴于泰坛，祭天也；瘗埋于泰折，祭地也，用骍犊。[1]埋少牢于泰昭，祭时也。相近于坎坛，祭寒暑也。王宫，祭日也。夜明，祭月也。幽宗，祭星也。雩宗，祭水旱也。四坎坛，祭四方也。山林、川谷、丘陵能出云，为风雨，见怪物，皆曰神。有天下者祭百神。诸侯在其地则祭之，亡其地则不祭。[2]

[1] 燔，燎也，积柴于坛上，加牲玉于柴上，乃燎之，使气达于天，此祭天之礼也。泰坛，即圜丘，泰者，尊之之辞，瘗埋牲币，祭地之礼也。泰折，即方丘，折，如磬折折旋之义，喻方也。周礼：“阳祀用骍牲，阴祀用黝牲。”此并言骍犊者，以周人尚赤，而所谓阴祀者，或是他祀欤？○燔，音烦。瘗，于滞切。

[2] 泰昭，坛名也。祭时，祭四时也。相近，当为“祖迎”，字之误也，寒暑一往一来，往者祖送之，来者迎之。《周礼》，仲春昼迎暑，仲秋夜迎寒，则送之亦必有其礼也。坎以祭寒，坛以祭暑。亡其地，谓见削夺也。○方氏曰：“天无二日，土无二王，则王有日之象，而宫乃其居也，故祭日之坛曰王宫。日出于昼，月出于夜，则夜为月之时，而明乃其用也，故祭月之坎曰夜明。幽以言其隐而小也，扬子曰‘视日月而知众星之蔑’，故祭星之所则谓之幽宗焉。吁而求雨之谓雩，主祭旱言之耳。兼祭水者，

雨以时至，则亦无水患也。幽、雩皆谓之宗者，宗之为言尊也，《书》曰‘礼于六宗’，《诗》曰‘靡神不宗’，无所不用其尊之谓也。泰坛、泰折不谓之宗者，天地之大，不嫌于不尊也。四方，百物之神也，方有四而位则八，若乾位西北、艮位东北、坎位正北、震位正东，皆阳也；坤西南、巽东南、离正南、兑正西，皆阴也。故有坎有坛，而各以四焉。”〇少，去声。相，音祖。近，音迎。宗，如字。见，音现。这，去声。

大凡生于天地之间者皆曰命。其万物死皆曰折，人死曰鬼。此五代之所不变也。七代之所更立者，禘、郊、祖、宗，其余不变也。[1]

[1] 五代，唐、虞三代也。加颛顼，帝喾为七代。旧说，五代始黄帝，然未闻黄帝禘、郊、祖、宗之制，恐未然。〇方氏曰：“人物之生，数有长短，分有小大，莫不受制于天地，故大凡生者曰命。及其死也，物谓之折，言其有所毁也；人谓之鬼，言其有所归也。不变者，不改所命之名也。更立者，更立所祭之人也。名既当于实，故无事乎变；人既异于世，故必更而立焉。名之不变，止自尧而下者，盖法成于尧而已，由尧以前，其法未成，其名容有变更也。更立不及于黄帝者，七代同出于黄帝而已，黄帝无统于上，七代更立于下故也。其余不变者，谓禘、郊、祖、宗之外不变也，若天地日月之类，其庸可变乎？”〇更，平声。

天下有王，分地建国，置都立邑，设庙、祧、坛、墠而祭之，乃为亲疏多少之数。[1]是故王立七庙，一坛一墠，曰考庙，曰王考庙，曰皇考庙，曰显考庙，皆月祭之；远庙为祧，有二祧，享、尝乃止；去祧为坛，去坛为墠，坛、墠有祷焉祭之，无祷乃止；去墠曰鬼。[2]诸侯立五庙，一坛一墠，曰考庙，曰王考庙，曰皇考庙，皆月祭之；显考庙，祖考庙，享、尝乃止；

去祖为坛，去坛为墠，坛、墠有祷焉祭之，无祷乃止；去墠为鬼。[3]大夫立三庙二坛，曰考庙，曰王考庙，曰皇考庙，享、尝乃止；显考、祖考无庙，有祷焉，为坛祭之；去坛为鬼。[4]适士二庙一坛，曰考庙，曰王考庙，享、尝乃止；皇考无庙，有祷焉，为坛祭之；去坛为鬼。[5]官师一庙，曰考庙，王考无庙而祭之，去王考为鬼。[6]庶士、庶人无庙，死曰鬼。[7]

[1] 方氏曰："分地建国，置都立邑，所以尊贤也；设庙、祧、坛、墠而祭之，所以亲亲也。亲亲不可以无杀，故为亲疏之数焉；尊贤不可以无等，故为多少之数焉。有昭有穆，有祖有考，亲疏之数也；以七以五，以三以二，多少之数也。"

[2] 七庙，三昭三穆，与太祖为七也。一坛一墠者，七庙之外，又立坛墠各一，起土为坛，除地曰墠也。考庙，父庙也。王考，祖也。皇考，曾祖也。显考，高祖也。祖考，始祖也。始祖百世也不迁，而高、曾、祖、祢以亲，故此五庙，皆每月一祭也，远庙为祧，言三昭三穆之当递迁者，其主藏于二祧也，古者祧主藏于太祖庙之东西夹室，至周则昭之，迁主皆藏文王之庙，穆之迁主皆藏武王之庙也，此不在月祭之例，但得四时祭之耳，故云"享、尝乃止"。去祧为坛者，言世数远，不得于祧处受祭，故云"去祧"也，祭之则为坛。其又远者，亦不得于坛受祭，故云"去坛"也，祭之则为墠。然此坛墠者，必须有祈祷之事则行此祭，无祈祷则止，终不祭之也。去墠则又远矣，虽有祈祷，亦不及之，故泛然名之曰鬼而已。〇今按此章曰：王立七庙，而以文武不迁之庙，为二祧以足其数，则其实五庙而已。若商有三宗，则为四庙乎？坛墠之主，藏于祧而祭于坛墠，犹之可也，直谓有祷则祭，无祷则止，则大祫升毁庙之文何用乎？又宗庙之制，先儒讲之甚详，未有举坛墠为言者，周公三坛同墠，非此义也。又诸儒以周之七庙，始于共王之时，夫以周公制作如此其盛，而宗庙之制，顾乃下同列国，吾知其必不然矣！然则朱子然刘歆之说，岂无见乎？郑注此章，谓祫乃祭之，盖亦觉记者之失矣。

[3] 诸侯太祖之庙，始封之君也。月祭三庙，下于天子也。显考、祖考，四时之祭而已。去祖为坛者，高祖之父，虽迁主寄太祖之庙，而不得于此受祭，若有祈祷，则去太祖之庙而受祭于坛也。去坛而受祭于墠，则高祖之祖也。

[4] 大夫三庙，有庙而无主，其当迁者，亦无可迁庙，故有祷则祭于坛而已。然墠轻于坛，今二坛而无墠者，以太祖虽无庙，犹重之也。去坛为鬼，谓高祖若在迁去之数，则亦不得受祭于坛，祈祷亦不得及也。

[5] 适士，上士也。天子上、中、下之士及诸侯之上士，皆得立二庙。适，音的，章内并同。

[6] 官师者，诸侯之中士、下士为一官之长者，得立一庙，祖祢共之。曾祖以上若有所祷，则就庙荐之而已，以其无坛也。

[7] 庶士，府史之属。死曰鬼者，谓虽无庙，亦得荐之于寝也。《王制》云："庶人祭于寝。"

王为群姓立社，曰大社。王自为立社，曰王社。诸侯为百姓立社，曰国社。诸侯自为立社，曰侯社。大夫以下成群立社，曰置社。[1]

[1] 疏曰："大社在库门之内右。王社所在，书传无文，崔氏云：'王社在藉田，王所自祭，以供粢盛。'国社亦在公宫之右。侯社在藉田。置社者，大夫以下包士庶，成群聚而居满百家以上得立社，为众特置，故曰置社。"○方氏曰："王有天下，故曰群姓；诸侯有一国，故曰百姓而已。天子曰兆民，诸侯曰万民，亦此之意。"○为，去声，下节同。大，音泰。

王为群姓立七祀，曰司命，曰中霤，曰国门，曰国行，曰泰厉，曰户，曰灶。王自为立七祀。诸侯为国立五祀，曰司命，曰中霤，曰国门，曰国行，曰公厉。诸侯自为立五祀。大夫立三祀，曰族厉，曰门，曰行。适士立二祀，曰门，曰行。

庶士、庶人立一祀，或立户，或立灶。[1]

[1] 司命，见《周礼》。中霤、门、行、户、灶，见《月令》。泰厉，古帝王之无后者。公厉，古诸侯之无后者。族厉，古大夫之无后者。《左传》云"鬼有所归，乃不为厉"，以其无所归，或为人害，故祀之。又按五祀之文，散见经传者非一，此言七祀、三祀，二祀、一祀之说，殊为可疑，《曲礼》"大夫祭五祀"，注言殷礼；《王制》"大夫祭五祀"，注谓"有地之大夫"，皆未可详。

王下祭殇五：适子，适孙，适曾孙，适玄孙，适来孙。诸侯下祭三，大夫下祭二，适士及庶人祭子而止。[1]

[1] 方氏曰："玄孙之子为来者，以其世数虽远，方来而未已也。以尊祭卑，故曰下祭。"〇石梁王氏曰："庶殇全不祭，恐非。"

夫圣王之制祭祀也，法施于民则祀之，以死勤事则祀之，以劳定国则祀之，能御大菑则祀之，能捍大患则祀之。[1]是故厉山氏之有天下也，其子曰农，能殖百谷。夏之衰也，周弃继之，故祀以为稷。[2]共工氏之霸九州也，其子曰后土，能平九州，故祀以为社。[3]帝喾能序星辰以著众，[4]尧能赏，句均刑法，句以义终。[5]舜勤众事而野死，[6]鲧鄣鸿水而殛死，禹能修鲧之功，[7]黄帝正名百物以明民共财，颛顼能修之，[8]契为司徒而民成，[9]冥勤其官而水死，[10]汤以宽治民而除其虐，[11]文王以文治，武王以武功去民之菑，此皆有功烈于民者也。[12]及夫日月星辰，民所瞻仰也；山林、川谷、丘陵，民所取财用也。非此族也，不在祀典。[13]

[1] 此五者，所当祭祀也，下文可见。

[2] 厉山氏，一云烈山氏，炎帝神农也。其后世子孙有名柱者，能殖

百谷，作农官，因名农，见《国语》。弃，见《舜典》。稷，谷神也。

[3]《左传》言共工氏以水纪官，在炎帝之前，太昊之后。社，土神也。○共，音恭。

[4] 序星辰，知推步之法也。著众，谓使民占星象而知休作之候也。

[5] 能赏，当其功也。均刑法，当其罪也。以义终，禅位得人也。○当、禅，并去声。

[6] 巡狩而崩也。○石梁王氏曰："舜死苍梧之说不可信，郑氏谓因征有苗，尤不可信。"

[7] 鄣，壅塞之也。修者，继其事而改正之。○石梁王氏曰："祀禹非祀鲧也。"○鄣，音章。

[8] 正名百物者，立定百物之名也。明民，使民不惑也。共财，供给公之赋敛也。○共，音恭。敛，去声。

[9] 司徒，教官之长。民成，化民成俗也。

[10] 冥，即玄冥也，《月令》冬之神，"水死"未闻。

[11]《书》曰："克宽克仁"，又言"代虐以宽。"

[12] 陈氏曰："自农、弃至尧，自黄帝至契，法施于民者也；舜、鲧与冥，以死勤事者也；禹修鲧功，以劳定国者也；汤除其虐，文武之去民菑，能御大菑，能捍大患者也。"○去，上声。菑，音灾。

[13] 族，类也。祀典，祭祀之典籍。

祭义第二十四

祭不欲数，数则烦，烦则不敬。祭不欲疏，疏则怠，怠则忘。是故君子合诸天道，春禘秋尝。霜露既降，君子履之，必有凄怆之心，非其寒之谓也。春，雨露既濡，君子履之，必有怵惕之心，如将见之。乐以迎来，哀以送往，故禘有乐而尝无乐。[1]

[1]《王制》言天子诸侯宗庙之祭：春礿、夏禘、秋尝、冬烝。注云："夏殷之祭名。"周则春祀、夏禴、秋尝、冬烝也。《郊特牲》："飨禘有乐而食、尝无乐。"禘，读为禴。然则此章二'禘'字，亦皆当读为"禴"也。但《祭统》言"大尝禘，升歌《清庙》，下管象"，与《那》诗言"庸鼓有斁，《万》舞有奕"，下云"顾予烝、尝"，是殷周秋冬之祭。不可言无乐也。此与《郊特牲》皆云无乐，未详。〇郑氏曰："迎来而乐，乐亲之将来也；送去而哀，哀其享否不可知也。"〇方氏曰："于雨露言春，则知霜露之为秋矣；霜露言非其寒，则雨露为雨露为非其温之谓矣；雨露言如将见之，则霜露为如将失之矣。盖春夏所以迎其来，秋冬所以送其往也。"〇数，音朔。禘，音禴。怆，初亮切。食，同嗣。"乐亲"之乐，去声。

致齐于内，散齐于外，齐之日，思其居处，思其笑语，思其志意，思其所乐，思其所嗜。齐三日，乃见其所为齐者。[1]

[1] 五"其"字，及下文所为，皆指亲而言。〇疏曰："先思其粗，渐思其精，故居处在前，乐嗜居后。"〇齐，音斋。散，上声。处，上声。乐，五教切。为，去声。

祭之日，入室，僾然必有见乎其位；周还出户，肃然必有闻乎其容声；出户而听，忾然必有闻乎其叹息之声。[1]

[1] 入室，入庙室也。僾然，仿佛之貌。见乎其位，如见亲之在神位也。周旋出户，谓荐俎酌献之时，行步周旋之间，或自户内而出也。肃然，儆惕之貌。客声，举动容止之声也。忾然，太息之声也。〇僾，音爱。见，音现。还，音旋。忾，苦代切。

是故先王之孝也，色不忘乎目，声不绝乎耳，心志嗜欲不忘乎心；致爱则存，致悫则著，著存不忘乎心，夫安得不敬乎？

君子生则敬养，死则敬享，思终身弗辱也。[1]君子有终身之丧，忌日之谓也。忌日不用，非不祥也，言夫日志有所至，而不敢尽其私也。[2]

[1] 致爱，极其爱亲之心也。致悫，极其敬亲之诚也。存，以上文三者“不忘”而言。著，以上文“见乎其位”以下三者而言。不能敬，则养与享，只以辱亲而已。〇养，去声。

[2] 忌日，亲之死日也。不用，不以此日为他事也。非不祥，言非以死为不祥而避之也。夫日，犹此日也。志有所至者，此心极于念亲也。不敢尽其私，此“私”字，如不有私财之私，言不敢尽心于己之私事也。

唯圣人为能飨帝，孝子为能飨亲。飨者，乡也，乡之然后能飨焉。是故孝子临尸而不怍。君牵牲，夫人奠盎；君献尸，夫人荐豆；卿大夫相君，命妇相夫人。齐齐乎其敬也，愉愉乎其忠也，勿勿诸其欲其飨之也！[1]

[1] 临尸不怍，则其乡亲之心，致爱致悫可知矣。奠盎，设盎齐之奠也。齐齐，整肃之貌。愉愉其忠，有和顺之实也。勿勿，犹切切也。诸，

语辞。犹，然也。○乡，去声。相，去声。齐，如字。

文王之祭也，事死者如事生，思死者如不欲生，忌日必哀，称讳如见亲。祀之忠也，如见亲自所爱，如欲色然，其文王与！《诗》云："明发不寐，有怀二人。"文王之诗也。祭之明日，"明发不寝"，飨而致之，又从而思之。祭之日，乐与哀半，飨之必乐，已至必哀。[1]

[1] 如不欲生，似欲随之死也。宗庙之礼，上不讳下，故有称讳之时，如祭高祖，则不讳曾祖以下也。如欲色然，言其想象亲平生所爱之物，如见亲有欲之之色也。《诗·小雅·小宛》之篇。明发，自夜至光明开发之时也，《诗》本谓宣王永怀文王、武王之功烈，此借以喻文王念父母之勤耳。文王之诗，言此诗足以咏文王也。飨之必乐，迎其来也。已至而礼毕则往矣，故哀也。○与，平声。乐，音洛。

仲尼尝奉荐而进，其亲也悫，其行也趋趋以数。已祭，子赣问曰："子之言'祭，济济漆漆然'，今子之祭，无济济漆漆，何也？"子曰："济济者，容也，远也；漆漆者，容也，自反也。容以远，若容以自反也，夫何神明之及交？夫何济济漆漆之有乎？反馈乐成，荐其荐俎，序其礼乐，备其百官，君子致其济济漆漆，夫何恍惚之有乎？夫言岂一端而已，夫各有所当也。"[1]

[1] 尝，秋祭也。奉荐而进，进于尸也。亲，身自执事也。悫，专谨貌。趋趋，读为促促，行步迫狭也；数，举足频也，皆不事威仪之貌。子贡待祭毕，以夫子所尝言者为问，盖怪其今所行与昔所言异也。夫子言济济者，众盛之容也，远也，言非所以接亲亲也。漆漆者，专致之容也。自反，犹言自修整也。若，及也。容之疏远及容之自反者，夫何能交及于神

明乎？我之自祭，何可有济济漆漆乎？言以诚悫为贵也。若言天子诸侯之祭，尸初在室，后出在堂，更反入而设馈作乐既成，主人荐其馈食之豆与牲体之俎，先时则致敬以交于神明，至此则序礼乐，备百官，献酬往复，凡助祭之君子，各以威仪相尚，而致其济济漆漆之容，当此之际，何能有思念恍惚交神之心乎？各有所当，言各有所主，谓济济漆漆，乃宗庙中宾客之容，非主人之容也；主人之事亲，宜悫而趋数也。〇趋，音促。数，音朔。济，上声。漆，音切。当，去声。

孝子将祭，虑事不可以不豫；比时具物，不可以不备；虚中以治之。[1]宫室既修，墙屋既设，百官既备，夫妇齐戒、沐浴，奉承而进之。洞洞乎！属属乎！如弗胜，如将失之，其孝敬之心至也与！荐其荐俎，序其礼乐，备其百官，奉承而进之，于是谕其志意，以其慌惚以与神明交，庶或飨之，庶或飨之！孝子之志也！[2]孝子之祭也，尽其悫而悫焉，尽其信而信焉，尽其敬而敬焉，尽其礼而不过失焉。进退必敬，如亲听命，则或使之也。[3]孝子之祭可知也：其立之也，敬以诎；其进之也，敬以愉；其荐之也，敬以欲。退而立，如将受命；已彻而退，敬齐之色，不绝于面。孝子之祭也！立而不诎，固也；进而不愉，疏也；荐而不欲，不爱也；退立而不如受命，敖也；已彻而退，无敬齐之色，而忘本也。如是而祭，失之矣。[4]孝子之有深爱者，必有和气；有和气者，必有愉色；有愉色者，必有婉容。孝子如执玉，如奉盈，洞洞属属然如弗胜，如将失之。严威俨恪，非所以事亲也，成人之道也。[5]

[1] 比时，及时也，谓当行礼之时。具物，陈设器馔之属。虚中，清

明在躬，心无杂念也。〇比，音畀。

[2] 洞洞、属属，见《礼器》。两言"奉承而进之"，上谓主人，下谓助祭者。谕其志意，祝以孝告也。〇胜，平声。与，平声。

[3] 尽其悫而为悫、尽其信而为信、尽其敬而为敬，言无一毫之不致其极也。礼有常经，不可以私意为隆杀，故曰"尽其礼而不过失焉"。进退之间，其敬心之所存，如亲聆父母之命而若有使之者，亦前章著存之意。〇杀，去声。

[4] 方氏曰："孝子之祭可知者，言观其祭，可以知其心也。立之者，方待事而立也。进之者，既从事而进也。荐之者，奉物而荐也。退而立者，进而复退也。已彻而退者，既荐而后彻也。盖退而立，则少退而立；已彻而退，则于是乎退焉，此其所以异也。立之敬以诎，则身之屈而为之变焉，故立而不绌，固也。进之敬以愉，则色之愉而致其亲焉，故进而不愉，疏也。荐之敬以欲，则心之欲而冀其享焉，故"荐而不欲，不爱也"。退而立，如将受命，则顺听而无所忽焉，故退立而不如受命，敖也。已彻而退，敬齐之色，不绝于面，则慎终如始矣，故已彻而退，无敬齐之色，而忘本也。"〇诎，音屈。齐，如字。敖，音傲。为，去声。

[5] 和气、愉色、婉容，皆爱心之所发；如执玉、如奉盈、如弗胜、如将失之，皆敬心之所存。爱敬兼至，乃孝子之道；故严威俨恪，使人望而畏之，是成人之道，非孝子之道也。〇奉，上声。胜，平声。

先王之所以治天下者五：贵有德，贵贵，贵老，敬长，慈幼。此五者，先王之所以定天下也。贵有德，何为也？为其近于道也。贵贵，为其近于君也。贵老，为其近于亲也。敬长，为其近于兄也。慈幼，为其近于子也。是故至孝近乎王，至弟近乎霸。至孝近乎王，虽天子必有父。至弟近乎霸，虽诸侯必有兄。先王之教，因而弗改，所以领天下国家也。[1]

［1］应氏曰："仁以事亲，而广其爱，极其至，则王者以德行仁之心也。义以从兄，而顺其序，极其至，则霸者以礼明义之举也。孝弟之根本立乎一家，王霸之功业周乎天下，虽未能尽王霸之能事，而亦近之矣。天子至尊，内虽致睦于兄弟，而族人不敢以长幼齿之，故所尊者惟父，而诸侯特言有兄。道浑全无迹，德纯实有方，盖以人行道而有得于身也，故曰近之矣。"〇石梁王氏曰："王孝霸弟，此非孔子之言。"〇刘氏曰："道之理一而德之分殊，人之有德者，未必皆能尽道之大全也，然曰有德，则亦违道不远矣，此德之所以近道也。"〇为、王，并去声。

子曰："立爱自亲始，教民睦也。立敬自长始，教民顺也。教以慈睦，而民贵有亲。教以敬长，而民贵用命。孝以事亲，顺以听命，错诸天下，无所不行。"[1]

［1］此言爱敬二道，为齐家治国平天下之本。君自爱其亲以教民睦，则民皆贵于有亲；君自敬其长以教民顺，则民皆贵于用上命。爱敬尽于事亲事长，而德教加于百姓，举而措之而已。〇错，音措。

郊之祭也，丧者不敢哭，凶服者不敢入国门，敬之至也。[1]

［1］吉凶异道，不得相干。

祭之日，君牵牲，穆答君，卿、大夫序从。既入庙门，丽于碑；卿、大夫袒，而毛牛尚耳。鸾刀以刲，取膟膋，乃退；爓祭、祭腥而退，敬之至也。[1]

［1］祭之日，谓祭宗庙之日也。父为昭，子为穆。穆答君，言君牵牲之时，子姓对君共牵也。卿大夫佐币，士奉刍，以次序在牲之后，故云"序从"也。丽牲之碑，在庙之中庭，丽，犹系也，谓以牵牲之纼，系于碑之孔

也。袒衣，示有事也。将杀牲，则先取耳旁毛以荐神，毛以告全，耳以主听，欲神听之也，以耳毛为上，故云“尚耳”也。鸾刀、膟膋，并见前篇。乃退，谓荐毛血、膟膋毕而暂退也。爓祭，祭汤中所爓之肉也。祭腥，祭生肉也。爓腥之祭毕，则礼终而退矣。此皆敬心之极至也。○从，去声。刲，音奎。膟，音律。膋，力雕切。爓，徐廉切。奉，上声。

郊之祭，大报天而主日，配以月。夏后氏祭其暗，殷人祭其阳。周人祭日以朝及闇。[1]

[1] 道之大原出于天，而悬象著明，莫大乎日月，故郊以报天，而日以主神，制礼之意深远矣。○方氏曰：“郊虽以报天，然天则尊而无为，可祀之以其道，不可主之以其事，故止以日为之主焉，犹之王燕饮则主之以大夫，王嫁女则主之以诸侯而已。有其祀，必有其配，故又配以月也，犹祭社则配以勾龙，祭稷则配以周弃焉。闇者，日既没而黑，夏尚黑，故祭其闇。阳者，日方中而白，殷尚白，故祭其阳也。日初出而赤，将落亦赤，周尚赤，故祭以朝及闇。及者，未至于闇，盖日将落时也。祭日，谓祭之日也。”○闇，音暗。

祭日于坛，祭月于坎，以别幽明，以制上下。祭日于东，祭月于西，以别外内，以端其位。日出于东，月生于西，阴阳长短，终始相巡，以致天下之和。[1]

[1] 终始相巡，止是终始往来，周回不息之义，不必读为“沿”也。○方氏曰：“坛之形则圆而无所亏，以象日之无所亏而盈也。坎之形则虚而有所受，以象月之有所受而明也。坛高而显，坎深而隐，一显一隐所以别阴阳之幽明；一高一深，所以制阴阳之上下。东动而出，西静而入，出则在外，入则反内，故东西所以别阴阳之外内。东为阳中，西为阴中，中则得位，故东西所以端阴阳之位，别幽明之道，然后能制上下之分，别外内之所，然后能端阴阳之位，言之序所以如此。且坛坎者，人为之形；东西

者，天然之方。出于人为，故言制；出于天然也，故言以端其位而已。日出于东，言其象出于天地之东也；月生于西，言其明生于轮郭之西也。此又复明祭日月于东西之意也。日言出于东，则知为入于西，《尧典》于东曰‘寅宾出日’，于西曰‘寅饯纳日’者以此。月言生于西，则知为死于东。扬雄言‘未望则载魄于西，既望则终魄于东’者以此。日之出入也，历朝夕昼夜而成一日；月之死生也，历晦朔弦望而成一月。日往则月来，月往则日来，而阴阳之义配焉。阳道常饶，阴道常乏，故运而为气，赋而为形，凡属乎阳者皆长，属乎阴者皆短，一长一短，终则有始，相巡而未尝相绝，故足以致天下之和者，阴阳相济之效也。独阴而无阳，独阳而无阴，是同而已，又何以致和乎？”○别，必烈切。巡，如字。

天下之礼，致反始也，致鬼神也，致和用也，致义也，致让也。致反始，以厚其本也。致鬼神，以尊上也。致物用，以立民纪也。致义，则上下不悖逆矣。致让，以去争也。合此五者，以治天下之礼也，虽有奇邪而不治者，则微矣。[1]

[1] 疏曰："和，谓百姓和谐。用，谓财用丰足。致物用以立民纪者，民丰于物用，则知荣辱礼节，故可以立人纪也。奇，谓奇异；邪，谓邪恶。皆据异行之人言，用此五事为治，假令有异行不从治者，亦当少也。"○应氏曰："致者，推致其极也。致反始，所以极吾心报本之诚；致鬼神，所以极鬼神尊严之理。"○去，上声。奇，居衣切。行，去声。

宰我曰："吾闻鬼神之名，不知其所谓。"子曰："气也者，神之盛也。魄也者，鬼之盛也。合鬼与神，教之至也。[1]众生必死，死必归土，此之谓鬼。骨肉毙于下，阴为野土。其气发扬于上，为昭明，焄蒿凄怆，此百物之精也，神之著也。[2]因物之精，制为之极，明命鬼神，以为黔首则，百众以畏，万民以服。[3]圣人以是为未足也，筑为宫室，设为宗祧，以别亲疏远迩；教民反古复始，不忘其所由生也。众之服自此，故听且速也。[4]二端既立，报以二礼：建设朝事，燔燎羶芗，见以萧光，以报气也。此教众反始也。荐黍稷，羞、肝、肺、首、心，见间[5]以侠甒，加以郁鬯，以报魄也。教民相爱，上下用情，礼之至也。[6]君子反古复始，不忘其所由生也，是以致其敬，发其情，竭力从事以报其亲，不敢弗尽也。是故昔者天子为藉千亩，冕而朱纮，躬秉耒；诸侯为藉百亩，冕而青纮，躬秉耒。以事天地、山川、社稷、先古，以为醴酪齐盛，于是乎取之，敬之至也。[7]古者天子诸侯必有养兽之官，及岁时，齐戒沐浴而躬朝之，牺牷祭牲必于是取之，敬之至也。君召牛，纳而视之，择其毛而卜之，吉，然后养之。君皮弁素积，朔月、月半，君巡牲，所以致力，孝之至也。[8]古者天子、诸侯必有公桑蚕室，近川而为之，筑宫仞有三尺，棘墙而外闭之。及大昕之朝，君皮弁素积，卜三宫之夫人、世妇之吉者，使入蚕于蚕室，奉种浴于川，桑于公桑，风戾以食之。[9]岁既单矣，世妇卒蚕，奉茧以示于君，遂献茧于夫人。夫人曰：'此所以为君服与！'遂副袆而受之，因少牢以礼之。古之献茧者，其率用此与？[10]及良日，夫人缫，三盆手，遂布于三宫夫人、世妇之吉者，使缫。遂朱绿之，玄黄之，以为黼黻文章。服既成，君服以祀先王先公，敬之至也。"[11]

[1] 程子曰："鬼神天地之功用，而造化之迹也。"〇张子曰："鬼神者，二气之良能也。"〇朱子曰："以二气言，则鬼者阴之灵也，神者阳之灵也；以一气言，则至而伸者为神，反而归者为鬼，其实一物而已。"〇陈氏曰："如口鼻呼吸是气，那灵处便属魂，视听是体，那聪明处便属魄。"〇方

氏曰："魂气归于天，形魄归于地，故必合鬼与神，然后足以为教之至。《中庸》曰'使天下之人，齐明盛服以承祭祀'，此皆教之至也。"

[2] 朱子曰："如鬼神之露光处是昭明，其气蒸上处是焄蒿，使人精神悚然是凄怆。"又曰："昭明是光耀底，焄蒿是衮然底，凄怆是凛然底。"又曰："昭明，乃光景之属。焄蒿，气之感触人者。凄怆，如《汉书》所谓'神君至其风肃然'之意。"又曰："焄蒿是鬼神精气交感处。"○阴，去声。焄，音熏。

[3] 因其精灵之不可掩者，制为尊极之称，而显然命之曰鬼神，以为天下之法则，故民知所畏而无敢慢，知所服而无敢违。○方氏曰："极之为言至也，名曰鬼神，则尊敬之至，不可以复加，是其所以制为之极也。且鬼神本无名也，其名则人命之尔，鬼神至幽，不可测也，命之以名，则明而可测矣，然后人得而则之，故曰'以为黔首则'，是乃所以为教之至也。"○冯氏曰："秦称民为黔首，夫子时未然也，显是后儒窜入。"○复，扶又切。

[4] 言圣人制宗庙祭祀之礼以教民，故众民由此服从而听之速也。○别，必列切。

[5] "见间"二字合为覸。

[6] 二端，谓气者神之盛，魄者鬼之盛也。二礼，谓朝践之礼与馈熟之礼也。朝事，谓祭之日，早朝所行之事也。燔燎羶芗，谓取膟膋燎于炉炭，使羶芗之气上腾也。见，读为覸，杂也。以萧蒿杂膟膋而烧之，故曰覸以萧光。光者，烟上则有照映之光采也。此是报气之礼，所以教民反古复始也。至馈熟之时，则以黍稷为荐，而羞进肝、肺、首、心回者之馔焉。见闲，即覸字，误分也。侠甒，两甒也。当此荐与羞，而杂以两甒醴酒，故曰覸以侠甒也。加以郁鬯者，魄降在地，用郁鬯之酒以灌地，本在祭初，而言于荐羞之下者，谓非独荐羞二者为报魄，初加郁鬯，亦是报魄也。此言报魄之礼。教民相爱，上下用情者，馈熟之时，以酬酢为礼，祭之酒食，遍及上下，精义无间，所以为礼之至极也。○朝，如字。间，音涧。甒，音武。

[7] 藉,藉田也。纮,冠冕之系,所以为固也。先古,先祖也。于是乎取之,言皆于此藉田中取之也。○藉,在亦切,字从艸。纮,音宏。酪,音洛。齐,音咨。盛,音成。

[8] 色纯曰牺,体完曰牷,牛羊豕曰牲。《周礼》,牧人掌牧六牲,牛、马、羊、豕、犬、鸡也。然后养之,谓在涤三月也。皮弁、素积,见前。○朝,音潮。

[9] 公桑,公家之桑也。蚕室,养蚕之室也。近川,便于浴种也。棘墙,置棘于墙上也。外闭,户扇在外,而闭则向内也。大昕之朝,季春朔之旦也。三宫,在天子则谓三夫人,在诸侯之夫人,则立三宫,半后之六宫也。桑,采桑也。戾,乾也,蚕恶湿,故叶乾乃以食也。○方氏曰:"戾,至也,风至则乾矣。"○昕,音欣。奉,上声。食,音嗣。乾,音干。恶,去声。

[10] 单,尽也。副之为言覆也,妇人首饰,所以覆首者。袆,袆衣也。礼之,礼待献茧之妇人也。率,旧读为类,今如字。○方氏曰:"三月之尽,非岁单之时,然蚕成之时也,自去岁蚕成之后,迄今岁蚕成之时,期岁矣,故谓之岁单。若孟夏称麦秋者,亦此之意。"○单,音丹。奉,上声。茧,古典切。与,平声。袆,音挥。率,如字。覆,去声。

[11] 良日,吉日也。三盆手者,置茧于盆中,而以手三次淹之,每淹则以手振出其绪,故云"三盆手"也。○方氏曰:"夫人之缫,止于三盆,犹天子之耕,止于三推。"○缫,音骚。

君子曰:礼乐不可斯须去身。致乐以治心,则易、直、子、谅之心油然生矣。易、直、子、谅之心生,则乐;乐则安,安则久,久则天,天则神。天则不言而信,神则不怒而威,致乐以治心者也。致礼以治躬则庄敬,庄敬则严威。心中斯须不和不乐,而鄙诈之心入之矣;外貌斯须不庄不敬,而慢易之心入之矣。故乐也者,动于内者也;礼也者,动于外者也。乐极和，礼极顺，内和而外顺，则民瞻其颜色而不与争也，望其容貌而众不生慢易焉。故德辉动乎内，而民莫不承听；理发乎外，而众莫不承顺。故曰：致礼乐之道，而天下塞焉，举而措之无难矣。乐也者，动于内者也；礼也者，动于外者也。故礼主其减，乐主其盈。礼减而进，以进为文；乐盈而反，以反为文。礼灭而不进则销；乐盈而不反则放。故礼有报而乐有反，礼得其报则乐，乐得其反则安。礼之报，乐之反，其义一也。[1]

[1] 说见《乐记》。○子，音慈。谅，音良。

曾子曰："孝有三：大孝尊亲，其次弗辱，其下能养。"公明仪问于曾子曰："夫子可以为孝乎？"曾子曰："是何言与？是何言与！君之所谓孝者，先意承志，谕父母于道。参直养者也，安能为孝乎？"[1]曾子曰："身也者，父母之遗体也。行父母之遗体，敢不敬乎？居处不庄，非孝也。事君不忠，非孝也。莅官不敬，非孝也。朋友不信，非孝也。战陈无勇，非孝也。五者不遂，烖及于亲，敢不敬乎？[2]亨孰羶芗，尝而荐之，非孝也，养也。君子之所谓孝也者，国人称愿然曰：'幸哉有子如此！'所谓孝也已。众之本教曰孝，其行曰养。养可能也，敬为难。敬可能也，安为难。安可能也，卒为难。父母既没，慎行其身，不遗父母恶名，可谓能终矣。仁者，仁此者也；礼者，履此者也；义者，宜此者也；信者，信此者也；强者，强此者也。乐自顺此生，刑自反此作。"[3]曾子曰："夫孝，置之而塞乎天地，溥之而横乎四海，施诸后世而无朝夕，推而放诸东海而准，推而放诸西海而准，推而放诸南海而准，推而放诸北海而准。《诗》云：‘自西自东，自南自北，无思不服。’此之谓也。”[4]曾子曰：“树木以时伐焉，禽兽以时杀焉。夫子曰：‘断一树，杀一兽，不以其时，非孝也。’[5]孝有三：小孝用力，中孝用劳，大孝不匮。思慈爱忘劳，可谓用力矣。尊仁安义，可谓用劳矣。博施备物，可谓不匮矣。父母爱之，喜而弗忘。父母恶之，惧而无怨。父母有过，谏而不逆。父母既没，必求仁者之粟以祀之，此之谓礼终。”[6]

[1] 大孝尊亲，严父配天也。公明仪，曾子弟子。○养，去声。先，去声。

[2] 承上文“弗辱”与“养”而言。此五者，皆足以辱亲，故曰“裁及于亲”。○陈，去声。养，去声。

[3] 愿，犹羡也。称愿，称扬羡慕也。然，犹而也。《孝经》曰：“夫孝，德之本也，教之所由生也。”“众之本教曰孝”亦此意，言孝为教众之本也。其行曰养，行，犹用也，言用之于奉养之间也。安为难者，谓非勉强矫拂之敬也。卒为难者，谓不特终父母之身，孝子亦自终其身也。能终，即说上文“卒”字。“仁者，仁此者也”以下，凡七“此”字，皆指孝而言也。○亨，音烹。养，去声。遗，去声。

[4] 溥，旧读为敷，今如字。《诗·大雅·文王有声》之篇。○方氏曰：“置者，直而立之。溥者，敷而散之。施，言其出无穷。推，言其进不已。放，与孟子‘放乎四海’之‘放’同。准，言人以是为准。”○放，上声。

[5] 上言“仁者，仁此者也”，此二者亦为恶其不仁，故言非孝，曾子又引夫子之言以为证。○断，音短。为，去声。恶，去声。

[6] 庶人思父母之慈爱，而忘己躬耕之劳，可谓用力矣，此“其下能养”之事也。诸侯、卿、大夫、士，尊重于仁，安行于义，功劳足以及物，可谓用劳矣，此“其次弗辱”之事也。匮，乏也；博施，谓德教加于百姓，刑于

四海也；备物，谓四海之内，各以其职来助祭，可谓不匮矣。此即大孝尊亲之事也。○施，去声。

乐正子春下堂而伤其足，数月不出，犹有忧色。门弟子曰："夫子之足瘳矣，数月不出，犹有忧色，何也？"乐正子春曰："善如尔之问也，善如尔之问也！吾闻诸曾子，曾子闻诸夫子曰：'天之所生，地之所养，无人为大。父母全而生之，子全而归之，可谓孝矣。不亏其体，不辱其身，可谓全矣。故君子顷步而弗敢忘孝也。'今予忘孝之道，予是以有忧色也。壹举足而不敢忘父母，壹出言而不敢忘父母。壹举足而不敢忘父母，是故道而不径，舟而不游，不敢以先父母之遗体行殆。壹出言而不敢忘父母，是故恶言不出于口，忿言不反于身。不辱其身，不羞其亲，可谓孝矣！"[1]

[1] 无人为大，言无如人最为大，盖天地之性，人为贵也。道，正路也。径，捷出邪径也。游，徒涉也。恶言不出于口，己不以恶言加人也。忿言不反于身，则人自不以忿言复我也。如此则不辱身，不羞亲矣。○数，上声。瘳，音抽。顷，音跬。

昔者有虞氏贵德而尚齿，夏后氏贵爵而尚齿，殷人贵富而尚齿，周人贵亲而尚齿。虞、夏、殷、周，天下之盛王也，未有遗年者。年之贵乎天下之久矣，次乎事亲也。[1]是故朝廷同爵则尚齿。七十杖于朝，君问则席，八十不俟朝，君问则就之，而弟达乎朝廷矣。[2]行肩而不并，不错则随，见老者则车徒辟，斑白者不以其任行乎道路，而弟达乎道路矣。[3]居乡以齿，而老穷不遗，强不犯弱，众不暴寡，而弟达乎州巷矣。[4]古之道，五十不为甸徒，颁禽隆诸长者，而弟达乎狻狩矣。[5]军旅什伍，同爵则尚齿，而弟达乎军旅矣。[6]孝弟发诸朝廷，行乎道路，至乎州巷，放乎狻、狩，修乎军旅，众以义死之而弗敢犯也。[7]

[1] 刘氏曰："大爵贵以德化民，有天下如不与，而民化之，几于不知爵之为贵矣，故禹承之以爵为贵，而使民知贵贵之道也。然贵爵之弊，其终也，在上者过于亢，而泽不及下，故汤承之以务富其民为贵。然富民之弊，终也，民各私其财，而不知亲亲之道，故武王承之以亲亲为贵，所谓'周之宗盟，异姓为后'是也。四代之治，随时救弊，所贵虽不同，而尚齿则同也，未有遗年齿而不尚者。齿居天下之达尊久矣，'老吾老以及人之老'，故尊高年，次于事亲也。然四者之所贵，亦四代之所同，记者但主于自古尚齿为言耳，读者不以辞害意可也。"〇与，去声。几，平声。

[2] 古者视朝之礼，君臣皆立，七十杖于朝，据杖而立也。君问则席，谓君若有问，则为之布席于堂而使之坐也。不俟朝，谓见君而揖之即退，不待朝事毕也。就之，即其家也。

[3] 此言少者与长者同行之礼。并，并也，肩而不并，谓少者不可以肩齐并长者之肩，当差退在后也。不错则随，谓此长者若是兄之辈，则为雁行之差错，稍偏而后之；若是父之辈，则直随从其后矣。车徒辟，言或乘车，或徒行，皆当避之也。任，所负戴之物也，不以任行道路，即《孟子》："颁白者不负戴于道路矣。"〇并，步顶切。辟，音避。少，去声。差，平声。

[4] 遗，弃也。〇郑氏曰："一乡者，五州。巷，犹闾也。"

[5] 四井为邑，四邑为丘，四丘为甸，君田猎，则起民为卒徒，故曰甸徒，五十始衰，故不供此役也。颁，犹分也。隆，犹多也。田毕分禽，长者受赐多于少者。春猎为狻，冬猎为狩，举此则夏秋可知。〇长，上声。狻，音蒐。少，去声。

[6] 五人为伍，二伍为什。

[7] 自朝廷以至军旅，其人可谓众矣，然皆以通达孝弟之义，死于孝弟而不敢干犯也。

祀乎明堂，所以教诸侯之孝也。食三老、五更于大学，所以教诸侯之弟也。祀先贤于西学，所以教诸侯之德也。耕藉，所以教诸侯之养也。朝觐，所以教诸侯之臣也。五者天下之大教也。[1]

[1] 西学，西郊之学，周之小学也。《王制》云"虞庠在国之西郊"是也。○方氏曰："先贤，则乐祖是也。西学，则瞽宗是也，乐祖有道德者，故曰'教诸侯之德'。耕藉，所以事神致养之道，故曰'教诸侯之养'。朝觐，所以尊天子，故曰'教诸侯之臣'。《乐记》'先朝觐而后耕藉'者，武王初有天下，君臣之分，辨之不可不早也。"○食，音嗣。更，平声。大，音泰。养，去声。分，去声。

食三老、五更于大学，天子袒而割牲，执酱而馈，执爵而酳，冕而总干，所以教诸侯之弟也。是故乡里有齿，而老穷不遗，强不犯弱，众不暴寡，此由大学来者也。[1]

[1] 袒而割牲者，袒衣而割制牲体为俎实也。馈，进食也。酳，食毕而以酒虚口也。总干，总持干盾以立于舞位也。乡里有齿，言人皆知长少之序也。○大，音泰。酳，以刃切。

天子设四学，当入学而大子齿。[1]

[1] 四学，虞、夏、殷、周四代之学也。大子齿，谓大子与同学者序长幼之位，不以贵加人也。

天子巡守，诸侯待于竟，天子先见百年者。八十、九十者东行，西行者弗敢过；西行，东行者弗敢过。欲言政者，君就之可也。[1]

[1] 应氏曰："彼向东，此向西；彼西行，此趋东。是相违而不相值，然必驻行反，迂谒而见之，不敢超越径过也。"〇守，去声。竟，音境。

壹命齿于乡里，再命齿于族，三命不齿，族有七十者弗敢先。七十者不有大故不入朝；若有大故而入，君必与之揖让，而后及爵者。[1]

[1] 方氏曰："一命齿于乡里，非其乡里，则以爵而不以齿可知。再命齿于族，非其族，则以爵而不以齿亦可知。三命不齿，虽于其族，亦不得而齿之矣，则乡里又可知。然此特贵贵之义耳，至于老老之仁，又不可得而废焉，故族有七十者弗敢先也。先，谓乡饮之席，待七十者先入而后入也，君与之揖让而后及爵者，岂族之三命得以先之乎？五州为乡，五邻为里，于远举乡，则近至于五比之间可知；于近举里，则远达于五乡之遂可知。六乡六遂，足以互见也。此言族，《周官》所谓父族也。盖有天下者谓之王族，有国者谓之公族，有家者则谓之官族，以传世言之则曰世族，以主祭言之则曰宗族。"

天子有善，让德于天。诸侯有善，归诸天子。卿大夫有善，荐于诸侯。士、庶人有善，本诸父母，存诸长老。禄爵庆赏，成诸宗庙，所以示顺也。[1]

[1] 成诸宗庙，言于宗庙中命之也，详在《祭统》"十伦"章。

昔者圣人建阴阳天地之情，立以为《易》。"易"抱龟南面，天子卷冕北面，虽有明知之心，必进断其志焉，示不敢专，以尊天也；善则称人，过则称己，教不伐，以尊贤也。[1]

［1］方氏曰："明吉凶之象者，莫如《易》，示吉凶之象者莫如龟。南，则明而有所示之方也，故"易抱龟南面"焉。天子北面，则以臣礼自处而致其尊也。南面，内也；北面，外也。自外至内谓之进，故曰'进断其志'。"〇应氏曰："《易》，书也；抱龟者，人也。不曰掌《易》之人，而直以为《易》者，盖明以示天下者《易》也。《易》之道不可屈，故不于北而于南。明此以北面者，臣也，臣之位不可逾，故不曰人而曰易，盖有深意焉。"〇石梁王氏曰："此说卜者之位，与《仪礼》不合，亦近于张大之辞。"〇刘氏曰："《易》代天地鬼神以吉凶告天子，故南面，如祭祀之尸，代神之尊也。天子北面问卜以断其志，盖尊天事神之礼也。"〇卷，音衮。知，去声。断，去声。

孝子将祭祀，必有齐庄之心以虑事，以具服物，以修宫室，以治百事。及祭之日，颜色必温，行必恐，如惧不及爱然。其奠之也，容貌必温，身必诎，如语焉而未之然。宿者皆出，其立卑静以正，如将弗见然。及祭之后，陶陶遂遂，如将复入然。是故悫善不违身，耳目不违心，思虑不违亲，结诸心，形诸色，而术省之。孝子之志也。[1]

［1］悫善不违身，周旋升降，无非敬也。耳目不违心，所闻所见，不得以乱其心之所存也。结者，不可解之意。术，与述同，述省，犹循省也，谓每事思省。〇方氏曰："于其来也，如惧不及爱然；及既来也，又如语而未之然。于其往也，如将弗见然；及既往也，又如将复入然。则是孝子之思其亲，无物足以慊其心，无时可以绝其念。如惧不及爱然，即前经所谓'致爱则存'是矣。如语焉而未之然，即所谓'如亲听命'是矣。如将弗见然，即所谓'如将失之'是矣。如将复入然，即所谓'又从而思之'是矣。爱者，爱其亲也；惧不及爱者，惧爱亲之心有所未至也。语者，亲之语也；语而未之然，如亲欲有所语而未发也。陶陶，言思亲之心存乎内；遂遂，言思亲之心达乎外。祭后犹如此者，以其如将复入故也。"〇诎，音屈。

思，去声。省，息井切。

建国之神位，右社稷而左宗庙。[1]

[1] 方氏曰："神无方也，无方则无位，所谓神位者，亦人位之耳，故以建言之，建之斯有矣。王氏谓：'右，阴也，地道所尊，故右社稷；左，阳也，人道之所乡，故左宗庙。'位宗庙于人道所乡，亦不死其亲之意。"○乡，去声。

祭统第二十五[1]

[1] 郑氏曰："统，犹本也。"

凡治人之道，莫急于礼。礼有五经，莫重于祭。夫祭者，非物自外至者也，自中出生于心者也。心怵而奉之以礼，是故唯贤者能尽祭之义。[1]

[1] 五经，吉、凶、军、宾、嘉之五礼也。心怵，即前篇"君子履之必有怵惕之心"，谓心有感动也。〇方氏曰："尽其心者祭之本，尽其物者祭之末，有本然后末从之，故祭非物自外至，自中出生于心也。心怵而奉之以礼者，心有所感于内，故以礼奉之于外而已，盖以其自中出非外至者也。奉之以礼者，见乎物；尽之以义者，存乎心。徇其物而忘其心者众人也，发于心而形于物者君子也，故曰'唯贤者能尽祭之义'。"〇治，平声。怵，音黜。见，音现。

贤者之祭也，必受其福，非世所谓福也。福者，备也，备者，百顺之名也。无所不顺者之谓备，言内尽于己，而外顺于道也。忠臣以事其君，孝子以事其亲，其本一也。上则顺于鬼神，外则顺于君长，内则以孝于亲，如此之谓备。唯贤者能备，能备然后能祭。是故贤者之祭也，致其诚信，与其忠敬，奉之以物，道之以礼，安之以乐，参之以时，明荐之而已矣。不求其为，此孝子之心也。[1]

[1] 方氏曰："诚、信、忠，敬，四者祭之本。所谓物者，奉乎此而已；所谓礼者，道乎此而已；所谓乐者，安乎此而已；所谓时者，参乎此而已。"

○应氏曰:“不求其为,无求福之心也,所谓祭祀不祈也。”○长,上声。道、为,并去声。

祭者,所以追养继孝也。孝者,畜也。顺于道,不逆于伦,是之谓畜。[1]是故孝子之事亲也,有三道焉:生则养,没则丧,丧毕则祭。养则观其顺也,丧则观其哀也,祭则观其敬而时也。尽此三道者,孝子之行也。[2]

[1] 应氏曰:“追其不及之养,而继其未尽之孝也。畜,固为畜养之义,而亦有止而畜聚之意焉。”○刘氏曰:“追养其亲于既远,继续其孝而不忘。畜者,藏也,中心藏之而不忘,是顺乎率性之道,而不逆天叙之伦焉。《诗》曰:‘心乎爱矣,遐不谓矣,中心藏之,何日忘之。’此畜之意也。”○养,去声。畜,敕六切。

[2] 生事之以礼,死葬之以礼,祭之以礼。养以顺为主,丧以哀为主,祭以敬为主。时者,以时思之,礼时为大也。○养、行,并去声。

既内自尽,又外求助,昏礼是也。故国君取夫人之辞曰:“请君之玉女,与寡人共有敝邑,事宗庙社稷。”此求助之本也。

夫祭也者,必夫妇亲之,所以备外内之官也。官备则具备。水草之菹,陆产之醢,小物备矣。三牲之俎,八簋之实,美物备矣。昆虫之异,草木之实,阴阳之物备矣。凡天之所生,地之所长,苟可荐者,莫不咸在,示尽物也。外则尽物,内则尽志,此祭之心也。[1]

[1] 按《内则》:可食之物有蜩范者,蝉与蜂也。又如蚳醢,是蚁子所为。此言昆虫之异,亦此类乎?○取,去声。长,上声。

是故天子亲耕于南郊，以共齐盛；王后蚕于北郊，以共纯服；诸侯耕于东郊，亦以共齐盛；夫人蚕于北郊，以共冕服。天子、诸侯非莫耕也，王后、夫人非莫蚕也，身致其诚信，诚信之谓尽，尽之谓敬，敬尽然后可以事神明，此祭之道也。[1]

[1] 祭服者上玄下纁，天子言缁服，诸侯言冕服，缁服，亦冕服也，缁以色言，冕服则显其为祭服耳。非莫耕，非莫蚕，言非无可耕之人，非无可蚕之人也。○齐，音粢。纯，音缁。

及时将祭，君子乃齐。齐之为言齐也，齐不齐以致齐者也。是故君子非有大事也，非有恭敬也，则不齐；不齐则于物无防也，耆欲无止也。及其将齐也，防其邪物，讫其耆欲，耳不听乐，故《记》曰"齐者不乐"，言不敢散其志也。心不苟虑，必依于道。手足不苟动，必依于礼。是故君子之齐也，专致其精明之德也，故散齐七日以定之，致齐三日以齐之。定之之谓齐，齐者，精明之至也，然后可以交于神明也。[1]是故先期旬有一日，宫宰宿夫人，夫人亦散齐七日，致齐三日。君致齐于外，夫人致齐于内，然后会于大庙。

[1] 于物无防，物，犹事也，不苟虑，不苟动，皆所谓防也。○齐，音斋。"言齐"下四"齐"、"以齐"，如字。

君纯冕立于阼，夫人副祎立于东房。君执圭瓒裸尸，大宗执璋瓒亚裸。及迎牲，君执纼，卿、大夫从，士执刍；宗妇执盎从，句夫人荐涚水；君执鸾刀羞哜，夫人荐豆。此之谓夫妇亲之。[1]

[1] 宿，读为肃，犹戒也。〇郑氏曰："大庙，始祖庙也。圭瓒璋瓒，祼器也，以圭璋为柄。酌郁鬯曰祼，大宗亚祼，若夫人有故摄焉。纼，所以牵牲。刍，藁也，杀牲用以荐藉。"〇疏曰："宗妇执盎从者，谓同宗之妇，执盎齐以从夫人也。夫人荐涚水者，涚即盎齐，以浊用清酒以涚泲之。涚水是明水，宗妇执盎齐从夫人而来，奠盎齐于位，夫人乃就盎齐之尊，酌此涚齐而荐之，因盎齐有明水，连言水耳。君执鸾刀羞哜者，哜，肝肺也。哜有二时，一是朝践之时，取肝以膋贯之，入室燎于炉炭，而出荐之主前；二是馈熟之时，君以鸾刀割制所羞哜肺，横切之不使绝，亦奠于俎上，尸并哜之，故云羞哜。一云：羞，进也。夫人荐豆者，君羞哜时，夫人荐此馈食之豆也。"又曰："《郊特牲》云'祭齐加明水'，天子诸侯祭礼，先有祼尸之事。"〇先，去声。大，音泰。纯，音缁。纼，赤轸切。从，去声。涚，诗畏切。哜，才乂切。"盎齐"、"涚齐"齐，去声。

及入舞，君执干戚就舞位。君为东上，冕而总干，率其群臣以乐皇尸。是故天子之祭也，与天下乐之；诸侯之祭也，与竟内乐之。冕而总干，率其群臣以乐皇尸。此与竟内乐之之义也。[1]

[1] 东上，近主位也，此明祭时天子、诸侯亲在舞位。〇乐，并音洛。竟，音境。

夫祭有三重焉：献之属莫重于祼，声莫重于升歌，舞莫重于《武宿夜》，此周道也。凡三道者，所以假于外，而以增君子之志也，故与志进退，志轻则亦轻，志重则亦重。轻其志而求外之重也，虽圣人弗能得也，是故君子之祭也，必身自尽也，所以明重也。道之以礼，以奉三重而荐诸皇尸，此圣人之道也。[1]

[1] 祼以降神，于礼为重，歌者在上，贵人声也。《武宿夜》，武舞之曲名也，其义未闻。假于外者，祼则假于郁鬯，歌则假于声音，舞则假于干戚也。诚敬者，物之未将者也，诚敬之志存于内，而假外物以将之，故其轻重随志进退，若内志轻而求外物之重，虽圣人不可得也。圣人固无内轻而求外重之事，此特以明役志为本耳。

夫祭有馂，馂者祭之末也，不可不知也。是故古之人有言曰："善终者如始。"馂其是已。是故古之君子曰："尸亦馂鬼神之余也。"惠术也，可以观政矣。[1]是故尸谡，君与卿四人馂；君起，大夫六人馂，臣馂君之余也；大夫起，士八人馂，贱馂贵之余也；士起，各执其具以出，陈于堂下，百官进，彻之，下馂上之余也。凡馂之道，每变以众，所以别贵贱之等，而兴施惠之象也。是故以四簋黍，见其修于庙中也。庙中者，竟内之象也。[2]

祭者，泽之大者也。是故上有大泽，则惠必及下，顾上先下后耳，非上积重而下有冻馁之民也。是故上有大泽，则民夫人待于下流，知惠之必将至也，由馂见之矣。故曰："可以观政矣。"

[1] 方氏曰："牲既杀，则荐血腥于鬼神，及熟之于俎，而尸始食之，是尸馂鬼神之余也。"〇刘氏曰："祭毕而馂余，是祭之终事也。必谨夫馂之礼者，慎终如始也，故引古人曰：'善终者如其始之善。'今馂余之礼，其是此意矣。所以古之君子有言：'尸之饮食，亦是馂鬼神之余也。'此即施惠之法也，观乎馂之礼，则可以观为政之道矣。"〇馂，音俊。施，去声。

[2] 谡，起也。天子之祭八簋，诸侯六簋，此言四簋者，留二簋为阳厌之祭，故以四簋馂也。簋以盛黍稷，举黍则稷可知矣。自君卿至百官，每变而人益众，所以别贵贱，象施惠也。施惠之礼，修举于庙中，则施惠

之政，必遍及于境内，此可以观政之谓也。〇谡，音缩。进，音馂。别，必列切。施，去声。见，音现。

夫祭之为物大矣，其兴物备矣，顺以备者也，其教之本与！是故君子之教也，外则教之以尊其君长，内则教之以孝于其亲；是故明君在上，则诸臣服从；崇事宗庙社稷，则子孙顺孝。尽其道，端其义，而教生焉。[1]是故君子之事君也，必身行之；所不安于上，则不以使下；所恶于下，则不以事上。非诸人，行诸已，非教之道也。是故君子之教也，必由其本，顺之至也，祭其是与！故曰：祭者，教之本也已。[2]

[1] 为物，以事言也；兴物，以具言也。兴举牲羞之具，凡以顺于礼而致其备焉耳，圣人立教，其本在此。〇重，平声。夫，音扶。与，平声。长，上声。

[2] 以己之心，度人之心，即《大学》絜矩之道，如此而后能尽其道，端其义也。申言教之本，以结上文之意。〇恶，去声。与，平声。度，入声。

夫祭有十伦焉：见事鬼神之道焉，见君臣之义焉，见父子之伦焉，见贵贱之等焉，见亲疏之杀焉，见爵赏之施焉，见夫妇之别焉，见政事之均焉，见长幼之序焉，见上下之际焉。此之谓十伦。[1]

[1] 郑氏曰："伦，犹义也。"〇见，音现。杀，去声。别，必列切。长，上声。

铺筵设同几，为依神也。诏祝于室而出于祊，此交神明之道也。[1]

[1] 筵，席也。几，所冯以为安者。人生则形体异，故夫妇之伦在于有别，死则精气无间，共设一几，故祝辞云："以某妃配也。"依神，使神冯依乎此也。诏，告也。祝，祝也，谓祝以事告尸于室中也。出于祊者，谓明日绎祭，出在庙门外之旁也，《郊特牲》云"索祭祀于祊"是也。祊，说见前篇。神之所在于彼乎？于此乎？故曰："此交神明之道也。"○为，去声。祊，伯更切。索，音色。

君迎牲而不迎尸，别嫌也。尸在庙门外则疑于臣，在庙中则全于君。君在庙门外则疑于君，入庙门则全于臣、全于子。是故不出者，明君臣之义也。[1]

[1] 尸本是臣，为尸而象神，则尊之如君父矣，然在庙外未入，则犹疑是臣也；及既入庙，则全其象君父之尊矣。君祭固主于尊君父而尽臣子之道，然未入庙，则犹疑是君也；及既入庙，则全为臣子而事尸无嫌矣。若君出门迎尸，则疑以君而迎臣，故不出者，所以别此嫌而明君臣之义也。

夫祭之道，孙为王父尸。所使为尸者，于祭者子行也；父北面而事之，所以明子事父子道也。此父子之伦也。[1]

[1] 行，犹列也。父北面而事子行之尸者，欲子知事父之道当如是也。○方氏曰："十伦皆伦也，止于父子言伦者，有父子之伦，然后有宗庙之祭，则祭之伦，本于父子而已，故止于父子为伦焉。"○行，音杭。

尸饮五，君洗玉爵献卿；尸饮七，以瑶爵献大夫；尸饮九，以散爵献士及群有司。皆以齿，明尊卑之等也。[1]

[1] 自献卿以下至群有司，凡同爵，则长者必先饮，故云"皆以齿"。○疏曰："此据备九献之礼者，至主人酳尸，故尸饮五也。凡祭一献，祼用

郁鬯，尸祭奠而不饮，朝践二献，馈食二献，及食毕，主人酳尸，此皆尸饮之，故云“尸饮五”。于此时以献卿，献卿之后主妇酳尸，酳尸毕，宾长献尸，是“尸饮七”也。乃“以瑶爵献大夫”，是正九献礼毕。但初二裸不饮，故云“饮七”，自此以后，长宾长兄弟更为加爵，尸又饮二，是并前尸饮九，主人乃以散爵献士及群有司也，此谓上公九献，故以酳尸之一献为尸饮五也。若侯、伯七献，朝践馈食时各一献，食讫酳尸，但饮三也。子、男五献，食讫酳尸，尸饮一。”〇长，上声。更，平声。

夫祭有昭穆。昭穆者，所以别父子、远近、长幼、亲疏之序而无乱也。是故有事于大庙，则群昭群穆咸在而不失其伦。此之谓亲疏之杀也。[1]

[1] 疏曰：“祭大庙，则群昭群穆咸在；若余庙之祭，唯有当庙尸主，及所出之子孙，不得群昭群穆咸在也。”〇别，必烈切。长，上声。大，音泰，下节同。杀，去声。当，去声。

古者明君爵有德而禄有功，必赐爵禄于大庙，示不敢专也。故祭之日，一献，君立于阼阶之南，南乡，所命北面，史由君右，执策命之，再拜稽首，受书以归，而舍奠于其庙。此爵赏之施也。[1]

[1] 疏曰：“酳尸之前，皆承奉鬼神，未暇策命，此一献，则上文尸饮五，君献卿之时也。若天子命群臣，则不因常祭之日，特假于庙释奠，告以受君之命也。”〇乡，去声。舍，音释。

君卷冕立于阼，夫人副袆立于东房。夫人荐豆执校，执醴授之执镫；尸酢夫人执柄，夫人受尸执足。夫妇相授受，不相袭处，酢必易爵，明夫妇之别也。[1]

[1] 卷冕、副袆，见前。校，豆中央直者。执醴，执醴齐之人也，此人兼掌授豆。镫，豆之下跗也。爵形如雀，柄则尾也。袭处，谓因其处。○卷，音衮。夫，如字。校，音效。镫，音登。别，必列切。齐，去声。

凡为俎者，以骨为主。骨有贵贱。殷人贵髀，周人贵肩。凡前贵于后。俎者，所以明祭之必有惠也。是故贵者取贵骨，贱者取贱骨，贵者不重，贱者不虚，示均也。惠均则政行，政行则事成，事成则功立。功之所以立者，不可不知也。俎者，所以明惠之必均也。善为政者如此。故曰"见政事之均焉"。[1]

[1] 疏曰："殷质，贵髀之厚，贱肩之薄；周文，贵肩之显，贱髀之隐。前贵于后，据周言之。"○方氏曰："俎者，对豆之器，俎以骨为主，则豆以肉为主可知。骨，阳也；肉，阴也。俎之数以奇而从阳，豆之数以偶而从阴，为是故也。"○髀，音俾。重，平声。奇，音基。

凡赐爵，昭为一，穆为一，昭与昭齿，穆与穆齿。凡群有司皆以齿。此之谓长幼有序。[1]

[1] 爵，行酒之器也。○疏曰："此旅酬时，赐助祭者酒，众兄弟子孙等在昭列者则为一色，在穆列者自为一色，各自相旅，长者在前，少者在后，是昭与昭齿，穆与穆齿也。"○方氏曰："宗庙之中，授事则以爵，至于赐爵则以齿，何也？盖授事主义，而行于旅酬之前；赐爵主恩，而行于旅酬之后，以其主恩，故皆以齿也。司士所谓'祭祀赐爵呼昭穆而进之'是矣。夫齿所以序长幼，故曰：'此之谓长幼有序。'"○长，上声。少，去声。

夫祭有畀辉、胞、翟、阍者，惠下之道也。唯有德之君为能行此，明足以见之，仁足以与之。畀之为言与也，能以其余畀其下者也。辉者，甲吏之贱者也；胞者，肉吏之贱者也；翟者，乐吏之贱者也；阍者，守门之贱者也，古者不使刑人守门。此四守者，吏之至贱者也。尸又至尊，以至尊既祭之末而不忘至贱，而以其余畀之，是故明君在上，则竟内之民无冻馁者矣。此之谓上下之际。[1]

[1] 不使刑人守门，恐是周以前如此，周则墨者使守门也。际，接也，言尊者与贱者恩意相接也。○辉，音运。胞，音庖。翟，音狄。竟，上声。

凡祭有四时，春祭曰礿，夏祭曰禘，秋祭曰尝，冬祭曰烝。[1]礿、禘，阳义也；尝、烝，阴义也。禘者，阳之盛也；尝者，阴之盛也。故曰："莫重于禘尝。"[2]古者于禘也，发爵赐服，顺阳义也；于尝也，出田邑，发秋政，顺阴义也。故《记》曰："尝之日，发公室，示赏也。"草艾则墨，未发秋政，则民弗敢草也。[3]故曰：禘、尝之义大矣，治国之本也，不可不知也。明其义者君也，能其事者臣也。不明其义，君人不全；不能其事，为臣不全。夫义者，所以济志也，诸德之发也。是故其德盛者其志厚，其志厚者其义章，其义章者其祭也敬；祭敬，则竟内之子孙莫敢不敬矣。是故君子之祭也，必身亲莅之，有故，则使人可也。虽使人也，君不失其义者，君明其义故也。其德薄者其志轻，疑于其义而求祭，使之必敬也弗可得已。祭而不敬，何以为民父母矣？[4]

[1] 周礼：春祠，夏禴，秋尝，冬烝。郑氏谓此夏殷之礼。○礿，音药。

[2] 方氏曰："阳道常饶，阴道常乏。饶，故及于夏始为盛焉；乏，故

及于秋已为盛矣。此禘所以为阳之盛，尝所以为阴之盛欤？以其阴阳之盛，故曰：‘莫重于禘尝。’”

［3］方氏曰：“爵，命之者也，服，胜于阴者也，故为顺阳义；禄，食之者也，田邑，制于地者也，故为顺阴义。尝之日发公室，因物之成而用之以行赏也，故曰‘示赏’。草艾则墨者，因其枯槁之时，刈之以给爨。刈草谓之草，犹采桑谓之桑欤？墨，五刑之轻者，左氏言‘赏以春夏，刑以秋冬’，而此言“尝之日，发公室”何也？盖赏虽以春夏为主，而亦未始不用刑，《月令》‘孟夏断薄刑，决小罪’是也。刑虽以秋冬为主，亦未始不行赏，此所言是也。”○应氏曰：“不曰艾草而曰草艾者，草自可艾也。”○艾，音刈。断，丁玩切。

［4］《中庸》言“明乎郊社之礼、禘尝之义，治国如视诸掌”，此因上文阳义阴义而申言之。济志，成其所欲为也；发德，显其所当为也。○方氏曰：“《大宗伯》‘若王不与祭祀则摄位’，先儒谓王有故，代之行其祭事，正谓是矣。代之虽在乎人，使之则出乎君，代之虽行其事，使之则本乎义。”○治，平声。竟，上声。与，去声。

夫鼎有铭，铭者自名也，自名以称扬其先祖之美，而明著之后世者也。为先祖者，莫不有美焉，莫不有恶焉。铭之义，称美而不称恶，此孝子孝孙之心也。唯贤者能之。[1]铭者，论课其先祖之有德善、功烈、勋劳、庆赏、声名，列于天下，而酌之祭器，自成其名焉，以祀其先祖者也。显扬先祖，所以崇孝也。身比焉，顺也。明示后世，教也。[2]

夫铭者，壹称而上下皆得焉耳矣。是故君子之观于铭也，既美其所称，又美其所为。为之者，明足以见之，仁足以与之，知足以利之，可谓贤矣。贤而勿伐，可谓恭矣。[3]

［1］自名，下文谓“自成其名”是也。○方氏曰：“称则称之以言，扬

则扬其所为，明则使之显而不晦，著则使之见而不隐。”○见，音现。

[2] 论，说；课，录也。王功曰勋，事功曰劳。酌，斟酌其轻重大小也。祭器，鼎彝之属。自成其名者，自成其显扬先祖之孝也。比，次也。谓己名次于先祖之下也。顺，无所违于礼也。示后世而使子孙效其所为，则是教也。○论，去声。课，音撰。比，毗至切。

[3] 上，谓先祖。下，谓己身也。见之，见其先祖之善也，非明不能；与之，使君上与己铭也，非仁莫致；利之，利己之得次名于下也，非知莫及。○知，去声。

故卫孔悝之鼎铭曰：“六月丁亥，公假于大庙，公曰：‘叔舅！乃祖庄叔，左右成公，成公乃命庄叔随难于汉阳，即宫于宗周，奔走无射。[1]启右献公，献公乃命成叔纂乃祖服。[2]乃考文叔，兴旧耆欲，作率庆士，躬恤卫国。其勤公家，夙夜不解，民咸曰休哉！’公曰：‘叔舅！予女铭，若纂乃考服！’[3]悝拜稽首曰：‘对扬以辟之勤大命施于烝彝鼎。’”此谓孔悝之鼎铭也。[4]

古之君子，论撰其先祖之美，而明著之后世者也，以比其身，以重其国家如此。子孙之守宗庙社稷者，其先祖无美而称之，是诬也；有善而弗知，不明也；知而弗传，不仁也。此三者，君子之所耻也。[5]

[1] 孔悝，卫大夫。周六月，夏四月也。公，卫庄公蒯聩也。假，至也，至庙禘祭也。因祭而赐之铭，盖德悝之立己，故褒显其先世也。异姓大夫而年幼，故称叔舅。庄叔，悝七世祖孔达也。成公为晋所伐而奔楚，故云：“随难于汉阳。”后虽反国，又以杀弟叔武，晋人执之归于京师，置诸深室，故云“即宫于宗周”也。射，厌也。○石梁王氏曰：“悝，乃蒯聩姊之子，蒯聩，悝之舅，而悝则甥，今反谓之舅，其放周礼同姓之臣称伯叔父、

异姓之臣称伯叔舅欤?"〇悝,音恢。假,音格。大,音泰。左、右,并去声。难,去声。射,音亦。放,上声。

[2] 献公,成公之曾孙,名衎。启,开;右,助也。鲁襄十四年,卫孙文子、宁惠子逐卫侯,卫侯奔齐。言庄叔余功流于后世,能右助献公,使之亦得反国也。成叔,庄叔之孙烝钼也。其时成叔事献公,故公命其纂继尔祖旧所服行之事也。〇疏曰:"按《左传》,无孔达之事,献公反国,亦非成叔之功。"〇右,音佑。

[3] 应氏曰:"嗜欲者,心志之所存,言其先世之忠,皆以爱君忧国为嗜欲,文叔孔圉慕尚而能兴起之也。作率,奋起而倡率之也。庆,卿也,古卿、庆同音,字亦同用,故庆云亦言卿云。"〇耆,音嗜。解,音邂。予,上声。女,音汝。

[4] 对扬至彝鼎十三字,止作一句读,言对答扬举,用吾君殷勤之大命,施及于烝祭之彝尊及鼎也。〇辟,音璧。

[5] 勋在鼎彝,是国有贤臣也,故足为国家之重。〇比,音畀。

昔者周公旦有勋劳于天下,周公既没,成王、康王追念周公之所以勋劳者,而欲尊鲁,故赐之以重祭,外祭则郊、社是也,内祭则大尝、禘是也。夫大尝、禘,升歌《清庙》,下而管《象》,朱干、玉戚以舞《大武》,八佾以舞《大夏》,此天子之乐也。康周公,故以赐鲁也。子孙纂之,至于今不废,所以明周公之德,而又以重其国也。[1]

[1] 诗《维清》,奏《象》舞。严氏云:"文王之舞谓之《象》,文舞也。大舞,武舞也。管《象》,以管播其声也。"余见前。

经解第二十六

孔子曰："入其国，其教可知也。其为人也，温柔敦厚，《诗》教也；疏通知远，《书》教也；广博易良，《乐》教也；絜静精微，《易》教也；恭俭庄敬，《礼》教也；属辞比事，《春秋》教也。故《诗》之失愚，《书》之失诬，《乐》之失奢，《易》之失贼，《礼》之失烦，《春秋》之失乱。其为人也，温柔敦厚而不愚，则深于《诗》者也；疏通知远而不诬，则深于《书》者也；广博易良而不奢，则深于《乐》者也；絜静精微而不贼，则深于《易》者也；恭俭庄敬而不烦，则深于《礼》者也；属辞比事而不乱，则深于《春秋》者也。[1]

[1] 方氏曰："六经之教善矣，然务温柔敦厚而溺其志，则失于自用矣，故《诗》之失，愚；务疏通知远而趋于事，则失于无实矣，故《书》之失，诬；务广博易良而徇其情，则失于好大矣，故《乐》之失，奢；务絜静精微而蔽于道，则失于毁则矣，故《易》之失，贼；务恭俭庄敬而亡其体，则失于过当矣，故《礼》之失，烦；务属辞比事而作其法，则失于犯上矣，故《春秋》之失，乱。夫六经之教，先王所以载道也，其教岂有失哉？由其所得有深浅之异耳。"〇应氏曰："淳厚者未必深察情伪，故失之愚；通达者未必笃确诚实，故失之诬；宽博者未必严立绳检，故失之奢；沉潜思索，多自耗蠹，且或害道，故失之贼；〔缺文〕故失之烦；弄笔褒贬，易紊是非，且或召乱，故失之乱。惟得之深，则养之固，有以见天地之纯全。古人之大体，而安有所谓失哉？"〇石梁王氏曰："孔子时，《春秋》之笔削者未出，又曰'加我数年，卒以学《易》'，性与天道，不可得闻，岂遽以此教人哉？所以教者，多言《诗》、《书》、《礼》、《乐》，且有愚、诬、奢、贼、烦、乱之失，岂《诗》、

《书》、《乐》、《易》、《礼》、《春秋》使之然哉？此决非孔子之言。”○“易良”之易，去声。属，音烛。比，音畀。好，去声。亡，音无。当，去声。索，音色。

天子者，与天地参，故德配天地，兼利万物，与日月并明，明照四海而不遗微小。其在朝廷，则道仁圣礼义之序；燕处，则听《雅》、《颂》之音；行步，则有环佩之声；升车，则有鸾和之音。居处有礼，进退有度，百官得其宜，万事得其序。《诗》云：“淑人君子，其仪不忒，正是四国。”此之谓也。[1]

[1] 鸾、和，皆铃也，鸾在衡，和在轼前。《诗·曹风·鸣鸠》篇。○石梁王氏曰：“此段最粹。”

发号出令而民说，谓之和；上下相亲，谓之仁；民不求其所欲而得之，谓之信；除去天地之害，谓之义。义与信，和与仁，霸王之器也。有治民之意而无其器，则不成。[1]

[1] 冯氏曰：“论义、信、和、仁之道，而以王霸并言之，岂孔子之言。”○说，音悦。去，上声。王，去声。

礼之于正国也，犹衡之于轻重也，绳墨之于曲直也，规矩之于方圜也。故衡诚县，不可以欺以轻重；绳墨诚陈，不可欺以曲直；规矩诚设，不可欺以方圜；君子审礼，不可诬以奸诈。[1]是故隆礼由礼，谓之有方之士；不隆礼不由礼，谓之无方之民。敬让之道也。故以奉宗庙，则敬；以入朝廷，则贵贱有位；以处室家，则父子亲、兄弟和；以处乡里，则长幼有序。孔子曰：“安上治民，莫善于礼。”此之谓也。[2]

故朝觐之礼，所以明君臣之义也；聘问之礼，所以使诸侯相尊敬也；丧祭之礼，所以明臣子之恩也；乡饮酒之礼，所以明长幼之序也；昏姻之礼，所以明男女之别也。夫礼，禁乱之所由生，犹坊止水之所自来也。故以旧坊为无所用而坏之者，必有水败；以旧礼为无所用而去之者，必有乱患。[3]

故昏姻之礼废，则夫妇之道苦，而淫辟之罪多矣；乡饮酒之礼废，则长幼之序失，而争斗之狱繁矣；丧、祭之礼废，则臣子之恩薄，而倍死忘生者众矣；聘、觐之礼废，则君臣之位失，诸侯之行恶，而倍畔侵陵之败起矣。故礼之教化也微，其止邪也于未形，使人日徙善远罪而不自知也，是以先王隆之也。《易》曰："君子慎始。差若毫氂，缪以千里。"此之谓也。[4]

[1] 方氏曰："轻者礼之小，重者礼之大，若大者不可损，小者不可益是矣。曲者，礼之烦；直者，礼之简。若易则易，于则于是矣。方者，礼之常；圜者，礼之变。若以礼为体者，礼之常也；以义起礼者，礼之变也。礼之用如是，故君子审礼，不可诬以奸诈也。"○县，音玄。圜，音圆。

[2] 篇首"孔子曰"，记者述孔子之言也。"是故"以下，疑是记者之言，故引《孝经》孔子之言以结之也。○方氏曰："隆，言隆之而高。由，言由乎其中。隆礼所以极高明，由礼所以道中庸；极高明所以立本，道中庸所以趋时。立本趋时虽若不同，要之不离于道而已，故'谓之有方之士'也。道无方也，体之于礼则为有方，此以礼为主，故谓之方焉。士志于道，故于有方曰士；民无常心，故于无方曰民。"○要，平声。离，去声。

[3] 婿于妇家曰昏，妇于婿家曰姻。○方氏曰："君臣之乱，生于无义，故以朝觐之礼禁之；诸侯之乱，生于不和，故以聘问之礼禁之；臣子之乱，生于无恩，故以丧祭之礼禁之。以至乡饮之施于长幼，昏姻之施于男

女，其义亦若是而已。”○坊，音防。坏，音怪。去，上声。

[4] 此又自昏姻覆说至聘问、朝觐，以明上文之义。所引《易》曰，纬书之言也。若，如也。○郑氏曰：“苦，谓‘不至’、‘不答’之属。”○辟，音僻。行，去声。远，去声。缪，音谬。

卷之九

哀公问第二十七

哀公问于孔子曰："大礼何如？君子之言礼，何其尊也？"孔子曰："丘也小人，不足以知礼。"君曰："否。吾子言之也。"[1]孔子曰："丘闻之，民之所由生，礼为大，非礼无以节事天地之神也，非礼无以辨君臣、上下、长幼之位也，非礼无以别男女、父子、兄弟之亲，昏姻、疏数之交也。君子以此之为尊敬然。[2]然后以其所能教百姓，不废其会节。[3]有成事，然后治其雕镂、文章、黼黻以嗣。[4]其顺之，然后言其丧算，备其鼎俎，设其豕腊，修其宗庙，岁时以敬祭祀，以序宗族，即安其居，节、丑其衣服，卑其宫室，车不雕几，器不刻镂，食不贰味，以与民同利。昔之君子之行礼者如此。"[5]

公曰："今之君子胡莫之行也？"孔子曰："今之君子好实无厌，淫德不倦，荒怠敖慢，固民是尽，午其众以伐有道，求得当欲，不以其所。昔之用民者由前，今之用民者由后，今之君子莫为礼也。"[6]

[1] 哀公，鲁君，名蒋。大礼，谓礼之大者。何其尊，言称扬之甚。

[2] 此皆礼之大者，故不得不尊敬之也。○长，上声。别，必列切。数，人声。

[3] 礼本天秩，圣人因人情而为之节文，非强之以甚高难行之事也，故曰："以其所能教百姓。"会节，谓行礼之期节，如葬祭有葬祭之时，冠昏

有冠昏之时，不可废也。

［4］有成事，谓诹日而得卜筮之吉，事可成也。雕镂，祭器之饰。文章、黼黻，祭服之饰也。嗣者，传续不绝之义。此器服常存，则此礼必不泯绝矣。

［5］顺之，谓上下皆无违心也。言，犹明也。丧算，五服岁月之数，殡葬久近之期也。即安其居者，随其所处而安之也。节，俭也。丑，犹恶也。雕几，见《郊特牲》。器，养器也。自奉如此其薄者，盖欲不伤财，不害民，而与民同其利也。〇几，音祈。处，上声。

［6］实，货财也。淫德，放荡之行也。固，如固获之固，言取之力也。尽，谓竭其所者也。午，与迕同。午其众，违逆众心也。求得当欲，言不过求以称其私欲而已。不以其所，不问其理之所在也。由前，由古之道。由后，由今之道也。〇好、厌、敖、午、当，并去声。注"行"去声。称，去声。

孔子侍坐于哀公。哀公曰："敢问人道谁为大？"孔子愀然作色而对曰："君之及此言也，百姓之德也，固臣敢无辞而对？人道政为大。"[1]公曰："敢问何谓为政？"孔子对曰："政者，正也。君为正，则百姓从政矣。君之所为，百姓之所从也。君所不为，百姓何从？"公曰："敢问为政如之何？"孔子对曰："夫妇别，父子亲，君臣严，三者正，则庶物从之矣。"公曰："寡人虽无似也，愿闻所以行三言之道，可得闻乎？"[2]孔子对曰："古之为政，爱人为大。所以治爱人，礼为大。所以治礼，敬为大。敬之至矣，大昏为大。大昏至矣！大昏既至，冕而亲迎，亲之也。亲之也者，亲之也。是故君子兴敬为亲，舍敬是遗亲也。弗爱不亲，弗敬不正。爱与敬，其政之本与。"[3]

公曰:“寡人愿有言然。冕而亲迎,不已重乎?”孔子愀然作色而对曰:“合二姓之好,以继先圣之后,以为天地、宗庙、社稷之主,君何谓已重乎?”公曰:“寡人固。句不固,焉得闻此言也!寡人欲问,不得其辞,请少进。”[4]孔子曰:“天地不合,万物不生。大昏,万世之嗣也,君何谓已重焉?”孔子遂言曰:“内以治宗庙之礼,足以配天地之神明。出以治直言之礼,足以立上下之敬。物耻足以振之,国耻足以兴之。为政先礼,礼其政之本与!”[5]

孔子遂言曰:“昔三代明王之政,必敬其妻、子也有道。妻也者,亲之主也,敢不敬与?子也者,亲之后也,敢不敬与?君子无不敬也,敬身为大。身也者,亲之枝也,敢不敬与?不能敬其身,是伤其亲。伤其亲,是伤其本。伤其本,枝从而亡。三者,百姓之象也。身以及身,子以及子,妃以及妃,君行此三者,则忾乎天下矣,大王之道也。如此,则国家顺矣。”[6]

[1] 愀然,悚动之貌。作色,变色也。百姓之德,犹言百姓之幸也。敢无辞,犹言岂敢无辞。○愀,七小切。

[2] 夫妇、父子、君臣,三纲也。庶物,众事也。无似,无所肖似,言无德也。○别,必列切。

[3] 方氏曰:“夫妇有内外之位,故曰别;父子有慈孝之恩,故曰亲;君臣有上下之分,故曰严。《易》曰:‘有夫妇,然后有父子;有父子,然后有君臣。’故先后之序如此。三者之正,一以夫妇为之本,故后言‘大昏为大也’。政在养人,故古之为政,爱人为大。然而爱之无节,则墨氏之兼爱矣,安能无乱乎?故曰:‘所以治爱人礼为大。’礼止于敬而已,故曰:‘所以治礼,敬为大。’礼以敬为主,而大昏又为至焉,故曰:‘敬之至矣,大昏为大。’大昏既为敬之至,故虽天子诸侯之尊,亦必冕而亲迎也。已亲

其人，乃所以使人之亲己而已，故曰：'亲之也者，亲之也。'冕而亲迎，可谓敬矣，故曰：'兴敬为亲，舍敬是遗亲也。'弗爱则无以相合，而其情疏，故曰：'弗爱不亲。'弗敬则无以相别，而其情亵，故曰：'弗敬不正。'爱敬之道，其始本于闺门之内，及扩而充之，其爱至于不敢恶于人，其敬至于不敢慢于人，而德教加于百姓，刑于四海，故曰：'爱与敬，其政之本与。'"○迎，去声。舍，上声。与，平声。恶，去声。

[4] 已重，太重也。寡人固，自言其固陋也。不固焉得闻此言者，言若不固陋，则不以此为问，安得闻此言乎？请少进者，幸孔子更略有以进教我也。○石梁王氏曰："并言天地，非止诸侯之礼也。"○焉，音烟。

[5] "直言"二字未详，或云当作朝廷。○陆氏曰："物以不振为耻，国以不兴为耻。"○应氏曰："物耻，谓事物之污陋；国耻，谓国体之卑辱。内外之礼交治，则国家安富尊荣，何耻之不伸。是时鲁微弱，哀公欲振而兴之，而不知礼之为急，故夫子以是告之。"○与，平声。

[6] 敬吾身以及百姓之身，敬吾子以及百姓之子，敬吾妻以及百姓之妻。忾，犹至也。暨也，如朔南暨声教之意。大王，爱民之君也，尝言不以养人者害人，故曰"大王之道也"。○方氏曰："冕而亲迎，所以敬其妻也；冠于阼阶，所以敬其子也。为主于内者，妻也，故曰'亲之主'。传后于下者，子也，故曰'亲之后'。内非有主，则外不足以治其国家矣；下非有后，则上不足以承其祖考矣。此所以不敢不敬也。君子虽无所不敬，又以敬身为大焉，非苟敬身也，以其为亲之枝故也。身之于亲，犹木之有枝；亲之于身，犹木之有本。相须而共体，又非将为主为后而已，此尤不敢不敬也。"○忾，音迄。大，音泰。

公曰："敢问何谓敬身？"孔子对曰："君子过言则民作辞，过动则民作则。君子言不过辞，动不过则，百姓不命而敬恭，如是则能敬其身。能敬其身，则能成其亲矣。"[1]

[1] 君子，以位言也。在上者言虽过，民犹以为辞，辞者，言之成文

者也；动虽过，民犹以为则，则者，动之成法者也。所以君子之言动不敢有过，俱无过，则民不待命令之及，而自知敬其上矣。民皆敬上，则君之身不为人所辱，方谓之能敬身。成其亲者，不使亲名为人所毁也。

公曰："敢问何谓成亲？"孔子对曰："君子也者，人之成名也。百姓归之名，谓之君子之子，是使其亲为君子也，是为成其亲之名也已。"

孔子遂言曰："古之为政，爱人为大。不能爱人，不能有其身。不能有其身，不能安土。不能安土，不能乐天。不能乐天，不能成其身。"[1]公曰："敢问何谓成身？"孔子对曰："不过乎物。"[2]

[1] 方氏曰："不能爱人，则伤之者至矣，故不能有其身。不能有其身，则一身无所容矣，故不能安土。安土，则所居无所择；乐天，则所遭无所怨。俯能无所择，则仰亦无所怨矣。故不能安土，不能乐天。能乐天，则于理无所不顺，成身之道，亦顺其理而已。"〇乐，音洛。

[2] 应氏曰："物者，实然之理也。性分之内，万物皆备，仁人孝子不过乎物者，即其身之所履，皆在义理之内而不过焉，犹《大学》之'止于仁、止于孝'也。违则过之，止则不过矣。夫物有定理，理有定体，虽圣贤岂能加毫末于此哉！亦尽其当然而止耳。"

公曰："敢问君子何贵乎天道也？"孔子对曰："贵其不已，如日月东西相从而不已也。是天道也。不闭其久，是天道也。无为而物成，是天道也。已成而明，是天道也。"[1]

[1] 日月相从不已，继明照于四方也。不闭其久，穷则变，变则通也。无为而成，不言而信，不怒而威也。已成而明，为法于天下，可传于后世也。〇刘氏曰："天道至诚无息，所谓'维天之命，于穆不已'也。君

子贵之，纯亦不已焉。然其不已者，一动一静互为其根，如日往则月来，月往则日来，是以不穷其久。无思无营，而万物自然各得其成，及其既成，皆粲然可见也。盖其机缄密运而不已者，虽若难名，而成功则昭著也。无为而成者，不见其为之之迹，而但见有成也。此'唯天为大，唯尧则之，荡荡乎民无能名焉，巍巍乎其有成功也，焕乎其有文章'之谓也。"

公曰："寡人蠢愚、冥烦，子志之心也！"[1]孔子蹴然辟席而对曰："仁人不过乎物，孝子不过乎物。是故仁人之事亲也如事天，事天如事亲。是故孝子成身。"

[1] 蠢愚，蔽于气质也；冥者，暗于理；烦者，累于事。志，读如字。哀公自言其不能敏悟所教，欲孔子以简切之语，志记于我心。故孔子下文所对，是举其要者言之。○蠢，尸雍切。

公曰："寡人既闻此言也，无如后罪何？"孔子对曰："君之及此言也，是臣之福也。"[1]

[1] 蹴然，变容为肃敬貌。无如后罪何，言虽闻此言，然无奈后日过乎物而有罪何？此言是有意于寡过矣，故孔子以为是臣之福。○方氏曰："仁人者，主事天言之也；孝子者，主事亲言之也。亲则近而疑其不尊，天则远而疑其难格。徒以近而不尊，则父子之间，或几乎亵矣；徒以远而难格，则天人之际，或几乎绝矣。故事亲如事天者，所以致其尊而不欲其亵也；事天如事亲者，所以求其格而不欲其疏也。"○石梁王氏曰："仁人之事亲也如事天，事天如事亲。此两句非圣人不能言。"○蹴，音蹙。辟，音避。几，平声。

仲尼燕居第二十八[1]

[1] 石梁王氏曰："文虽有首尾，然辞旨散漫处多，未必孔子之言。"

仲尼燕居，子张、子贡、言游侍，纵言至于礼。子曰："居，女三人者！吾语女礼，使女以礼周流无不遍也。"子贡越席而对曰："敢问何如？"子曰："敬而不中礼谓之野，恭而不中礼谓之给，勇而不中礼谓之逆。"子曰："给夺慈仁。"[1]

[1] 纵言，泛言诸事也。周流无不遍者，随遇而施，无不中节也。敬以心言，恭以容言。礼虽以敬恭为主，然违于节文，则有二者之弊。给者，足恭便佞之貌。逆者，悖戾争斗之事。夫子尝言恭而无礼则劳，勇而无礼则乱，给则劳，逆则乱矣。夫子于三者之弊，独言给之为害，何也？盖野与逆二者，犹是直情径行而然，使习于礼，则无此患矣。惟足恭便给之人，是曲意徇物，致饰于外，务以悦人，貌虽类于慈仁，而本心之德则亡矣，故谓之"夺慈仁"，谓"巧言令色鲜矣仁"而耻乎足恭，正此意也。○女，音汝，下同。语，去声。中，去声。足，去声。便，平声。鲜，上声。

子曰："师！尔过而商也不及。子产犹众人之母也，能食之，不能教也。"子贡越席而对曰："敢问将何以为此中者也？"子曰："礼乎礼。夫礼所以制中也。"[1]子贡退。

[1] 能食不能教，亦为不及。故子贡并以中为问。○食，音嗣，下节同。

言游进曰："敢问礼也者，领恶而全好者与？"子曰：

"然。""然则何如?"子曰:"郊社之义,所以仁鬼神也。尝禘之礼,所以仁昭穆也。馈奠之礼,所以仁死丧也。射乡之礼,所以仁乡党也。食飨之礼,所以仁宾客也。"[1]

子曰:"明乎郊、社之义,尝、禘之礼,治国其如指诸掌而已乎![2]是故以之居处有礼,故长幼辨也;以之闺门之内有礼,故三族和也;以之朝廷有礼,故官爵序也;以之田猎有礼,故戎事闲也;以之军旅有礼,故武功成也。[3]是故宫室得其度,量鼎得其象,味得其时,乐得其节,车得其式,鬼神得其飨,丧纪得其哀,辩说得其党,官得其体,政事得其施,加于身而错于前,凡众之动得其宜。"[4]

[1] 前言礼"释回,增美质",此言领恶全好,大意相类。仁昭穆,谓祭时则群昭、群穆咸在也。馈奠,丧奠也,非吉祭。乡射乡饮酒,皆行之于乡,故曰:"仁乡党。"人而不仁如礼何? 此五者之礼,皆发于本心之仁也。○应氏曰:"领,谓总揽收拾之也。好恶对立,一长一消,恶者收敛而无余,则善者浑全而无亏矣。夫礼之制中,非屑屑然与恶为敌而去之也,养其良心,启其善端,而不善者自消矣。仁者,善之道也,祭祀聘享,周旋委曲焉者,凡以全此而已。仁心发于中,而后礼文见于外,及礼之既举而是心达焉,则幽明之间,咸顺其序,欢欣浃洽,皆在吾仁之中,是仁之周流畅达也。"○刘氏曰:"领恶,犹言克己也,视听言动,非礼则勿,所以克去己私之恶,而全天理之善也。一曰克己复礼,则天下归仁,所以鬼神、昭穆、死丧、乡党、宾客之礼,无所往而不为仁也。"○与,平声。长、浑、去,并上声。

[2] 明乎郊、社之义,则事天如事亲;明乎尝、禘之礼,则事亲如事天。仁人孝子明于此,故能推民胞物与之心,而天下国家,有不难治者矣。○治,平声。

[3] 三族,父、子、孙也。上文言郊社以下五者,此又言居处以下五

事，皆所以明礼之无乎不在也。○处、长，并上声。朝，平声。

[4] 方氏曰："奥为尊者所居，阼为主者所在，寝则无侵，房则有方，至是极而中者为极，自是衰而杀者为榱，楹以盈而有所任也，檐以瞻而有所至也。栌，若颅然；楣，若眉然。如是则宫室得其度矣。若'鲁庄公丹楹刻桷'，'臧文仲山节藻棁'，盖失其度故也。量，左为升，以象阳之所升；右为合，以象阴之所合。仰者为斛，以象显而有所承；复者为斗，以象隐而有所庇。外圜其形，动以天也；内方其形，静以地也。鼎口在上，以象有所安乎上；足在下，以象有所立乎下。大者为鼐，以象气之所仍；掩者为鼒，以象才之所任。足奇其数，参乎天也；耳偶其数，两乎地也。非特此而已，以兆之则有庣，以既之则有概，而量之所象又有如此者；以贯之则有耳，以举之则有铉，而鼎之所象又有如此者。其音足以中黄钟，而量又有乐之象焉；其亨足以享上帝，而鼎又有礼之象焉。《易》曰'以制器者尚其象'，盖谓是矣。然其器疏以达者所以象春，高以粗者所以象夏，廉以深之象秋，闳以奄之象冬，器固无适而非象也。止以量、鼎为言者，盖量为器之大者，大者得其象则小者从可知；鼎为器之重者，重者得其象，则轻者从可知。若春多酸，夏多苦，秋多辛，冬多咸，所谓"味得其时"也。阳而不散，阴而不密，刚气不怒，柔气不慑，所谓"乐得其节"也。车得其式者，六等之数，作车之式也；五路之用，乘车之式也。鬼神得其飨者，若天神皆降，地祇皆出，人鬼皆格，可得而礼是矣。丧纪得其哀者，或发于容体，或发于声音，或发于言语饮食，或发于居处衣服，而各得其哀也。辩说得其党，若在官言官，在府言府，在库言库，在朝言朝之类。官得其体，若天官掌邦治，地官掌邦教之类。政事得其施，若施典于邦国，施则于都鄙，施法于官府之类。"○刘氏曰："礼以制中，无过无不及，克己复礼为仁，则溥博渊泉而时出之，故凡众之动，无不得其时中之宜。经礼三百，曲礼三千，无一事之非仁也。"○量，去声。错，音措。杀，去声。庣，音挑。亨，音烹。

子曰："礼者何也？即事之治也。君子有其事，必有其治。治国而无礼，譬犹瞽之无相与！伥伥乎其何之？譬如终夜有求于幽室之中，非烛何见？若无礼，则手足无所错，耳目无所加，进退揖让无所制。是故以之居处，长幼失其别，闺门、三族失其和，朝廷、官爵失其序，田猎、戎事失其策，军旅、武功失其制，宫室失其度，量、鼎失其象，味失其时，乐失其节，车失其式，鬼神失其飨，丧纪失其哀，辩说失其党，官失其体，政事失其施，加于身而错于前，凡众之动失其宜。如此则无以祖洽于众也。”[1]

[1] 伥伥，无定向之貌。祖，始也；洽，合也。言无以率先天下而使之协合也。〇治，平声。相，去声。与，平声。伥，音昌。错，音措。处、长，并上声。别，必列切。朝，音潮。量，去声。先，去声。

子曰：“慎听之！女三人者。吾语女：礼犹有九焉，大飨有四焉。苟知此矣，虽在畎亩之中，事之，圣人已。两君相见，揖让而入门，入门而县兴，揖让而升堂，升堂而乐阕，下管《象》、《武》，《夏》籥序兴，陈其荐俎，序其礼乐，备其百官。如此而后君子知仁焉。行中规，还中矩，和鸾中《采齐》，客出以《雍》，彻以《振羽》，是故君子无物而不在礼矣。入门而金作，示情也。升歌《清庙》，示德也。下而管《象》，示事也。是故古之君子不必亲相与言也，以礼乐相示而已。”[1]

[1] 知者，知其理也。事者，习其仪也。圣人已者，言可以进于圣人礼乐之道也。两君相见，诸侯相朝也。县，乐器之悬于笋簴者也。兴，作也。升堂而乐阕者，既升堂，主人献宾酒，宾卒爵而乐止也，此飨礼之一节也。宾酢主君，又作乐，主君饮毕则乐止，此飨礼之二节也。下管

《象》、《武》之上，缺升歌《清庙》一句，或记者略耳。升堂而歌《清庙》之诗，是三节也。堂下以管吹《象》、《武》之曲，是四节也。《夏》籥，禹大夏之乐曲，以籥吹之也，与《象》、《武》次序更迭而作，故云："《夏》籥序兴。"言礼而必曰君子知仁，使三子求节文于天理之中也。行中规，第五节也。还中矩，第六节也。《采齐》，乐章名。和鸾，车上之铃也。车行整缓，则铃声与乐声相中，盖出门迎宾之时，此第七节也。客出之时，歌《雍》诗以送之，此第八节也。《振羽》，即《振鹭》，礼毕彻器，则歌《振鹭》之诗，九节也。九者之礼，大飨有其四，一是宾卒爵而乐阕，二是宾酢主卒爵则乐又阕，三是升歌《清庙》，四是下管《象》、《武》，余五者则非飨礼所得专也。○方氏曰："《雍》，禘太祖之诗也，其用为大，故歌之以送客。《振鹭》，助祭之诗，其用为小，故歌之以彻器而已。二诗本主于禘太祖与助祭，而又用之于此者，犹《鹿鸣》本以燕群臣，而又用于乡饮也。然《论语》言以《雍》彻其用，与此不同，又何也？盖彼言天子飨神之事，此言诸侯飨宾之事，重轻固可知矣。示情者，欲宾主以情相接也；示德者，欲宾主以德相让也；示事者，欲宾主以事相成也。"○刘氏曰："仁者，天下之正理，礼序乐和，天下之正理不外是矣，故曰：'如此而后君子知仁。'"○县，音玄。阙，音缺。夏，上声。中，去声。还，音旋。齐，音慈。振，平声。更，平声。

子曰："礼也者，理也。乐也者，节也，君子无理不动，无节不作。不能《诗》，于礼缪。不能乐，于礼素。薄于德，于礼虚。"[1]子曰："制度在礼，文为在礼。行之，其在人乎！"

[1]《乐记》言："乐者，天地之和也；礼者，天地之序也。"此言礼者理也，乐者节也，盖礼得其理，则有序而不乱；乐得其节，则虽和而不流。君子无理不动，防其乱也；无节不作，防其流也。人而不为《周南》、《召南》，犹正墙面而立，不能诗者，能不缪于礼乎？礼之用，和为贵，不能乐，则无从容委曲之度，是达于礼而不达于乐，谓之素也。素，谓质朴也。忠信之

人,可以学礼,薄于德者,必不能充于礼也。○缪,去声。召,音邵。

子贡越席而对曰:“敢问夔其穷与?”子曰:“古之人与!古之人也!达于礼而不达于乐,谓之素;达于乐而不达于礼,谓之偏。夫夔达于乐而不达于礼,是以传于此名也,古之人也。”[1]

[1] 文,谓文章之显设者。苟非其人,则礼不虚道,是以行之在人也。子贡之意,谓夔以乐称,而不言其知礼,其不通于礼乎?穷,不通也。夫子再言“古之人”,亦微示不可贬之意,言夔以偏于知乐,是以传此不达礼之名于后世耳,然而毕竟是古之贤者也,故又终之以“古之人也”之言。然则礼乐之道,学者能知其相为用之原,则无素与偏之失矣。

子张问政。子曰:“师乎,句前,吾语女乎!君子明于礼乐,举而错之而已。”[1]子张复问。子曰:“师,尔以为必铺几筵,升降、酌献、酬酢,然后谓之礼乎?尔以为必行缀兆,兴羽籥,作钟鼓,然后谓之乐乎?言而履之,礼也。行而乐之,乐也。君子力此二者,以南面而立,夫是以天下大平也。诸侯朝,万物服体,而百官莫敢不承事矣。[2]礼之所兴,众之所治也。礼之所废,众之所乱也。目巧之室,则有奥阼;席则有上下,车则有左右,行则有随,立则有序,古之义也。[3]室而无奥阼,则乱于堂室也。席而无上下,则乱于席上也。车而无左右,则乱于车也。行而无随,则乱于涂也。立而无序,则乱于位也。昔圣帝、明王、诸侯,辨贵贱、长幼、远近、男女、外内,莫敢相逾越,皆由此涂出也。”三子者既得闻此言也于夫子,昭然若发矇矣。[4]

[1] 前言语女，谓昔者已尝告汝矣。举而错之，谓举礼乐之道而施之政事也。

[2] 筵，席也。缀兆，舞者之行列也。万物服体，谓万事者皆从其理。○复，扶又切。缀，音拙。“而乐”乐，音洛。大，音泰。朝，音潮。行，音杭。

[3] 众之治乱，由礼之兴废，此所以为政先礼也。目巧，谓不用规矩绳墨，但据目力相视之巧也。言虽苟简为之，亦必有奥阼之处。盖室之有奥，所以为尊者所处；堂之有阼，所以为主人之位也。席或以南方为上，或以西方为上，详见《曲礼》。车之尊位在左，父之齿随行，贵贱长幼，各有所立之位，此皆古圣人制礼之义也。○相，去声。处，上声。

[4] 此言礼之为用无所不在，失之则随事致乱，为政者可舍之而他求乎？贵贱以爵言，长幼以齿言，远近以亲疏言，男女以同异言，外内以位序言也。○方氏曰：“发矇者，若目不明，为人所发而有所见也。”○石梁王氏曰：“篇末二句，是记者自作结语。”

孔子闲居第二十九

孔子闲居，子夏侍。子夏曰："敢问《诗》云'凯弟君子，民之父母'，何如斯可谓民之父母矣？"孔子曰："夫民之父母乎！必达于礼乐之原，以致五至，而行三无，以横于天下。四方有败，必先知之。此之谓民之父母矣。"[1]

[1]《诗·大雅·泂酌》之篇。凯，乐也。弟，易也。横者，广被之意。言三无、五至之道，广被于天下也。四方将有祸败之衅而必能先知者，以其切于忧民，是以能审治乱之几也。〇弟，音悌。

子夏曰："民之父母既得而闻之矣，敢问何谓五至？"孔子曰："志之所至，《诗》亦至焉；《诗》之所至，礼亦至焉；礼之所至，乐亦至焉；乐之所至，哀亦至焉。哀乐相生。是故正明目而视之，不可得而见也；倾耳而听之，不可得而闻也。志气塞乎天地。此之谓五至。"[1]

[1] 五至、三无者，至，则极盛而无以复加；无，则至微而不泥于迹之谓也。在心为志，发言为《诗》，志盛则言亦盛，故曰："志之所至，《诗》亦至焉。"《诗》有美刺，可以兴起好善恶恶之心，兴于《诗》者必能立于礼，故曰："《诗》之所至，礼亦至焉。"礼贵于序，乐贵于和，有其序则有其和，无其序则无其和，故曰："礼之所至，乐亦至焉。"乐至则乐民之生，而哀民之死，故曰："乐之所至，哀亦至焉。"君能如此，故民亦乐君之生，而哀君之死，是"哀乐相生"也。乐民之乐者，民亦乐其乐；忧民之忧者，民亦忧其忧。即下文"无声之乐，无服之丧"是也。目正视则明全，耳倾听则聪审，今正视且不见，倾听且不闻，是五至无体无声，而惟其志气之充塞乎天地

也。塞乎天地，即所谓“横于天下”也。〇“哀乐”乐，音洛。塞，入声。复，扶又切。泥，去声。

子夏曰：“五至既得而闻之矣，敢问何谓三无？”孔子曰：“无声之乐，无体之礼，无服之丧，此之谓三无。”子夏曰：“三无既得略而闻之矣，敢问何诗近之？”孔子曰：“‘夙夜其命宥密’，无声之乐也；‘威仪逮逮，不可选也’，无体之礼也；‘凡民有丧，匍匐救之’，无服之丧也。”[1]

[1] 夙，早也。基，始也。宥，宽也。密，宁也。《周颂·昊天有成命》篇，言文王武王夙夜忧勤，以肇基天命，惟务行宽静之政以安民，夫子以喻无声之乐者，言人君政善，则民心自然喜悦，不在于钟鼓管弦之声也。逮逮，《诗》作棣棣，盛也。选，择也。《邶风·柏舟》之篇，言仁人威仪之盛，自有常度，不容有所选择，初不待因物以行礼而后可见，故以喻无体之礼也。手行为匍，伏地为匐。《邶风·谷风》之篇，言凡人有死丧之祸，必汲汲然往救助之，此非为有服属之亲，特周救其急耳，故以喻无服之丧也。〇其，音基。

子夏曰：“言则大矣，美矣，盛矣，言尽于此而已乎？”孔子曰：“何为其然也？君子之服之也，犹有五起焉。”[1]子夏曰：“何如？”孔子曰：“无声之乐，气志不违；无体之礼，威仪迟迟；无服之丧，内恕孔悲。无声之乐，气志既得；无体之礼，威仪翼翼；无服之丧，施及四国。无声之乐，气志既从；无体之礼，上下和同；无服之丧，以畜万邦。无声之乐，日闻四方；无体之礼，日就月将；无服之丧，纯德孔明。无声之乐，气志既起；无体之礼，施及四海；无服之丧，施于孙子。”[2]

[1] 疏曰:“服,习也。言君子习此三无,犹有五种起发其义。”〇种,上声。

[2] 方氏曰:“无声之乐,始之以气志不违者,言内无所戾也。无所戾,则无所失,故继之以‘气志既得’。得之于身,则人亦与之,故继之以‘气志既从’。人从之矣,则声闻于外,故继之以‘日闻四方’。日闻不已,则方兴而未艾,故继之以‘气志既起’。无体之礼,始之以威仪迟迟者,言缓而不迫也。缓或失之于怠,故继之以‘威仪翼翼’。威仪得中,则无乖离之心,故继以‘上下和同’。和同而无乖离,则久而愈大,故继之以‘日就月将’。愈大则不特施于近而可以及乎远,故终之以‘施及四海’。无服之丧,始之以‘内恕孔悲’者,言其以仁存心也。仁者爱人,故继之以‘施及四国’。以仁及人,则所养者众,故继之以‘以畜万邦’。所养者众则其德发扬于外,故继之以‘纯德孔明’。德既发扬于外,则泽足以被于后世,故终之以‘施于孙子’。其序如此,谓之五起,不亦宜乎?”〇应氏曰:“大抵援《诗》句以发扬咏叹之,盖赞美之不已也。”〇刘氏曰:“志气塞乎天地,则是君之志动天地之气也;气志不违以下,则是君心和乐之气感天下之志也。”〇施,音异。闻,音问。

子夏曰:“三王之德,参于天地,敢问何如斯可谓参于天地矣?”孔子曰:“奉三无私以劳天下。”子夏曰:“敢问何谓三无私?”孔子曰:“天无私覆,地无私载,日月无私照。奉斯三者以劳天下,此之谓三无私。其在《诗》曰:‘帝命不违,至于汤齐。汤降不迟,圣敬日齐。昭假迟迟,上帝是祇,帝命式于九围。’是汤之德也。[1]天有四时,春秋冬夏,风雨霜露,无非教也。地载神气,神气风霆,风霆流形,庶物露生,无非教也。[2]清明在躬,气志如神,耆欲将至,有开必先,天降时雨,山川出云,其在《诗》曰:‘嵩高维岳,峻极于天。维岳降神,生甫及申。维申及甫，为周之翰。四国于蕃，四方于宣。’此文武之德也。[3]三代之王也，必先其令闻。《诗》云‘明明天子，令闻不已’，三代之德也。‘驰其文德，协此四国’，大王之德也。”子夏蹶然而起，负墙而立曰：“弟子敢不承乎！”[4]

[1]“三王之德，参于天地”，盖古语，故子夏举以为问。《诗·商颂·长发》之篇，孔子引以证汤无私之德。○严氏曰：“商自契以来，天命所向，未尝去之，然至汤而后与天齐，谓王业至此而成，天命至此而集，天人适相符合也。汤之谦抑，所以自降下者甚敏而不迟，故圣敬之德，日以跻升也。敬为圣人之敬，言至诚也。日跻，言至诚无息也。德日新，又日新，是圣敬日跻之盛，即文王之纯亦不已也。其昭格于天，迟迟甚缓，言汤无心于得天，付之悠悠也。汤无所觊倖，故唯上帝是敬，其诚专一，然天自命之以为法于天下，使为王也。”○劳，去声。覆，去声。上齐，如字。下齐，音跻。假，音格。

[2]上章引《诗》以明王道之无私，此言天地之无私也，春夏之启，秋冬之闭，风雨之发生，霜露之肃杀，无非天道至公之教也。载，犹承也，由神气之变化，致风霆之显设，地顺承天施，故能发育群品；形，犹迹也，流形，所以运造化之迹，而庶物因之以生。此地道至公之教也。圣人之至德，与天道之至教，均一无私而已。

[3]清明在躬，气志如神，即至诚前知之谓也。耆欲，所愿欲之事也。有开必先，言先有以开发其兆联者，如将兴必有祯祥，若时雨将降，山川必先为之出云也。国家将兴，天必为之豫生贤佐，故引《大雅·嵩高》之篇，言文武有此无私之德，故天为之生贤佐以兴周，而文武无此诗，故取宣王诗为喻，而曰“此文武之德也”。○严氏曰：“嵩然而高竦者岳也，其山峻大，极至于天，维此岳降其神灵，以生仲山甫及申伯。此申伯及山甫皆为周室之翰干，四国则于以蕃蔽其患难，四方则于以宣布其德泽。”○耆，音嗜。“为之”为，去声。

[4]先其令闻者，未王之先，其祖宗积德，已有令善之声闻也。

《诗·大雅·江汉》之篇。弛，犹施也，《诗》作矢，陈也。协，《诗》作洽。《诗》美宣王，此亦取以为喻。子夏问三王之德，夫子但举殷周言之者，禹以禅无可疑，殷周放伐，故特明其非私也。蹶然，喜跃之貌。负墙而立者，问竟则退后背壁而立，以避进问之人也。承者，奉顺不失之意。〇应氏曰："嵩高生贤，本于文武；德洽四国，始于大王。其积累岂一日哉？"〇王、闻，并去声。大，音泰。蹶，音鳜。禅、背，并去声。

坊记第三十

子言之："君子之道，辟则坊与？坊民之所不足者也。大为之坊，民犹逾之，故君子礼以坊德，刑以坊淫，命以坊欲。"[1]

[1] 辟，读为譬；坊，与防同，言君子以道防民之失，犹以堤防遏水之流也。○应氏曰："理欲相为消长，人欲炽盛而有余，则天理消灭而不足，礼则防其所不足，而制其所有余焉。性之善为德，礼以防之而养其源；情之荡为淫，刑以防之而遏其流。圣人防民之具兴至矣，然人之欲无穷，而非防闲之所能尽也，圣人于是而有命之说焉。命出于天，各有分限，而截然不可逾也。天之命令，人力莫施，以是防之，则觊觎者塞，羡慕者止，而欲不得肆矣。"○辟，音譬。坊，音防。与，平声。长，上声。分，音问。塞，入声。

子云："小人贫斯约，富斯骄。约斯盗，骄斯乱。礼者，因人之情而为之节文，以为民坊者也。故圣人之制富贵也，使民富不足以骄，贫不至于约，贵不慊于上，故乱益亡。"[1]

[1] 方氏曰："小人无道以安贫，故贫斯约；无德以守富，故富斯骄。约者不获恣，则有羡彼之志，故约斯盗；骄者不能逊，则有犯上之心，故骄斯乱。凡此皆人之情也，而礼则因而为之节文，富者不以有余而慢于人，贫者不以不足而穷其身，贵者不以在上而慊于物，皆由有礼故也。若家富不过百乘，所以制富而不使之骄也；一夫受田百亩，所以制贫而不使之约也；伐冰之家，不畜牛羊，所以制贵而不使之慊也。"○慊，口簟切。乘，去声。

子云："贫而好乐，富而好礼，众而以宁者，天下其几矣。《诗》云：'民之贪乱，宁为荼毒。'故制国不过千乘，都城不过百雉，家富不过百乘。以此坊民，诸侯犹有畔者。"[1]

[1] 众而以宁，谓家族众盛，而不以悖乱致祸败也。天下其几，言此三者不多见也。《诗·大雅·桑柔》之篇。贪，犹欲也；荼，苦菜也；毒，螫虫也；刺厉王，言民苦政乱，欲其乱亡，故宁为荼苦毒螫之行以相侵暴而不之恤也。千乘，诸侯之国，其地可出兵车千乘也。都城，卿、大夫都邑之城也。雉，度名也，高一丈，长三丈为一雉。家富，卿、大夫之富也。不过百乘，其采地所出之兵车，不得过此数也。〇石梁王氏曰："贫而好乐，添一好字，恐非孔子语。"〇好，去声。乐，音洛。几，上声。乘，去声。行，去声。采，去声。

子云："夫礼者，所以章疑别微，以为民坊者也。故贵贱有等，衣服有别，朝廷有位，则民有所让。"[1] 子云："天无二日，土无二王，家无二主，尊无二上，示民有君臣之别也。《春秋》不称楚、越之王丧。礼，君不称天，大夫不称君，恐民之惑也。《诗》云：'相彼盍旦，尚犹患之。'"子云："君不与同姓同车，与异姓同车不同服，示民不嫌也。以此坊民，民犹得同姓以弑其君。"[2]

[1] 疑者，惑而未决；微者，隐而不明。惟礼足以章明之、分别之也。〇别，必列切，下节同。

[2] 楚、越之王丧，书卒不书葬，夷之也。君不称天，避天子也；大夫不称君而称主，避国君也。《诗》，逸诗也。盍旦，夜鸣求旦之鸟。患，犹恶也。言视彼盍旦之夜鸣以求晓，是欲反夜作昼，求所不当求者，人尚且恶之，况人臣而求犯其上乎？不同车，远害也，篡弑之祸，常起于同姓，故与异姓同车则不嫌。〇相，去声。盍，音渴。恶，去声。远，去声。

子云："君子辞贵不辞贱，辞富不辞贫，则乱以亡。故君子与其使食浮于人也，宁使人浮于食。"[1]

[1] 食，禄也。浮，在上也。才德薄而受禄厚，是食浮于人也。

子云："觞酒、豆肉，让而受恶，民犹犯齿。衽席之上，让而坐下，民犹犯贵。朝廷之位，让而就贱，民犹犯君。《诗》云：'民之无良，相怨一方。受爵不让，至于己斯亡。'"

子云："君子贵人而贱己，先人而后己，则民作让。故称人之君曰君，自称其君曰寡君。"[1]

[1]《诗·小雅·角弓》之篇。爵，酒器也。严氏曰"兄弟有因杯酒得罪而怨者"，此为持平之论以解之，言凡人之不善者，其相怨各执一偏，而不能参彼己之曲直，故但知怨其上而不思己过。然其端甚微，或止因受爵失辞逊之节，或至于亡其身，亦可念矣。○方氏曰："礼，六十以上，笾豆有加，故酒肉以犯齿言；三命不齿，席于尊东，故衽席以犯贵言；族人不得戚君位，故朝廷以犯君言。"

子云："利禄先死者而后生者，则民不偝；先亡者而后存者，则民可以托。《诗》云：'先君之思，以畜寡人。'以此坊民，民犹偝死而号无告。"[1]

[1]《诗·邶风·燕燕》之篇。畜，《诗》作勗，勉也。庄姜言归，妾戴妫思念先君庄公，以妇道勖勉寡人；寡人，庄姜自谓。此以"勖"为"畜"者，言能容畜我于心而不忘，是不偝死忘生之意也。○疏曰："财利荣禄之事，假令死之与生并合俱得，君上则先与死者，后与生者，以此化民，则民皆不偝于死者。亡，谓身为国事而出亡在外；存，谓存在国内者。君有利禄，先与在外亡者，而后与国内存者，以此化民，民皆仁厚，可以大事相付托也。偝死而号无告者，言民偝弃死者，其生者老弱号呼无所控告

也。”〇偝，音佩。号，平声。令，平声。呼，去声。

子云：“有国家者，贵人而贱禄，则民兴让；尚技而贱车，则民兴艺。故君子约言，小人先言。”[1]

[1] 贵人，贵有德之人也。言君能贵有德者而不吝于班禄，则民兴于让善；尚有能者而不吝于赐车，则民兴于习艺。贱禄、贱车，非轻禄器也，特以贵贤尚能而不吝于所当与耳，读者不以辞害意可也。言之不怍，则为之也难，故君子之言常约，小人则先言而后行，不必其言行之相顾也。〇郑氏曰：“约与先互言，君子约则小人多矣，小人先则君子后矣。”

子云：“上酌民言，则下天上施。上不酌民言，则犯也；下不天上施，则乱也。故君子信让以莅百姓，则民之报礼重。《诗》云：‘先民有言，询于刍荛。’”[1]

[1] 上酌民言，谓人君将施政教，必斟酌参挹乎舆论之可否，如此则政教所加，民尊戴之如天所降下者矣，否则民必违犯也。民不天上之所施，则悖慢之乱作矣。信则不欺于民，让则不恃乎己，以此临民，民得不亲其上，死其长乎？故曰“民之报礼重”也。《诗·大雅·板》之篇。询于刍荛，问于取草取薪之贱者也，引此以明‘酌民言’之意。〇施，去声。长，上声。

子云：“善则称人，过则称己，则民不争。善则称人，过则称己，则怨益亡。《诗》云：‘尔卜尔筮，履无咎言。’”[1]

[1]《诗·卫风·氓》之篇。履，当依《诗》作“体”，谓卜之于龟，筮之于蓍，其卦兆之体，皆无凶咎之辞也，以无咎明不争不怨之意。〇石梁王氏曰：“郑笺：‘《诗》既以体为卦兆之体，何故于此曲附履字之讹？’”

子云："善则称人，过则称己，则民让善。《诗》云：'考卜惟王，度是镐京。惟龟正之，武王成之。'"[1] 子云："善则称君，过则称己，则民作忠。《君陈》曰：'尔有嘉谋嘉猷，入告尔君于内。女乃顺之于外，曰：此谋此猷，惟我君之德。於乎！是惟良显哉！'"[2] 子云："善则称亲，过则称己，则民作孝。《大誓》曰：'予克纣，非予武，惟朕文考无罪。纣克予，非朕文考有罪，惟予小子无良。'"[3]

[1]《诗·大雅·文王有声》之篇。言稽考龟卜者，武王也。谋度镐京之居，盖武王之志已先定矣。及以吉凶取正于龟，而龟亦协从，武王遂以龟为正而成此都焉，是武王不自以为功而让之龟卜也，故引以为让善之证。然此两节所引《诗》，意义皆不甚协。○度，入声。

[2]《君陈》，《周书》，与今《书》文小异，引以证善则称君之义。○女，音汝。於乎，言"呜呼"。

[3]《泰誓》，《周书》，引以证善则称亲之义。○大，音泰。

子云："君子弛其亲之过，而敬其美。"《论语》曰："三年无改于父之道，可谓孝矣。"高宗云："三年其惟不言，言乃谨。"[1] 子云："从命不忿，微谏不倦，劳而不怨，可谓孝矣。《诗》云：'孝子不匮。'"[2] 子云："睦于父母之党，可谓孝矣，故君子因睦以合族。《诗》云：'此令兄弟，绰绰有裕。不令兄弟，交相为瘉。'"[3] 子云："于父之执，可以乘其车，不可以衣其衣。君子以广孝也。"子云："小人皆能养其亲，君子不敬，何以辨？"子云："父子不同位，以厚敬也。《书》云：'厥辟不辟，忝厥祖。'"[4] 子云："父母在，不称老。言孝不言慈，闺门之内，戏而不叹。君子以此坊民，民犹薄于孝而厚于慈。"[5]子云："长民者，朝廷敬老，则民作孝。"子云："祭祀之有尸也，宗庙之有主也，示民有事也。修宗庙，敬祀事，教民追孝也。以此坊民，民犹忘其亲。"[6]

[1] 弛，犹弃忘也。三年不言，见《商书·说命》篇。讙，今《周书·无逸》篇作"雍"。讙，与欢同，言天下喜悦之也。此条引《论语》近之，引《书》义不协。〇石梁王氏曰："既有'子云'，又以'《论语》曰'，不应孔子自言，因知皆后人为之，且不应孔子发言段段引证如此齐同。"〇说，音悦。

[2] 从命不忿，谓承受父母命令之时，不可有忿戾之色，盖或以他事致忿，而其色未平也。一说：忿，当作怠，亦通。《诗·大雅·既醉》之篇，言孝子事亲无乏止之时。

[3] 因睦以合族，谓会聚宗族为燕食之礼，因以致其和睦之情也。《诗·小雅·角弓》之篇。令，善也。绰绰，宽容之貌。瘉，病也。〇瘉，音庚。

[4] 父之执，与父执志同者也。车所同，衣所独，故车可乘，衣不可衣。广孝，谓敬之同于父，亦锡类之义也。辨，别也。同位则尊卑相等，是不敬也，故不同位者，所以厚敬亲之道。《书·商书·太甲》篇，今《书》文无上"厥"字。言君不君而与臣相亵，则辱其先祖，以喻父不自尊而与卑者同位，亦为忝祖也。〇上衣，去声。养，去声。辟，音璧。别，必列切。

[5]《曲礼》云"恒言不称老"，与此意同。孝所以事亲，慈所以畜子，言孝不言慈者，虑其厚于子而薄于亲故也。可以娱人而使之乐者，戏也；可以感人而使之伤者，叹也。闺门之内，谓父母之侧。戏而不叹，非专事于戏也，谓为孺子之容止，或足以娱亲，犹云可尔，恨叹之声则伤亲，故不为也。

[6] 方氏曰："为亲之死，故为尸以象其生；为神之亡，故为主以寓其存。《经》曰：'事死如事生，事亡如事存。'此所以言示民有事也。追孝，与《祭统》言追养继孝同义。"〇长，上声。

子云："敬则用祭器，故君子不以菲废礼，不以美没礼。故食礼，主人亲馈则客祭，主人不亲馈则客不祭。故君子苟无礼，虽美不食焉。《易》曰：'东邻杀牛，不如西邻之禴祭，实受其福。'《诗》云：'既醉以酒，既饱以德。'以此示民，民犹争利而忘义。"[1]

[1] 笾、豆、簠、铏之属皆祭器，用之宾客，以寓敬也。菲薄而废礼，与过文而没礼，皆不得为敬。主人亲馈，是敬客也；客祭其馔，是敬主也。《易》，《既济》九五爻辞。禴，簿也。《诗·大雅·既醉》之篇。○方氏曰："食者，利之所存。礼，则义之所出。故言争利忘义。"○食，音嗣。

子云："七日戒，三日齐，承一人焉以为尸，过之者趋走，以教敬也。醴酒在室，醍酒在堂，澄酒在下，示民不淫也。尸饮三，众宾饮一，示民有上下也。因其酒肉，聚其宗族，以教民睦也。故堂上观乎室，堂下观乎上。《诗》云：'礼仪卒度，笑语卒获。'"[1]

[1] 承，奉事之也。醴齐、醍齐、澄酒，此三酒，味薄者在上，味厚者在下，贵薄而贱厚，是示民以不贪淫于味也。尸饮三，主人、主妇、宾长各一献也，然后主人献宾，是众宾饮一也。尊上者得酒多，卑下者少，是示民以上下之等也。祭礼之末，序昭穆，相献酬，此以和睦之道教民也。堂上者观室中之礼仪，堂下者又观堂上之礼仪，其容有不肃者乎？《诗·小雅·楚茨》之篇。卒，尽也，言礼仪尽合于法度，笑语尽得其宜也。○齐，音斋。醍，音体。"醴齐"、"醍齐"之齐，去声。

子云："宾礼每进以让，丧礼每加以远。浴于中霤，饭于牖下，小敛于户内，大敛于阼，殡于客位，祖于庭，葬于墓，所以示远也。殷人吊于圹，周人吊于家，示民不偝也。"子云：

“死，民之卒事也，吾从周。以此坊民，诸侯犹有薨而不葬者。”[1]

[1] 宾自外而入，其礼不可以不让；丧自内而出，其礼不容于不远。其进其加，皆以渐致，礼之道也。章首宾丧并言，下独言丧礼者，重卒葬而言。余说见《檀弓》。○饭、圹，并上声。

子云：“升自客阶，受吊于宾位，教民追孝也。未没丧，不称君，示民不争也。故《鲁春秋》记晋丧曰：‘杀其君之子奚齐，及其君卓。’以此坊民，子犹有弑其父者。”[1]

[1] 鲁僖公九年，晋侯诡诸卒。冬，里克弑其君之子奚齐。十年，里克弑其君卓子。○方氏曰：“升自客阶，而不敢由于主人之阶；受吊于宾位，而不敢居于主人之位，所以避父之尊，尽为子之孝而已。父既往而犹未忍升其阶、居其位焉，故曰‘教民追孝也’；居君之位而未敢称君之号，则推让之心固可见矣，故曰‘示民不争也’。”

子云：“孝以事君，弟以事长，示民不贰也。故君子有君不谋仕，唯卜之日称二君。[1]丧父三年，丧君三年，示民不疑也。[2]父母在，不敢有其身，不敢私其财，示民有上下也。[3]故天子四海之内无客礼，莫敢为主焉。故君适其臣，升自阼阶，即位于堂，示民不敢有其室也。父母在，馈献不及车马，示民不敢专也。以此坊民，民犹忘其亲而贰其君。”[4]

[1] 推事父之道以事君，推事兄之道以事长，皆诚实之至，岂敢有副贰其上之心乎？欲贰其君，是与尊者相敌矣，故云“示民不贰也”。君子，人君之子也。有君，君在也。不谋仕，嫌欲急于为政也。世子他事皆不得称君贰，唯命龟之时，或君有故而己代之，则自称曰“君之贰某”。《左传》“卜贰圉”，止谓君之贰，故郑引之云：“二当为贰也。”○弟，去声。长，

上声。

［2］疏曰："君无骨肉之亲，若不为重服，民则疑君不尊；今与丧父同，示民不疑于君之尊也。"

［3］与《曲礼》"不许友以死，不有私财"意同。有上下，谓卑当统于尊也。

［4］《曲礼》云："三赐不及车马，故州闾乡党称其孝。"以上四节，皆明事君、事亲之道，故总结之曰："忘其亲而贰其君。"

子云："礼之先，币帛也，欲民之先事而后禄也。先财而后礼则民利，无辞而行情则民争，故君子于有馈者弗能见，则不视其馈。《易》曰：'不耕获，不菑、畬，凶。'以此坊民，民犹贵禄而贱行。"[1]

［1］礼之先币帛，谓先行相见之礼，后用币帛以致其情也。此是欲教民以先任事而后得禄之义，若先用财而后行礼，则良必贪于财利矣。无辞，无辞让之节也。行情，直行己情也。礼略而利行，民不能无争夺矣。人有馈遗于己，礼也，己或以他故，或以疾病，不能出见于人，则不视其馈。视，犹纳也，此盖不敢以无礼而当人之礼。《易・无妄》六二爻辞，今文无"凶"字。田一岁曰菑，三岁曰畬。不耕而获，不菑而畬，以喻人臣无功而食君之禄，引之以证不行礼而贪利也。○获，户郭切。菑，音缁。畬，音余。"贱行"行，去声。遗，去声。

子云："君子不尽利以遗民。《诗》云：'彼有遗秉，此有不敛穧，伊寡妇之利。'故君子仕则不稼，田则不渔，食时不力珍，大夫不坐羊，士不坐犬。《诗》云：'采葑采菲，无以下体。德音莫违，及尔同死。'以此坊民，民犹忘义而争利以亡其身。"[1]

[1]《诗·小雅·大田》之篇。秉，禾之束为把者。秎铺而未束者，言彼处有遗余之秉把，此处有不收敛之铺秎，寡妇之不能耕者，取之以为利耳。伊，语辞，与今《诗》文颠倒不同。仕则不稼，禄足以代耕也；田则不渔，有禽兽不可再取鱼鳖也。食时，食四时之膳也。不力珍，不更用力务求珍羞也。坐羊、坐犬，杀食而坐其皮也，皆言不尽利之道。《诗·卫风·谷风》之篇。葑，蔓菁菜也。菲，亦菜名。《诗》之意与此所引之意不同，《诗》意谓如葑菲常食之菜，不可以其近地黄腐之茎叶，遂弃其上而不采，犹夫妇之间，亦不当以小过而弃其善。此引以为不尽利之喻者，谓采葑菲者，但当采取其叶，不可以其根本之美而并取之，如此则人君盛德之声远播，无有违之者，而人皆知亲其上，死其长矣。《诗》则以"及尔同死"为"偕老"也。〇秎，才乂切。并，去声。

子云："夫礼，坊民所淫，章民之别，使民无嫌，以为民纪者也。故男女无媒不交，无币不相见，恐男女之无别也。《诗》云：'伐柯如之何？匪斧不克。取妻如之何？匪媒不得。''蓺麻如之何？横从其亩。取妻如之何？必告父母。'以此坊民，民犹有自献其身。"[1]

[1] 章，明也。无嫌，无自嫌之行也。《诗·齐风·南山》之篇，今《诗》作"析薪如之何"，而《豳风·伐柯》篇言"伐柯如何，匪斧不克"。克，能也。横从其亩，言从横耕治其田亩也。自献其身，谓女自进其身于男子也。"以此坊民"以下十一字，旧本在"诗云"之上，今以类推之，当在所引《诗》下。〇别，必列切。取，去声，下节并同。从，兹弓切。行，去声。

子云："取妻不取同姓，以厚别也。故买妾不知其姓则卜之。以此坊民，《鲁春秋》犹去夫人之姓曰'吴'，其死曰'孟子卒'。"[1]

［1］厚别，厚其有别之礼也。卜之，卜其吉凶也。吴，太伯之后，鲁同姓也。昭公取吴女，又见《论语》。〇去，上声。夫，如字，下节同。

子云："礼，非祭男女不交爵。以此坊民，阳侯犹杀缪侯而窃其夫人。故大飨废夫人之礼。"[1]

［1］阳侯、缪侯，两君之谥也，郑云："其国未闻。"〇方氏曰："大飨者，两君相见之飨也。因阳侯之事，而废夫人之礼，则阳侯以前，夫人固与乎大飨，而有交爵之礼矣。乃云非祭不交爵者，先儒谓同姓则亲献，异姓则使人摄，此云不交爵，谓飨异姓国君耳。"〇石梁王氏曰："阳侯、缪侯既同是侯，则'杀'字当如字读，郑既未闻其国，何以知阳侯为弑君？"〇缪，音穆。

子云："寡妇之子，不有见焉，则弗友也，君子以避远也。故朋友之交，主人不在，不有大故，则不入其门。以此坊民，民犹以色厚于德。"[1]子云："好德如好色，[2]诸侯不下渔色，故君子远色以为民纪。故男女授受不亲，御妇人则进左手。姑、姊妹、女子子已嫁而反，男子不与同席而坐。寡妇不夜哭。妇人疾，问之，不问其疾。以此坊民，民犹淫泆而乱于族。"[3]

［1］寡妇之子，见《曲礼》。避远者，以避嫌，故远之也。〇见，音现。辟，音避。远，去声。

［2］郑云："此句似不足。"〇好，并去声。

［3］诸侯不内娶，若下娶本国卿、大夫、士之女，则是如渔者之于鱼，但以贪欲之心求之也，故云"渔色"。荒于色，则纪纲弛，民之昏礼亦化之而废，故远色者，所以立民之纪，使不以色而废礼乱常也。余并见前。〇远，去声。

子云："昏礼，婿亲迎，见于舅姑，舅姑承子以授婿，恐事之违也。以此坊民，妇犹有不至者。"[1]

[1] 舅姑，女子父母也。承，进也。子，女也。《论语》注云："送与之也。"《仪礼》："父戒女曰：'夙夜无违命。'母戒女曰：'无违宫事。'皆恐事之违也。"末世礼坏，故有男行而女不随者，亦有亲迎而女不至者。〇成氏曰："妇人谓夫之父母曰'舅姑'，男子亦谓妻之父母曰'舅姑'，但加外字耳。夫妇齐体，父母互相敬也。"〇迎，去声。见，音现。

中庸第三十一[1]

[1] 朱子章句。《大学》、《中庸》已列《四书》，故不具载。

表记第三十二[1]

[1] 郑氏曰："记君子之德，早于仪表者。"

子言之："归乎！君子隐而显，不矜而庄，不厉而威，不言而信。"[1]子曰："君子不失足于人，不失色于人，不失口于人。是故君子貌足畏也，色足惮也，言足信也。《甫刑》曰：'敬忌而罔有择言在躬。'"[2]

[1] 方氏曰："此篇称'子言之'者八，皆总其大同之略也；称'子曰'者四十五，皆列其小异之详也。"〇应氏曰："归乎之叹，圣人周流不遇，睹世道之益衰，念仪刑之有本，何必历聘驾说而后足以行道哉！隐而显，即《中庸》所谓'潜虽伏'矣，亦'孔子昭'是也。不矜而庄，不厉而威，不言而信，即所谓'不动而敬，不言而信'是也。《中庸》以是终篇，盖示人以进德之事；《表记》以是为始，盖发明圣人立教之故。"

[2] 疏曰："《甫刑》，《吕刑》也，甫侯为穆王说刑，故称'甫刑'。"〇马氏曰："见其所可行而不虑其所可止，则失足于人；见其所可喜而不虑其所可怒，则失色于人；见其所可语而不虑其所可默，则失口于人。不失足于人，故貌足畏；不失色于人，故色足惮；不失口于人，故言足信。"〇刘氏曰："君子谨独，不待矜而庄，故不失足于人而貌足畏；不待厉而威，故不失色于人而色足惮；不待言而信，故不失口于人而言足信也。盖其寻常敬忌，故动处无不中节如此。又引《书》以证之，而义益显矣。"〇为，去声。处，上声。中，去声。

子曰："裼、袭之不相因也，欲民之毋相渎也。"[1]

［1］裼、袭，见《曲礼》。○应氏曰："裼、袭，以示文质各有异宜。所谓不相因者，恐一时或有异事，必易服从事，各存其敬，不以袭衣而因为裼，不以裼衣而因为袭。盖节文既辨，而又不惮其劳，则无相亵之患。"

子曰："祭极敬，不继之以乐。朝极辨，不继之以倦。"[1]

［1］吕氏曰："极敬者，诚意至也，苟至于乐，则敬弛；极辨者，节文明也，苟至于倦，则入于苟简。"○乐，音洛。朝，音潮。

子曰："君子慎以辟祸，笃以不掩，恭以远耻。"[1]子曰："君子庄敬日强，安肆日偷。君子不以一日使其躬儳焉如不终日。"[2]

子曰："齐戒以事鬼神，择日月以见君，恐民之不敬也。"[3]子曰："狎侮死焉而不畏也。"[4]子曰："无辞不相接也，无礼不相见也，欲民之毋相亵也。《易》曰：'初筮告，再三渎，渎则不告。'"[5]

［1］马氏曰："笃者，居其厚，不居其薄；处其实，不处其华，则辉光发于外，而人不能掩也。"○应氏曰："君子经德不回，所以正行，则其戒谨笃恭，皆非有为而为之也，岂区区于避祸患防掩耻乎？记礼之垂是言，亦以晓人知避困辱之道耳。"○辟，音避。远，去声。

［2］马氏曰："庄敬所以自强，而有进德之渐，故日强；安肆所以自弃，而有败度之渐，故日偷。"○应氏曰："儳者，参错不齐之貌。心无所检束而纷纭杂乱，遂至儳焉错出。外既散乱而不整，则内亦拘迫而不安，故不能终日也。若主一以直内，而心广体胖，何至于如不终日乎？"○儳，仕鉴切。

［3］幽明之交，上下之际，尤其所当敬者，故并言之。○齐，侧皆切。见，音现。

[4] 马氏曰："狎侮至于死而不畏者，蔽其所亵也。"

[5]《易》,《蒙》卦辞，谓凡占者，初筮则诚敬必全，若以明而治蒙，必其学者如初筮之诚，则当告之，若如再筮三筮之渎慢则不必告之矣。引此以言宾主之交际，当慎始敬终如初筮之诚，不可如再三筮之渎慢也。〇吕氏曰："辞者，相接之言，如公与客宴曰'寡人有不腆之酒，以请吾子之与寡人须臾焉，使某也以请'之类是也；礼者，相见之挚，如羔雁雉鹜之类是也。必有辞，必以礼者，交际不可苟也。苟则亵，亵则不敬，此交所以易疏也。"〇告，入声。

子言之："仁者，天下之表也。义者，天下之制也。报者，天下之利也。"[1]

[1] 应氏曰："仁之体大而尊，昭揭众善，而人心俨然知所敬，故曰表；义之体方而严，裁割事物，而人心凛然知所畏，故曰制。报之为礼以交际往来，彼感此应，而有不容已者，所以使人有文以相接，有恩以相爱，其何利如之。"

子曰："以德报德，则民有所劝。以怨报怨，则民有所惩。《诗》曰：'无言不仇，无德不报。'《太甲》曰：'民非后，无能胥以宁。后非民，无以辟四方。'"子曰："以德报怨，则宽身之仁也；以怨报德，则刑戮之民也。"[1]

[1] 以《论语》"以直报怨，以德报德"之言观之，此章恐非夫子之言。〇方氏曰："以德报怨，则忘人之怨，虽不足以有惩，而众将德之而有裕矣，故曰'宽身之仁'。以怨报德，则忘人之德，既不足以有所劝，而众且怨之而不容矣，故曰'刑戮之民'。"

子曰："无欲而好仁者，无畏而恶不仁者，天下一人而已矣。是故君子议道自已，而置法以民。”[1]子曰：“仁有三，与仁同功而异情。与仁同功，其仁未可知也。与仁同过，然后其仁可知也。仁者安仁，知者利仁，畏罪者强仁。仁者右也，道者左也。仁者人也，道者义也。厚于仁者薄于义，亲而不尊；厚于义者薄于仁，尊而不亲。[2]道有至，有义，有考。至道以王，义道以霸，考道以为无失。”[3]

[1] 吕氏曰：“安仁者，天下一人而已，则非圣人不足以性仁。苟志于仁矣，无恶也，则众人皆可以为仁。以圣人所性而议道，则道无不尽；以众人之可为而制法，则法无不行。”〇方氏曰：“欲而好仁，则知者利仁之事也；畏而恶不仁，则畏罪者强仁之事也。若所好生于无欲，所恶生于无畏，非中心安仁者不能，故曰‘天下一人而已’。”〇好、恶，并去声。

[2] 吕氏曰：“安仁、利仁、强仁，三者之功，同归于仁，而其情则异，此尧舜性之，汤武身之，王霸假之，所以异也。桓公九合诸侯，一匡天下，虽汤武之举，不过乎是，而其情则不同，故其仁未可知也。过者人所避，有不幸而致焉，周公使管叔以殷畔，过于爱兄而已；孔子对陈司败以昭公知礼，过于讳君而已，皆出乎情，而其仁可知也。道非仁不立，义非人不行，凡人之举动，必右先而后左随之，故曰仁右道左。”〇知，音智。强，上声。

[3] 应氏曰：“至道，即仁也。至道浑而无迹，故得其浑全精粹以为王；义道严而有方，故得其裁割断制以为霸。尽稽考之道，而事不轻举焉，亦可以无失矣。”〇石梁王氏曰：“义道以霸，非孔子之言。”〇浑，上声。断，丁玩切。

子言之：“仁有数，义有长短小大。中心憯怛，爱人之仁也。率法而强之，资仁者也。《诗》云：‘丰水有芑，武王岂不仕。诒厥孙谋，以燕翼子。’数世之仁也。《国风》曰：‘我今不阅，皇恤我后。’终身之仁也。”[1]

[1] 仁有数，言行仁之道非止一端，盖为器重，为道远，随其所举之多寡，所至之远近，皆可谓之仁也。义有长短小大，言义无定体，在随事而制其宜也。中心憯怛，恻隐之端也，故为爱人之仁。率循古人之成法而勉强行之，此为求仁之事。资仁，取诸人以为善也，即上文“强仁”之意。《诗·大雅·文王有声》之篇。言丰水之傍，以润泽生芑谷，喻养成人才也。武王岂不官使之乎？言无遗才也。圣人为后嗣计，莫大于遗之以人才，是欲传其孙之谋而燕安翼辅其子耳。曾玄以下皆孙也。故夫子以为数世之仁。盖中心憯怛，所发者深，故所及者远也。《国风·邶风·谷风》之篇。今，《诗》作“躬”。阅，容也。言我身且不见容，何暇忧后事乎？此但欲以仁终其身而已耳。盖勉强资仁，所发者浅，故所及者近也。〇“有数”数，如字。憯，七感切。怛，多八切。强，上声。“数世”数，上声。“遗才”遗，如字。“遗之”遗，去声。

子曰：“仁之为器重，其为道远，举者莫能胜也，行者莫能致也。取数多者，仁也。夫勉于仁者，不亦难乎！是故君子以义度人，则难为人；以人望人，则贤者可知已矣。”[1]

[1] 吕氏曰：“管仲之功，微子之去，箕子之囚，比干之死，皆得以仁名之，语仁之尽则尧舜其犹病诸？此仁所以取数之多也。以义度人，尽义以度人者也。以人望人者，举今之人相望也。尽义以求人，非圣人不足以当之，故难为人。举今之人相望，则大贤愈于小贤，故贤者可知已。”〇胜，平声。夫，音扶。度，入声。

子曰：“中心安仁者，天下一人而已矣。《大雅》曰：‘德輶如毛，民鲜克举之，我仪图之。惟仲山甫举之，爱莫助之。’《小雅》曰：‘高山仰止，景行行止。’”子曰：“《诗》之好仁如此。乡道而行，中道而废，忘身之老也，不知年数之不足也；俛焉日有孳孳，毙而后已。”[1]

[1]《大雅·烝民》之篇。言德之在人，其轻如毛，非难能也，而民少能举之者，尹吉甫于仪匹之中图谋之，求其能举德者，乃惟仲山甫能举之。我爱其人，使其或有不及，我思效忠以助之，今吉甫虽爱山甫而欲助之，而山甫全德，吉甫无可以致其助者也。《小雅·车舝》之篇。言有高山，则人瞻望而仰之；有景大之德行，则人视法而行之。二“止”字皆语辞。夫子引此两诗而赞之曰：“诗人之好仁如此哉！”中道而废，言力竭而止，若非力竭则不止也。不足，少也，人老则未来之岁月少矣。俛焉，无他顾之意。孳孳，勤勉之貌。毙，死也。○应氏曰：“前章言仁重且远，而人不可以全责，此又总叙而勤勉之。”○鲜，上声。上行，去声。好、乡，并去声。

子曰：“仁之难成久矣！人人失其所好，故仁者之过易辞也。”

子曰：“恭近礼，俭近仁，信近情，敬让以行此，虽有过，其不甚矣。夫恭寡过，情可信，俭易容也。以此失之者，不亦鲜乎！《诗》云：‘温温恭人，维德之基。’”[1]

[1] 仁之难成，私欲间之也，私意行，则所好非所当好，故曰“失其所好”也。苟志于仁，虽或有过，其情则善，故不待多言而可辨。故曰“易辞也”。恭、俭、信三者未足以为仁，而亦行仁之资，曰“不甚”，曰“鲜”，皆勉人致力于此，可以由此寡过而进德也。《诗·大雅·抑》之篇。○石梁王氏曰：“信近情，当为情近信。”○好，去声。易，去声，下同。夫，平声。鲜，上声。间，去声。

子曰：“仁之难成久矣！唯君子能之。是故君子不以其所能者病人，不以人之所不能者愧人。是故圣人之制行也，不制以己，使民有所劝勉愧耻，以行其言。礼以节之，信以结之，容貌以文之，衣服以移之，朋友以极之，欲民之有壹也。《小雅》曰：'不愧于人，不畏于天。'[1]是故君子服其服，则文以君子之容；有其容，则文以君子之辞；遂其辞，则实以君子之德。是故君子耻服其服而无其容，耻有其容而无其辞，耻有其辞而无其德，耻有其德而无其行。是故君子衰绖则有哀色，端冕则有敬色，甲胄则有不可辱之色。《诗》云：'维鹈在梁，不濡其翼。彼其之子，不称其服。'"[2]

[1] 吕氏曰："圣人制行以立教，必以天下之所能行者为之法，所以为达道也。惟不制乎己，故民知跂乎此而有所劝勉，知不及乎此而有所愧耻，则于仁也知所向矣。非特此也，制礼以节其行而使之齐，立信以结其志而使之固，容貌以验其文之著于外，衣服以称其德之有于中，朋友切磋相成以至于极而后已。"○应氏曰："五者辅道而夹持之，欲其趋向之专壹也。纵有懈怠而欲为恶者，独不愧于人而畏于天乎？"《小雅・何人斯》之篇。"制行"行，去声。移，读为称，去声。

[2] 此承上文容貌衣服而言，欲有其德行以实之也。德，谓得之于己。行，谓见之于事。《诗・曹风・候人》之篇。鹈，鹈鹕也，俗名淘河。鹈鹕当入水中食鱼，今乃在鱼梁之上，窃人之鱼以食，未尝濡湿其翼，如小人居高位以窃禄，而不称其服也。○行，去声。衰，音催。称，去声。

子言之："君子之所谓义者，贵贱皆有事于天下。天子亲耕，粢盛、秬鬯，以事上帝，故诸侯勤以辅事于天子。"[1]

[1] 应氏曰："义者，截然正方而无偏私也。知贱之事贵，而不知贵之率贱，岂絜矩之道哉！故天子竭力致敬以事乎上帝，则诸侯亦服勤以辅乎天子也。"○盛，平声。絜，胡结切。

子曰:"下之事上也,虽有庇民之大德,不敢有君民之心,仁之厚也。是故君子恭俭以求役仁,信让以求役礼,不自尚其事,不自尊其身,俭于位而寡于欲,让于贤,卑己而尊人,小心而畏义,求以事君,得之自是,不得自是,以听天命。《诗》云:'莫莫葛藟,施于条枚。凯弟君子,求福不回。'其舜、禹、文王、周公之谓与?有君民之大德,有事君之小心。《诗》云:'惟此文王,小心翼翼。昭事上帝,聿怀多福。厥德不回,以受方国。'"[1]

[1] 役,犹为也。得之不得,即《中庸》"获乎上、不获乎上"也。《诗·大雅·旱麓》之篇。莫莫,茂密也。藟似葛,枝曰条,干曰枚,严氏云:"是葛也,藟也,乃蔓于木之枝干,喻文王凭先祖之功而起也。文王凯乐弟易,其求福不回邪也。《表记》言得之自是,不得自是,以听天命,遂引此章,盖有一毫觊倖之心则邪矣。"《诗·大雅·大明》之篇。言文王小心翼翼然,恭敬以明事上帝,遂能怀来多福。盖其德不回邪,故受此四方侯国之归也。○应氏曰:"数章之内自'恭近礼、俭近仁、信近情'之后,又言'恭俭役仁、信让役礼';曰'自卑而尊人',又曰'自卑而民敬尊之';曰'不自尚其事、不自尊其身',又曰'不自大其事、不自尚其功'。"○藟,音垒。施,音异。弟,音悌。与,平声。

子曰:"先王谥以尊名,节以壹惠,耻名之浮于行也。是故君子不自大其事,不自尚其功,以求处情;过行弗率,以求处厚;彰人之善而美人之功,以求下贤。是故君子虽自卑而民敬尊之。"子曰:"后稷,天下之为烈也,岂一手一足哉?唯欲行之浮于名也,故自谓便人。"[1]

[1] 谥以尊名,为美谥以尊显其声名也。壹,专也。惠,善也。善行虽多,难以枚举,但节取其大者以专其善,故曰"节以壹惠"也。以求处

情，谓君子所以不自大尚其事功者，以求处情实，不肯虚为矫饰也。过行弗率，以求处厚者，谓若有过高之行，则不敢率循，惟求以处乎笃厚之道而已，本分上不可加毫末也。后稷教民稼穑，为周之始祖，其功烈之在天下，岂一人之手，一人之足，遵而用之哉？固当以仁圣自居矣，惟欲行过于名也，故自谓便习民事之人而已。〇行，去声。处，上声。分，去声。

子言之："君子之所谓仁者，其难乎！《诗》云：'凯弟君子，民之父母。'凯以强教之，弟以说安之。乐而毋荒，有礼有亲，威庄而安，孝慈而敬，使民有父之尊，有母之亲，如此而后可以为民父母矣，非至德其孰能如此乎？[1]今父之亲子也，亲贤而下无能；母之亲子也，贤则亲之，无能则怜之。母亲而不尊，父尊而不亲。水之于民也，亲而不尊，火尊而不亲；土之于民也，亲而不尊，天尊而不亲；命之于民也，亲而不尊，鬼尊而不亲。"[2]

[1] 吕氏曰："强教之者，以道驱之，如佚道使民，虽劳不怨者也。说安之者，得其心之谓也，说以使民，民忘其劳；说以犯难，民忘其死者也。乐，说安也，毋荒则有教矣；威庄，强教也，安则说矣；孝慈，说也，敬则有教矣。强教则父之尊存焉，说安则母之亲存焉。此言君子仁民之道如此，非圣人莫能与也。"〇弟，音悌。强，平声。说，音悦。乐，音洛。"犯难"难，去声。与，去声。

[2] 下无能，贱其无能之子也。〇应氏曰："命者，造化所以示人者也，显而易见，故人玩之；鬼幽而难测，故人畏之。或曰：命，谓君之教令。故下文言'夏道尊命'。"〇易，去声。夏，上声。

子曰："夏道尊命，事鬼敬神而远之，近人而忠焉，先禄而后威，先赏而后罚，亲而不尊。其民之敝，蠢而愚，乔而野，朴而不文；殷人尊神，率民以事神，先鬼而后礼，先罚而后赏，尊而不亲。其民之敝，荡而不静，胜而无耻；周人尊礼尚施，事鬼敬神而远之，近人而忠焉，其赏罚用爵列，亲而不尊；其民之敝，利而巧，文而不惭，贼而蔽。”[1]子曰：“夏道未渎辞，不求备，不大望于民，民未厌其亲；殷人未渎礼，而求备于民；周人强民，未渎神，而赏爵刑罚穷矣。”[2]

[1] 先禄后威，先赏后罚，皆是忠厚感人之意。故民虽知亲其上，而尊君之意则未也，故曰“亲而不尊”。蠢愚、骄傲、鄙野、质朴之敝，皆忠厚之末流也。殷人欲矫其敝，故以敬畏为道，以事神之道率民，先其鬼之不可知者，后其礼之可知者；先其罚之可畏，后其赏之可慕。尊则尊矣，而尊爱之情，则无由生也，故曰“尊而不亲”。流荡而不知静定之所者，尊上鬼神之敝；务自胜以免刑而无耻者，先罚后赏之敝也。周人见其然，故尊礼以矫后礼之失，尚施惠以为恩，亦如夏时之近人而忠，其赏罚亦无先后，但以爵列之高下为准，如车服土田之赏有命数之异，刑罚之施有八辟之议，及命夫命妇不躬坐狱讼之类，皆是也。故亦如夏世之亲而不尊，其后民皆便利而多机巧，美文辞而言之不怍，贼害而蔽于理，皆尊礼太过，文没其实之所致。〇应氏曰：“三代之治，其始各有所尊，其终各有所敝。夏之道，惟思尽心于民，惟恐人之有所不正，不得不重其文告之命，远神近人，后威先禄，皆其忠实之过而徇于近也。近则失之玩，故商矫之而尊神焉。君民上下情不相接，率民事神，先鬼先罚，后礼后赏，而远于物也。远则失于亢，故周矫之而尊礼焉。礼文委曲而徇人，礼繁文胜，巧利而贼，其敝又有甚者焉。凡此非特见风气既开，而浇漓之日异，抑亦至德之不复见而已欤?”〇石梁王氏曰：“此一章，未敢信以为孔子之言。”〇夏，上声，下并同。远，去声。蠢，尸容切。乔，音骄。施，去声。辟，音辟。复，扶又切。

[2] 未渎辞，以其尊命也；未渎礼，以其后礼也；未渎神，以其敬神而远之也。不求备，不大望于民，即省刑罚薄税敛之事。未厌其亲，尊君亲

上之心自不能忘也。言夏之民未厌其亲，则殷周之民不然也。强民，言殷民不服，而成王周公化之之难也。赏爵刑罚之制，至周而详悉备具，无以复加，故曰穷矣。穷，极也。一说：赏爵不能劝善，刑罚不能止恶，故曰穷。〇强，上声。敛、复，并去声。

子曰："虞夏之道，寡怨于民。殷周之道，不胜其敝。"子曰："虞夏之质，殷周之文，至矣！虞夏之文不胜其质，殷周之质不胜其文。"[1]子言之曰："后事虽有作者，虞帝弗可及也已矣。君天下，生无私，死不厚其子。子民如父母，有憯怛之爱，有忠利之教。亲而尊，安而敬，威而爱，富而有礼，惠而能散。其君子尊仁畏义，耻费轻实，忠而不犯，义而顺，文而静，宽而有辨。《甫刑》曰：'德威惟威，德明惟明。'非虞帝其孰能如此乎？"[2]

[1] 前章言夏殷周之事，此又兼言虞氏以起下章。〇上胜，音升，下二如字。

[2] 吕氏曰："憯怛之爱，犹慈母之爱，非责报于其子也，非要誉于他人也，发于诚心而已。忠利之教者，若使契为司徒，教以人伦，作为衣裳、舟楫、臼杵、弧矢、宫室、棺椁、书契，使天下利用而不倦，是皆有教人以善之诚，无所不利之功者也。富而有礼，节于物者也；惠而能散，周于物者也；义以相正而不伤乎割，文以相接而不伤乎动，故宽裕有容，而容之中有辨焉。"〇应氏曰："生无私，有天下而不与也。死不厚其子，传诸贤而为天下得人也。生死无所私，而心乎斯民，真若父母之于子。亲而尊至惠而能散，犹元气之运，妙用无迹，此《中庸》所谓用其中于民也，其君子化之皆为全德。尊仁畏义，不敢犯天下之公理；耻费轻实，不敢徇一己之私欲。耻费用者，俭于自奉也；轻财实者，薄于言利也。自庶民大德而下凡三章，言臣道之难于尽仁，惟舜、禹、文王、周公可以为仁之厚，而后稷庶几近之。自'凯弟君子'而下凡四章，言君道之难于尽仁，惟虞帝可以

为德之至，而夏商周皆未免有所偏也。”

子言之：“事君，先资其言，拜自献其身，以成其信。是故君有责于其臣，臣有死于其言，故其受禄不诬，其受罪益寡。”[1]子曰：“事君，大言入则望大利，小言入则望小利，故君子不以小言受大禄，不以大言受小禄。《易》曰：‘不家食，吉。’”[2]

[1] 应氏曰：“资，凭藉也。古之为臣，其经世之学，皆豫定于胸中。至于事君，则前定之规模，先形于言以为藉，然后自献其身以成其信。自献者，非屈己以求售也。如《书》之‘自靖自献，致命而无所愧也’。‘畎亩幡然’之数语，《说命》、《对扬》之三篇，此伊、傅先资之言也。齐桓问答而为书，燕昭命下而有对，此管、乐先资之言也。言于先而信于后，无一不酬者。后世若登坛东向之答，草庐三顾之策，亦庶几焉。”〇马氏曰：“受禄不诬，言不素餐也。”

[2] 不家食，吉，《大畜》之彖辞也。谓大畜之君子，才德所蕴者大，则当食禄于朝，以有为于天下，而不食于家则吉。此言不以大言受小禄，所谓达可行于天下而后行之者也。〇吕氏曰：“大言，所言者大也；小言，所言者小也。利及天下，泽及万世，大利也。进一介之善，治一官之事，小利也。谏行言听，利斯从之矣。先儒谓利为禄赏，人臣事君，各效其忠而已，言入而遂望其禄赏，乃小人之道，非所以事君也。所谓不以小言受大禄，不以大言受小禄者，此君之所以报臣，非臣之所以望君也。受之有义，亦称其大小而已。小言而大禄，则报逾其分，大言而小禄，则君不我知，亦不可受也。”〇石梁王氏曰：“此非孔子之言。”

子曰：“事君，不下达，不尚辞，非其人弗自。《小雅》曰：‘靖共尔位，正直是与；神之听之，式穀以女。’”[1]

[1] 下达，谓趋乎污下，如曰“吾君不能”，如曰“长君之恶”、“逢君之

恶”，皆是也。伊尹使君为尧舜之君，孟子非尧舜之道不陈，则谓之上达也。尚辞，利口捷给也。自，所由以进者也。《小雅·小明》之篇，言人臣能安靖恭敬其职位，惟正直之道是与，则神明听之，将用福禄与汝矣。以，与也。〇共，音恭。女，音汝。长，上声。

子曰："事君，远而谏，则谄也。近而不谏，则尸利也。"子曰："迩臣守和，宰正百官，大臣虑四方。"[1]子曰："事君欲谏不欲陈。《诗》云：'心乎爱矣，瑕不谓矣。中心藏之，何日忘之！'"[2]

[1] 吕氏曰："陵节犯分，以求自达，故曰谄。怀禄固宠，主于为利，故曰尸利也。"〇方氏曰："所谓守和者，过于和，则流而为同；不及于和，则乖而为异。故在于能守，守则适中，而无过与不及之患矣。"〇应氏曰："宰，以职言；大臣，以位言。自三公以下皆是，不特六卿。其序则先君德而后朝廷，先朝廷而后天下也。"〇石梁王氏曰："远而谏则谄，非孔子之言。"〇谄，音谄。分，去声。"为利"为，去声。

[2] 谏者，止君之失；陈者，扬君之失也。《诗·小雅·隰桑》之篇。瑕，《诗》作遐。本谓我心爱慕此贤者，思相与语，以其相去遐远，故不得共语。然欲发之言，藏于我心，何日而忘之乎？此记者借以为喻，言我有爱君之心，欲谏其过，胡不言乎？纵未得进谏，亦藏于心而不忘，但不以语他人耳。〇语，去声。

子曰："事君，难进而易退，则位有序；易进而难退，则乱也。故君子三揖而进，一辞而退，以远乱也。"[1]

[1] 吕氏曰："所谓有序者，小德役大德，小贤役大贤之谓也。所谓乱者，贤不肖倒置之谓也，君信我可以为师，非学焉而后臣之，则不进也；信我可以执国政，虽待以季孟之间，亦不进也。膰肉不至而即行，灵公问陈而即行，君子之道，正君而已。枉己者，未有能直人者也。人之相见，

三揖至于阶，三让以宾升；而其退也，一辞而出，主人拜送，宾去不顾。若主人之敬未至而强进，主人之意已懈而不辞，则宾主之分乱矣。可仕可已，可见可辞，进退之义一也。"〇易、远，并去声。强，上声。分，去声。

子曰："事君三违而不出竟，则利禄也。人虽曰不要，吾弗信也。"[1]

[1] 违，犹去也。不出竟，实无去志也。谓非要利可乎？〇吕氏曰："孔子去鲁，迟迟吾行，以不忍于父母之国也。孟子去齐，三宿出昼，冀齐王之悔悟也。然卒出竟以去，君子之义可见矣。"〇竟，上声。要，平声。

子曰："事君慎始而敬终。"子曰："事君可贵可贱，可富可贫，可生可杀，而不可使为乱。"[1]

[1] 马氏曰："在物者有命，故可贵可贱，可生可杀；在己者有义，故不可使为乱也。"

子曰："事君，军旅不辟难，朝廷不辞贱。处其位而不履其事，则乱也。故君使其臣，得志，则慎虑而从之；否，则孰虑而从之。终事而退，臣之厚也。《易》曰：'不事王侯，高尚其事。'"[1]

[1] 吕氏曰："乱者，如丝之不治而无绪也。臣受君命，虽有所合，不敢以得志而自满，故慎虑而从之，乃临事而惧，好谋而成者也。有所不合，又非所宜辞，亦不敢怨于不得志。故孰虑而从之，卒事则致为臣而去，故可以自免而不累于上，故曰"臣之厚也"。《易·蛊》之上九，事之终，且无位也。有似乎仕焉而已者，故曰"不事王侯"，乃可以"高尚其事"，而不见役于人也。"〇辟，音避。难，去声。朝，音潮。处，上声。孰、熟通。好，去声。

子曰："唯天子受命于天，士受命于君。故君命顺，则臣有顺命；君命逆，则臣有逆命。《诗》曰：'鹊之姜姜，鹑之贲贲。人之无良，我以为君。'"[1]

[1]《诗·卫风·鹑之奔奔》篇。严氏云："鹑之奔奔然斗者，不乱其匹也。鹊之强强然刚者，不淫其匹也。刺宣姜与公子顽非匹偶也。人之不善者，我乃以为小君乎？"〇吕氏曰："天道无私，莫非理义。君所以代天而治者，推天之理义以治斯人而已。'天叙天秩'、'天命天讨'莫非'天'也。臣之受命于君者，命合乎理义，为顺天命；不合，则为逆天命。顺则为臣者将不令而行，逆则为臣者虽令不从矣。"〇"而治"治，如字。"以治"治，平声。

子曰："君子不以辞尽人，故天下有道，则行有枝叶；天下无道，则辞有枝叶。[1]是故君子于有丧者之侧，不能赙焉，则不问其所费；于有病者之侧，不能馈焉，则不问其所欲；有客不能馆，则不问其所舍。故君子之接如水，小人之接如醴；君子淡以成，小人甘以坏。《小雅》曰：'盗言孔甘，乱是用餤。'"[2]

[1] 不以辞尽人，谓不可以言辞而尽见其人之实，盖有言者不必有德也。行有枝叶，根本盛而条达者也。辞有枝叶，则芜辞蔓说而已。此皆世教盛衰所致，故以有道无道言之。〇行，去声。

[2] 三者不能则不问，不可以虚言待人也。接，交也。《小雅·巧言》之篇。盗言，小人谗诚之言也。餤，进也。〇餤，音炎。

子曰："君子不以口誉人，则民作忠。故君子问人之寒则衣之，问人之饥则食之，称人之善则爵之。《国风》曰：'心之忧矣，于我归说。'"[1]子曰："口惠而实不至，怨菑及其身。

是故君子与其有诺责也，宁有已怨。《国风》曰：'言笑晏晏，信誓旦旦，不思其反。反是不思，亦已焉哉！'"[2]

[1] 誉者，扬人之善而过其实者也。《国风·曹风·蜉蝣》之篇。诗人忧昭公之无所依，故曰：其于我而归税乎？说，读为税。舍，息也。○誉，平声。衣，去声。食，音嗣。说，音税。

[2]《国风·卫风·氓》之篇。晏晏，和柔也。旦旦，明也。始焉不思其反覆，今之反覆，是始者不思之过也。今则无如之何矣，故曰"亦已焉哉"。○吕氏曰："有求而不许，始虽咈人之意，而终不害乎信，故其怨小。诺人而不践，始虽不咈人意，而终害乎信，故其责大。"○菑，音灾。

子曰："君子不以色亲人。情疏而貌亲，在小人则穿窬之盗也与？"子曰："情欲信，辞欲巧。"[1]

[1] 情欲信，即《大学》意诚之谓也。巧，当作考，即《曲礼》"则古昔称先王"之谓也。否则为无稽之言矣。○吕氏曰："穿窬之盗，欺人之不见以为不义而已。色亲人者，巧言、令色、足恭，无诚心以将之。情疏貌亲，主于为利，亦欺人之不见也。孔子曰：'色厉而内荏，譬诸小人，其犹穿窬之盗也与？'孟子曰：'士未可以言而言，是以言餂之也。'是皆穿窬之类也。二者亦欺人之不见以为不义，故所以为穿窬也。"○石梁王氏曰："辞欲巧，决非孔子之言。'巧言令色，鲜矣仁'。"

子言之："昔三代明王，皆事天地之神明，无非卜筮之用，不敢以其私亵事上帝，是以不犯日月，不违卜筮。卜筮不相袭也。[1]大事有时日，小事无时日，有筮。外事用刚日，内事用柔日，不违龟筮。"子曰："牲牷礼乐齐盛，是以无害乎鬼神，无怨乎百姓。"[2]

[1] 不相袭，说见《曲礼》。○刘氏曰："此段经文，言事天地神明，无

非卜筮之用。而又云‘大事有时日’，吕氏以为冬夏至祀天地，四时迎气用四立，他祭祀之当卜日者，不可犯此素定之日。非此，则其他自不可违卜筮也。然《曲礼》止云‘大飨不问卜’，《周官》‘太宰祀五帝卜日，祀大神示亦如之’。《太卜》‘大祭祀眡高命龟’。《春秋》鲁礼又有‘卜郊’之文。《郊特牲》又有‘郊用辛’之语，是盖互相牴牾，未有定说。又如卜筮不相袭，大事卜，小事筮。而《洪范》有‘龟从筮从’、‘龟从筮逆’之文。簭人有‘凡国之大事，先簭后卜’，《太卜》又‘凡事莅卜’。又如外事用刚日，内事用柔日，而特牲社用甲，《召诰》‘丁巳郊’、‘戊午社’，《洛诰》‘戊辰烝祭岁’。凡此皆不合礼家之说，未知所以一之也，姑阙以俟知者。”○示，祇同。眡，视同。簭，祀同。召，音邵。

［2］大事，祭大神也。小事，祭小神也。外刚内柔，见《曲礼》。详文理“不违龟筮”四字，当在“牲牷礼乐齐盛”之下，以其一听于龟筮，故神人之心皆顺也。○齐，音粢。盛，音成。

子曰：“后稷之祀易富也，其辞恭，其欲俭，其禄及子孙。《诗》曰：‘后稷兆祀，庶无罪悔，以迄于今。’”[1]

［1］富，备也。《诗·大雅·生民》之篇。兆，《诗》作肇，始也。以迄于今，明其禄及子孙也。○易，去声。

子曰：“大人之器威敬，天子无筮，诸侯有守筮。天子道以筮。诸侯非其国，不以筮，卜宅寝室。天子不卜处大庙。”[1]

［1］龟策之为器，圣人所以寓神道之教，故言‘大人之器’也。以其威敬而不敢玩亵，故大事则用，小事则否。天子无筮，惟用卜也。而又云道以筮者，谓在道途中则用筮也。守筮，谓在国居守，有事则用筮也。龟亦曰守龟。《左传》：“国之守龟，何事不卜？”非其国不筮，谓凶行在他国，不欲人疑其吉凶之问也。宅，居也。诸侯出行，则必卜其所处之地，虑他

故也。大庙，天子所必当处之地，故不卜也。〇守，去声。处，上声。大，音泰。

子曰："君子敬则用祭器，是以不废日月，不违龟筮，以敬事其君长。是以上不渎于民，下不亵于上。"[1]

[1] 敬其礼，故用祭器；敬其事，故询龟筮。不渎不亵，以其敬故也。〇疏曰："敬事君长，谓诸侯朝天子及小国之于大国。"

缁衣第三十三

子言之曰："为上易事也，为下易知也，则刑不烦矣。"[1]

[1] 吕氏曰："上好信，则民莫敢不用情。易事者，以好信故也。易知者，以用情故也。若上以机心待民，则民亦以机心待其上，奸生诈起，欲刑之不烦，不可得矣。"〇易，去声。

子曰："好贤如《缁衣》，恶恶如《巷伯》，则爵不渎而民作愿，刑不试而民咸服。《大雅》曰：'仪刑文王，万国作孚。'"[1]

[1]《缁衣》，《郑风》首篇，美郑武公之诗。《小雅·巷伯》，寺人刺幽王之诗。《大雅·文王》之篇。国，《诗》作邦。〇吕氏曰："好贤必如《缁衣》之笃，则人知上之诚好贤矣，不必爵命之数劝，而民自起愿心以敬上，故曰'爵不渎而民作愿'。恶恶必如《巷伯》之深，则人知上之诚恶恶矣，不必刑罚之施，而民自畏服，故曰'刑不试而民威服'。文王好恶得其正，而一出乎诚心，故为天下之所仪刑，德之所以孚乎下也。"〇愿，愿同。数，入声。

子曰："夫民教之以德，齐之以礼，则民有格心。教之以政，齐之以刑，则民有遁心。故君民者，子以爱之，则民亲之；信以结之，则民不倍；恭以莅之，则民有孙心。《甫刑》曰：'苗民匪用命，制以刑。惟作五虐之刑曰法。'是以民有恶德，而遂绝其世也。"[1]

[1] 遁，谓逃遁苟免也。〇应氏曰："命，当依《书》作灵，善也。"〇石

梁王氏曰:“仿《论语》为此言,意便不足。”○孙,去声。

子曰:“下之事上也,不从其所令,从其所行。上好是物,下必有甚者矣。故上之所好恶,不可不慎也,是民之表也。”[1]

子曰:“禹立三年,百姓以仁遂焉,岂必尽仁?《诗》云:‘赫赫师尹,民具尔瞻。’《甫刑》曰:‘一人有庆,兆民赖之。’《大雅》曰:‘成王之孚,下土之式。’”[2]子曰:“上好仁,则下之为仁争先人。故长民者,章志、贞教、尊仁,以子爱百姓。民致行己,以说其上矣。《诗》云:‘有梏德行,四国顺之。’”[3]

[1]《大学》曰:“其所令反其所好,而民不从。”○好、恶,并去声。

[2]岂必尽仁者,言不必朝廷尽是仁人而后足以化民也。得一仁人为民之表,则天下皆仁矣。所谓君仁莫不仁也。此所以禹以一仁君立三年,而百姓皆以仁遂,故引《诗》、《书》以明之。《诗·小雅·节南山》之篇。赫赫,显盛貌。师尹,周太师尹氏也。具,俱也。《大雅·下武》之篇。言武王能成王者之德,孚信于民,而天下皆法式之。○节,音截。

[3]章志者,明吾好恶之所在也;贞教者,身率以正也。所志所教莫非尊仁之事,以此为爱民之道,是以民皆感其子爱之心,致力于行己之善而悦其上,如子从父母之命也。《诗·大雅·抑》之篇。梏,当依《诗》作觉。言有能觉悟人以德行者,则四国皆服从之也。○好,去声。长,上声。说,音悦。梏,读作觉。行,去声。

子曰:“王言如丝,其出如纶。王言如纶,其出如綍。故大人不倡游言。可言也不可行,君子弗言也。可行也不可言,君子弗行也。则民言不危行,而行不危言矣。《诗》云:

‘淑慎尔止，不諐于仪。’”[1]

[1] 纶，绶也。疏云：“如宛转绳。”〇綍，引棺大索也。危，高也。《诗·大雅·抑》之篇。止，容止也。諐，过也。〇吕氏曰：“大人，王公之谓也。游言，无根不定之言也。《易》曰：‘诬善之人其辞游。’为人上者，倡之以诚悫笃实之言，天下犹有诈以罔上者；苟以游言倡之，则天下荡然虚浮之风作矣，可不慎乎？可言而不可行，过言也。可行而不可言，过行也。君子弗言弗行，则言行不越乎中，民将效之。言不敢高于行，而言之必可行也；行不敢高于言，而必为可继之道也。”〇綍，音弗。行，去声。諐、愆同。

子曰：“君子道人以言，而禁人以行，故言必虑其所终，而行必稽其所敝，则民谨于言而慎于行。《诗》云：‘慎尔出话，敬尔威仪。’《大雅》曰：‘穆穆文王，於缉熙敬止！’”[1]

[1] 道，化诲之也。道人以言而必虑其所终，恐其行之不能至，则为虚诞也。禁，谨饬之也。禁人以行而必稽其所敝，虑其末流之或偏也。如是则民皆谨言而慎行矣。《诗·大雅·抑》之篇。《大雅·文王》之篇。朱子云：“穆穆，深远之意。於，叹美辞。缉，继续也。熙，光明也。敬止，无不敬而安所止也。”两引《诗》，皆为谨言行之证。〇吕氏曰：“进取于善者，夷考其行而不掩，犹不免于狂，况不在于善者乎？故曰‘言必虑其所终’。夷惠之清和，其末犹为隘与不恭，故曰‘行必稽其所敝’。文王之德亦不越敬其容止而已。”〇道、行，并去声。话，胡快切。於，音乌。

子曰：“长民者衣服不贰，从容有常，以齐其民，则民德壹。《诗》云：‘彼都人士，狐裘黄黄。其容不改，出言有章。行归于周，万民所望。’”[1]

[1]《诗·小雅·都人士》之篇。周，忠信也。〇马氏曰：“狐裘黄黄，服其服也。其容不改，文以君子之容也。出言有章，遂以君子之辞

也。行归于周，实以君子之德也。”○从，音聪。行，去声。

子曰：“为上可望而知也，为下可述而志也，则君不疑于其臣，而臣不惑于其君矣。《尹告》曰：‘惟尹躬及汤，咸有壹德。’《诗》云：‘淑人君子，其仪不忒。’”[1]

[1] 君之待臣，表里如一，故曰“可望而知”。臣之事君，一由忠诚，其职业皆可称述而记志。此所以上下之间，不疑不惑也。《尹告》，伊尹告太甲之书也，今《咸有壹德》篇文。《诗·曹风·鸣鸠》之篇。引《书》以证君臣相得，又引《诗》以证“壹德”之义。○吉，读作告。

子曰：“有国家者，章善瘅恶以示民厚，则民情不贰。《诗》云：‘靖共尔位，好是正直。’”[1]

[1] 郑本作“章义”，今从《书》作“善”。○吕氏曰：“章，明也。瘅，病也。明之斯好之矣，明之斯恶之矣。善居其厚，恶居其薄，此所以示民厚也。好善恶之分定，民情所以不贰也。《诗·小雅·小明》之篇，引之以明章善之义。”○瘅，丁但切。共，平声。

子曰：“上人疑，则百姓惑；下难知，则君长劳。故君民者，章好以示民俗，慎恶以御民之淫，则民不惑矣。臣仪行，不重辞，不援其所不及，不烦其所不知，则君不劳矣。《诗》云：‘上帝板板，下民卒瘅。’《小雅》曰：‘匪其止共，维王之邛。’”[1]

[1]《诗·大雅·板》之篇。板板，反戾之意。卒，尽也。瘅，《诗》作“瘅”，病也。假上帝以言幽王反其常道，使下民尽病也。《小雅·巧言》之篇。邛，病也，言此谗人非止于敬，徒为王之邛病耳。《板》诗证君道之失，《巧言》诗证臣道之失也。○吕氏曰：“以君之力所不能及而援其君，

则君难从；以君之智所不能知而烦其君，则君难听。徒为难从难听以劳其君而无益，非所以事君也。”○方氏曰：“示民不以信，则为上之人可疑；可疑，则百姓其有不惑者乎？事君不以忠，则为下之人难知；难知，则君长其有不劳者乎？章其所好之善，故足以示民而成俗；慎其所恶之恶，故足以御民而不淫。若是，则上下无可疑者，故曰‘民不惑矣’。臣有可仪之行，而所重者不在乎辞，则凡有所行者，无伪行矣。苟有所言者，无虚辞矣。”○癉，丁但切。卭，音穷。

子曰：“政之不行也，教之不成也，爵禄不足劝也，刑罚不足耻也，故上不可以亵刑而轻爵。《康诰》曰：‘敬明乃罚。’《甫刑》曰：‘播刑之不迪。’”[1]

[1]《康诰》、《甫刑》，皆《周书》。播，布也。“不”字衍，言伯夷布刑以启迪斯民也。○吕氏曰：“政不行，教不成，由上之人爵禄刑罚之失当也。爵禄非其人，则善人不足劝；刑罚非其罪，则小人不足耻。此之谓亵刑轻爵。”

子曰：“大臣不亲，百姓不宁，则忠敬不足而富贵已过也。大臣不治，而迩臣比矣。故大臣不可不敬也，是民之表也。迩臣不可不慎也，是民之道也。君毋以小谋大，毋以远言近，毋以内图外，则大臣不怨，迩臣不疾，而远臣不蔽矣。叶公之顾命曰：‘毋以小谋败大作，毋以嬖御人疾庄后，毋以嬖御士疾庄士大夫卿士。’”[1]

[1] 大臣不见亲信，则民不服从其令，故不宁也。此盖由臣之忠不足于君，君之敬不足于臣，徒富贵之太过而然耳。由是迩臣之党，相比以夺大臣之柄，而使之不得治其事。故大臣所以不可不敬者，以其为民所瞻望之仪表也。迩臣所以不可不慎者，以君之好恶系焉，乃民之所从以

为道者也。人君不使小臣谋大臣，则大臣不至于怨乎不以；不使远臣间近臣，则近臣不至于疾其君；不使内之宠臣图四方宣力之士，则远臣之贤无所壅蔽，而得见知于上矣。叶公，楚叶县尹沈诸梁，字子高，僭称公。顾命，临死回顾之言也。毋以小谋败大作，谓不可用小臣之谋，而败大臣所作之事也。疾，毁恶之也。庄，犹正也，敬也，君所取正而加敬之谓也。〇比，毗至切。叶，失涉切。

子曰："大人不亲其所贤而信其所贱，民是以亲失，而教是以烦。《诗》云：'彼求我则，如不我得。执我仇雠，亦不我力。'《君陈》曰：'未见圣，若己弗克见。既见圣，亦不克由圣。'"[1]

[1] 亲善远恶，人心所同，所谓举直错诸枉则民服。今君既不亲贤，故民亦不亲其上，教令徒烦，无益也。《诗·小雅·正月》之篇。言彼小人初用事求我以为法则，惟恐不得；既而不合，则空执留之，视如仇雠然，不用力于我矣。仇雠者，言不一仇之，无往而不忤其意也。《君陈》，《周书》。兼引之，皆为不亲贤之证。

子曰："小人溺于水，君子溺于口，大人溺于民，皆在其所亵也。夫水近于人而溺人，德易狎而难亲也，易以溺人。口费而烦，易出难悔，易以溺人。夫民闭于人而有鄙心，可敬不可慢，易于溺人。故君子不可以不慎也。[1]《太甲》曰：'毋越厥命以自覆也。若虞机张，往省括于度则释。'《兑命》曰：'惟口起羞，惟甲胄起兵，惟衣裳在笥，惟干戈省厥躬。'《太甲》曰：'天作孽，可违也。自作孽不可以逭。'《尹吉》曰：'惟尹躬先见于西邑夏，自周有终，相亦惟终。'"[2]

[1] 小人，民也。溺，为其所陷也。水为柔物，人易近之，然其德虽

可狎，而势不可亲，忘险而不知戒，则溺矣。君子，士大夫也。言行君子之枢机，出好兴戎，皆由于口。于己费，则于人烦，出而召祸，不可悔矣。大人，谓天子、诸侯也。国以民存，亦以民亡，盖惟其蔽于情而不可以理喻，故鄙陋而不通，《书》言可畏非民，此所以不可慢也。弃而不保，则离叛继之矣。三者皆在其所亵，故曰君子不可不慎也。○易，去声。闭，读为蔽。“为其”为，去声。

[2] 毋，《书》作“无”。伊尹告太甲，不可颠越其命，以自取覆亡。虞，虞人也。机，弩牙也。括，矢括也。度者，法度，射者之所准望。释，发也。言如虞人之射，弩机既张，必往察其括之合于法度，然后发之，则无不中也。傅说告高宗，谓言语所以文身，轻出则有起羞之患；甲胄所以卫身，轻动则有起戎之忧。衣裳所以命有德，谨于在笥者，戒轻与也；干戈所以讨有罪，严于省躬者，戒轻动也。孽，灾也。逭，逃也。夏都安邑，在亳之西，故曰“西邑夏”。《国语》曰“忠信为周”，言夏之先王以忠信有终，故其辅相者亦能有终也。凡四引《书》，皆明不可不慎之意。○省，悉井切。兑，音悦。逭，乎乱切。吉，读为告。先，旧本作天，今从《书》。相，去声。中，去声。

子曰：“民以君为心，君以民为体。心庄则体舒，心肃则容敬。心好之，身必安之。君好之，民必欲之。心以体全，亦以体伤。君以民存，亦以民亡。《诗》云：‘昔吾有先正，其言明且清。国家以宁，都邑以成，庶民以生。谁能秉国成？不自为正，卒劳百姓。’《君雅》曰：‘夏日暑雨，小民惟曰怨资。冬祈寒，小民亦惟曰怨。’”[1]

[1] 此承上文“大人溺于民”之意而言。昔吾有先正以下五句，逸《诗》也。下三句，今见《小雅·节南山》之篇。言今日谁人秉持国家之成法乎？师尹实秉持之，乃不自为政，而信任群小，终劳苦百姓也。《君雅》，《周书》。资，《书》作咨，此传写之误，而下复缺一“咨”字，郑不取

《书》文为定，乃读“资”为“至”。今从《书》，以“资”字属上句。○方氏曰：“民以君为心者，言好恶从于君也。君以民为体者，言休戚同于民也。体虽致用于外，然由于心之所使，故曰：‘心好之，身必安之。’心虽为主于内，然资乎体之所保，故曰：‘心以体全，亦以体伤。’”○雅，读为牙。资、咨同。

子曰：“下之事上也，身不正，言不信，则义不壹，行无类也。”

子曰：“言有物而行有格也，是以生则不可夺志，死则不可夺名。故君子多闻，质而守之；多志，质而亲之；精知，略而行之。《君陈》曰：‘出入自尔师虞，庶言同。’《诗》云：‘淑人君子，其仪一也。’”[1]

[1] 义不壹，或从或违也。行无类，或善或否也。《君陈》，《书》言谋政事者，当出入反覆与众人共虞度其可否，而观庶言之同异也。《诗·曹风·鸣鸠》之篇，引以证义壹行类。○吕氏曰：“有物则非失实之言，有格则无逾矩之行，归于一而不可变，生乎由是，死乎由是，故志也，名也，不可得而夺也。多闻，所闻博也。多志，多见而识之者也。质，正也。不敢自信，而质正于众人之所同，然后用之也。守之者，服膺勿失也。亲之者，问学不厌也。虽由多闻多知而得之，又当精思以求其至约而行之。略者，约也。此皆义壹行类之道也。”○行，去声。

子曰：“唯君子能好其正，小人毒其正。故君子之朋友有乡，其恶有方。是故迩者不惑，而远者不疑也。《诗》云：‘君子好仇。’”[1]

[1] 旧读“正”为“匹”，今从吕氏说读如字。盖君子与君子以同道为朋，小人与小人以同利为朋。君子固好其同道之朋矣，小人亦未尝不好

其同利之朋。不当言毒害其匹也,小人视君子如仇雠,常有祸之之心,此所谓“毒其正”也。君子所好不可以非其人,故曰“朋友有乡”;所恶不可以及善人,故曰“其恶有方”。前章言“章善瘅恶以示民厚,则民情不贰”,今好恶既明,民情归一,故迩者远者不惑不疑也。《诗·周南·关雎》之篇,言君子有良善之仇匹,引以证同道之朋。○好、乡、恶,并去声。“好仇”好,如字。

子曰:“轻绝贫贱而重绝富贵,则好贤不坚,而恶恶不著也。人虽曰不利,吾不信也。《诗》云:‘朋友攸摄,摄以威仪。’”[1]

[1]《诗·大雅·既醉》之篇。言朋友所以相捡摄者在威仪,以喻不在贫贱富贵也。○马氏曰:“贤者宜富贵,而富贵者未必皆贤。恶者宜贫贱,而贫贱者未必皆恶。于其贫贱而轻有以绝之,则是好贤不坚也。于其富贵而重有以绝之,则是恶恶不著也。是志在于利而不在于道,人虽曰不利者,吾不信也。”

子曰:“私惠不归德,君子不自留焉。《诗》云:‘人之好我,示我周行。’”[1]

[1] 上文言好恶皆当循公道,故此言人有私惠于我,而不合于德义之公,君子决不留之于己也。《诗·小雅·鹿鸣》之篇。周行,大道也。言人之好爱我者,示我以大道而已,引以明不留私惠之义。○好,去声。行,如字。

子曰:“苟有车,必见其轼。苟有衣,必见其敝。人苟或言之,必闻其声。苟或行之,必见其成。《葛覃》曰:‘服之无射。’”[1]

[1] 吕氏曰:“此言有是物必有是事,登车而有所礼则凭轼,有轼则有车,无车则何所凭而式之乎?衣之久必敝,有衣然后可敝,无衣则何敝之有?言必有声,行必有成,亦犹是也。盖诚者物之终始,不诚无物,引《葛覃》言实有是服乃可久服而无厌也。”○射,音亦。

子曰:“言从而行之,则言不可饰也。行从而言之,则行不可饰也。故君子寡言而行,以成其信,则民不得大其美而小其恶。《诗》云:‘白圭之玷,尚可磨也。斯言之玷,不可为也。’《小雅》曰:‘允也君子,展也大成。’《君奭》曰:‘在昔上帝,周田观文王之德,其集大命于厥躬。’”[1]

[1] 从,顺也,谓顺于理也。言顺于理而行之,则言为可用,而非文饰之言矣。行顺于理而言之,则行为可称,而非文饰之行矣。言之不怍,则为之也难。寡言而行,即讷于言而敏于行之意。以成其信,谓言行皆不妄也。大其美者,所以要誉;小其恶者,所以饰非,皆言之所为也。君子寡言以示教,故民不得如此。《诗·大雅·抑》之篇。玷,缺也。《小雅·车攻》之篇。允,信也。展,诚也。《君奭》,《周书》。言昔者上帝降割罚于殷,而申重奖劝文王之德,集大命于其身,使有天下。《抑》诗“证言不可饰”,《车攻》诗证“行不可饰”,引《书》亦言文王之实有此德也。○上行,如字。下二行,去声。寡,旧读为顾,今如字。周、田、观,读为割、申、劝。要,平声。

子曰:“南人有言曰:‘人而无恒,不可以为卜筮。’古之遗言与?龟与筮犹不能知也,而况于人乎?《诗》云:‘我龟既厌,不我告犹。’《兑命》曰:‘爵无及恶德,民立而正事。纯而祭祀,是为不敬。事烦则乱,事神则难。’《易》曰:‘不恒其德,或承之羞。’‘恒其德侦,妇人吉,夫子凶。’”[1]

[1]《论语》言不可以作巫医，是为巫为医。此言为卜筮，乃是求占于卜筮。龟筮犹不能知，言无常之人，虽先知如龟策，亦不能定其吉凶，况于人乎？《诗·小雅·小旻》之篇。犹，谋也。言卜筮烦数，龟亦厌之，不复告以所谋之吉凶也。《易·恒》卦三五爻辞。承，进也。妇人之德，从一而终，故吉。夫子制义，故从妇则凶也。〇应氏曰："引《兑命》有误，当依今《书》文。"〇冯氏曰："此篇多依仿圣贤之言，而理有不纯，义有不足者多矣。"〇与，平声。兑，音悦。侦、贞同。

奔丧第三十四

奔丧之礼：始闻亲丧，以哭答使者尽哀。问故，又哭尽哀。遂行，日行百里，不以夜行。唯父母之丧，见星而行，见星而舍。若未得行，则成服而后行。过国至境，哭尽哀而止。哭辟市朝，望其国竟哭。[1]至于家，入门左，升自西阶，殡东。西面坐哭，尽哀，括发，袒。降堂东即位，西乡哭，成踊。袭绖于序东，绞带反位，拜宾成踊，送宾反位。[2]有宾后至者，则拜之成踊，送宾皆如初。众主人兄弟皆出门，出门哭止，阖门，相者告就次。于又哭，括发，袒，成踊。于三哭，犹括发，袒，成踊。三日成服，拜宾送宾皆如初。[3]

[1] 始闻亲丧，总言五服之亲也。不以夜行，避患害也。未得行，若奉君命而使事未竟也。辟市朝，为惊众也。〇使，去声。竟，音境。辟，音避。朝，音潮。

[2] 此言奔父丧之礼。为人子者，升降不由阼阶。今父新死，未忽异于生，故入自门左，升自西阶也。在家而亲死则笄纚，小敛毕乃括发，此自外而至，故即括发而袒衣也。郑云"已殡者位在下"，此奔丧在殡后，故自西阶降而即其堂下东之位也。袭绖者，掩其袒而加要绖也。序东者，在堂下而当堂上序墙之东也。不散麻者，亦异于在家之节也。此绞带即袭绖之绖，非象革带之绞带也。绖重，象革带之绞带轻。反位，复先所即之位也。凡拜宾，皆就宾之位而拜之，拜竟，则反己之位而哭踊也。成踊，说见前。〇乡，去声。散，上声。

[3] 皆如初者，如先次之拜宾成踊，与送宾反位也。次，倚庐也，在中门外。又哭，明日之朝也。三哭，又其明日之朝也。皆升堂而括发且

袒，如始至时。三日，三哭之明日也。〇相，去声。

奔丧者非主人，则主人为之拜宾送宾。奔丧者自齐衰以下，入门左，中庭北面哭，尽哀。免麻于序东，即位袒，与主人哭，成踊。于又哭、三哭皆免袒。有宾，则主人拜宾送宾。丈夫妇人之待之也，皆如朝夕哭，位无变也。[1]

[1] 非主人，其余或亲或疏之属也。故下云齐衰以下，亦入自门之左，而不升阶，但于中庭北面而哭也。免麻，谓加免于首，加绖于要也。上文言“袭绖于序东”，此言“免麻于序东”，轻重虽殊，皆是堂下序墙之东，凡袒与袭不同位也。待之，谓待此奔丧者以其非宾客，故不变所哭之位也。〇为，去声。免，音问。

奔母之丧，西面哭，尽哀，括发，袒，降堂东即位，西乡哭，成踊，袭免绖于序东。拜宾送宾，皆如奔父之礼。于又哭不括发。[1]

[1] 父丧袭绖于序东，此言袭免绖于序东，即加免，轻于父也。〇疏曰：“此谓适子，故云拜宾送宾，皆如奔父之礼也。”

妇人奔丧，升自东阶，殡东，西面坐哭，尽哀。东髽即位，与主人拾踊。[1]

[1] 妇人，谓姑、姊妹、女子子。东阶，东面阶，非阼阶也。妇人入者由闱门。闱门，是东边之门。东阶，即《杂记》所谓侧阶也。髽，说见《小记》。东髽，髽于东序，不髽于房，变于在室者也。拾，更也，主人与之更踊，宾客之也。〇髽，则瓜切。拾，其劫切。更，平声。

奔丧者不及殡，先之墓。北面坐哭，尽哀。主人之待之也，即位于墓左，妇人墓右。成踊，尽哀，括发。东即主人位，绖绞带，哭，成踊。拜宾，反位成踊。相者告事毕。[1]遂冠归，入门左，北面哭，尽哀，括发，袒，成踊。东即位，拜宾，成踊。宾出，主人拜送。有宾后至者，则拜之，成踊，送宾如初。众主人兄弟皆出门，出门哭止，相者告就次。于又哭，括发，成踊。于三哭，犹括发，成踊。三日成服。于五哭，相者告事毕。[2]为母所以异于父者，壹括发，其余免以终事，他如奔父之礼。[3]

[1] 不及殡，葬后乃至也。尸柩既不在家，则当先哭墓。此奔丧者是适子，故其众主人之待之者，与妇人皆往墓所，就墓所分左右之位。奔者括发，而于东偏即其主人之位。礼毕，则相者以毕事告。

[2] 遂冠而归者，不可以括发行于道路也。冠，谓素委貌。入门出门，皆谓殡宫门也。五哭者，初至象始死为一哭，明日象小敛为二哭，又明日象大敛为三哭，又明日成服之日为四哭，又明日为五哭。皆数朝哭，不数夕哭。郑云："既期而至者则然，故相者告事毕。若未期，则犹朝夕哭，不五哭而毕也。哭虽五，而括发成踊则止于三。下文免成踊亦同。"〇冠，如字。

[3] 疏曰："壹括发，谓归入门哭时也。及殡，壹括发；不及殡，亦壹括发。"〇为，去声。

齐衰以下不及殡，先之墓，西面哭，尽哀。免麻于东方即位，与主人哭，成踊，袭。有宾，则主人拜宾送宾。宾有后至者，拜之如初。相者告事毕。遂冠归，入门左，北面哭，尽哀，免，袒，成踊。东即位，拜宾，成踊。宾出，主人拜送。于又哭，免，袒，成踊。于三哭，犹免，袒，成踊。三日成服。于五哭，相者告事毕。[1]

［1］疏曰："齐衰以下，有大功、小功、缌麻，月日多少不同。若奔在葬后，而三月之外，大功以上，则有免麻东方，三日成服。若小功、缌麻，则不得有三日成服。小功以下不税无追服之理。若葬后通葬前未满五月小功，则亦三日成服。其缌麻者，止临丧节而来，亦得三日成服也。东即位拜宾成踊者，东即位，谓奔丧者于东方就哭位；拜宾，则是主人代之拜。此奔丧者当主人代拜宾时，已则成踊也。"又曰："经直言免麻于东方即位，不称袒，而下云'成踊，袭'；袭则有袒理，经若言袒，恐齐衰以下皆袒，故不得总言袒而称袭者，容齐衰重得为之袭也。又按上文为父不及殡，于又哭括发成踊，不言袒，今齐衰以下之丧，经文于又哭、三哭乃更言袒，故知二'袒'字衍文也。"〇"又哭"、"三哭"二"袒"字，衍文。

闻丧不得奔丧，哭尽哀。问故，又哭尽哀。乃为位，括发，袒，成踊。袭绖绞带即位，拜宾反位，成踊。宾出，主人拜送于门外，反位。若有宾后至者，拜之，成踊，送宾如初。于又哭，括发，袒，成踊。于三哭，犹括发，袒，成踊。三日成服。于五哭，拜宾送宾如初。[1]

［1］篇首言若未得行，则成服而后行，此乃详言其节次，余见前章。

若除丧而后归，则之墓哭，成踊。东括发袒绖，拜宾，成踊。送宾反位，又哭尽哀，遂除。句于家不哭。主人之待之也，无变于服，与之哭，不踊。[1]自齐衰以下，所以异于免麻。[2]

［1］袒绖者，袒而袭，袭而加绖也。遂除，即于墓除之也。主人无变于服，谓在家者但著平常吉服也。虽与之哭于墓而不为踊，以服除哀杀也，故云"与之哭，不踊"。

［2］齐衰、大功、小功、缌之服，其奔丧在除服之后者，惟首免要麻

绖，于墓所哭罢即除，无括发等礼也。故云所异者免麻。

凡为位，非亲丧，齐衰以下皆即位，哭，尽哀，而东免绖，即位，袒，成踊。袭，拜宾反位，哭，成踊。送宾反位，相者告就次。三日五哭卒，主人出送宾。众主人兄弟皆出门，哭止。相者告事毕。成服拜宾。若所为位家远，则成服而往。[1]

[1] 人臣奉君命以出，而闻父母之丧，则固为位而哭，其余不得为位也。此言非亲丧，而自齐衰以下亦得为位者，必非奉君命以出，而为私事未奔者也。此以上言"五哭"者四，前三节言"五哭"，皆止计朝哭，故五日乃毕。独此所言"三日五哭卒"者，谓初闻丧一哭，明日朝夕二哭，又明日朝夕二哭。并计夕哭者，以私事可以早毕，而亟谋奔丧故也。曰"主人出送宾"者，谓既奔丧至家，则丧家之主人为之出送宾也。所谓奔丧者非主人，则主人为之出送宾是也。众主人兄弟，亦谓在丧家者。成服拜宾者，谓"三日五哭卒"之明日为成服，其后有宾，亦与之哭而拜之也。前两节"五哭"后不言拜宾者，省文耳。若所为位者之家道远，则成服而后往亦可，盖外丧缓，可容办集而行也。

齐衰望乡而哭，大功望门而哭，小功至门而哭，缌麻即位而哭。[1]

[1]《杂记》云："大功望乡而哭者，谓本是齐衰，降而服大功也，故与此不同。"

哭父之党于庙，母妻之党于寝，师于庙门外，朋友于寝门外，所识于野张帷。

凡为位不奠。[1]

[1]《檀弓》云:“师吾哭诸寝。”又云:“有殡闻远兄弟之丧,哭于侧室,若无殡则在寝矣。”旧说异代之礼,所以不同,不然,记者所闻或误欤?○郑氏曰:“不奠,以其精神不存乎是也。”

哭,天子九,诸侯七,卿大夫五,士三。

大夫哭诸侯,不敢拜宾。诸臣在他国,为位而哭,不敢拜宾。与诸侯为兄弟,亦为位而哭。凡为位者壹袒。[1]

[1] 九,九哭也。七,七哭也。九哭者九日,七哭者七日,余仿此。此以尊卑为日数之差也。大夫哭诸侯,哭其旧君也。不敢拜宾,避为主也。在他国,为使而出也。与诸侯为兄弟,亦谓在异国者。壹袒,谓为位之日也,明日以往不袒矣。若父母之丧则必三袒。

所识者吊,先哭于家而后之墓,皆为之成踊,从主人北面而归。[1]

[1] 己所识之人死,而往吊之时,已在葬后矣。必先哭于其家者,情虽由于死者,而礼则施于生者故也。主人墓左西向,宾北面向墓而踊,固宾主拾之,然必主人先而宾从之,故曰“从主人”也。言皆者,必于家于墓皆踊也。○为,去声。拾,其劫切。

凡丧:父在,父为主。父没,兄弟同居,各主其丧。亲同,长者主之;不同,亲者主之。[1]

[1] 此言父在而子有妻子之丧,则父主之,统于尊也。父没之后,兄弟虽同居,各主妻子之丧矣。同宫犹然,则异宫从可知也。“亲同,长者主之”,谓父母之丧,长子为主;其同父母之兄弟死,亦推长者为主也。“不同,亲者主之”,谓从父兄弟之丧,则彼亲者为之主也。

闻远兄弟之丧，既除丧而后闻丧，免袒，成踊，拜宾则尚左手。[1]

[1] 此言小功、缌麻之兄弟死，而闻讣在本服月日之外，虽不税，而初闻之亦必免袒而成其踊者，以伦属之亲，不可不为之变也。但拜宾则从吉拜，而左手在上耳。

无服而为位者，唯嫂叔及妇人降而无服者麻。[1]

[1]《檀弓》云："子思之哭嫂也为位，妇人降而无服。"谓姑姊妹在室者缌麻，嫁则降在无服也。哭之亦为位。麻者，吊服而加缌之环绖也。〇郑氏曰："正言嫂叔，尊嫂也。兄公于弟之妻则不能也。"〇疏曰："既云无服，又云麻，故知吊服加麻也。"

凡奔丧，有大夫至，袒，拜之，成踊而后袭。于士，袭而后拜之。[1]

[1] 此言大夫、士来吊此奔丧之人也，尊卑礼异。

卷之十

问丧第三十五

亲始死，鸡斯，徒跣，扱上衽，交手哭。恻怛之心，痛疾之意，伤肾、乾肝、焦肺，水浆不入口。三日不举火，故邻里为之糜粥以饮食之。夫悲哀在中，故形变于外也。痛疾在心，故口不甘味，身不安美也。[1]

[1] 鸡斯，读为笄缅。笄，骨笄也。缅，韬发之绘也。亲始死，孝子先去冠，惟留笄缅也。徒，空也。徒跣，无屦而空跣也。上衽，深衣前襟也，以号踊屦践为妨，故扱之于带也。交手哭，谓两手交以拊心而哭也。糜厚而粥薄，薄者以饮之，厚者以食之也。○鸡，音笄。斯，色买切。扱，音插。乾，音干。饮，去声。食，音嗣。号，平声。

三日而敛，在床曰尸，在棺曰柩。动尸举柩，哭踊无数。恻怛之心，痛疾之意，悲哀志懑气盛，故袒而踊之，所以动体安心下气也。[1]妇人不宜袒，故发胸、击心、爵踊，殷殷田田，如坏墙然，悲哀痛疾之至也！故曰：辟踊哭泣，哀以送之，送形而往，迎精而反也。[2]

[1] 哭踊本有数，此言无数者，又在常之外也。懑，烦也。○懑，谟本切。

[2] 发，开也。爵踊，似爵之跳，足不离地也。殷殷田田，击之声也。辟，拊心也。○殷，上声。坏，音怪。辟，婢尺切。离，去声。

其往送也，望望然，汲汲然，如有追而弗及也。其反哭也，皇皇然，若有求而弗得也。故其往送也如慕，其反也如疑。

求而无所得之也，入门而弗见也，上堂又弗见也，入室又弗见也，亡矣，丧矣，不可复见已矣。故哭泣辟踊，尽哀而止矣。[1]心怅焉怆焉，惚焉忾焉，心绝志悲而已矣。祭之宗庙，以鬼享之，侥幸复反也。

[1] 望望，瞻望之意也。汲汲，促急之情也。皇皇，犹彷徨之意。尽哀而止者，他无所寓其情也。○上，上声。丧，去声。复，扶又切。

成圹而归，不敢入处室，居于倚庐，哀亲之在外也；寝苫枕块，哀亲之在土也。故哭泣无时，服勤三年，思慕之心，孝子之志也，人情之实也。[1]

[1] 此言反哭至终丧之情。惚，犹恍惚也。忾，犹叹恨也。勤，谓忧苦也。○圹，上声。枕，去声。

或问曰："死三日而后敛者，何也？"曰："孝子亲死，悲哀志懑，故匍匐而哭之，若将复生然，安可得夺而敛之也？故曰三日而后敛者，以俟其生也。三日而不生，亦不生矣，孝子之心，亦益衰矣。家室之计，衣服之具，亦可以成矣。亲戚之远者，亦可以至矣。是故圣人为之断决以三日，为之礼制也。"[1]

[1] 此记者设问以明三日而敛之意。○"敛之"敛，如字。"人为"为，去声。断，丁玩切。

或问曰:“冠者不肉袒,何也?”曰:“冠至尊也,不居肉袒之体也,故为之免以代之也。然则秃者不免,伛者不袒,跛者不踊。非不悲也,身有锢疾,不可以备礼也。故曰丧礼唯哀为主矣。女子哭泣悲哀,击胸伤心;男子哭泣悲哀,稽颡触地无容。哀之至也。”[1]

[1] 免而袒,袒而踊,先后之次也。有一疾则废一礼。女子不踊,则惟击胸;男子不踊,则惟稽颡触地,皆可以为哀之至也。○免,音问。伛,于缕切。跛,补火切。

或问曰:“免者以何为也?”曰:“不冠者之所服也。《礼》曰:‘童子不缌,唯当室缌。’缌者其免也,当室则免而杖矣。”[1]

[1] 刘氏曰:“已冠者为丧变而去冠,则必著免。盖虽去冠,犹嫌于不冠,故加免也。童子初未冠,则虽为丧亦不免,以其未冠,故不嫌于不冠也。若为孤子而当室,则虽童子亦免,以其为丧主而当成人之礼也。如童子不杖,以其不能病也,而当室则杖。童子不缌,幼不能知疏远之哀也,而当室则缌。缌者,以其当室而为成人之免且杖,则亦可为成人之缌矣。故曰缌者以其免也。”

或问曰:“杖者何也?”曰:“竹桐一也。故为父苴杖,苴杖,竹也。为母削杖,削杖,桐也。”

或问曰:“杖者以何为也?”曰:“孝子丧亲,哭泣无数,服勤三年,身病体羸,以杖扶病也。则父在不敢杖矣,尊者在故也。堂上不杖,辟尊者之处也。堂上不趋,示不遽也。此孝子之志也,人情之实也,礼义之经也。非从天降也,非从地出也,人情而已矣。”[1]

[1] 苴杖圆而象天，削杖方而象地。又以“桐”为“同”之义，言哀戚同于丧父也。堂上不趋，亦谓父在时也。急遽则或动父之情，故示以宽暇。○为，去声。苴，七须切。羸，力垂切。辟，音避。处，去声。遽，其虑切。

服问第三十六

《传》曰：有从轻而重，公子之妻为其皇姑。[1]有从重而轻，为妻之父母。[2]有从无服而有服，公子之妻，为公子之外兄弟。[3]有从有服而无服，公子为其妻之父母。[4]

[1] 有属从，有徒从，故皆以从言。○疏曰："公子，诸侯之妾子也。皇姑，即公子之母也。诸侯在尊厌妾子，使为母练冠。诸侯没，妾子得为母大功，而妾子之妻，则不论诸侯存没，为夫之母期也。其夫练冠，是轻也，而妻为之期是重，故云'有从轻而重'也。皇，君也。此妾既贱，若惟云姑，则有嫡女君之嫌；今加'皇'字，明非女君，而此妇尊之与女君同，故云皇姑也。"○传，去声。为，去声，注中与下四节并同。厌，音压。论，去声。

[2] 妻为其父母齐衰，是重也。夫从妻而服之乃缌麻，是从重而轻也。

[3] 疏曰："公子被厌，不服己母之外家，是无服也。妻犹从公子而服公子外祖父母、从母缌麻，是从无服而有服也。经惟云公子外兄弟，而知其非公子姑之子者，以《丧服小记》云，夫之所为兄弟服，妻皆降一等；夫为姑之子缌麻，妻则无服。今公子之妻为之有服，故知其为公子外祖父母从母也。此等皆小功之服，凡小功者谓为兄弟，若同宗直称兄弟，以外族故称外兄弟也。"○"从母"从，去声。

[4] 郑氏曰："凡公子厌于君，降其私亲，女君之子不降。"○疏曰："虽为公子之妻，犹为父母期，是有服也。公子被厌，不从妻而服之，是从有服而无服也。"

《传》曰："母出则为继母之党服，母死则为其母之党服。”为其母之党服，则不为继母之党服。[1]

[1] 母死，谓继母死也。其母，谓出母也。〇郑氏曰：“虽外亲亦无二统。”

三年之丧既练矣，有期之丧既葬矣，则带其故葛带，绖期之绖，服其功衰。[1]有大功之丧亦如之，小功无变也。[2]

[1] 疏曰：“谓三年之丧练祭之后，又当期丧既葬之节也。故葛带，谓三年丧之练葛带也。今期丧既葬，男子则应著葛带，此葛带与三年之葛带粗细正同，而以父葛为重，故带其故葛带也。绖期之绖者，谓三年之丧练后，首绖既除，故绖期之葛绖。若妇人练后，麻带除矣，则绖其故葛绖，带期之麻带，以妇人不葛带故也。功衰者，父丧练后之衰也。”《杂记》疏云：“三年丧练后之衰，升数与大功同，故云功衰也。”〇期，音基。

[2] 疏曰：“三年丧练后，有大功丧亦既葬，亦带其故葛带，而绖期之葛绖也，故云‘亦如之’。小功无变者，言先有大功以上丧服，今遭小功之丧，无变于前服，不以轻服减累于重也。”

麻之有本者，变三年之葛。[1]既练，遇麻断本者，于免绖之。既免去绖，每可以绖必绖，既绖则去之。[2]

[1] 疏曰：“大功以上为带者，麻之根本并留之，合纠为带，如此者得变三年之练葛。小功以下，其绖澡麻断本，不得变三年之葛也。言变三年之葛，举其重者。其实期之葛有本者，亦得变之。”

[2] 疏曰：“斩衰既练之后，遭小功之丧，虽不变服，得为之加绖也。于免绖之者，以练无首绖，于此小功丧有事于免之时，则为之加小功之绖也。既免之后，则脱去其绖，每可以绖之时，必为之加绖。既绖则去之，自练服也。”〇断，音短。去，上声。

小功不易丧之练冠，如免，则绖其缌、小功之绖，因其初葛带。缌之麻不变小功之葛，小功之麻不变大功之葛，以有本为税。[1]

[1] 疏曰："言小功以下之丧，不合变易三年丧之练冠，其期之练冠，亦不得易也。如当缌小功著免之节，则首绖其缌与小功之绖，所以为后丧缌绖者，以前丧练冠、首绖已除故也。要中所著，仍因其初丧练之葛带，轻丧之麻，本服既轻，虽初丧之麻，不变前重丧之葛也。税，谓变易也。缌与小功麻绖既无本，不合税变前丧；惟大功以上麻绖有本者，得税变前丧也。"〇税，吐外反。著，入声。要，平声。

殇长、中，变三年之葛，终殇之月，算而反三年之葛。是非重麻，为其无卒哭之税。下殇则否。[1]

[1] 疏曰："殇长、中者，谓本服大功，今乃降在长、中殇。男子则为之小功，妇人为长殇小功，中殇则缌麻，如此者得变三年之葛。著此殇服之麻，终竟此殇月数。如小功则五月，缌则三月，还反服其三年之葛也。既服麻不改，又变三年之葛，不是重此麻也。以殇服质略，自初死服麻以后，无卒哭时税麻服葛之礼也。下殇则否者，以大功以下之殇，男子妇人俱为之缌麻，其情轻，不得变三年之葛也。按上文'麻有本者得变三年之葛'，则齐衰下殇虽是小功，亦是麻之有本者。故《丧服小记》云：'下殇小功带澡麻不绝本。'然齐衰下殇，乃变三年之葛。今大功长殇麻既无本，得变三年之葛者，以无虞卒哭之税，故特得变之。若成人小功缌麻，麻既无本，故不得变也。"〇长，上声。为，去声。

君为天子三年，夫人如外宗之为君也。世子不为天子服。[1]

[1] 诸侯为天子服斩衰三年。外宗，见前篇。诸侯外宗之妇为君期，夫人为天子亦期，故云"夫人如外宗之为君也"。世子有继世之道，不为天子服者，远嫌也。〇为，去声。远，去声。

君所主，夫人妻，大子，适妇。[1]

[1] 夫人者，君之适妻，故云夫人妻。大子，适子也，其妻为适妇。三者皆正，故君主其丧。〇大，音泰。

大夫之适子，为君、夫人、大子，如士服。[1]

[1] 郑氏曰："士为国君斩，小君期，大子君服斩，臣从服期。"〇疏曰："大夫无继世之道，其子无嫌，故得为君与夫人及君之大子，著服如士服也。"〇为，去声。"大子"大，音泰。

君之母非夫人，则群臣无服。唯近臣及仆、骖乘从服，唯君所服服也。[1]

[1] 疏曰："君母是适夫人，则群臣服期；非夫人则君服缌，故群臣无服也。近臣，阍寺之属。仆，御车者。骖乘，车右也。唯君所服服者，君缌，则此等人亦缌也。"〇乘，去声。期，平声。

公为卿大夫锡衰以居，出亦如之，当事则弁绖。大夫相为亦然。为其妻，往则服之，出则否。[1]

[1] 疏曰："君为卿大夫之丧，成服之后，著锡衰以居也。出，谓以他事而出，非至丧所。亦著锡衰，首则皮弁也。当事，若大敛及殡，并将葬启殡等事，则首著弁绖，身衣锡衰；若于士，则首服皮弁也。大夫相为亦然者，亦如君于卿大夫也。若君于卿大夫之妻及卿大夫相为其妻而往临其丧，亦服锡衰，但不常著之以居。或以他事出，则不服也。"〇锡衰之布以缌布而加灰治，弁绖制如爵弁，素为之，加环绖其上。

凡见人无免绖，虽朝于君无免绖，唯公门有税齐衰。《传》曰：君子不夺人之丧，亦不可夺丧也。[1]

[1] 见人,往见于人也。绖重故不可释免。入公门虽税齐衰,亦不税绖也,此谓不杖齐衰。若杖齐衰及斩衰,虽入公门亦不税。○免,如字。税,音脱。

《传》曰:罪多而刑五,丧多而服五。上附下附,列也。[1]

[1] 罪重者附于上刑,罪轻者附于下刑,此五刑之上附下附也。大功以上附于亲,小功以下附于疏,此五服之"上附下附"也。等列相似,故云列也。

间传第三十七[1]

[1] 郑氏曰："名间传者，以其记丧服之间轻重所宜。"

斩衰何以服苴？苴，恶貌也，所以首其内而见诸外也。斩衰貌若苴，齐衰貌若枲，大功貌若止，小功、缌麻容貌可也。此哀之发于容体者也。[1]

[1] 斩衰服苴，苴绖与苴杖也。麻之有子者，以为苴绖。竹杖亦曰苴杖。恶貌者，疏云："苴是黎黑色。"又《小记》疏云："至痛内结，必形色外章，所以衰裳绖杖，俱备苴色也。"首者，标表之义，盖显示其内心之哀痛于外也。枲，牡麻也，枯黯之色似之。大功之丧，虽不如齐斩之痛，然其容貌亦若有所拘止而不得肆者，盖亦变其常度也。〇见，音现。枲，音徙。

斩衰之哭，若往而不反。齐衰之哭，若往而反。大功之哭，三曲而偯。小功缌麻，哀容可也。此哀之发于声音者也。[1]

[1] 若，如也。往而不反，一举而至气绝，似不回声也。三曲，一举声而三折也。偯，余声之委曲也。小功缌麻情轻，虽哀声之从容亦可也。〇偯，于岂切。从，七容切。

斩衰唯而不对，齐衰对而不言，大功言而不议，小功缌麻议而不及乐。此哀之发于言语者也。[1]

[1] 唯，应辞也。不对，不答人以言也。不言，不先发言于人也。不

议,不泛论他事也。○唯,上声。

斩衰三日不食,齐衰二日不食。大功三不食,小功缌麻再不食,士与敛焉则壹不食。故父母之丧,既殡食粥,朝一溢米,莫一溢米。齐衰之丧,疏食水饮,不食菜果。大功之丧,不食醯酱。小功缌麻,不饮醴酒。此哀之发于饮食者也。[1]

[1] 一溢,二十四分升之一也。疏食,粗饭也。○与,去声。莫,音暮。食,音嗣。

父母之丧,既虞卒哭,疏食水饮,不食菜果。期而小祥,食菜果。又期而大祥,有醯酱。中月而禫,禫而饮醴酒。始饮酒者,先饮醴酒。始食肉者,先食乾肉。[1]

[1] 中月,间一月也。前篇中一以上亦训为间。二十五月大祥,三十七月而禫也。○疏曰:"孝子不忍发初御醇厚之味,故饮醴酒,食乾肉。"○中,如字。间,去声。乾,音干。

父母之丧,居倚庐,寝苫枕块,不税绖带。齐衰之丧,居垩室,芐翦不纳。大功之丧,寝有席。小功缌麻,床可也。此哀之发于居处者也。[1]

[1] 倚庐,垩室,见《丧大记》。芐,蒲之可为席者,但翦之使齐,不编纳其头而藏于内也。○枕,去声。税,音脱。芐,音下。处,上声。

父母之丧,既虞卒哭,柱楣翦屏,芐翦不纳。期而小祥,居垩室,寝有席。又期而大祥,居复寝。中月而禫,禫而床。[1]

[1] 柱楣，谓举倚庐之木拄之于楣，使稍宽明也。翦屏者，翦去户旁两厢屏之余草也。自上章“唯而不对”以下至此，有与《杂记》、《丧大记》、《丧服小记》之文不同者，记者所闻之异，亦或各有义与？○柱，音主。

斩衰三升，齐衰四升、五升、六升，大功七升、八升、九升，小功十升、十一升、十二升，缌麻十五升去其半。有事其缕，无事其布，曰缌。此哀之发于衣服者也。[1]

[1] 每一升凡八十缕。斩衰正服三升，义服三升半。齐衰降服四升，五服五升，义服六升。大功降服七升，正服八升，义服九升。小功降服十升，正服十一升，义服十二升。缌麻降、正、义同用十五升布，去其七升半之缕。盖十五升者，朝服之布，其幅之经一千二百缕也。今缌布用其半，六百缕为经，是去其半也。有事其缕者，事谓煮治其纱缕而后织也。无事其布者，及织成则不洗治其布，而即以制缌服也。若用为锡衰，则加灰以洗治之，故前经云加灰锡也。然则缌服是熟缕生布，其小功以上，皆生缕以织矣。○去，上声。治，平声。

斩衰三升，既虞卒哭，受以成布六升，冠七升。为母疏衰四升，受以成布七升，冠八升。去麻服葛，葛带三重。期而小祥，练冠縓缘，要绖不除。[1]男子除乎首，妇人除乎带。男子何为除乎首也？妇人何为除乎带也？男子重首，妇人重带，除服者先重者，易服者易轻也。[2]又期而大祥，素缟麻衣。中月而禫，禫而纤，无所不佩。[3]

[1] 五服惟斩衰、齐衰、大功有受者，葬后以冠之布升数为衰服。如斩衰冠六升，则葬后以六升布为衰。齐衰冠七升，则葬后以七升布为衰也。谓之成布者，三升以下之布，粗疏之甚，若未成熟。六升以下，则渐

精细，与吉服之布相近，故称成也。去麻服葛者，葬后男子去要之麻绖而系葛绖，妇人去首之麻绖而著葛绖也。葛带三重，谓男子也。葬后以葛绖易要之麻绖，差小于前，四股纠之，积而相重，则三重也。盖单纠为一重，两股合为一绳是二重，二绳又合为一绳是三重也。〇疏曰："至小祥，又以卒哭后冠受其衰，而以练易其冠。又以练为中衣，以縓为领缘也。要绖，葛绖也。縓缘，见《檀弓》。"〇縓，七眷切。缘，去声。要，平声。

[2] 小祥，男子除首绖，妇人除要带，此助先重也。居重丧而遭轻丧，男子则易要绖，妇人则易首绖，此易轻者也。

[3] 疏曰："二十五月大祥祭，此日除脱，则首服素冠，以缟纰之，身著朝服而祭。祭毕而哀情未除，更反服微凶之服，首著缟冠，以素纰之，身著十五升麻深衣，未有采缘，故云'素缟麻衣'也。大祥之后，更间一月而为禫祭，禫祭之时，玄冠朝服。祭讫，则首著纤冠，身著素端黄裳。以至吉祭，平常所服之物，无不佩也。黑经白纬曰纤。"〇纰，音皮。缘，去声。

易服者，何为易轻者也？斩衰之丧，既虞卒哭，遭齐衰之丧，轻者包，重者特。[1]

[1] 郑氏曰："卑可以两施，而尊者不可贰。"〇疏曰："斩衰受服之时，而遭齐衰初丧。男子所轻要者，得著齐衰要带，而兼包斩衰之带。妇人轻首，得著齐衰首绖，而包斩衰之绖，故云'轻者包'也。男子重首，特留斩衰之绖；妇人重要，特留斩衰要带，是'重者特'也。"愚谓特者，单独而无所兼之义，非谓特留也。

既练，遭大功之丧，麻葛重。[1]

[1] 疏曰："斩衰既练，男子惟有要带，妇人惟有首绖，是单也。今遭大功之丧，男子首空著大功麻绖，又以大功麻带易练之葛带；妇人要空著大功麻带，又以大功麻绖易练之葛绖，是重麻也。至大功既虞卒哭，男子

带以练之故葛带，首著期之葛绖；妇人绖其练之故葛绖，著期之葛带，是重葛也。”〇疏言期之葛绖，期之葛带，谓粗细与期同，其实是大功葛绖葛带也。〇又按《檀弓》云：“妇人不葛带者，谓斩衰齐衰服也。”《丧服大功》章，男女并陈，有即葛九月之文，是大功妇人亦受葛也。又《士虞礼》“饯尸”章注云：“妇人大功、小功者葛带。”

齐衰之丧，既虞卒哭，遭大功之丧，麻葛兼服之。[1]

[1] 此据男子言之，以大功麻带易齐衰之葛带，而首犹服齐衰葛绖。首有葛，要有麻，是麻葛兼服之也。

斩衰之葛，与齐衰之麻同。齐衰之葛，与大功之麻同。大功之葛，与小功之麻同。小功之葛，与缌之麻同。麻同则兼服之，兼服之服重者则易轻者也。[1]

[1] 同者，前丧既葬之葛，与后丧初死之麻，粗细无异也。兼服者，服后麻，兼服前葛也。服重者，即上章“重者特”之说也。易轻者，则轻者包是也。《服问》篇云：“缌之麻，不变小功之葛。小功之麻，不变大功之葛。”言成人之丧也。此言大功以下同则兼服者，是据大功之长殇、中殇也。〇疏曰：“兼服之，但施于男子，不包妇人。今言易轻者，则是男子易于要，妇人易于首也。”〇重，平声。长，上声。易，去声。要，平声。

三年问第三十八

三年之丧，何也？曰：称情而立文，因以饰群，别亲疏、贵贱之节，而弗可损益也。故曰“无易之道也”。创钜者其日久，痛甚者其愈迟。三年者，称情而立文，所以为至痛极也。斩衰，苴杖，居倚庐，食粥，寝苫，枕块，所以为至痛饰也。三年之丧，二十五月而毕，哀痛未尽，思慕未忘，然而服以是断之者，岂不送死有已、复生有节也哉？[1]

[1] 人不能无群，群不可无别。立文以饰之，则亲疏、贵贱之等明矣。弗可损益者，中制不可不及，亦不可过，是所谓“无易之道也”。治亲疏、贵贱之节者，惟丧服足以尽其详，服莫重于斩衰，时莫久于三年，故此篇列言五服之轻重，而自重者始。〇石梁王氏曰：“二十四月再期，其月余日不数，为二十五月。中月而禫，注谓间一月，则所间之月是空一月，为二十六月。出月禫祭，为二十七月，徙月则乐矣。”〇称，去声。别，必列切。创，平声。枕，去声。断，丁玩切。治，平声。数，上声。间、空，并去声。

凡生天地之间者，有血气之属必有知，有知之属莫不知爱其类。今是大鸟兽，则失丧其群匹，越月逾时焉，则必反巡过其故乡，翔回焉，鸣号焉，蹢躅焉，踟蹰焉，然后乃能去之。小者至于燕雀，犹有啁噍之顷焉，然后乃能去之。故有血气之属者莫知于人，故人于其亲也，至死不穷。[1]

[1] 鸟兽知爱其类，而不如人之能充其类，此所以天地之性人为贵也。〇丧，去声。号，平声。蹢，直亦切。躅，直六切。踟，音驰。蹰，音

厨。啁，音周。噍，音啾。知，去声。

将由夫患邪淫之人与？则彼朝死而夕忘之，然而从之，则是曾鸟兽之不若也，夫焉能相与群居而不乱乎？[1]将由夫修饰之君子与？则三年之丧，二十五月而毕，若驷之过隙，然而遂之，则是无穷也。故先王焉为之立中制节，壹使足以成文理，则释之矣。[2]

[1] 患，犹害也。邪淫之害性，如疾痛之害身，故云“患邪淫”也，不如鸟兽，为无礼也。无礼则乱矣。○与，平声。曾，音层。焉，音烟。为，去声。

[2] 先王制礼，盖欲使过之者俯而就之，则送死有已，复生有节。不至者跂而及之，则不至于鸟兽之不若矣。壹使足以成文理，谓无分君子小人，皆使之遵行礼节，以成其饰群之文理，则先王忧世立教之心遂矣，故曰“释之也”。○为，去声。

然则何以至期也？曰：至亲以期断。是何也？曰：天地则已易矣，四时则已变矣，其在天地之中者莫不更始焉，以是象之也。[1]然则何以三年也？曰：加隆焉尔也，焉使倍之，故再期也。[2]

[1] 疏曰：“父母本三年，何以至期？是问其一期应除之义。故答云‘至亲以期断’，是明一期可除之节。故期而练，男子除绖，妇人除带。下文云‘加隆’，故至三年。”○期，平声。断，去声。

[2] 又问既是以期断矣，何以三年也？答谓孝子加隆厚于亲，故如此也。焉，语辞，犹云所以也。○期，平声。

由九月以下，何也？曰：焉使弗及也。故三年以为隆，缌小功以为杀，期九月以为间。上取象于天，下取法于地，中取则于人，人之所以群居和壹之理尽矣。故三年之丧，人道之至文者也。夫是之谓至隆，是百王之所同，古今之所壹也，未有知其所由来者也。孔子曰："子生三年，然后免于父母之怀。夫三年之丧，天下之达丧也。"[1]

[1] 弗及，恩之杀也。三月不及五月，五月不及九月，九月不及期也。期与大功在隆杀之间，故云"期九月以为间"也。取象于天地者，三年象闰，期象一岁，九月象物之三时而成，五月象五行，三月象一时也。取则于人者，始生三月而翦发，三年而免父母之怀也。和以情言，谓情无不睦也。壹以礼言，谓礼无不至也。人之所以相与群居，而情和礼壹者，其理于丧服尽之矣。父母之丧无贵贱，故曰"天下之达丧也"。达，《论语》作通。〇杀，去声。间，如字。

深衣第三十九

古者深衣，盖有制度，以应规、矩、绳、权、衡。短毋见肤，长毋被土。

续衽，钩边，要缝半下。[1]袼之高下可以运肘，袂之长短反诎之及肘。带，下毋厌髀，上毋厌胁，当无骨者。[2]

［1］朝服、祭服、丧服，皆衣与裳殊，惟深衣不殊，则其被于体也。深邃，故名深衣。制同而名异者有四焉：纯之以采曰深衣，纯之以素曰长衣，纯之以布曰麻衣，著在朝服、祭服之内曰中衣。但大夫以上助祭用冕服，自祭用爵弁服，则以素为中衣。士祭用朝服，则以布为中衣也。皆谓天子之大夫与士也。丧服亦有中衣。《檀弓》云"练衣黄里縓缘"是也，但不得继掩尺耳。〇杨氏曰："深衣制度，惟续衽钩边一节难考，郑注'续衽'二字文义甚明，特疏家乱之耳。郑注云：'续，犹属也。衽，在裳旁者也，属连之不殊裳前后也。'郑意盖言凡裳前三幅，后四幅，既分前后，则其旁两幅分开而不相属；惟深衣裳十二幅，交裂裁之，皆名为衽。所谓'续衽'者，指在裳旁两幅言之，谓属连裳旁两幅，不殊裳之前后也。又《衣图》云：'既合缝了，又再覆缝，方便于著，以合缝者为续衽，覆缝为钩边。'"〇要缝七尺二寸，是比下齐之一丈四尺四寸为半之也。《玉藻》云"缝齐倍要"是也。〇要，平声。缝，去声。纯，音准。齐，音咨。

［2］刘氏曰："袼，袖与衣接，当腋下缝合处也。运，回转也。《玉藻》云'袂可以回肘'是也。肘，臂中曲节。袂，袖也。袼之高下与衣身齐二尺二寸，言者布幅亦二尺二寸。而深衣裁身用布八尺八寸，中屈而四叠之，则正方。袖本齐之，而渐圆杀以至袪，则广一尺二寸，故下文云袂圆应规也。衣四幅而要缝七尺二寸，又除负绳之缝，与领旁之屈积各寸，则两腋之余，前后各三寸许，续以二尺二寸幅之袖，则二尺有五寸也。然周

尺二尺五寸，不满今旧尺二尺，仅足齐手，无余可反屈也。曰反屈及肘，则接袖初不以一幅为拘矣。凡经言短毋见肤，长毋被土，及袼可运肘，袂反及肘，皆以人身为度，而不言尺寸者，良以尺度布幅有古今之异，而人身亦有大小长短之殊故也。朱子云：'度用指尺，中指中节为寸，则各自与身相称矣。'《玉藻》：'朝祭服之带，三分带下，绅居二焉。'而绅长制，士三尺，则带下四尺五寸矣。深衣之带，下不厌髀骨，上不可当胁骨，惟当其间无骨之处，则少近下也。然此不言带之制。《玉藻》云'士练带率下辟'等，皆言朝祭服之带也。朱子深衣带，盖亦仿佛《玉藻》之文，但禅复异耳。"○格，音各。诎，音屈。厌，音压。髀，音俾。称，去声。

制：十有二幅，以应十有二月。袂圜以应规，曲袷如矩以应方，负绳及踝以应直，下齐如权、衡以应平。[1]故规者，行举手以为容。负绳抱方者，以直其政，方其义也。古《易》曰："《坤》六二之动，直以方也。"下齐如权、衡者，以安志而平心也。五法已施，故圣人服之。故规、矩取其无私，绳取其直，权、衡取其平，故先王贵之。故可以为文，可以为武，可以摈相，可以治军旅，完且弗费，善衣之次也。[2]

[1] 袷，交领也。衣领既交，自有如矩之象。踝，足跟也。衣之背缝，及裳之中缝，上下相接如绳之直，故云负绳也。下齐，裳末缉处也，欲其齐如衡之平。○袷，音劫。踝，胡瓦切。齐，音咨。

[2] 疏曰："所以袂圜中规者，欲使行者举手揖让以为容仪也。抱方，领之方也。以直其政解负绳，以方其义解抱方也。○吕氏曰："深衣之用，上下不嫌同名，吉凶不嫌同制，男女不嫌同服。诸侯朝朝服，夕深衣；大夫、士朝玄端，夕深衣；庶人吉服、深衣而已。此上下同也。有虞氏深衣而养老，将军文子除丧受吊，练冠深衣，亲迎女在途，而婿之父母死，深衣缟总以趋丧，此吉凶男女之同也。盖简便之服，非朝祭皆可服之也。"○方氏曰："十二幅应十二月者，仰观于天也。直其政、方其义者，俯

察于地也。格之高下可以运肘者，近取诸身也。应规、矩、绳、权、衡者，远取诸物也。其制度固已深矣，然端冕则有敬色，所以为文。介胄则有不可辱之色，所以为武。端冕不可以为武，介胄不可以为文，兼之者惟深衣而已。《玉藻》曰：'夕深衣。'深衣，燕居之服也。端冕虽所以修礼容，亦有时而燕处，则深衣可以为文矣。介胄虽所以临戎事，亦有时而燕处，则深衣可以为武矣。虽可为文，非若端冕可以视朝临祭，特可赞礼而为摈相而已。虽可为武，非若介胄可以临冲，特可运筹以治军旅而已。制有五法，故曰完。其质则布，其色则白，故曰弗费。吉服，以朝祭为上，燕衣则居其次焉，故曰'善衣之次也'。"○相，去声。治，平声。"朝朝服"下朝，音潮。

具父母、大父母，衣纯以缋。具父母，衣纯以青。如孤子，衣纯以素。纯、袂缘、纯边，广各寸半。[1]

[1] 缋，画文也。纯，衣之缘。袂缘，缘袖口也。纯边，缘襟旁及下也，各广一寸半，袷则广二寸也。○吕氏曰："三十以下无父者，可以称孤。若三十之上有为人父之道，不言孤也。纯，袂缘，纯边，三事也。谓袂口裳下衣裳边皆纯也。亦见《既夕礼》。"○大，音泰。纯，音准。缋，音会。缘、广，并去声。

投壶第四十

投壶之礼：主人奉矢，司射奉中，使人执壶。主人请曰："某有枉矢哨壶，请以乐宾。"宾曰："子有旨酒嘉肴，某既赐矣，又重以乐，敢辞。"主人曰："枉矢哨壶，不足辞也。敢固以请！"宾曰："某既赐矣，又重以乐，敢固辞。"主人曰："枉矢哨壶，不足辞也，敢固以请！"宾曰："某固辞不得命，敢不敬从？"[1]

[1] 中者，盛算之器，或如鹿，或如兕，或如虎，或如闾；闾，如驴形，一角而岐蹄；或如皮树，皮树亦兽名，其状未闻。皆刻木为之，上有圆圈以盛算。枉，材不直也。哨，口不正也。此篇投壶是大夫士之礼，《左传》晋侯与齐侯燕，投壶，则诸侯亦有之也。〇奉，上声。哨，七笑切。"以乐"乐，音洛，余并音岳。盛，平声。

宾再拜受，主人般还曰："辟。"主人阼阶上拜送，宾般还曰："辟。"[1]

[1] 方氏曰："般还，言不敢直前，则辟之容也。曰辟，则告之使知其不敢当也。"〇般，音盘。还，音旋。辟，音避。

已拜，受矢，进即两楹间。退反位，揖宾就筵。[1]

[1] 主人拜送矢之后，主人之赞者持矢授主人，主人于阼阶上受之，而进就楹间，视投壶之处所，复退反阼阶之位，西向揖宾以就投壶之席也。宾主之席皆南向。

司射进度壶，句间以二矢半，反位设中，东面执八算兴。[1]

[1] 疏曰："司射于西阶上，于执壶之人处受壶。来宾主筵前，量度而置壶于宾主筵之南。间以二矢半者，投壶有三处，室中、堂上及庭中也；日中则于室，日晚则于堂，太晚则于庭中，各随光明故也。矢有长短，亦随地之广狭；室中狭，矢长五扶；堂上稍广，矢长七扶；庭中太广，矢长九扶。四指曰扶，扶广四寸。五扶者，二尺也。七扶者，二尺八寸也。九扶者，三尺六寸也。矢虽有长短，而度壶则皆使去宾主之席各二矢半也。是室中去席五尺，堂上去席七尺，庭中则去席九尺也。度壶毕，仍还西阶上之位，而取中以进而设之。既设中，乃于中之西而东面手执八算而起。"○上，上声。度，入声。间，如字。

请宾曰："顺投为入，比投不释，胜饮不胜者。正爵既行，请为胜者立马。一马从二马，三马既立，请庆多马。"请主人亦如之。[1]

[1] 疏曰："司射执八算起而告于宾曰：'投矢于壶，以矢本入者乃名为入，则为之释算。若以末入，则不名为入，亦不为之释算也。'比，频也。宾主要更递而投，不得以前既入而喜，不待后人投之而已频投。频投虽入，亦不为之释算也。若投之胜者，则酌酒以饮不胜者。正爵，即此胜饮不胜之爵也。以其正礼，故谓之正。爵即行，行爵竟也。为胜者立马者，谓取算以为马，表其胜之数也。谓算为马者，马是威武之用，投壶及射，亦是习武，故云马也。一马从二马者，每一胜辄立一马，礼以三马为成，若专三马则为一成。但胜偶未必专频得三，若胜偶得二，劣偶得一，一既劣于二，故彻取劣偶之一，以足胜偶之二为三，故云'一马从二马'。若频得三成，或取彼足为三马，是其胜已成，又酌酒以庆贺多马之人也。此告宾之辞，其告主人亦此辞也，故曰'请主人亦如之'。"○比，毗至切。饮，去声。"请为"为，去声。

命弦者曰："请奏《狸首》，间若一。"大师曰："诺。"[1]

[1] 司射命乐工奏诗章以为投壶之节。《狸首》，《诗》篇名也，今亡。间若一者，诗乐作止，所间疏数之节，均平如一也。大师，乐官之长也。○间，去声。大，音泰。

左右告矢具，请拾投。有入者，则司射坐而释一算焉。宾党于右，主党于左。[1]

[1] 主宾席皆南向，则主居左，宾居右。司射告主宾以矢具，又请更迭而投，于是乃投壶也。若矢入壶者，则司射乃坐而释一算于地。司射东面而立，释算则坐也。宾党于右者，在司射之前稍南；主党于左者，在司射之前稍北。盖司射东面，则南为右，北为左也。○拾，其劫切。

卒投，司射执算曰："左右卒投，请数。"二算为纯，一纯以取，一算为奇。遂以奇算告曰："某贤于某若干纯。"奇则曰"奇"，钧则曰"左右钧"。[1]

[1] 疏曰："纯，全也，二算合为一全。地上取算之时，一纯则别而取之。一算，谓不满纯者。奇，只也，故云'一算为奇'。以奇算告者，奇，余也。左右数钧等之余算，手执之而告曰：'某贤于某若干纯。'贤，谓胜也。胜者若有双数，则云若干纯。假令十算，则云五纯也。奇则曰奇者，假令九算，则曰九奇也。钧则曰'左右钧'者，钧，犹等也，等则左右各执一算以告。"○数，上声。纯，音全。奇，居衣切。令，平声。

命酌曰："请行觞。"酌者曰："诺。"当饮者皆跪奉觞曰："赐灌。"胜者跪曰："敬养。"[1]

[1] 司射命酌酒者行罚爵，酌者，胜党之弟子也。既诺，乃于西阶上南面设丰，洗觯升酌，坐而奠于丰之上。其当饮者，跪取丰上之酒手捧

之。而言赐灌，灌，犹饮也。谓蒙赐之饮也，服善而为尊敬之辞也。其胜者，则跪而言敬以此觞为奉养也，虽行罚爵，犹为尊敬之辞，以答赐灌之辞也。〇饮，去声。奉，上声。养，去声。

正爵既行，请立马。马各直其算，一马从二马，以庆。庆礼曰："三马既备，请庆多马。"宾主皆曰："诺。"正爵既行，请彻马。[1]

[1] 正礼罚酒之爵既行，饮毕，司射乃告宾主，请为胜者树立其马。直，当也。所立之马，各当其初释算之前。投壶与射礼，皆三番而止，每番胜则立一马。假令宾党三番俱胜则立三马，或两胜而立二马；其主党但一胜立一马，即举主之一马，益宾之二马，所以助胜者为乐也。以庆，谓以此庆贺多马也。饮正礼庆爵之后，司射即请彻去其马，以投壶礼毕也。礼毕则行无算爵。〇郑氏曰："饮庆爵者，偶亲酌，不使弟子无丰。"〇疏曰："请立马者，是司射请辞。马各直其算，'一马从二马，以庆'，是礼家陈事之言。庆礼曰'三马既备，请庆多马'者，此还是司射请辞。"〇乐，音洛。

算多少，视其坐。筹，室中五扶，堂上七扶，庭中九扶。算长尺二寸。壶颈修七寸，腹修五寸，口径二寸半，容斗五升。壶中实小豆焉，为其矢之跃而出也。壶去席二矢半。矢以柘若棘，毋去其皮。[1]

[1] 算之多少，视坐上之人数每人四矢，亦四算也。筹，矢也。扶，与肤同。室中五扶以下三句，说见上章。〇吕氏曰："棘柘之心实，其材坚且重也。毋去其皮，质而已矣。"〇扶，音肤。长，去声。为，去声。去，上声。

鲁令弟子辞曰："毋怃，毋敖，毋偝立，毋逾言。偝立、逾言有常爵。"薛令弟子辞曰："毋怃，毋敖，毋偝立，毋逾言。若是者浮。"

司射、庭长及冠士立者，皆属宾党。乐人及使者、童子，皆属主党。[1]

[1] 石梁王氏曰："'司射'至'主党'二十四字，与上文'薛令弟子，若是者浮'相属，今从之。"○弟子，宾党主党之年稚者，投壶时立于堂下，以其或相亵狎，故戒令之。鲁薛之辞，意同而文小异，故记者并列之。怃，亦敖也。偝立，不正所向也。逾言，远谈他事也。有常爵，谓有常例罚爵也。○疏曰："浮，亦罚也。一说，谓罚爵之盈满而浮泛也。庭长，即司正也。冠士，外人来观投壶成人加冠之士也。乐人，国子之能为乐者，非作乐之瞽人也。使者，主人所使荐羞者也。"○怃，音呼。敖，音傲。长，上声。冠，去声。使，如字。

鼓：○□○○□□○□○○□半○□○□○○○□□○□○鲁鼓。○□○○○□□○□○○□□○□○○□□○半○□○○○□□○薛鼓。取半以下为投壶礼，尽用之为射礼。鲁鼓○□○○□□○○半○□○○□○○○○□○□○。薛鼓○□○○○○□○□○□○○○□○□○○□○半○□○□○○○○□○。[1]

[1] 郑氏曰："圆者击鼙，方者击鼓。"○疏曰："记者因鲁薛击鼓之异，图而记之。但年代久远，无以知其得失。用半鼓节为投壶，用全鼓节为射礼。"

儒行第四十一

鲁哀公问于孔子曰："夫子之服，其儒服与?"孔子对曰："丘少居鲁，衣逢掖之衣。长居宋，冠章甫之冠。丘闻之也：君子之学也博，其服也乡。丘不知儒服。"[1]

[1] 郑氏曰："逢，犹大也，大掖之衣。"〇疏曰："谓肘掖之所宽大，故郑云大袂禅衣也。"〇应氏曰："儒之名始见于《周官》，曰儒以道得名，末世不充其道，而徒于其服。哀公觇孔子之被服儒雅，而威仪进趋，皆有与俗不同者，怪而问之。孔子不敢以儒自居也，故言不知儒服。"〇《郊特牲》云："章甫，殷道也。"盖缁布冠，殷世则名章甫。章，明也。所以表明丈夫，故谓之章甫耳。〇少，去声。上衣，去声。长，上声。上冠，去声。

哀公曰："敢问儒行。"孔子对曰："遽数之，不能终其物。悉数之，乃留，更仆未可终也。"

哀公命席，孔子侍，曰："儒有席上之珍以待聘，夙夜强学以待问，怀忠信以待举，力行以待取。其自立有如此者。[1]

[1] 卒遽而数之，则不能终言其事；详悉数之，非久留不可。仆，臣之摈相者。久则疲倦，虽更代其仆亦未可得尽言之也。公于是命设席，使孔子坐侍而言之。〇吕氏曰："席上之珍，自贵而待贾者也。儒者讲学于间燕，从容乎席上，而知所以自贵以待天下之用。强学以待问，怀忠信以待举，力行以待取，皆我自立而有待也。德之可贵者人必礼之，学之博者人必问之，忠信可任者人必举之，力使可使者人必取之。故君子之用于天下，有所待而不求焉。"〇行，去声。数，上声。更，平声。强，上声。

儒有衣冠中，动作慎。其大让如慢，小让如伪，大则如威，小则如愧。其难进而易退也，粥粥若无能也。其容貌有如此者。[1]

[1] 中，犹正也。《论语》曰："君子正其衣冠。"〇方氏曰："衣冠中者，言衣之在身，冠之在首，皆中于礼也。动作慎者，言心之所动，事之所作，皆慎其德也。大让所以自抗，故如慢而不敬；小让所以致曲，故如伪而不诚。方其容貌之大也，则有所不可犯，故如威。及其容貌之小也，则有所不敢为，故如愧。三揖而后进，故曰难进。一辞而遂退，故曰易退。粥粥者，柔弱之状，故若无能也。是皆礼之所以修，道之所以与也。"〇易，去声。粥，音烛。

儒有居处齐难，其坐起恭敬，言必先信，行必中正，道涂不争险易之利，冬夏不争阴阳之和。爱其死以有待也，养其身以有为也。其备豫有如此者。[1]

[1] 郑氏曰："齐难，齐庄可畏难也。"〇吕氏曰："事豫则立，不豫则废，儒者之学皆豫也。拟之而后言，议之而后动。故学有豫则义精，义精则用不匮。若其始不敬，则身不立，不立则道不充。仲弓问仁，子曰：'出门如见大宾，使民如承大祭。己所不欲，勿施于人。'居处齐难，坐起恭敬，言必先信，行必中正。所谓'如见大宾，如承大祭'，敬也。道涂不争险易之利，冬夏不争阴阳之和，所谓'己所不欲，勿施于人'，恕也。惟敬与恕，则忿惩欲窒，身立德充，可以当天下之变而不避，任天下之重而不辞，备豫之至有如此者也。"〇刘氏曰："不争，非特恕也，亦以爱死养身以有待有为。不争小者近者以害大者远者也。"〇处，上声。齐，音斋。难、行，并去声。易，去声。

儒有不宝金玉，而忠信以为宝；不祈土地，立义以为土地；不祈多积，多文以为富。难得而易禄也，易禄而难畜也。

非时不见，不亦难得乎？非义不合，不亦难畜乎？先劳而后禄，不亦易禄乎？其近人有如此者。[1]

[1] 吕氏曰："儒者之于天下，所以自为者德而已，所以应世者义而已。'赵孟之所贵，赵孟能贱之'；我之所可贵，人不得而夺也。此金玉土地多积，不如信义多文之贵也。难得难畜，主于义而所以自贵也。虽曰自贵，时而行，义而合，劳而食，未始远于人而自异也。"○积，兹四切。易，去声。畜，许六切。见，音现。○"自为"为，去声。应，去声。

儒有委之以货财，淹之以乐好，见利不亏其义。劫之以众，沮之以兵，见死不更其守。鸷虫攫搏不程勇者，引重鼎不程其力，往者不悔，来者不豫。过言不再，流言不极。不断其威，不习其谋。其特立有如此者。[1]

[1] 过言出于己之失，知过则改，故不再。流言出于人之毁，礼义不𠍴，故不极。极，犹终也，言不终为所毁也。不断其威者，言其威容不可得而挫折也。不习其谋者，言其谋必可成，不待尝试而后见于用也。○郑氏曰："淹，谓浸渍之。劫，胁也。沮，恐怖之也。鸷虫，猛鸟兽也。"○方氏曰："鸷猛之虫，当攫搏之，不程量其勇而后往，此况儒者勇足以犯难而无顾也。引重鼎不程其力，又以况儒者材足以任事而有所胜也。往者不悔，非有所吝而不改也，为其动则当理而未尝至于悔。来者不豫，非有所忽而不防也。为其机足以应变而不必豫耳。过言则失其正，流言则失其原，过言不免乎出，然一之为甚也，矧可再而二乎？流言不免乎闻，必止之以智也，讵可极而穷乎？"○乐，五教切。好，去声。沮，去声。断，音短。𠍴，与衍同。

儒有可亲而不可劫也，可近而不可迫也，可杀而不可辱也。其居处不淫，其饮食不溽，其过失可微辨而不可面数也。其刚毅有如此者。[1]

[1] 吕氏曰："儒者之立，立于义理而已。刚毅而不可夺，以义理存焉。以义交者，虽疏远必亲。非义加之，虽强御不畏。故有可亲可近可杀之理，而不可劫迫辱也。淫，侈溢也。溽，浓厚也。侈其居处，厚其饮食，欲胜之也，欲胜则义不得立；不淫不溽，所以立义也。其过失可微辨而不可面数，此一句尚气好胜之言，于义理未合。所贵于儒者，以见义必为，闻过而改者也，何谓可微辨不可面数？待人可矣，自待则不可也。子路闻过则喜，孔子幸人之知过，成汤改过不吝。推是心也，苟有过失，虽怨詈且将受之，况面数乎？"〇数，上声。

儒有忠信以为甲胄，礼义以为干橹。戴仁而行，抱义而处。虽有暴政，不更其所。其自立有如此者。[1]儒有一亩之宫，环堵之室，筚门圭窬，蓬户瓮牖。易衣而出，并日而食。上答之不敢以疑，上不答不敢以谄。其仕有如此者。[2]

[1] 郑氏曰："甲，铠；胄，兜鍪也。干、橹，小楯大楯也。"〇吕氏曰："忠信则不欺，不欺者人亦莫之欺也。礼者敬人，敬人者人亦莫之侮也。忠信礼义，所以御人之欺侮，犹甲胄干橹可以捍患也。行则尊仁，居则守义，所以自信者笃，虽暴政加之，有所不变也。自立之至者也。首章言自立，论其所信所守，足以更天下之变而不易。二者皆自立也，有本末先后之差焉。"〇处，上声。更，平声。差，楚宜切。

[2] 疏曰："一亩，谓径一步，长百步也。折而方之，则东西南北各十步。宫，墙垣也，墙方六丈。环，周回也。方丈为堵，东西南北各一堵。毕门，以荆竹织门也。圭窬，穿墙为之，门旁小户也，上锐下方，状如圭。蓬户，编蓬为户也。瓮牖者，窗牖圆如瓮口也。又云以败瓮口为牖。易衣而出者，合家共一衣，出则更著之也。并日而食者，谓不日日得食，或三日二日，并得一日之食也。"〇上答之不敢以疑者，道合则就，即信之而不疑，无患失之心也。上不答不敢以谄者，不合则去，即安之而不谄，无

患得之心也。〇筚，音毕。窬，读作豆。著，入声。

儒有今人与居，古人与稽。今世行之，后世以为楷。适弗逢世，上弗援，下弗推，谗谄之民有比党而危之者，身可危也，而志不可夺也。虽危起居，竟信其志，犹将不忘百姓之病也。其忧思有如此者。[1]

[1] 楷，法式也。上弗援，在上者不引我以升也；下弗推，在下者不举我以进也。危起居，谓因事中伤之也。信其志，谓志不可夺也。时有否泰，道有通塞，然其忧思，则未尝一日而忘生民之患也。〇比，音畀。信，音申。思，去声。中，去声。否，音丕。泰，入声。

儒有博学而不穷，笃行而不倦，幽居而不淫，上通而不困。礼之以和为贵，忠信之美，优游之法。慕贤而容众，毁方而瓦合。其宽裕有如此者。[1]

[1] 博学不穷，温故知新之益也。笃行不倦，贤人可久之德也。幽居不淫，穷不失义也。上通不困，达不离道也。礼之体严，而用贵于和。忠信，礼之质也，故以忠信为美。优游，用之和也，故以优游为法。贤虽在所当慕，众亦不可不容。泛爱众而亲仁，亦是意也。毁方而瓦合者，陶瓦之事，其初则圆，剖而为四，其形则方。毁其圆以为方，合其方而复圆，盖于涵容之中，未尝无分辨之意也。故曰“其宽裕有如此者”。

儒有内称不辟亲，外举不辟怨。程功积事，推贤而进达之，句不望其报。君得其志。苟利国家，不求富贵。其举贤援能有如此者。[1]

[1] 疏曰：“君得其志，谓此贤者辅助其君，使君得遂其志也。”〇应氏曰：“程算其功，积累其事，不轻荐也。下不求报于人，上不求报于

国。”○辟，音避。援，平声。累，上声。

儒有闻善以相告也，见善以相示也，爵位相先也，患难相死也，久相待也，远相致也。其任举有如此者。[1]

[1] 吕氏曰：“举贤援能，儒者所以待天下之士也，任举者，所以待其朋友而已，必同其好恶也。故闻善相告，见善相示，必同其忧乐也。故爵位相先，患难相死。彼虽居下，不待之同升则不升；彼虽疏远，不致之同进则不进。此任举朋友加重于天下之士者，义有厚薄故也。”

儒有澡身而浴德，陈言而伏，静而正之，上弗知也。粗而翘之，又不急为也。不临深而为高，不加少而为多。世治不轻，世乱不沮。同弗与，异弗非也。其特立独行有如此者。[1]

[1] 翘，与“招其君之过”招字同，举也，举其过而谏之也。○吕氏曰：“惟大人能格君心之非，在我者未正，未有能正人者也，故澡身浴德者，所以正己也。陈言而伏者，入告嘉谋而顺之于外也。静而正之者，将顺其美，匡救其恶，常在于未形也。故曰‘上弗知也’。”○方氏曰：“静而正之者，隐进之也。粗而翘之者，明告之也。静而正之，既不见知，然后粗而翘之，然亦缓而不失节，故曰‘不急为也’。其行之高，皆自然而已，不必临深以相形，然后显其为高。其文之多，皆素有而已，不必加少以相益，然后成其为多。世治而德常见重，故曰不轻。世乱而志常自若，故曰不沮。与其所可与，不必同乎己也。非其所可非，不必异乎己也。”○应氏曰：“治不轻进，若伯夷不仕于武王；乱不退沮，若孔子历聘于诸国。非但处而特立于一身，亦出而独行于一世。”○澡，音早。沮，上声。

儒有上不臣天子，下不事诸侯，慎静而尚宽，强毅以与人，博学以知服。近文章，砥厉廉隅。虽分国如锱铢，不臣不仕。其规为有如此者。[1]

[1] 慎静者，谨饬而不忘动，守身之道也。尚宽者，宽裕以有容，待人之道也。强毅以与人，不苟诡随于人也。知服，知力行之要也。博学知服，即博文约礼之谓也。远于文，则质胜而野。近文章，则亦不使文掩其质也。砥厉廉隅者，求切磋琢磨之益，不刓方以为圆也。算法十黍为累，十累为铢，二十四铢为两，八两为锱。言人君好贤，虽分其国以禄贤者，视之如锱铢之轻，犹不臣不仕也。其所谋度，其所作为，有如此者。

儒有合志同方，营道同术。并立则乐，相下不厌。久不相见，闻流言不信。句其行本方立义，同而进，不同而退。其交友有如此者。[1]

[1] 合志，以所向言；营道，以所习言。方，即术也。并立，爵位相等也。相下，以尊位相让而己处其下也。流言，恶声之传播也。闻之不信，不以为实也。其行本方立义，谓所本者必方正，所立者必得其宜也。同于为义，则进而从之；不同，则退而避之；故曰“同而进，不同而退”。○乐，音洛。行，去声。处，上声。

温良者，仁之本也。敬慎者，仁之地也。宽裕者，仁之作也。孙接者，仁之能也。礼节者，仁之貌也。言谈者，仁之文也。歌乐者，仁之和也。分散者，仁之施也。儒皆兼此而有之，犹且不敢言仁也。其尊让有如此者。[1]

[1] 仁之本，谓根本于仁也。地，犹践履也。作，充广也。能，能事也。八者皆仁之发见。哀公问儒行，夫子既历数以告之矣。仁包四德百行之原，故于其终也以仁为说焉。兼有此仁之行而不敢自以为仁，是尊仁而让善也。故曰“尊让有如此者”。○孙，去声。

儒有不陨获于贫贱，不充诎于富贵，不慁君王，不累长上，不闵有司，故曰儒。今众人之命儒也妄，句常以儒相诟病。

孔子至舍，哀公馆之，闻此言也，言加信，行加义："终没吾世，不敢以儒为戏。"[1]

[1] 陨者，如有所坠失。获者，如有所割刈。充者，骄气之盈。诎者，吝气之歉。〇郑氏曰："陨获，困迫失志之貌。充诎，喜失节之貌。慁，犹辱也。累，犹系也。闵，病也。言不为天子诸侯卿大夫群吏所困迫而违道，孔子之自谓也。"〇方氏曰："无儒者之行而为儒者之服，无儒者之实而盗儒者之名，故曰'今众人之命儒也妄'。以其妄，故常为人所诟病。既至舍矣，又曰馆之者，具食以致其养，具官以治其事也。言加信，则不以儒相诟矣。行加义，则不以儒相病矣。"〇李氏曰："《儒行》非孔子之言也，盖战国时豪士所以高世之节耳。其条十有五，然旨意重复。要其归，不过三，数涂而已。一篇之内，虽时与圣人合，而称说多过。或曰哀公轻儒，孔子有为而言，故多自夸大以摇其君，此岂所谓孔子者哉？"〇拙，音屈。慁，胡困切。累，去声。

大学第四十二[1]

[1] 朱子章句。

冠义第四十三[1]

[1] 疏曰："冠礼起早晚，书传无正文。"《世本》云："黄帝造旃冕，是冕起于黄帝也。"黄帝以前，以羽皮为冠，以后乃用布帛。其冠之年，天子诸侯皆十二。〇吕氏曰："冠、昏、射、乡、燕、聘，天下之达礼也。《仪礼》所载谓之礼者，礼之经也。《礼记》所载谓之义者，皆举其经之节文，以述其制作之义也。"〇冠，去声。

凡人之所以为人者，礼义也。礼义之始，在于正容体，齐颜色，顺辞令。容体正，颜色齐，辞令顺，而后礼义备，以正君臣，亲父子，和长幼。君臣正，父子亲，长幼和，而后礼义立。故冠而后服备，服备而后容体正，颜色齐，辞令顺。故曰冠者礼之始也。是故古者圣王重冠。[1]

[1] 方氏曰："容体欲其可度，故曰正；颜色欲其可观，故曰齐；辞令欲其可从，故曰顺。"〇长，上声。

古者冠礼：筮日、筮宾，所以敬冠事。敬冠事所以重礼，重礼所以为国本也。[1]

[1] 吕氏曰："礼重则人道立，此国之所以为国也，故曰为国本。"〇方氏曰："筮日，所以求夫天之吉；筮宾，所以择夫人之贤。然筮而不卜，何哉？盖古者大事用卜，小事用筮。天下之事，始为小，终为大。冠为礼之始，圣王之所重者，重其始而已，非大事也，故止用筮焉。至于丧祭之慎终，则所谓大事也，故于是乎用卜。"

故冠于阼，以著代也。醮于客位，三加弥尊，加有成也。已冠而字之，成人之道也。[1]见于母，母拜之；见于兄弟，兄弟拜之，成人而与为礼也。玄冠玄端，奠挚于君，遂以挚见于乡大夫、乡先生，以成人见也。[2]

[1] 吕氏曰："主人升立于序端西面，赞者筵于东序少北西面，将冠者即筵而冠，是位与主人同在阼也。父老则传之子，所以著其传付之意也。酌而无酬酢曰醮，醮于户西南面，宾位也。以礼宾之礼礼其子，所以为成人敬也。始加缁布冠，再加皮弁，次加爵弁，三加而服弥尊，亦所以为成人敬也。冠于阼，醮于客位者，适子也；若庶子则冠于房外南面。遂醮焉。所以异者，不著代也。古者童子虽贵，名之而已。冠而后宾字之以成人之道，故敬其名也。"

[2] 母之拜子，先儒疑焉，疏以为脯自庙中来，故拜受，非拜子也。吕氏以为母有从子之义，故屈其庸敬以伸斯须之敬。方氏从疏义，皆非也。此因"成人而与为礼"一句，似乎凡冠者皆然，故启读者之疑。惟石梁王氏云："记者不知此礼为适长子代父承祖者，与祖为正体，故礼之异于众子也。"斯言尽之矣。玄冠，齐冠也。玄端服，天子燕居之服，诸侯及卿大夫士之齐服也。挚用雉。乡先生，乡之年德俱高者，或致仕之人也。〇见，音现。

成人之者，将责成人礼焉也。责成人礼焉者，将责为人子、为人弟、为人臣、为人少者之礼行焉。将责四者之行于人，其礼可不重与！

故孝弟忠顺之行立，而后可以为人；可以为人，而后可以治人也。故圣王重礼。故曰：冠者礼之始也，嘉事之重者也。

是故古者重冠，重冠故行之于庙；行之于庙者，所以尊重事；尊重事，而不敢擅重事；不敢擅重事，所以自卑而尊先祖也。[1]

［1］吕氏曰："所谓成人者，非谓四体肤革异于童稚也，必知人伦之备焉。亲亲、贵贵、长长，不失其序之谓备，此所以为人子、为人弟、为人臣、为人少者之礼行，孝弟忠顺之行立也。有诸己然后可以责诸人，故成人然后可以治人也。古者重事必行之庙中，昏礼纳采至亲迎，皆主人筵几于庙。聘礼，君亲拜迎于大门之外而庙受。爵有德，禄有功，君亲策命于庙。丧礼，既启则朝庙，皆所以示有尊而不敢专也。冠礼者，人道之始，所不可后也。孝子之事亲也，有大事，必告而后行，没则行诸庙，犹是义也。故大孝终身慕父母者，非终父母之身，终其身之谓也。"〇少，去声。上三"行"，去声。与，平声。治，平声。下二"行"，如字。

昏义第四十四[1]

[1] 疏曰："谓之昏者，娶妻之礼，以昏为期，因名焉。必以昏者，取阳往阴来之义。"○吕氏曰："物不可苟合而已，故受之以贲。天下之情，不合则不成，而其所以合也，敬则克终，苟则易离，必受之以致饰者，所以敬而不苟也。昏礼者，其受贲之义乎？"○贲，音臂。易，去声。

昏礼者，将合二姓之好，上以事宗庙，而下以继后世也，故君子重之。是以昏礼纳采，问名，纳吉，纳征，请期，皆主人筵几于庙，而拜迎于门外，入，揖让而升，听命于庙，所以敬慎重正，昏礼也。[1]

[1] 方氏曰："纳采者，纳雁以为采择之礼也。问名者，问女生之母名氏也。纳吉者，得吉卜而纳之也。纳征者，纳币以为昏姻之证也。请期者，请昏姻之期日也。夫采择自我，而名氏在彼，故首之以纳采，而次之以问名，此资人谋以达之也。谋既达矣，则宜贵鬼谋以决之，故又次之以纳吉焉。人谋鬼谋皆协从矣，然后纳币以征之，请日以期之，故其序如此。"○好，去声。

父亲醮子而命之迎，男先于女也。子承命以迎，主人筵几于庙，而拜迎于门外。婿执雁入，揖让升堂，再拜奠雁，盖亲受之于父母也。降，出御妇车，而婿授绥，御轮三周，先俟于门外。妇至，婿揖妇以入。共牢而食，合卺而酳，所以合体，同尊卑以亲之也。[1]

[1] 疏曰："共牢而食者，同食一牲，不异牲也。合卺而酳者，以一瓠

分为两瓢谓之卺，婿与妇各执一片以酳。酳，演也，谓食毕饮酒，演安其气也。”○程子曰：“奠雁，取其不再偶。”○朱子曰：“取其顺阴阳往来之义也。”○方氏曰：“筵几于庙者，交神以筵之，奉神以安之也。父必亲醮，非重子也，重礼而已。御其妇车，所以尊之也。授之绥，所以安之也。以轮三周为节者，取阴阳奇偶之数成也。既二周，则御者代之矣。共牢，则不异牲。合卺，则不异爵。合卺有合体之义，共牢有同尊卑之义。体合则尊卑同；同尊卑，则相亲而不相离矣。”○迎，去声。先，去声。卺，音谨。酳，以刃切。奇，音基。

敬慎重正而后亲之，礼之大体，而所以成男女之别，而立夫妇之义也。男女有别，而后夫妇有义；夫妇有义，而后父子有亲；父子有亲，而后君臣有正。故曰昏礼者，礼之本也。

夫礼始于冠，本于昏，重于丧祭，尊于朝聘，和于乡射，此礼之大体也。[1]

[1] 父子亲而后君臣正者，资于事父以事君而敬同也。○别，必列切。

夙兴，妇沐浴以俟见。质明，赞见妇于舅姑，妇执笲、枣、栗、段脩以见。赞醴妇。妇祭脯醢，祭醴，成妇礼也。舅姑入室，妇以特豚馈，明妇顺也。[1] 厥明，舅姑共飨妇，以一献之礼奠酬。舅姑先降自西阶，妇降自阼阶，以著代也。[2]

[1] 质明，昏礼之次日正明之时也。赞，相礼之人也。笲之为器似筥，以竹或苇为之，衣以青缯，以盛此“枣、栗、段脩”之贽。脩，脯也，加姜桂治之曰段脩。赞醴妇者，妇席于户牖间，赞者酌醴置席前，妇于席西东面拜受，赞者西阶上北面拜送。又拜荐脯醢，妇升席，左执觯，右祭脯醢

讫，以栖祭醴三。是"祭脯醢，祭醴"者，所以成其为妇之礼也。舅姑入于室，妇盥馈特豚，合升而分载之，左胖载之舅俎，右胖载之姑俎。无鱼腊，无稷，舅姑并席于奥东面南上。馔亦如之，此明其为妇之孝顺也。○见，音现。笲，音烦。段，丁乱切。衣，去声。盛、治，并平声。

[2] 厥明，昏礼之又明日也。《昏礼》注云："舅姑共飨妇者，舅献爵，姑荐脯醢。"又云："舅洗于南洗，洗爵以献妇也。姑洗于北洗，洗爵以酬妇也。"贾疏云："舅献姑酬，共成一献，仍无妨姑荐脯醢，此说是也。但妇酢舅，更爵自荐。"又云："奠酬酬酢，皆不言处所，以例推之，舅姑之位当如妇见，舅席于阼，姑席于房外，而妇行更爵自荐，及奠献之礼欤？"○疏曰："舅酌酒于阼阶献妇，妇西阶上拜受，即席祭荐；祭酒毕，于西阶上北面卒爵。妇酢舅，舅于阼阶上受酢，饮毕乃酬。妇更爵先自饮毕，更酌酒以酬姑，姑受爵奠于荐左，不举爵，正礼毕也。降阶，各还燕寝也。"○方氏曰："酢者，主人之阶。子之代父，将以为主于外。妇之代姑，将以为主于内。故此与冠礼并言著代也。"○石梁王氏曰："此皆为冢妇也。"今按此一节难晓，《仪礼图》亦不详明，阙之以俟知者。○更，平声。

成妇礼，明妇顺，又申之以著代，所以重责妇顺焉也。妇顺者，顺于舅姑，和于室人而后当于夫，以成丝麻布帛之事，以审守委、积盖藏。是故妇顺备而后内和理，内和理而后家可长久也。故圣王重之。[1]

[1] 方氏曰："于舅姑言顺，于室人言和者，盖上下相从谓之顺，顺则不逆；可否相济谓之和，和则不同。舅姑之礼至隆也，故可顺而不可逆。室人之礼相敌也，故虽和而不必同。兹其别欤？"○当、委、积、藏，并去声。别，必列切。

是以古者妇人先嫁三月，祖庙未毁，教于公宫。祖庙既毁，教于宗室。教以妇德、妇言、妇容、妇功。教成祭之，牲用鱼，芼之以蘋藻，所以成妇顺也。[1]

[1] 祖庙未毁，言此女犹于此祖有服也，则于君为亲，故使女师教之于公宫。公宫，祖庙也。既毁，谓无服也，则于君为疏，故教之于宗子之家。德，贞顺也。言，辞令也。容则婉娩，功则丝麻。祭之者，祭所出之祖也。鱼与蘋藻皆水物，阴类也，芼之，为羹也。○先，去声。芼，音冒。

古者天子后立六宫、三夫人、九嫔、二十七世妇、八十一御妻，以听天下之内治，以明章妇顺，故天下内和而家理。天子立六官、三公、九卿、二十七大夫、八十一元士，以听天下之外治，以明章天下之男教，故外和而国治。故曰：天子听男教，后听女顺；天子理阳道，后治阴德；天子听外治，后听内职。教顺成俗，外内和顺，国家理治，此之谓盛德。[1]

[1] 方氏曰："六官，天地四时之官也。有六卿而又有九卿者，兼三公数之，则谓之九卿。由公至士，其数三而倍之，止于九者，阳成于三而穷于九，以其理阳道，故其数如此。后治阴德，而其数亦如之者，妇人从夫故也。六宫，谓大寝一，小寝五也。先言六宫而后言六官者，欲治其国，先齐其家之意也。"○"后治"、"欲治"治，平声。"数之"数，上声，余如字。

是故男教不修，阳事不得，适见于天，日为之食。妇顺不修，阴事不得，适见于天，月为之食。是故日食，则天子素服而修六官之职，荡天下之阳事。月食，则后素服而修六宫之职，荡天下之阴事。故天子之与后，犹日之与月，阴之与阳，相须而后成者也。天子修男教，父道也；后修女顺，母道也。故曰：天子之与后，犹父之与母也。故为天王服斩衰，服父之义也；为后服齐衰，服母之义也。[1]

[1] 郑氏曰:“适之言责也。荡,荡涤其秽恶也。”〇朱子曰:“王者修德行政,用贤去奸,能使阳盛足以胜阴,阴衰不能侵阳,则日月之行,虽或当食,不食也。若国无政,臣子背君父,妾妇乘其夫,小人陵君子,夷狄侵中国,则阴盛阳微,当食必食。虽曰行有常度,实为非常之变矣。”〇叶氏曰:“日月之食,理所常有也。反之阴阳之事者,躬自厚之道也。天子以男教勉天下之为子者,其道犹父也,故其卒也,天下为之服斩衰。后以女顺化天下之为妇者,其道犹母也,故其亡也,天下为之服齐衰。父母为之服者,报其恩也。王与后为之服者,报其义也。”〇适,音责。见,音现。为,并去声。去,上声。背,音佩。

乡饮酒义第四十五[1]

[1] 吕氏曰："乡饮酒者，乡人以时会聚饮酒之礼也。因饮酒而射，则谓之乡射。郑氏谓三年大比，兴贤者能者，乡老及乡大夫率其吏与其众以礼宾之，则是礼也，三年乃一行。诸侯之卿大夫贡士于其君，盖亦如此。党正每岁国索鬼神而祭祀，则以礼属民而饮酒于序。但此礼略而不载，则党正因蜡饮酒，亦此礼也。先儒谓乡饮有四：一则三年宾贤能，二则乡大夫饮国中贤者，三则州长习射，四则党正蜡祭。然乡人凡有会聚，当行此礼，恐不特四事也。《论语》：'乡人饮酒，杖者出，斯出也。'亦指乡人而言之。"○比，音畀。索，音色。属，音烛。"饮国"饮，去声。长，上声。

乡饮酒之义：主人拜迎宾于庠门之外，入，三揖而后至阶，三让而后升，所以致尊让也。盥洗扬觯，所以致絜也。拜至，拜洗，拜受，拜送，拜既，所以致敬也。尊让、絜、敬也者，君子之所以相接也。君子尊让则不争，絜、敬则不慢；不慢不争，则远于斗辨矣。不斗辨，则无暴乱之祸矣。斯君子所以免于人祸也。[1]故圣人制之以道。

[1] 郑氏曰："庠，乡学也，州党曰序。扬，举也。"○疏曰："此谓乡大夫，故迎宾于庠门外，若州长党正，则于序门外也。盥洗扬觯者，主人将献宾，以水盥手而洗爵扬觯也。拜至者，宾主升堂，主人于阼阶上北面再拜也。拜洗者，主人拜至讫，洗爵而升，宾于西阶上北面再拜，拜主人之洗也。拜受者，宾于西阶上拜受爵也。拜送者，主人于阼阶上拜送爵也。拜既者，既，尽也，宾饮酒既尽而拜也。"○觯，音志。远，去声。

乡人、士、君子尊于房户之间，宾主共之也。尊有玄酒，贵其质也。羞出自东房，主人共之也。洗当东荣，主人之所以自洁而以事宾也。[1]

[1] 疏曰："乡人，谓乡大夫也。士，谓州长党正也。君子，谓卿大夫也。尊于房户之间宾主共之者，设酒尊于东房之西，室户之东，在宾主之间。酒虽主人之设，而宾亦以之酢主人，故云宾主共之也。北面设尊，玄酒在左，是在酒尊之西也。地道尊右，设玄酒在西者，贵其质素故也。共之者，供于宾也。荣，屋翼也，设洗于庭，当屋之翼。必在东者，示主人以此自洁而事宾也。从《冠义》以来，皆记者叠出《仪礼》经文于上，而陈其义于下以释之，他皆仿此。"○"主共"共，如字。"人共"共，音恭。

宾主，象天地也。介僎，象阴阳也。三宾，象三光也。[1]让之三也，象月之三日而成魄也。[2]四面之坐，象四时也。[3]

[1] 赞皇浩斋曰："立宾以象天，所以尊之也。立主以象地，所以养之也。介以辅宾，僎以辅主人，象阴阳之辅天地也。三宾，众宾之长也。其以辅宾，犹三光之辅于天也。三光，星之大者有三，其名不可得而考，先儒谓三大辰。心为大辰，伐为大辰，北辰亦为大辰，理或然也。"○僎，音遵。

[2] 刘氏曰："以月魄思之，望后为生魄。然人未尝见其魄，盖以明盛则魄不可见。月魄之可见，惟晦前三日之朝，月自东出，明将灭而魄可见。朔后三日之夕，月自西将堕，明始生而魄可见。过此则明渐盛而魄不复可见矣。盖明让魄则魄现，明不让魄则魄隐。魄阴象宾，明阳象主。主人让宾至于三，象明之让魄在前后三日，故曰'让之三也，象月之三日而成魄也'。"○复，扶又切。

[3] 浩斋曰："谓宾主介僎之坐，象春夏秋冬也。或曰：介有刚辨之义，僎有巽入之义，各从其类，理或然欤？"

天地严凝之气，始于西南而盛于西北，此天地之尊严气也，此天地之义气也。天地温厚之气，始于东北而盛于东南，此天地之盛德气也，此天地之仁气也。主人者尊宾，故坐宾于西北，而坐介于西南以辅宾。宾者，接人以义者也，故坐于西北。主人者，接人以仁，以德厚者也。故坐于东南，而坐僎于东北以辅主人也。仁义接，宾主有事，俎、豆有数，曰圣，圣立而将之以敬曰礼，礼以体长幼曰德。德也者，得于身也，故曰：古之学术道者，将以得身也，是故圣人务焉。[1]

[1] 主人者厚其饮食之礼，仁之道也。为宾者谨其进退之节，义之道也。求诸天地之气，以定其主宾之位，至于俎豆，亦莫不有当然之数焉。圣，通明也，谓礼义所在通贯而显明也。敬其天理之节，体夫人伦之序，所得者皆吾身之实理也。孔子观于乡而知王道之易易，谓其足以正身而安国也。圣人务焉，岂无意哉？〇浩斋曰："天下之礼义无所不通，而器数皆有合于自然者，圣之谓也。无所不通，无所不敬，礼之所由制也。礼之行不在乎他，在吾长幼之分而已。性之德也，礼得于身之谓德，由学而后得于身，则与先得于人心之同然者亦无异矣。故曰'古之学术道者，将以得身也'。"

祭荐、祭酒，敬礼也。哜肺，尝礼也。啐酒，成礼也。于席末，言是席之正，非专为饮食也，为行礼也。此所以贵礼而贱财也。卒觯，致实于西阶上，言是席之上，非专为饮食也，此先礼而后财之义也。先礼而后财，则民作敬让而不争矣。[1]

[1] 疏曰："祭荐者，主人献宾，宾即席祭所荐脯醢也。祭酒者，宾既祭荐，又祭酒也，此是宾敬重主人之礼也。宾既祭酒之后，兴取俎上之肺

哜齿之，所以尝主人之礼也。啐，谓饮主人酒而入口，所以成主人之礼也。席末，席西头也。按《仪礼》，祭荐、祭酒、哜肺，皆在席之中，惟啐酒在席末。又哜肺在前，祭酒在后。此先云祭酒者，哜是尝哜之名，祭酒是未饮之称，故祭酒与祭荐相连，表其敬礼之事，敬主人之物，故祭荐、祭酒、哜肺皆在席中。啐酒入于己，故在席末。于席上者，是贵礼；于席末啐酒，是贱财也。啐才始入口，犹在席末，卒觯则尽爵，故远在西阶上。云卒觯者，论其将欲卒觯之事。致实，则论其尽酒之体。酒为觞中之实，今致尽此实也。"〇吕氏曰："敬，礼也。食，财也。人之所以争者，无礼而志于财也。如知贵礼而贱财，先礼而后财之义，则敬让行矣。"〇哜，才乂切。啐，取内切。为，去声。

乡饮酒之礼：六十者坐，五十者立侍以听政役，所以明尊长也。六十者三豆，七十者四豆，八十者五豆，九十者六豆，所以明养老也。民知尊长养老，而后乃能入孝弟。民入孝弟，出尊长养老，而后成教，成教而后国可安也。君子之所谓孝者，非家至而日见之也。合诸乡射，教之乡饮酒之礼，而孝弟之行立矣。[1]

[1] 坐者，坐于堂上。立者，立于堂下。豆当从偶数，此但十年而加一豆，非正礼也。旧说此是党正属民饮酒正齿位之礼，非宾兴贤能之饮也。〇长，去声。弟，音悌。孝，当作教。行，去声。

孔子曰："吾观于乡，而知王道之易易也。"

主人亲速宾及介，而众宾自从之，至于门外，主人拜宾及介，而众宾自入。贵贱之义别矣。

三揖至于阶，三让以宾升，拜至献酬辞让之节繁，及介省矣。至于众宾升受坐祭立饮，不酢而降。隆杀之义辨矣。[1]

[1] 疏曰："主人既拜其来至，又酌酒献宾，宾酢主人，主人又酌而自饮以酬宾，介酢主人则止。主人不酢介，是及介省矣。主人献众宾于西阶上，受爵坐祭立饮，不酢主人而降，于宾礼隆，众宾礼杀，是隆杀之义别矣。"〇方氏曰："主酌宾为献，宾答主，主又答宾为酬，是礼也。三宾则备之。至于介则省酬焉，至于众宾则又省酢矣。升受坐祭立饮者，其升而受爵者，惟祭酒得坐，饮酒则立也。盖饮酒所以养老，以其卑，不敢坐而当其养故也。此所以杀于三宾。"〇易，去声。别，必列切。省，音眚。杀，去声。

工入升歌三终，主人献之。笙入三终，主人献之。间歌三终，合乐三终。工告乐备遂出。句一人扬觯，乃立司正焉。知其能和乐而不流也。[1]

[1] 工入而升堂，歌《鹿鸣》、《四牡》、《皇皇者华》，每一篇而一终，三篇终，则主人酌以献工焉。吹笙者入于堂下，奏《南陔》、《白华》、《华黍》，亦每一篇而一终，三篇终，则主人亦酌以献之也。间者，代也。笙与歌皆毕，则堂上与堂下更代而作，堂上先歌《鱼丽》，则堂下笙《由庚》，此为一终。次则堂上歌《南有嘉鱼》，则堂下笙《崇丘》，此为二终。又其次堂上歌《南山有台》，则堂下笙《由仪》，为三终也。合乐三终者，谓堂上下歌瑟及笙并作也。工歌《关雎》，则笙吹《鹊巢》合之。工歌《葛覃》，则笙吹《采蘩》合之。工歌《卷耳》，则笙吹《采蘋》合之。如此皆竟，工以乐备告乐正，乐正告于宾而遂出。盖乐正自此不复升堂矣，故云遂出也。一人者，主人之吏也。此人举觯之后，主人使相礼者一人为司正，恐旅酬时有懈惰失节者以董正之也。如此，则虽和乐而不至于流放矣。〇间，去声。"和乐"乐，音洛。更，平声。卷，上声。

宾酬主人，主人酬介，介酬众宾，少长以齿，终于沃洗者焉。知其能弟长而无遗矣。[1]

[1] 浩斋曰:“前言介之无酬,众宾之无酢者,盖未歌之时也。此言‘宾酬主人,主人酬介,介酬众宾’者,既歌之后,行旅酬之时也。沃洗者,涤濯之人也。虽至贱,旅酬之际,犹以齿焉,则贵者可知矣。自贵及贱无不序齿,此所以知能弟长而无遗矣。”

降,说屦升坐,修爵无数。饮酒之节,朝不废朝,莫不废夕。宾出,主人拜送,节文终遂焉。知其能安燕而不乱也。[1]

[1] 浩斋曰:“前此皆立而行礼,未彻俎,故未说屦。至此彻俎之后,乃说屦升坐而坐燕也。修,举也。修爵无数,无数爵是也。凡治事者,朝以听政,而乡饮听政罢方行,是朝不废朝也。夕以修令,而乡饮礼毕,犹可以治私事,是莫不废夕也。若党正饮酒,一国若狂则无不醉矣。节文终遂者,终,竟也。遂,犹申也。言虽礼毕,主人犹拜以送宾,节文之礼终申遂而无所缺,则知其安于燕乐而不至于乱矣。”〇说,音脱。莫,音暮。治,平声。

贵贱明,隆杀辨,和乐而不流,弟长而无遗,安燕而不乱,此五行者,足以正身安国矣。彼国安而天下安,故曰:“吾观于乡,而知王道之易易也。”[1]

[1] 总结上文五事之目。〇杀,去声。乐,音洛。弟,去声。长,上声。行、易,并去声。

乡饮酒之义:立宾以象天,立主以象地,设介僎以象日月,立三宾以象三光。古之制礼也,经之以天地,纪之以日月,参之以三光,政教之本也。[1]

[1] 浩斋曰："饮酒之礼，莫先于宾主。立宾象天，立主象地，礼之经也。其次立介僎以辅之者，纪也。其次立三宾以陪之者，参也。政教之立，必有经有纪有参，然后可行。故饮酒之礼，必有宾、主、介僎、三宾，然后可行。故曰'政教之本也'。前言介僎阴阳，此言象日月者，前章言气，故以阴阳象之；此章言体，故以日月象之也。僎在东北，象日出也；介在西南，象月出也。以三光为三大辰。《正义》按，昭公十七年有星孛于大辰，《公羊》曰：'大辰者，大火也。伐为大辰，北辰亦为大辰。'《尔雅》：'房、心、尾、大火，谓之大辰。北极，谓之北辰。'大火与伐，天所以示民时早晚，天下之所取正，是亦政教所出也。"

烹狗于东方，祖阳气之发于东方也。洗之在阼，其水在洗东，祖天地之左海也。[1]尊有玄酒，教民不忘本也。[2]

[1] 方氏曰："海有四，正言东者，取夫水之所归也。水位居坎，而其流归东者，由其生于天一，行于地中故也。天倾西北而不足，故水之源自此而生；地缺东南而不满，故水之流顺此而行。天之所倾，地之所缺，则其形下矣。而善下者，水之性也，故其理如此。然则水位居北者，本天位也。其流归东者，因地势也。南与北合，水位居北而流不归南者，盖东方之德木，木则水之所生；南方之德火，火则水之所胜；生之为利，胜之为害，而善利者水之德也，故趋其所生焉。"○浩斋曰："烹狗以养宾，阳气以养万物，故祖而法之，烹于东方焉。海，水之委也。天地之间，海居于东，东则左也，故洗之在阼。其水在洗东，有左海之义焉。"○天地之位，南前而北后，故以东为左。

[2] 太古之世无酒，以水行礼，故后世因谓水为玄酒。不忘本者，思礼之所由起也。

宾必南乡，东方者春，春之为言蠢也，产万物者圣也。南方者夏，夏之为言假也，养之长之，假之仁也。西方者秋，秋之为言愁也，愁之以时察，守义者也。北方者冬，冬之为言中也，中者藏也。是以天子之立也：左圣乡仁，右义偝藏也。[1]

[1] 蠢者，物生动之貌。天地大德曰生，圣人德合天地，故曰“产万物者圣也”。假，大也。揫，敛缩之貌。察，犹察察严肃之意。揫之以时察，言揫敛之以秋时严肃之气也。物之藏必自外而入内，故曰“中者藏也”。天子南面而立，则左东右西，南前北后也。○乡，去声。愁，作揫。

介必东乡，介宾主也。主人必居东方，东方者春，春之为言蠢也，产万物者也。主人者造之，产万物者也。

月者，三日则成魄，三月则成时。是以礼有三让，建国必立三卿、三宾者，政教之本，礼之大参也。[1]

[1] 张子曰：“坐有四位者，礼不主于敬主，欲以尊贤。若宾主相对，则是礼主于敬主矣。故其位宾主不相对，坐介僎于其间，以见宾贤之义。因而说四时之坐皆有义，其实欲明其尊贤。”○吕氏曰：“天子南面而立，而坐宾亦南乡者，尊宾之至也。”介，间也。坐宾主之间，所以间之也。○方氏曰：“饮食之养，则主人之所造也，而有产万物之象，所以居东。”

射义第四十六[1]

[1] 疏曰："《系辞》云：弦木为弧，剡木为矢。又《世本》云：挥作弓，夷牟作矢。注云：二人黄帝臣。《书》云：侯以明之。夏殷无文，周则具矣。"

古者诸侯之射也，必先行燕礼。卿、大夫、士之射也，必先行乡饮酒之礼。故燕礼者，所以明君臣之义也。乡饮酒之礼者，所以明长幼之序也。[1]

[1] 吕氏曰："诸侯之射，大射也。卿、大夫、士之射，乡射也。射者，男子之事。必饰以礼乐者，所以养人之德，使之周旋中礼也。盖燕与乡饮，因燕以娱宾，不可以无礼，故有大射、乡射之礼。礼不可以无义，故明君臣之义与长幼之序焉。"〇长，上声。中，去声。

故射者进退周还必中礼。内志正，外体直，然后持弓矢审固；持弓矢审固，然后可以言中。此可以观德行矣。[1]

[1] 吕氏曰："礼，射者必先比耦，故一耦皆有上耦下耦，皆执弓而挟矢。其进也，当阶及阶，当物及物，皆揖；其退也亦如之。其行有左右，其升降有先后。其射皆拾发，其取矢于福也。始进揖，当楅揖，取矢揖，既搢挟揖，退与将进者揖。其取矢也，有横弓却手兼弣顺羽拾取之节焉。卒射而饮，胜者袒决遂执张弓，不胜者袭说。决拾加弛弓升饮，相揖如初，则进退周旋必中礼可见矣。夫先王制礼，岂苟为繁文末节，使人难行哉？亦曰以善养人而已。盖君子之于天下，必无所不中节，然后成德。必力行而后有功，其四肢欲安佚也。苟恭敬之心不胜，则怠惰傲慢之气

生，动容周旋不能中乎节，体虽佚而心亦为之不安；安其所不安，则手足不知其所措，故放辟邪侈，逾分犯上，将无所不至，天下之乱自此始矣。圣人忧之，故常谨于繁文末节，以养人于无所事之时，使其习之而惮烦，则不逊之行，亦无自而作。至于久而安之，则非礼不行，无所往而非义矣。君子敬以直内，义以方外，所存乎内者敬，则所以形乎外者庄矣。内外交修，则发乎事者中矣。射，一艺也，容比于礼，节比于乐，发而不失正鹄，是必有乐于义理。久于敬恭，用志不分之心，然后可以得之。则其所以得之者，其为德可知矣。”○还，音旋。中、行，并去声。比，音畀。拾，其结切。楅，音逼。弣，音抚。说，音脱。

其节：天子以《驺虞》为节，诸侯以《狸首》为节，卿大夫以《采蘋》为节，士以《采蘩》为节。《驺虞》者，乐官备也；《狸首》者，乐会时也；《采蘋》者，乐循法也；《采蘩》者，乐不失职也。是故天子以备官为节，诸侯以时会天子为节，卿大夫以循法为节，士以不失职为节。故明乎其节之志以不失其事，则功成而德行立；德行立，则无暴乱之祸矣。功成则国安，故曰射者，所以观盛德也。[1]

[1] 节者，歌《诗》以为发矢之节度也，一终为一节。《周礼·射人》云：《驺虞》九节，《狸首》七节，《采蘋》、《采蘩》皆五节。尊卑之节虽多少不同，而四节以尽乘矢则同。如《驺虞》九节，则先歌五节以听，余四节则发四矢也。七节者，三节先以听；五节者，一节先以听也。四诗惟《狸首》亡。驺，厩官；虞，山泽之官。此二职皆不乏人，则官备可知。○吕氏曰：“‘彼茁者葭’，则草木遂其生矣。‘一发五豝’，则鸟兽蕃殖矣。‘吁嗟乎驺虞’者，所以归功于二官也。天子之射以是为节者，言天子继天，当推天地好生之德以育万物。此所以‘乐官备也’。《狸首》诗亡，记有原壤所歌，乃此篇所引曾孙侯氏，疑皆《狸首》诗也。狸首，田之所获，物之至薄者也。君子相会，不以微薄废礼，诸侯以燕射会其士大夫，物薄诚至，君

至相与习礼而结欢，奉天子而修朝事，故诸侯之射以是为节，所以‘乐会时也’。《采蘋》之诗，言大夫之妻，能循在家母教之法度，乃可承先祖共祭祀。犹卿大夫已命，能循其未仕所学先王之法，乃可以与国政矣。故卿大夫之射以是为节，所以‘乐循法也’。《采蘩》之诗，言夫人不失职，盖夫人无外事，祭祀乃其职也，惟敬以从事，是为不失职。士之事君，何以异此？故士之射以此为节者，所以‘乐不失职也’。”〇乐，音洛。行，去声。乘，去声。共，音供。与，去声。

是故古者天子以射选诸侯、卿、大夫、士。射者，男子之事也，因而饰之以礼乐也。故事之尽礼乐而可数为，以立德行者莫若射，故圣王务焉。[1]

[1] 疏曰：“诸侯虽继世而立，卿大夫有功乃升，非专以射而选也。但既为诸侯卿大夫，又考其德行，更以射辨其材艺之高下，非谓直以射选补始用之也。射者男子之事，谓生有悬弧之义也。”〇数，音朔。行，去声。

是故古者天子之制：诸侯岁献贡士于天子，天子试之于射宫，其容体比于礼，其节比于乐，而中多者得与于祭。其容体不比于礼，其节不比于乐，而中少者不得与于祭。数与于祭而君有庆，数不与于祭而君有让。数有庆而益地，数有让则削地。故曰射者，射为诸侯也。是以诸侯君臣尽志于射，以习礼乐。夫君臣习礼乐而以流亡者，未之有也。[1]

[1] 郑氏曰：“三岁而贡士。旧说大国三人，次国二人，小国一人。”〇疏曰：“《书传》云：‘古者诸侯之于天子也，三年一贡士，一适谓之好德，再适谓之贤贤，三适谓之有功。一不适谓之过，再不适谓之傲，三不适谓之诬。’”〇比，音界。中、与，并去声。数，音朔。

故《诗》曰："曾孙侯氏，四正具举。大夫君子，凡以庶士。小大莫处，御于君所。以燕以射，则燕则誉。"言君臣相与尽志于射，以习礼乐，则安则誉也。是以天子制之，而诸侯务焉。此天子之所以养诸侯而兵不用，诸侯自为正之具也。[1]

[1] 曾孙侯氏者，诸侯推本始封之君，故以曾孙言，如《左传》曾孙蒯聩之类是也。四正，谓举正爵以献宾、献君、献卿、献大夫，凡四也。具，皆也。此四献皆毕然后射，此时大夫君子下及众士，无问大小之官，无有处其职司而不来者，皆御侍于君所也。以燕以射，言先行燕礼而后射也。则燕则誉者，燕，安也，言君臣上下以射而习礼乐，则安乐而有名誉也。天子养诸侯以礼乐，则无所事征讨矣。而此艺者，又诸侯所以自为正身安国之具也。旧说"曾孙侯氏"以下八句，《狸首》篇文。○处，上声。

孔子射于矍相之圃，盖观者如堵墙。射至于司马，使子路执弓矢出延射曰："贲军之将，亡国之大夫，与为人后者不入，其余皆入。"盖去者半，入者半。[1]又使公罔之裘、序点扬觯而语。公罔之裘扬觯而语曰："幼壮孝弟，耆耋好礼，不从流俗，修身以俟死者句不？句在此位也。"盖去者半，处者半。[2]序点又扬觯而语曰："好学不倦，好礼不变，旄期称道不乱者，句不？句在此位也。"盖廟有存者。[3]

[1] 矍相，地名。如堵墙，言围绕而观者众也。乡饮之礼，将旅酬，使相者一人为司正。至将射，则转司正为司马，故云"射至于司马"也。延，进也，誓众选贤，而进其来观欲射之人也。贲，与偾同，覆败也。亡国，亡其君之国也。与为人后，言人有死而无子者，则宗族既为之立后矣，此人复求为之后也。贲军之将无勇，亡国之臣不忠，求为人后者忘亲而贪利，此三等人皆在所当弃，故不使之入，其余则皆可与之进也。○

矍，音攫。相，去声。贲，音奋。将、与，并去声。

[2] 公罔，姓；裘，名。之，语助也。序，姓；点，名也。扬，举也。射毕，则使主人之赞者二人，举觯于宾与大夫。《仪礼》云：古者于旅也语。故裘举觯曰：幼壮而尽孝弟之道，老耄而守好礼之心，不与流俗同其颓靡，而守死善道者。不，言今此众人之中有如此样人否？当在此宾位也。于是先时之入者又半去矣。○弟、好，并去声。不，音否。

[3] 八十九十曰旄，百年曰期。年虽高而言道无所违误，故云"称道不乱"也。廑有存者，盖去者多而留者寡矣。子路之延射，直指恶者而斥之，则无此恶者自入。裘、点之扬觯，但举善者而留之，则非其人者自退。裘之言尚疏，点之言则愈密矣。○旄，音耄。廑、仅同。

射之为言者绎也，或曰舍也。绎者，各绎己之志也。故心平体正，持弓矢审固；持弓矢审固，则射中矣。故曰：为人父者以为父鹄，为人子者以为子鹄，为人君者以为君鹄，为人臣者以为臣鹄。故射者各射己之鹄。故天子之大射谓之射侯。射侯者，射为诸侯也。射中则得为诸侯，射不中则不得为诸侯。[1]

[1] 绎己之志者，各寻其理之所在也。射己之鹄者，各中其道之当然也。舍，止也。道之所止，如君止于仁，父止于慈之类。○郑氏曰："得为诸侯，谓有庆也。不得为诸侯，谓有让也。又司裘注云：侯者，其所射也。以虎、熊、豹、麋之皮饰其侧。又方制之以为准，谓之鹄，著于侯中。谓之鹄者，取名于鳱鹄。鳱鹄，小鸟，难中，是以中之为隽。"○吕氏曰："张皮侯而栖鹄，方制之，置侯之中以为的者也。"○舍，如字，去声。著，直略切。鳱，古安切。

天子将祭，必先习射于泽。泽者，所以择士也。已射于泽而后射于射宫。射中者得与于祭，不中者不得与于祭。

不得与于祭者有让，削以地。得与于祭者有庆，益以地。进爵绌地是也。[1]

［1］泽，宫名，其所在未详。疏云："于宽闲之处，近水泽而为之。射宫，即学宫也。"进爵绌地者，疏云："进则爵轻于地，故先进爵而后益以地也。退则地轻于爵，故先削地而后绌爵也。"

故男子生，桑弧蓬矢六，以射天地四方。天地四方者，男子之所有事也。故必先有志于其所有事，然后敢用穀也，饭食之谓也。[1]

［1］宇宙内事，皆己分内事，此男子之志也。人臣所以先尽职事而后敢食君之禄者，正以始生之时，先射天地四方，而后使其母食之也，故曰"饭食之谓也"。饭食，食子也。〇射，音石。饭，上声。食，音嗣。

射者仁之道也。求正诸己，己正而后发；发而不中，则不怨胜己者，反求诸己而已矣。[1]

孔子曰："君子无所争，必也射乎？揖让而升，下而饮。其争也君子。"[2]

［1］为仁由己，射之中否亦由己，非他人所能与也，故不怨胜己者，而惟反求诸其身。

［2］朱子曰："揖让而升者，大射之礼，耦进三揖而后升堂也。下而饮，谓射毕揖降，以俟众耦皆降。胜者乃揖不胜者升，取觯立饮也。言君子恭逊不与人争，惟于射而后有争。然其争也雍容揖逊乃如此，则其争也君子，而非若小人之争矣。"〇今按揖让而升，未射时也。下而复升以饮，则射毕矣。"揖让而升下"五字，当依郑注为句。〇饮，去声。

孔子曰："射者何以射？何以听？循声而发，发而不失正鹄者，其唯贤者乎！若夫不肖之人，则彼将安能以中？”

《诗》云：“发彼有的，以祈尔爵。”祈，求也，求中以辞爵也。酒者，所以养老也，所以养病也。求中以辞爵者，辞养也。[1]

[1]《郊特牲》，孔子曰：“射之以乐也，何以听？何以射？”谓射者何以能不失射之容节，而又能听乐之音节乎？何以能听乐之音节，而使射之容与乐之节相应乎？言其难而美之也。循声而发，谓射者依循乐声而发矢也。画布曰正，栖皮曰鹄。贤者持弓矢审固，故能中的，不肖者不能也。《诗·小雅·宾之初筵》。发，犹射也。爵，谓罚酒之爵。中则免于罚，故云“求中以辞爵也”。酒所以养老病，今求免于爵者，以己非老者病者，不敢当其养礼耳。此让道也。〇正，平声。

燕义第四十七[1]

[1] 此明君臣燕饮之义。

古者周天子之官，有庶子官。庶子官职诸侯、卿、大夫、士之庶子之卒，掌其戒令，与其教治，别其等，正其位。国有大事，则率国子而致于大子，唯所用之。若有甲兵之事，则授之以车甲，合其卒伍，置其有司，以军法治之。司马弗正。凡国之政事，国子存游卒，使之修德学道，春合诸学，秋合诸射，以考其艺而进退之。[1]

[1] 庶子，即夏官诸子职也。下大夫二人，“掌其戒令”以下皆《周礼》文。卒，读为倅，副贰也，此官专主诸侯以下众庶子副倅于父之事。戒令，谓任之征役也。教治，谓修德学道也。别其等者，分别其贵贱也。此属皆未命，以父之爵为上下也。正其位者，朝廷之位尚爵，学校之位尚齿也。大事，谓大祭祀、大丧纪、大宾客、大燕享之类也。唯所用之，唯太子之所役使也。百人为卒，五人为伍。有司，统领卒伍者也。司马弗征者，以其统属于太子，故司马不得而征役之也。凡国之政事，非上文所言大事也。游卒，倅之未仕者也。此既小事，乃民庶所为，不使国子之未仕者为之，盖欲存之使修德学道以成其材也。故春则合聚之于大学，秋则合聚之于射宫，考艺而为之进退焉。〇疏曰：“庶者，众也。适子众多，故总谓之庶子，非适子庶弟而称庶子也。必知适子者，以云倅，是副贰于父之言。”〇吕氏曰：“燕礼有主人升自西阶，献庶子阼阶之上，又宵则执烛于阼阶上，故此篇因陈庶子官之所掌，且明所以建官之义也。”〇卒，取内切。别，必列切。大，音泰。“卒伍”卒，如字。治，平声。正，平声。

诸侯燕礼之义：君立阼阶之东南，南乡尔卿。句大夫皆少进。句定位也。君席阼阶之上，居主位也。君独升立席上，西面特立，莫敢适之义也。[1]

设宾主，饮酒之礼也。使宰夫为献主，臣莫敢与君亢礼也。不以公卿为宾，而以大夫为宾，为疑也，明嫌之义也。宾入中庭，君降一等而揖之，礼之也。[2]

[1] 尔，与迩同。"南乡尔卿"句绝。"大夫皆少进"句绝。少进，稍前也。定位者，定诸臣之位也。适，读为敌。自此以下，皆记者举《仪礼》正文而释其义也。〇乡，去声。适，音敌。

[2] 献主，代主人举爵献宾也。君尊，臣不敢抗行宾主之礼。宰夫，主膳食之官也。卑，故抗礼无嫌。《记》曰："与卿燕则大夫为宾。"谓与本国之臣燕则然，若邻国之臣，则以上介为宾也。公，孤也。上公之国，得置孤一人。公卿之尊次于君，复以之为宾，则疑于尊卑无辨，且嫌于逼上也。大夫位卑，虽暂尊之为宾，无所嫌疑也。〇方氏曰："既曰为疑而又曰明嫌者，盖疑未至于嫌，特明嫌之义而已。"〇亢，苦浪切。"为疑"为，去声。

君举旅于宾，及君所赐爵，皆降，再拜稽首，升成拜，明臣礼也。君答拜之，礼无不答，明君上之礼也。臣下竭力尽能以立功于国，君必报之以爵禄，故臣下皆务竭力尽能以立功，是以国安而君宁。礼无不答，言上之不虚取于下也。上必明正道以道民，民道之而有功，然后取其什一，故上用足而下不匮也。是以上下和亲而不相怨也。和宁，礼之用也，此君臣上下之大义也。故曰燕礼者，所以明君臣之义也。[1]

[1] 先是宰夫代主人行爵，酬宾之后，君命下大夫二人媵爵。公取此媵爵以酬宾，宾以旅酬于西阶上。旅，序也，以次序劝卿大夫饮酒也。

此之谓君举旅于宾也。君所赐爵，则特赐臣下之爵也。此二者，宾皆降西阶下再拜稽首，公命小臣辞，则宾升而成拜，谓复再拜稽首也。先时以君辞之，于礼未成，故云成拜也。〇杨氏曰："按公取媵爵以酬宾，此别是一礼，与寻常酬宾不同，此所谓公为宾举旅也。燕礼，君使宰夫为献主，以臣莫敢与君抗礼也。今君举觯于西阶之上以酬宾，可乎？盖君臣之际，其分甚严，其情甚亲，使宰夫为献主，所以严君臣之分。今举觯以酬宾，宾西阶下拜，小臣辞，升成拜；公奠觯，答再拜；公卒觯，宾下拜，公答再拜。略去势分，极其谦卑，所以通君臣之情也。"注云："不言君酬宾于西阶上，及君反位，尊君，空其文也。此又所以严君臣之分也。"〇上"道"，如字。下二"道"，去声。

席，小卿次上卿，大夫次小卿，士、庶子以次就位于下。献君，君举旅行酬。而后献卿，卿举旅行酬。而后献大夫，大夫举旅行酬。而后献士，士举旅行酬。而后献庶子。俎、豆、牲、体、荐、羞皆有等差。所以明贵贱也。[1]

[1] 设席之位，上卿在宾席之东，小卿在宾席之西，皆是南面东上，而遥相次，此所谓小卿次上卿也。大夫在小卿之西，是大夫次小卿也。士受献于西阶之上，退立于阼阶下，西面北上。庶子受献于阼阶上，亦退立于阼阶下。庶子次于士，是士庶子以次就位于下也。献君者，主人酌以献也。公取媵爵以酬宾，宾以旅酬于西阶上，此所谓献君，君举旅行酬也。而后献卿者，亦主人献之也。公又行一爵，亦媵者之爵也。若卿若宾，惟公所酬，卿亦以旅于西阶之上，礼亦如初，此亦是君举旅，而言卿举者，盖君为卿举耳。下言"大夫举旅"、"士举旅"，其义同。而后献大夫，亦主人之献也。公又举奠觯以赐，是为大夫举旅也。主人献士，公复赐之，是为士举旅也。公举旅之礼止于士，不及庶子矣。而后献庶子者，主人献之于阼阶之上也。牲，狗也。〇疏曰："公及卿大夫士等，牲体荐不载。"

聘义第四十八[1]

［1］吕氏曰："天子之与诸侯，诸侯之与邻国，皆有朝礼，有聘礼。朝则相见，聘则相问也。朝、宗、觐、遇、会、同皆朝也。存、頫、省、聘、问，皆聘也。故聘礼有天子所以抚诸侯者，《大行人》'岁遍存，三岁遍頫，五岁遍省'是也。有诸侯所以事天子者，《大行人》'时聘以结诸侯之好，殷頫以除邦国之慝'是也。有邻国交修其好者，《大行人》'诸侯之邦交，岁相问，殷相聘'是也。《仪礼》所载，邻国交聘之礼也。聘义者，释聘礼之义。"○頫，祧、跳二音。省，悉井切。好，去声。

聘礼：上公七介，侯、伯五介，子、男三介，所以明贵贱也。[1]

［1］此言卿出聘之介数。上公七介者，上公亲行则介九人。诸侯之卿，礼下于君二等，故七介也。以下放此。○吕氏曰："古者宾必有介。介，副也，所以辅行斯事，致文于斯礼者也。"

介绍而传命，君子于其所尊弗敢质，敬之至也。[1]

［1］绍，继也，其位相承继也。先时上摈入受主君之命，出而传与承摈，承摈传于末摈，此是传而下也。宾之末介受命于末摈，而传与次介，次介传与上介，上介传与宾，是传而上也。此所谓"介绍而传命"也。质，正也。于所尊者不敢正自相当，故以介传命，敬之至也。宾在大门外西北面，介自南向北为序。主君在内迎，摈者出大门自北向南为序。

三让而后传命，三让而后入庙门，三揖而后至阶，三让而后升，所以致尊让也。[1]

[1] 疏曰："三让而后传命者，谓宾在大门外，见主人陈摈，以大客之礼待己，己不敢当，三度辞让，主人不许，乃后传聘宾之命也。三让而后入庙门者，谓宾既传命之后，主君延宾而入，至庙，将欲庙受，宾不敢当之，故三让而后入。主君在东，宾差退在西，相向三让，乃入庙门也。三揖而后至阶者，初入庙门，一揖也；当阶北面又揖，二揖也；当碑又揖，三揖也。三让而后升者，谓主君揖宾至阶，主君让宾升，宾让主君，如此者三，主君乃先升，宾乃升也。"

君使士迎于竟，大夫郊劳。君亲拜迎于大门之内而庙受，北面拜贶。拜君命之辱，所以致敬也。

敬让也者，君子之所以相接也。故诸侯相接以敬让，则不相侵陵。[1]

[1] 效劳，劳之于近郊也。用束帛北面拜贶，亦主君之拜也。其拜于阼阶上拜君命之辱者，释北面拜贶之义也。○竟，音境。劳，去声。

卿为上摈，大夫为承摈，士为绍摈。君亲礼宾，宾私面私觌。致饔、饩，还圭璋，贿赠，飨，食，燕。所以明宾客君臣之义也。[1]

[1] 卿，主国之卿也。承摈者，承副上摈也。绍摈者，继续承摈也。宾行聘事毕，主国君亲执醴以礼宾，是君亲礼宾也。私面，谓私以己礼物面见主国之卿大夫也。私觌，私以己礼物觌见主国之君也。牲杀者曰饔，生者曰饩，致饔饩者，聘觌皆毕，宾介就馆，主君使卿致饔饩之礼于宾也。还圭璋者，宾来时执以为信，主君既受之矣；今将去，君使卿送至宾馆以还之也。还玉毕，加以贿赠之礼。经云："贿用束纺。"纺，今之绢也。

飨礼、食礼皆在朝,燕礼在寝。一食再飨,燕无常数。○吕氏曰:"摈者,主国之君所使接宾者也。主之有摈犹摈之有介也。摈有三者,以多为文也。大宗伯,朝觐会同则为上相。相,即摈也。入诏礼曰:相,出接宾曰摈。宗伯,卿也,故曰'卿为上摈'。小行人,诸侯入王则为承而摈。行人,大夫也。故曰'大夫为承摈'。士职卑,承官之乏以继摈之事,故曰'士为绍摈'也。使臣之义,则致其君臣之敬于所聘之君。主君之义,则致其宾主之敬于来聘之臣也。"○饩,吁既切。还,音旋。食,音嗣。纺,音仿。

故天子制诸侯,比年小聘,三年大聘,相厉以礼。使者聘而误,主君弗亲飨食也,所以愧厉之也。诸侯相厉以礼,则外不相侵,内不相陵。此天子之所以养诸侯,兵不用,而诸侯自为正之具也。[1]

[1] 天子制诸侯者,天子制此礼而使诸侯行之也。比年,每岁也。小聘使大夫,大聘使卿。误,谓礼节错误也。○吕氏曰:"上下不交,则天下无邦,人道所以不能群也。故先王之御诸侯,使之相交以修其好,必使之相敬以全其交。其相交也,必求乎疏数之中,故比年小聘,三年大聘也。其相敬也必相厉以礼,故使者之误,主君不亲飨食以愧厉之,然后仁达而礼行。外则四邻相亲而不相侵,内则君臣有义而不相陵也。先王制礼,以善养人于无事之际,多为升降之文,酬酢之节。宾主有司有不可胜行之忧,先王未之有改者,盖以养其德意,使之安于是而不惮也。故不安于偷惰而安于行礼,不耻于相下而耻于无礼也。天子以是养诸侯,诸侯以是养其士大夫。上下交相养,此兵所以不用,天下所以平也。节文之多惟聘射,养人之至者也。诸侯自为正,于射礼、聘礼二礼之义,天子养诸侯之意为深,故其义皆曰兵不用自为正之具也。"○比,音畀。使,去声。食,音嗣。好,去声。数,入声。胜,平声。

以圭璋聘，重礼也。已聘而还圭璋，此轻财而重礼之义也。诸侯相厉以轻财重礼，则民作让矣。[1]

[1] 聘使之行礼，于君则用圭，于夫人则用璋。其行享礼于君则束帛加璧，于夫人则琮。享，犹献也。及礼毕则还其圭璋者，以圭璋是行礼之器，故重之而不敢受也。璧琮与币，皆财也，财在所轻，故受而不还。故曰"此轻财而重礼之义也"。○吕氏曰："诸侯相厉以轻财而重礼，则远利而有耻，所以民作让。"

主国待客，出入三积。饩客于舍，五牢之具陈于内。米三十车，禾三十车，刍薪倍禾，皆陈于外，乘禽日五双，群介皆有饩牢。壹食再飨，燕与时赐无数。所以厚重礼也。

古之用财者不能均如此，然而用财如此其厚者，言尽之于礼也。尽之于礼，则内君臣不相陵而外不相侵，故天子制之，而诸侯务焉尔。[1]

[1] 出，既行也。入，始至也。积谓馈之牢礼、米、禾、刍薪之属，其来与去，皆三馈之积，故云"出入三积"也。饩客于舍，谓致飨饩于宾之馆舍也。三牲备为一牢，五牢之具陈于内，谓饪一牢在宾馆西阶，腥二牢在宾馆东阶，饩二牢在宾馆门内之西也。禾，稿实并刈者也。米车设于门东，禾车设于门西。倍禾，倍其数也。礼注云："薪从米，刍从禾。"疏云："薪以炊爨，故从米。刍以食马，故从禾。"此四物皆在门外。乘禽，乘行群匹之禽，雁鹜之属也。掌客云："凡礼宾客，国新杀礼，凶荒杀礼，札丧杀礼，祸灾杀礼，在野在外杀礼。"故曰"古之用财者不能均如此"，言不能皆如此丰厚也。然而于聘礼则用财如此之厚者，是欲极尽之于礼也。用财虽厚，尽礼而止，不敢加美以没礼。故内不相陵，外不相侵，皆为有礼以制之故也。○积，子赐切。乘，去声。食，音嗣。杀，去声。

聘、射之礼，至大礼也。质明而始行事，日几中而后礼成，非强有力者弗能行也。故强有力者，将以行礼也。酒清，人渴而不敢饮也；肉乾，人饥而不敢食也。日莫人倦，齐庄正齐，而不敢解惰。以成礼节，以正君臣，以亲父子，以和长幼。此众人之所难，而君子行之，故谓之有行。有行之谓有义，有义之谓勇敢。故所贵于勇敢者，贵其能以立义也；所贵于立义者，贵其有行也；所贵于有行者，贵其行礼也。故所贵于勇敢者，贵其敢行礼义也。故勇敢强有力者，天下无事，则用之于礼义；天下有事，则用之于战胜。用之于战胜则无敌，用之于礼义则顺治。外无敌，内顺治，此之谓盛德。故圣王之贵勇敢强有力如此也。勇敢强有力而不用之于礼义战胜，而用之于争斗，则谓之乱人。刑罚行于国，所诛者乱人也。如此则民顺治而国安也。[1]

［1］吕氏曰："节文之多，惟聘、射之礼为然，故曰'至大礼也'。君臣父子长幼之义，皆形见于节文之中。人之所难，我之所安；人之所懈，我之所敬。故能行之者君子也。君子自养其强力勇敢之气，一用之于义礼战胜，而教化行矣。此国之所以安也。射礼，诸侯之射，必先行燕礼；卿大夫士之射，必先行乡饮酒之礼。酬献之节，极为繁缛，故有酒清肉乾而不敢饮食者。若聘礼，则受聘受享请觌，然后酌醴礼宾，无酒清肉乾之事。特以节文之繁与射礼等，皆至日几中而后礼成，故与射礼兼言之也。"〇几，平声。乾，音干。莫，音暮。齐，音斋；下"齐"，如字。解，音懈。长，上声。

子贡问于孔子曰："敢问君子贵玉而贱碈者何也？为玉之寡而碈之多与？"孔子曰："非为碈之多故贱之也，玉之寡故贵之也。夫昔者君子比德于玉焉：温润而泽，仁也；缜密以栗，知也；廉而不刿，义也；垂之如队，礼也；叩之其声清越以长，其终诎然，乐也；瑕不掩瑜，瑜不掩瑕，忠也；孚尹旁达，信也；气如白虹，天也；精神见于山川，地也；圭璋特达，德也；天下莫不贵者，道也。《诗》云：'言念君子，温其如玉。'故君子贵之也。"[1]

[1] 郑氏曰："碈石似玉。缜，致也。栗，坚貌。刿，伤也。义者不苟伤人。越，犹扬也。诎，绝止貌。《乐记》曰：'止如槁木。'瑕，玉之病也。瑜，其中间美者。"〇陆氏曰："尹，正也。孚尹，犹言信正。"〇应氏曰："尹，当作允。孚、允，皆信也。"〇疏曰："圭璋特达，谓行聘之时，惟执圭璋，特得通达，不加余币也。"〇马氏曰："能柔能刚，能抑能扬，能敛能彰，而能备精粗之美，以全天人之道者，玉之为物也。能柔则温润而泽，所以为仁；能刚则廉而不刿，所以为义；能抑则垂之如队，所以为礼；能扬则其声清越以长，其终诎然，所以为乐；能敛则缜密以栗，所以为智；能彰则瑕不掩瑜，瑜不掩瑕，所以为忠；孚尹于中，旁达于外，所以为信；始之以仁，而成之以信。凡此皆粗而为人道也。于气如白虹，所以为天；精神见于山川，所以为地；圭璋特达，所以为德；天下莫不贵之，所以为道。凡此皆精而为天道也。七者合而言之，皆谓之德，君子所贵以此德也。温者德之始，言始所以见终。《论语》言孔子之五德则始于温，夔教胄子以四德亦始于温。《诗》亦曰：'温温恭人，惟德之基。'古人用玉，皆象其美。若镇圭以召诸侯，以恤凶荒，用其仁也。齐有食玉，用其智也。牙璋以起军旅，用其义也。国君想见以瑞，相享以璧，用其礼也。乐有鸣球，服有佩玉，用其乐也。邦国玉节，用其信也。琬以结好，琰以除慝，用其忠也。两圭祀地，黄琮礼地，用其能达于地也。四圭祀天，苍璧礼天，用其能达于天也。圭璋特达，用其能达于德也。已聘而还圭璋，已朝而班瑞，此皆古之为器而用玉之美者也。古之善比君子于玉者，曰'言念君子，温其如玉'，曰'追琢其章，金玉其相'，曰'如圭如璧'，曰'有美玉于斯，韫椟而藏诸'，曰'玉振终条理'，曰'瑾瑜匿瑕'，

曰'如玉如莹,爰变丹青'。此古人比君子于玉者也。"○石梁王氏曰:"因聘礼用玉,故论玉之德以结此篇。"○碈,音民。为,去声。与,平声。知,音智。刿,姑卫切。队,音坠。诎,音屈。见,音现。齐,平声。追,平声。

丧服四制第四十九[1]

[1] 疏曰:“以其记丧服之制,取于仁、义、礼、智也。”

凡礼之大体,体天地,法四时,则阴阳,顺人情,故谓之礼。訾之者,是不知礼之所由生也。

夫礼吉凶异道,不得相干,取之阴阳也。丧有四制,变而从宜,取之四时也。有恩,有理,有节,有权,取之人情也。恩者仁也,理者义也,节者礼也,权者知也。仁、义、礼、知,人道具矣。[1]

[1] 体天地以定尊卑,法四时以为往来,则阴阳以殊吉凶,顺人情以为隆杀。先王制礼,皆本于此,不独丧礼为然也,故曰“凡礼之大体”。“吉凶异道”以下,始专以丧礼言之。丧有四制,谓以恩制,以义制,以节制,以权制也。〇訾,言紫。知,音智。

其恩厚者其服重,故为父斩衰三年,以恩制者也。[1]

[1] 疏曰:“父最恩深,故特举父而言之。其实门内诸亲为之著服,皆是恩制也。”〇为,去声。

门内之治恩掩义,门外之治义断恩。资于事父以事君,而敬同。贵贵尊尊,义之大者也。故为君亦斩衰三年,以义制者也。[1]

[1] 门内主恩,故常掩蔽公义;门外主义,故常断绝私恩。父母之

丧，三年不从政，恩掩义也。有君丧服于身，不敢私服，义断恩也。资，犹取也，用也，用事父之道以事君，故其敬同也。人臣为君重服，乃贵贵尊尊之大义，故曰“以义制者也”。然五服皆有义服，亦是以义制，此举重者言之耳。

三日而食，三月而沐，期而练，毁不灭性，不以死伤生也，丧不过三年，苴衰不补，坟墓不培。祥之日鼓素琴，告民有终也，以节制者也。[1]

[1] 三日而食，始食粥也。葬而虞祭始沐。不补，虽破不补完也。不培，一成丘垄之后，不再加益其土也。祥日，大祥之日也。素琴，无漆饰也，与“素几”、“素俎”之“素”同。

资于事父以事母而爱同。天无二日，土无二王，国无二君，家无二尊，以一治之也。故父在为母齐衰期者，见无二尊也。[1]杖者，何也？爵也。三日授子杖，五日授大夫杖，七日授士杖。或曰担主，或曰辅病。妇人、童子不杖，不能病也。百官备，百物具，不言而事行者，扶而起。言而后事行者，杖而起。身自执事而后行者，面垢而已，秃者不髽，伛者不袒，跛者不踊，老病不止酒肉。凡此八者，以权制者也。[2]

[1] 齐衰之服，期而除之，以心丧终三年。○为，去声。

[2] 疏曰：“杖之所设，本为扶病，而以爵者有德，其恩必深，其病必重，故杖为爵者而设，故云爵也。遂历叙有爵之人，故云‘三日授子杖，五日授大夫杖，七日授士杖’。《丧服》传云：‘无爵而杖者何？担主也。担，假也。尊其为主，假之以杖。’或曰辅病者，《丧服》传云：‘非主而杖者何？辅病也。’谓庶子以下皆杖，为辅病故也。妇人，未成人之妇人。童子，幼少之男子，百官备，谓王侯也。委任百官，不假自言而事得行，故许子病

深，虽有扶病之杖，亦不能起，故又须人扶乃起也。大夫、士既无百官百物，须己言而后丧事乃行，故不许极病，所以杖而起，不用扶也。庶人卑，无人可使，但身自执事，不可许病，故有杖不用，但使面有尘垢之容而已。子于父母，贵贱情同，而病不得一，故为权制秃者无发，女秃不髽，故男子秃亦不免也。袒者露膊，伛者可憎，故不袒也。踊是跳跃，跛人脚蹇，故不跳跃也。老及病者，身已羸瘠，又使备礼，必至灭性，故酒肉养之。此八者，谓应杖不杖，不应杖而杖，一也。扶而起，二也。杖而起，三也。面垢，四也。秃者，五也。伛者，六也。跛者，七也。老病者，八也。《丧大记》：'大夫与士之丧，皆云三日授子杖，谓为亲也。'此云五日七日，为君也。"○担，音赡。伛，其缕切。

始死，三日不怠，三月不解，期悲哀，三年忧，恩之杀也。圣人因杀以制节，此丧之所以三年，贤者不得过，不肖者不得不及。此丧之中庸也。王者之所常行也。

《书》曰："高宗谅闇，三年不言。"善之也。[1]王者莫不行此礼，何以独善之也？曰：高宗者武丁，武丁者殷之贤王也，继世即位，而慈良于丧。当此之时，殷衰而复兴，礼废而复起，故善之。善之，故载之《书》中而高之，故谓之高宗。三年之丧，君不言，《书》云"高宗谅闇，三年不言"，此之谓也。然而曰"言不文"者，谓臣下者。[2]

[1] 自"三日不怠"以至"三年忧"，其哀渐杀而轻，故曰"恩之杀也"。○郑氏曰："谅，古作梁。楣谓之梁。闇，读如鹑鹌之鹌。闇，谓庐也，庐有梁者，所谓柱楣也。"○解，音懈。期，平声。杀，去声。

[2] 君不言，谓百官百物不言而事行者也。臣下不能如此，必言而后事行，但不文其言辞耳。故曰"'言不文'者，谓臣下"也。

礼：斩衰之丧，唯而不对。齐衰之丧，对而不言。大功之丧，言而不议。缌、小功之丧，议而不及乐。[1]父母之丧：衰冠、绳缨、菅屦，三日而食粥，三月而沐，期十三月而练冠，三年而祥。

[1] 说见《间传》。○唯，上声。

比终兹三节者，仁者可以观其爱焉，知者可以观其理焉，强者可以观其志焉。礼以治之，义以正之。孝子，弟弟，贞妇，皆可得而察焉。[1]

[1] 比，及也。三月，一节也。练，一节也。祥，一节也。非仁者不足以尽爱亲之道，故于仁者观其爱；非知者不足以究居丧之理，故于知者观其理；非强者不足以守行礼之志，故于强者观其志。一说，理，治也，谓治敛、殡、葬、祭之事，惟知者能无悔事也，故曰“观其理”。篇首言仁、义、礼、知为四制之本，此独曰“礼以治之，义以正之”者，盖恩亦兼义，权非悖礼也。孝子、弟弟、贞妇，专言门内之治，而不及君臣者，亦章首专言父母之丧，而恩制为四制之首故也。○衰，音催。期，音基。比，音畀。知，去声。治，平声。

《国学典藏》从书已出书目

周易［明］来知德 集注
诗经［宋］朱熹 集传
尚书 曾运乾 注
周礼［清］方苞 集注
仪礼［汉］郑玄 注［清］张尔岐 句读
礼记［元］陈澔 注
论语·大学·中庸［宋］朱熹 集注
孟子［宋］朱熹 集注
左传［战国］左丘明 著［晋］杜预 注
孝经［唐］李隆基 注［宋］邢昺 疏
尔雅［晋］郭璞 注
说文解字［汉］许慎 撰
战国策［汉］刘向 辑录
［宋］鲍彪 注［元］吴师道 校注
国语［战国］左丘明 著
［三国吴］韦昭 注
史记菁华录［汉］司马迁 著
［清］姚苧田 节评
徐霞客游记［明］徐弘祖 著
孔子家语［三国魏］王肃 注
（日）太宰纯 增注
荀子［战国］荀况 著［唐］杨倞 注
近思录［宋］朱熹 吕祖谦 编
［宋］叶采［清］茅星来 等注
传习录［明］王阳明 撰
（日）佐藤一斋 注评
老子［汉］河上公 注［汉］严遵 指归
［三国魏］王弼 注
庄子［清］王先谦 集解
列子［晋］张湛 注［唐］卢重玄 解
［唐］殷敬顺［宋］陈景元 释文
孙子［春秋］孙武 著［汉］曹操 等注
墨子［清］毕沅 校注
韩非子［清］王先慎 集解
吕氏春秋［汉］高诱 注［清］毕沅 校
管子［唐］房玄龄 注［明］刘绩 补注
淮南子［汉］刘安 著［汉］许慎 注
金刚经［后秦］鸠摩罗什 译 丁福保 笺注
楞伽经［南朝宋］求那跋陀罗 译
［宋］释正受 集注
坛经［唐］惠能 著 丁福保 笺注
世说新语［南朝宋］刘义庆 著
［南朝梁］刘孝标 注
山海经［晋］郭璞 注［清］郝懿行 笺疏
颜氏家训［北齐］颜之推 著
［清］赵曦明 注［清］卢文弨 补注
三字经·百家姓·千字文
［宋］王应麟等 著
龙文鞭影［明］萧良有等 编撰
幼学故事琼林［明］程登吉 原编
［清］邹圣脉 增补
梦溪笔谈［宋］沈括 著
容斋随笔［宋］洪迈 著
困学纪闻［宋］王应麟 著
［清］阎若璩 等注
楚辞［汉］刘向 辑
［汉］王逸 注［宋］洪兴祖 补注
曹植集［三国魏］曹植 著
［清］朱绪曾 考异［清］丁晏 铨评
陶渊明全集［晋］陶渊明 著
［清］陶澍 集注
王维诗集［唐］王维 著［清］赵殿成 笺注

杜甫诗集［唐］杜甫 著
［清］钱谦益 笺注
李贺诗集［唐］李贺 著 ［清］王琦等 评注
李商隐诗集［唐］李商隐 著
［清］朱鹤龄 笺注
杜牧诗集［唐］杜牧 著［清］冯集梧 注
李煜词集（附李璟词集、冯延巳词集）
［南唐］李煜 著
柳永词集［宋］柳永 著
晏殊词集·晏幾道词集
［宋］晏殊 晏幾道 著
苏轼词集［宋］苏轼 著［宋］傅幹 注
黄庭坚词集·秦观词集
［宋］黄庭坚 著［宋］秦观 著
李清照诗词集［宋］李清照 著
辛弃疾词集［宋］辛弃疾 著
纳兰性德词集［清］纳兰性德 著
六朝文絜［清］许梿 评选
［清］黎经诰 笺注
古文辞类纂［清］姚鼐 纂集
玉台新咏［南朝陈］徐陵 编
［清］吴兆宜 注［清］程琰 删补
古诗源 ［清］沈德潜 选评
乐府诗集［宋］郭茂倩 编撰
千家诗 ［宋］谢枋得 编
［清］王相 注 ［清］黎恂 注

花间集 ［后蜀］赵崇祚 集
［明］汤显祖 评
绝妙好词［宋］周密 选辑；
［清］项絪 笺；［清］查为仁 厉鹗 笺
词综［清］朱彝尊 汪森 编
花庵词选［宋］黄昇 选编
阳春白雪［元］杨朝英 选编
唐宋八大家文钞［清］张伯行 选编
宋诗精华录［清］陈衍 评选
古文观止［清］吴楚材 吴调侯 选注
唐诗三百首［清］蘅塘退士 编选
［清］陈婉俊 补注
宋词三百首［清］朱祖谋 编选
文心雕龙［南朝梁］刘勰 著
［清］黄叔琳 注 纪昀 评
李详 补注 刘咸炘 阐说
诗品［南朝梁］锺嵘 著
古直 笺 许文雨 讲疏
人间词话·王国维词集 王国维 著
西厢记［元］王实甫 著
［清］金圣叹 评点
牡丹亭［明］汤显祖 著
［清］陈同 谈则 钱宜 合评
长生殿［清］洪昇 著［清］吴人 评点
桃花扇［清］孔尚任 著
［清］云亭山人 评点

部分将出书目

（敬请关注）

公羊传
穀梁传
史记
汉书
后汉书
三国志
水经注
史通
日知录
文史通义
心经
文选
古诗笺
李白全集
孟浩然诗集
白居易诗集
唐诗别裁集
明诗别裁集
清诗别裁集
博物志